# ¡ARRIBA!

## COMUNICACIÓN Y CULTURA

### BRIEF EDITION WITH CD-ROM

**EDUARDO ZAYAS-BAZÁN**

East Tennessee State University

**SUSAN M. BACON**

University of Cincinnati

Prentice
Hall

UPPER SADDLE RIVER, NJ 07458

The Library of Congress Cataloging-in-Publication Data for
the Arriba third edition reads as follows:
Zayas-Bazán, Eduardo.
    ¡Arriba!: comunicación y cultura/Eduardo Zayas-Bazán,
Susan M. Bacon.—3rd ed.
        p.   cm.
    Includes bibliographical references and index.
    ISBN 0-13-085415-8 student text: alk. paper—ISBN 0-13-088676-9
(annotated instructor's ed.: alk. paper)
    1.  Spanish language—Textbooks for foreign speakers—English. I.
Bacon, Susan M. II.  Title.

PC4112 .Z38   2000
468.2'4211—dc21                                    00-029833

VP, Editorial Director: *Charlyce Jones Owen*
Editor-in-Chief: *Rosemary Bradley*
Executive Managing Editor: *Ann Marie McCarthy*
Development Editor: *Pennie Nichols-Alem*
Media Editor: *Heather Finstuen*
Assistant Editor: *Meriel Martínez*
Editorial Assistant: *Amanda Latrenta*
Production Editor: *Claudia Dukeshire*
AVP, Director of Production and
    Manufacturing: *Barbara Kittle*
Prepress and Manufacturing Manager: *Nick Sklitsis*
Prepress and Manufacturing Buyer: *Tricia Kenny*

Marketing Manager: *Stacy Best*
Marketing Coordinator: *Don Allmon*
Creative Design Director: *Leslie Osher*
Interior and Cover Design: *Ximena Tamvakopoulos*
Line Art Manager: *Guy Ruggiero*
Illustrations: *Andrew Lange*
Realia: *Mirella Signoretto*
Director, Image Resource Center: *Melinda Reo*
Image Specialist: *Beth Boyd*
Manager, Rights and Permissions: *Kay Dellosa*
Photo Research: *Diana Góngora*

This book was set in 10/12 Janson Text by TSI Graphics, Inc.,
and was printed and bound by Courier Companies, Inc.
The cover was printed by Phoenix Color Corp.

Printed in the United States of America

10 9 8 7 6 5 4

              Student Text: ISBN 0-13-088935-0
Annotated Instructor's Edition: ISBN 0-13-088936-9

PRENTICE-HALL INTERNATIONAL (UK) LIMITED, *London*
PRENTICE-HALL OF AUSTRALIA PTY. LIMITED, *Sydney*
PRENTICE-HALL CANADA INC., *Toronto*
PRENTICE-HALL HISPANOAMERICANA, S.A., *Mexico*
PRENTICE-HALL OF INDIA PRIVATE LIMITED, *New Delhi*
PRENTICE-HALL OF JAPAN, INC., *Tokyo*
PEARSON EDUCATION ASIA PTE. LTD., *Singapore*
EDITORA PRENTICE-HALL DO BRASIL, LTDA., *Rio de Janeiro*

DEDICADO A
MABEL J. CAMERON
CUYO AMOR ES CONSTANTE Y
CUYO AFÁN DE APRENDER
SIGUE BRILLANTE.
Y A MANUEL EDUARDO ZAYAS-
BAZÁN RECIO (1912–1991)
"Y AUNQUE LA VIDA MURIÓ,
NOS DEJÓ HARTO CONSUELO
SU MEMORIA"
—JORGE MANRIQUE

# BRIEF CONTENTS

PREFACE    X

**1** HOLA, ¿QUÉ TAL?    2

**2** ¿DE DÓNDE ERES?    38

**3** ¿QUÉ ESTUDIAS?    78

**4** ¿CÓMO ES TU FAMILIA?    118

**5** ¿CÓMO PASAS EL DÍA?    156

**6** ¡BUEN PROVECHO!    192

**7** ¡A DIVERTIRNOS!    228

**8** ¿EN QUÉ PUEDO SERVIRLE?    260

**9** VAMOS DE VIAJE    292

**10** ¡TU SALUD ES LO PRIMERO!    326

**11** ¿PARA QUÉ PROFESIÓN TE PREPARAS?    358

**12** EL FUTURO ES TUYO    394

APPENDIX 1    B ACTIVITIES    A1
APPENDIX 2    VERB CHARTS    A23
APPENDIX 3    SPANISH/ENGLISH VOCABULARY    A30
APPENDIX 4    ENGLISH/SPANISH VOCABULARY    A47
INDEX    A66

# SCOPE & SEQUENCE

| | COMUNICACIÓN | ESTRUCTURAS |
|---|---|---|
| **1**<br>**HOLA,**<br>**¿QUÉ TAL? 2** | Introducing yourself<br>Greeting and saying good-bye to friends<br>Describing your classroom<br>Understanding classroom expressions<br>Talking about yourself and others<br>Talking about what day or month it is | The Spanish alphabet   6<br>The numbers 0-100   10<br>The days of the week, the months, and the seasons   12<br>Definite and indefinite articles; gender of nouns   24<br>Plural nouns   26<br>Adjective form, position, and agreement   27 |
| **2**<br>**¿DE DÓNDE ERES?  38** | Describing yourself, others, and things<br>Asking and responding to simple questions<br>Asking for and telling time<br>Talking about what you like to do **(Me gusta/Te gusta)** | Subject pronouns and the present tense of **ser** (to be)   44<br>Telling time   48<br>Formation of yes/no questions and negations   51<br>Interrogative words   53<br>The present tense of regular –**ar** verbs   62<br>The present tense of **tener** (to have) and **tener** expressions   67 |
| **3**<br>**¿QUÉ ESTUDIAS?  78** | Exchanging information about classes<br>Talking about where you're going<br>Expressing possession and location<br>Expressing the way you and others feel<br>Expressing what is going on at the moment<br>Asking for and giving simple directions | Numbers 101-1.000.000   85<br>Possessive adjectives   87<br>The present tense of **ir** (to go) and **hacer** (to do; to make)   90<br>The present tense of **estar** (to be) and the present progressive   98<br>Summary of the uses of **ser** and **estar**   103<br>The present tense of regular –**er** and –**ir** verbs   106 |
| **4**<br>**¿CÓMO ES TU FAMILIA? 118** | Talking about the family<br>Expressing desires and preferences<br>Planning activities<br>Giving and following instructions and commands<br>Extending and responding to invitations<br>Talking about who and what you know | The present tense of stem-changing verbs: e → ie, e → i, o → ue   125<br>Formal commands   131<br>Direct objects, the personal **a,** and direct-object pronouns   141<br>**Saber** (to know) and **conocer** (to know)   146 |

I. Introductions and greetings   7
II. Why study Spanish?   23

*La búsqueda*, Episodio 1   31

Los países de nuestro
mundo   34

I. Nombres, apellidos y apodos   41
II. Higher education in Spanish-
speaking countries   61

*La búsqueda*, Episodio 2   71

España: Tierra de don
Quijote   74

I. Las universidades hispanas   84
II. La residencia estudiantil   102

*La búsqueda*, Episodio 3   110

¡México lindo!   114

I. La familia hispana   124
II. Los clubes sociales y la
costumbre de la serenata   139

*La búsqueda*, Episodio 4   148

La América Central I
Guatemala, El Salvador,
Honduras   152

## 5 ¿CÓMO PASAS EL DÍA? 156

**COMUNICACIÓN**

Talking about performing household chores
Describing daily routines and habits

Expressing needs related to personal care
Expressing emotional changes

**ESTRUCTURAS**

The verbs **decir** and **dar,** and the indirect object and indirect object pronoun   163
The present tense of **poner, salir, traer,** and **ver**   168
Reflexive constructions: Pronouns and verbs   177
Reciprocal constructions   182

## 6 ¡BUEN PROVECHO! 192

**COMUNICACIÓN**

Discussing food
Expressing likes and dislikes
Getting service in a restaurant
Requesting information in a restaurant
Talking about what happened
Giving and following instructions and commands

**ESTRUCTURAS**

**Gustar** and similar verbs   201
Double object pronouns   204
The preterit of regular verbs   214
**Tú** commands   217

## 7 ¡A DIVERTIRNOS! 228

**COMUNICACIÓN**

Making and responding to suggestions
Talking about pastimes
Talking about the weather
Describing sports and outdoor activities
Describing with negative and indefinite expressions
Reporting past events

**ESTRUCTURAS**

Verbs with irregular preterit forms (I)   236
Indefinite and negative expressions   238
Verbs with irregular preterit forms (II)   248
Impersonal and passive **se**   251

## 8 ¿EN QUÉ PUEDO SERVIRLE? 260

**COMUNICACIÓN**

Talking about what happened
Shopping at a department store
Reading and responding to advertisements
Describing a product
Making comparisons

**ESTRUCTURAS**

The preterit of stem-changing verbs: e → i and o → u   267
Ordinal numbers   269
Demonstrative adjectives and pronouns   275
Comparisons of equality and inequality   278
Superlatives   283

| COMPARACIONES | PÁGINAS | NUESTRO MUNDO |
|---|---|---|
| I. Las tareas domésticas 162<br>II. El ecoturismo en Costa Rica 176 | *La búsqueda*, Episodio 5 183 | La América Central II<br>Costa Rica, Nicaragua y<br>Panamá 188 |
| I. Las comidas 199<br>II. La compra de la comida y la cocina chilena 213 | "Oda a la manzana", Pablo Neruda (1904–1973), Chile 221 | Chile: Un país de contrastes 224 |
| I. La vida social de los hispanos 235<br>II. Sammy Sosa, la superestrella dominicana de los Chicago Cubs 247 | "Sensemayá", Nicolás Guillén (1902–1989), Cuba 254 | Las islas hispánicas del Caribe 256 |
| I. De compras 266<br>II. Las tiendas especializadas y los otavaleños 274 | "Los rivales y el juez", Ciro Alegría (1909–1967), el Perú 285 | El reino inca: el Perú y el Ecuador 288 |

# SCOPE & SEQUENCE

| | COMUNICACIÓN | ESTRUCTURAS |
|---|---|---|

## 9 VAMOS DE VIAJE 292

**COMUNICACIÓN**
Requesting travel-related information
Making travel arrangements
Describing travel experiences
Talking about events in the past

**ESTRUCTURAS**
The imperfect of regular and irregular verbs 299
**Por** or **para** 303
Preterit vs. imperfect 312
Adverbs ending in **-mente** 317

## 10 ¡TU SALUD ES LO PRIMERO! 326

**COMUNICACIÓN**
Inviting others to do something with you
Persuading others
Expressing wishes, requests, and emotions
Talking about health and health care
Giving advice

**ESTRUCTURAS**
The Spanish subjunctive: an introduction and the subjunctive in noun clauses 338
The **nosotros** command forms 338
The subjunctive to express volition 345
The subjunctive to express feelings and emotion 348

## 11 ¿PARA QUÉ PROFESIÓN TE PREPARAS? 358

**COMUNICACIÓN**
Expressing doubt, denial, and uncertainty
Persuading others
Discussing what has happened
Describing your job
Gaining information from the want ads
Writing a brief business letter
Interviewing for a job

**ESTRUCTURAS**
The subjunctive to express doubt or denial 365
The subjunctive with impersonal expressions 367
The past participle and the present perfect indicative 376
The present perfect subjunctive 381

## 12 EL FUTURO ES TUYO 394

**COMUNICACIÓN**
Discussing technology
Talking about the environment
Talking about what will and will have happened
Expressing conditions and results

**ESTRUCTURAS**
The future and the future perfect tenses 401
The subjunctive with **ojalá, tal vez**, and **quizás** 408
The subjunctive and the indicative with adverbial conjunctions 417

## APÉNDICES

Appendix 1    B Activities    A1

Appendix 2    Verb Charts    A23

Appendix 3    Spanish/English Vocabulary    A30

Appendix 4    English/Spanish Vocabulary    A47

Index    A66

| COMPARACIONES | PÁGINAS | NUESTRO MUNDO |
|---|---|---|
| I. El turismo norteamericano en los países hispanos  298<br>II. Irene Sáez: Gobernadora del Estado de Nueva Esparta  311 | *Relato de una vida equivocada*, (trozo), Rosaura Rodríguez, Colombia  319 | Los países caribeños de Suramérica: Venezuela y Colombia  322 |
| I. El ejercicio y la dieta  331<br>II. El uso de la hoja de la coca en Bolivia  344 | "El ñandutí", una leyenda paraguaya  350 | Los países sin mar: Bolivia y el Paraguay  354 |
| I. Los empleos y las relaciones personales  364<br>II. El desempleo en la Argentina  375 | "No hay que complicar la felicidad", Marco Denevi, (1922– ), Argentina  384 | El Virreinato de la Plata: la Argentina y el Uruguay  390 |
| I. La tecnología y el idioma  400<br>II. Julio Fanjul, protector del sur de la Florida  416 | *La casa en Mango Street* (trozo), Sandra Cisneros, (1954– ), EE.UU.  423 | Los hispanos en los EE.UU.  426 |

# Preface

Welcome to the Brief Edition of *¡Arriba! Comunicación y cultura.* The Second Edition, published in 1996, brought many favorable e-mails, letters, and comments, as well as some valuable suggestions for the Third and this new Brief Edition. If you have worked with previous editions of *¡Arriba!*, you will be happy to revisit familiar but *refreshed* favorites such as **A propósito…** (now called **Comparaciones**). You'll also discover that this edition of *¡Arriba!* has been thoughtfully renewed in format, content, integration, and focus to address user and reviewer concerns.

*¡Arriba!*, Brief Edition, continues to be a complete and versatile first-year Spanish program, offering a balanced approach to language and culture. The material is rich in pedagogical approaches and supported by carefully integrated supplementary materials. Our continuing development and class testing, user feedback, and our familiarity with current methodologies in language teaching have been integral in the preparation and evolution of this Brief Edition.

## Highlights of the Brief Edition

### Choices

The Brief Edition of *¡Arriba!* will meet evolving needs of foreign-language classrooms in many ways, one of which is the option of adopting a short or a full version of the text. The full version contains fifteen lessons, ideal for programs that teach first-year Spanish over a period of two or three semesters or over three or five trimesters. At institutions with limited contact hours, instructors may choose our new, brief version with twelve lessons that adapt easily for semester as well as trimester programs.

The series has been carefully sequenced so that the lessons of the brief version are not abridged versions of the fifteen-lesson text. Both texts will cover the same material in lessons 1 through 12, and that material has been chosen to include the essentials of first-year communicative functions, grammar skills, and culture. Lessons 13 through 15 of the full version contain advanced structures and functions and present unique cultural issues.

### The Best of the Familiar

Each lesson has been restructured to capitalize on and integrate the best features of previous editions, and to make the text more teacher and student friendly.

- **Partes:** Each lesson is divided—as previously—into two main sections (**Primera** and **Segunda parte**) that are identical in structure.

- Each **parte** opens with **¡Así es la vida!** (*That's life!*) and the vocabulary list **¡Así lo decimos!** (*That's how we say it!*).

- Next, the **¡Así lo hacemos!** (*That's how we do it!*) sections present grammar forms and their usage. Each **Parte** includes two or three of these sections, depending on the complexity of the points covered.

- **Practiquemos** (*Let's practice*, formerly **Práctica**) and **Conversemos** (*Let's converse*, formerly **Comunicación**): Materials covered in both vocabulary and grammar sections are applied in fun and useful activities that engage students with the language and cultures of Spain and the Americas, and with each other!

## Refreshed and Refocused

The content for the Brief Edition of *¡Arriba!* is refreshed and refocused.

- **Thematic and cultural focus:** The lessons are structured around a lesson theme or topic, as well as a cultural place or issue. We retained the most successful themes and chose new ones that will interest students as well as facilitate the practice of communicative skills.

- **Communicative activities:** The activities have also been revised to include more communicative activities and specifically more realia-based, art-based, task-based, and information gap activities.

- **Reading:** The skills and functions of the **Partes** of each lesson are integrated in the all-new reading and writing sections, **Páginas** (*Pages*, formerly **¡A leer!**) and the all new **Taller** (*Workshop*). **Páginas** includes a wider variety of writers, with a better balance of men and women authors. Moreover, each selected reading is presented along with a specific reading strategy designed to help students develop their reading skills rather than just demonstrate them. Pre- and post-reading activities focus on applying the strategy, then on comprehension and expansion on the reading's themes and ideas.

- **Writing: Taller** is an all-new guided writing section, focused on writing as a process. It combines the elements of the lesson: theme, vocabulary, grammar, cultural content, and readings. The **Taller** section is supported in the workbook, where students and teachers will expand on the tasks they complete in the text.

- **Culture:** With each lesson, students also learn about an area of the Hispanic world. Cultural information is presented in two main formats—**Comparaciones** (*Comparisons*, formerly **A propósito...**) and **Nuestro mundo** (*Our World*). Each lesson has two **Comparaciones** sections that present information about a specific Spanish-speaking community. In most lessons, the first **Comparaciones** presents information about the Spanish-speaking world as a whole, while the second focuses on an aspect specific to the target area of the lesson, or a person or group of people from that area. In **Comparaciones** students always have an opportunity to compare their own culture with the information they read. The lessons culminate in the exciting new **Nuestro mundo**, a panoramic series of photos and information about the country or area featured in the lesson. The visual presentation is supported by meaningful activities that not only personalize the information but encourage students to find out more.

- **Activities:** The activities begin with **Practiquemos**, consisting of both mechanical and meaningful activities. These are followed by **Conversemos**, activities that encourage students to use the information they're learning in real life and apply it in communicative situations. **Conversemos** activities also offer ample opportunities for students to talk about themselves and share their own perspectives. The activities of the **Síntesis** sections in previous editions have been incorporated into **Conversemos** in both the Third Edition and the Brief Edition. These communicative activities provide opportunities for synthesis and recycling throughout the text.

## Organization and Pedagogy

*¡Arriba!,* Brief Edition, contains twelve **lecciones,** topically organized and designed to encourage communication and to offer valuable insights into the language and culture of over 300 million people. The scope and sequence of these lessons has been developed to provide the basic communicative functions and structures, and an exploration of the Spanish-speaking world within the first twelve lessons for adopters who prefer the Brief Edition.

Each of the twelve **lecciones** in *¡Arriba!,* Brief Edition, begins with two parallel sections—**Primera parte** and **Segunda parte**—and closes with a third section, integrating reading, writing, and culture (**Páginas, Nuestro mundo,** and **Taller**). The **lecciones** follow a consistent and familiar structure.

**¡Así es la vida!** Each **parte** opens with a combination of lively conversations, drawings, photos, realia, or readings that set the stage for the communicative functions and culture presented.

**¡Así lo decimos!** The revised and streamlined vocabulary lists are grouped functionally and practically. The active vocabulary is sometimes enhanced with **Ampliación** lists to help students and instructors expand the communicative possibilities.

**¡Escucha!** (*Listen!*). *¡Arriba!,* Brief Edition, provides three listening comprehension opportunities in each lesson. These activities can be completed at home or in class. The first two **¡Escucha!** boxes expand on the **¡Así es la vida!** presentations and/or jump-start the **¡Así lo decimos!** expressions. The third **¡Escucha!** is based on the reading selection.

**¡Así lo hacemos!** The grammatical explanations in *¡Arriba!,* Brief Edition, are clear, concise, and thematically illustrated. Study tips are included to assist students with structures that non-native speakers of Spanish often find difficult, and some structures are elaborated a step further in **Expansión** boxes.

**Practiquemos** and **Conversemos.** The activities in the Brief Edition range from contextualized convergent activities (**Practiquemos**) to guided communication practice (**Conversemos**). The activities reinforce and personalize the material presented in **¡Así es la vida!**, **¡Así lo decimos!**, and **¡Así lo hacemos**! This Brief Edition includes a larger variety of communicative activities.

**Comparaciones.** Each lesson has two **Comparaciones** sections that present information about a specific Spanish-speaking community. The first **Comparaciones** offers information about the Spanish-speaking world as a whole, while the second focuses on an aspect specific to the target area of the lesson, or a person or group of people from that area. The selections are followed by two sets of activities that allow students to compare what they learn with their own culture. The **Vamos a comparar** questions provide insightful points of departure for classroom discussion. The new **Vamos a conversar** activities encourage students to personalize and discuss the topics in small groups.

**Páginas.** Many of the readings in the Brief Edition are new, and include a wider variety of genres and male and female authors. The first five **lecciones** present episodes of *La búsqueda*, an ongoing suspense frame story. *La búsqueda* is a new and engaging comic strip, featuring María del Valle, a Mexican-American detective. María del Valle, a.k.a. Ana Florencia, works for an agency that deals with fine art theft and fraud. Her assignment takes her from California to Spain, to Mexico then to Guatemala, and finally to Costa Rica. The language and situations within the frame story practice the target vocabulary and structures, and preview words and structures the students will see in the next **lección**. The readings of the remaining seven **lecciones** include a fable, poems, short stories, and excerpts from novels and plays by contemporary Hispanic writers from various parts of the Spanish-speaking world, including the United States. All the readings are supported by pre- and post-reading activities, as well as **¡Escucha!** listening comprehension activities.

**Nuestro mundo.** In this Brief Edition, each **lección** concludes with a visually and textually panoramic presentation of the featured country or region of the Hispanic world. Each **Nuestro mundo** is supported by activities that encourage students to discuss the regions and topics, do additional research on the web, and make comparisons.

**Taller.** This new section provides guided writing activities that incorporate the vocabulary, structures, and chapter themes. In each **Taller**, students follow carefully-planned steps to develop their assignment. The steps include self-monitoring and peer-editing. **Taller** includes a variety of writing assignments, ranging from personal and business letters to fables.

## Program Components

**Student text with CD-ROM.** The student text now includes a **CD-ROM** bound within each book. This all-new interactive CD-ROM features engaging grammar and vocabulary activities and helps build listening, speaking, reading, and writing skills. Chapter topics are presented through audio, video, and visual means, and students can practice their pronunciation through voice-recording technology. The student text can be packaged with or without two **Student Audio Cassettes** or **Student Audio Compact Discs** that contain recordings of the in-text **¡Escucha!** activities.

**Annotated Instructor's Edition with CD-ROM.** Notes in the margin of the AIE include warm-up and expansion activities, teaching tips, and other information to enhance the presentation of the material. The annotations are specifically designed for novice teaching assistants or adjunct faculty who may be teaching Spanish language courses for the first time in many years, as well as for the veteran instructors who may welcome additional ideas or new approaches. Also, the AIE provides marginal tapescripts and answers to the ¡**Escucha!** activities.

**Workbook.** The organization of the Workbook parallels that of the main text. Written by José B. Fernández, the Workbook features more reading comprehension activities, sentence building and completion exercises, fill-ins, realia and art-based activities, as well as composition exercises. A separate **Workbook Answer Key** may be assigned for students to purchase so that students can check their own work.

**Lab Manual and Audioprogram.** The organization of the Lab Manual also parallels that of the main text. Each chapter contains activities based on recordings of native Spanish speakers in situations thematically related to the corresponding **lección** in the main text. The Lab Manual challenges students to move beyond the in-text activities to guided, more realistic listening texts and contexts. The **Audioprogram** is available free for language labs on both compact disc and cassette.

**E-Workbook** and **E-Lab Manual.** In addition to the print versions of the Workbook and Lab Manual, an on-line version is also available.

**World Wide Web Site.** The *¡Arriba!,* Brief Edition, website (*http://www.prenhall.com/arriba*) is free for students and accessible 24 hours a day, 7 days a week. It offers unique tools designed to support the vocabulary, grammar, and culture presented in the text. Study tools help students practice and review the vocabulary and grammar; task-based activities take students to authentic Spanish websites for guided exploration, and resource areas provide access to daily events and issues throughout the Hispanic world.

**Instructor's Resource Manual.** The IRM is especially useful in schools offering multiple sections of first-year Spanish. It includes sample lesson plans and syllabi, ideas and materials for additional classroom activities, and general hints and guidelines for novice teaching assistants, as well as the complete tapescript for the audio program.

**Testing Program.** The Testing Program consists of quizzes and tests for each **lección,** and alternative midterm and final examinations. It is available in print and **IBM or Mac Computerized** formats, and is accompanied by a **Testing Tape** for the listening component of each test.

**Video.** There is a completely new video program to accompany the Brief Edition of *¡Arriba!* This intriguing story was written to correlate with the vocabulary, structures, and cultural coverage of each chapter, and provides an invaluable teaching resource. A separate **Video Manual** contains pre-viewing, while-viewing and post-viewing activities for each chapter.

**Transparencies**. Beautiful, full-color transparencies of maps, illustrations, and realia offer the instructor flexibility in presenting new vocabulary, creating activities, and reviewing the content in each **lección**.

**Picture File.** Fifty color photographs mounted on cardstock and indexed by theme can be used in class for conversational and vocabulary work.

# Acknowledgments

The Brief Edition of *¡Arriba!* is the result of careful planning between ourselves and our publisher and ongoing collaboration with students and you — our colleagues — who have been using the First and Second Editions. We look forward to continuing this dialog and sincerely appreciate your input. We owe special thanks to the many members of the Spanish teaching community whose comments and suggestions helped shape the pages of every *lección*. We gratefully acknowledge and thank in particular our reviewers for this Brief Edition:

Will Allen, University of Oklahoma
Kathleen Boykin, Slippery Rock University
Julia Caballero, Columbia University
Obdulia Castro, University Colorado–Boulder
Donna Clark, Northern Virginia Community College–Woodbridge Campus
Richard Curry, Texas A&M University
Scott Despain, North Carolina State University
José B. Fernández, University of Central Florida
María Grana, Houston Community College–Southwest Campus
Sergio Guzmán, Community College of Southern Nevada
Phil Johnson, Baylor University
April Koch, University of Texas at El Paso
Demi Martínez, University of Central Florida
William Martínez, CPSU San Luis Obispo
Eva Mendieta, Indiana University-Northwest
Michael Morris, Northern Illinois University
Lisa Nalbone, University of Central Florida
Susan Navey-Davis, North Carolina State University
Jorge W. Suazo, Georgia Southern University
Karen Taylor, Eastern Illinois University
Michael Thomas, University of Mary Hardin-Baylor
Nancy Zechiedrich, Westark College

We would like to thank the following at East Tennessee State University: Birgit Austin, Cecilia Bell, María Bingham, Charles Carter, Anthony Cavender, Alberto Ceffalo, David Clines, Charles Edens, Kenneth E. Hall, Lina C. Morrow, Ardis L. Nelson, Sandra Palmer, Elena Pedroso, Julia Rusiñol, Norma Sánchez-Webb, Anne-Marie Stone, Sonia Valle, and Haakayoo Zoggyie.

We would also like to thank the following at the University of Cincinnati: Edy Carro, Manuel Martínez, Isabel Parra, Cristina Kowalshi, Susan Durst, Mindy Schomaeker, Kerry Kautzman, Alison Garrard, Mathilde Bodu, Sandro Barros, Elizabet Rodríguez, Alberto Delgado, Ana Yáñez, Marjorie Carrero, Noris Rodríguez, Gracia Roldán, Mariela Schultan, Alonso Cáceres, Lydia Rodríguez, Marcus Hon, Lygia Gómez, Mariamé Ramírez, Ismael Godoy, Malía Lemond, Aaron Krynicki, and Tomás Vivancos.

We owe many thanks to José B. Fernández of the University of Central Florida for preparing the Workbook, and to Scott Despain of North Carolina State University and Jennifer Despain for authoring the Lab Manual. We would also like to thank Bruce Williams of William Paterson University for authoring the testing program and Michael Morris of Northern Illinois University for creating the new Instructor's Resource Manual.

We wish to express our gratitude and appreciation to the many people at Prentice Hall who contributed their ideas, tireless efforts, and publishing experience to the Brief Edition of *¡Arriba!* We are especially indebted to Pennie Nichols-Alem, our Development Editor, for helping to shape the Brief Edition in every detail and for writing the new mystery story *La búsqueda* for chapters 1 to 5; Claudia Dukeshire, our Production Editor, for all her hard work and dedication to the text; and Ximena Tamvakopoulos, our Art Director, for her creative talents and beautiful design work.

The work of Luz Garcés-Galante, Camelia Townsend, and Marisa Garman as copy editor and proofreaders has been indispensable, and we thank them for their careful and professional work. We would like to thank Julia Caballero, Columbia University; Teresa Perez-Gamboa, University of Pittsburgh; Delmarie Martínez, University of Central Florida, and Mariam Rohlfing, Development Editor, for their careful review of final pages. We would like to sincerely thank Rosemary Bradley, Editor-in-Chief; Phil Miller, President of the Humanities and Social Sciences; and Charlyce Jones Owen, Editorial Director, for their support and commitment to the success of the text. Many thanks are also due to Ann Marie McCarthy, Executive Managing Editor, who oversaw the production process; Guy Ruggiero, Line Art Manager; Diana Góngora, Photo Researcher; Andrew Lange for his clever illustrations; and Mirella Signoretto for the creative reproductions of the realia. For creating the exciting new CD-ROM and website, thanks are due to Heather Finstuen, Media Editor, and Kate Ramunda, Media Project Manager, for their creativity, constant dedication, and attention to detail. We would like to thank Meriel Martínez, Assistant Editor, for her efficient and meticulous work in managing the preparation of the Workbook, the Lab Manual, and other supplements; Amanda Latrenta, Editorial Assistant, for her hard work and efficiency in obtaining reviews and attending to many administrative details; Amy Speckman, Sales Director; Stacy Best, Marketing Manager; and Don Allmon, Marketing Coordinator, for their creativity and efforts in coordinating marketing and promotion for the new edition.

Finally, our love and deepest appreciation to our families: Cindy, Eddy, and Lindsey, Elena, Ed, Lauren, and Will, Wayne, Alexis, and Camille.

Eduardo Zayas–Bazán

Susan M. Bacon

# LECCIÓN 1

Hola, ¿qué tal?

## COMUNICACIÓN

- ► Introducing yourself
- ► Greeting and saying good-bye to friends
- ► Describing your classroom
- ► Understanding classroom expressions
- ► Talking about yourself and others
- ► Talking about what day or month it is

## ESTRUCTURAS

### PRIMERA PARTE

- ► The Spanish alphabet
- ► The numbers 0-100
- ► The days of the week, the months, and the seasons

### SEGUNDA PARTE

- ► Definite and indefinite articles; gender of nouns
- ► Plural nouns
- ► Adjective form, position, and agreement

## CULTURA

- ► Introductions and greetings
- ► Why study Spanish?
- ► Páginas: *La búsqueda*, Episodio 1
- ► Nuestro mundo: Los países de nuestro mundo

# ¡Así es la vida!¹

## Saludos y despedidas

### En la cola²

| | |
|---|---|
| ELENA: | ¡Buenos días! ¿Cómo te llamas? |
| JUAN CARLOS: | ¡Hola! Me llamo Juan Carlos Fernández. |
| ELENA: | Soy Elena Acosta. Mucho gusto. |
| JUAN CARLOS: | El gusto es mío. |

### En clase

| | |
|---|---|
| PROF. LÓPEZ: | Hola, buenas tardes. ¿Cómo se llama usted? |
| MARÍA LUISA: | Me llamo María Luisa Gómez. |
| PROF. LÓPEZ: | Mucho gusto. Soy la profesora López. |
| MARÍA LUISA: | Encantada. |

### En el pasillo³

| | |
|---|---|
| JORGE: | Hola, Rosa. ¿Qué tal? ¿Cómo estás? |
| ROSA: | Muy bien, Jorge, ¿y tú? |
| JORGE: | Eh… más o menos. |

### En la biblioteca⁴

| | |
|---|---|
| JOSÉ MANUEL: | Buenas noches, señora Peñalver, ¿cómo le va? |
| SRA. PEÑALVER: | Bastante bien, José Manuel. ¿Y tú? ¿Cómo estás? |
| JOSÉ MANUEL: | No muy bien. |
| SRA. PEÑALVER: | ¿Verdad? Lo siento, José Manuel. |

### En la oficina

| | |
|---|---|
| TERESA: | Buenas tardes, profesor. |
| PROF. ORTIZ: | Buenas tardes, Teresa. ¿Cómo estás? |
| TERESA: | No muy bien, profesor. |
| PROF. ORTIZ: | ¿Qué pasa, Teresa? |
| TERESA: | El examen… ¿es el viernes? |
| PROF. ORTIZ: | No, Teresa. El examen es el martes, el 24 de octubre. |

### En el parque

| | |
|---|---|
| EDUARDO: | ¡Hasta mañana, Raúl! |
| RAÚL: | ¡Adiós, Eduardo! |

---

¹ That's life!
² line, queue
³ hallway
⁴ library

## Saludos (Greetings)²

| | |
|---|---|
| Buenos días. | Good morning. |
| Buenas tardes. | Good afternoon. (Good evening.) |
| Buenas noches.³ | Good evening. |
| Hola. | Hi. |
| ¿Qué hay? | What's new? (inf.) |
| ¿Qué pasa? | What's happening? What's up? (inf.) |
| ¿Qué tal? | What's up? How's it going? (inf.) |
| ¿Cómo está usted? | How are you? (form.) |
| ¿Cómo estás? | How are you? (inf.) |
| ¿Cómo le va? | How's it going? (form.) |
| ¿Cómo te va? | How's it going? (inf.) |

## Respuestas (Answers)

| | |
|---|---|
| Bastante bien. | Pretty well. |
| (Muy) Bien, gracias. | Fine (Great), thank you. |
| (Muy) Mal. | (Very) Bad. |
| Más o menos. | So so. |
| No muy bien. | Not very well. |
| Regular. / Así, así. | So, so. |
| ¿Y tú/usted? | And you? (inf./form.) |

## Despedidas (Farewells)

| | |
|---|---|
| Adiós. | Good-bye. |
| Hasta mañana. | See you tomorrow. |
| Hasta luego. | See you later. |
| Hasta pronto. | See you soon. |

## Presentaciones (Introductions)

| | |
|---|---|
| ¿Cómo se llama usted? | What's your name? (form.) |
| ¿Cómo te llamas? | What's your name? (inf.) |
| Me llamo… | My name is . . . |
| Mi nombre es… | |
| Soy… | I am . . . |
| Encantado/a. | Delighted. |
| Mucho gusto. | It's a pleasure (to meet you). |
| El gusto es mío. | The pleasure is mine. |
| Igualmente. | Same here. / Likewise. |

## Títulos (Titles)

| | |
|---|---|
| el/la maestro/a | teacher (school) |
| el/la profesor/a | professor; instructor (high school and college) |
| el señor (Sr.) | Mr. |
| la señora (Sra.) | Mrs. |
| la señorita (Srta.) | Miss |

## Los días de la semana (Days of the week)

| | |
|---|---|
| el lunes | Monday |
| el martes | Tuesday |
| el miércoles | Wednesday |
| el jueves | Thursday |
| el viernes | Friday |
| el sábado | Saturday |
| el domingo | Sunday |

## Los meses y las estaciones (Months and seasons)

| | | |
|---|---|---|
| enero | | |
| febrero | | |
| marzo | la primavera | spring |
| abril | | |
| mayo | | |
| junio | el verano | summer |
| julio | | |
| agosto | | |
| septiembre | el otoño | fall |
| octubre | | |
| noviembre | | |
| diciembre | el invierno | winter |

## Otras palabras y expresiones (Other words and expressions)

| | |
|---|---|
| con | with |
| De nada. | You're welcome. |
| (Muchas) Gracias. | Thank you (very much). |
| Lo siento. | I'm sorry. |
| mi/mis | my |
| o | or |
| tu/tus | your (inf.) |
| ¿Verdad? | Really? |
| y | and |

¹ That's how we say it!

² In Spanish, you must consider issues of formality and informality. Use the informal forms to address friends and peers, family (in most cases), and younger children. The formal address is used in all other cases, especially when addressing superiors such as professors, supervisors, and strangers. In this ¡Así lo decimos!, the formality is indicated in parentheses: formal (form.) and informal (inf.). When none is indicated, the expression can be used in both cases.

³ In some Spanish-speaking countries, the expression Buenas noches is not used until after the evening meal, which can be as late as 10:00 or 10:30.

# ¡Escucha!

**A. ¿Quiénes son?** (*Who are they?*) Listen to the short conversations. Then, write the number of each conversation next to the corresponding situation below.

___ two friends saying good-bye     ___ a teacher and student introducing themselves

___ a young person greeting an elder

___ two friends greeting each other     ___ two students introducing themselves

 **B. ¡Preséntense!** Turn to two or more classmates and introduce yourselves.

# Practiquemos

**1-1 ¿Qué tal?** Respond politely to each statement or question on the left with the logical reply on the right.

MODELO:    Adiós.
>      *Hasta luego.*

1. ¿Qué tal?                 a. Me llamo Pedro Guillén.
2. Gracias.                   b. De nada.
3. ¿Cómo se llama usted?    c. Igualmente.
4. Mucho gusto.             d. Regular.
5. No muy bien.             e. ¿Qué pasa?

**1-2 ¡Hola!** The following people are meeting for the first time. What would they say to each other?

MODELO:    E1: *Buenas tardes, señorita. Me llamo José Molina.*
               E2: *Buenas tardes, señor Molina. Me llamo Ángela Jiménez.*
               E1: *¿Cómo le va?*
               E2: *Muy bien, gracias. Y usted, ¿cómo está?*

el profesor Solar,     la Sra. Aldo,     Patricia, Marcos     Eduardo, Manuel
Ester Muñoz        la Sra. García

## Conversemos

**1-3 ¿Cómo te llamas?** You're at a party in El Club Latino. Introduce yourself to at least three other people and ask their names.

**1-4 Hola, ¿qué tal?** Greet each other, ask for each other's names, and find out how each other is doing. Then say good-bye.

𝒜𝓑[1] **1-5A ¿Cómo está usted?** Assume the role of instructor— **Sr./Sra. Pérez**. Your partner is your student. Greet each other and ask how things are. Use the following information about yourself and the day.

- It's morning.
- You don't know this student's name.
- You feel great today.

¡Así lo hacemos!

## Estructuras

### 1. The Spanish alphabet

The Spanish alphabet contains twenty seven letters, including one that does not appear in the English alphabet: **ñ**.

| LETRA (LETTER) | NOMBRE (NAME) | EJEMPLOS (EXAMPLES) | LETRA (LETTER) | NOMBRE (NAME) | EJEMPLOS (EXAMPLES) |
|---|---|---|---|---|---|
| a | a | **Ana** | ñ | eñe | **niño** |
| b | be (grande) | **Bárbara** | o | o | **Oscar** |
| c | ce | **Carlos; Cecilia** | p | pe | **Pepe** |
| d | de | **Dios; Pedro** | q | cu | **Quique; química** |
| e | e | **Ernesto** | r | ere | **Laura** |
| f | efe | **Fernando** | s | ese | **Sara** |
| g | ge | **gato; Germán** | t | te | **Tomás** |
| h | hache | **Hernán; hola** | u | u | **usted; Úrsula** |
| i | i | **Inés** | v | ve (chica) or uve | **Venus; vamos** |
| j | jota | **José** | w | doble ve (or uve doble) | **Washington** |
| k | ka | **kilómetro** | x | equis | **excelente; México** |
| l | ele | **Luis** | y | i griega | **Yolanda; soy** |
| m | eme | **María** | z | zeta | **zorro** |
| n | ene | **Nora; nachos** | | | |

---

[1] 𝒜𝓑 When you see this symbol, you will work in collaboration with another student. One of you will use the **A** activity, the other the corresponding **B** activity in the Appendix, pages A1–A26.

- The letter names are feminine: **la be**, **la jota**, etc.[2]

- Until mid-1994 the Spanish alphabet had three additional letters: ch, ll, and rr. If you use a dictionary published prior to 1995, you will find sections for words beginning with **ch** (following **c**), and **ll** (following **l**). The letter combination **rr** never appears at the beginning of a word. You will find an explanation of the sounds of these diagraphs (pairs of letters representing a single speech sound) in the pronunciation sections.

---

[2] Gender of nouns is explained in this lesson on p. 24.

# COMPARACIONES... Introductions and greetings

Many Spanish speakers use nonverbal signs when interacting with each other. These signs will vary, depending on the social situation and on the relationship between the speakers. In general, people who meet each other for the first time shake hands both when greeting and when saying good-bye to each other. Relatives and friends, however, are usually more physically expressive. Men who know each other well often greet each other with an **abrazo**, or hug, and pats on the back. Women tend to greet each other and their male friends with one (Latin America) or two (Spain) light kisses on the cheeks.

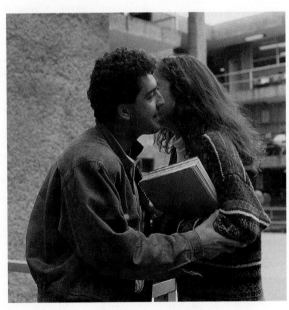

*María, ¿cómo estás?*

## ¡Vamos a comparar!

How do you greet people you're meeting for the first time? How do you greet relatives? friends? Does the age of the person you are greeting make a difference? When do people embrace, hug, or kiss each other on the cheek in the U.S. and Canada? How does this differ from Latin America or Spain? How do you feel about it? Why?

## ¡Vamos a conversar!

Stand up and greet at least five other students. Shake hands or kiss lightly on the cheek as you ask them their names or how they are doing.

- The letters **b** and **v** are pronounced exactly alike, as a **b**. Omit the explosion of the English *b*.

- The letters **k** and **w** are not common, and appear only in borrowed words, such as **karate** and **whisky**.

- At the beginning of a word, **r** is always pronounced as a trilled **rr**, for example, **Ramón, Rosa, reloj**.

- Depending on its position, the letter **y** can be a semivowel as in the English words *boy* and *toy*: **Paraguay, voy**. It can also be a consonant as in the English words *yard* and *yesterday*. In these cases, it sounds like the Spanish **ll**: **yo, maya**.

- The letter **c** is pronounced like **s** before **e** or **i**: **cero, cita**. It sounds like the English *k* before **a, o,** or **u**: **casa, Colombia, Cuba**.

- The letter **z** is voiceless in Spanish and is pronounced like the English *s*: **gazpacho, zona, lápiz**.

- In most of Spain, **c** before **e** and **i**, and **z** are pronounced like the English *th*, as in **zapato** or **cielo**.

- The letter **g** is pronounced like the Spanish **j** (or hard English *h*) before **e** or **i**: **Germán, gitano**. The combinations **ga, go, gu, gue,** or **gui** are pronounced like the English *g* in *gate*: **gato, Gómez, Gutiérrez, guerra, guía**.

- When a letter carries an accent, say **con acento** after saying the name of the letter: **eme - a - ere - i con acento - a (María)**.

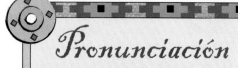

# Pronunciación

## The Spanish vowels

Each Spanish vowel consists of one clear, short sound that varies little in pronunciation. The crisp sound contrasts with English where often a vowel consists of two sounds, or diphthonged glides[1], as in the words *note, mine,* and *made*.

## Pronunciemos

**Las vocales.** The Spanish vowels are pronounced as follows. Listen and repeat the Spanish words listed for each vowel.

1. **a** is like *a* in *father*.

    **casa**    **mañana**    **papá**    **Marta**

2. **e** is like the sound in the English word *eighty*.

    **Pepe**    **mes**    **té**    **mete**

3. **i** is like *e* in the English word *me*.

    **ti**    **sí**    **mi**    **libro**

4. **o** is like a shortened *o* in the English word *so*.

    **poco**    **tono**    **rosa**    **caso**

5. **u** is like the *oo* sound in the English word *moon*.

    **luna**    **usted**    **uno**    **Susana**

---

[1] Pronounce out loud the words given (*note, mine, made*), listening to the sound of the vowels in each. You should note a slight change in the sound as you pronounce the vowels sound. This is a diphthonged glide.

 **Practiquemos**

**1-6 ¿Qué letra falta?** What Spanish letters are missing from the following place names?

MODELO:   M__ __ic__

   ➤ é *(e con acento)*, x *(equis)*, o

1.  __ rg__ __t__ __a
2.  Boliv__ __
3.  P__r__
4.  Ec__ __dor
5.  V__ne__ue__ __

6.  El __al__a__o__
7.  República D__ __in__cana
8.  Cos__a __ica
9.  Para__ua__
10. Espa__a

 **1-7 ¿Cómo se escribe?** Take turns spelling these Spanish names out loud.

MODELO:   México

   ➤ *eme - e con acento - equis -i - ce - o*

1.  Cuba
2.  Puerto Rico
3.  Honduras
4.  Colombia
5.  Guatemala

6.  Panamá
7.  España
8.  Uruguay
9.  Argentina
10. Chile

**Conversemos**

**1-8 ¿Quién soy yo?** *(Who am I?)* Write your full name, then list several names of friends or Spanish-speaking people. Take turns spelling your names in Spanish. Your partner will write down the names you spell so that you can compare notes when you're finished.

*AB* **1-9A Otra vez, por favor** *(please)*.

**Primera fase.** A classmate will spell names of cities, people, or things with Spanish origins for you. Write them out; then indicate the corresponding category for each. If you need to hear the spelling again, ask your partner to repeat by saying, **Otra vez, por favor.**

MODELO:   cosa *(thing)* (enchilada)

   ➤ *e- ene - ce - hache - i - ele - a - de - a*

1. persona famosa
2. ciudad *(city)*

3. cosa (thing)
4. persona famosa

5. ciudad
6. cosa

**Segunda fase.** Now spell your list shown below to your classmate. Be careful to just spell the names, not say them.

1. persona famosa      (Jimmy Smits)
2. ciudad              (Lima)
3. cosa                (banana)

4. persona famosa  (Antonio Banderas)
5. ciudad          (San José)
6. cosa            (cañón)

## 2. The numbers 0-100

| 0-9 | 10-19 | 20-29 | 30-39 |
|---|---|---|---|
| cero | diez | veinte | treinta |
| uno | once | veintiuno | treinta y uno |
| dos | doce | veintidós | treinta y dos |
| tres | trece | veintitrés | treinta y tres |
| cuatro | catorce | veinticuatro | treinta y cuatro |
| cinco | quince | veinticinco | treinta y cinco |
| seis | dieciséis | veintiséis | treinta y seis |
| siete | diecisiete | veintisiete | treinta y siete |
| ocho | dieciocho | veintiocho | treinta y ocho |
| nueve | diecinueve | veintinueve | treinta y nueve |

40-49: cuarenta, cuarenta y uno, cuarenta y dos, cuarenta y tres…
50-59: cincuenta, cincuenta y uno, cincuenta y dos, cincuenta y tres…
60-69: sesenta, sesenta y uno, sesenta y dos, sesenta y tres…
70-79: setenta, setenta y uno, setenta y dos, setenta y tres…
80-89: ochenta, ochenta y uno, ochenta y dos, ochenta y tres…
90-99: noventa, noventa y uno, noventa y dos, noventa y tres…
100-109: cien, ciento uno, ciento dos, ciento tres…

■ **Uno** becomes **un** before a masculine singular noun and **una** before a feminine singular noun.

| | | | |
|---|---|---|---|
| **un** libro | *a book* | **una** mesa | *a table* |
| **un** profesor | *a professor (male)* | **una** profesora | *a professor (female)* |

■ In compound numbers, **-uno** becomes **-ún** before a masculine noun and **-una** before a feminine noun.

| | |
|---|---|
| **veintiún** libros | *twenty-one books* |
| **veintiuna** profesoras | *twenty-one professors* |

■ The numbers **dieciséis** through **diecinueve** (16-19) and **veintiuno** through **veintinueve** (21-29) are generally written as one word, though you may occasionally see them written as three words, especially in older publications. The condensed spelling is not used after 30.

**diez y seis…   veinte y nueve**

■ **Cien** is used when it precedes a noun or when counting.

**cien** estudiantes      *one hundred students*
**noventa y ocho, noventa y nueve, cien**

■ **Ciento** is used in compound numbers from 101 and 199.

**ciento uno**
**ciento diez**
**ciento cuarenta**
**y cinco**
**ciento noventa**
**y nueve**

| | | |
|---|---|---|
| Ramírez Saavedra, Xavier | Av. España 1751,PB-5 | 23-07-01 |
| Ramírez Soto, Guillermo | Av. Las Heras 1232, 4°A | 23-07-01 |
| Ramírez Soto, Lux | Bolívar 18 | 29-05-15 |
| Reinoso Álarez, María | Mitre 223, 5° F | 24-22-13 |
| Reinoso Bistué, Carlos | Rivadavia 729 | 28-17-11 |

*¿Cuál es tu número de teléfono?*

 **Practiquemos**

**1-10 Problemas de matemáticas.** Solve the following math problems in Spanish.

MODELOS:  2 + 3 = *Dos **más** tres **son** cinco.*
                4 − 2 = *Cuatro **menos** dos **son** dos.*
                3 × 5 = *Tres **por** cinco **son** quince.*
                8 ÷ 2 = *Ocho **entre** dos **son** cuatro.*
                6 − 5 = *Seis **menos** cinco **es** uno.*

| más (+) | menos (−) | por (×) | entre (÷) | son/es (=) |
|---|---|---|---|---|

1. $5 \times 5 =$
2. $15 \times 2 =$
3. $9 \times 5 =$

4. $63 - 27 =$
5. $16 \div 4 =$
6. $72 \div 9 =$

7. $15 + 17 =$
8. $99 - 3 =$
9. $14 - 2 =$

10. $11 + 11 =$
11. $20 \div 2 =$
12. $56 + 11 =$

**1-11 ¿Qué número falta?** Complete the following sequences with the logical number in Spanish.

MODELO:  uno, *tres*, cinco, *siete*, nueve

1. dos, ___, seis, ocho, ___, doce, ___
2. ___, ___, cinco, siete, ___, once
3. uno, cinco, ___, ___, diecisiete
4. cinco, diez, ___, veinte, veinticinco, ___, ___
5. treinta, cuarenta, ___, ___, setenta, ___, ___
6. ___, veintidós, ___, cuarenta y cuatro, ___, ___, setenta y siete, ___
7. veintiuno, veintitrés, ___, veintisiete, veintinueve
8. noventa y cinco, setenta y dos, ___, veintiséis, ___

 **Conversemos**

**1-12 ¿Qué número falta?** Write your own number sequences and try them out on a classmate.

*AB* **1-13A ¿Cuál (*What*) es tu número de teléfono?** Telephone numbers in Spanish are usually expressed in pairs of digits. Write your telephone numbers, including the area code, and take turns dictating them to each other. Then give each other the missing phone numbers to complete the following list. After you finish, you should each have a complete list, including your partner's number.

MODELO:  E1: *¿Cuál es tu número de teléfono?*
             E2: *(5 13) 5 55 18 40: cinco, trece, cinco, cincuenta y cinco, dieciocho, cuarenta*
             E1: *¿Y el teléfono de Pedro?*
             E2: *El teléfono de Pedro es el cuatro, doce, ocho, ochenta y ocho, veintitrés, sesenta y dos.*

mi compañero/a _____
Teresa _____
Andrés (415) 399-5120
Emilio _____
Gabriela (611) 232-0541

Pedro (412) 888-2362
Yolanda (977) 735-1332
Luis _____
Gloria (789) 928-0867
Marcos _____

# En Madrid

La **Semana Santa** madrileña ofrece un buen número de procesiones.

El 30 se corre la famosa **Mapoma** (Maratón Popular de Madrid) con meta en el Paseo de Coches del Retiro.

El 23 se celebra el **Día del Libro,** cientos de tenderetes se instalan por las zonas más céntricas donde se pueden comprar ejemplares con descuentos interesantes y algunas novedades.

Atención, advertimos a los numerosos visitantes que se acercan a los museos que se cercioren de los horarios especiales de Semana Santa.

La Oficina de Congresos da la bienvenida a los participantes de los siguientes congresos: **The 6th SICOT Trainees Meeting.**

**El Teléfono del Turismo 902 202 202**
La línea turística le proporciona amplia información sobre: hoteles, paradores, campings, hostales, etc.; las mejores ofertas para viajar; dónde y cómo reservar.

**010 Teléfono del Consumidor**
Teléfono del consumidor y toda la información cultural y de servicios del Ayuntamiento de Madrid.

## ABRIL - 2000 N.º 158

| | |
|---|---|
| Ballet . . . . . . . . . . . . . . .13 | Fiestas . . . . . . . . . . . . . . .20 |
| Conciertos . . . . . . . . . . .12 | Miscelánea . . . . . . . . . . . .23 |
| Congresos . . . . . . . . . . .18 | Música . . . . . . . . . . . . . .20 |
| Datos útiles . . . . . . . . . .26 | Niños . . . . . . . . . . . . . . .22 |
| Deportes . . . . . . . . . . . .14 | Ópera . . . . . . . . . . . . . . .14 |
| Exposiciones . . . . . . . . . . .4 | Paseo del arte . . . . . . . . . .31 |
| Ferias . . . . . . . . . . . . . . .14 | Puntos de interés . . . . . . . .27 |

**EDITA** Patronato Municipal de Turismo Mayor, 69, 28013, Madrid. Tel.: 588 29 00
el p.m.t. no se responsabiliza de los cambios de última hora.

**1-14 ¿Qué hacer en Madrid?**
Take turns saying on what page of the tourist guide you can find information about what to do in Madrid.

MODELO: música
➤ *en la página veinte*

1. puntos de interés
2. datos útiles
3. congresos
4. niños
5. conciertos
6. ballet
7. paseo del arte
8. deportes
9. fiestas
10. ópera

## 3. The days of the week, the months, and the seasons
### Los días de la semana

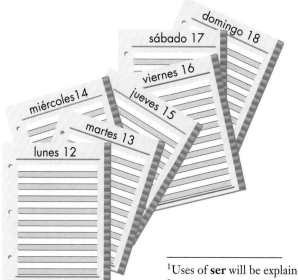

- The days of the week in Spanish are not capitalized and are all masculine.

- Calendars begin the week with Monday, not Sunday.

- The definite article is not used after **es** when telling what day of the week it is.[1]

   Hoy **es jueves.**    *Today is Thursday.*

- *On Monday . . . on Tuesday . . .* etc., is expressed by using the definite article, **el.**[2]

   El examen es **el lunes.**    *The exam is on Monday.*

- Days that end in **-s,** have the same form in the singular and the plural.

   **el lunes**          **los lunes**

---

[1]Uses of **ser** will be explained in *Lección 2.*
[2]Definite articles will be explained in detail on p. 24 of this lesson.

- In the plural, the days of the week express the idea of doing something regularly.

  | | |
  |---|---|
  | La clase de filosofía es **los lunes, los miércoles** y **los viernes.** | *Philosophy class is on Mondays, Wednesdays and Fridays.* |
  | **Los sábados** voy al[1] gimnasio. | *I go to the gym on Saturdays.* |

## Los meses del año

| | | | | | |
|---|---|---|---|---|---|
| **enero** | *January* | **mayo** | *May* | **septiembre** | *September* |
| **febrero** | *February* | **junio** | *June* | **octubre** | *October* |
| **marzo** | *March* | **julio** | *July* | **noviembre** | *November* |
| **abril** | *April* | **agosto** | *August* | **diciembre** | *December* |

- Months are not capitalized in Spanish.

  | | |
  |---|---|
  | Mi cumpleaños es en **abril.** | *My birthday is in April.* |
  | Hay veintiocho días en **febrero.** | *There are twenty-eight days in February.* |

## Las estaciones del año

| | | | |
|---|---|---|---|
| **el invierno** | *winter* | **el verano** | *summer* |
| **la primavera** | *spring* | **el otoño** | *fall* |

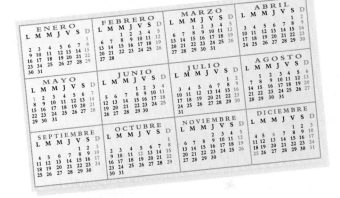

- The definite article is normally used with seasons. Seasons are not capitalized.

  | | |
  |---|---|
  | ¿Cómo es **la primavera** aquí? | *What is spring like here?* |

 **Practiquemos**

**1-15 Los días de la semana.** Look at the calendar and indicate on which day of the week the following days fall.

MODELO: el 4
  ► *El cuatro de abril es martes.*

1. el 17
2. el 21
3. el 30
4. el 5
5. el 27
6. el 8
7. el 25
8. el primero (*first*)

| L | M | M | J | V | S | D |
|---|---|---|---|---|---|---|
| | | ABRIL | | | | |
| | | | | | 1 | 2 |
| 3 | 4 | 5 | 6 | 7 | 8 | 9 |
| 10 | 11 | 12 | 13 | 14 | 15 | 16 |
| 17 | 18 | 19 | 20 | 21 | 22 | 23 |
| 24 | 25 | 26 | 27 | 28 | 29 | 30 |

---

[1] **al** is a contraction of **a** + **el.**

**1-16 Los meses y las estaciones.** Write the season in which each month falls in the Northern Hemisphere. Then do the same with the Southern Hemisphere.

|  | Hemisferio norte | Hemisferio sur |
|---|---|---|
| 1. febrero | _____ | _____ |
| 2. agosto | _____ | _____ |
| 3. julio | _____ | _____ |
| 4. diciembre | _____ | _____ |
| 5. marzo | _____ | _____ |
| 6. octubre | _____ | _____ |
| 7. mayo | _____ | _____ |
| 8. septiembre | _____ | _____ |
| 9. enero | _____ | _____ |
| 10. abril | _____ | _____ |

**1-17 Fechas importantes.** Tell the date of the following celebrations. If the celebration does not always fall on the same day, give the month in which it usually falls.

MODELO: ► *el diecisiete de marzo*

1.

2.

3.

4.

5.

6.

7.

8.

9.

# Conversemos

**1-18A  Trivia.** Take turns asking each other questions. One of you will use this page; the other will use the corresponding activity in the Appendix.

MODELO:  E1: *un mes con veintiocho días*
              E2: *febrero*

1. los días en que no hay clases
2. los meses de la primavera
3. un mes con treinta y un días
4. un mes del otoño
5. un día malo (*bad*)
6. el mes de tu cumpleaños (*birthday*)

**1-19  Las clases.** Make a chart indicating what classes you have each day of the week. Then compare schedules.

MODELO:  E1: *Tengo* (I have) *física los lunes. ¿Y tú?*
              E2: *Tengo francés y álgebra los lunes.*

ALGUNAS MATERIAS[1]

| | | | |
|---|---|---|---|
| arte | comunicaciones | gimnasia | matemáticas |
| biología | español | historia | música |
| ciencias políticas | filosofía | inglés | sociología |

**1-20  ¿Cuándo es tu cumpleaños?** In groups of five or six, take turns reporting your birthdays. Have one person fill in the information on a twelve-month graph to compile a graph like the one below for the class.

1. ¿Cuál (*Which*) es el mes más (*most*) común?
2. ¿Cuál es el mes menos (*least*) común?

| Número de estudiantes | |
|---|---|
| enero | |
| febrero | |
| marzo | |
| abril | |
| mayo | |
| junio | |
| julio | |
| agosto | |
| septiembre | |
| octubre | |
| noviembre | |
| diciembre | |

---

[1] You will see that many class subjects are cognates. As you use these cognates, remember to use the Spanish sounds for vowels.

# ¡Así es la vida!

## En la clase

1. el borrador
2. el estudiante
3. la estudiante
4. el mapa
5. la silla
6. el cuaderno

7. los libros
8. el pupitre
9. el papel
10. la pizarra
11. la tiza
12. la profesora

13. el bolígrafo
14. el lápiz
15. la puerta
16. la mochila
17. la luz
18. el reloj

19. el escritorio
20. la ventana
21. la pared
22. la mesa
23. el techo
24. el piso

## ¡ASÍ LO DECIMOS!

### Preguntas

| | |
|---|---|
| ¿Cómo es? | What is (it) like? |
| ¿Cómo son? | What are (they) like? |
| ¿Cuánto(s)…? | How much? How many? |
| ¿Cuánto cuesta(n)…? | How much is . . . ? How much are . . . ? |
| ¿De qué color es…? | What color is . . . ? |
| ¿Necesitas…? | Do you need . . . ? |
| ¿Qué hay en…? | What is/are there in . . . ? |
| ¿Qué es esto? | What's this? |
| ¿Tienes…? | Do you have . . . ? |

### Respuestas

| | |
|---|---|
| Cuesta(n)… | It costs . . . / They cost . . . |
| Es… / Son… | It is . . . / They are . . . |
| Esto es un/a… | This is a . . . |
| Hay[1] un/a (unos/as)… | There is a (are some) . . . |
| Necesito un/a… | I need a . . . |
| Tengo un/a… | I have a . . . |

### Los colores

| | |
|---|---|
| amarillo/a | yellow |
| anaranjado/a | orange |
| azul | blue |
| blanco/a | white |
| gris | grey |
| marrón | brown |
| morado/a | purple |
| negro/a | black |
| rojo/a | red |
| rosado/a | pink |
| verde | green |

### Adjetivos

| | |
|---|---|
| aburrido/a | boring |
| antipático/a | unpleasant, mean |
| barato/a | cheap, inexpensive |
| bueno/a | good |
| caro/a | expensive |
| emocionante | exciting |
| extrovertido/a | out-going |
| fascinante | fascinating |
| grande | big |
| inteligente | intelligent |
| interesante | interesting |
| malo/a | bad |
| pequeño/a | small |
| perezoso/a | lazy |
| simpático/a | nice |
| tímido/a | shy, timid |
| tonto/a | dumb, silly |
| trabajador/a | hard-working |

### Adverbios

| | |
|---|---|
| allí/ahí | there; over there |
| aquí | here |
| mientras (tanto) | (mean)while |
| mucho | a lot |
| poco | a little |

### Expresión

| | |
|---|---|
| Abre/Abra(n)[2] el libro en la página 80. | Open the book to page 80. |

---

[1] **Hay** means *there is* or *there are*. Note that it uses the same form for singular and plural.

[2] (see page 18) Instructors may address students with the familiar, you (**Abre, tú**) or with the formal (**Abra, usted**). The first form here is familiar. When addressing more than one student, the instructor will use the plural form of the verb: **Abran el libro…**

## Ampliación

**Expresiones para la clase**

| | |
|---|---|
| **Cierra/Cierre(n) el libro.** | *Close the book.* |
| **Contesta/Conteste(n) en español.** | *Answer in Spanish.* |
| **Escribe/Escriba(n) en la pizarra.** | *Write on the board.* |
| **Escucha/Escuche(n) la cinta.** | *Listen to the tape.* |
| **Estudia/Estudie(n) la lección.** | *Study the lesson.* |
| **Haz/Haga(n) la tarea.** | *Do the homework.* |
| **Lee/Lea(n) la lección, por favor.** | *Read the lesson, please.* |
| **Repite/Repita(n) la palabra.** | *Repeat the word.* |
| **Ve/Vaya(n) a la pizarra.** | *Go to the board.* |

## ¡Escucha!

**A. ¿Qué haces cuando…?** (*What do you do when . . .?*) Listen to a Spanish teacher make various requests in the classroom, and write the number of each request by your corresponding reaction.

___ I answer in Spanish.  ___ I sit down.
___ I open my book.  ___ I close my book.
___ I read.  ___ I listen.
___ I do my homework.  ___ I repeat what I hear.

 **B. Te toca a ti.** (*It's your turn.*) In a group of three to four students, take turns acting out each other's commands.

## Practiquemos

**1-21 ¿Qué hay en la clase?** Take turns asking whether or not these people and things are in your classroom.

MODELO:  un escritorio
E1: *¿Hay un escritorio?*
E2: *Sí, hay uno (dos, tres, etcétera).*

1. una pizarra
2. un bolígrafo
3. una puerta
4. una mochila
5. una silla
6. un cuaderno
7. una tiza
8. un borrador
9. una profesora
10. una ventana
11. una mesa
12. un reloj

**1-22 ¿Qué color?** Tell a classmate what color you associate with various classroom objects.

MODELO:  la pizarra
▶ *verde*

**1-23 ¿Es mucho o poco?** Take turns saying how much an item in your classroom costs, and asking whether it costs a lot or a little. Your partner will respond to your question.

MODELO: lápiz / 10 dólares
             E1: *El lápiz cuesta 10 dólares. ¿Es mucho o es poco?*
             E2: *Es mucho.*

1. la tiza / 50 centavos
2. la mesa / 5 dólares
3. la mochila / 45 dólares
4. el bolígrafo / 2 dólares
5. la silla / 59 dólares

6. el libro / 85 dólares
7. el cuaderno / 21 dólares
8. el mapa / 39 dólares
9. el escritorio / 99 dólares
10. el reloj / 77 dólares

## Conversemos

**1-24 ¿Qué necesitas?** Take turns saying what you need for the following activities.

MODELO: la tarea (*homework*) de matemáticas
         ► *Necesito un lápiz, un libro y papel.*

1. la tarea de inglés
2. la tarea de español
3. para escribir (*to write*) una carta (*letter*)
4. para salir de (*to leave*) la sala de clase
5. para mirar (*to look*) afuera (*outside*)
6. para leer (*to read*)

7. para dar (*to give*) clase
8. para guardar (*to put away*) los libros
9. para escribir un cheque
10. para decir (*to tell*) la hora (*time*)
11. para localizar (*to locate*) Uruguay
12. para sentarse (*to sit down*)

**1-25A Necesito...** Below is a list of items you need. Tell a classmate what you need and ask if he/she has them. Mark the items your classmate has. When you finish, compare your lists.

MODELO: E1: *Necesito un pupitre. ¿Tienes un pupitre?*
             E2: *Sí, tengo un pupitre. (Sí, tengo dos pupitres.)*
             E2: *Necesito treinta y tres libros. ¿Tienes treinta y tres libros?*
             E1: *No, no tengo treinta y tres libros. (No, sólo tengo veintidós libros.)*

NECESITO...

✓ 1 pupitre
___ 10 sillas
___ 100 papeles
___ 4 ventanas

___ 14 cuadernos
___ 80 bolígrafos
___ 17 lápices
___ 33 libros

___ 11 mesas
___ 1 borrador
___ 18 mochilas

___ 16 escritorios
___ 95 mapas
___ 75 pizarras

**1-26 Veo algo... (*I see something* . . .)** Describe an object to a classmate to see if he/she can guess what it is. Use colors and adjectives from **¡Así lo decimos!**

MODELO: E1: *Veo algo verde y grande.*
             E2: *¿Es la pizarra?*

**1-27 De compras (*Shopping*).** You both are responsible for buying supplies for an academic department. Between the two of you, figure out how many of the following items you need to order. (Be sure to show your calculation.)

Hay nueve profesores y dos secretarias. Cada (*each*) profesor necesita una mesa. Tres profesores necesitan un cuaderno y diez bolígrafos cada uno. Tres profesores necesitan ocho lápices y una silla cada uno. Dos profesores necesitan veinticinco cuadernos y una pizarra cada uno. Un profesor necesita cuatro diccionarios, dos borradores y dos cuadernos. Las secretarias necesitan quince bolígrafos, una computadora, veinte lápices, quince borradores y un escritorio.

MODELO:  9 mesas  ➤  *9 × 1 = 9*
1. cuadernos  _____
2. bolígrafos  _____
3. lápices  _____
4. pizarras  _____
5. escritorios  _____
6. computadoras  _____
7. borradores  _____

**1-28 Ellos, ellas y los colores**

**Primera fase: Antes de leer.** Skim the reading to find the following information. Don't try to understand every word. Read for general meaning and glean the following information from it.

1. What is the study about?
2. Where did it take place?
3. What percentage of men are referred to?
4. What colors are mentioned?

**Segunda fase: A leer.** Read again, more carefully.

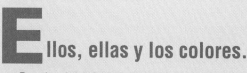

**E**llos, ellas y los colores.

En un hospital de París se desarrolló un estudio en el que se les pidió a pacientes adultos, hombres y mujeres, que pintaran acuarelas con sus colores favoritos. En los resultados se observó que el 85% de los hombres prefirió usar los tonos verdes y los azules, mientras que la mayoría de las mujeres escogió los rojos y los amarillos, mostrando así —una vez más— las marcadas diferencias que en cuanto a preferencias de colores existen entre los dos sexos.

*Vanidades, 34 (20), p. 16.*

**Tercera fase: ¿Qué opinas?** How does this study compare with the color preferences in your class?

Los hombres del estudio son como (*are like*) los hombres de la clase.  **sí**  **no**
Las mujeres del estudio son como las mujeres de la clase.  **sí**  **no**

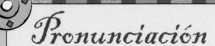

# Pronunciación

## El silabeo (*Syllabification*)

Spanish words are divided into syllables as follows.

1. Single consonants (including **ch**, **ll**, **rr**) are attached to the vowel that follows.

   **si-lla**          **ro-jo**          **me-sa**          **bo-rra-dor**

2. Two consonants are usually separated.

   **tar-des**          **ver-de**          **i-gual-men-te**

3. When a consonant is followed by **l** or **r**, both consonants are attached to the following vowel.

   **Pa-blo**          **Pe-dro**

   However, the combinations **nl**, **rl**, **sl**, **nr**, and **sr** are separated.

   **Car-los**          **is-la**          **En-ri-que**

4. In groups of three or more consonants, only the last consonant, or the one followed by **l** or **r** (with the exceptions listed just above) begins a syllable.

   **ins-ta-lar**          **in-glés**          **es-cri-to-rio**

5. Adjacent strong vowels (**a**, **e**, **o**) form separate syllables.

   **ma-es-tro**          **le-an**

6. Generally, when there is a combination of a strong vowel (**a**, **e**, or **o**) with a weak vowel (**i** or **u**) with no accent mark, they form one sound called a *diphthong* and the stress falls on the strong vowel.

   **E-d***u***a**r**-do**          **p***u***er-ta**

   However, the diphthong is broken when the stress falls on either of the weak vowels, **i** or **u**. In these cases, the weak vowel carries a written accent.

   **Ma-rí-a**          **dí-as**

7. When two weak vowels are together, the second of the two is stressed.

   **vi***u***-da**          **bu***i***-tre**          **fu***i***

## La acentuación (*Word stress*)

1. Words that end in a **vowel**, **n**, or **s** are stressed on the next to the last syllable.

   **mo-*chi*-la**              *Car*-los              re-*pi*-tan

2. Words that end in a consonant other than **n** or **s** are stressed on the last syllable.

   **us-*ted***              to-*tal*              pro-fe-*sor*

3. Words that do not follow the regular stress patterns mentioned above require a written accent on the stressed syllable.

   *lá*-piz              *Víc*-tor              lec-*ción*

4. A written accent is used to differentiate between words that are spelled the same but have different meanings.

   | | | | |
   |---|---|---|---|
   | **él** | *he* | **el** | *the* |
   | **sí** | *yes* | **si** | *if* |
   | **tú** | *you* | **tu** | *your* |

5. A written accent is also used on the stressed syllable of all interrogative (question) words and in exclamatory expressions.

   **¿Cuánto?** (*How much?*)   **¿Qué?** (*What?*)   **¡Qué sorpresa!** (*What a surprise!*)

## Pronunciemos

**A. ¡A dividir!** Listen to and repeat each of the following words. Then divide it into syllables.

MODELO:   Argentina
   ► *Ar-gen-ti-na*

1. pupitre
2. bolígrafo
3. tardes
4. regular
5. luego
6. bastante
7. mañana
8. Nicaragua
9. borrador

**B. ¿Cómo se escribe?** Listen to and repeat each of the following words. Then underline the stressed vowel and write an accent if required.

MODELO:   ► mochila

1. mañana
2. clase
3. leccion
4. repitan
5. lapiz
6. universidad
7. pared
8. colores
9. escritorio
10. estudiante
11. boligrafo
12. reloj
13. veintidos
14. matematicas
15. lecciones

# COMPARACIONES...  Why study Spanish?

There are over 362 million Spanish speakers in the world today. Spanish is the official language of Spain, Mexico, much of Central and South America, and much of the Caribbean. Spanish is spoken in some Asian countries, such as the Philippines, and by a portion of the population in Equatorial Guinea and Morocco in Africa. The U.S. has 28 million people whose first language is Spanish (that's 11% of the U.S. population!), and is the fifth largest Spanish-speaking country in the world. Today, only Spain, Mexico, Argentina, and Colombia have more Spanish-speakers than the U.S. By the year 2010, one in every four U.S. citizens will be Hispanic.

The enormous diversity among Spanish speakers results in differences in pronunciation and vocabulary, similar to differences in expressions and accents in English. Different neighbors and ethnic groups influenced the words and accents of each country. Below are some examples.

**¡Vamos a comparar!** Can you think of differences in accents or in expressions that people use in regions of the U.S., England, India, Australia, or Canada?

**¡Vamos a conversar!** Take turns telling each other what country you're in based on the name of the items.

MODELO:   E1: *Necesito un camión.*
              E2: *Estás* (You are) *en México.*

ENGLISH WORD

SPANISH WORDS

| | SPAIN | COLOMBIA | MEXICO | ARGENTINA |
|---|---|---|---|---|
| *car* | coche | carro | carro | auto |
| *apartment* | piso | apartamento | departamento | departamento |
| *bus* | autobús | bus | camión | ómnibus |
| *sandwich* | bocadillo | sándwich | sándwich, torta | sándwich, bocadillo |

 *¡Así lo hacemos!*

## Estructuras

### 4. Definite and indefinite articles; gender of nouns

Spanish, like English, has definite (*the*) and indefinite (*a, an, some*) articles. In Spanish, the forms of the definite and indefinite articles vary according to the *gender* and *number* of the noun to which they refer.

**el** libro, **los** libros        *the book, the books*
**la** silla, **las** sillas        *the chair, the chairs*

### Los artículos definidos (*the*)

Spanish has four forms equivalent to the English definite article, *the*: **el, la, los, las**.

|  | MASCULINE | | FEMININE | |
|---|---|---|---|---|
| SINGULAR | **el** bolígrafo | *the pen* | **la** silla | *the chair* |
| PLURAL | **los** bolígrafos | *the pens* | **las** sillas | *the chairs* |

- Use the definite article with titles when talking about someone, but not when addressing the person directly.

**El** profesor Gómez habla español.    *Professor Gómez speaks Spanish.*
¡Buenos días, profesor Gómez!    *Good morning, Professor Gómez!*

### Los artículos indefinidos (*a, an, some*)

**Un** and **una** are equivalent to *a* or *an*. **Unos** and **unas** are equivalent to *some* (or *a few*).

|  | MASCULINE | | FEMININE | |
|---|---|---|---|---|
| SINGULAR | **un** bolígrafo | *a pen* | **una** silla | *a chair* |
| PLURAL | **unos** bolígrafos | *some pens* | **unas** sillas | *some chairs* |

- In Spanish, the indefinite article is omitted when telling someone's profession, unless you qualify them (good, bad, hard-working, etc.).

Lorena es profesora de matemáticas.    *Lorena is a mathematics professor.*
Lorena es **una** profesora buena.    *Lorena is a good professor.*

## El género de los sustantivos

Words that identify persons, places, or objects are called nouns. Spanish nouns—even those denoting nonliving things—are either masculine or feminine in gender.

| MASCULINE | | FEMININE | |
|---|---|---|---|
| **el hombre** | *the man* | **la mujer** | *the woman* |
| **el muchacho** | *the boy* | **la muchacha** | *the girl* |
| **el profesor** | *the professor* | **la profesora** | *the professor* |
| **el lápiz** | *the pencil* | **la mesa** | *the table* |
| **el libro** | *the book* | **la clase** | *the class* |
| **el mapa** | *the map* | **la universidad** | *the university* |

Most nouns ending in **-o** or those denoting male persons are masculine: **el libro, el hombre**. Most nouns ending in **-a** or those denoting female persons are feminine: **la mesa, la mujer**. Some common exceptions are: **el día** *(day)* and **el mapa**, which are masculine. Another exception is **la mano** *(hand)*, which ends in **-o** but is feminine.

---

## ⚠ Study tips — Gender of nouns

Here are some tips to help you remember the gender of some nouns.

1. Many person nouns have corresponding masculine **-o** and feminine **-a** forms.

   **el muchacho / la muchacha**     **el niño / la niña** *(boy / girl)*

2. Most masculine nouns ending in a consonant simply add **-a** to form the feminine.

   **el profesor / la profesora**   **el león / la leona**   **un francés / una francesa**

3. Certain person nouns use the same form for masculine and feminine, but the article used will show the gender.

   **el estudiante / la estudiante** *(male / female student)*

4. If it is provided, the article will tell you what the gender of the noun is.

   **una** clase                  **un** lápiz

5. Most nouns ending in -ad, -ión, -ez, -ud, and -umbre are feminine.

   **la universidad**     **la nación**              **la niñez** *(childhood)*
   **la juventud** *(youth)*   **la legumbre** *(vegetable)*

6. Most nouns ending in **–ema** are masculine.

   **el problema**        **el sistema**           **el tema** *(theme)*

## Practiquemos

**1-29 ¿Qué son?** Identify the people and objects in the classroom. Use the definite article.

MODELO: ► *El número uno es el estudiante.*

## Conversemos

 **1-30A ¿Qué necesita?** Ask each other what the following people or places need. Use the indefinite article.

MODELO: E1: *¿Qué necesita un profesor de informática (computer science)?*
E2: *Un profesor de informática necesita una computadora,...*

| | | | | |
|---|---|---|---|---|
| bolígrafos | cuaderno | mapas | papeles | reloj |
| borradores | diccionario | mesa | paredes | sillas |
| calculadora | estudiantes | microscopio | puerta | ventanas |
| computadora | libros | mochila | pupitres | ¿...? |

¿Qué necesita...

1. un profesor de historia?
2. un científico?
3. una profesora de japonés?

4. un matemático?
5. una profesora de ingeniería?

## 5. Plural nouns

| SINGULAR | | PLURAL | |
|---|---|---|---|
| el muchacho | la mujer | los muchachos | las mujeres |
| el hombre | el profesor | los hombres | los profesores |
| la mesa | el lápiz | las mesas | los lápices |

■ Nouns that end in a vowel form the plural by adding **-s**.

**mesa** → **mesas**

■ Nouns that end in a consonant or a stressed vowel add **-es**.

**mujer** → **mujeres**          **ají** → **ajíes**

■ Except for **el mes** → **los meses**, nouns that end in **-s** don't change if the stress falls on the second- or third-to-last syllable.

**el lunes, los lunes**          **la dosis, las dosis**

■ Nouns that end in a **-z** change the **z** to **c**, and add **-es**.

**lápiz** → **lápices**

■ When the last syllable of a word that ends in a consonant has an accent mark, the accent is no longer needed in the plural.

**lección** → **lecciones**

 Practiquemos

**1-31 Más de uno.** Give the plural form of each of these nouns.

MODELO:   el libro
   ► *los libros*

1. la profesora    3. la lección    5. el reloj    7. el mapa
2. el lápiz    4. la ventana    6. el día    8. la mujer

**1-32 En la clase de español.** Complete the paragraph about a Spanish class using the correct form of the definite or indefinite article in each blank.

En (1)___ clase de español, hay (2)___ mapa, (3)___ pizarra, (4)___ escritorio, (5)___ sillas y (6)___ pupitres. (7)___ estudiantes son (*are*) muy inteligentes. (8)___ profesor / profesora es (9)___ señor / señora / señorita… Todos (*Every*) (10)___ días, estudiamos (*we study*) (11)___ lección y hablamos (*we speak*) mucho.

 **Conversemos**

*AB* **1-33A ¿Qué hay en la clase?** Ask your classmate questions about your classroom. Then respond to questions s/he asks you.[1]

MODELO:   E1: *¿Cuántos estudiantes hay en la clase?*
        E2: *Hay veinticuatro.*

1. ¿Cuántos estudiantes hay en la clase?    4. ¿Cuántas ventanas hay?
2. ¿Qué hay en la pizarra?    5. ¿Cuántas sillas hay?
3. ¿Hay un mapa?    6. ¿Hay algo más (*anything else*)?

## 6. Adjective form, position, and agreement

■ Descriptive adjectives, such as those denoting size, color, shape, etc., describe and give additional information about objects and people.

un libro **romántico**       *a romantic book*
una clase **pequeña**       *a small class*
un cuaderno **rosado**       *a pink notebook*

---

[1] To ask *How many?*, use the question word **¿Cuántos/as?** Like regular adjectives, **¿Cuántos/as?** must agree in number and gender with the noun it modifies.

- They agree in gender and number with the noun they modify, and they generally follow the noun. Note that adjectives of nationality are not capitalized in Spanish.

| | |
|---|---|
| el profesor **colombiano** | *the Colombian professor* |
| la señora **mexicana** | *the Mexican lady* |
| los estudiantes **españoles** | *the Spanish students* |

- Adjectives whose masculine form ends in **-o** have a feminine form that ends in **-a.**

| | |
|---|---|
| el profesor **argentino** | *the Argentine professor* (male) |
| la profesora **argentina** | *the Argentine professor* (female) |

- Adjectives ending in a consonant or **-e** have the same masculine and feminine forms.

| | | | |
|---|---|---|---|
| un carro **azul** | *a blue car* | un libro **grande** | *a big book* |
| una silla **azul** | *a blue chair* | una clase **grande** | *a big class* |

- Adjectives of nationality that end in a consonant, and adjectives that end in **-dor,** add **-a** to form the feminine. If the masculine has an accented final syllable, the accent is dropped in the feminine and the plural forms.

| | |
|---|---|
| el profesor **español** | *the Spanish Professor* |
| la estudiante **española** | *the Spanish student (from Spain)* |
| una mochila **francesa** | *a French backpack* |
| un libro **frances** | *French book* |
| un señor **trabajador** | *a hardworking man* |
| una profesora **trabajadora** | *a hardworking professor* |

- The plural form of adjectives, like nouns, adds **-s** to vowels and **-es** to consonants.

| SINGULAR | | PLURAL | |
|---|---|---|---|
| mexicano | trabajador | mexicanos | trabajadores |
| española | romántico | españolas | románticos |
| inteligente | rebelde | inteligentes | rebeldes |

 Practiquemos

**1-34 ¿Cómo es?** Describe your Spanish professor and one or more students in the class. Use at least two descriptive words for each person.

MODELO: ► Cristina es *inteligente y trabajadora.*

1. El profesor (La profesora) es ___    2. (nombre de un/a estudiante) es ___

**1-35 ¿De qué color?** Look at the following items in your classroom and say what color they are.

MODELO: la pizarra
► *La pizarra es negra.*

| | | | | |
|---|---|---|---|---|
| 1. la tiza | 3. el escritorio | 5. el mapa | 7. los libros | 9. el bolígrafo |
| 2. el lápiz | 4. los cuadernos | 6. la mochila | 8. la puerta | 10. los papeles |

**1-36 ¿Cómo es? ¿Cómo son?** Combine nouns and adjectives to make logical sentences in Spanish. Remember that articles, nouns, and adjectives agree in gender and number.

MODELOS: la profesora             los estudiantes
   ► *La profesora es simpática.*   *Los estudiantes son buenos.*

| | | |
|---|---|---|
| el libro de español | | fascinante |
| el profesor | | interesante |
| la profesora | | simpático/antipático |
| las sillas | | aburrido/emocionante |
| la clase | | inteligente/tonto |
| los estudiantes | es/son | bueno/malo |
| la pizarra | | norteamericano/español, etcétera |
| mi (*my*) mochila | | rojo/anaranjado/amarillo/negro, etcétera |
| el bolígrafo | | barato/caro |
| la universidad | | grande/pequeño |
| los cuadernos | | trabajador/perezoso |

**1-37 PALIFRUTA.** Answer these questions based on the ad.

1. ¿De qué color es el palifruta de limón?
2. ¿De qué color es el palifruta de grosella?
3. ¿Son buenos o malos los palifrutas? ¿Por qué?

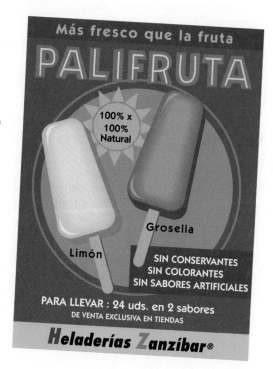

## Conversemos

**1-38 Yo soy...** Introduce and describe yourself to a classmate. Follow the model.

MODELO: ▶ *Me llamo... Soy...,... y... (adjectives).*

**1-39 ¿Cómo eres?** Ask several classmates what they are like.

MODELO: E1: *¿Cómo eres?*
E2: *Soy...*

*A B* **1-40A En la celebración de los Grammy.** Identify the following people sighted at the Grammy Award celebration. Use adjectives from this lesson and those below.

MODELO: E1: *¿Cómo es Denzel Washington?*
E2: *Es un hombre muy activo y alto. Es norteamericano.*

alto / bajo (*tall / short*)                   gracioso (*funny*)
delgado / gordo (*thin / fat*)                 misterioso / exótico
rubio / moreno (*blond / dark*)                romántico
bonito / feo (*pretty / ugly*)                 idealista / realista / pesimista
joven / viejo (*young / old*)                  paciente / impaciente

1. Gloria Estefan
2. Ricky Martin
3. Sammy Sosa
4. Daisy Fuentes
5. ¿... ?

**1-41 Una encuesta.** Take a survey of class members to find out what they consider to be ideal qualities of the following people, places, and things. Respond with your own opinions, as well. You may wish to refer to the list of adjectives in **1-40A** above.

MODELO: E1: *¿Cómo es la clase ideal?*
E2: *La clase ideal es pequeña.*
E1: *La clase ideal es interesante.*

1. ¿Cómo es la clase ideal?
2. ¿Cómo es el/la profesor/a ideal?
3. ¿Cómo es el/la amigo/a ideal?
4. ¿Cómo es el libro ideal?
5. ¿Cómo es la universidad ideal?

# *Páginas*

## *La búsqueda,* EPISODIO 1

Many of the readings that you will find in the reading section, **Páginas**, come from the Spanish-speaking world and were written for native Spanish speakers. Remember that you do not have to understand every word in order to understand the passage and glean essential information. The related activities will help you develop reading-comprehension strategies.

---

 **ESTRATEGIAS**

**Los cognados.** Spanish and English share many cognates, words or expressions that are identical or similar in two languages, for example, **profesor** / *professor* and **universidad** / *university*. When you read Spanish, cognates will help you understand the selection.

**A. Busca los cognados.** Skim the selection from **La búsqueda** and list the cognates you see. For each cognate, guess the meaning of the sentence or document in which it appears.

**B. Adivina.** Based on the information you gleaned from working with the cognates, guess what kind of story this is. Explain.

___ una historia de amor
___ una historia de detectives
___ una historia de aventura
___ una sátira

---

[1] **El día de la raza** is celebrated on Columbus Day.
[2] Parade

**1-42 ¿Comprendiste?** Complete each statement as it relates to **La búsqueda**.

1. La mujer se llama ___.
   a. María Flores del Valle        b. Lucho Santander
2. La mujer necesita conversar con un hombre en ___.
   a. Agencia MusaMax        b. el festival
3. El festival celebra el día de la ___.
   a. mochila roja        b. raza
4. La contraseña (*password*) es ___.
   a. tengo un bolígrafo gris.        b. Ana Florencia
5. El festival es en ___.
   a. Avenida Seis        b. Santander
6. Hay un pasaporte y un boleto de avión (*plane ticket*) en ___.
   a. la mochila negra        b. el cuaderno verde
7. Ahora, según (*according to*) el pasaporte, la mujer se llama ___.
   a. Ana Florencia del Río.        b. Cádiz
8. La mujer necesita ___.
   a. la mochila negra        b. apodo

**1-43 ¿Qué pasa?** Discuss what you think is going on in the reading. Use the following questions as a guide.

1. ¿Qué quiere decir **La búsqueda**?
2. ¿Qué tipo de historia es **La búsqueda**?
3. ¿Quién es el hombre de suéter anaranjado?
4. ¿Quién es el hombre vestido de (*dressed in*) morado y verde?
5. ¿Qué hay en la mochila roja?
6. ¿Qué hay en la mochila negra?
7. ¿Es interesante este tipo de historia? Explica.

**1-44 ¿Quiénes son? ¿Cómo son?** With a classmate, identify and describe both the physical and the psychological characteristics of each of the characters.

1. la mujer
2. el hombre

## ¡Escucha!

**Una autobiografía.** Listen to María Flores describe herself and write as much information about her as you can.

_____

_____

# Los países de nuestro mundo

La presencia de los hispanos en los EE. UU. se nota en muchas partes, especialmente en las grandes ciudades y en el suroeste del país. Esta tienda (*store*) está en Los EE. UU. y muchos de los clientes hablan español.

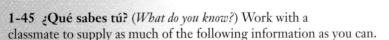

California
Arizona
Nuevo Mexico

**ESTADOS UNIDOS**

**MÉXICO**
México, D.F.

La Habana
**CUBA**
PENÍNSULA DE YUCATÁN

**GUATEMALA**
Guatemala
San Salvador
**EL SALVADOR**

**HONDURAS**
Tegucigalpa
**NICARAGUA**
Managua
**COSTA RICA**
San José
Panamá
**PANAMÁ**

Bogotá
**COLOMBIA**

Quito
**ECUADOR**

**PERÚ**
Lima

CORDILLERA DE LOS

Muchas capitales suramericanas son metrópolis grandes y modernas con sus rascacielos (*skyscrapers*), su comercio, su gente y su contaminación (*pollution*). Santa Fe de Bogotá, la capital de Colombia, incluye un nombre con origen indígena (*Bogotá*) y español (*Santa Fe*).

**1-45 ¿Qué sabes tú?** (*What do you know?*) Work with a classmate to supply as much of the following information as you can.

1. algunos países y capitales de habla española
2. un bosque lluvioso tropical (*rain forest*)
3. la ciudad más poblada (*populated*) de las Américas
4. el número de países independientes de habla española
5. el número de personas de habla española en los EE. UU.
6. los países de la Península Ibérica
7. las tres Américas: La América del ___, la América ___ y la América del ___
8. las islas del Caribe donde se habla español: ___ , ___ y ___
9. una región de los EE. UU. donde hay muchos hispanohablantes

La colonización de muchos países americanos originó con los viajes (*trips*) de exploración de Cristóbal Colón de 1492 a 1504.

ESPAÑA
PIRINEOS
Madrid
Barcelona
Andalucía
Costa del Sol

LA REPÚBLICA
DOMINICANA

San Juan
PUERTO
RICO
go

Caracas
VENEZUELA

ia

a Paz
OLIVIA

Hoy en día, la comunicación entre España y las Américas depende de varios medios modernos de comunicación.

La topografía, el clima y la economía de Suramérica varían de región en región. La majestuosa cordillera de los Andes, donde hace mucho frío (*it's very cold*) y donde hay poca vegetación contrasta con la rica y calurosa (*warm*) zona del Amazonas.

35

**1-46 ¿Dónde está…?** (*Where is . . . ?*) Take turns naming and locating places in the Spanish-speaking world.

MODELO:   E1: *¿Dónde está Madrid?*
                  E2: *Está en España.*

**1-47 ¿Cómo es?** Working with a classmate, complete the information missing from the chart below. (Note: some answers will vary.)

MODELO:   ▶   *Cuba*, pequeña, La Habana, *el Caribe*

| PAÍS | EXTENSIÓN | CAPITAL | LUGAR |
|------|-----------|---------|-------|
| 1. _____ | pequeña | La Habana | _____ |
| 2. Colombia | grande | _____ | _____ |
| 3. _____ | grande | Buenos Aires | _____ |
| 4. _____ | _____ | Caracas | Suramérica |
| 5. _____ | _____ | Washington D.C. | _____ |
| 6. _____ | _____ | San Salvador | _____ |
| 7. _____ | grande | **LIMA** | _____ |
| 8. **PANAMA** | pequeña | _____ | _____ |
| 9. _____ | _____ | Santo Domingo | el Caribe |
| 10. _____ | _____ | San José | _____ |

**1-48 Conexiones.** Consult an encyclopedia, world almanac, or the World Wide Web to find out the following information about the Hispanic world.

1. a Central American country where English is the official language
2. the five smallest countries
3. the three longest rivers
4. the name of an active volcano
5. three important mountain ranges
6. the highest navigable lake
7. a city in the U.S. with a large Spanish-speaking population.

 **Taller**

## Una carta de presentación

When you write a letter of introduction, you want to tell something about your physical and personal characteristics, and something about your life. In this first introduction, think of information you would share with a potential roommate. Follow the steps below to write five sentences in Spanish to include with a housing application.

1. **Preparación.** Write a list of adjectives that you identify with yourself.

2. **Introducción.** Introduce yourself.

3. **Descripción.** Using adjectives from your list, describe what you are like. Use the connector **y** (*and*) to connect thoughts.

4. **Estudios.** Say something about your classes and/or professors.

5. **Revisión.** Go back and make sure all of your adjectives agree with the nouns they modify.

6. **Intercambio.** Exchange your description with a classmate's, make suggestions and corrections, and add a comment about the description.

7. **Entrega.** Rewrite your letter, incorporating your classmate's suggestions. Then turn in the letter to your instructor.

MODELO:   ► *Santa Clara, CA*
            ► *25 de septiembre de 2000*
            ► *¡Hola!*
            ► *Me llamo… Soy… No soy…. Tengo clases… y… (etcétera)*
            ► *¡Hasta pronto!*
            ► *(firma) (signature)*

# LECCIÓN 2

## ¿De dónde eres?

# COMUNICACIÓN

- ► Describing yourself, others, and things
- ► Asking and responding to simple questions
- ► Asking for and telling time
- ► Talking about what you like to do (*Me gusta / Te gusta*)

# ESTRUCTURAS

### PRIMERA PARTE

- ► Subject pronouns and the present tense of *ser*
- ► Telling time
- ► Formation of yes/no questions and negations
- ► Interrogative words

### SEGUNDA PARTE

- ► The present tense of regular *-ar* verbs
- ► The present tense of *tener* and *tener* expressions

# CULTURA

- ► Names: Nombres, apellidos y apodos
- ► Higher education in Spanish-speaking countries
- ► Páginas: *La búsqueda*, Episodio 2
- ► Nuestro mundo: España: Tierra de don Quijote

# ¡Así es la vida!

## ¿Quién soy?

—¡Hola! Me llamo José Ortiz. Soy estudiante de la Universidad de Salamanca,[1] pero originalmente, soy de la República Dominicana. Tengo muchos nuevos amigos.

La muchacha morena se llama Isabel Rojas Lagos. Es de Sevilla. Es inteligente y muy trabajadora. También es muy simpática.

El muchacho rubio se llama Daniel Gómez Mansur. Es de Madrid, la capital de España. Es alto y delgado.

| | |
|---|---|
| PACO: | ¿De dónde eres tú, María? |
| MARÍA: | Soy de Valencia, pero mis padres son cubanos. Y tú, ¿de dónde eres? |
| PACO: | Soy de Santander. |
| MARÍA: | ¿Cuándo son tus clases, por la mañana o por la tarde? |
| PACO: | Mis clases son por la mañana. |
| MARÍA: | ¿Qué hora es? |
| PACO: | Son las nueve de la mañana. |
| MARÍA: | ¡Ay! ¡Mi clase de álgebra es a las nueve! Mucho gusto y hasta pronto. |
| PACO: | ¡Hasta luego, María! |

| | |
|---|---|
| CARLOS: | ¿Ustedes son puertorriqueñas? |
| LUPE: | No, somos venezolanas. |
| CARLOS: | ¿Verdad? Yo también soy venezolano. |
| LUPE: | ¿Sí? ¿De qué ciudad eres? |
| CARLOS: | De Caracas. |
| LUPE: | ¡Ay! ¡Nosotras también! |
| CARLOS: | ¡El mundo es un pañuelo![2] |

[1] La Universidad de Salamanca is the oldest university in Spain, and students from around the world come to study here in special programs as well as in the regular curriculum.
[2] This expression literally means: *The world is a handkerchief.* Can you guess what Carlos means by this?

## Palabras (Words) interrogativas

| ¿Cómo? | How? What? |
|---|---|
| ¿Cuál(es)? | Which (ones)? What? |
| ¿Cuándo? | When? |
| ¿De dónde? | Where from? |
| ¿De qué? | From which? Of what? |
| ¿De quién(es)? | Whose? |
| ¿Por qué? | Why? |
| ¿Qué? | What? |
| ¿Quién(es)? | Who? |

## Los lugares (places)

| la capital | capital city |
|---|---|
| la ciudad | city |
| el país | country |

## Las personas

| el/la amigo/a | friend |
|---|---|
| la madre | mother |
| el/la muchacho/a | the boy/girl |
| el/la novio/a | boyfriend/girlfriend; fiancé |
| el padre | father |
| los padres | parents |

## Más adjetivos descriptivos

| alto/a | tall |
|---|---|
| bajo/a | short |
| bonito/a | pretty |
| delgado/a | slender |
| feo/a | ugly |
| flaco/a | skinny |
| gordito/a | plump |
| gordo/a | fat |
| guapo/a | handsome |
| joven | young |
| moreno/a | brunette, dark |
| nuevo/a | new |
| pelirrojo/a | redhaired |
| pobre | poor |
| rubio/a | blond |
| rico/a | rich |
| viejo/a | old |

## Adjetivos de nacionalidad[1]

| argentino/a | Argentine |
|---|---|
| canadiense | Canadian |
| colombiano/a | Colombian |
| cubano/a | Cuban |
| chileno/a | Chilean |
| dominicano/a | Dominican |
| español/a | Spanish |
| mexicano/a | Mexican |
| norteamericano/a | American [2] |
| panameño/a | Panamanian |
| puertorriqueño/a | Puerto Rican |
| venezolano/a | Venezuelan |

## La hora (The time)

| ¿Qué hora es? | What time is it? |
|---|---|
| Es la una… | It's one (o'clock)… |
| Son las dos… | It's two (o'clock)… |
| … de la mañana (tarde/noche) | … in the morning (afternoon/night) |
| … en punto | … sharp (on the dot) |
| … y cuarto | … fifteen … quarter past |
| … y media | … thirty … half past |

## Expresiones adverbiales

| ahora (mismo) | (right) now |
|---|---|
| entonces | then |
| muy | very |
| por la mañana (tarde/noche) | in (during) the morning (afternoon/evening) |
| también | also |
| tarde | late |
| temprano | early |

## Conjunciones

| pero | but |
|---|---|
| porque | because |

## Otras palabras y expresiones

| ¿De veras? | Is that right? (Really?) |
|---|---|
| la fiesta | party |

[1] Adjectives of nationality are not capitalized in Spanish.
[2] The term **estadounidense** also refers to someone from the United States. The term **americano** referring to an American citizen can identify anyone born in the Americas, not just someone from the United States.

# COMPARACIONES...  Nombres, apellidos y apodos

People with Hispanic backgrounds generally use both their paternal surname (**el apellido paterno**) and maternal surname (**el apellido materno**). For example, María Fernández Ulloa takes her first surname, Fernández, from her father and her second, Ulloa, from her mother. Many Hispanic women keep their paternal surname when they marry. They may attach their husband's paternal surname using the preposition **de**. For example, if María Fernández Ulloa marries Carlos Alvarado Gómez, her married name might be María Fernández de Alvarado. Many would refer to her as **la señora de Alvarado**, and to the couple as **los Alvarado**, although María would be known as María Fernández, as well.

The use of a nickname (**apodo**) in place of a person's first name is very common in Hispanic countries. A person's nickname is often a diminutive form of his/her given first name formed using the suffix **-ito** for men or **-ita** for women. For example, **Clara** becomes **Clarita**. As in English, there are also conventional nicknames like those listed below.

Ceferino García González
c/Real 14, 3ro 1zdo
28032 Madrid, España
Teléfono 8 59-95-94

Juan Carlos Etchart
Mirta M.C. Torres
de Etchart

**Consultores**

Calle Felipe Serrate
48013 Bilbao, Esp

| MALE | | FEMALE | |
|---|---|---|---|
| Alejandro | Alex, Alejo | Ana | Anita |
| Antonio | Tony, Toño | Carmen | Menchu |
| Enrique | Quique, Quiqui | Concepción | Concha |
| Francisco | Paco, Pancho | Dolores | Lola |
| Guillermo | Memo, Guille | Graciela | Chela |
| José | Pepe, Chepe, Cheo | Guadalupe | Lupe |
| Ignacio | Nacho | María Isabel | Maribel, Mabel, Chabela |
| Luis | Lucho | María Luisa | Marilú |
| Manuel | Manolo | Mercedes | Mencha, Meche |
| Ramón | Mongo, Moncho | Rosario | Charo, Chayo |
| Roberto | Beto | Teresa | Tere |

**Nombre:** Francisco
**Apellidos:** Betancourt Sánchez
**Domicilio:** Cornelio Porro #7, Camagüey, Cuba
**Universidad:** Salamanca

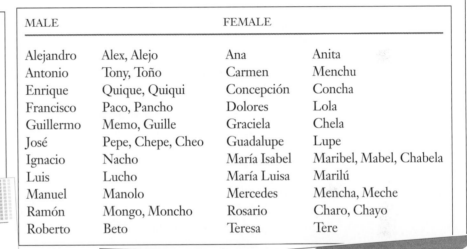

**Josefina Beatriz Reyes**
ABOGADA

Plaza Mane y Flaquer, 14 bajos
08006 Barcelona, España

**Carmen Herrera Sáenz**
INGENIERA DE SISTEMAS

TVA. ARQUITECTO – 72
C/José Cadalso
Teléfono 965-26 54 48
Salamanca 37008

## ¡Vamos a comparar!

1. When do women in the U.S. typically keep their maiden name after marriage? Are there instances when married women use both their maiden and their married names?
2. Do you have a nickname? Who uses it? Under what circumstances? Do you prefer to be called by your nickname?

## ¡Vamos a conversar!

Take turns asking and answering the following questions.

1. ¿Cuál es el apellido paterno de Ceferino?
2. ¿Cuál es el apellido materno de Carmen?
3. ¿Cuál es el apodo de José?
4. ¿Dónde estudia (*study*) Francisco Betancourt? ¿Cuál es su (*his*) apodo?
5. ¿Cuál es tu apellido materno? ¿paterno?
6. ¿Cuál es tu apodo?

## ¡Escucha!

**A. ¿Quién eres tú?** Listen to José and his friends. Then, based on the information in **¡Así es la vida!**, write the number of each monologue next to the corresponding name.

MODELO:   Mis padres son de Cuba.
►   *María*

___ Isabel     ___ Daniel     ___ María     ___ Carlos     ___ Lupe     ___José

**B. Yo soy...** Take turns introducing yourselves.

MODELO:   *Soy ___. Vivo en ___. Estudio ___ y ___.*

## Practiquemos

**2-1 ¿Cómo es el mundo hispano?** Complete each of the statements with an appropriate word or phrase from **¡Así lo decimos!**

MODELO:   Argentina es un *país* de Suramérica.

1. Lima es la ___ del Perú.
2. Bogotá es una ___ colombiana.
3. Buenos Aires es muy ___ y cosmopolita.
4. Bolivia es un ___.
5. La Ciudad de México no es pequeña. Es ___ grande.
6. Enrique no es moreno y no es rubio. Es ___.

**2-2 ¿Cierto o falso?** Indicate whether or not the following statements are true (**cierto**) or false (**falso**) for you. Correct any false statements.

MODELO:   Soy antipático/a.
►   *Falso. Soy simpático/a.*

1. Soy alto/a.
2. Mis padres son trabajadores.
3. Mi amigo es flaco.
4. Mi amiga es simpática.
5. Mi universidad es grande.
6. Mi madre es baja.
7. Mi mochila es morada.
8. Mi ciudad es pequeña.

**2-3 En una fiesta.** Complete the conversation with words from the list.

| | | | |
|---|---|---|---|
| aquí | dominicano | española | también |
| cómo | dónde | me llamo | veras |

–¡Hola! Soy Juan Luis Ruiz. ¿(1) ____ te llamas?
–(2) ____ María del Sol. ¿De (3) ____ eres, Juan?
–Soy (4) ____.
–¿De (5) ____? Tengo una amiga de la República Dominicana, de Santo Domingo.
–Yo (6) ____ soy de la capital. ¡El mundo es un pañuelo! ¿Y tú? ¿De dónde eres?
–Ay, yo soy (7) ____. Soy de (8) ____, Salamanca.

**2-4 ¿Cómo son?** Use adjectives you have learned in *Lecciones 1* and *2* to describe the people working out at the gym.

MODELO:   Eugenio es…
> *Eugenio es alto,…*

1. Eugenio es…
2. María Eugenia es…
3. Antonio es…
4. María Antonia es…
5. Gonzalo es…
6. Virginia es…
7. Alicia es…
8. Juan Manuel es…

## Conversemos

**2-5 ¿Cómo son?** Take turns describing these people, places, and things to see if you agree with each other. When you agree, say: **Sí, es cierto.** When you disagree, offer your own opinion.

MODELO:   universidad
E1: *La universidad es pequeña.*
E2: *Sí, es cierto. (No, es grande.)*

1. la universidad
2. el/la profesor/a
3. la ciudad
4. la clase
5. mi amigo
6. mi amiga
7. Antonio Banderas
8. España

**2-6A ¿De dónde es?** Take turns asking each other the country of origin and the nationality of these famous people. You will each ask the origin of the people for whom no country is indicated.

MODELO:   el rey Juan Carlos
E1: *¿De dónde es el rey Juan Carlos?*
el rey Juan Carlos/España
E2: *Es de España. Es español.*

1. Fidel Castro/Cuba
2. Alberto Fujimori/el Perú
3. Gabriel García Márquez/Colombia
4. Sammy Sosa/la República Dominicana
5. ¿Carlos Menem?
6. ¿Daisy Fuentes?
7. ¿Laura Esquivel?
8. ¿Rubén Blades?

**2-7 Preguntas.** Take turns asking and answering questions. Take note of the responses to report back to the class.

MODELO:   E1: *¿Cómo es el profesor?*
E2: *Es alto y simpático.*

1. ¿Cómo te llamas?
2. ¿Cómo estás?
3. ¿Cómo eres?
4. ¿De dónde eres?
5. ¿Cuál es tu nacionalidad?
6. ¿Cómo es tu amigo/a?
7. ¿Quién eres?
8. ¿Cómo es el/la profesor/a?

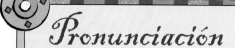

# Pronunciación

## Linking

In Spanish, as in English, speakers group words into units that are separated by pauses. Each unit, called a breath group, is pronounced as if it were one long word. In Spanish, the words are linked together within the breath group, depending on whether the first word ends in a consonant or a vowel.

1. In a breath group, if a word ends in a vowel and the following word begins with a vowel, the vowels are linked.

   Tú eres de la capital. (**Tú**e-res de la ca-pi-tal)
   ¿Cómo estás tú? (¿Có-**moes**-tás-tú?)

2. When the vowel ending one word and the vowel beginning the next word are identical, they are pronounced as one sound.

   una amiga (u-**na**-mi-ga)

3. If a word ends in a consonant and the following word begins with a vowel, the consonant and vowel become part of the same syllable.

   ¿Él es de Puerto Rico? (¿É-**les**-de-Puer-to-Ri-co?)

## Pronunciemos

**¡Así es la vida!** Practice reading aloud **¡Así es la vida!** using Spanish linking patterns.

MODELO:  ► *Ho-la/Me-lla-mo-Jo-séOr-tiz*

## Estructuras

### 1. Subject pronouns and the present tense of ser (*to be*)
### Los pronombres del sujeto

In Spanish, subject pronouns refer to people (*I*, *you*, *he*, etc.). They are not generally used for inanimate objects or animals (except for addressing pets).

|  |  | singular |  |  | plural |
|---|---|---|---|---|---|
| 1st person | **yo** | *I* | **nosotros/nosotras** | *we* | |
| 2nd person | **tú** | *you* (inf.) | **vosotros/vosotras** | *you* (inf., Spain) | |
| 3rd person | **usted** | *you* (form.) | **ustedes** | *you* (form.) | |
| | **él** | *he* | **ellos** | *they* (masc.) | |
| | **ella** | *she* | **ellas** | *they* (fem.) | |

- In Spanish, there are four ways to express *you*: **tú, usted, vosotros/as,** and **ustedes**. **Tú** and **usted** are the singular forms. **Tú** is used in informal situations, that is, to address friends, family members, and pets. **Usted** denotes formality or respect and is used to address someone with whom you are not well acquainted, or a person in a position of authority, e.g., a supervisor, teacher, or elder. In the families of some Hispanic countries, children use **usted** and **ustedes** to address their parents as a sign of respect.

- **Vosotros/as** and **ustedes** are the plural counterparts of **tú** and **usted**, but in most of Latin America, **ustedes** is used for both the familiar and formal plural *you*. **Vosotros/as** is used in Spain to address more than one person in a familiar context, e.g., a group of friends or children.[1]

- **Usted** and **ustedes** may be abbreviated as **Ud.** and **Uds.** or **Vd.** and **Vds.**

- In some parts of Latin America, including Costa Rica, Argentina, Uruguay, and parts of Colombia, the pronoun **vos** is commonly used instead of **tú**. Its corresponding verb forms differ as well.[2]

- Because the verb form indicates the subject of a sentence, subject pronouns are usually omitted unless they are needed for clarification or emphasis.

  ¿Eres de Puerto Rico?  *Are you from Puerto Rico?*
  **Yo** no, pero **ellos** sí son de Puerto Rico.  *I'm not, but they're from Puerto Rico.*

- **Usted** and **ustedes**, like **él, ella, ellos,** and **ellas**, are third-person forms and therefore have the same verb conjugations and share many pronoun forms.

## El presente de *ser* (to be)

¡Nosotras somos bailarinas!

| SER (*to be*) | | | | | |
|---|---|---|---|---|---|
| | SINGULAR | | | PLURAL | |
| yo | **soy** | *I am* | nosotros/as | **somos** | *we are* |
| tú | **eres** | *you are* (inf.) | vosotros/as | **sois** | *you are* (inf.) |
| él/ella | **es** | *he/she is* | ellos/as | **son** | *they are* |
| Ud. | **es** | *you are* (form.) | Uds. | **son** | *you are* (form.) |

---

[1]*¡Arriba!* uses **ustedes** as the plural of **tú** except where cultural context would require otherwise.
[2]The **vos** form is not taught in this book, but you will find a cultural presentation/note on usage and forms in *Lecciones 5* and *11*.

- **Ser** is an irregular verb whose forms do not follow a set pattern.

- **Ser** is used to express origin, occupation, or inherent qualities.

| | |
|---|---|
| ¿De dónde **eres**? | *Where are you from?* |
| **Soy** de Nebraska. | *I am from Nebraska.* |
| Mi padre **es** profesor. | *My father is a professor.* |
| Ustedes **son** muy pacientes. | *You are very patient.* |

 **Study tips**   Conjugating verbs in Spanish

1. You must learn six basic forms for each verb. Remember that **usted, él,** and **ella** have the same verb form, as do **ustedes, ellos,** and **ellas**.
2. The ending of the verb tells you who is the subject. Once you recognize a pattern, it will be easier to identify the subject.
3. Practice out loud by saying sample real sentences in which you use the target verb forms. For example, how many sentences can you say about yourself using **soy**? (**Soy estudiante. Soy inteligente. Soy de... No soy... No soy de...,** etc.)

 **Practiquemos**

 **2-8 ¿Cuál es su (*his/her*) nacionalidad?** With a classmate decide where the following people are from and their nationality.

MODELO:   Ernesto Zedillo es de la Ciudad de México.
►   *Es de México. Es mexicano.*

1. Celia Cruz es de La Habana.
2. Juan Carlos de Borbón y Pedro Almodóvar son de Madrid.
3. Juan Luis Guerra es de Santo Domingo.
4. Vicente Fernández es de Huentitán, Jalisco.
5. Gloria Estefan es de Miami.
6. Isabel Allende es de Santiago de Chile.
7. Yo...
8. Nosotros...

**2-9 ¿De dónde son?** Identify each person's country and point it out on the maps in the front & back of the book.

MODELO:   Mario Vargas Llosa y su hermana son peruanos.
►   *Son de Perú.*

1. Julio Iglesias es español.
2. Rita Moreno es puertorriqueña.
3. Los Pastrana son colombianos.
4. Laura Esquivel es mexicana.
5. Gabriel García Márquez es colombiano.
6. Sammy Sosa es dominicano.
7. Jodie Foster es norteamericana.
8. Tú y yo...

**2-10 Biografía.** Complete the following paragraph with the appropriate forms of **ser**.

¡Hola! (1. Nosotros) ___ Fernando Mendoza y Marta Pérez. (2) ___ españoles. Fernando (3) ___ de Santander y yo (4) ___ de Barcelona. Mis padres (5) ___ de Madrid. Madrid (6) ___ la capital del país. (7) ___ una ciudad muy bonita y cosmopolita. ¿De dónde (8) ___ tú?

## ◈ Conversemos

**2-11 Autobiografía.** Supply autobiographical information about yourself and your parents, using **Actividad 2-10** as a model.

**2-12 ¿De dónde eres?** Team up with a student whom you do not already know. Introduce yourselves and try to learn as much information about each other as you can. Be prepared to report back to the class.

MODELO:   E1: *Hola, me llamo…*
            E2: *¿Qué tal,…? Soy…*
            E1: *¿De dónde eres,…?*
            E2: *Soy de… ¿Y tú?*
            E1: *¿Cómo eres? (etcétera)*

**2-13 ¿Quién es…?** In groups of three, describe five different famous people in as much detail as possible. Then challenge another group to guess who your personalities are. A list of professions and adjectives appear in the box below.

MODELO:   E1: *Es alto y serio. Es de Kripton. Es un héroe.*
            E2: *Es Clark Kent.*

| profesión | descripción | |
| --- | --- | --- |
| actor/actriz | brillante | idealista |
| agente secreto | cínico | intelectual |
| atleta | cómico | nervioso |
| boxeador | conservador | liberal |
| dictador | creativo | realista |
| doctor | demócrata | republicano |
| poeta | dramático | ridículo |
| político | elegante | socialista |
| presidente | estupendo | tradicional |

## 2. Telling time

### ¿Qué hora es?

■ The verb **ser** is used to express the time of the day in Spanish. Use **es la** with **una**, (singular for one hour). With all other hours use **son las**.

| | |
|---|---|
| **Es la** una. | *It's one o'clock.* |
| **Son las** dos de la tarde. | *It's two o'clock in the afternoon.* |
| **Son las** siete. | *It's seven o'clock.* |

■ To express minutes *past* or *after* an hour, use **y.** To express minutes before an hour (*to* or *till*) use **menos**.

| | |
|---|---|
| Son las tres **y** veinte. | *It's twenty past three (It's three twenty).* |
| Son las siete **menos** diez. | *It's ten to (till) seven.* |

■ The terms **cuarto** and **media** are equivalent to the English expressions *quarter (fifteen minutes)* and *half (thirty minutes)*. The numbers **quince** and **treinta** are interchangeable with **cuarto** and **media**.

| | |
|---|---|
| Son las cinco menos **cuarto** (quince) | *It's quarter to five (It's fifteen to five).* |
| Son las cuatro y **media** (treinta). | *It's half past four (It's four thirty).* |

■ For *noon* and *midnight* use **(el) mediodía** and **(la) medianoche**.

| | |
|---|---|
| Es **mediodía**. | *It's noon (midday).* |
| Es **medianoche**. | *It's midnight.* |

■ To ask at what time an event takes place, use **¿A qué hora...?** To answer, use **a las** + time.

| | |
|---|---|
| **¿A qué hora** es la clase? | *(At) What time is the class?* |
| Es **a las ocho** y media. | *It is at half past eight.* |

■ The expressions **de la mañana, de la tarde,** or **de la noche** are used when telling specific times. **En punto** means *on the dot* or *sharp*.

| | |
|---|---|
| La fiesta es a las ocho **de la noche**. | *The party is at eight o'clock in the evening.* |
| El partido de fútbol es a las nueve **en punto**. | *The soccer game is at nine sharp.* |

- The expressions **por la mañana, por la tarde,** and **por la noche** are used as a general reference to *in the morning, in the afternoon,* and *in the evening.*

  No tengo clases **por la mañana.**     *I don't have classes in the morning.*

- In many Spanish-speaking countries, the 24-hour clock is used for schedules and official time keeping. The zero hour is equivalent to midnight, and 12:00 is noon. 13:00-24:00 are the P.M. hours. To convert from the 24-hour clock, substract twelve hours from hours 13:00 and above.

  21:00  (or 21,00) = **las nueve de la noche**
  16:30 (or 16,30) = **las cuatro y media de la tarde**

- The punctuation used in giving the time varies from country to country. You might see periods or commas as well as the colon used in English.

  **mediodía**                    12:00     12.00     12,00

---

 **Study tips**     **Learning to tell time in Spanish**

1. To become proficient in telling time in Spanish, you'll need to make sure you have learned Spanish numbers well. Practice counting by fives to thirty: **cinco, diez, quince, veinte, veinticinco, treinta.**
2. Think about and say aloud times that are important to you: **Tengo clases a las 9, a las 10, ..., Hay una fiesta a las...,** etc.
3. Every time you look at your watch, say the time in Spanish.

---

 **Practiquemos**

**2-14  ¿Qué hora es?** Give the times in Spanish, indicating the part of day (**de la mañana/tarde/noche**).

MODELO:   ▶  *Son las dos y media de la tarde.*

1.

2

3.

4.

5.

6.

**2-15  Vuelos a Sevilla.** Imagine that you and a classmate are at the Sevilla airport waiting for a friend. The airline schedule shows the days, flights, and departure and arrival times from various cities in Spain. To pass the time, take turns giving flight information so your partner can guess where the flight comes from. Note that schedules use a 24-hour clock, which means that the time **13:45** is **a las dos menos quince de la tarde**.

MODELO:  E1: *Todos los días.*
  *(Every day.)*
  *Salida a las*
  *siete y media.*
  *Llegada a las*
  *nueve menos*
  *cinco.*
  E2: *De Barcelona.*

**2-16  ¿Qué hora es en...?** Determine what time it is in the cities shown in the chart below. Notice that the chart uses the 24-hour clock. Be sure to use **de la mañana, de la tarde,** etc.

MODELO:  E1: *Son las cinco*
  *de la tarde en*
  *Juneau. ¿Qué hora es en San Juan?*
  E2: *Son las nueve de la noche.*

### GRUPO IBERIA

## VUELOS A SEVILLA DESDE:
VALIDEZ: HASTA 24 DE OCTUBRE 2000

| | DÍAS | VUELO | SALIDA | LLEGADA |
|---|---|---|---|---|
| ALICANTE | DIARIO | AO 463.1 | 11,05 | 12,00 |
| ALMERÍA | L X V D | AX 111 | 11,15 | 12,20 |
| | L X V D | AX 143 | 21,45 | 22,50 |
| ARRECIFE DE LANZAROTE | X D | AO 522.0 | 17,50 | 20,45 |
| BARCELONA | DIARIO | IB 1102 | 07,30 | 08,55 |
| | LMXJV | IB 1104 | 12,15 | 13,40 |
| | DIARIO | IB 1108 | 17,00 | 18,25 |
| | LMXJV(*) | IB 1112 | 20,10 | 21,35 |
| | DIARIO | IB 1114 | 22,55 | 00,20 |
| BILBAO | L X V D | IB 5206 | 10,30 | 11,45 |
| | M J S | IB 5662 | 10,30 | 11,45 |
| FUERTEVENTURA | D | AO 154.0 | 12,25 | 15,20 |
| LAS PALMAS DE GRAN C. | DIARIO | IB 2960 | 09,20 | 12,20 |
| | DIARIO(**) | IB 2840 | 23,55 | 02,55 |
| MADRID | DIARIO | IB 0104 | 06,25 | 07,20 |
| | DIARIO | IB 0118 | 08,40 | 09,35 |
| | D | AO 153.0 | 09,05 | 10,00 |
| | M J (*) | IB 0108 | 10,45 | 11,40 |
| | L X V | IB 0108 | 10,45 | 11,40 |
| | L X V (*) D | IB 0132 | 10,45 | 11,40 |
| | M J S | IB 0132 | 11,55 | 12,50 |
| | LMXJV(*) | IB 0132 | 11,55 | 12,50 |
| | DIARIO | IB 0122 | 14,05 | 15,00 |
| | DIARIO | IB 0112 | 16,40 | 17,35 |
| | DIARIO | IB 0114 | 19,45 | 20,40 |
| | LMXJV | IB 0134 | 21,00 | 21,55 |
| | DIARIO | IB 0134 | 21,00 | 21,55 |
| | DIARIO | IB 0128 | 22,25 | 23,20 |
| | DIARIO | IB 0102 | 23,25 | 00,20 |
| MÁLAGA | L X V D | AX 702 | 08,30 | 09,15 |
| PALMA DE MALLORCA | L X V D | AX 742 | 19,00 | 19,45 |
| | M X J S D | AO 461.0 | 14,15 | 15,30 |
| | L V | AO 461.0 | 18,00 | 19,15 |
| SANTIAGO DE C. | DIARIO | IB 2961 | 20,00 | 21,10 |
| SANTA CRUZ DE TENERIFE | DIARIO | IB 2860 | 09,55 | 13,00 |
| | DIARIO(**) | IB 2862 | 22,35 | 0140 |

| | | |
|---|---|---|
| Juneau | Nome | 16:00 |
| San Francisco | Seattle | 17:00 |
| Santa Fé | Boise | 18:00 |
| Houston | Tegucigalpa | 19:00 |
| Miami | San Juan | 20:00 |
| Caracas | Asunción | 21:00 |
| Buenos Aires | Montevideo | 22:00 |
| Madrid | Bilbao | 2:00 |

##  Conversemos

*AB* **2-17A El horario (*schedule*) de Gracia Roldán.** Complete Gracia's schedule by asking each other for the missing information. Once you've completed her schedule, ask each other the questions that follow.

MODELO:  E1: *¿Qué clase tiene Gracia a las nueve?*
E2: *Tiene inglés a las nueve. ¿A qué hora es la clase de matemáticas?*
E2: *Es a la una y diez.*

| | |
|---|---|
| inglés | 9:00 |
| química | |
| matemáticas | 1:10 p.m. |
| español | 3:30 p.m. |
| biología | 4:45 p.m. |
| | 7:15 p.m. |

1. ¿Qué clases tiene Gracia por la mañana?  2. ¿Qué clase tiene por la noche?

*AB* **2-18A ¿A qué hora?** Ask each other at what time these events will take place.

MODELO:  la fiesta de Adela (8:30 p.m.)
E1: *¿A qué hora es la fiesta?*
E2: *Es a las ocho y media de la noche.*

1. el examen        2. la clase           3. el partido (*game*) de fútbol
   7:00 p.m.           el programa *Amigos* en la televisión
   11:30 a.m.          la conferencia (*lecture*)
   1:30 p.m.           la fiesta el sábado

## 3. Formation of yes/no questions and negations

### La formación de preguntas *sí/no*

- A yes/no question can be formed by inverting the position of the subject and the verb in a declarative sentence, or by modifying the intonation pattern. Note that an inverted question mark (¿) is used at the beginning of the question, and the standard question mark closes the question at the end.

| INVERSION: | Tú eres de Andalucía. |
|---|---|
| | →¿Eres tú de Andalucía? |

| INTONATION: | Ellos son de la Comunidad Valenciana. |
|---|---|
| | →¿Ellos son de la Comunidad Valenciana? |

■ A yes/no question can also be formed by adding a tag word or phrase at the end of a statement.

| Juan es de Madrid, **¿verdad?** | *Juan is from Madrid, right?* |
|---|---|
| La profesora es de Málaga, **¿no?** | *The professor is from Málaga, isn't she?* |

■ Other frequently used tag questions are:

| **¿Cierto?** | *Right?* |
|---|---|
| **¿De veras?** | *Really?* |
| **¿Sí?** | *Yes?* |

## La negación

■ To make a sentence negative, simply place **no** before the verb.

| Tú **no** eres de Portugal. | *You're not from Portugal.* |
|---|---|
| Nosotros **no** somos de España. | *We're not from Spain.* |

■ When answering a question in the negative, the word **no** followed by a comma also precedes the verb phrase.

| ¿Son Elena y Ramón de Segovia? | *Are Elena and Ramón from Segovia?* |
|---|---|
| **No, no** son de Segovia. | *No, they're not from Segovia.* |

 **Practiquemos**

 **2-19 ¿Es verdad?** Ask each other questions based upon the following statements by inverting the subject and the verb. Respond to your partner's questions in a truthful manner.

MODELO: El presidente es bajo.
   E1: *¿Es bajo el presidente? (El presidente es bajo, ¿verdad?)*
   E2: *No, no es bajo. Es alto.*

1. Nosotros/as somos profesores/as.
2. El/La profesor/a es antipático/a.
3. Tú eres de la capital.
4. Mi amiga es trabajadora.
5. Los estudiantes son perezosos.
6. Ustedes son chilenos.
7. Yo soy trabajador/a.
8. La clase es grande.

**2-20 ¡Contesta, por favor!** Take turns asking and answering questions by inverting the subject and the verb.

MODELO:  Sammy Sosa es de la República Dominicana.
E1: *¿Es de la República Dominicana Sammy Sosa?*
E2: *Sí, es de la República Dominicana.*

1. Andy García es actor.
2. Bill Gates es pobre.
3. Cindy Crawford es baja y fea.
4. Luis Miguel es mexicano.
5. Ricardo Montalbán es trabajador.
6. Jimmy Smits es guapo.
7. Carolina Herrera es de Venezuela.
8. Óscar de la Renta es dominicano.

 **Conversemos**

*AB* **2-21A ¿Es verdad?** Take turns asking and answering yes/no questions. Comment on the truthfulness of each other's responses.

MODELO:  E1: *¿Eres norteamericano/a?*
E2: *No, no soy norteamericano/a.*
E1: *¿Verdad?*
E2: *Sí, es verdad. Soy de Francia.*

1. ¿Eres canadiense?
2. ¿Tus padres son profesores?
3. Tus amigos son trabajadores, ¿no?
4. ¿Eres de San Francisco?
5. Tu familia es rica, ¿verdad?
6. ¿…?

## 4. Interrogative words

■ Interrogative words are often used at the beginning of a sentence to form questions. The most frequently used are:

| | | |
|---|---|---|
| **¿Cómo...?** | **¿Dónde...?** | **¿Qué...?** |
| **¿Cuál(es)...?** | **¿De dónde...?** | **¿De qué...?** |
| **¿Cuándo...?** | **¿Adónde...?** | **¿Quién(es)...?** |
| **¿Cuánto/a(s)...?** | **¿Por qué...?** | **¿De quién(es)...?** |

**¿Quién es el profesor Martínez?**  *Who is professor Martínez?*
**¿De quién es la mochila roja?**  *Whose red backpack is it?*
**¿Por qué no hay clase hoy?**  *Why is there no class today?*

■ When you ask a question using an interrogative word, your intonation will fall.

**¿Cómo** se llama el profesor?

| Expansión | More on structure and usage: ¿Qué...? vs. ¿Cuál(es)...? |
|---|---|

The interrogatives **qué** and **cuál** may cause some confusion for English speakers learning Spanish because each may be translated as *what* or *which* in different contexts. Generally, **¿qué?** is used to request a definition and/or explanation and is translated as *what?*

| | |
|---|---|
| **¿Qué** tienes? | *What do you have?* |
| **¿Qué** es la vida? | *What is life?* |

When followed by a noun, **¿qué?** means *which?*

| | |
|---|---|
| **¿Qué** mochila necesita? | *Which backpack does she need?* |
| **¿Qué** área de estudios prefieres? | *Which (What) field of study do you prefer?* |

**¿Cuál?** also means *which?* but is generally never followed by a noun. In some cases, it can be translated as *what?*, but it always implies a choice (*Which one[s]?*). Use the plural **cuáles** when that choice includes more than one person or thing.

| | |
|---|---|
| **¿Cuál** de las mochilas necesita? | *Which (of the) backpacks does she need?* |
| **¿Cuál** prefieres? | *Which (one) do you prefer?* |
| **¿Cuáles** son tus padres? | *Who (Which of those people) are your parents?* |
| **¿Cuál** es la fecha de hoy? | *What is today's date?* |
| **¿Cuáles** son tus clases favoritas? | *What (Which) are your favorite classes?* |

 **Practiquemos**

**2-22 ¿Quién eres?** Use interrogative words to complete the following exchanges between Carmen and Sebastián.

SEBASTIÁN: (1) ¿___ te llamas?
CARMEN: Me llamo Carmen Domínguez.
SEBASTIÁN: (2) ¿___ eres, Carmen?
CARMEN: Soy de Bilbao, España.
SEBASTIÁN: (3) ¿___ estudias (*do you study*) en la universidad?
CARMEN: Estudio (*I study*) matemáticas y física.
SEBASTIÁN: (4) ¿___ estudias matemáticas?
CARMEN: ¡Porque es muy interesante!
SEBASTIÁN: (5) ¿___ es tu profesor?
CARMEN: Es el profesor Sánchez Mejías.
SEBASTIÁN: (6) ¿___ es?
CARMEN: Es joven y muy inteligente.
SEBASTIÁN: (7) ¿___ es la clase?
CARMEN: ¡Es ahora!

**2-23 ¿Qué? o ¿Cuál?** Complete the questions with **qué** or **cuál(es)** depending on the context. Then, answer the questions.

MODELO: ▶ *¿Cuál es la fecha? Es el dos de octubre.*

1. ¿____ hora es?
2. ¿____ estudias?
3. ¿____ es tu clase favorita?
4. ¿____ es tu cuaderno?
5. ¿____ día es hoy (*today*)?
6. ¿____ son las clases difíciles (*difficult*) aquí?
7. ¿A ____ hora es la clase de español?
8. ¿____ es la fecha de tu cumpleaños?

UNIVERSIDAD AUTÓNOMA

NOMBRE: Rodolfo
APELLIDOS: Cardona Gómez
PAÍS DE ORIGEN: República Dominicana
DESCRIPCIÓN FÍSICA: alto y delgado

UNIVERSIDAD NACIONAL

NOMBRE: Luisa
APELLIDOS: Pérez Saldívar
PAÍS DE ORIGEN: Colombia
DESCRIPCIÓN FÍSICA: baja y delgada

**2-24 ¿Quiénes son? ¿Cómo son?** Ask each other questions about the people depicted on the I.D. cards.

MODELO: E1: *¿Dónde estudia Luisa?*
E2: *Estudia en la Universidad Nacional.*

**2-25 ¿Qué estudias?** Answer the questions based on the information in the flier advertising educational opportunities and on your own interests.

1. ¿Cómo se llama la academia?
2. ¿Qué enseñan en la academia?
3. ¿Tiene clases básicas?
4. ¿Son grandes las clases?
5. ¿Son caras (*expensive*) las lecciones?
6. ¿Cuántos años tienen los niños en la clase de movimiento?
7. ¿Hay exámenes de música en la academia?
8. ¿Cómo son los precios?

## PROGRESO MUSICAL
### ACADEMIA DE MÚSICA Y GIMNASIA
Centro reconocido por el Ministerio de Educación y Ciencia
Dedicado a las nuevas técnicas
**Exámenes oficiales**
Grado elemental y Grado medio

PROFESORES TITULADOS

GRUPOS REDUCIDOS

PRECIOS ECONÓMICOS

**MÚSICA:**
Viola - Piano - Acordeón - Guitarra - Flauta - Violín - Canto - Trompeta - Saxofón - Flauta - Clarinete - etc. Movimiento para niños de cuatro a ocho años.

**GIMNASIA:**
Dinámica corporal - Yoga - Relajación y control mental - Aeróbic - Danza española - Ballet

Sofía, 55 (Metro Argüelles) • Tel: 559 50 36 • ¡¡ INFÓRMATE !!
(JUNTO CORTE INGLÉS PRINCESA)

## ◆ Conversemos

**2-26 Una entrevista.** Interview each other to complete the biographical information included on student ID cards.

MODELO: Nombre
E1: *¿Cómo te llamas?*
E2: *Me llamo Ramón.*

**2-27A ¿Cuál es tu opinión?** Take turns asking each other questions about different people, places, and things.

MODELO: E1: *En tu opinión, ¿cómo es la universidad?*
E2: *Es buena.*

la cafetería          la ciudad          el país de…          los estudiantes

# ¡Así es la vida!

¿Qué haces?
¿Qué te gusta hacer?

*Celia Cifuentes Bernal,*
*veinticuatro años, Toledo*

Hablo español y francés. Estudio medicina en la Universidad Complutense de Madrid. Hoy tengo que estudiar mucho porque mañana tengo un examen de biología a las dos de la tarde. Los exámenes de mi profesora no son fáciles, pero en mi universidad hay asistentes especiales que ayudan a los estudiantes. Necesito mucha ayuda en biología.

*Alberto López Silvero,*
*veintidós años, Bilbao*

Hablo español y un poco de inglés. Estudio derecho en la Universidad de Navarra en Pamplona. Por la tarde trabajo en una librería y llego a casa muy tarde. Hoy tengo que practicar fútbol con mis amigos.

*Rogelio Miranda Suárez,*
*veintiún años, León*

Estudio matemáticas en la Universidad de Valencia. Mis clases son difíciles, pero interesantes. Estudio con varios amigos los lunes, miércoles y viernes por la noche. En el verano nado en el mar y practico tenis en un club.

*Adela María de la Torre Jiménez, diecinueve años, Málaga*

Estudio ingeniería en la Universidad de Granada. Trabajo y estudio mucho, pero los sábados por la noche mis amigos y yo bailamos en una discoteca. Converso por teléfono con mis padres los domingos por la mañana.

## ¿Qué haces?[1]

| | |
|---|---|
| ayudar | *to help* |
| bailar | *to dance* |
| buscar | *to look for* |
| caminar | *to walk* |
| comprar | *to buy* |
| conversar | *to converse, to chat* |
| enseñar (a) | *to teach* |
| escuchar | *to listen* |
| estudiar | *to study* |
| estudio | *I study* |
| hablar | *to talk* |
| hablo | *I speak* |
| llegar | *to arrive* |
| llego a casa | *I arrive home* |
| mirar | *to look at, to watch* |
| nadar | *to swim* |
| necesitar | *to need* |
| practicar | *to practice; to play (a sport)* |
| preparar | *to prepare* |
| regresar | *to return* |
| tener | *to have* |
| tengo | *I have* |
| tomar | *to take; to drink* |
| trabajar | *to work* |
| trabajo | *I work* |
| tratar de (+ inf.) | *to try (to do something)* |
| viajar | *to travel* |

## Expresiones con tener

| | |
|---|---|
| tener... | *to be . . .* |
| ... calor | *. . . hot* |
| ... cuidado | *. . . careful* |
| ... frío | *. . . cold* |
| ... hambre | *. . . hungry* |
| ... miedo | *. . . afraid* |
| ... prisa | *. . . in a hurry* |
| ... razón | *. . . right* |
| ... sed | *. . . thirsty* |
| ... sueño | *. . . sleepy* |
| tener ganas de (+ inf.) | *to feel like (doing something)* |
| tener que (+ inf.) | *to have to (+ inf.)* |

---

[1]In Spanish, the infinitive forms end in **–r** (**-ar, -er,** or **–ir**). An infinitive in English is the "to + verb" form.
[2]You have seen some of these subjects earlier. Many subjects are cognates, but be careful as you pronounce them to use the Spanish sounds for the vowels.

## ¿Qué estudias?[2]

| | |
|---|---|
| la administración de empresas | *business administration* |
| el arte | *art* |
| las bellas artes | *fine arts* |
| la biología | *biology* |
| las ciencias (físicas) | *(physical) sciences* |
| las ciencias políticas | *political science* |
| las ciencias sociales | *social sciences* |
| las comunicaciones | *communications* |
| el derecho | *law* |
| la educación física | *physical education* |
| la filosofía y letras | *humanities/liberal arts* |
| la geografía | *geography* |
| la historia | *history* |
| los idiomas (extranjeros) | *(foreign) languages* |
| la informática | *computer science* |
| la ingeniería | *engineering* |
| las matemáticas | *mathematics* |
| la medicina | *medicine* |
| el mercadeo/ mercadotecnia | *marketing* |
| la pedagogía | *education* |

## ¿Qué deportes practicas?

| | |
|---|---|
| el baloncesto, el básquetbol | *basketball* |
| el béisbol | *baseball* |
| el fútbol | *soccer* |
| el fútbol norteamericano | *football* |
| la natación | *swimming* |
| el tenis | *tennis* |

## Sustantivos (*Nouns*)

| | |
|---|---|
| la ayuda | *help* |
| el examen | *exam* |
| la librería | *bookstore* |
| el viaje | *the trip* |

## Adjetivos

| | |
|---|---|
| difícil | *difficult* |
| fácil | *easy* |

## Adverbios

| | |
|---|---|
| hoy | *today* |
| mañana | *tomorrow* |

## Otras expresiones

| | |
|---|---|
| ¿Qué te gusta hacer? | *What do you like to do?* |
| Me gusta (+ inf.) | *I like (+ inf.)* |
| Me gusta nadar. | *I like to swim.* |

## ¡Escucha!

**A. ¿Quién es?** Listen to Celia, Alberto, Adela María, and Rogelio from **¡Así es la vida!** After each monologue, write the letter(s) of the corresponding name.

MODELO:   Hola. Soy de Toledo y estudio en Madrid.
▶ *C* (for Celia)

**C**: CELIA          **A**: ALBERTO          **AM**: ADELA MARÍA          **R**: ROGELIO

1. __     2. __     3. __     4. __     5. __     6. __     7. __     8. __

**B. Desafío.** Take turns challenging each other with **cierto/falso** statements based on **¡Así es la vida!**

MODELO:   E1: *Alberto no trabaja.*
E2: *Falso. Alberto trabaja en la librería.*

## Practiquemos

**2-28 En la universidad.** What field of study would you pursue if you were interested in the following things?

MODELO:   las novelas y los poemas
▶ *filosofía y letras*

1. los niños (*children*)
2. los experimentos químicos
3. las ventas (*sales*) y los comerciales
4. los estudios internacionales
5. los deportes
6. las familias con problemas
7. la salud (*health*)
8. los animales

**2-29 ¿Qué pasa?** Match each drawing with the corresponding statement.

a. Los amigos estudian para un examen.
b. Hablo francés.
c. Pablo trabaja en una librería.
d. Nosotros practicamos fútbol.
e. Jorge y Teresa toman café y conversan.
f. Ana mira la telenovela.

1. __     2. __     3. __     4. __     5. __     6. __

**2-30 Una estudiante argentina.** Complete Ana María's description of herself with **¡Así lo decimos!** words from the following list.

| | | | |
|---|---|---|---|
| alemán | camino | hablar | mercadeo |
| bailar | enseñar | portugués | practico |
| bellas artes | estudio | librería | trabajo |

¡Hola! Me llamo Ana María Torres. Yo (1) _____ en la Universidad de Salamanca. Mis clases favoritas son teatro moderno y arte dramático (*acting*). Soy estudiante de (2) _____. (3) _____ dos días a la semana en una (4) _____. Mis amigos compran libros para sus clases allí. En el trabajo (*At work*), me gusta (5) _____ con los estudiantes internacionales. Son interesantes y divertidos (*fun*), y yo practico (6) _____ con un muchacho de Berlín. Los sábados, (7) _____ tenis. Por la noche, me gusta (8) _____ con mis amigos en una discoteca.

**2-31 Tu experiencia.** With a classmate, take turns guessing what fields of study or sport the following people are referring to.

MODELO:  E1: Trabajo mucho.
         E2: *Estudias ciencias (idiomas).*

1. Hablo mucho.
2. Practico mucho.
3. Estudio mucho.
4. Tengo muchos libros.
5. Tengo muchos mapas.
6. Tengo muchos exámenes.
7. Es muy difícil.
8. Es muy fácil.
9. Necesito mi calculadora.
10. Me gusta enseñar.

## Conversemos

**2-32 ¿Qué te gusta?** Tell a classmate the names of three activities that you like to do and three that you don't like. Do you have any interests in common?

MODELO:  ► *Me gusta practicar fútbol. No me gusta nadar.*

**2-33 ¡Hola! ¿Qué estudias?** In the next few minutes, see how many of these majors you can find in your class. Greet each person, then ask what he/she studies and write his/her name by the appropriate major on a sheet of paper.

MODELO:  E1: *¡Hola! ¿Qué estudias?*
         E2: *Estudio arte.*
         E1: *¿Cómo te llamas?*
         E2: *Me llamo…*

| | | | |
|---|---|---|---|
| arte | inglés | biología | pedagogía |
| derecho | ciencias políticas | comunicaciones | ingeniería |
| filosofía | administración de empresas | historia | ¿… ? |

# Pronunciación

## Spanish intonation in questions

Intonation is the sequence of voice pitch (rising or falling) in normal speech in accordance with the type of message intended and the context in which it is communicated. Intonation patterns in Spanish are very useful when posing questions. With yes/no questions, the pattern is somewhat different. The voice rises to an above normal pitch at the end of the question. Note the following examples:

¿Ellos son de los Estados Unidos?

¿Tú eres de la capital?

In questions that use interrogative words, the pitch level at the beginning is high and gradually falls toward the end of the question. Note the following examples:

¿De dónde es Jaime?

¿Quién es el profesor?

### Pronunciemos

**¿Es una pregunta?** Practice saying these phrases to each other, switching between statements and questions. Judge each others' intonation by saying whether or not it is a question.

MODELO:   E1: *es lunes* (rising intonation)
            E2: *Es una pregunta.*
            E1: *es lunes* (falling intonation)
            E2: *No es una pregunta.*

1. hay examen mañana
2. estudias informática
3. el profesor habla japonés
4. necesitamos un lápiz para el examen
5. el/la profesor/a es de España
6. no hay clase mañana
7. estudiamos poco
8. el libro de español es viejo

# COMPARACIONES...

## Higher education in Spanish-speaking countries

University studies in Spanish-speaking countries are structured differently than in the United States. Students in the United States and Canada generally choose a major during their first or second year of college. Students in Spain and Latin America must choose their field of study prior to enrolling. Moreover, each major requires that students take a pre-established set of courses each semester. Thus few, if any, elective courses are available to Hispanic students outside of their designated field of study.

The oldest university in Europe is La Universidad de Salamanca in Spain. The university was founded in 1218 by King Alfonso IX of León. **La Universidad de Salamanca** currently has 2,175 professors and a student population of 38,187.

### ¡Vamos a comparar!

What are the advantages and disadvantages of the way studies are structured in the U.S. or Canada? In the Spanish-speaking world? Which system would you prefer? What is the oldest university in the U.S.? in Canada?

### ¡Vamos a conversar!

Tell each other what you prefer.

**Prefiero** (*I prefer*)...

1. el sistema norteamericano/canadiense/hispano
2. las clases grandes/pequeñas
3. las conferencias (*lectures*)/las discusiones
4. los laboratorios/las conferencias
5. las ciencias/las humanidades
6. las universidades pequeñas/grandes

## ¡Así lo hacemos!

## Estructuras

### 5. The present tense of regular –ar verbs

- Spanish verbs are classified into three groups according to their infinitive ending (**-ar**, **-er**, or **-ir**). Each of the three groups uses different endings to produce verb forms (conjugations) in the various tenses.

| HABLAR (to speak, to talk) | | | | | | | |
|---|---|---|---|---|---|---|---|
| | **SINGULAR FORMS** | | | | **PLURAL FORMS** | | |
| | STEM | ENDING | VERB FORM | | STEM | ENDING | VERB FORM |
| yo | habl | + o | hablo | nosotros/as | habl | + amos | hablamos |
| tú | habl | + as | hablas | vosotros/as | habl | + áis | habláis |
| él/ella, Ud. | habl | + a | habla | ellos/as, Uds. | habl | + an | hablan |

The following verbs are regular **-ar** verbs that are conjugated like **hablar.**

| | |
|---|---|
| ayudar | mirar |
| bailar | nadar |
| buscar | necesitar |
| caminar | practicar |
| comprar | preparar |
| conversar | preparar |
| conversar | regresar |
| enseñar | tomar |
| escuchar | trabajar |
| estudiar | tratar de (+ inf.) |
| llegar | viajar |

The Spanish present indicative tense has several equivalents in English. In addition to the simple present, it can express on-going actions and even the future tense. Note the following example.

**Estudio** ingeniería.
$\left\{ \begin{array}{l} \textit{I study engineering.} \\ \textit{I am studying engineering.} \end{array} \right.$

**Hablamos** con Ana mañana.
  *We will speak with Ana tomorrow.*

---

## ! **Study tips**    Learning regular verb conjugations

1. The first step in learning regular verb conjugations is being able to recognize the infinitive stem: the part of the verb before the ending.

| INFINITIVE | | STEM |
|---|---|---|
| hablar | habl~~ar~~ | habl |
| estudiar | estudi~~ar~~ | estudi |
| trabajar | trabaj~~ar~~ | trabaj |

2. Practice conjugating several **-ar** verbs in writing first. Identify the stem, then write the various verb forms by adding the present tense endings listed on page 62. Once you have done this, say the forms you have written out loud several times.

3. Next, you will need to practice **-ar** verb conjugations orally. Create two sets of index cards. In one, write down the subject pronouns listed on page 44 (one per card). In the other set, write some of the **-ar** verbs you have learned. Select one card from each set and conjugate the verb with the selected pronoun.

4. Think about how each verb action relates to your own experience by putting verbs into a meaningful context. For example, think about what you and each of your friends study: **Estudio matemáticas. Juan estudia ingeniería.**

**Practiquemos**

**2-34 ¿Qué hacen?** Match each drawing with an
activity listed below, then create a sentence based
on the information you have.

EUGENIA

MODELO:   practicar tenis
> *Eugenia practica tenis.*

____ 1. bailar en una fiesta
____ 2. mirar la televisión
____ 3. estudiar en la biblioteca
____ 4. preparar una pizza
____ 5. hablar por teléfono

____ 6. caminar por la tarde
____ 7. conversar en el café
____ 8. nadar mucho
____ 9. escuchar música
____ 10. trabajar en el laboratorio

a.

b.

c.

d.

e.

f.

g.

h.

i.

j.

**2-35 Una semana típica.** Complete the paragraph about a typical week for
Sarita with the correct form of a logical verb from the list for each sentence. You
will use some verbs more than once.

| bailar | escuchar | estudiar | mirar |
|--------|----------|----------|-------|
| practicar | tomar | trabajar | |

(1. Yo) ____ ingeniería en la universidad. (2. Yo) ____ siete clases este (*this*)
semestre y mis amigos y yo (3) ____ mucho porque las clases son difíciles. Mi
novio Antonio y yo (4) ____ en la cafetería de la universidad. Yo (5) ____ los lunes
y los miércoles. Antonio (6) ____ los miércoles y los jueves. Los sábados Antonio
y su amigo Luis (7) ____ tenis por la mañana. (8. Yo) ____ un poco de televisión o
(9) ____ música. Por la noche, Antonio y yo (10) ____ en la discoteca con amigos.

**2-36 Las actividades de los estudiantes.** Combine a word or phrase from each column to form at least six complete, logical sentences in Spanish. Be sure to conjugate the verbs.

MODELO: ▶ *Mi amigo trabaja en la librería.*

| | | |
|---|---|---|
| Yo | estudiar | la lección |
| Los amigos | escuchar | con la tarea |
| Tú | bailar | fútbol (natación, tenis) |
| El profesor | *trabajar (en)* | la pizarra |
| La profesora | mirar | por teléfono |
| *Mi amigo* | practicar | español (francés, etcétera) |
| Mi amiga | hablar | *la librería* |
| Mis compañeros y yo | ayudar | mucho (poco) |
| Los profesores de la universidad | tomar | el piano |
| Mis padres | preparar | café |
| ¿…? | enseñar | la radio |
| | buscar | ¿…? |

**2-37 Maribel y la doctora Recio.** Use the following information to write short news articles for *La Prensa*, a student newspaper.

Maribel:
estudiante, inteligente, simpática, ciencias políticas, Universidad Complutense de Madrid, España, francés y japonés, fútbol y natación

La doctora Recio:
profesora, informática, elegante, alta, Universidad del País Vasco, Bilbao, inglés y alemán, bailar, música clásica

## Conversemos

**2-38 Tus gustos (*Your tastes*).** Find out about a classmate's tastes by asking if he/she likes or dislikes the activities listed in the chart. Note the preferences in the appropriate column. Then work in groups of four to five students to pool and summarize your findings.

MODELO: **practicar** deportes
E1: *¿Te gusta practicar deportes?*
E2: *Sí, me gusta mucho practicar deportes. (No, no me gusta practicar deportes.)*

| ACTIVIDAD | ¡MUCHO! | UN POCO | ¡NO! |
|---|---|---|---|
| practicar un deporte | | | |
| escuchar música de rock | | | |
| bailar en una discoteca | | | |
| practicar baloncesto | | | |
| trabajar | | | |
| practicar un instrumento musical | | | |
| estudiar mucho | | | |
| caminar a la universidad | | | |
| preparar la lección | | | |
| llegar tarde a clase | | | |
| conversar en español | | | |
| tomar café | | | |
| viajar | | | |

**2-39 ¿A qué hora?** Say at what time the people do the activities depicted. Follow the model and use the expressions **de la mañana, de la tarde, del mediodía, de la noche.**

MODELO: ▶ *Marina llega a la escuela a las ocho y media de la mañana.*

1. ustedes

2. Pilar

3. el profesor

4. yo

5. nosotros

6. el cartero (*the mailman*)

**2-40A Entrevista.** Ask each other the following questions. Be prepared to report back to the class.

MODELO:   E1: *¿Qué estudias en la universidad?*
                E2: *Estudio español…*

1. ¿Qué estudias en la universidad?
2. ¿Qué idiomas hablas bien?
3. ¿Viajas mucho o poco?
4. ¿Dónde trabajas?
5. ¿Cuándo regresas a la clase?
6. ¿Te gusta bailar?

**2-41 ¿Y tú?** Write a short paragraph in which you discuss your activities using verbs that end in **-ar**. Connect your thoughts by using the expressions **pero**, **y**, and **también**.

MODELO:   ▶  *Estudio dos idiomas: inglés y español. Trato de practicar español todos los días. También estudio ciencias y mercadeo. Trabajo en la librería. Me gusta conversar con los amigos y practicar fútbol también. Mañana necesito preparar un examen.*

## 6. The present tense of *tener (to have)* and *tener* expressions

¡Maribel tiene miedo!

■ The Spanish verb **tener** is irregular. As in English, **tener** is used to show possession:

| | |
|---|---|
| **Tengo** tres clases y una hora de laboratorio. | *I have three classes and one lab hour.* |
| ¿**Tienes** un bolígrafo? | *Do you have a pen?* |

| TENER *(to have)* | | | |
|---|---|---|---|
| yo | **tengo** | nosotros/as | **tenemos** |
| tú | **tienes** | vosotros/as | **tenéis** |
| él/ella, Ud. | **tiene** | ellos/as, Uds. | **tienen** |

- The verb **tener** is also used in many day-to-day expressions that are expressed in English with forms of the verb *to be*.

| | |
|---|---|
| ¿**Tienes** hambre? | *Are you hungry?* |
| No, pero **tengo** frío. | *No, but I am cold.* |
| Nosotros **tenemos** prisa. | *We're in a hurry.* |

- Here are some of the more common expressions with **tener**: Note that many of these refer to things we might feel (hunger, thirst, cold, etc.).

| tener calor | tener hambre | tener miedo | tener cuidado | tener razón |
|---|---|---|---|---|

| tener frío | tener sed | tener sueño | tener prisa | no tener razón |
|---|---|---|---|---|

Use the verb **tener** to express age and with the expressions *to have to (do something)* and *to feel like (doing something)*.

| | |
|---|---|
| **tener... años** | *to be . . . years old* |
| **tener que** (+ inf.) | *to have to (do something)* |
| **tener ganas de** (+ inf.) | *to feel like (doing something)* |
| | |
| ¿Cuántos años **tienes**? | *How old are you?* |
| **Tenemos que** ayudar con la fiesta. | *We have to help with the party.* |
| **Tengo ganas de** mirar televisión. | *I feel like watching television.* |

## Practiquemos

**2-42 ¿Qué tienen?** Describe how the following people feel.

MODELO:   Yo…
   ► *¡Tengo hambre!*

1. Alicia y Juanita…

2. José Luis…

3. Tú…

4. Rosa y yo…

5. Los muchachos…

**2-43 ¿Qué tienen?** Use expressions with **tener** to complete the following sentences logically.

MODELO:   En un accidente, yo…
   ► *En un accidente, yo tengo miedo.*

1. En un accidente, mi amiga…
2. Hoy es el cumpleaños de mi amigo.  Él…
3. Cuando (*When*) nosotros practicamos un deporte…
4. Es muy tarde. Yo…
5. Hay examen mañana.  Tú y yo…
6. ¡La hamburguesa es muy grande!  Tú…
7. ¡No, no es correcto!  El profesor…
8. La temperatura está en 0° centígrados. ¡Qué frío! Yo…
9. La temperatura está en 40° centígrados. Los niños…
10. ¡Es urgente! Yo…

## ⬥ Conversemos

**2-44 ¿Qué tiene la universidad?** Decide if your university has the features listed below. Check off the appropriate boxes individually, then take turns asking and answering questions based on the information listed.

MODELO:   muchas clases
E1: *¿Tiene muchas clases la universidad?*
E2: *Sí, tiene muchas clases. (No, no tiene muchas clases.)*

| ¿Tiene…? | Sí, tiene… | No, no tiene… |
|---|---|---|
| un/a rector/a (*president*) | ❏ | ❏ |
| buenos profesores | ❏ | ❏ |
| un bar | ❏ | ❏ |
| un estadio de fútbol | ❏ | ❏ |
| muchas residencias estudiantiles (*dorms*) | ❏ | ❏ |
| clases pequeñas | ❏ | ❏ |
| una librería buena | ❏ | ❏ |
| edificios (*buildings*) grandes | ❏ | ❏ |
| clases interesantes | ❏ | ❏ |
| una buena cafetería | ❏ | ❏ |
| muchos campos de estudio (*fields of study*) | ❏ | ❏ |

**2-45 ¿Cuántos años tienen?** Guess how old the following people are.

MODELO:   Oprah Winfrey
► *Tiene cuarenta y tantos* (forty something) *años.*

1. Madonna
2. Tiger Woods
3. Elizabeth Dole
4. George W. Bush
5. tú

6. Daisy Fuentes
7. Al Gore
8. Tom Cruise
9. el/la profesor/a
10. nosotros/as

**2-46 ¿Qué tienes que hacer?** Discuss what you have to do and don't have to do tomorrow.

MODELO:   E1: *¿Qué tienes que hacer mañana?*
E2: *Mañana tengo que practicar tenis y tengo que hablar con el profesor. No tengo que estudiar. ¿Y tú?*

**2-47A ¿Tienes...?** Following the model, create questions with **tener** to ask each other. Try to find out additional information as well.

MODELO: sed en clase
  E1: *¿Tienes sed en clase?*
  E2: *Sí, tengo sed en clase.*
  E1: *¿Por qué?*
  E2: *Porque tengo que hablar mucho.*

1. sed en clase
2. sueño en la biblioteca
3. calor ahora
4. razón
5. prisa
6. treinta y dos años

**2-48 ¿Qué tienen en común?** Work together to write twelve sentences in Spanish, saying what various people have in common. Use verbs that end in **-ar**, as well as **ser** and **tener**.

MODELO: ► *Whitney Houston y Gloria Estefan son bonitas. Tienen muchos amigos. Cantan (they sing) bien.*

| | | |
|---|---|---|
| George W. Bush | Michael Jordan | Mel Gibson |
| Christina Aguilera | Tom Hanks | Michael Jackson |
| Ally McBeal | el rey de España | Jesse Jackson |
| Gloria Estefan | Whitney Houston | Bobby Brown |
| Enrique Iglesias | Danny Glover | Yo |
| Christy Brinkley | Oprah Winfrey | Tú |

# *Páginas*

## *La búsqueda,* EPISODIO 2

### ESTRATEGIAS

**Pistas (*Clues*) extratextuales.** When you read a text, extratextual clues— your knowledge of format, style, and genre— help you understand the passage. You have certain expectations when you begin to read a personal letter versus a business letter, a poem versus an essay, a recipe versus an advertisement.

**A. Describe el género.** Write in Spanish or in English three or four expectations you have regarding the content of **La búsqueda**.

MODELO: ► *La detective busca un objeto misterioso…*

**B. Describe a los personajes.** Write several statements in Spanish in which you describe the characters that you met in **Episodio 1**.

María Flores del Valle    Ana Florencia del Río    el hombre misterioso

# La búsqueda

**2-49 ¿Comprendiste?** Complete the paragraph as it relates to **La búsqueda**.

Ana Florencia habla por (1) ___ con Luis Lucero Bermejo. Ana Florencia tiene que llegar a (2) ___ para (*by*) las (3) ___. Ahora son las (4) ___. Por eso, ella tiene mucha (5) ___. En Santander, Luis explica que hay un antropólogo que se llama (6) ___. Pepe es un (7) ___ para "José". Es (8) ___ y moreno, y tiene (9) ___. En este momento, está en (10) ___. Ana Florencia recibe documentos y (11) ___ para ir a México. No va a viajar a México en taxi, sino (*but*) en (12) ___.

 **2-50 ¿Quiénes son?** Take turns identifying who might have said the following. In some cases it may be more than one person.

MODELO:   Necesito un taxi.
► *Ana Florencia*

1. Tengo que viajar a México.
2. ¿Qué tiene ella en la mochila roja?
3. No tengo dinero mexicano.

4. Es un hombre muy malo, un ladrón (*thief*).
5. Usted necesita tener mucho cuidado.
6. ¡Voy a ser rico!

## ¡Escucha!

**A. Una conversación.** Listen to Ana Florencia's conversation with a fellow passenger and briefly answer the questions below in Spanish.

1. ¿Con quién habla Ana Florencia?
2. ¿Cómo es él?
3. ¿Por qué tiene cuidado ella?

4. ¿Tiene ella amigos en la capital?
5. ¿Qué necesita ella?
6. ¿Qué más le da (*gives her*) el señor?

**B. Una entrevista.** Participate in an interview between a reporter and one of the following characters.

MODELO:   E1: *¿Cómo se llama usted?*
          E2: *Soy Lucho…*

Ana Florencia
Lucho
el hombre misterioso
el taxista

# Espãna: Tierra de don Quijote

Nuestro Mundo

**2-51 ¿Qué sabes tú?** How many of the following can you name?

1. la capital de España
2. una famosa obra literaria (*literary work*) de España
3. un autor español famoso
4. el nombre del rey (*king*) de España
5. un producto importante de España
6. el nombre de uno de los mares (*seas*) de España
7. el nombre del otro país que ocupa la península
8. el nombre del océano donde están las Islas Canarias

En las largas y ricas costas de España, la pesca (*fishing*) es maravillosa. La gastronomía española es famosa por sus (*its*) excelentes platos.

GALICIA

ANDALUCÍA

Málaga

Costa del

El clima de Andalucía en el sur de España es perfecto para el cultivo de las aceitunas (*olives*). De ellas se produce el aceite de oliva y muchas variedades de aceitunas para comer.

74

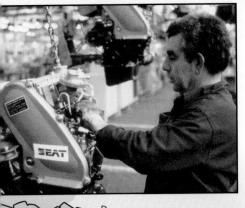

La industria automovilística española es la séptima (*seventh*) en el mundo, por el número de automóviles que produce cada (*each*) año. Este coche (*car*) es un SEAT, un auto pequeño y económico muy popular.

P I R I N E O S

**ESPAÑA**

Barcelona ✖

Madrid

Valencia ✖

Islas Baleares

N

Antoni Gaudí, uno de los arquitectos españoles más famosos, diseñó (*designed*) la Iglesia de la Sagrada Familia en Barcelona. Es una obra de arquitectura moderna que está sin terminar (*yet to be finished*).

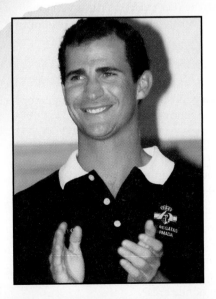

España tiene una monarquía parlamentaria. El príncipe Felipe de Borbón, nacido en el 30 de enero de 1968 y heredero al trono de España, estudió en la Universidad de Georgetown en Washington, D.C.

Pedro Almodóvar es el director de cine español más conocido hoy en día. Entre sus (*his*) obras se incluyen *Mujeres al borde de un ataque de nervios*, *Átame*, *La flor de mi secreto* y *Todo sobre mi madre*, por la que recibió un Oscar.

75

**2-52 ¿Dónde?** Identify a place on the map where you might find the following.

1. playas
2. montañas
3. arquitectura interesante
4. el gobierno
5. buena gastronomía
6. la casa de Antoni Gaudí
7. la producción de aceite de oliva
8. la fabricación de automóviles

 **2-53 El mapa.** With a classmate, review the map of Spain provided in the endpaper of your text. Indicate where the following cities, regions, or geographical phenomena are located.

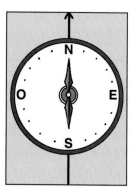

| | |
|---|---|
| al este de | to the east of |
| al oeste de | to the west of |
| al norte de | to the north of |
| al sur de | to the south of |
| el centro | center |
| cerca de | close to |
| la costa atlántica/ mediterránea | Atlantic / Mediterranean coast |

MODELO: ► *Andalucía está en el sur de España.*

1. Madrid
2. Gibraltar
3. Bilbao
4. Toledo
5. el río Tajo
6. Segovia
7. los Pirineos
8. Extremadura
9. Galicia
10. la Sierra Nevada
11. las Islas Canarias
12. las Islas Baleares
13. Málaga
14. Valencia
15. Barcelona
16. Sevilla
17. la Sierra de Guadarrama

**2-54 Guía turística** (*Tour guide*). Write a paragraph of at least eight sentences in which you say what Spain has. Refer to the reading and photographs in **Nuestro mundo**.

MODELO: ► *España tiene playas bonitas…*

 **2-55 Conexiones.** Consult an encyclopedia or world almanac or the World Wide Web to find out the following information:

1. el nombre de tres pintores españoles famosos
2. el nombre del rey (*king*) de España
3. el año de los Juegos Olímpicos en Barcelona
4. el idioma del País Vasco
5. el nombre de un baile tradicional español
6. una comida (*meal*) popular en España

**Taller**

## Una entrevista y un sumario

1. **Preguntas.** Write questions you'd like to ask a famous person if you could interview him/her. Use these interrogatives.
   ¿Cómo...?  ¿Por qué...?  ¿Dónde...?  ¿Cuál(es)...?  ¿Qué...?  ¿Quién(es)...?

2. **Entrevista.** Interview a classmate who will role play the famous person and write the responses.

3. **Artículo.** Summarize the information for an article in *Hola*, a Spanish magazine that depicts the rich and the famous. Use connecting words such as **y**, **pero** (*but*), and **por eso** (*therefore*).

4. **Revisión.** Review your summary to assure the following:

   ❏ agreement of nouns, articles and adjectives
   ❏ agreement of subjects and verbs
   ❏ correct spelling, including accents

5. **Intercambio.** Exchange your summary with a classmate's, and make suggestions and corrections.

6. **Entrega.** Rewrite your summary, incorporating your classmate's suggestions. Then turn in the summary to your instructor.

# LECCIÓN 3

## ¿Qué estudias?

## COMUNICACIÓN

- ➤ Exchanging information about classes
- ➤ Talking about where you're going
- ➤ Expressing possession and location
- ➤ Expressing the way you and others feel
- ➤ Expressing what is going on at the moment
- ➤ Asking for and giving simple directions

## ESTRUCTURAS

### PRIMERA PARTE

- ➤ Numbers 101-1.000.000
- ➤ Possessive adjectives
- ➤ The present tense of *ir* (*to go*) and *hacer* (*to do; to make*)

### SEGUNDA PARTE

- ➤ The present tense of *estar* and the present progressive
- ➤ Summary of uses of *ser* and *estar*
- ➤ The present tense of regular *-er* and *-ir* verbs

## CULTURA

- ➤ Las universidades hispanas
- ➤ La residencia estudiantil
- ➤ Páginas: *La búsqueda*, Episodio 3
- ➤ Nuestro mundo: ¡México lindo!

# PRIMERA PARTE

# ¡Así es la vida!

## ¿Qué materias vas a tomar?

ALBERTO: ¡Oye, Luis! Ya tienes tu horario de clase, ¿verdad?

LUIS: Sí, ¿y tú? ¿Qué materias vas a tomar?

ALBERTO: Mi horario es bastante complicado. Voy a tomar cinco materias: álgebra, química, historia, inglés y computación.

LUIS: ¡Estás loco! Yo solamente voy a tomar cuatro materias este semestre… ¡Y eso ya es mucho!

ALBERTO: ¿Vas a tomar la clase de inglés con el profesor Uvalde?

LUIS: ¡No, chico! Es una clase muy difícil. Sus estudiantes siempre hacen mucha tarea.

ALBERTO: Pero, ¡no vas a terminar tus estudios para el año 2003 si no tienes todos los requisitos!

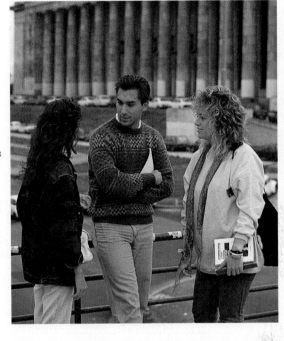

LUISA: Carmen, ¿qué haces?

CARMEN: Hago la tarea de matemáticas.

LUISA: ¿Qué página tenemos que estudiar?

CARMEN: Tenemos que completar los ejercicios de la página 340 para mañana.

LUISA: Pues, vamos a la clase de biología, ¿no?

CARMEN: ¿Qué hora es?

LUISA: Ya son las nueve. Nuestra clase de biología es en cinco minutos.

CARMEN: ¡Ay, sí! Vamos a clase.

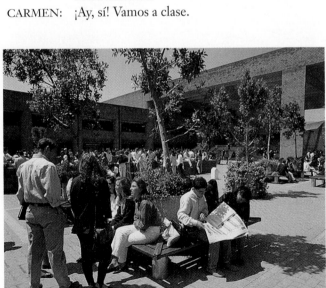

ANA: ¡Hola, Roberto! ¿Qué tal?

ROBERTO: ¡Muy bien, Ana! ¿Y tú?

ANA: Bien. ¿Qué haces aquí?

ROBERTO: Voy a hablar con el profesor Perales.

ANA: Pues, tienes que regresar más tarde porque a las diez y cuarto enseña una clase de francés. Luego, tiene horas de oficina.

ROBERTO: Tú estudias muchos idiomas, ¿no?

ANA: Pues sí, Roberto. Estudio francés, alemán y portugués. En el mundo de hoy, aprender idiomas no es un lujo, es una necesidad.

## Materias académicas

| | |
|---|---|
| el álgebra | *algebra* |
| la antropología | *anthropology* |
| el cálculo | *calculus* |
| la economía | *economics* |
| la estadística | *statistics* |
| la física | *physics* |
| la geología | *geology* |
| la literatura | *literature* |
| la música | *music* |
| la psicología | *psychology* |
| la química | *chemistry* |
| la sociología | *sociology* |

## Lugares en la universidad

| | |
|---|---|
| la biblioteca | *library* |
| la cafetería | *cafeteria* |
| el centro estudiantil | *student center* |
| el gimnasio | *gymnasium* |

## La vida estudiantil (*Student life*)

| | |
|---|---|
| la calculadora | *calculator* |
| la computadora | *computer* |
| el curso | *course* |
| el diccionario | *dictionary* |
| el horario de clases | *class schedule* |
| la materia | *(academic) subject* |
| el semestre | *semester* |
| el trimestre | *trimester* |

## Verbos

| | |
|---|---|
| aprender (a) | *to learn* |
| hacer | *to do; to make* |
|   hago la tarea | *I'm doing homework* |
| hacer ejercicio | *to exercise* |
| hacer preguntas | *to ask questions* |
| ir (a) | *to go* |
|   me voy | *I'm going, leaving* |
|   voy/vas/vamos a | *I'm/you're/we're going to* |

### REPASO

| | |
|---|---|
| la biología | las matemáticas |
| la geografía | las comunicaciones |
| la historia | la pedagogía |
| la informática | |

## Los números 101-1.000.000

| | |
|---|---|
| ciento uno/a | *101* |
| doscientos/as | *200* |
| trescientos/as | *300* |
| cuatrocientos/as | *400* |
| quinientos/as | *500* |
| seiscientos/as | *600* |
| setecientos/as | *700* |
| ochocientos/as | *800* |
| novecientos/as | *900* |
| mil | *1.000* |
| dos mil | *2.000* |
| un millón | *1.000.000* |

## Adjetivos

| | |
|---|---|
| complicado/a | *complicated* |
| exigente | *challenging, demanding* |

## Adverbios

| | |
|---|---|
| bastante | *rather* |
| generalmente | *generally* |
| luego | *later; then* |
| solamente | *only* |
| ya | *already* |

## Otras palabras y expresiones

| | |
|---|---|
| el/la chico/a | *kid, boy/girl; man/ woman* (coll.) |
| cuando | *when* |
| si | *if* |
| pues (conj.) | *well* |
| ¡Oye! | *Listen!, Hey!* |

### *Ampliación*

**Todo** se usa en muchas expresiones en español. Muchas de estas expresiones incluyen las palabras *every* y *all* en inglés.

| | |
|---|---|
| **todo** (*pron.*) | *everything; all* |
| **todo/a** (*adj.*) | *all (of)* |
| **todo el día** | *all day* |
| **todos/as; todo el mundo** | *everyone; everybody* |
| **todas las noches** | *every night* |
| **todos los días** | *every day* |

**Todos** asisten a **todas** sus clases **todos** los días.
  *Everyone attends all of their classes every day.*

| | |
|---|---|
| Lo tengo **todo**. | *I have everything.* |
| Estudio **toda** la noche. | *I study all night long.* |

# ¡Escucha!

**A. ¿Quién es?** Listen to Alberto, Luis, Luisa, Carmen, Ana, and Roberto from
**¡Así es la vida!** and write the letter(s) of the corresponding name.

MODELO:   Sí, tengo mi horario y es complicado.
   ▸ *A* (for Alberto)

**A:** Alberto     **L:** Luis     **LA:** Luisa     **C:** Carmen     **N:** Ana     **R:** Roberto

1. ____     2. ____     3. ____     4. ____     5. ____     6. ____     7. ____     8. ____

 **B. ¿Qué estudias?** Talk about your schedules and decide which is the
most complicated (**el más complicado**).

## Practiquemos

**3-1 ¿Qué estudias?** Match each item with the corresponding class. Then, say
what you have and what you study, based on the information.

MODELO:   ▸ *Tengo un libro de Milton Friedman. Estudio economía.*

biología     español     historia     geografía     informática     literatura

1. el drama *Romeo y Julieta*     3. un libro de Napoleón     5. un microscopio
2. un mapa     4. un diccionario bilingüe     6. una computadora

**3-2 Las materias.** Write a sentence that explains
the academic subject that corresponds to the drawing.

MODELO:   ▸ Yo estudio química.

1.

2.

3.

4.

**3-3 Admisiones.** Answer the questions based on the information in the following ad.

---

## PONTIFICIA UNIVERSIDAD CATÓLICA MADRE Y MAESTRA

### DEPARTAMENTO DE ADMISIONES

El Departamento de Admisiones de la Pontificia Universidad Madre y Maestra, Recinto Santo Tomás de Aquino, les informa de las fechas de Examen de Admisión y de las fechas límites para depositar los documentos o requisitos de admisión (previos al examen).

| FECHA EXAMEN DE ADMISIÓN | FECHA LÍMITE PARA DEPOSITAR DOCUMENTOS |
|---|---|
| Sábado 16 de marzo, 2002 | 9 de marzo, 2002 |
| Sábado 20 de abril, 2002 | 9 de abril, 2002 |
| Sábado 22 de junio, 2002 | 9 de junio, 2002 |

---

**Para mayor información debe dirigirse al Departamento de Admisiones de la Pontificia Universidad Católica Madre y Maestra y/o llamar al teléfono 555-7786, Ext. 70.**

---

1. ¿Cómo se llama la universidad?
2. ¿Cuál es el teléfono del Departamento de Admisiones?
3. ¿Cuántos exámenes de admisión hay?
4. ¿Cuáles son las fechas del examen de admisión?
5. ¿Cuál es la fecha límite para presentar la solicitud para el examen de admisión del 20 de abril?

 **Conversemos**

 **3-4 La Universidad Nacional de México (UNM).** Say what courses of study you and your partner will take (**vamos a estudiar...**), and when each class meets.

MODELO: ▶ *Vamos a estudiar...*
*a las...*

○ **8:30-10:00 lunes a jueves**
  La tecnología y la pobreza
○ La sociología natural: una introducción
  La estadística
○ Introducción al inglés
  Introducción a la historia mexicana

○ **10:30 - 12:00 lunes a jueves**
○ El impacto de TLC (NAFTA) en México
  Los mamíferos
○ El cálculo
  La literatura pre-colombina
○ La Revolución Mexicana

○ **1:30-3:00 lunes a jueves**
  Computación científica
○ Álgebra lineal
  Química biorgánica
○ Los aportes africanos a la cultura
  latinoamericana
  Filosofía política en América Latina

# Pronunciación

## Sounds of Spanish *b*, *v*, and *p*

1. In Spanish the letters **b** and **v** are pronounced in exactly the same manner. They have two different sounds.

■ At the beginning of a breath group or after the letters **m** or **n**, the **b** and **v** are pronounced like the *b* in the English word *boy*, as in the following examples. This is an occlusive sound.

| **b**uen | **v**aso | **b**astante | **v**ino | in**v**ierno |

■ In any other position, the **b** and **v** are pronounced with the lips slightly open. These are called fricatives.

| una **b**iblioteca | ellos **v**an | nosotros **v**ivimos | la **v**entana |

2. The **p** is pronounced like the English *p*, but without the strong puff of air.

| **p**a**p**a | **p**a**p**el | **p**oco | **p**olítica | **P**edro |

## Pronunciemos

**A.** *B* y *v* oclusivas. You will hear a series of words containing the letters **b** and **v**. Be sure to pronounce them with your lips pressed together. Repeat each word or phrase after the speaker.

| 1. veces | 3. biblioteca | 5. vida | 7. visitantes | 9. buenos |
| 2. también | 4. un beso | 6. bola | 8. tambor | 10. baile |

**B.** *B* y *v* fricativas. You will now hear a series of words that contain the letters **b** and **v** within a breath group. The lips are not quite completely closed and air passes through them. Repeat each word or phrase after the speaker.

| 1. resolver | 6. el viernes |
| 2. los labios | 7. no vamos |
| 3. muy bien | 8. una visita |
| 4. yo voy a hablar | 9. estoy bastante preocupado |
| 5. es buena persona | 10. el banco |

# COMPARACIONES... Las universidades hispanas

Generalmente, las clases en las universidades hispanas ocurren en un ambiente más formal que las clases en las universidades de los EE.UU. y del Canadá. En muchos países hispanos:

■ las clases son mucho más grandes. Hay entre 50 y 200 estudiantes en cada clase.

■ las clases son conferencias dictadas por profesores y hay poco tiempo para intercambio entre profesores y estudiantes.

■ las clases son uno o dos días a la semana.

■ la nota (*grade*) final es el resultado de un examen final.

## ¡Vamos a comparar!

¿Cuántos estudiantes hay en una clase típica en tu universidad? ¿En una clase de idiomas? ¿Cuántas clases hay por semana? ¿Es muy importante el examen final? ¿Hablan mucho los estudiantes en tus clases?

## ¡Vamos a conversar!

Lean las siguientes oraciones y túrnense para expresar y anotar sus opiniones.

> 1. ¡Ni modo! No estoy de acuerdo. (*No way! I disagree.*)
> 2. No es probable.
> 3. No tengo opinión.
> 4. Es posible. (*It's possible.*)
> 5. Estoy completamente de acuerdo.

1. Las clases grandes son más aburridas.

   1        2        3        4        5

2. Los buenos profesores no son formales.

   1        2        3        4        5

3. Me gusta tener varios exámenes en un semestre.

   1        2        3        4        5

4. No me gusta hablar en clase.

   1        2        3        4        5

5. Me gusta más el sistema norteamericano.

   1        2        3        4        5

 *¡Así lo hacemos!*

## Estructuras

### 1. Numbers 101-1.000.000

■ **Ciento** is used in compound numbers between 100 and 200. **Cien** is used before thousand and million.

> **ciento diez, ciento treinta y cuatro, etcétera**
> **cien mil, cien millones**

■ When 200-900 modify a noun, they agree in gender with it.

> cuatroci**entos** libros          quini**entas** tizas          dosci**entas** pesetas

■ **Mil** is not used with **un** and is never used in the plural for counting.

> **mil, dos mil, tres mil, etcétera**

■ The plural of **millón** is **millones**, and when followed by a noun, both take the preposition **de.**

> **dos millones de dólares**

■ In Spain and in most of Latin America, thousands are marked by a period and decimals by a comma.

| U.S./CANADA | SPAIN/LATIN AMERICA |
|---|---|
| $1,000 | $1.000 |
| $2.50 | $2,50 |
| $10,450.35 | $10.450,35 |
| 2,341,500 | 2.341.500 |

 Practiquemos

**3-5 ¡No tengo mi calculadora!** Read each math problem out loud in Spanish. Give the answer in Spanish as well.

> más (+)       menos (−)       por (×)       entre (÷)       son/es (=)

MODELO:   333 − 132 =
> ➤ *trescientos treinta y tres menos ciento treinta y dos son ciento uno*

1. 596 + 401 =
2. 2.000.000 − 1.000.000 =
3. 720 − 301 =
4. 5.555 ÷ 11 =

5. 840 ÷ 4 =
6. 2.000 + 2 =
7. 600 × 3 =
8. 333 × 5 =

**3-6 ¿En qué año?** Take turns saying the dates and matching them with the corresponding historical events. Give each other important dates to guess.

MODELO:   1776

> *mil setecientos setenta y seis; la independencia de los EE. UU.*

___ 1. 1492          a. los Juegos Olímpicos en Atlanta
___ 2. 1939          b. la Guerra Civil española
___ 3. 1957          c. el nuevo milenio
___ 4. 1996          d. la Gran Depresión
___ 5. 2001          e. la conquista de México por Cortés
___ 6. 1929          f. la Guerra Civil norteamericana
___ 7. 1861          g. Cristóbal Colón llega a Santo Domingo
___ 8. 1936          h. Sputnik
___ 9. 1521          i. la Segunda Guerra mundial
___10. ¿...?          j. ¿....?

## Conversemos

*A B* **3-7A Inventario.** Dictate your inventory numbers in Spanish to your partner. Then write the inventory numbers that he/she dictates to you. **¡Ojo!** Be careful with agreement!

MODELO:   747 mesas

> *setecientas cuarenta y siete mesas*

1. 202 diccionarios    3. 816 pizarras    5. 326 edificios    7. 110.000 sillas
2. 5.002 escritorios    4. 52 mapas    6. 2.700.000 libros

*A B* **3-8A ¿Cuánto cuesta...?** Imagine that you are a clerk at a car rental office in Mexico City. A client will ask you the prices of the cars you have. After asking general questions, the client will choose a car. (Do you know the exchange rate from pesos to dollars?)

MODELO:   E1: *¿Cuánto cuesta alquilar un carro por siete días?*
          E2: *Cuesta cinco mil seiscientos pesos por semana.*
          E1: *¡Uf! ¡Es mucho!*

# Alquiler de carro

| tipo de carro | detalles | por día | por semana | día adicional |
|---|---|---|---|---|
| compacto, 2-4 puertas | manual | 400 | 2360 | 320 |
| compacto, 4 puertas | manual | 420 | 3500 | 400 |
| compacto, 2 puertas | automático | 600 | 4920 | 520 |
| compacto, 4 puertas | automático | 810 | 6900 | 730 |
| turismo (*full-sized*), 4 puertas | automático | 700 | 5760 | 630 |
| turismo especial | automático | 860 | 7215 | 745 |
| lujo, 2 puertas | automático | 900 | 7950 | 840 |
| lujo, 4 puertas | automático | 1250 | 11.150 | 930 |

**3-9 Una empresa nueva.** Imagine that you have to prepare a start-up plan for a new company for a marketing class. Your instructor has given you a budget to buy things for the office. Between you, decide what you need to buy without breaking the budget.

MODELO:   E1: *Necesitamos comprar dos escritorios ejecutivos por $2.000.*
E2: *No. Necesitamos comprar un escritorio ejecutivo y un escritorio secretario por $1.200.*

### Presupuesto (*budget*) **$100.000**

| | | | |
|---|---|---|---|
| escritorio ejecutivo | $1000 | escritorio secretario | $200 |
| auto económico | $12.000 | auto lujoso | $32.000 |
| silla de plástico | $50 | sillón | $500 |
| computadora | $3000 | refrigerador | $250 |
| microondas (*microwave*) | $200 | papel, bolígrafos | $100 |
| fotocopiadora | $5000 | estante (*bookshelf*) | $120 |
| mesa pequeña | $80 | mesa grande | $250 |
| fax | $300 | miscelánea | ? |

## 2. Possessive adjectives

| SUBJECT PRONOUN | | POSSESSIVE ADJECTIVES | | |
|---|---|---|---|---|
| SINGULAR | | PLURAL | | |
| yo | **mi** | | **mis** | *my* |
| tú | **tu** | | **tus** | *your (inf.)* |
| usted | **su** | | **sus** | *your (form.)* |
| él | **su** | | **sus** | *his* |
| ella | **su** | | **sus** | *her* |
| nosotros/as | **nuestro/a** | | **nuestros/as** | *our* |
| vosotros/as | **vuestro/a** | | **vuestros/as** | *your (inf.)* |
| ustedes | **su** | | **sus** | *your (form.)* |
| ellos | **su** | | **sus** | *their* |
| ellas | **su** | | **sus** | *their* |

■ Possessive adjectives agree in number with the nouns they modify. Note that **nuestro/a** and **vuestro/a** are the only possessive adjectives that show both gender and number agreement.

■ In Spanish, possessive adjectives are always placed before the noun they modify and, unlike their English counterparts, they never receive intonation stress.

**Mis** clases son grandes.          *My classes are big.*
**Nuestros** amigos llegan a las ocho.     *Our friends arrive at eight o'clock.*

■ In Spanish, the construction **de** + *noun* can also be used to indicate possession. It is equivalent to the English apostrophe *s*.

El libro **de Raúl** es interesante.      *Raul's book is interesting.*
La hermana **de Laura** estudia derecho.    *Laura's sister studies law.*

- When the preposition **de** is followed by the definite article **el**, it contracts to **del: de + el = del.**

  Los libros **del** profesor         *The professor's books are difficult.*
  son difíciles.

- The preposition **de** does not contract with **la, los, las,** or the subject pronoun **él**.

  Los lápices **de la** estudiante     *The student's pencils are yellow.*
  son amarillos.
  No es mi mochila; es la **de él**.   *It's not my backpack, it's his.*

---

## Expansión | More on structure and usage

### *Su y sus*

The possessive adjectives **su** and **sus** can have different meanings (*your, his, her, its, their*). The context often indicates who the possessor is.

  María lee **su** libro.             *María reads her book.*
  Ramón y José hablan con            *Ramón and José speak with their friends.*
    **sus** amigos.

When the identity of the possessor is not clear, the construction **de** + *noun* or **de** + *prepositional pronoun* can be used for clarification.[1]

  ¿**De quién** es el libro?          *Whose book is it?*
  Es **su** libro. Es el libro **de Paco**.   *It's his book. It's Paco's book.*
  ¿Son **sus** amigas?               *Are they her friends?*
  Sí, son las amigas **de ella**.      *Yes, they're her friends.*

---

[1] With the exception of first and second persons singular (**yo** and **tú**), prepositional and subject pronouns are the same: **de él, de usted, de nosotros/as, de ellas**. The prepositional pronouns for **yo** and **tú** are **mí** and **ti**. The preposition **con** has special forms with **yo** and **tú: conmigo** and **contigo**.

---

 Practiquemos

**3-10 En la cafetería.** Complete the following paragraph with the correct form of the possessive adjective. In each sentence, the subject is the owner of the object.

A las 7:30 de la mañana yo tomo (1) ___ primer café porque (2) ___ clase de historia es a las ocho. Mis amigos Chalo y Beto llegan a (3) ___ clase de física a las nueve de la mañana. Después de (*after*) clase vamos a la cafetería de (4) ___ universidad al mediodía. En la cafetería, hablamos con (5) ___ amigas y con (6) ___ profesores. Estudiamos (7) ___ lecciones. Yo practico inglés con (8) ___ amigos norteamericanos y (9) ___ amigas Carol y Kim practican español con (10) ___ amigos mexicanos. ¿Vas tú a la cafetería de (11) ___ universidad con (12) ___ amigos también?

**3-11 ¿De quién es?** Indicate to whom or to what the following things belong. Use your imagination.

MODELO:  calculadora
> *La calculadora es del profesor de matemáticas.*

| la biblioteca | el/la doctor/a | el/la señor/a |
| el centro estudiantil | el/la profesor/a de… | la universidad |
| la clase de… | el/la rector/a (*the president*) | ¿…? |

1. sillas
2. examen
3. horario de clases
4. escritorio ejecutivo
5. diccionario
6. librería
7. cafetería
8. mapas
9. ¿…?

 **Conversemos**

**3-12 ¿Cómo es?** Take turns telling each other what the following things and people are like.

MODELO:  clase de…
> E1: *¿Cómo es tu clase de inglés?*
> E2: *Mi clase es buena. ¿Cómo es tu clase de matemáticas?*

1. amigos
2. apartamento
3. libros
4. universidad
5. profesora de…
6. familia
7. trabajo
8. clases

**3-13A En el aeropuerto.** Complete the following immigration document. Ask each other questions to get the missing information. **¡Ojo!** To indicate possession, use **de** in the questions. Use a possessive adjective in your answers.

MODELO:  E1: *¿Cuál es el lugar de nacimiento de Pedro?*
> E2: *Su lugar de nacimiento es España.*

| Profesión | nombre | Apellido (*last name*) paterno | Edad | Lugar de nacimiento |
|---|---|---|---|---|
| presidente | Pedro | _____ | 63 | _____ |
| doctor | _____ | Amado | 55 | _____ |
| _____ | Carlos | _____ | _____ | Portugal |
| _____ | _____ | Cortés | 26 | _____ |

## 3. The present tense of *ir* (*to go*) and *hacer* (*to do; to make*)

| ir | | | | hacer | | | |
|---|---|---|---|---|---|---|---|
| yo | **voy** | nosotros/as | **vamos** | yo | **hago** | nosotros/as | **hacemos** |
| tú | **vas** | vosotros/as | **vais** | tú | **haces** | vosotros/as | **hacéis** |
| él/ella, Ud. | **va** | ellos/as, Uds. | **van** | él/ella, Ud. | **hace** | ellos/as, Uds. | **hacen** |

■ The Spanish verbs **ir** and **hacer** are irregular. **Hacer** is only irregular in the first-person singular: **hago**.

> **Hago** la tarea por las noches.      *I do homework at night.*

■ **Ir** is almost always followed by the preposition **a**. When the definite article **el** follows the preposition **a**, they contract to **al: a + el = al.**

> Luis y Ernesto **van al** centro      *Luis and Ernesto are going to the*
> estudiantil.                    *student center.*

■ The preposition **a** does not contract with **la, las, los** or with the subject pronoun **él**.

> Carmen va **a la** cafetería.      *Carmen is going to the cafeteria.*

■ The construction **ir a** + *infinitive* is used in Spanish to express future action. It is equivalent to the English construction *to be going + infinitive.*

> ¿Qué **vas a hacer** esta noche?      *What are you going to do tonight?*
> **Voy a estudiar** en la biblioteca.      *I'm going to study in the library.*

 Practiquemos

**3-14 Los amigos.** Complete the following paragraph with the correct forms of the verb **ir**.

José, Marta, María y yo somos buenos amigos. Nosotros (1) ___ juntos (*together*) a la universidad todos los días. José (2) ___ a la clase de español a las nueve y luego (*then*) (3) ___ a la clase de inglés. Marta y María (4) ___ a la clase de geografía a las once, y a las doce (5) ___ a la clase de biología. Yo también (6) ___ con ellas a la clase de geografía, pero después (7) ___ a la cafetería. Nosotros (8) ___ a la biblioteca a las tres y por la tarde regresamos a casa. ¿A qué hora (9) ___ ustedes a la universidad?

**3-15 ¿Adónde van?** Decide where each person is going. Include the definite article or the contraction **al** when necessary in your sentences.

MODELO:   Tengo hambre.
► *Voy a la cafetería.*

| | | | |
|---|---|---|---|
| biblioteca | centro estudiantil | gimnasio | librería |
| cafetería | clase | laboratorio | ¿...? |

1. Tenemos sed.
2. Tienes que estudiar.
3. Tienes mucha prisa.
4. Tomás tiene que comprar un cuaderno.
5. Tenemos que practicar vólibol.
6. Elvira y Luisa tienen que trabajar hoy.
7. Los chicos necesitan dinero.
8. Tengo que practicar la lección de francés.

**3-16 ¿Qué haces?** Complete each sentence with the correct form of the verb **hacer** and a logical activity.

(la) comida (*meal*)   (el) ejercicio   (la) lección   (la) tarea   (el) trabajo

1. En la biblioteca, yo _____
2. En casa, mi padre _____
3. En clase, nosotros _____
4. En el gimnasio, tú _____
5. En la oficina, los secretarios _____
6. En el restaurante, la señora _____

## Conversemos

*A B* **3-17A Mañana.** Imagine that the following schedule is yours for tomorrow. Ask your partner what he/she is doing tomorrow and jot down the information. Then answer his/her questions about your activities. What things will the two of you do together?

MODELO:   ► *Por la mañana, voy a la clase de informática. A las once voy a la cafetería a conversar con mis amigos. ¿Vas a la cafetería a las once?*

| | | | |
|---|---|---|---|
| 8:00 | clase de informática | 12:45 | clase de literatura mexicana |
| 9:15 | laboratorio de lenguas | 3:15 | gimnasio |
| 11:00 | cafetería | 4:30 | librería/trabajo |
| 11:30 | biblioteca | | |

**3-18 Los planes.** With two or three students, make plans to take a tour. Use the questions to guide your conversation. Then, a member of the group will share your plans with the class.

MODELO: ► *Vamos a Puerto Vallarta con nuestros amigos de la clase de español.*

1. ¿Con quiénes van?
2. ¿Qué día van?
3. ¿Por cuánto tiempo van?
4. ¿Adónde van?
5. ¿A qué hora van?
6. ¿Qué van a hacer?
7. ¿Qué no van a hacer?
8. ¿Cuándo van a regresar?

**3-19 En la tele.** Read the television sports schedule. Then, explain to each other what you're going to watch and at what time. Be prepared to share the information with the class.

MODELO: ► *Voy a ver fútbol a las once y media de la noche (23:30).*

## TELEVISA PRESENTA
### En el gimnasio

| lunes | martes | miércoles | jueves | viernes |
|---|---|---|---|---|
| 19:00 Lucha lunes | 19:00 Boxeo | 19:00 Béisbol del invierno | 19:00 Béisbol del invierno | 19:00 |
| 19:30 Béisbol del invierno | 19:30 | 19:30 | 19:30 | 19:30 Patines |
| 20:00 Béisbol del invierno | 20:00 | 20:00 | 20:00 | 20:00 |
| 20:30 Fútbol Mundial | 20:30 Fútbol Mexicano: Necaxa v. Toluca | 20:30 En el gimnasio | 20:30 En el gimnasio | 20:30 Fútbol mundial |
| 21:00 La Jugada | 21:00 Boxeo | 21:00 | 21:00 | 21:00 |
| 21:30 | 21:30 | 21:30 | 21:30 | 21:30 |
| 22:00 ECO Deportes | 22:00 ECO Deportes | 22:00 ECO Deportes | 22:00 ECO Deportes | 22:00 Fútbol a Fondo |
| 22:30 Béisbol del invierno | 22:30 Béisbol del invierno | 22:30 Béisbol del invierno | 22:30 | 22:30 |
| 23:00 | 23:00 Básquetbol | 23:00 Básquetbol | 23:00 Básquetbol | 23:00 |
| 23:30 La Playa: Volibol | 23:30 | 23:30 | 23:30 | 23:30 La Playa: Volibol |
| 24:00 Fútbol a Fondo | 24:00 | 24:00 | 24:00 | 24:00 |

 **3-20 Situaciones.** Role play some of the following situations. After practicing with each other, present the situation to the class.

MODELO: E1: *Hola, Gloria. ¿Qué tal?*
E2: *Hola, Gabriel. Muy bien. ¿Qué estudias?*
E1: *Estudio informática, biología y literatura española. ¿Y tú?*
E2: *Estudio japonés, química, álgebra y también tengo una clase de informática.*
E1: *¿A qué hora es tu clase?…*

1. En la cafetería dos estudiantes conversan sobre sus horarios de clases.
2. En casa, dos amigos/as conversan sobre las actividades que van a hacer y que tienen que hacer.
3. En la biblioteca, dos compañeros/as de clase conversan sobre las tareas de las clases, los profesores y las materias.

# ¡Así es la vida!

## ¿Dónde está la librería?

Son las once y media de la mañana. Ana Rosa y Carmen están hablando después de clase.

CARMEN: ¿Qué vas a hacer después del almuerzo?

ANA ROSA: Chica, tengo que ir a la librería para comprar un diccionario de inglés-español. Necesito escribir una composición para mañana.

CARMEN: ¿Dónde está la librería? Yo tengo que ir mañana.

ANA ROSA: Está detrás de la Facultad de Matemáticas, a la derecha de la rectoría. ¿Por qué no vamos juntas ahora?

CARMEN: No, gracias Ana Rosa. Tengo que ir a la biblioteca después del almuerzo y tratar de terminar una novela para la clase de literatura.

ANA ROSA: ¿Qué novela están leyendo?

CARMEN: Esta semana estamos leyendo una novela de Carlos Fuentes. Estoy nerviosa, porque la novela es larga y difícil. Tenemos un examen en dos semanas y no comprendo muchas de las novelas que leemos.

ANA ROSA: Debes llamar a Marisa. Ella lee mucho y su especialidad (*major*) es la literatura mexicana.

CARMEN: ¿Dónde vive Marisa?

ANA ROSA: Marisa vive lejos de aquí, con sus padres en Coyoacán. Sólo asiste a clase los martes y jueves, pero mañana es jueves.

CARMEN: Sí, y siempre come una torta en la cafetería a la una… Mañana voy a tratar de buscar a Marisa en la cafetería. ¡Necesito mucha ayuda (*help*) con mi clase de literatura!

ANA ROSA: ¿Vamos a la cafetería ahora? ¡Estoy muerta de hambre!

CARMEN: Sí. Tengo sed. Necesito beber un refresco antes de ir a la biblioteca.

# ¡ASÍ LO DECIMOS!

## Actividades

| | |
|---|---|
| abrir | *to open* |
| asistir a | *to attend* |
| beber | *to drink* |
| comer | *to eat* |
| comprender | *to understand* |
| creer | *to believe; to think* |
| deber | *ought to, must; to owe* |
| decidir | *to decide* |
| escribir | *to write* |
| leer | *to read* |
| recibir | *to receive* |
| vender | *to sell* |
| ver | *to see; to watch (television)* |
| vivir | *to live* |

## Edificios (*Buildings*) universitarios

| | |
|---|---|
| la Facultad de... | *school of...* |
| Arte | *art* |
| Ciencias | *science* |
| Derecho | *law* |
| Filosofía y Letras | *humanities* |
| Ingeniería | *engineering* |
| Medicina | *medicine* |
| el laboratorio de lenguas | *language laboratory* |
| la rectoría | *administration building* |

## Para comer y beber

| | |
|---|---|
| el agua mineral | *mineral water* |
| el almuerzo | *lunch* |
| la bebida | *drink; refreshment* |
| el café | *coffee* |
| la comida | *meal; dinner* |
| la ensalada | *salad* |
| la hamburguesa | *hamburger* |
| el jugo | *juice* |
| la leche | *milk* |
| el refresco | *soft drink, soda* |
| el sándwich | *sandwich* |
| la torta (*Mex.*) | *sandwich* |

## ¿Dónde está?

| | |
|---|---|
| a la derecha | *to (on) the right* |
| a la izquierda | *to (on) the left* |
| al lado (de) | *next to* |
| cerca | *nearby* |
| cerca de | *near; close to* |
| delante (de) | *in front of* |
| detrás (de) | *behind* |
| enfrente (de) | *in front of, across from* |
| entre | *between* |
| junto a... | *next to . . .* |
| juntos/as | *together* |
| lejos (de) | *far* |

## ¿Cómo estás?

| | |
|---|---|
| aburrido/a | *bored*[1] |
| apurado/a | *in a hurry* |
| cansado/a | *tired* |
| casado/a (con) | *married (to)* |
| contento/a | *happy* |
| divorciado/a | *divorced* |
| enamorado/a (de) | *in love (with)* |
| enfermo/a | *sick* |
| enojado/a; enfadado/a | *angry* |
| muerto/a (de) | *dead (dying of . . .)** |
| nervioso/a | *nervous* |
| ocupado/a | *busy* |
| preocupado/a | *worried* |
| triste | *sad* |

## Adverbios

| | |
|---|---|
| antes (de) | *before* |
| después (de) | *after* |
| siempre | *always* |
| sólo | *only* |

---

[1] You learned **ser aburrido/a** (*to be boring*) in **Lección 1**. Note the change in meaning when used with **estar**. You'll learn more about this in this lesson.

* **Estar muerto/a de** is the equivalent of the English expression *to be dying of* in colloquial usage, e.g., *to be dying of hunger, thirst, embarrassment*, etc., and is not used literally. **Morirse** is used to say that someone is dying of a disease (see **Lección 5**).

 **¡Escucha!**

**A. ¿Cierto o falso?** Indicate where the sentences are true (**cierto**) or false (**falso**) based on the conversation between Ana Rosa and Carmen of **¡Así es la vida!**

MODELO:  Carmen y Ana Rosa tienen que ir a la librería.
➤  *cierto*

| | | | | | | | |
|---|---|---|---|---|---|---|---|
| 1. cierto | falso | 3. cierto | falso | 5. cierto | falso | 7. cierto | falso |
| 2. cierto | falso | 4. cierto | falso | 6. cierto | falso | 8. cierto | falso |

 **B. ¿Dónde?** Ask each other where each of the places from the list is at your university, and what you are going to do there.

MODELO:  la librería
E1: *¿Dónde está la librería?*
E2: *Está al lado de la Facultad de Filosofía y Letras.*
E1: *¿Qué vas a hacer en la librería?*
E2: *Voy a comprar libros en la librería.*

1. la rectoría
2. el centro estudiantil
3. la biblioteca
4. la librería

5. el laboratorio de lenguas
6. la cafetería
7. el estadio
8. la Facultad de…

## Practiquemos

**3-21 En la cola** (*Standing in line*). Imagine that it's the first basketball game, and students are standing in line to buy tickets. Indicate where the students are using the correct word(s) in parentheses.

1. Pepe está (entre/al lado de) ___ Marcela y Paula.
2. Mercedes y Adrián están (cerca de/lejos de) ___ la taquilla (*ticket booth*).
3. Marcela está (enfrente de/ detrás de) ___ la taquilla.
4. Adrián está (al lado de/enfrente de) ___ Mercedes.
5. Marcela, Pepe y Paula están (delante de/detrás de) ___ Mercedes y Adrián.

**3-22 ¿Dónde están?** Where are the people in the following drawings? Remember to use the definite article to indicate location. Then, tell if you like the class or not.

MODELO: El profesor Romero prepara un experimento en el laboratorio de…
► *la Facultad de Ciencias. A mí (no) me gusta la química.*

Facultad de Arte        Facultad de Filosofía y Letras
Facultad de Ciencias    Facultad de Ingeniería
Facultad de Derecho    Facultad de Medicina
La Librería

1. Andrina está en una clase en…    2. Vicente está en el laboratorio de lenguas de…

3. Juana y Germán están en…    4. Alfredo y Jacobo están en…    5. Gabriela Estrada es profesora de…

**3-23 Las emociones.** Carmiña and her friends talk about their day. Based on what they think and say, match each person with a word from the list. **¡Ojo!** Use the correct form of the adjective (masculine/feminine, singular/plural).

| apurado | casado | nervioso | preocupado |
|---|---|---|---|
| cansado | contento | ocupado | |

1. Carmiña está…    4. Ángela está…    6. Raúl está…
2. Meche está…    5. Ching está…    7. Estela y Jacobo están…
3. Pablo está…

**Conversemos**

 **3-24A Las materias, la hora, el lugar**. Take turns asking each other questions and giving each other information to complete the schedule.

MODELOS: E1: *¿A qué hora es la clase de…?*
E2: *¿Qué clase es a…?*
E1: *¿Dónde es la clase de…?*
E2: *¿Quién es el profesor de… ?*

| Hora | Clase | Lugar | Profesora/a |
|------|-------|-------|-------------|
| _____ | cálculo | Facultad de Ingeniería | María Molina García |
| _____ | diseño (*design*) | _____ | |
| _____ | biología | _____ | Ligia Gómez Salazar |
| _____ | física | _____ | Carlos Santos Pérez |

**3-25 Tu universidad.** In small groups, draw and label in Spanish a map of your university. If you study at a campus extension, draw the main campus or invent a university campus. Include at least five important buildings. Compare your map with those of other groups in your class.

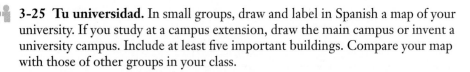

## *Pronunciación*

### Sounds of Spanish *k*, *c*, and *z*

1. In Spanish, the **k** and the combinations **qu, ca, co,** and **cu** are pronounced like the English *c* in the word *cut*, but without the puff of air: **kilómetro, Quito, casa, color, cuna.**
2. In Spanish America, the letters **c** (before **e** and **i**) and **z** are pronounced like the English *s* of the word *sense*. In most of Spain, these sounds are pronounced like the *th* in *think*: **cena, ciudad, zapato, zona, manzana.**

### Pronunciemos

**A. La *k*, la *c* con *a, o* o *u* y la combinación *qu*.** You will hear a series of words with the sound of the letters **k, qu, ca, co, cu**. Repeat each word or phrase after the speaker. Practice pronouncing the words without the puff of air.

| | | | |
|---|---|---|---|
| 1. calculadora | 3. Colón | 5. cura | 7. kiosco |
| 2. queso | 4. casa | 6. kilo | 8. clase |

**B. La *c* con *e* o *i* y la *z*.** You will now hear the sounds of the combination **ce** and **ci** and of the letter **z**. Repeat each word or phrase after the speaker.

| | | | |
|---|---|---|---|
| 1. zapato | 3. cinco | 5. cerveza | 7. cemento |
| 2. cesto | 4. gracias | 6. ciudad | 8. cita |

 ¡Así lo hacemos!

## Estructuras

### 4. The present tense of *estar* (*to be*) and the present progressive

**Las formas y los usos de *estar***

The English verb *to be* has two equivalents in Spanish, **ser** and **estar**. You have already learned the verb **ser** in **Lección 2**, and you have used some forms of **estar** to say how you feel, to ask how someone else feels, and to say where things and places are. The chart shows the present tense forms of **estar**.

| estar (*to be*) | | | |
|---|---|---|---|
| yo | **estoy** | nosotros/as | **estamos** |
| tú | **estás** | vosotros/as | **estáis** |
| él/ella, Ud. | **está** | ellos/as, Uds. | **están** |

- **Estar** is used to indicate the location of specific objects, people, and places.

  Ana Rosa y Carmen **están** en la cafetería.     *Ana Rosa and Carmen are in the cafeteria.*

  La cafetería **está** en el centro estudiantil.     *The cafeteria is in the student center.*

- **Estar** is also used to express a condition or state, such as how someone is feeling.

  ¡Hola, Luis! ¿Cómo **estás**?     *Hi, Luis! How are you?*
  ¡Hola, Carmen! **Estoy** apurado.     *Hi, Carmen! I'm in a hurry.*
  Elena **está** enferma.     *Elena is sick.*

- Adjectives that describe physical, mental, and emotional conditions are used with **estar**.

| | | | |
|---|---|---|---|
| aburrido/a | contento/a | enfermo/a | ocupado/a |
| apurado/a | divorciado/a | enojado/a | perdido/a |
| cansado/a | enamorado/a (de) | malo/a | preocupado/a |
| casado/a (con) | enfadado/a | muerto/a (de) | triste |

  Paco **está casado con** Ana.     *Paco is married to Ana.*
  El profesor Martínez **está divorciado**.     *Professor Martínez is divorced.*
  ¡**Estoy muerto** de hambre!     *I'm dying of hunger!*
  Alicia **está enamorada** del novio de Úrsula.     *Alicia is in love with Úrsula's boyfriend.*

## El presente progresivo

¿Qué estás haciendo?

Estoy practicando los verbos irregulares, Mamá.

■ The present progressive tense describes an action that is in progress at the time the statement is made. The present progressive is formed using the present indicative of **estar** as an auxiliary verb and the present participle (the **-ndo** form) of the main verb. The present participle is invariable. It never changes its ending regardless of the subject. Only **estar** is conjugated when using the present progressive forms.

| present progressive of (*hablar*) | | |
|---|---|---|
| yo | estoy | hablando |
| tú | estás | hablando |
| él/ella, Ud. | está | hablando |
| nosotros/as | estamos | hablando |
| vosotros/as | estáis | hablando |
| ellos/as, Uds. | están | hablando |

■ To form the present participle of regular **-ar** verbs, add **-ando** to the verb stem.

$$\text{habl}\cancel{\text{ar}} + \text{-ando} \rightarrow \textbf{hablando}$$

Los niños **están jugando.**          *The children are playing.*

■ For **-er** and **-ir** verbs, add **-iendo** to the verb stem.

$$\text{com}\cancel{\text{er}} + \text{-iendo} \rightarrow \textbf{comiendo}$$
$$\text{escrib}\cancel{\text{ir}} + \text{-iendo} \rightarrow \textbf{escribiendo}$$

El profesor **está comiendo**          *The professor is eating in the cafeteria.*
en la cafetería.

**Estoy escribiendo**          *I'm writing my homework.*
la tarea.

■ **Leer** has an irregular present participle. The **i** from **–iendo** changes to **y**. [1]

$$\text{le}\cancel{\text{er}} + \text{iendo} \rightarrow \text{leyendo}$$

---

[1] You will learn other irregular present participles as you learn new verbs. The present participle for **creer** would also be irregular (**creyendo**), but this form is rarely used.

## Para expresar el futuro

Unlike English, the Spanish present progressive is not used to express future. Spanish uses the present indicative or **ir + a** + infinitive.

| | |
|---|---|
| **Vamos** al cine el próximo domingo. | *We are going to the movies next Sunday.* |
| **Regreso** a la universidad el lunes. | *I am returning to the university on Monday.* |
| **Voy a comprar** un libro mañana. | *I'm going to buy a book tomorrow.* |

 **Practiquemos**

**3-26 Una conversación telefónica.** Complete the telephone conversation between Mar and Pepe with the correct forms of **estar**.

PEPE:   ¿Bueno?

MAR:   Pepe, habla Mar. ¿Cómo (1) ___ tú?

PEPE:   Muy bien, ¿y tú?

MAR:   Yo (2) ___ bastante bien, gracias. ¡Oye!, ¿dónde (3) ___ tú ahora?

PEPE:   (4) ___ en la cafetería.

MAR:   ¿ (5) ___ Raúl y Roberto allí?

PEPE:   No, ellos (6) ___ en la residencia estudiantil.

MAR:   ¿ (7) ___ enfermos?

PEPE:   No, (8) ___ cansados. Y, ¿dónde (9) ___ María Aurora?

MAR:   (10) ___ en la biblioteca porque (11) ___ muy ocupada.

PEPE:   Nosotros también (12) ___ muy ocupados. Tenemos que terminar el proyecto para la clase de química.

MAR:   Bueno, tienes que trabajar. Hablamos después. Hasta luego.

PEPE:   Adiós.

**3-27 ¿Cómo están?** Describe how the people in the following drawings feel.

MODELO:  ▶  *Bárbara está apurada.*

1. La señora Reyes ___.   2. Héctor ___.   3. Ana y María Aurora ___.   4. José y Francisco ___.

**3-28 Un día festivo.** Answer the questions as if today were April 23.

1. ¿Qué están celebrando hoy?
2. ¿Qué están haciendo las dos personas?
3. ¿Qué estás haciendo tú en este momento?

 **3-29 ¿Qué están haciendo? ¿Dónde están?** Take turns saying what the following people are doing and where they are.

MODELO:   Mis amigos ___ para un examen de biología.
E1: *Mis amigos están estudiando para un examen de biología.*
E2: *Están en el laboratorio de biología.*

1. Yo ___ un refresco.
2. Nosotros ___ la televisión.
3. Tú ___ un sándwich.

4. Samuel ___ fútbol.
5. El joven ___ una novela.
6. Mis amigos ___ un tango.

## Conversemos

**3-30 En la cafetería.** How do the following people feel and why? Work together to write at least one conversation between two people in the cafeteria and write at least one description of another person in the drawing. Use expressions with **tener** to describe some conditions (**hambre, sed, frío,** etc.). Be prepared to present the conversation and description to the class.

MODELO:   ▶ *Pedro no está bien. Tiene frío y está enfermo. Necesita regresar a casa.*

**AB** **3-31A ¿Qué estoy haciendo?** Take turns physically role playing an activity while the other tries to guess what it is.

MODELO: mirar la televisión
　　　　 E1: *(imita una persona que mira la televisión) ¿Qué estoy haciendo?*
　　　　 E2: *Estás mirando la televisión.*

bailar con una persona especial　　　　caminar solo/a por la noche
cantar en clase　　　　　　　　　　　buscar dinero
mirar un partido (*game*) muy bueno　　¿… ?

**3-32 Lo siento, no está aquí.** Take turns making up excuses for a friend who cannot answer the telephone.

MODELO: E1: *Hola, ¿está Carlos?*
　　　　 E2: *Lo siento, está ocupado ahora. Está haciendo su tarea.*

# COMPARACIONES… La residencia estudiantil

En México, no hay residencias estudiantiles (*dormitories*) como en las universidades de los Estados Unidos y del Canadá. Los estudiantes viven en casa con sus familias o, si la universidad está en otra ciudad, en una **pensión estudiantil** (*boarding house*) que también se llama **casa de huéspedes** y **residencia estudiantil**. Hoy en día (*Nowadays*) muchos estudiantes viven juntos en un apartamento con unos amigos. Sin embargo, las **pensiones** son más comunes porque los estudiantes no tienen que preparar comida, lavar ropa (*wash clothes*), etcétera. Sus habitaciones (*bedrooms*) generalmente no tienen teléfono o baño privado, pero una pensión tiene un sabor (*flavor*) más familiar. En muchas **pensiones** los estudiantes comen con la familia a una hora fija (*set time*).

## ¡Vamos a comparar!

¿Vives en una residencia estudiantil, con tu familia o en un apartamento cerca de la universidad? ¿Por qué? ¿Vives cerca o lejos de la universidad? Cuál te gusta más: ¿el sistema mexicano o el sistema norteamericano?

## ¡Vamos a conversar!

Lean las siguientes oraciones y túrnense para expresar y anotar sus opiniones.

> ¡Ni modo! No estoy de acuerdo.
> No es probable.
> No tengo opinión.
> Es posible.
> Estoy completamente de acuerdo.

1. Es divertido vivir en la residencia estudiantil.

2. Me gusta preparar la comida en casa.

3. Es importante mantener contacto con la familia.

4. Aunque (*Although*) estoy ocupado/a, paso tiempo con mis amigos/as.

# 5. Summary of uses of *ser* and *estar*

## *Ser* is used:

- with the preposition **de** to indicate origin, possession, and to tell what material something is made of.

| | |
|---|---|
| Alberto **es** de Guatemala. | *Alberto is from Guatemala.* |
| Los libros **son** de Luisa. | *The books are Luisa's.* |
| La mochila **es** de nilón. | *The book bag is (made of) nylon.* |

- with adjectives to express characteristics of the subject, such as size, color, shape, religion, and nationality.

| | |
|---|---|
| El carro de Raúl **es** azul. | *Raúl's car is blue.* |
| Tomás **es** alto y delgado. | *Tomás is tall and thin.* |
| Los jóvenes **son** católicos. | *The young men are Catholic.* |
| **Somos** mexicanos. | *We are Mexican.* |

- with the subject of a sentence when followed by a noun or noun phrase that restates the subject.

| | |
|---|---|
| Mi hermana **es** abogada. | *My sister is a lawyer.* |
| Juan Ramón y Lucía **son** mis suegros. | *Juan Ramón and Lucía are my father and mother-in-law.* |

- to express dates, days of the week, months, and seasons of the year.

| | |
|---|---|
| **Es** primavera. | *It's spring.* |
| **Es** el 10 de octubre. | *It's October 10.* |

- to express time.

| | |
|---|---|
| **Son** las cinco de la tarde. | *It's five o'clock in the afternoon.* |
| **Es** la una de la mañana. | *It's one in the morning.* |

- with the preposition **para** to tell for whom or for what something is intended or to express a deadline.

| | |
|---|---|
| ¿**Para** quién **es** esa hamburguesa? | *For whom is that hamburger?* |
| La hamburguesa **es para** mi novio. | *The hamburger is for my boyfriend.* |
| La composición **es para** el viernes. | *The composition is for (is due) Friday.* |

- with impersonal expressions.

| | |
|---|---|
| **Es importante** ir al laboratorio. | *It's important to go to the laboratory.* |
| **Es fascinante** estudiar la cultura hispana. | *It's fascinating to study Hispanic culture.* |

- to indicate where and when events take place.

| | |
|---|---|
| La fiesta **es** en mi casa. | *The party is at my house.* |
| El concierto **es** a las ocho. | *The concert is at eight.* |

## *Estar* is used:

- to indicate the location of persons, places and objects.

| | |
|---|---|
| La librería **está** cerca. | *The bookstore is nearby.* |
| Rosa **está** en la cafetería. | *Rosa is at the cafeteria.* |

- with adjectives to describe the state or condition of the subject.

| | |
|---|---|
| Las chicas **están** contentas. | *The girls are happy.* |
| Pedro **está** enfermo. | *Pedro is sick.* |

- with descriptive adjectives (or adjectives normally used with **ser**) to indicate that something is exceptional or unusual. This structure is often used this way when complimenting someone and in English is sometimes expressed with *look*.

| | |
|---|---|
| Carlitos, tienes ocho años; ¡**estás** muy grande! | *Carlitos, you're eight years old; you are (look) so big!* |
| Señora Rubiales, usted **está** muy elegante esta noche. | *Mrs. Rubiales, you are (look) very elegant tonight.* |

---

### Expansión  **More on structure and usage**

### Cambios de significado con *ser* y *estar*

Some adjectives have different meanings depending on whether they are used with **ser** or **estar**.

| Adjective | With SER | With ESTAR |
|---|---|---|
| **aburrido/a** | *to be boring* | *to be bored* |
| **bonito/a** | *to be pretty* | *to look pretty* |
| **feo/a** | *to be ugly* | *to look ugly* |
| **guapo/a** | *to be handsome* | *to look handsome* |
| **listo/a** | *to be clever* | *to be ready* |
| **malo/a** | *to be bad, evil* | *to be ill* |
| **verde** | *to be green (color)* | *to be green (not ripe)* |
| **vivo/a** | *to be smart, cunning* | *to be alive* |

---

 **Practiquemos**

**3-33 En mi casa esta noche**. Ana describes her family and what is happening at home tonight. Complete her description with the correct forms of **ser** or **estar** or the verb **hay**.

Mi familia (1) ___ grande; (2) ___ quince personas. Mi casa (3) ___ pequeña. (4) ___ en la calle (*street*) Florida que (5) ___ en el centro de la ciudad. Esta noche (6) ___ una fiesta en mi casa. La fiesta (7) ___ a las ocho de la noche. Mis tíos ya (8) ___ aquí. Siempre llegan temprano. Ahora (9) ___ en la sala con mi mamá. Mi tío Alfredo (10) ___ alto y guapo. (11) ___ dentista. Mi tía Julia (12) ___ baja y simpática. Ella (13) ___ psicóloga. Mis hermanas (14) ___ en el patio con mi papá, pero mi hermano, Rafa, no, porque (15) ___ enfermo. Rafa (16) ___ en cama (*bed*). (17) ___ las ocho y quince de la noche y (18) ___ muchas personas en mi casa y veinte carros enfrente de la casa. Mis primos favoritos, Carlos y Saúl, (19) ___ hablando al lado de un coche. Carlos (20) ___ el chico alto y guapo; Saúl (21) ___ el joven bajo y fuerte (*strong*). (22) ___ de México, D.F., la capital. ¡Bienvenidos todos! ¡(23) ___ música, refrescos y comida. ¡Todo (24) ___ para nosotros!

**3-34 La familia Oquendo**. Use the correct forms of **ser** and **estar** to complete the description of the Oquendo family.

La familia Oquendo (1) ___ una familia mexicana que vive en Juárez. Juárez (2) ___ en el norte (*north*) de México. Antonio, el papá (3) ___ muy trabajador. Teresa, la mamá (4) ___ muy amable (*friendly*). (5) ___ originalmente de México, D.F., la capital. Ellos tienen dos hijos: Jaime y Eva. Jaime (6) ___ muy responsable. (7) ___ en Monterrey donde estudia en el Instituto Tecnológico de Estudios Superiores (ITESM). Eva (8) ___ muy inteligente y (9) ___ en la UNAM en México, D.F. Esta noche la familia (10) ___ muy contenta. Todos (11) ___ juntos en Juárez y van a ir a un concierto en El Paso, Texas. El concierto (12) ___ a las nueve de la noche, pero El Paso (13) ___ muy cerca de Juárez. El concierto (14) ___ en la sala de conciertos de la Universidad de Texas, El Paso. Ya (15) ___ hora de salir y todos (16) ___ listos.

 **Conversemos**

 **3-35 Un/a compañero/a de clase**. Take turns describing a friend to your group. Include as many details as possible. Be prepared to present your descriptions to the class.

| | |
|---|---|
| la edad | características físicas |
| cómo está (*looks like*) hoy | el lugar de origen |
| dónde está ahora | características personales |
| su profesión u otra forma de identidad | |

**3-36 Entrevístense**. Individually write six questions using **ser**, **estar**, and **hay**. Then, take turns asking each other the question you wrote.

MODELOS:  E1: *¿Cómo eres?*
E2: *Soy alto y guapo.*
E1: *¿De dónde eres?*
E2: *Soy de Minneapolis.*

**3-37A Dibujos (*Drawings*).** Take turns describing a person using the following information while the other tries to draw the person described. Then, compare your drawings with your descriptions.

MODELO:  chica: dieciocho años, alta, bonita, triste, oficina
E1: *Es una chica. Tiene dieciocho años. Es alta y bonita. Está triste. Está en la oficina.*
E2:

1. hombre, viejo, bajo, enojado, librería
2. chico, siete años, pequeño, feo, contento, clase
3. chica, veinticuatro años, gorda, tímida, nerviosa, rectoría

## 6. The present tense of regular *-er* and *-ir* verbs

You learned the present tense forms of regular **-ar** verbs in **Lección 2**. The following chart includes the forms for regular **-er** and **-ir** verbs.

|  | **hablar** (*to speak*) | **comer** (*to eat*) | **vivir** (*to live*) |
|---|---|---|---|
| yo | habl**o** | com**o** | viv**o** |
| tú | habl**as** | com**es** | viv**es** |
| él/ella, Ud. | habl**a** | com**e** | viv**e** |
| nosotros/as | habl**amos** | com**emos** | viv**imos** |
| vosotros/as | habl**áis** | com**éis** | viv**ís** |
| ellos/as, Uds. | habl**an** | com**en** | viv**en** |

- The present tense endings of **-er** and **-ir** verbs are identical except for the **nosotros** and **vosotros** forms.

- Other common **-er** and **-ir** verbs are:

| | | | |
|---|---|---|---|
| **abrir** | *to open* | **deber** | *ought to; should* |
| **aprender a** (+ infintive) | *to learn (to do something)* | **decidir** | *to decide* |
| **asistir a** | *to attend* | **escribir** | *to write* |
| **beber** | *to drink* | **leer** | *to read* |
| **comer** | *to eat* | **recibir** | *to receive* |
| **comprender** | *to understand* | **vender** | *to sell* |
| **creer** | *to believe* | **vivir** | *to live* |

- **Ver** (*to see*) is an **-er** verb with an irregular **yo** form. Also note that the **vosotros/as** form has no accent because it is only one syllable.

| ver | | | |
|---|---|---|---|
| yo | **veo** | nosotros/as | **vemos** |
| tú | **ves** | vosotros/as | **veis** |
| él/ella, Ud. | **ve** | ellos/as, Uds. | **ven** |

 **Practiquemos**

**3-38 Quique y yo.** Laura Ruiz and Quique Salgado are students in Veracruz, Mexico. Complete Laura's description with the correct form of each verb.

MODELO:   Enrique y yo (ser) <u>somos</u> estudiantes.

Quique y yo (1. asistir) ___ a la universidad. Él (2. vivir) ___ en una residencia estudiantil pero yo (3. vivir) ___ en un apartamento. Nosotros (4. comer) ___ en la cafetería por la noche porque la comida que ellos (5. vender) ___ en la cafetería no es cara. Quique siempre (6. beber) ___ refrescos y yo (7. beber) ___ leche. Yo (8. creer) ___ que vamos a estudiar en la biblioteca esta noche porque mañana hay examen de literatura mexicana. Nosotros (9. aprender) ___ mucho en esa (*that*) clase. Yo (10. leer) ___ todas las noches para la clase. Nosotros (11. escribir) ___ una composición todas las semanas. ¡Tú (12. deber) ___ tomar la clase! ¡Es difícil, pero muy interesante!

**3-39 Una carta de Lula.** Lula's letter got wet and many words are hard to read. Choose words from the list to complete her message.

| | | | |
|---|---|---|---|
| aprendo | comer | estoy | son |
| asistimos | debo | hago | tenemos |
| asisto | es | recibimos | vamos |
| beber | escribo | recibir | voy |
| bebo | están | | |

> Monterrey, 14 de febrero de 2002
>
> Queridos papás (Mom and Dad):
>
> ¿Cómo (1) ____? Yo (2) ____ muy bien. (3) ____ para contarles (tell you) cómo va mi semestre. Los lunes, miércoles y viernes (4) ____ a tres clases: química, biología y física. (5) ____ mucho, especialmente en biología. Después de las clases, Francisca y yo (6) ____ a la cafetería a (7) ____ refrescos y (8) ____ sándwiches. A veces (9. yo) ____ café si (10) ____ estudiar mucho por la tarde. Después (11. yo) ____ a la biblioteca y (12) ____ la tarea. Nosotras (13) ____ que trabajar mucho, pero (14) ____ buenas notas (grades) en las clases. Los martes y jueves Francisca y yo (15) ____ a clases de francés e inglés. Las clases (16) ____ buenas. Me gusta mucho mi horario, pero (17) ____ un poco complicado. Bueno, es tarde. Espero (18) ____ una carta de ustedes.
>
> Reciban un fuerte abrazo de,[1]
> Lula

**3-40 ¿Qué hacen?** Say what the following students do using **-er** and **–ir** verbs.

MODELO: ▶ *Anita y Pedro comen un sándwich.*

1.            2.            3.            4.

---

[1] **Un abrazo** (*hug*) as well as **Besos** (*Kisses*) or **Un beso** are commonly used to close letters. **Reciban un fuerte abrazo de** means *Receive a strong embrace from.*

**3-41 ¡Un baile!** Imagine that the international club is giving a dance at your university. Use the following information to make up a narration about the plans for the dance ¡Ojo! Use the correct forms of the verbs.

MODELO:   mi profesor/a / creer que la música de rock es fea
   ► *Mi profesora cree que la música de rock es fea.*

| | |
|---|---|
| 1. mi profesor/a | decidir preparar los sándwiches |
| 2. Tomás | vender las entradas (*tickets; passes*) |
| 3. tú y yo | vender los refrescos |
| 4. mi profesor/a y yo | recibir las entradas |
| 5. Marta y María | abrir la puerta del centro estudiantil |
| 6. yo | deber bailar con Miguel |
| 7. tú | aprender a bailar con Raquel |
| 8. Lola y Pepe | beber refrescos |
| 9. usted | comer tortas |
| 10. ¿...? | creer que bailamos bien |

## Conversemos

 **3-42 ¿Quién...?** Individually make a chart with the names of classmates that do the things listed. Don't ask any student more than one question. When a student answers **Sí, ...,** write his/her name next to the corresponding information. Later, prepare a presentation of your findings for the class.

MODELO:   comer en casa
   E1: *¿Comes en casa?*
   E2: *Sí, como en casa.*
   E1: *Gracias,...*

| | |
|---|---|
| abrir tu mochila en clase | _____ |
| aprender a tocar (*to play*) un instrumento | _____ |
| aprender bien la lección | _____ |
| beber café | _____ |
| comer en casa | _____ |
| creer en la democracia | _____ |
| deber trabajar mucho | _____ |
| escribir en tu diario | _____ |
| leer las noticias todos los días | _____ |
| recibir muchas cartas | _____ |
| vender tu bicicleta (*bicycle*) | _____ |
| vivir cerca de la universidad | _____ |

**3-43A ¿Qué tienen en común?** Take turns asking each other what these people have in common. Try to use some of the following suggestions.

MODELO:   E1: *¿Qué tienen en común Mickey Mouse y Donald Duck?*
          E2: *Viven en la Florida (y en California).*

| | |
|---|---|
| bailar bien (mal) | comer en McDonalds |
| tener mucha tarea | beber cerveza (café, refrescos) |
| escribir novelas de detectives | trabajar mucho (poco) |
| cantar bien (mal) | ver televisión |

1. Janet Jackson y Whitney Houston
2. el rey de España y la reina de Inglaterra
3. Gabriel García Márquez y Laura Esquivel
4. el presidente y su familia
5. Salma Hayek y tú
6. tú y yo

**3-44 Excusas.** Write a message to your professor to explain why you are not in class today. Give at least five excuses.

MODELO:   ➤ *No estoy en clase porque tengo mucho trabajo. Leo muchos libros para mi clase de inglés…*

## *Páginas*

### *La búsqueda,* EPISODIO 3

## ESTRATEGIAS

**Formular una hipótesis.** The text format, the title, and other visual clues or background knowledge usually give you an idea about what you will read even before you begin reading. As you read, you test your hypotheses to see if your initial guesses were correct. Sometimes the reading will support your hypothesis; other times you will have to revise your hypothesis as you read.

**Formular una hipótesis.** Before reading this episode, answer these questions to help you form a working hypothesis of what will happen.

1. ¿Qué parte de México va a visitar Ana Florencia? ¿El interior o la costa?
2. ¿Va a estar en un pueblo pequeño o una ciudad grande?
3. ¿Va a tener éxito y va a encontrar la pieza en México?
4. ¿Va a tener que viajar a otro país?

# La búsqueda, EPISODIO 3

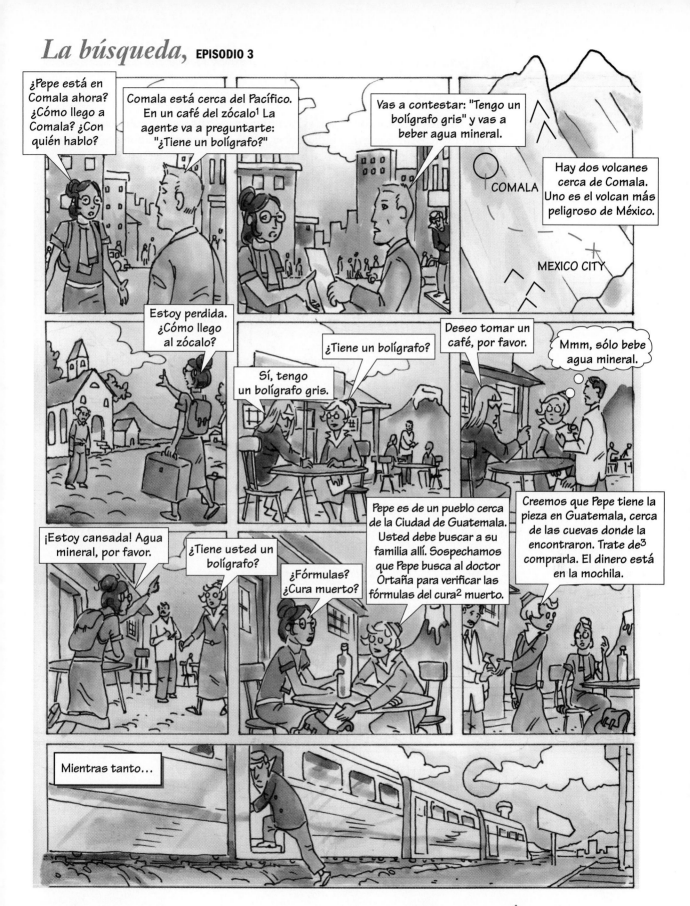

 ¡Escucha!

**A. El Hostal Comala.** Listen as Ana Florencia chats with a receptionist at the hotel where she is staying. Indicate her travel and accommodation preferences.

1. vista…
   a. de la ciudad     b. del mar          c. del volcán

2. habitación…
   a. sencilla        b. doble            c. triple

3. por…
   a. una noche      b. dos noches      c. una semana

4. pagar (*pay*) con…
   a. cheque        b. tarjeta de crédito      c. dinero en efectivo (*cash*)

5. comer en…
   a. la habitación    b. el restaurante      c. un bar

6. comer…
   a. tacos         b. enchiladas        c. cochinito pibil (*roast suckling pig*)

7. hacer una reserva para…
   a. las ocho      b. las nueve       c. las diez

8. salir mañana para…
   a. Guatemala    b. Costa Rica      c. Panamá

**B. ¿Adónde va usted?** Take turns asking each other questions as if one of you were Ana Florencia and the hotel receptionist.

MODELO:    E1: *¿Adónde va usted mañana?*
             E2: *Voy a Guatemala.*

**3-45 ¿Comprendiste?** Reorder the words to form complete sentences in Spanish. Then indicate if each is true (**cierto**) or false (**falso**).

MODELO:    Ana una mochila tiene Florencia negra
        ▶ *Ana Florencia tiene una mochila negra. Falso.*

1. Ana México Florencia ahora en está
2. cerca Comala está capital la de
3. un cerca hay de Comala volcán
4. misterioso hombre está perdido el
5. café Ana Florencia el toma leche en
6. una tiene que ir pieza Ana Florencia busca Guatemala a porque
7. Ana pieza la dinero comprar para tiene
8. del está el Ortaña mochila la dinero en doctor

**3-46 ¿Qué pasa?** With a classmate use the questions to summarize **La búsqueda** up to this episode.

1. ¿Quién es Ana Florencia?
2. ¿Qué busca?
3. ¿Por qué tiene que viajar tanto (*so much*)?
4. ¿Adónde va después de Comala?
5. ¿A quién busca allí?

**3-47 ¿Qué? ¿Cómo? ¿Dónde?** Ask a classmate to identify, locate, and describe these characters and places.

MODELO:   la Ciudad de México
   ▶ *Es la capital. Está en el centro del país. Es grande.*

1. Comala
2. Ana Florencia
3. el doctor Ortaña
4. Costa Rica
5. el hombre misterioso

**3-48 Investigar.** Do some investigating of your own! Use the internet or library resources to find and present information on the following topics.

1. el estado de Comala
2. los volcanes de México
3. la ciudad de México
4. el turismo en México

# ¡México lindo!

**3-49 ¿Qué sabes tú?** What information can you give about Mexico?

1. la capital de México
2. una playa bonita
3. un producto de México
4. el "Tratado de Libre Comercio" en inglés
5. el cambio nuevo peso/dólar
6. una antigua civilización
7. el conquistador español
8. una península
9. los colores de la bandera

Muchas universidades mexicanas como el Instituto Tecnológico de Estudios Superiores de Monterrey (ITESM) tienen programas de intercambio con los EE. UU., Canadá, Europa y Asia. Los principiantes toman clases de lengua y civilización. Los más avanzados toman clases de ingeniería, comercio y economía.

Guadalajar

Para muchas personas, los mariachis con sus guitarras, bajos y trompetas representan la música folklórica mexicana. Aunque estos grupos tienen origen en el siglo XVII, todavía son populares en las fiestas y las bodas. Si vives en Guadalajara, parte de la celebración de tu cumpleaños probablemente va a ser una serenata con "Las mañanitas", una canción popular mexicana.

México es famoso por su artesanía. Si visitas Taxco, vas a ver su rica tradición de platería. Las figuras de madera están hechas a mano por artesanos de Oaxaca. Representan animales y seres fantásticos.

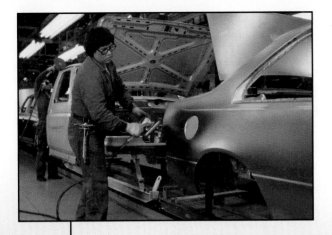

Las maquiladoras situadas cerca de la frontera de los EE.UU. ensamblan los componentes de automóviles y aparatos electrónicos. Son tan importantes para la economía mexicana como para la norteamericana, aunque los trabajadores mexicanos reciben sueldos muy inferiores a los sueldos de los norteamericanos.

La isla de Cozumel atrae a muchos turistas por su agua verde-azul, sus playas de arena blanca y su rica vida submarina. Si te gusta bucear (*to snorkel*) tienes que visitar este lugar ideal.

Monterrey

N

Isla Cozumel

México, D.F.

Taxco

Oaxaca

Cuando los españoles llegan a México, ven evidencia de civilizaciones indígenas muy importantes. Los mayas en el sur de México, en Guatemala y en Belice, tienen una civilización avanzada con un sistema de irrigación. Los indígenas también estudian y comprenden mucho de astronomía, como es evidente por este observatorio en Palenque.

Frida Kahlo (1907–1954), "Self-portrait with Monkey," 1940. Private Collection. Art Resource, NY © 2001 Banco de Mexico Diego Rivera & Frida Kahlo Museums Trust. Av. Cinco de Mayo No. 2, Col. Centro, Del. Cuauhtemoc 06059, Mexico, D.F.

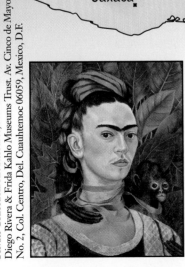

Frida Kahlo fue la esposa del gran muralista mexicano, Diego Rivera. Empezó su carrera artística como terapia después de sufrir un horrendo accidente automovilístico. Aunque (*Although*) recibió poca atención durante su vida, hoy en día se considera una de las mejores pintoras del mundo hispano.

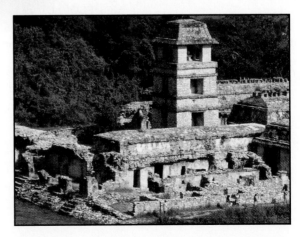

**3-50 ¿Dónde?** Identify a place on the map where you can find the following.

1. playas
2. artesanía
3. ruinas arqueológicas
4. música folklórica
5. la casa de Frida Kahlo y Diego Rivera
6. el ensamblaje de automóviles Ford
7. estudiantes internacionales
8. coral y peces bonitos
9. figuras de madera

**3-51 ¿Cierto o falso?** Working in groups of four, indicate the false sentences and correct them.

1. México es nuestro vecino del norte.
2. Los mayas tenían (*had*) un sistema de irrigación.
3. La tierra de los mayas está en la costa del Pacífico.
4. Palenque es una ruina azteca.
5. Los mariachis cantan jazz y rock.
6. Los salarios de los trabajadores de las maquiladoras son altos.
7. La artesanía de México no tiene muchos colores.
8. Cozumel es bueno para observar el mundo submarino.
9. Frida Kahlo todavía vive.
10. Hay muchos estudiantes internacionales en ITESM.

**3-52 Sugerencias.** In groups of three or four, make suggestions for people who want to visit Mexico. Indicate the time of year and place they should visit based on their interests. Use information from **Nuestro mundo.**

MODELO:   E1: *Me gusta escuchar música folklórica.*
          E2: *¿Por qué no vas a Guadalajara? Es famosa por sus mariachis.*

1. Me gusta la arqueología.
2. Me gusta nadar y tomar el sol.
3. Deseo comprar artículos hechos a mano (*handmade*).
4. Quiero visitar la universidad que enfatiza la educación global.
5. Estudio arte.

**3-53 México lindo.** Take turns with a classmate to complete the chart with information from **Nuestro mundo.**

MODELO:   E1: *Es un lugar en la costa del Pacífico. Es popular con los turistas. Tiene playas hermosas. ¿Cómo se llama?*
          E2: *Acapulco.*

| Lugar | Descripción | Está... | Famoso/a por... |
|---|---|---|---|
| Acapulco | popular con los turistas | en la costa del Pacífico | sus playas hermosas |
| _____ | una de las ciudades más grandes del mundo | _____ | construida sobre la antigua capital de los aztecas |
| _____ | antigua ciudad maya | _____ | el observatorio |
| Cozumel | _____ | una isla en el Golfo de México cerca de Yucatán | su vida submarina |

 **Taller**

## Una carta personal

1. **Información.** Write a letter to a friend or family member about your student experience. First, respond to the following questions.

   ¿Dónde estás?                           ¿Cuál es la fecha de hoy?
   ¿Qué tiempo hace hoy?                    ¿Qué estudias este semestre (trimestre/año)?
   ¿A qué hora son tus clases?              ¿Cómo son los profesores?
   ¿Recibes buenas notas (*grades*)?        ¿Con quién asistes a tus clases?
   ¿Dónde comes?                            ¿Adónde vas por la noche?
   ¿Te gusta la universidad?                ¿…?

2. **Formato.** Use the letter format from **Actividad 3-39,** beginning with the place, date, and a greeting.
3. **Carta.** Incorporate your answers to the previous questions in your letter. Connect your ideas with words such as **y, pero,** and **porque**.
4. **Respuesta.** Ask your addressee for a reply to your letter.
5. **Conclusión.** Close the letter with a farewell: **un abrazo de…**
6. **Revisión.** Review the following elements of your letter:

   ❏ use of **ir, hacer** and other **-er** and **-ir** verbs
   ❏ use of **ser** and **estar**
   ❏ agreement of nouns, articles and adjectives
   ❏ agreement of subjects and verbs
   ❏ adjective/noun agreement
   ❏ correct spelling, including accents

7. **Intercambio.** Exchange your letter with a classmate's. Make grammatical corrections and content suggestions. Then, respond to the letter.
8. **Entrega.** Rewrite your original letter, incorporating your classmate's comments. Then, turn in your letter and the response from your classmate to your professor.

# LECCIÓN 4

## ¿Cómo es tu familia?

## COMUNICACIÓN

➤ Talking about the family
➤ Expressing desires and preferences
➤ Planning activities
➤ Giving and following instructions and commands
➤ Extending and responding to invitations
➤ Talking about whom and what you know

## ESTRUCTURAS

### PRIMERA PARTE

➤ The present tense of stem-changing verbs: $e \rightarrow ie$, $e \rightarrow i$, $o \rightarrow ue$
➤ Formal commands

### SEGUNDA PARTE

➤ Direct objects, the personal *a*, and direct-object pronouns
➤ *Saber* and *conocer*

## CULTURA

➤ La familia hispana
➤ Los clubes sociales y la costumbre de la serenata
➤ Páginas: *La búsqueda*, Episodio 4
➤ Nuestro mundo: La América Central (I): Guatemala, El Salvador, Honduras

# ¡Así es la vida!

## Un correo electrónico[1]

Juan Antonio recibe un correo electrónico de su buena amiga Ana María Pérez, una joven guatemalteca que estudia en la universidad con él. Juan Antonio es costarricense y vive en San José. Ana María pasa las vacaciones de verano con su familia.

**Fecha:** 12 de junio, 2000
**Recipiente:** JAntonio@UCR.AC.CR

Querido Juan Antonio:

Aquí estoy con mi familia en la Ciudad de Guatemala. Es fabulosa. Cuando vengo aquí, puedo descansar y dormir mucho.

Gracias por tu mensaje. ¡Tienes una familia muy grande e interesante! Mi familia también es muy unida y un poco grande. Mi papá es profesor en la universidad aquí y mi mamá es dentista. Tengo tres hermanos. Mi hermana mayor se llama Carmen. Tiene 22 años y sigue la carrera de derecho en la universidad. Después vengo yo, con 19 años y luego mi hermano menor, Ernesto, con 15. Ernesto estudia en una escuela secundaria[2] cerca de casa. La menor es mi hermanita Lucía. Sólo tiene 9 años.

Mis abuelos —los padres de papá— viven con nosotros. Como tus abuelos, ayudan mucho en casa. Mis tíos Julia y Rosendo no viven muy lejos y pasan mucho tiempo aquí. Tienen un hijo único, mi primo Pedrito, que es muy majadero y da mucha guerra.[3] Juega con mi hermano todos los días, pero siempre riñen un poco. En este momento están jugando al fútbol en el patio.

Tu familia viene a Guatemala en julio, ¿verdad? ¡Vengan a visitarnos! Ustedes pueden conocer a mi familia y podemos visitar Tikal. Nosotros vamos a Costa Rica en agosto. Mi familia piensa alquilar una casa por dos semanas en la playa de Manuel Antonio, y yo quiero pasar un fin de semana en San José. ¡No hagan otros planes! Regresamos a Guatemala después de las vacaciones, y yo vuelvo a la universidad el 2 de septiembre.
Espero verlos pronto.

Un abrazo,
Ana María

---

[1] In Spain, e-mail is also commonly referred to as **Emilio** or **Emilito**.
[2] high school
[3] da... causes a lot of trouble

## Miembros de la familia

| | |
|---|---|
| el/la abuelo/a | grandfather/ grandmother |
| el/la cuñado/a | brother-in-law/ sister-in-law |
| el/la esposo/a | husband/wife |
| el/la hermanastro/a | stepbrother/stepsister |
| el/la hermano/a | brother/sister |
| el/la hijastro/a | stepson/stepdaughter |
| el/la hijo/a | son/daughter |
| el/la hijo/a único/a | only son/daughter |
| la madrastra | stepmother |
| la madrina | godmother |
| la mamá | mom (mother) |
| el/la nieto/a | grandson/ granddaughter |
| el/la novio/a | groom/bride |
| la nuera | daughter-in-law |
| el padrastro | stepfather |
| el padrino | godfather |
| el papá | dad (father) |
| el pariente | relative |
| el/la primo/a | cousin |
| el/la sobrino/a | nephew/niece |
| el/la suegro/a | father-in-law/ mother-in-law |
| el/la tío/a | uncle/aunt |
| el yerno | son-in-law |

## Adjetivos

| | |
|---|---|
| alegre | happy |
| amable | kind |
| atractivo/a | attractive |
| fuerte | strong |
| majadero/a | annoying |
| mayor | older |
| menor | younger |
| responsable | responsible |
| unido/a | close, close-knit |

## Verbos

| | |
|---|---|
| almorzar (ue) | to have lunch |
| conseguir (i) | to get, to obtain |
| descansar | to rest |
| dormir (ue) | to sleep |
| empezar (ie) | to begin |
| encontrar (ue) | to find |
| entender (ie) | to understand |
| esperar | to hope; to expect; to wait for |
| jugar (ue) | to play (a game or a sport) |
| pedir (i) | to ask for; to request |
| pensar (ie) (+ inf.) | to think; to plan (to do something) |
| perder (ie) | to lose |
| poder (ue) | to be able, may, or can |
| preferir (ie) | to prefer |
| querer (ie) | to want |
| recordar (ue) | to remember |
| reñir (i) | to quarrel |
| repetir (i) | to repeat; to have a second helping |
| seguir (i) | to follow; to conti36nue |
| servir (i) | to serve |
| soler (ue) (+ inf.) | to be in the habit of |
| soñar (ue) (con) | to dream (about) |
| venir (ie) | to come |
| volver (ue) | to return |

## Ampliación

### La correspondencia

| | |
|---|---|
| el apellido | last name, surname |
| la carta | letter |
| el correo electrónico | e-mail |
| la firma | signature |

### Saludos y despedidas para cartas y correo electrónico

| Saludos | Greetings |
|---|---|
| Mi(s) querido/a(s) amigo/a(s) | My dear friend(s) |
| Queridísima familia | Dearest family |
| Querido/a(s)... | Dear . . . |
| **Despedidas** | *Closings* |
| Un abrazo (de) | A hug (from) |
| Un beso (de) | A kiss (from) |
| Cariñosamente | Love, Affectionately |
| Con todo el cariño | With all my love |
| Tu novio/a que te quiere | Your boyfriend/ girlfriend who loves you |

## REPASO

la madre
el/la novio/a
el padre
los padres
los papás

## ¡Escucha!

**A. Entre familia.** Listen as Roberto Guillén describes his family to his friend Tom. As he talks, complete Roberto's family tree with the names of the three generations of relatives.

Roberto

**B. Tu árbol genealógico.** Draw your family trees, or use your imagination to create one. Then, talk about your families based on the family trees.

## Practiquemos

**4-1 ¿Quién es quién?** Identify the relationships among the members of the García family.

MODELO: ► *Juana es la esposa de Paco, la madre de Armando, Amalia y María, etcétera.*

1. Elena
2. Teresa
3. doña Carmen
4. Amalia
5. Rosendo
6. Pablo
7. don Gumersindo
8. Paco

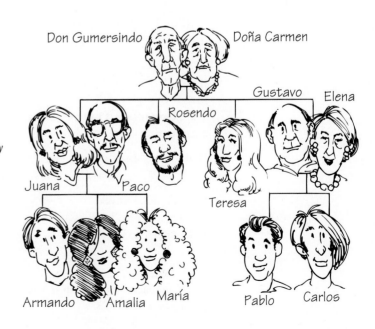

**4-2 La boda de Hilda y Eduardo.** Answer the questions based on the following wedding invitation.

1. ¿Quiénes son los novios?
2. ¿Cómo se llama el padre del novio?
3. ¿Cómo se llama la madre?
4. ¿Quiénes son los padres de la novia?
5. ¿Cuál es el nombre completo de Hilda antes de casarse (*getting married*)?[1]
6. ¿Cuál es el nombre completo de Hilda después de casarse?[1]
7. ¿Dónde es la ceremonia?
8. ¿En qué fecha y a qué hora es la ceremonia?
9. ¿En qué estación del año es la boda?

> Joaquín Beléndez Buenahora
> Hilda Ferrero Bravo
> y
> José Luis Sosa Loret de Mola
> María Elena Fernández de Sosa
> tienen el honor de invitarle
> al matrimonio de sus hijos
> Hilda Teresa y
> Eduardo Antonio
> el viernes veintiséis de mayo
> de mil novecientos noventa y nueve
> a las siete de la noche
> Iglesia San Jorge
> Ciudad de Guatemala, Guatemala

**4-3 ¿Quién es? ¿Qué es?** Taking turns with a classmate identify a person, place, or thing that corresponds to each description.

MODELO: un hombre fuerte
> *Arnold Swarzenegger es un hombre fuerte.*

1. una familia unida
2. un chico majadero
3. una persona amable
4. una estación del año alegre
5. un hombre atractivo
6. una familia rica

---

[1] See **Comparaciones: Names:** *Nombres, apellidos y apodos* in **Lección 2** for information on Hispanic last names.

 **Conversemos**

**4-4 ¿Cómo es tu familia?** Take turns asking and answering questions about your families.

MODELO:  E1: *¿Viven tus abuelos con tu familia?*
E2: *Sí, viven con nosotros. ¿Y tus abuelos?*
E1: *No, mis abuelos no viven con nosotros.*

1. ¿Es grande o pequeña tu familia?
2. ¿Dónde vive tu familia?
3. ¿De dónde son tus padres?
4. ¿Cómo son tus padres?
5. ¿Cuántos hermanos/as (hijos/as) tienes?
6. ¿Cuántos tíos/primos tienes?
7. ¿Viven cerca tus primos?
8. ¿Tienes hermanastros?
9. ¿Trabajan o estudian tus hermanos?
10. ¿...?

**4-5 Un artículo para el periódico.** Write a brief description of a classmate's family based on **Actividad 4-4**. Include other interesting details for the readers of your university newspaper.

MODELO:  ➤ *Jennette White vive con su familia en...*

**4-6 El censo.** Imagine that you work for the Census. Ask a classmate for the information you need to complete the census form.

MODELO:  número de personas
➤ *¿Cuántas personas hay en su familia?*

| número de personas: | _____ | _____ | _____ |
| nombre: | _____ | _____ | _____ |
| edad: | _____ | _____ | _____ |
| profesión: | _____ | _____ | _____ |
| relación: | _____ | _____ | _____ |

**4-7A La familia real española.** Ask each other questions to complete the Spanish Royal Family tree. Each of you has part of the information.

MODELO:  E1: *¿Cómo se llama el abuelo de Juan Carlos?*
E2: *Se llama ...*

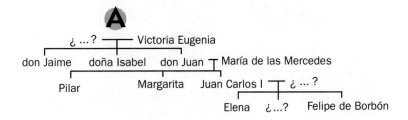

# COMPARACIONES... La familia hispana

En los Estados Unidos, el núcleo familiar generalmente incluye sólo a los padres y a los hijos. Pero el concepto hispano de familia puede incluir también a los abuelos, a los tíos y a los primos. Los miembros de una familia hispana suelen vivir juntos más tiempo que los miembros de una familia estadounidense. Los hijos solteros (*single*) generalmente viven en casa, aun (*even*) cuando trabajan o asisten a la universidad. En muchas casas hispanas, los padres, los hijos y un abuelo, tío o primo viven juntos. Las familias son muy unidas y forman un sistema de apoyo (*support*). Por ejemplo, un abuelo o una abuela puede cuidar a los niños de la casa mientras los padres trabajan. Un tío soltero o una tía viuda (*widowed*) ayuda en la casa y forma parte de la familia y el hogar (*home*). Aunque (*Although*) la situación está cambiando poco a poco, los miembros de la familia que viven fuera de casa (*outside the home*) en muchos casos viven cerca —en la misma ciudad y a menudo (*often*) en el mismo barrio.

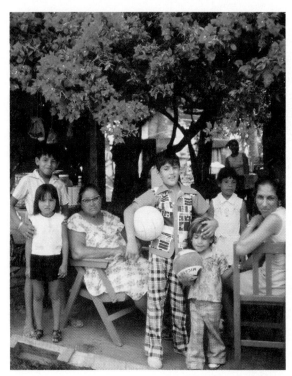

## ¡Vamos a comparar!

¿A quiénes consideras tu núcleo familiar? ¿Cuántos miembros de tu familia viven en casa? ¿En qué lugares viven los otros miembros de tu familia? Y tú, ¿vives en una residencia estudiantil, en tu casa o en un apartamento? ¿Por qué? En las familias que conoces (*you know*), ¿quién cuida a los niños cuando los padres no están en casa? ¿Quién ayuda a los padres con los quehaceres (*chores*) de la casa?

## ¡Vamos a conversar!

Lean las siguientes oraciones y túrnense para expresar y anotar sus opiniones.

| |
|---|
| 1. ¡Ni modo! No estoy de acuerdo. |
| 2. No es probable. |
| 3. No tengo opinión. |
| 4. Es posible. |
| 5. Estoy completamente de acuerdo. |

1. Me gusta vivir cerca de mi familia.

          1    2    3    4    5

2. Voy a tener muchos hijos.

          1    2    3    4    5

3. Voy a buscar un/a esposo/a con hijos.

          1    2    3    4    5

4. Tengo una buena relación con mis primos.

          1    2    3    4    5

5. Los suegros deben vivir lejos de los recién casados (*newlyweds*).   1    2    3    4    5

6. Me gusta ir de fiesta con mis padres.

          1    2    3    4    5

7. Me gusta la idea de vivir con abuelos, tíos y primos.     1    2    3    4    5

8. Me gusta vivir en casa con mis padres.

          1    2    3    4    5

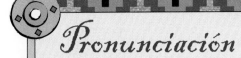

# Pronunciación

## Sounds of *d* and *t*

1. The Spanish **d** has two distinct sounds: dental and interdental. At the beginning of a breath group or after the letters **l** or **n**, the **d** is dental. Pronounce it with the tip of the tongue pressed against the back of the upper front teeth. In all other cases, the **d** is interdental. Place the tip of the tongue between the upper and lower teeth, like the weak English *th* in *that*. Note the following examples:

| dental: | **d**ar | an**d**ar | cal**d**era | **D**aniel | fal**d**a | sen**d**a |
| interdental: | mo**d**o | ca**d**a | ver**dad** | e**d**a**d** | uni**d**a | ca**d**a |

2. The Spanish **t** is pronounced by pressing the tip of the tongue against the upper front teeth rather than against the ridge above the teeth as in English. The Spanish **t** is also pronounced without the puff of air that normally follows the English **t**. Note the following examples:

| torre | meta | tú |
| Tomás | puerta | otoño |
| tanto | octubre | taco |

## Pronunciemos

**A. La *d* dental.** You will hear a series of Spanish words that contain the dental **d**. Repeat each word after the speaker.

**B. La *d* interdental.** Now you will hear a series of Spanish words and phrases that contain the interdental **d**. Repeat each word after the speaker.

**C. La *t*.** Now you will hear a series of Spanish words that contain the **t** sound. Repeat each word after the speaker.

 ¡Así lo hacemos!

## Estructuras

### 1. The present tense of stem-changing verbs: *e → ie, e → i, o → ue*

You have already learned how to form regular **-ar**, **-er**, and **-ir** verbs, and a few irregular verbs. This group of verbs, including **querer**, requires a change in the stem vowel of the present indicative forms, excluding **nosotros/as** and **vosotros/as**.

¿Quiere un sándwich de pollo?

No señor, prefiero un sándwich de queso.

| querer (*to want; to love*) | | | |
|---|---|---|---|
| yo | quiero | nosotros/as | queremos |
| tú | quieres | vosotros/as | queréis |
| él/ella, Ud. | quiere | ellos/as, Uds. | quieren |

### El cambio *e → ie*

■ Note that the changes occur in the first, second, and third persons singular, and in the third person plural.[1] Other common **e→ie** verbs are:

| **empezar** | *to begin* | **preferir** | *to prefer* | **pensar (+ inf.)** | *to think;* |
|---|---|---|---|---|---|
| **entender** | *to understand* | **perder** | *to lose* | | *to plan (to do something)* |

| | |
|---|---|
| Te **quiero**, mi corazón. | *I love you, sweetheart.* |
| **Pensamos** en nuestro abuelo mucho. | *We think about our grandfather a lot.* |
| **Pienso** ver una película esta noche. | *I plan to see a movie tonight.* |
| ¿A qué hora **empieza** la función? | *At what time does the show start?* |

■ Some common **e → ie** verbs, like **tener** (which you learned in **Lección 2**) and **venir** (*to come*), have an additional irregularity in the first person singular.

| | tener | venir |
|---|---|---|
| yo | **tengo** | **vengo** |
| tú | **tienes** | **vienes** |
| él/ella, Ud. | **tiene** | **viene** |
| nosotros/as | **tenemos** | **venimos** |
| vosotros/as | **tenéis** | **venís** |
| ellos/as, Uds. | **tienen** | **vienen** |

| | |
|---|---|
| **Tengo** que pasar por mi novia a las ocho. | *I have to stop by for my girlfriend at eight.* |
| Si Ester **viene** el viernes, **vengo** también. | *If Ester comes Friday, I'll come too.* |

### El cambio *e → i*

Another stem-changing pattern changes the stressed **e** of the stem to **i** in all forms except the first and second person plural.

¡Repito! Mis padres no riñen como tú y yo.

---

[1] Note that in these forms the stem contains the stressed syllable.

| pedir (*to ask for; to request*) | | | |
|---|---|---|---|
| yo | pido | nosotros/as | pedimos |
| tú | pides | vosotros/as | pedís |
| él/ella, Ud. | pide | ellos/as, Uds. | piden |

- All **e→i** stem-changing verbs have the **-ir** ending. The following are some other common **e→i** verbs.

| | | | |
|---|---|---|---|
| **conseguir** | *to obtain* | **seguir** | *to follow; to continue* |
| **reñir** | *to fight* | **servir** | *to serve* |
| **repetir** | *to repeat* | | |

La instructora **repite** las oraciones sólo una vez.
*The instructor only repeats the sentences only one time.*

¿**Servimos** la sopa primero?
*Shall we serve the soup first?*

- Note that **seguir** and **conseguir** drop the **u** in the first person: **sigo, consigo**.

El profesor **sigue** el programa.
*The professor follows the program.*

Nunca **consigo** las clases que necesito.
*I never get the classes I need.*

## El cambio *o→ue*

| volver (*to return; to come back*) | | | |
|---|---|---|---|
| yo | **vuelvo** | nosotros/as | **volvemos** |
| tú | **vuelves** | vosotros/as | **volvéis** |
| él/ella, Ud. | **vuelve** | ellos/as, Uds. | **vuelven** |

Another category of stem-changing verbs is one in which the stressed **o** changes to **ue**. As with **e→ie** and **e→i**, there is no stem change in the **nosotros/as** and **vosotros/as** forms.

■ Other commonly used **o→ue** stem-changing verbs are:

| | | | |
|---|---|---|---|
| **almorzar** | *to eat lunch* | **morir** | *to die* |
| **costar** | *to cost* | **poder** | *to be able to* |
| **dormir** | *to sleep* | **recordar** | *to remember* |
| **encontrar** | *to find* | **soler** | *to tend to, be in the habit of* |
| **jugar**[1] | *to play* | **soñar (con)** | *to dream (about)* |

| | |
|---|---|
| Mañana **juego** al tenis con mi tía. | *Tomorrow I'm playing tennis with my aunt.* |
| **Almorzamos** en el club todos los sábados. | *We have lunch at the club every Saturday.* |
| ¿**Sueñas** con ser rico algún día? | *Do you dream about being rich one day?* |
| No **recuerdo** bien a mi abuela. | *I don't remember my grandmother well.* |

---

## Expansión — More on structure and usage

### Cambios de la radical en los gerundios

Stem-changing **–ir** verbs have changes in other forms as well. This change also occurs in the present participle (**-ndo**). For **e→ie** and **e→i** verbs, the change in the present participle is **e→i**.

preferir: prefiriendo     pedir: pidiendo     servir: sirviendo

For **o→ue –ir** verbs, the change in the present participle is **o→u**.

dormir: durmiendo

These verbs will be listed with the second change in subsequent ¡**Así lo decimos!** and in the end vocabulary, e.g., **preferir (ie, i), servir (i, i), dormir (ue, u)**.

---

[1] **Jugar** is not an **–o-** verb, but it follows the **o → ue** pattern.

**4-8 Un día en la playa.** Raúl spends a day with his family at the beach. Organize his description logically, and complete each sentence with the correct form of the verb in parentheses.

___ Después de la siesta, los niños (pedir) _____ helado (*ice cream*).

___ Por la tarde, los niños (dormir) _____ un poco en las hamacas (*hammocks*).

___ Yo no (entender) _____ por qué no hay más restaurantes cerca de la playa.

___ Antes de llegar, los niños (reñir) _____ en el carro.

___ Al final del día, todos (volver) _____ a la ciudad.

___ Por la mañana, mi esposa y los niños (jugar) _____ al vólibol en la playa (*beach*).

___ Al mediodía, mis hijos (tener) _____ mucha hambre.

___ Nosotros (almorzar) _____ en un café donde (servir: ellos) _____ comida típica hondureña.

**4-9 El álbum de la familia.** Fernando talks to María about the photos of her vacation. Complete their conversation with the correct forms of the verbs from the following list. **¡Ojo!** Some verbs are used more than once.

| pensar | querer | tener |
|---|---|---|
| poder | soñar | volver |

FERNANDO: Oye, María. ¿(1) ___ las fotos de tu viaje a Guatemala?

MARÍA: No. Están en casa. Pero, ¡(2 tú) ___ que ver mis fotos!

FERNANDO: Sí, siempre (3 yo) ___ con visitar la zona arqueológica de Tikal. Es bonita, ¿no?

MARÍA: Ay, sí. Una maravilla. ¿Qué (4 tú) ___ hacer esta tarde?

FERNANDO: No (5 yo) ___ planes.

MARÍA: (6 Yo) ___ a casa a las cinco y media. ¿(7 tú) ___ ir a mi casa a las seis? Nosotros (8) ___ mirar las fotos juntos.

FERNANDO: Está bien, (9 yo) ___ llegar a tu casa a las seis.

**4-10 ¿Y tu familia?** Use the following information to form at least six sentences in Spanish that describe you and your family.

MODELO: ➤ *Almuerzo con mis amigos en la cafetería.*

| | | |
|---|---|---|
| yo | *almorzar* | temprano (tarde) |
| tú | pedir | *cafetería* |
| mis padres | dormir | fútbol (tenis, béisbol…) |
| mi abuelo/a | soñar (con) | casa (restaurante…) |
| mi hermano/a | jugar al | cantar (bailar…) |
| mi mejor amigo/a | recordar | dinero |
| mis primos | seguir | planes para… |
| mis tíos | volver | todos los días (mañana…) |
| ¿…? | reñir | mucho (poco) |

## Conversemos

**4-11 En mi casa.** Ask each other questions about your families. Use the following questions to get started.

1. ¿Quiénes riñen mucho en tu casa?
2. ¿Cuándo almuerzan ustedes juntos en tu familia?
3. ¿Dónde sirven ustedes las comidas especiales?
4. ¿Qué sueles hacer con tus padres (hermanos/hijos)?
5. ¿Qué piensas hacer con tu familia este fin de semana?
6. ¿Dónde prefieres vivir, en casa con tu familia o en un apartamento con un/a amigo/a?
7. ¿Sueñas mucho o poco? ¿Con qué o con quién sueñas generalmente?
8. ¿Quién siempre pide dinero?
9. ¿Quiénes duermen la siesta en tu familia?

**4-12A Una entrevista.** Ask each other questions, then write a summary of your partner's answers.

MODELO: E1: *Generalmente, ¿dónde almuerzas?*
E2: *Generalmente almuerzo en casa.*

1. ¿Hasta (*Until*) qué hora duermes los sábados?
2. ¿Qué sueles hacer con tu familia los fines de semana?
3. ¿Dónde puedes pasar tiempo con tus amigos/as los sábados?
4. ¿Con quién almuerzas los domingos?

**4-13 ¡Sean creativos!** Write a story, poem, dialog, or rap verse using verbs from the list. Be prepared to present it orally to the class.

| | | |
|---|---|---|
| almorzar | jugar | preferir |
| costar | pedir | recordar |
| dormir | pensar | servir |
| empezar | perder | soñar |
| encontrar | poder | volver |

**4-14 Las películas (*movies*).** A popular Hispanic magazine published reviews of the following movies. Read the reviews, then decide which of the movies is more popular among your group and why.

MODELO: ➤ *Quiero ver* Como agua para chocolate *porque prefiero las películas románticas.*

## En el Cine

**Como agua para chocolate**
La historia de Tita y Pedro, unos enamorados que están condenados a vivir separados, ya que Tita es la hija menor de Mamá Elena. Pedro, para estar cerca de Tita, se casa con Rosaura, su hermana mayor...

**La casa de los espíritus**
Adaptación de la novela de Isabel Allende. Esteban Trueba, un humilde minero de fuerte carácter, consigue escapar su destino al comprar una gran hacienda abandonada. Se casa con Clara, una mujer misteriosa con poderes mágicos...

**Fresa y chocolate**
En La Habana de 1993, dos personas buscan su identidad. David, estudiante de ciencias sociales, y Diego, homosexual aficionado a la cultura...

**El mariachi**
Un joven músico llega a un pueblo mexicano al mismo tiempo que un peligroso asesino que viene a matar al hombre más poderoso del pueblo. Mucha violencia...

**Tango**
Dirigida por Carlos Saura, *Tango* es la historia de un tanguista (aficionado al tango) que prepara una película sobre el tango. Conoce a Elena, una bailarina, de quien se enamora. El problema es que ella es la amante de uno de los inversionistas (*investors*). Una buena película aclamada por la crítica en el Festival de Cannes...

## 2. Formal commands

We use commands to give instructions or to ask people to do things. In Spanish, commands have different forms to distinguish between formal (**usted/ustedes**) and informal (**tú/vosotros**) address. To form the formal commands, place the corresponding ending at the end of the stem from the present indicative **yo** form.

No vean más la televisión. Tienen que estudiar para el examen.

| INFINITIVE | PRESENT INDICATIVE | | FORMAL COMMANDS | |
|---|---|---|---|---|
| | *YO* FORM | STEM | *UD.* | *UDS.* |
| hablar | hablo | habl- | hable | hablen |
| pensar | pienso | piens- | piense | piensen |
| comer | como | com- | coma | coman |
| entender | entiendo | entiend- | entienda | entiendan |
| escribir | escribo | escrib- | escriba | escriban |
| pedir | pido | pid- | pida | pidan |

- The formal commands for **usted** of **-ar** verbs add **-e** to the stem of the first-person singular of the present indicative.

> **Hable** con su consejero.   *Speak to your advisor.*
> **Piense** antes de escribir.   *Think before writing.*

- The formal commands for **usted** of **-er** and **-ir** verbs add **-a** to the stem of the first-person singular of the present indicative.

> **Coma** más, Sr. Ruiz.   *Eat more, Mr. Ruiz.*
> **Lea** la lección y **siga** las   *Read the lesson and follow the instructions.*
> instrucciones.

- The formal commands for **ustedes** add **-n** to the **usted** command form.

> **Piensen** antes de hablar.   *Think before speaking.*
> **Recuerden** los libros.   *Remember your books.*

- Negative commands are formed by placing **no** in front of the command form.

> **No** coma mucho.   *Don't eat much.*
> **No** hablen en clase.   *Don't talk in class.*

- Subject pronouns may be used with commands for emphasis or clarification. As a rule, they are placed after the verb.

> Piense **usted**.   *You think.*   No riñan **ustedes**.   *Don't you fight.*

## Expansión — More on structure and usage

### Los mandatos irregulares

The verbs **ir**, **ser**, and **estar** have irregular formal commands.

> **ir: vaya, vayan; ser: sea, sean; estar: esté, estén**

> **Vayan** a clase temprano.   *Go to class early.*
> **Esté** aquí en media hora.   *Be here in half an hour.*
> **Sea** más amable.   *Be nicer.*

Verbs ending in **-car**, **-gar**, and **-zar** change spelling in the formal command. Verbs ending in **-car** change the **c** to **qu**. Verbs ending in **-gar** are spelled with **gu**, while verbs ending in **-zar** change the **z** to **c**.

> **buscar: busque, busquen; empezar: empiece, empiecen;**
> **jugar: juegue, jueguen**

> **Busquen** a su primo.   *Look for your cousin.*
> No **jueguen** al béisbol dentro   *Don't play baseball inside the house.*
> de la casa.
> **Empiece** la clase a tiempo.   *Begin class on time.*

 **Practiquemos**

**4-15 Cenicienta** (*Cinderella*). The stepmother gives Cinderella orders because she will host a family reunion. Complete each order with the correct formal command of the verb in parentheses.

MODELO:   Cenicienta, (escuchar) <u>escuche</u> bien.

(1 seguir) ___ bien mis instrucciones. (2 hacer) ___ una lista. (3 ir) ___ al mercado. (4 buscar) ___ la sección de comida salvadoreña. (5 comprar) ___ café para veinte personas. (6 volver) ___ en media hora. (7 preparar) ___ la sopa. (8 limpiar)___ toda la casa. ¡No (9 perder) ___ tiempo! (10 colocar) ___ los platos en la mesa. (11 buscar) ___ sillas para todos los invitados. (12 tocar)___ música alegre.

**4-16 El/La consejero/a.** Imagine that you are a family counselor. Change the following list to explain to a young father or mother what to do or not to do at home.

MODELOS:   **escuchar** bien a los hijos
    ► *Escuche bien a los hijos.*
  no **reñir** enfrente de los niños.
    ► *No riña con su esposo/a (No riñan) enfrente de los niños.*

1. no llegar de mal humor (*in a bad mood*) a casa
2. recordar las fechas importantes
3. buscar momentos tranquilos con la familia
4. ser amable con los parientes
5. leer libros y artículos sobre la familia
6. hacer planes para pasar un día con su esposo/a
7. dormir ocho horas
8. mantener orden en la casa
9. no dejar a los niños solos en casa
10. hablar con los padres de los amigos de sus hijos

**4-17 Prohibido fumar.** In some places there are ads that list rules using the infinitive. First, match each rule with the corresponding place. Then, write the correct formal command.

MODELO:   prohibido fumar
    ► *en un teatro: ¡No fume!*

___ 1. no estacionar (*to park*)
___ 2. no pisar la hierba (*to step on grass*)
___ 3. no llevar comida o bebida
___ 4. no dormir en el sofá
___ 5. no tocar música después de la medianoche
___ 6. prohibido tomar alcohol
___ 7. prohibido tocar (*to touch*)
___ 8. prohibido entrar después de empezar la función

a. en un teatro
b. en un museo (*museum*)
c. en una residencia estudiantil
d. en una iglesia (*church*)
e. en un parque
f. enfrente de la estación de policía
g. en una casa de apartamentos
h. en una clase

 **Conversemos**

**4-18 Para ser feliz en la familia.** Take turns role playing an elementary school counselor who is helping a group of students be responsible family members.

MODELO: ► *Cuiden bien a sus hermanos menores. No hablen mal de sus padres.*

| buscar | llamar | seguir | visitar |
|--------|--------|--------|---------|
| dormir | recordar | ser | vivir |
| hablar | respetar | trabajar | volver |

*AB* **4-19A Los consejos.** Take turns role playing a counselor and a university student who is trying to resolve problems from the list. The counselor should respond with formal commands. The student should write down the advice he/she receives and indicate if he/she thinks it is reasonable or not.

MODELO: Usted tiene mucho sueño en sus clases.
E1: *Tengo mucho sueño en mis clases pero no me gusta el café.*
E2: *¡Haga ejercicio!*
E1: *No me gusta hacer ejercicio. Prefiero dormir.*

ALGUNOS PROBLEMAS

1. Usted tiene mucho trabajo para las clases y poco tiempo para la familia.
2. Usted tiene cuatro clases muy difíciles.
3. Sus amigos salen mucho a los bares.
4. Sus hermanos quieren ir de vacaciones en abril.

ALGUNOS CONSEJOS

| buscar... | comprar... | consultar... |
|-----------|-----------|--------------|
| escribir... | estudiar... | hablar... |
| hacer... | ir... | llamar... |
| llegar... | salir... | trabajar... |
| tener... | | |

**4-20 Una carta a Eulalia.** Take turns responding to a letter that appeared in a newspaper advice column. Each of you should give at least four pieces of advice. Use formal commands.

**4-21 Una carta tuya.** Now, individually write letters to Eulalia from **Actividad 4-20**. Then, exchange your letters to write answers to them. Use the following elements in your letters and responses.

| el lugar y la fecha | el consejo que pides |
|---------------------|----------------------|
| el saludo | la despedida |
| el problema | la firma |

*El Salvador, 2 de noviembre de 2001*
*Estimada Eulalia:*

*¡Necesito su ayuda! Este fin de semana mis padres vienen a visitarme y a ver mi nuevo apartamento. Ellos creen que pueden quedarse (stay) conmigo, pero el apartamento es muy pequeño y no hay lugar para tres personas. Además, tengo tres gatos y mi padre tiene alergias. ¿Qué hago?*

*Un saludo cordial de,*
*—Una hija desesperada*

# SEGUNDA PARTE

# ¡Así es la vida!

## Una invitación

LAURA: Aló.

RAÚL: Sí, con Laura, por favor.

LAURA: Habla Laura.

RAÚL: Laura, habla Raúl. ¿Cómo estás?

LAURA: Muy bien. Y esta sorpresa, ¿a qué se debe?

RAÚL: Pues, te llamo para ver si quieres ir al cine esta noche.

LAURA: ¿Sabes qué película ponen?

RAÚL: Sí, en el Cine Rialto pasan una de tus películas favoritas, *Lágrimas de amor.*[1]

LAURA: ¡Qué bueno! Entonces vamos. ¿A qué hora es la función?

RAÚL: Empieza a las siete. A las seis y media paso por ti.

LAURA: De acuerdo, pero no tengo mucho dinero. ¿Cuánto es la entrada?

RAÚL: No hay problema, yo te invito.

## En una fiesta

---

[1] Lágrimas… *Tears of Love.*

## Actividades y pasatiempos (*pastimes*)

| | |
|---|---|
| aceptar (la invitación) | *to accept (the invitation)* |
| asistir a un partido | *to go to a (ball)game* |
| conocer (zc) | *to know (someone); to be familiar with (something)* |
| conversar en un café | *to chat at a cafe* |
| correr por el parque | *to jog in the park* |
| dar un paseo | *to take a stroll* |
| dar (poner, pasar) una película | *to show a movie* |
| ir al cine (a la playa) | *to go to the movies (to the beach)* |
| pasear por el centro | *to take a walk downtown* |
| saber | *to know (how to do) something* |
| tomar el sol | *to sunbathe* |
| visitar a los amigos | *to visit friends* |

## Cómo hacer una invitación

| | |
|---|---|
| ¿Puedes ir a...? | *Can you go to . . . ?* |
| ¿Quieres ir a...? | *Do you want to go to . . . ?* |
| ¿Vamos a...? | *Should we go . . . ?* |

## Cómo aceptar una invitación

| | |
|---|---|
| Sí, claro. | *Yes, of course.* |
| Me encantaría. | *I would love to.* |
| De acuerdo. | *Fine with me.; Okay.* |
| Paso por ti. | *I'll pick you up.* |
| Vamos. | *Let's go.* |

## Cómo rechazar (*turn down*) una invitación

| | |
|---|---|
| Gracias, pero no puedo... | *Thanks, but I can't . . .* |
| Lo siento, tengo que... | *I'm sorry, I have to . . .* |

## Sustantivos

| | |
|---|---|
| el carro, el coche (*Sp.*) | *car* |
| el café al aire libre | *outdoor cafe* |
| el centro | *downtown* |
| el concierto | *concert* |
| la entrada | *admission ticket* |
| la función | *show* |
| la orquesta | *orchestra* |
| la sorpresa | *surprise* |
| la verdad | *truth* |

## Otras palabras y expresiones

| | |
|---|---|
| al aire libre | *outdoors* |
| Aló | *Hello (answering the phone)* |
| Bueno (Mex.) | |
| Diga (Sp.) | |
| ¿A qué se debe... ? | *What's the reason for . . . ?* |
| Vámonos de la fiesta | *Let's leave the party* |

*Una Cordial Invitación*

---

## *Ampliación*

### Expresiones de afecto (*affection*)

| | |
|---|---|
| cariño | *love, dear* |
| mi amor | *my love* |
| mi cielo | *sweetheart, darling (fig.)* |
| mi corazón | *sweetheart* |
| mi vida | *darling (fig.)* |
| Te quiero. | *I love you.* |

*Te invito a...*

# ¡Escucha!

**A. Una invitación.** Listen to the telephone conversation between Marilú and José. Then, complete each sentence based on their conversation.

1. Marilú invita a José a ___.

   a. bailar               b. comer               c. dar un paseo

2. José acepta la invitación para ___.

   a. esta noche           b. mañana           c. las tres de la tarde

3. Los chicos también van a ver ___.

   a. un partido          b. una película          c. un programa de televisión

4. Es evidente que los chicos son ___.

   a. hermanos          b. novios          c. primos

5. Marilú y José no tienen que estudiar porque ___.

   a. mañana no hay clases     b. su clase es fácil     c. no hay tarea para mañana

**B. Ahora tú.** Invite each other to do something together. Upon receiving an invitation, ask what day, where, at what time, etc. If you want, you can listen to the conversation between Marilú and José as a model.

MODELO:   E1: *Oye, Carlos. ¿Quieres ir al cine esta noche?*
                  E2: *No sé (I don't know.). ¿A qué hora?*

# Practiquemos

**4-22 Los pasatiempos.** Complete each sentence with the logical word or expression from **¡Así lo decimos!**

1. Nosotros corremos por ___.
2. Alicia toma el sol en ___.
3. Voy al ___ para ver una película.
4. Yo camino todos los días por ___.
5. Ana y Pedro toman refrescos en un café ___.
6. Si quieres ir al cine, necesitas ___.
7. La música que toca la ___ es maravillosa.
8. ¡Una fiesta para mí! ¡Qué ___!
9. Te quiero, mi ___.
10. Estoy seguro de que me dices la ___.

**4-23 Una invitación.** Complete the conversation with logical expressions.

MANUEL: ¿…?
CONCHA: Hola, Manuel. Habla… ¿…?
MANUEL: ¡Hola, Concha! ¿A qué se debe esta…?
CONCHA: Quiero invitarte a…
MANUEL: ¿Ah sí?…
CONCHA: Paso por ti a… ¿Está bien?
MANUEL: …
CONCHA: Hasta luego, mi…
MANUEL: …, mi…

 **Conversemos**

𝒜ℬ **4-24A ¡Estoy aburrido/a!** Explain to your partner that you are bored, so that he/she will invite you to do something. Accept or reject the invitation. If you reject it, give excuses.

MODELO: E1: *Estoy aburrido/a.*
E2: *¿Quieres ir a bailar?*
E1: *Me encantaría. ¡Vamos!/Gracias, pero no puedo. No tengo dinero.*

ALGUNAS EXCUSAS

estar cansado/a          no tener carro          no tener dinero
tener novio/a            no tener tiempo

**4-25 El fin de semana.** Make plans for this weekend. Use the questions to guide your conversation. Prepare a summary for the class.

MODELO:  ▶  *Vamos a pasear por el centro…*

¿Adónde quieren ir?            ¿Qué quieren hacer?
¿Cómo es?                      ¿Qué día?
¿A qué hora comienza?          ¿Con quiénes van?
¿Cuánto tienen que pagar (*pay*)? ¿A qué hora regresan?
¿Qué necesitan?

**4-26 Una película impresionante.** Read the following movie review that appeared with the release of the movie in 1998. Take turns answering questions about the movie.

1. ¿Cómo se llama la película?
2. ¿En qué año y en qué país se produce?
3. ¿Dónde vive el médico?
4. ¿Cómo es el médico? ¿bueno? ¿malo? ¿ignorante?
5. ¿Por qué no encuentra a sus estudiantes?
6. ¿Cómo caracterizas la película? ¿romántica? ¿seria? ¿trágica? ¿de acción? ¿de detectives?
7. ¿Puedes recordar otras películas de este director? ¿Cuáles?
8. ¿Quieres ver la película? ¿Por qué?

**HOMBRES ARMADOS**

| | |
|---|---|
| Dirección y guión: | John Sayles |
| Intérpretes: | Federico Luppi |
| | Damián Delgado |
| | Dan Rivera González |
| Nacionalidad: | EE.UU. 1997 |
| Idioma: | Español |

**LA PELÍCULA**
Humberto Fuentes (Federico Luppi) es un médico que vive en un país centroamericano, y que nunca se ha interesado[1] en la realidad de la vida política de su país. Cuando abre la película, está por jubilarse.[2] Considera el mayor éxito[3] de su vida, su legado[4], la participación en un programa internacional de salud en el que preparó a jóvenes estudiantes para trabajar como médicos en los pueblos más pobres del país. El Dr. Fuentes decide visitar a esos estudiantes en las montañas,[5] pero no encuentra a ninguno[6] de ellos. Finalmente, una mujer le dice que fueron asesinados por "los hombres armados".

**EL DIRECTOR**
John Sayles es uno de los directores americanos de cine independiente más apreciados. Su última obra fue[7] Lone Star (1996), drama multigeneracional ambientado en la frontera de Texas y protagonizado por Chris Cooper, Elizabeth Peña, Matthew McConaughey y Kris Kristofferson. Con Lone Star, recibió su segunda nominación a la Academia por mejor guión[8] original; la primera fue por *Passion Fish.*

[1] he has never been interested  [2] he's about to retire  [3] success  [4] legacy
[5] mountains  [6] none  [7] was  [8] script

# COMPARACIONES...  Los clubes sociales y la costumbre de la serenata

¿Cómo pasas el tiempo con tus amigos? ¿Dónde? En muchos países hispanos, los amigos socializan en los clubes sociales. En casi todas las ciudades grandes hay clubes que ofrecen deportes y otras actividades recreativas. Estos clubes generalmente son privados y los miembros pagan una cuota mensual. También hay clubes que son de gremios (*trade unions*) o industrias. Típicamente hay una casa club grande donde ofrecen fiestas bailables regularmente. También puede tener una piscina, canchas de tenis, campo de béisbol, etcétera. A estos clubes va toda la familia. Los mayores juegan al dominó, a las cartas (*cards*), al billar (*pool*), etcétera, mientras los jóvenes participan en actividades deportivas.

Si un joven conoce a una chica interesante en un club social, puede expresar su amor o interés con una costumbre hispana muy establecida —la serenata. En Guatemala y en otros países hispanos la serenata es una expresión típica de afecto y amor. Las serenatas frecuentemente ocurren en ocasiones especiales, como los cumpleaños y aniversarios. El novio o el enamorado llega a la casa de la chica, generalmente durante la madrugada (*early morning hours*), con un grupo de músicos para darle una serenata a la afortunada joven. Toda la familia escucha la serenata y luego invitan a los músicos y al joven a entrar a la casa para tomar un café o un chocolate caliente con panecillos (*sweet rolls*).

## ¡Vamos a comparar!

¿Es común ir a un club social en los EE.UU. y el Canadá? ¿Cómo socializan los jóvenes en tu pueblo o ciudad? ¿Cuáles son las ventajas (*advantages*) y desventajas de un club social? ¿Dan serenatas los músicos en tu ciudad? ¿Piensas que la serenata es una buena idea o no? ¿Por qué?

## ¡Vamos a conversar!

Escribe una lista de ocho actividades que te gusta hacer con tus amigos en orden de preferencia. Luego, compara tu lista con un/a compañero/a de clase para ver qué actividades tienen en común.

MODELO   ▶   *Número uno, me gusta correr por el parque. Número dos...*

# *Pronunciación*

## Sounds of *j* and *g*

1. The Spanish **j** is pronounced like a forceful English *h* in the word *hat*.

   | | | |
   |---|---|---|
   | **jamón** | **Tajo** | **caja** |
   | **jugar** | **Jaime** | **jarra** |

2. The letter **g** has three distinct sounds. Before **e** and **i** it is pronounced like a forceful English *h* in *hat*. Note these examples.

   | | | | |
   |---|---|---|---|
   | **gitano** | **Germán** | **agitar** | **coger** |

   At the start of a breath group or after **n**, the combinations **ga, go, gu, gue,** and **gui** are pronounced like a weak English *g*, as in *gate*. Note these examples.

   | | | |
   |---|---|---|
   | **guerra** | **gol** | **mango** |
   | **ganar** | **guitarra** | **un gato** |

   Everywhere else (except for the combinations **ge** and **gi**) the sound is weaker, with the breath continuing to pass between the palate and the back of the tongue. Note these examples.

   | | | |
   |---|---|---|
   | **algo** | **agricultura** | **agua** |
   | **contigo** | **ogro** | **negro** |

## Pronunciemos

**A. La *j*.** You will hear a series of Spanish words that contain the letter **j**. Repeat each word after the speaker.

**B. La *g* con *e* o *i*.** You will now hear a series of Spanish words that contain the combinations **ge** and **gi**. Repeat each word after the speaker.

**C. La *g* con *a, o , u, ue* o *ui*.** You will now hear a series of Spanish words that contain the combinations **ga, go, gu, gue,** and **gui**. Repeat each word after the speaker.

**D. Más combinaciones con *g*.** You will now hear a series of words and phrases that contain the combinations **ga, go, gu, gue,** and **gui** within a breath group. Repeat each word or phrase after the speaker.

 *¡Así lo hacemos!*

## Estructuras

### 3. Direct objects, the personal *a*, and direct-object pronouns

#### Los complementos directos

■ A direct object is the noun that generally follows, and receives the action of the verb. The direct object is identified by asking *whom?* or *what?* about the verb. Note that the direct object can either be an inanimate object (**un carro**) or a person (**Jorge**).

| | |
|---|---|
| Pablo va a comprar **un carro.** | *Pablo is going to buy a car.* |
| Anita está llamando **a su amigo Jorge.** | *Anita is calling her friend Jorge.* |

#### La *a* personal

■ When the direct object is a definite person or persons, an **a** precedes the noun in Spanish. This is known as the personal **a**. However, the personal **a** is omitted after the verb **tener** when it means *to have* or *possess.*

| | |
|---|---|
| Veo **a** Juan todos los días. | *I see John every day.* |
| Quiero mucho **a** mi papá. | *I love my father a lot.* |
| Marta y Ricardo tienen un hijo. | *Marta and Ricardo have a son.* |

■ The personal **a** is not used with a direct object that is an indefinite or unspecified person.

| | |
|---|---|
| Ana quiere un novio inteligente. | *Ana wants an intelligent boyfriend.* |

- The preposition **a** followed by the definite article **el** contracts to form **al.**

  Llaman **al** doctor.               *They are calling the doctor.*
  Alicia visita **al** abuelo.        *Alice visits her grandfather.*

- When the interrogative **quién(es)** requests information about the direct object, the personal **a** precedes it.

  ¿**A** quién llama Juanita?          *Whom is Juanita calling?*

- The personal **a** is required before every specific, human direct object in a series.

  Visito **a** Jorge y **a** Elisa.    *I'm visiting Jorge and Elisa.*

## Los pronombres del complemento directo

A direct object noun is often replaced by a direct object pronoun. The chart below shows the forms of the direct object pronouns.

| SINGULAR | | PLURAL | |
|---|---|---|---|
| **me** | *me* | **nos** | *us* |
| **te** | *you* (informal) | **os** | *you* (informal) |
| **lo** | *him, you, it* (masc.) | **los** | *you, them* (masc.) |
| **la** | *her, you, it* (fem.) | **las** | *you, them* (fem.) |

- Direct object pronouns are generally placed directly before the conjugated verb. If the sentence is negative, the direct object pronoun goes between **no** and the verb.

| | |
|---|---|
| **Te** quiero, cariño. | *I love you, dear.* |
| ¿**Me** esperas? | *Will you wait for me?* |
| No, no **te** espero. | *No, I won't wait for you.* |

- Third-person direct object pronouns agree in gender and number with the noun they replace.

| | |
|---|---|
| Quiero **el dinero**. | →**Lo** quiero. |
| Necesitamos **los cuadernos**. | →**Los** necesitamos. |
| Llamo **a Teresa**. | →**La** llamo. |
| Buscamos **a las chicas**. | →**Las** buscamos. |

- Direct object pronouns are commonly used in conversation when the object is established or known. When the conversation involves first and second persons (*me, us, you*), remember to make the proper transitions.

| | |
|---|---|
| ¿Dónde ves **a Jorge** y **a Adela?** | *Where do you see Jorge and Adela?* |
| **Los** veo en clase. | *I see them in class.* |
| ¿Visitas **a tu profesora?** | *Do you visit your professor?* |
| Sí, **la** visito mucho. | *Yes, I visit her a lot.* |
| ¿**Me** llamas esta noche? | *Will you call me tonight?* |
| Sí, **te** llamo a las ocho. | *Yes, I'll call you at eight.* |

- In constructions that use the infinitive or the present progressive forms, direct object pronouns may either precede the conjugated verb, or be attached to the infinitive or the present participle (**-ndo**). Note that when you attach the direct object pronoun to the **-ndo** form, a written accent is used on the vowel before **-ndo**.

| | |
|---|---|
| Adolfo va a llamar **a Ana**. | *Adolfo is going to call Ana.* |
| Adolfo va a llamar**la**. | *Adolfo is going to call her.* |
| Adolfo **la** va a llamar. | |
| Julia está repitiendo **las instrucciones**. | *Julia is repeating the instructions.* |
| Julia **las** está repitiendo. | *Julia is repeating them.* |
| Julia está repitiéndo**las**. | |

- In negative sentences, the direct object pronoun is placed between **no** and the conjugated verb. The object pronoun may also be attached to the infinitive or to the present participle in negative sentences.

| | |
|---|---|
| Adolfo no **la** va a llamar. | *Adolfo is not going to call her.* |
| Adolfo no va a llamar**la**. | |

- With affirmative commands, direct object pronouns must follow the command form and be attached to it. An accent mark is added to commands of two or more syllables to show that the stress of the original verb remains the same.

| | |
|---|---|
| **Llámelo** por teléfono. | *Call him on the phone.* |
| **Visítenla** esta noche. | *Visit her tonight.* |

<table>
<tr><td>Expansión</td><td>**More on structure and usage**</td></tr>
</table>

### Para usar los pronombres de complemento directo

Using the direct object pronoun in Spanish takes practice. The following general tips might be helpful.

- In English, direct object pronouns are placed after the verb. In Spanish, direct object pronouns usually precede the conjugated verb.

- The direct object pronouns **lo, la, los, las** can refer to both people (*him, her, them, you*) and objects (*it, them*).

- In Spanish, as in English, a direct object pronoun should be used only after the noun to which it refers has been introduced. Otherwise, the use of a direct object pronoun creates ambiguity.

 Practiquemos

**4-27 ¿Quién es quién?** In each of the following sentences, underline and identify the subject (S) and the direct object (DO). Then, complete the question or answer that follows with the correct pronoun.

MODELO: ► <u>Mis amigos y yo</u> vamos a tomar <u>café</u> en el centro esta tarde. <u>Lo</u>
                   S                                                    
tomamos allí todos los viernes.  DO

1. Mis amigos piensan ver una película española. ¿___ quieres ver?
2. Carlos invita a su novia Amanda. Carlos siempre ___ invita a salir.
3. Amanda invita a Sara y a Pedro. ___ veo todos los días en clase.
4. Después de la película tomamos más café. ___ tomamos en un café al aire libre.
5. Más tarde bailamos merengue en una discoteca. Puedes bailar ___ bien, ¿verdad?
6. Carlos y Amanda prefieren escuchar música. ___ escuchan mientras hablan.
7. Tomamos un taxi para la casa. ___ tomamos juntos porque es más fácil.
8. Nosotros queremos invitarte a ti. ¿___ buscamos en tu casa a las cuatro?

**4-28 En la universidad.** Write the preposition **a** wherever necessary.

–¿(1)___ quién ves todos los días?
–Yo siempre veo (2)___ Tomás en la universidad. Tomás y yo tomamos (3) ___ café juntos todas las tardes.
–¿Ven (4) ___ muchos amigos allí?
–Sí, claro. Siempre vemos (5)___ Elisabet y (6)___ Gustavo. A veces (*Sometimes*) sus compañeros de cuarto toman (7) ___ café con nosotros también.
–¿Son interesantes sus compañeros de cuarto?
–Tomás y Gustavo tienen (8)___ un compañero de cuarto muy simpático, pero la compañera de cuarto de Elisabet es muy antipática. Esta noche todos, Tomás, Elisabet y yo vamos a ver (9)___ una película muy buena. Gustavo no puede ir porque él tiene que visitar (10)___ la familia de su novia.

**4-29 Planes.** Match each question with the corresponding response.

___ 1. ¿Dónde escuchamos la radio?
___ 2. ¿Dónde están las sillas?
___ 3. ¿A qué hora buscamos a nuestros amigos?
___ 4. ¿Tus padres te llaman todos los días?
___ 5. ¿Tienes refrescos para todos?
___ 6. ¿Quién compra los boletos?
___ 7. ¿Quién tiene la comida?
___ 8. ¿Invitas a tu hermana también?
___ 9. ¿Vas a llamar a los otros compañeros?
___10. ¿Su abuelo los busca a ustedes?

a. Los compro yo.
b. La tiene Raúl.
c. Sí, los llamo ahora.
d. La podemos escuchar en la sala.
e. Las tiene Consuelo.
f. Sí, voy a invitarla ahora.
g. Sí, nos busca.
h. No, me llaman los viernes.
i. Sí, los tengo.
j. Los buscamos a las siete.

**4-30 En Tegucigalpa**. Complete the exchanges between Carlos and his tour guide in Honduras. Use a direct object pronoun in each answer.

MODELO:     GUÍA:   ¿Tiene usted su pasaporte?
            CARLOS:   ► *Sí, lo tengo.*

GUÍA:     ¿Estudia usted la arquitectura colonial?
CARLOS:   _____
GUÍA:     ¿Quiere usted ver un baile folklórico?
CARLOS:   _____
GUÍA:     ¿Tiene usted los binoculares?
CARLOS:   _____
GUÍA:     ¿Ve usted el daño (*damage*) del huracán Mitch?
CARLOS:   _____
GUÍA:     ¿Quiere usted visitar las ruinas arqueológicas?
CARLOS:   _____
GUÍA:     Si quiere, vamos a visitar el museo de arte precolombino.
CARLOS:   _____
GUÍA:     Podemos visitar las montañas mañana.
CARLOS:   _____

## Conversemos

**4-31A Una entrevista para *Prensa Libre*.** *Prensa Libre* is an independent newspaper from Guatemala. Role play a reporter to ask your partner—a member of a famous family—questions about the following activities.

MODELO:   E1: *¿Practica usted fútbol?*
          E2: *No, no lo practico.... ¿Escribe usted artículos en inglés también?*
          E1: *Sí, los escribo. (No, no los escribo.)*

visitar al presidente de Guatemala
recibir dinero del gobierno
querer mucho a sus hijos
preferir la comida guatemalteca

llamar a su esposo/a todas las noches
leer el periódico todos los días
tener muchos parientes en otros países
¿...?

## 4. *Saber (to know)* and *conocer (to know)*

Although the verbs **saber** and **conocer** can both mean *to know*, they are not interchangeable.

| saber (*to know*) | | conocer (*to know*) |
|---|---|---|
| yo | **sé** | **conozco** |
| tú | **sabes** | **conoces** |
| él/ella, Ud. | **sabe** | **conoce** |
| nosotros/as | **sabemos** | **conocemos** |
| vosotros/as | **sabéis** | **conocéis** |
| ellos/as, Uds. | **saben** | **conocen** |

■ The verb **saber** means *to know a fact* or to have knowledge or information about someone or something.

| **¿Sabes dónde está el cine?** | *Do you know where the movie theater is?* |
|---|---|
| No **sé**. | *I don't know.* |

■ With an infinitive, the verb **saber** means *to know how to do* something.

| **Sabemos** bailar tango. | *We know how to dance the tango.* |
|---|---|
| Tía Berta **sabe** escribir bien. | *Aunt Berta knows how to write well.* |

■ **Conocer** means *to be acquainted* or *to be familiar* with a person, thing or place.

| Tina **conoce** a mis abuelos. | *Tina knows my grandparents.* |
|---|---|
| **Conozco** San Salvador. | *I know (am acquainted with) San Salvador.* |

■ Use the personal **a** with **conocer** to express *that you know* a specific person.

| La profesora **conoce a** mis tíos. | *The professor knows my uncles.* |
|---|---|

■ The formal command forms of **saber** are irregular and can mean *know, learn,* or *find out*. The **conocer** command forms (**-zc-**) mean *meet* or *get to know*.

| **Sepan** la verdad. | *Find out (Learn) the truth.* |
|---|---|
| **Conozca** a los otros estudiantes en la fiesta. | *Meet (Get to know) the other students at the party.* |

| SABER | CONOCER |
|---|---|
| knowing a fact, skill | knowing people |
| knowing how to do something | knowing a place |
| knowing information | meeting someone for the first time |
| may be followed by an infinitive | may *not* be followed by an infinitive |

## Practiquemos

**4-32 Una amiga.** Complete the following conversation between Marcela and Carmiña with the correct forms of **saber** and **conocer**.

MODELO:   Yo <u>conozco</u> a Ligia Gómez.

MARCELA:   ¿(1 tú) ___ a Ligia también?

CARMIÑA:   No, yo no la (2) ___ personalmente, pero (3) ___ que ella es salvadoreña.

MARCELA:   Luis (4) ___ que ella está en su clase de química, pero no habla con ella.

CARMIÑA:   Ramona (5) ___ que Ligia vive en San Salvador.

MARCELA:   Sí, es verdad. Su familia es muy famosa. Julio y Ramona (6) ___ a sus padres pero no (7) ___ dónde viven.

MARMIÑA:   Roberto quiere invitar a Ligia a una fiesta, pero (8) ___ que Ligia tiene novio. ¿(9. tú) ___ al novio de Ligia?

MARCELA:   Sí, (10) ___ al novio, pero no (11) ___ su apellido.

CARMIÑA:   ¿(12 tú) ___ cuántos años tiene?

MARCELA:   No (13) ___. Pero (14) ___ que es poeta y escribe mucho.

## Conversemos

*AB* **4-33A Entrevista.** Read the following sentences, and answer your partner's questions using that information. Then, ask your partner the questions below. Write down his/her answers.

MODELO:   E1: *¿Conoces una persona famosa?*
           E2: *Sí, conozco a Ricky Martin. Soy amigo/a de él.*

Soy intérprete personal del presidente de Honduras.
Juego al tenis bien.
Viajo mucho a El Salvador y un poco a Francia y a los EE.UU.
Hablo inglés y francés también.
Estudio la política y el gobierno de Francia.

1. ¿Sabes hablar otros idiomas?
2. ¿Conoces las ruinas de Tikal?
3. ¿Conoces una persona famosa de Guatemala?
4. ¿Qué instrumento sabes tocar?
5. ¿Sabes jugar bien al fútbol?
6. ¿Qué ciudades centroamericanas conoces?

**4-34 ¿Quién?** Ask as many classmates as possible questions about the following information. Write the name of each person on a chart, noting his/her answer (**sí/no**).

MODELO:    la fecha
           E1: *¿Sabes la fecha?*
           E2: *Sí, la sé. Es el 15 de noviembre.*

| | |
|---|---|
| la fecha | el número de teléfono del/de la profesor/a |
| una persona hispana | un restaurante salvadoreño |
| un restaurante español | una persona de Centroamérica |
| cantar en español | cuándo hay examen |
| jugar al béisbol | dónde vive el presidente de Guatemala |
| preparar café | la capital de Honduras |
| bailar bien | una ciudad interesante |
| un autor | mi nombre |

**4-35 Lo que sé.** Individually make a list of five things that you know or know how to do, and then another list of five people and places you know. Later, compare your lists to find out what you have in common.

MODELOS:    ▶ *Sé nadar.*
            *Conozco al presidente de IBM.*

# *Páginas*

## *La búsqueda,* EPISODIO 4

> **ESTRATEGIAS**
>
> **Eres parte de la acción.** If you identify with one or more of the characters, you may anticipate what will happen next in the story. You may also feel the character's indecision or anxiety about his/her actions. Before reading this episode of **La búsqueda**, answer these questions to help you identify with one of the characters.
>
> 1. ¿Con quién te identificas más? ¿Por qué?
> 2. ¿Cómo eres física y psicológicamente?
> 3. ¿Cómo es tu familia?
> 4. ¿Crees que estás en peligro?
> 5. ¿Qué te espera en Guatemala?

# La búsqueda, EPISODIO 4

**4-36 ¿Comprendiste?** Complete these sentences based on this episode. Then, put them in order.

MODELO:   *Ana Florencia viaja de México a Guatemala.*

___ Ana Florencia no explica por qué busca ___ Pepe.

___ El señor Lomas es una persona ___.

___ Ana Florencia debe ___ en Costa Rica.

___ El chico ___ a Pepe, pero no ___ su dirección.

___ Ana Florencia no ___ exactamente qué busca.

___ Pepe ya no ___ en Guatemala.

___ El ___ de Pepe vive cerca del río.

___ Ana Florencia quiere comprar una pieza ___.

**4-37 ¿Qué pasa?** Use these questions to summarize the action up to this episode.

1. ¿Dónde está Ana Florencia ahora?
2. ¿Por qué?
3. ¿Con quiénes habla?
4. ¿Encuentra a Pepe?
5. ¿Dónde está el hombre misterioso ahora?
6. ¿Qué hace Ana Florencia ahora?

**4-38 ¿Qué sabe? ¿A quién conoce?** Identify who knows what from the following list.

MODELO:   dónde está Pepe
    ▶ *Lo sabe su tío.*

1. la dirección del tío
2. a Pepe
3. al tío de Pepe
4. el laboratorio del doctor Ortaña
5. dónde está Costa Rica
6. qué busca Ana Florencia

*www*

**4-39 Investigar.** Find out more about the area Ana Florencia visits in this episode. Using the internet or library resources, investigate the following topics. Prepare a brief oral presentation on at least one topic for the class.

1. la medicina rural en Guatemala
2. el turismo en Guatemala, El Salvador y Honduras
3. el huracán Mitch
4. los mayas
5. Rigoberta Menchú

# *¡Escucha!*

**A. Un informe oral.** Ana Florencia dictates and records information for her investigation. Listen to her dictation and complete the following written version.

Día: _____ Fecha: _____ Lugar: _____

Personas entrevistadas:

_____

Nueva información:

_____

Planes para hoy:

_____

Compras:

_____

Llamadas que necesito hacer:

_____

**B. Los problemas de Ana Florencia.** Role play the roles of Ana Florencia and her boss during a telephone conversation. As Ana Florencia explains her problem, the boss gives her instructions. You can make up problems not mentioned in **La búsqueda.**

MODELO:   E1: *Tengo muy poco dinero.*
          E2: *Vaya al banco.*

# La América Central I

## Guatemala, El Salvador, Honduras

Después de muchos años de graves problemas militares, políticos y económicos, los gobiernos centroamericanos entran en un periodo de paz y unificación política con el establecimiento de la democracia.

**4-40 ¿Qué sabes tú?** What can you name and/or explain?

1. ¿Las capitales de estos tres países?
2. ¿El país que tiene frontera con México?
3. ¿Por qué es famosa Rigoberta Menchú?
4. ¿Un producto agrícola?
5. ¿El clima en las costas?
6. ¿El país más pequeño de los tres?
7. ¿Una civilización antigua?

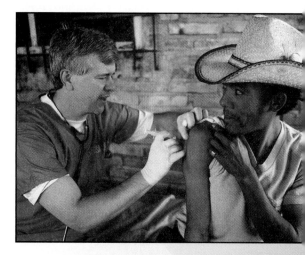

El terreno selvático y montañoso de gran parte de Centroamérica dificulta la implementación de programas y servicios de salud (*health*). Sin embargo (*Nevertheless*), los gobiernos centroamericanos están haciendo grandes esfuerzos para hacer llegar al pueblo los avances de la medicina.

Rigoberta Menchú recibió el premio Nobel de la Paz en 1992 por su labor para mejorar la situación de los indígenas guatemaltecos.

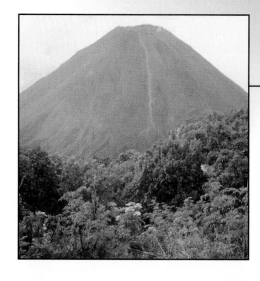

En el interior de El Salvador, donde el clima es más fresco que en la costa, el ecoturismo es una buena manera de conocer el país. En Cerro Verde, por ejemplo, puedes observar una gran variedad de flora y fauna, además del volcán El Izalco, cuyo (*whose*) cráter se distingue fácilmente. El volcán está activo desde 1722, y en la época de la colonización, los indígenas lo denominaron "el infierno de los españoles".

La ciudad de Tikal es la más grande y antigua de las ruinas mayas excavadas hasta ahora. Además de algunas de las más impresionantes edificaciones de la arquitectura maya, el turista puede admirar el maravilloso sistema de canales para usar el agua de lluvia (*rain*) que consumían los 40.000 indígenas mayas que allí vivían.

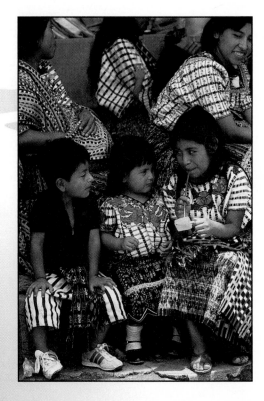

Estos niños indígenas llevan ropa que refleja las antiguas tradiciones artesanales de los tejidos (*woven goods*) guatemaltecos. Los tejidos también son muy populares entre los turistas.

Tikal

GUATEMALA

HONDURAS

San Salvador

EL SALVADOR

N

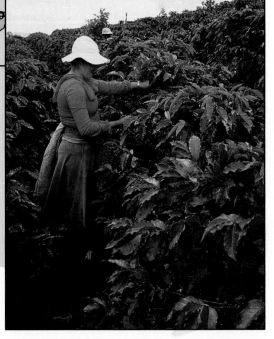

La economía de estos países depende mucho de la agricultura. El café, un producto muy importante en toda la región, es especialmente susceptible a los cambios climáticos, como (*like*) los huracanes.

153

**4-41 ¿Dónde?** Identify the place or places on the map of Central America where you can find the following things.

1. playas
2. montañas
3. tejidos multicolores
4. artesanía
5. mucha lluvia
6. ruinas arqueológicas
7. cultivo de café
8. volcanes

**4-42 ¿Cierto o falso?** Indicate whether each sentence is true or false. Correct the false sentences.

1. Guatemala tiene muchas ruinas aztecas.
2. Los mayas tenían (*had*) un sistema de irrigación.
3. Rigoberta Menchú recibió el premio Pulitzer.
4. Las condiciones meteorológicas no afectan mucho la economía centroamericana.
5. La artesanía indígena ya no es muy popular.
6. La agricultura contribuye mucho a la economía centroamericana.
7. Hay pocos gobiernos democráticos en Centroamérica.

 **4-43 El mapa.** Look over the map of Central America in the front of the book and indicate where the following places are located.

MODELO:  Copán
> *Copán está en Honduras, cerca de la frontera de Guatemala.*

al oeste de...
al sur de...
en la costa del Golfo de México
en la costa del Caribe
en las montañas (*mountains*)

al norte de...
al este de...
en la costa del Pacífico
en el centro
en la península de...

1. Belice
2. San Salvador
3. Tegucigalpa
4. Tikal
5. La Ciudad de Guatemala
6. Quezaltenango

**4-44 Recomendaciones**. Make recommendations for the people who want to visit Central America based on their interests. Use information from **Nuestro mundo**.

MODELO:  Me gusta observar los métodos de tejer.
> *¿Por qué no vas a Guatemala? Los tejidos guatemaltecos son muy bonitos.*

1. Me gusta la arqueología.
2. Me gusta escalar (*climb*) montañas.
3. Deseo trabajar en un hospital rural.
4. Quiero estudiar las técnicas de cultivo de café.
5. Estudio arte.

**Taller**

## Una invitación

In this activity, you are going to write a short letter to a friend to invite him/her to spend a weekend with you.

1. **Lista.** Make a list based on the following information.

| | | | |
|---|---|---|---|
| lugar, fecha | invitación a hacer algo | ¿con quiénes? | algunas actividades |
| saludo | ¿por qué? | ¿por cuánto tiempo? | despedida |
| presentación | ¿cuándo? | | |

2. **Saludo.** Use the format of the **modelo**, beginning with the place, date, and a greeting.

3. **Carta.** Incorporate the information from your list in step **1.** Use words such as **y, pero,** and **porque** to link your ideas.

4. **Respuesta.** Ask for a reply to your letter.

5. **Despedida.** Close the letter with a farewell, for example, **un abrazo de...** or **un saludo cordial de....**

6. **Revisión.** Review the following elements in your letter.

   ❏ use of stem-changing verbs
   ❏ use of **saber** and **conocer** and the preposition **a**
   ❏ agreement of nouns, articles, and adjectives
   ❏ correct spelling, including accents

7. **Intercambio.** Exchange your letter with a classmate's. Make grammatical corrections and content suggestions. Then, respond to the letter.

8. **Entrega.** Rewrite your original letter, incorporating your classmate's comments. Then, turn in your letter and the response from your classmate to your professor.

MODELO:

> *San José, 30 de marzo de 2001*
>
> *Querido Francisco:*
>
> *Soy Carmen Serrano. El 10 de abril es mi cumpleaños y quiero invitarte a comer a mi casa ...*

# LECCIÓN 5

## ¿Cómo pasas el día?

## COMUNICACIÓN

➤ Talking about performing household chores
➤ Describing daily routines and habits
➤ Expressing needs related to personal care
➤ Expressing emotional changes

## ESTRUCTURAS

### PRIMERA PARTE

➤ The verbs *decir* and *dar*, and the indirect object and indirect object pronoun
➤ The present tense of *poner, salir, traer,* and *ver*

### SEGUNDA PARTE

➤ Reflexive constructions: pronouns and verbs
➤ Reciprocal constructions

## CULTURA

➤ Las tareas domésticas
➤ El ecoturismo en Costa Rica
➤ Páginas: *La búsqueda*, Episodio 5
➤ Nuestro mundo: La América Central (II): Costa Rica, Nicaragua, Panamá

# PRIMERA PARTE

# ¡Así es la vida!

## Los quehaceres domésticos

La familia Pérez Zamora es una familia panameña que vive en Ciudad Panamá. Esta noche celebran el cumpleaños de Antonio, el hijo mayor. Son las dos de la tarde y la señora Pérez les pide ayuda a sus hijos Antonio, Cristina y Rosa. Tiene una lista de quehaceres y les dice cuáles tienen que hacer.

SRA. PÉREZ: Antonio, tú vas a sacudir el polvo de los muebles de la sala y pasar la aspiradora por toda la casa, especialmente debajo de la mesa del comedor.

ANTONIO: Pero, mamita, ¡hoy es mi cumpleaños!

SRA. PÉREZ: ¡Qué perezoso eres! Aquí no tenemos sirvientes (*servants*) y todo el mundo tiene que trabajar. Cristina, tienes que lavar la ropa sucia y después secarla.

CRISTINA: ¿Dónde pongo la ropa limpia más tarde?

SRA. PÉREZ: Pues, después de doblarla, puedes guardarla en los armarios y las cómodas. También necesitas limpiar los baños y barrer la terraza.

ANTONIO: ¿Y me puedes planchar la camisa, Cristina?

CRISTINA: ¡Tú puedes plancharla, Antonio!

ROSA: Mamá, ¿salgo a comprar el pastel de cumpleaños ahora?

SRA. PÉREZ: No, Rosa. Primero necesitas poner la mesa y ver si tenemos todo para los sándwiches. Vamos a hacer una lista de compras y te doy dinero para ir al mercado y hacer todas las compras.

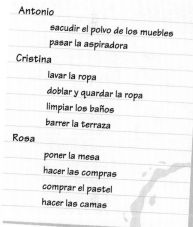

Antonio
    sacudir el polvo de los muebles
    pasar la aspiradora
Cristina
    lavar la ropa
    doblar y guardar la ropa
    limpiar los baños
    barrer la terraza
Rosa
    poner la mesa
    hacer las compras
    comprar el pastel
    hacer las camas

ANTONIO: ¡¿Y qué va a hacer Rosa en casa?! ¿No le vas a dar unos quehaceres?

SRA. PÉREZ: ¡Antonio! Todos vamos a trabajar aquí. Rosa, también necesitas hacer las camas y ordenar los dormitorios. Yo voy a limpiar la cocina.

ROSA: Bueno, mamá, pero Antonio, cumpleaños o no, tiene que ayudarnos si termina antes que nosotras.

SRA. PÉREZ: ¡Caramba, muchachos! Vamos a trabajar mucho ahora y después celebramos en la fiesta.

## ¡ASÍ LO DECIMOS!

### Los quehaceres domésticos (*household chores*)

| | |
|---|---|
| barrer el piso | *to sweep the floor* |
| cortar la hierba (el césped) | *to mow the lawn* |
| guardar la ropa | *to put away the clothes* |
| hacer la cama | *to make the bed* |
| hacer las compras | *to buy groceries* |
| lavar los platos | *to wash the dishes* |
| lavar la ropa | *to wash the clothes* |
| limpiar la casa | *to clean the house* |
| ordenar el cuarto | *to pick up one's room* |
| pasar la aspiradora | *to vacuum* |
| planchar la ropa | *to iron the clothes* |
| poner la mesa | *to set the table* |
| preparar la cena | *to prepare dinner* |
| quitar la mesa | *to clear the table* |
| sacar la basura | *to take out the garbage* |
| sacudir el polvo de los muebles | *to dust the furniture* |
| secar la ropa | *to dry the clothes* |

### Las partes de una casa

| | |
|---|---|
| el armario | *closet* |
| el baño | *bathroom* |
| la cocina | *kitchen* |
| el comedor | *dining room* |
| el cuarto/ el dormitorio | *bedroom* |
| la ducha | *shower* |
| la escalera | *stairs* |
| el garaje | *garage* |
| el jardín | *garden, yard* |
| el pasillo | *hall* |
| el patio | *patio* |
| el piso | *floor; apartment (Sp.)* |
| la planta alta | *upstairs* |
| la planta baja | *downstairs; main floor* |
| la sala | *living room* |
| la terraza | *terrace* |

### Los muebles (*furniture*)

| | |
|---|---|
| la cama | *bed* |
| la cómoda | *dresser* |
| el librero | *bookcase* |
| la mesa de noche | *nightstand* |
| el sillón | *armchair* |
| el sofá | *sofa* |

### Accesorios

| | |
|---|---|
| la alfombra | *rug* |
| la aspiradora | *vacuum cleaner* |
| el basurero | *garbage can* |
| el cuadro | *painting* |
| el cubo | *bucket, pail* |
| la escoba | *broom* |
| el estéreo | *stereo* |
| la lámpara | *lamp* |
| la lavadora | *washer* |
| el lavaplatos | *dishwasher* |
| la plancha | *iron* |
| la secadora | *dryer* |

### Preposiciones de lugar

| | |
|---|---|
| arriba de | *above* |
| contra | *against* |
| debajo de | *under* |
| dentro de | *within; inside of* |
| encima de | *on top of* |
| sobre | *on* |

### Adverbios

| | |
|---|---|
| a menudo | *often* |
| frecuentemente | *frequently* |

### REPASO

| | |
|---|---|
| a la derecha | enfrente (de) |
| a la izquierda | entre |
| al lado (de) | el escritorio |
| cerca | junto a... |
| cerca de | lejos (de) |
| delante (de) | la mesa |
| detrás (de) | la silla |

### *Ampliación*

#### Vez

The noun **vez** is used in several adverbial and preposition expressions.

| | |
|---|---|
| a veces | *sometimes; at times* |
| de vez en cuando | *from time to time* |
| dos (tres, cuatro...) veces (a la semana) | *two (three, four ...) times (per week)* |
| en vez de | *instead of* |
| otra vez | *again* |
| una vez | *one time; once* |

# ¡Escucha!

**A. ¡Todo lo que necesitan para la casa!** Escucha el siguiente anuncio de radio sobre productos para la casa. Escribe el nombre y el precio de cada producto debajo del dibujo correspondiente.

MODELO:   Pueden comprar una escoba de primera calidad por sólo once dólares con cincuenta centavos.

➤   *escoba: $11,50*

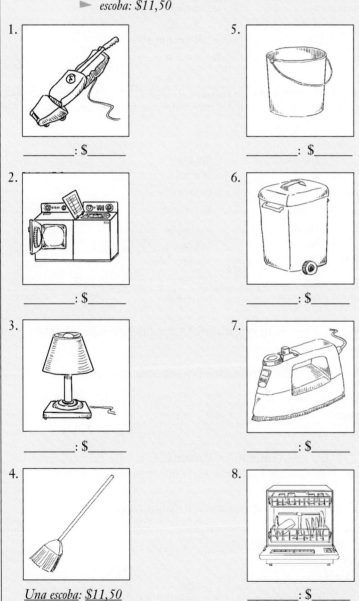

1. _____: $_____

2. _____: $_____

3. _____: $_____

4. *Una escoba: $11,50*

5. _____: $_____

6. _____: $_____

7. _____: $_____

8. _____: $_____

👥 **B. En su casa.** Tienen un presupuesto (*budget*) de $600. Decidan cuáles de los productos de la **Actividad A** comprarían (*you would buy*) y expliquen por qué.

## Practiquemos

**5-1 ¡Emparejar!** Empareja cada objeto enumerado (*numbered*) con la palabra correspondiente en la columna de la derecha.

| | | |
|---|---|---|
| _____ 1. la escalera | | a. el comedor |
| _____ 2. la escoba | | b. la planta alta |
| _____ 3. la ropa | | c. la pared |
| _____ 4. el cuadro | | d. planchar |
| _____ 5. la cómoda | | e. barrer |
| _____ 6. la ducha | | f. el garaje |
| _____ 7. la mesa y las sillas | | g. el dormitorio |
| _____ 8. el coche | | h. el baño |

**5-2 Los quehaceres domésticos.** Escribe por lo menos (*at least*) ocho oraciones lógicas y completas usando palabras de las tres columnas a continuación.

MODELO: ▶ *(Yo) Lavo los platos en la cocina.*

| | | |
|---|---|---|
| yo | poner | los platos |
| tú | lavar | la ropa |
| mis compañeros y yo | limpiar | la mesa |
| mis padres | planchar | la terraza |
| mi profesor/a | sacar | la cocina |
| ¿... ? | barrer | la basura |
| | sacudir el polvo | los muebles |
| | hacer | la cama |
| | ordenar | el garaje |

APARTAMENTOS

| | |
|---|---|
| **ESTRUCTURA:** | Madera y ladrillo |
| **VENTANAS:** | Doble, tipo Climalit |
| **CALEFACCIÓN:** | Centralizada, producción de agua caliente centralizada |
| **PISOS:** | Mármol y parquet |
| **COCINA:** | Totalmente amueblada |
| **VARIOS:** | Ascensor, antena TV, FM, piscina, parque de recreo para los niños |

**5-3 ¿Cómo es tu dormitorio?** Usen los siguientes adverbios para describir su dormitorio.

MODELO: ▶ *En mi dormitorio hay una cama entre la cómoda y el librero.*

| | | | |
|---|---|---|---|
| arriba de | contra | dentro de | lejos de |
| cerca de | debajo de | entre | sobre |

**5-4 Un apartamento en Panamá.** Túrnense para contestar las siguientes preguntas, basándose en la información del anuncio.

1. ¿Es el plano de un apartamento o de una casa?
2. ¿Cuántos cuartos hay?
3. ¿Cuántos baños hay?
4. ¿Dónde está la sala?
5. ¿Dónde está la cocina?
6. ¿Es grande la sala?
7. ¿Cuántas terrazas hay? ¿Dónde están?
8. ¿Qué más tiene el apartamento? ¿Qué más necesita?

## ❖ Conversemos

**5-5A ¡Ésta es su casa!** Imagínate que eres un/a agente inmobilario/a (*realtor*) con las casas descritas en el anuncio a continuación. Trata de venderle una de las casas a tu compañero/a.

**5-6 En casa.** Imagínense que son compañeros/as de casa y acaban de mudarse (*you have just moved*). Hablen de dónde quieren poner las siguientes cosas usando preposiciones de lugar lógicas.

MODELO:  E1: *Y esta alfombra, ¿dónde la ponemos?*
E1: *Vamos a ponerla en el comedor, debajo de la mesa.*

| | |
|---|---|
| el librero | en… |
| la bicicleta (*bicycle*) | contra… |
| la cómoda | encima de… |
| el reloj | debajo de… |
| la mesa de noche | cerca de… |
| el cuadro de Picasso | entre… |
| el sillón | sobre… |
| las sillas | lejos de… |
| la alfombra | |
| la mesa | |
| el sofá | |

**5-7 Los quehaceres domésticos.** Hablen de los quehaceres domésticos usando expresiones de **¡Así lo decimos!**

MODELO:  E1: *¿Cuántas veces a la semana limpias tu cuarto?*
E2: *Yo lo limpio dos veces a la semana. ¿Y tú?*
E1: *Yo, una vez a la semana. ¿Prefieres lavar platos o barrer el piso?*
E2: *Prefiero lavar platos. ¿Y tú?*
E1: *¡Prefiero ver la televisión!*

**5-8 División del trabajo.** Imagínense que son compañeros/as de casa y necesitan ponerse de acuerdo (*to agree*) sobre los quehaceres domésticos de la casa. Hablen de cómo van a dividir los quehaceres.

MODELO:  poner la mesa
E1: *¿Quieres poner la mesa?*
E2: *Está bien. Pongo la mesa si tú preparas la cena.*
E1: *De acuerdo. Yo preparo la cena si tú lavas los platos después.*
E2: *No, no me gusta lavar platos.*

| | | |
|---|---|---|
| barrer el piso | pasar la aspiradora | preparar la cena |
| poner la mesa | hacer la cama | ordenar el cuarto |
| lavar los platos | secar la ropa | guardar la ropa |
| cortar la hierba | lavar la ropa | sacudir el polvo de los muebles |
| sacar la basura | comprar la comida | planchar la ropa |

# COMPARACIONES... Las tareas domésticas

En la gran mayoría de los países hispanos el costo de la mano de obra (*manual labor*) todavía es relativamente barato. Por eso, muchas familias pueden tener empleados domésticos en las casas. Los empleados domésticos o sirvientes ayudan con la cocina, la limpieza, con el mantenimiento del jardín y el lavado de la ropa. Estos empleados frecuentemente viven con la familia.

En algunos países hispanos, ciertos electrodomésticos como la lavadora, el lavaplatos y el horno microondas (*microwave*), son todavía un lujo (*luxury*), y las tareas las hacen a mano los empleados o los mismos residentes de la casa.

## ¡Vamos a comparar!

¿Por qué crees que no hay tantos empleados domésticos en los EE. UU. y en el Canadá? ¿Qué tareas domésticas haces tú? ¿Que electrodomésticos hay en tu casa? ¿Piensas que en el futuro las familias hispanas van a tener más electrodomésticos? ¿Por qué?

## ¡Vamos a conversar!

Haz una lista de los tres quehaceres que no te gusta hacer, y los tres que prefieres. Luego compara tu lista con la de un/a compañero/a. ¿Tienen algunas tareas en común?

MODELO: ▶ *No me gusta limpiar el baño…*
*Prefiero planchar…*

# Pronunciación

## Los sonidos *r* y *rr*

■ The Spanish **r** has two distinct sounds. The **rr** represents a strong trilled sound and is produced by striking the tip of the tongue against the ridge behind the upper front teeth in a series of rapid vibrations. When a single **r** appears at the beginning of a word or after the consonants **l, n,** and **s,** it is pronounced like the **rr**. Listen to and repeat the following words.

| | | | | |
|---|---|---|---|---|
| **Roberto** | **repetir** | **correr** | **alrededor** | **barrer** |
| **cerrar** | **ratón** | **enredo** | **Israel** | **terraza** |

■ In all other positions, the Spanish **r** is a tap, pronounced similarly to the *dd* in the English word *ladder*.

| | | | | |
|---|---|---|---|---|
| **cero** | **oro** | **arena** | **abrir** | **estéreo** |
| **ladra** | **mira** | **pero** | **cara** | **dentro** |

## Estructuras

### 1. The verbs *decir* and *dar*, and the indirect object and indirect object pronoun

*Decir* y *dar*

Te doy mi pelota si me das tu sándwich.

- **Decir** (to say; to tell) is an **e → i** stem-changing verb with an irregular first-person singular form (like **tener** and **venir**).

| decir | | | |
|---|---|---|---|
| yo | **di**g**o** | nosotros/as | decimos |
| tú | **di**ces | vosotros/as | decís |
| él/ella, Ud. | **di**ce | ellos/as, Uds. | **di**cen |

- **Dar** (to give) has an irregular first-person singular form like **ser** and **estar**.

| dar | | | |
|---|---|---|---|
| yo | d**oy** | nosotros/as | damos |
| tú | das | vosotros/as | dais |
| él/ella, Ud. | da | ellos/as, Uds. | dan |

- The formal command form of **decir** uses the first-person singular **g. Dar** is irregular—it requires a written accent for the singular formal command to distinguish it from the preposition **de**.

| | |
|---|---|
| No **digan** nada. | *Don't say anything.* |
| **Dé** tres dólares más. | *Give three dollars more.* |

- The verbs **decir** and **dar** often require indirect object pronouns.

## Los complementos indirectos

An indirect object indicates to or for whom an action is carried out. In Spanish the indirect object pronoun is also used to indicate from whom something is bought, borrowed, or taken away.

¿Me puede mostrar los modelos más económicos?

| INDIRECT OBJECT PRONOUNS | | | |
|---|---|---|---|
| **SINGULAR** | | **PLURAL** | |
| **me** | *(to/for) me* | **nos** | *(to/for) us* |
| **te** | *(to/for) you (inf.)* | **os** | *(to/for) you (inf. Sp.)* |
| **le** | *(to/for) him, her, you (form.)* | **les** | *(to/for) them, to you* |

■ The forms of the indirect object pronouns are identical to the direct object pronouns, except the third-person singular and plural forms.

■ Indirect object pronouns agree only in number with the noun to which they refer. There is no gender agreement.

| **Le** barro el piso. | *I will sweep the floor for him/her/you.* |
|---|---|
| ¿**Me** planchas esta ropa? | *Can you iron these clothes for me?* |

■ Indirect object pronouns usually precede the conjugated verb.

| **Le** limpio el baño los sábados. | *I clean the bathroom for him/her/ you on Saturdays.* |
|---|---|
| **Te** vendemos nuestra casa. | *We'll sell you our house.* |

■ In negative sentences the indirect object pronoun is placed between **no** and the conjugated verb.

| No **te** limpio la casa hoy. | *I won't clean the house for you today.* |
|---|---|

■ In constructions with an infinitive or the present participle, the indirect object pronouns may either precede the conjugated verb or be attached to the infinitive or the present participle. Note that when you attach an indirect object pronoun to the present participle, you must also use a written accent mark over the vowel in the stressed syllable.

| Mamá **nos** quiere enseñar a ordenar la casa. <br> Mamá quiere enseñar**nos** a ordenar la casa. | *Mom wants to teach us to pick up the house.* |
|---|---|
| **Le** estoy diciendo (a usted) la verdad. <br> Estoy diciéndo**le** la verdad. | *I am telling you the truth.* |

■ Attach the indirect object pronoun to the affirmative command. Place it before the negative command.

| Díga**me** cuándo va a poner la mesa. | *Tell me when you're going to set the table.* |
|---|---|
| No **me** pida más dinero ahora. | *Don't ask me for any more money now.* |

## Expansión | **More on structure and usage**

### Redundant indirect objects

When the indirect object refers to a specific person or group of people and is included in the sentence, the corresponding indirect object pronoun is also included. These are called redundant or repetitive object pronouns. They have no English equivalent.

| | |
|---|---|
| **Le** damos la aspiradora **a Julia**. | *We give the vacuum to Julia.* |
| **Les** lavo los platos **a mis amigos**. | *I wash the dishes for my friends.* |

To emphasize or clarify an indirect object, you can also use the corresponding prepositional pronouns. These are normally used with the preposition **a** in this structure.[1]

| | |
|---|---|
| me ... a mí | nos ... a nosotros/as |
| te ... a ti | os ... a vosotros/as |
| le ... a él/ella | les ... a ellos/as |
| le ... a Ud. | les ... a Uds. |

| | |
|---|---|
| La niña **le** dice su nombre **a él**. | *The girl tells him her name.* |
| La profesora **me** da los platos **a mí**, no **a ti**. | *The professor gives the plates to me, not you.* |

───────────

[1] With verbs like **comprar**, the preposition might be **para** ( *for*) and **de** ( *from*).

 **Practiquemos**

**5-9 La Cruz Roja.** Antes de trabajar con la Cruz Roja de Costa Rica por un año, Ángela vende y regala (*gives away*) todas sus posesiones, y hace arreglos para su casa, sus animales, etcétera. Completa su lista con los pronombres de complemento indirecto correspondientes.

1. ___ da sus platos. (a ustedes)
2. ___ vende el lavaplatos. (a ti)
3. ___ regala su cama a su hermana.
4. ___ enseña a cuidar a su perro. (a mí)
5. ___ dice dónde está el estéreo a su amigo Rafa.
6. ___ pide el número de teléfono al embajador (*ambassador*).
7. ___ vende su coche a sus padres.
8. ___ escribe correo electrónico a sus amigos.
9. ___ da su casa a su amiga Iliana.
10. ___ dice "Hasta luego" a todos nosotros.

**5-10 En casa.** La madre de Pepe necesita ayuda en casa hoy. ¿Cómo responde Pepe a cada pregunta de su madre?

MODELO:   ¿Vas a traerme las sillas?
> *Sí, te voy a traer las sillas.*

1. ¿Vas a traerle la aspiradora a tu hermana?
2. ¿Quieres darle la escoba a tu hermanito?
3. ¿Puedes pedirles un favor a los vecinos?
4. ¿Vas a darme la ropa para lavar?
5. ¿Debo decirte cómo usar la lavadora?
6. ¿Estás planchándole la camisa a papá?
7. ¿Vas a doblarnos la ropa también?
8. ¿Tengo que enseñarte a sacudir el polvo de los muebles?

**5-11 El empleado doméstico.** Ramón necesita hacer o no hacer las siguientes cosas en las casas donde trabaja como empleado doméstico. Dale (*Give him*) los mandatos formales (usted) necesarios.

MODELOS:   barrerles el piso a los señores Osorio
> *Ramón, bárrales el piso a los señores Osorio, por favor.*

no ponerles la alfombra grande en la sala
> *Ramón, no les ponga la alfombra grande en la sala.*

1. lavarme los platos
2. no ordenarle el cuarto a la doctora Sánchez
3. cortarnos la hierba
4. limpiarle el cuarto al joven
5. no hacerles las camas a los Cisneros
6. sacarle la basura a Daniela
7. sacudirme el polvo de los muebles
8. no secarles la ropa a los niños

##  Conversemos

**5-12A Tus responsabilidades domésticas.** Túrnense para hacer y contestar las siguientes preguntas sobre los quehaceres de la casa.

MODELO:   E1: *¿Les sacas la basura a tus padres/abuelos?*
E2: *Sí, les saco la basura. (No, no les saco la basura porque no vivo con ellos.)*

1. ¿Les limpias la casa a tus padres/hijos?
2. ¿Les ordenas el baño a tus padres/hijos?
3. ¿Le preparas la comida a tu familia?
4. ¿Les planchas la ropa a tus hermanos/hijos?
5. ¿Le quitas la mesa a tu familia?
6. ¿Les lavas los platos a tus padres/hijos?

**5-13 Algo especial.** Hablen de lo que dan o dicen en las siguientes situaciones.

MODELO:  a tu hermano en su cumpleaños
      ▶ *Le digo: "¡Feliz cumpleaños!" y le doy un beso.*

1. a tu madre el Día de la Madre
2. a tu padre el Día del Padre
3. a tu esposo/a o novio/a el día de su aniversario
4. a tus compañeros en una fiesta
5. a tu profesor/a al final del curso
6. a tu abuelo/a en su cumpleaños
7. a los niños en el parque
8. a un/a turista en la calle

**5-14 ¿Qué te hace la familia?** Hablen de lo que sus familias les hacen, y comparen las cosas que tienen en común.

MODELO:  ▶ *Mis padres me preparan la comida, pero no me lavan los platos.*

## 2. The present tense of *poner*, *salir*, *traer*, and *ver*

Some Spanish verbs are irregular only in the first-person singular form of the present indicative tense. You have already seen this in the case of **ver** in **Lección 3.** With these verbs, all other forms follow the regular conjugation patterns.

|  | poner | salir | traer | ver |
|---|---|---|---|---|
| yo | pongo | salgo | traigo | veo |
| tú | pones | sales | traes | ves |
| él/ella, Ud. | pone | sale | trae | ve |
| nosotros/as | ponemos | salimos | traemos | vemos |
| vosotros/as | ponéis | salís | traéis | veis |
| ellos/as, Uds. | ponen | salen | traen | ven |

| | | Si ustedes me **traen** los platos, yo **pongo** la mesa. | *If you bring me the plates, I'll set the table.* |
|---|---|---|---|

Si ustedes me **traen** los platos, yo **pongo** la mesa.

*If you bring me the plates, I'll set the table.*

Siempre **salgo** al parque a las ocho y **veo** a mis amigos allí.

*I always go out to the park at eight and see my friends there.*

■ The formal commands for these verbs have the **yo** irregularity.

| infinitive | usted command | ustedes command |
|---|---|---|
| poner | ponga | pongan |
| salir | salga | salgan |
| traer | traiga | traigan |
| ver | vea | vean |

**Traigan** las sillas.

*Bring the chairs.*

¡**Salga** de aquí!

*Get out of here!*

## Expansión — More on structure and usage

### *Salir*

Each of the following expressions with **salir** has its own meaning.

■ **salir de:** *to leave a place, to leave on a trip*

**Salgo de** casa a las ocho.

*I leave home at eight.*

**Salimos de** viaje esta noche.

*We leave on a trip tonight.*

■ **salir para:** *to leave for (a place), to depart*

Mañana **salen para** Managua.

*Tomorrow they leave for Managua.*

¿**Sales para** las montañas ahora?

*Are you leaving for the mountains now?*

■ **salir con:** *to go out with, to date*

Silvia **sale con** Jorge.

*Silvia goes out with Jorge.*

Lucía **sale con** sus amigas esta tarde.

*Lucía is going out with her friends this afternoon.*

■ **salir a** (+ infinitive): *to go out (to do something)*

**Salen a** cenar los sábados.

*They go out to have dinner on Saturdays.*

¿**Sales a** caminar por las mañanas?

*Do you go out walking in the mornings?*

## Practiquemos

**5-15 Un viaje a San José.** Completa el siguiente párrafo con la forma correcta (el presente o el infinitivo) de cada verbo de la lista. Algunos verbos se usan (*are used*) más de una vez.

| dar | decir | poner | salir | traer | ver |
|-----|-------|-------|-------|-------|-----|

Hoy (1) ___ para la capital de Costa Rica. Antes de (2)___, (3)___ mi guía turística (*tour guide*) en mi mochila. Después, (4)___ las noticias en la televisión para ver qué tiempo hace en la capital. (5) ____ que es necesario (6) ___ un suéter, porque hace fresco ahora. Llamo por teléfono a mi oficina y le (7)___ a mi secretario que voy a estar en San José por cinco días. Él me (8)___ que todo está en orden para mi viaje y me desea un buen viaje. Cuando (9)___ de mi casa, (10)___ un taxi y le (11)___ al taxista el nombre de la aerolínea. Al llegar al aeropuerto, le (12)___ 20 dólares por su servicio.

**5-16 Planes para una fiesta.** Combina los sujetos y las actividades para decir quiénes van a hacer las preparaciones para una fiesta.

MODELO: ► *Nosotros ponemos el estéreo en el patio.*

| yo | salir a comprar refrescos |
|----|---------------------------|
| nosotros/as | poner la mesa |
| nuestros amigos | traer comida |
| tú | salir a invitar a todos |
| nuestros padres | poner la casa en orden |
| ustedes | traer música |
| ¿... ? | salir a buscar más sillas |
| | ver que todo está listo para la fiesta |
| | ¿... ? |

**5-17 Una carta de mamá.**

**Primera fase.** Combina las palabras y las frases para reconstruir la carta que Graciela recibió de su madre. Conjuga los verbos y añade las palabras necesarias.

**Segunda fase.** Contesta las siguientes preguntas basándote en la carta.

1. ¿Dónde viven los padres de Graciela?
2. ¿Dónde viven sus abuelos?
3. ¿Qué tiempo hace donde viven?

Querida Graciela:

sábado / padre y yo / salir / los señores Ramírez para visitar / abuelos en la capital
Carlota / traer / pícnic y yo / traer / platos
(nosotros) salir / su casa / las ocho / mañana / y / volver / a seis / tarde
(yo) ver / que / (nosotros) tener / suficiente / refrescos
por / noche / tus / abuelos / ir a / salir / nosotros / al restaurante
ir / ser / un día / agradable
Un beso y un abrazo,

Mamá

**5-18 ¿Con quién sale...?** Túrnense para preguntarse con quiénes salen las siguientes personas. Apunten (*Take note*) las respuestas. Luego, pidan más información. Por ejemplo: ¿Adónde van?, ¿A qué hora salen?, ¿Por qué van?

MODELO: Romeo
           E1: *¿Con quién sale Romeo?*
           E2: *Sale con Julieta.*
           E1: *¿Adónde van Romeo y Julieta?*
           E2: *Van a Verona.*
           E1: *¿A qué hora salen? ¿Por qué van?*
           E2: *Salen a la medianoche. Van porque quieren hablar con sus padres.*

| | | |
|---|---|---|
| Romeo | tú | Mike Tyson |
| Ernesto Zedillo | Tina Turner | Felipe de Borbón |
| Denzel Washington | la Reina Sofía | el/la profesor/a |
| ustedes | los republicanos | Dick Tracy |
| Jesse Jackson | Chelsea Clinton | Salma Hayek |
| Ana Florencia | Ricky Martin | tú y yo |

## Conversemos

**5-19 Planes.** Túrnense para hacerse preguntas sobre sus planes.

MODELO: ¿A qué hora salir/tú para... ?
           E1: *¿A qué hora sales para la casa de tu familia?*
           E2: *Salgo para la casa a las diez de la mañana.*

1. ¿A qué hora salir/tú para... ?
2. ¿Con quiénes ir/tú a...?
3. ¿Quién hacer... ?
4. ¿Dónde poner/tú... ?
5. ¿Quién traer...?
6. ¿Qué ver/tú... ?
7. ¿A qué hora salir/ustedes de...?

**5-20 Mandón/Mandona.** Túrnense para representar a un/a compañero/a de trabajo mandón/mandona (*bossy*) usando los verbos **poner, salir, traer** y **ver**. El/La otro/a debe responder lógicamente al mandato.

MODELO: E1: *Tráigame la aspiradora.*
           E2: *Sí, con mucho gusto. (No quiero traerle la aspiradora. Hágalo usted.)*

# ¡Así es la vida!

## El arreglo personal

Antonio, Beatriz y Enrique Castillo son tres hermanos que viven en San José, Costa Rica, con su mamá. Ésta es su rutina de todas las mañanas.

Antonio es madrugador (*early riser*). Siempre se despierta a las seis de la mañana. Después de levantarse, se cepilla los dientes, se ducha y se seca con una toalla. Luego, le prepara el desayuno a su mamá y ella se pone muy contenta.

Beatriz es madrugadora también, pero esta mañana está atrasada (*running late*) porque su despertador a veces no funciona. Ahora tiene que levantarse, lavarse la cara, vestirse rápidamente y salir de casa sin maquillarse. Como ella es muy puntual, se pone muy nerviosa cuando llega tarde a la universidad.

Enrique nunca se despierta cuando suena el despertador. Le gusta dormir por la mañana porque por la noche siempre se acuesta muy tarde. Después de levantarse, se afeita, se pone loción, se peina y se mira en el espejo. Muchas veces llega tarde al trabajo y su jefe se pone furioso. En el trabajo, Enrique se duerme todas las tardes. ¡El pobre Enrique es un desastre!

## El arreglo personal (*personal care*)

| | |
|---|---|
| afeitarse | *to shave* |
| bañarse | *to bathe* |
| cepillarse | *to brush* |
| ducharse | *to shower* |
| lavarse | *to wash* |
| maquillarse | *to put on makeup* |
| mirarse | *to look at oneself* |
| peinarse | *to comb one's hair* |
| pintarse | *to put on makeup* |
| … los labios | *to put on lipstick* |
| … las uñas | *to polish one's nails* |
| ponerse | *to put on* |
| quitarse | *to take off* |
| secarse | *to dry oneself* |
| vestirse (i, i) | *to get dressed* |

## Otros verbos reflexivos

| | |
|---|---|
| acostarse (ue) | *to go to bed* |
| alegrarse (de) | *to become happy* |
| despertarse (ie) | *to wake up* |
| divertirse (ie, i) | *to have fun* |
| dormirse (ue, u) | *to fall asleep* |
| enamorarse (de) | *to fall in love (with)* |
| enfermarse | *to become sick* |
| enojarse (con) | *to get angry (with)* |
| levantarse | *to get up* |
| ponerse contento/a (furioso/a, impaciente, nervioso/a, triste) | *to become happy (angry, impatient, nervous, sad)* |
| reírse (i, i)[1] | *to laugh* |
| reunirse[2] | *to get together* |
| sentarse (ie) | *to sit down* |
| sentirse (ie, i) | *to feel* |

## Algunas partes del cuerpo

| | |
|---|---|
| la cara | *face* |
| los dientes | *teeth* |
| los labios | *lips* |
| la mano | *hand* |
| el ojo | *eye* |
| el pelo (largo/corto) | *(long/short) hair* |
| la uña | *(finger)nail* |

## Otras palabras y expresiones

| | |
|---|---|
| el desastre | *disaster* |
| el desayuno | *breakfast* |
| el despertador | *alarm clock* |
| salir | *to go out; to leave* |
| sin | *without* |
| traer | *to bring* |

### *Ampliación*

#### Artículos de uso personal

| | |
|---|---|
| el cepillo (de dientes) | *(tooth)brush* |
| la crema (de afeitar) | *(shaving) cream* |
| la cuchilla (navaja) de afeitar | *razor blade* |
| el desodorante | *deodorant* |
| el espejo | *mirror* |
| el jabón | *soap* |
| el lápiz labial | *lipstick* |
| la loción (de afeitar) | *(shaving) lotion* |
| el maquillaje | *makeup* |
| la máquina de afeitar | *electric razor* |
| el peine | *comb* |
| la secadora | *hair dryer* |

---

[1] **reírse (i, i)** *me río, te ríes, se ríe, nos reímos, os reís, se ríen*
[2] **reunirse** *me reúno, te reúnes, se reúne, nos reunimos, os reunís, se reúnen*

## ¡Escucha!

**A. Los señores Rodríguez.** Escucha la descripción de la rutina diaria de la familia Rodríguez. Luego, indica a quién(es) se refiere cada oración a continuación: al señor Rodríguez, a la señora de Rodríguez o a los dos.

| LA ACTIVIDAD | EL SEÑOR | LA SEÑORA |
|---|---|---|
| 1. Se levanta temprano todos los días. | _____ | _____ |
| 2. Trabaja en una oficina. | _____ | _____ |
| 3. Se viste. | _____ | _____ |
| 4. Se maquilla. | _____ | _____ |
| 5. Se afeita. | _____ | _____ |
| 6. Toma café con leche en el desayuno. | _____ | _____ |
| 7. Almuerza con otras personas. | _____ | _____ |
| 8. Hace ejercicio después de comer. | _____ | _____ |
| 9. Prepara la cena. | _____ | _____ |
| 10. Come la cena en casa. | _____ | _____ |

**B. Ahora tú.** Comparen su rutina diaria y luego preséntenle a la clase lo que tienen en común y lo que tienen de diferente.

MODELO:   E1: *Siempre me levanto a las siete y me ducho antes de tomar un café.*
          E2: *Pues, me levanto a las siete también, pero me ducho después de tomar un café.*

 **Practiquemos**

**5-21 ¿Qué asocias con...?** Haz asociaciones con las siguientes actividades.

MODELO:   afeitarse
          ▶ *la cara, la loción, la crema de afeitar, la máquina de afeitar, la cuchilla...*

1. bañarse
2. mirarse
3. secarse
4. peinarse
5. despertarse
6. cepillarse
7. sentarse
8. levantarse
9. ponerse impaciente
10. ponerse nervioso/a

**5-22 El arreglo personal.** Haz tres listas para el arreglo personal; una lista de cosas y actividades típicamente asociadas con las mujeres, otra para las cosas y actividades asociadas con los hombres y otra para las cosas y actividades asociadas con los dos.

MODELO:   PARA LAS MUJERES
          ▶ *pintarse las uñas*

PARA LOS HOMBRES         PARA LAS MUJERES         PARA LOS DOS

**5-23 ¿Probable o improbable?** Explica si cada oración a continuación es probable o improbable. Corrige las oraciones improbables.

MODELO:  La señora se mira en el despertador.
> ► *Improbable. Se mira en el espejo.*

1. La señora de Rodríguez se maquilla después de lavarse la cara.
2. El señor Rodríguez va a cepillarse los dientes con el lápiz labial.
3. La señora de Rodríguez necesita jabón para bañarse.
4. El señor Rodríguez compra una secadora porque tiene que afeitarse.
5. La señora de Rodríguez se pone loción después de afeitarse la cara.
6. Ella quiere lavarse los dientes con el peine.
7. El señor Rodríguez usa el desodorante después de bañarse.
8. El señor Rodríguez se pone nervioso cuando se mira en el espejo y ve que tiene poco pelo.
9. Los señores Rodríguez se ríen cuando se ponen furiosos.

**5-24 ¿En qué orden lo haces?** Pon estas actividades en orden lógico.

| | |
|---|---|
| ___ me duermo | ___ me seco |
| ___ me desayuno | ___ me peino |
| ___ me lavo | ___ me cepillo los dientes |
| ___ me afeito | ___ me despierto |
| ___ me acuesto | ___ me lavo la cara |

## ◆ Conversemos

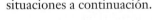

**5-25 Las emociones.** Túrnense para preguntarse cómo se sienten en las situaciones a continuación.

MODELO:  llegas tarde a clase
> E1: *¿Cómo te sientes cuando llegas tarde a clase?*
> E2: *Me pongo nervioso.*

| algunos cambios emotivos | | |
|---|---|---|
| alegre | feliz | nervioso/a |
| contento/a | furioso/a | tranquilo/a |
| curioso/a | impaciente | triste |

1. llegas tarde a clase
2. sacas una "A" en un examen
3. conoces a una persona importante
4. pierdes tu libro de texto
5. el/la profesor/a llega tarde para un examen
6. no suena el despertador
7. ves una película estupenda
8. te invitan a una cena en un restaurante bueno

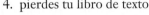

**5-26 Una persona misteriosa.** Túrnense para describir a una persona misteriosa mientras el/la compañero/a la dibuja. Incluyan características físicas. Luego comparen sus descripciones con sus dibujos.

# COMPARACIONES... El ecoturismo en Costa Rica

Costa Rica es el país centroamericano más activista en cuanto a (*with regard to*) su ecología. El Ministerio de Recursos Naturales desde 1988 respalda (*backs up*) el programa de CAPE (*Children's Alliance for the Protection of the Environment*) en el que niños voluntarios todos los veranos limpian de basura las playas de las costas atlántica y pacífica de la nación. El 4 de abril de 1989 una comisión nacional de limpieza amplía el esfuerzo (*broadens the effort*) para incluir las ciudades y parques de muchas comunidades de la costa.

Costa Rica es uno de los países centro-americanos favoritos entre los ecoturistas del mundo por la riqueza de su flora y de su fauna. Todos los años miles de turistas visitan sus parques nacionales. Varios parques aceptan voluntarios por períodos de dos meses, y cientos de turistas trabajan construyendo senderos (*trails*) o haciendo investigación sobre la flora y la fauna. En Costa Rica los ecoturistas tienen la oportunidad de ver parte de las 850 variedades de pájaros (*birds*), 35.000 variedades de insectos, entre ellas 3.000 clases de mariposas (*butterflies*), 150 variedades de reptiles y ranas (*frogs*), y 10.000 especies de plantas, entre las cuales hay 1.200 variedades de orquídeas.

## ¡Vamos a comparar!

¿Hay organizaciones en tu país que se dedican a conservar el medio ambiente? ¿En qué lugares es popular hacer ecoturismo? ¿Qué diferencias hay entre el turismo y el ecoturismo para ti? ¿Te interesa la naturaleza? ¿Por qué?

## ¡Vamos a conversar!

Lean las siguientes oraciones y túrnense para expresar y anotar sus opiniones.

> 1. ¡Ni modo! No estoy de acuerdo.
> 2. No es probable.
> 3. No tengo opinión.
> 4. Es posible.
> 5. Estoy completamente de acuerdo.

1. Cuando voy de vacaciones, me gusta levantarme temprano.　　1　2　3　4　5
2. Me gusta el ecoturismo.　　1　2　3　4　5
3. Prefiero ir donde hay mucha gente.　　1　2　3　4　5
4. No es importante ducharme todos los días cuando estoy de vacaciones.　1　2　3　4　5
5. Me gusta ir de camping.　　1　2　3　4　5

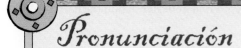

# Pronunciación

## Los sonidos *s*, *n* y *l*

1. The Spanish **s** is pronounced like the English *s* in the word *set*. Listen to and repeat the following words.

   **casa**      **soy**      **soñar**      **sábado**      **mesa**      **solo**

2. The Spanish **n** is pronounced like the English *n* in the word *never*. Listen to and repeat the following words.

   **nunca**      **nadie**      **andar**      **nada**      **pan**      **lunes**

   However, before the letters **b, v, m** and **p,** its pronunciation approximates that of the letter **m**. Listen to and repeat the following words.

   **un beso**      **un padre**      **en vano**      **sin mamá**      **inmediato**      **con prisa**

3. To pronounce the **l,** place the tip of your tongue on the ridge behind your upper front teeth. Your tongue does not touch the upper front teeth as it does when pronouncing the English *l*. Listen to and repeat the following words.

   **Luis**      **vela**      **Lola**      **lunes**      **sal**      **loro**

# ¡Así lo hacemos!

## Estructuras

### 3. Reflexive constructions: Pronouns and verbs

A reflexive construction is one in which the subject is both the performer and the receiver of the action expressed by the verb. Reflexive constructions require reflexive pronouns.

Isabel se peina.
*Isabel combs her hair.*

Isabel peina a su hermana.
*Isabel combs her sister's hair.*

- The left drawing on page 177 depicts a reflexive action (Isabel is combing her own hair); the drawing on the right depicts a non-reflexive action (Isabel is combing her sister's hair).

## Los pronombres reflexivos

- Reflexive constructions require the reflexive pronouns.

| SUBJECT PRONOUNS | REFLEXIVE PRONOUNS | VERB |
|---|---|---|
| yo | **me**(*myself*) | **lavo** |
| tú | **te** (*yourself*) | **lavas** |
| él/ella, Ud. | **se** (*himself, herself, yourself*) | **lava** |
| nosotros/as | **nos** (*ourselves*) | **lavamos** |
| vosotros/as | **os** (*yourselves*) | **laváis** |
| ellos/as, Uds. | **se** (*themselves, yourselves*) | **lavan** |

- Reflexive pronouns have the same forms as direct and indirect object pronouns, except for the third person singular and plural. The reflexive pronoun of the third person singular and plural is **se**.

| | |
|---|---|
| Paco **se** baña. | *Paco bathes.* |
| Los Rodríguez **se** levantan temprano. | *The Rodríguezes get up early.* |

- As with the object pronouns, reflexive pronouns are placed immediately before the conjugated verb. In Spanish the definite article, not the possessive adjective, is used to refer to parts of the body and articles of clothing.

| | |
|---|---|
| **Me** lavo las manos. | *I wash my hands.* |
| Pedro **se** pone los pantalones. | *Peter puts on his pants.* |

- In progressive constructions and with infinitives, reflexive pronouns are either attached to the present participle (**-ndo**) or the infinitive, or placed in front of the conjugated verb. A written accent is required with the present participle if the pronoun is attached.

| | |
|---|---|
| El niño **está peinándose**. | *The boy is combing his hair.* |
| El niño **se está peinando**. | |

| | |
|---|---|
| Sofía **va a maquillarse** ahora. | *Sofía is going to put her makeup on now.* |
| Sofía **se va a maquillar** ahora. | |

- As with other pronouns, they are attached to the affirmative command, but precede the negative command.

| | |
|---|---|
| ¡**Báñese** ahora mismo! | *Take a bath right now!* |
| No **se sienten** allí. | *Don't sit there.* |

- In English, reflexive pronouns are frequently omitted, but in Spanish reflexive pronouns are required in all reflexive constructions.

| | |
|---|---|
| Pepe **se afeita** antes de acostarse.[1] | *Pepe shaves before going to bed.* |
| Marina siempre **se baña** por la noche. | *Marina always takes a bath at night.* |

## Los verbos reflexivos

- Verbs that describe personal care and daily habits carry a reflexive pronoun if the same person performs and receives the action.

| | |
|---|---|
| **Me voy a acostar** temprano. | *I'm going to bed early.* |
| ¿**Te afeitas** ahora? | *Are you shaving now?* |
| **Mis hermanos se levantan** tarde todas las mañanas. | *My brothers get up late every morning.* |

- Such verbs are used nonreflexively when someone other than the subject receives the action.

| | |
|---|---|
| Elena **acuesta** a su hija menor. | *Elena puts her youngest daughter to bed.* |
| La enfermera **afeita** al paciente. | *The nurse shaves the patient.* |
| ¿**Despiertas** a tu abuela? | *Do you wake up your grandmother?* |

- In Spanish, verbs that express feelings, moods, and conditions are often used with reflexive pronouns. A reflexive pronoun is usually not required in English. Instead, verbs such as *to get*, *to become*, or non-reflexive verbs are used.

| | |
|---|---|
| **acordarse (de) (ue)** | *to remember* |
| **alegrarse (de)** | *to become happy* |
| **divertirse (ie, i)** | *to have fun* |
| **enamorarse (de)** | *to fall in love (with)* |
| **enfermarse** | *to become sick* |
| **enojarse (con)** | *to get angry (with)* |
| **olvidarse (de)** | *to forget* |
| **relajarse** | *to relax* |

| | |
|---|---|
| **Me alegro de** ganar. | *I am happy to win.* |
| Jorge **se enoja** si pierde. | *Jorge gets angry if he loses.* |
| Luis **va a enamorarse de** Ana. | *Luis is going to fall in love with Ana.* |
| Siempre **nos divertimos** en la fiesta. | *We always have fun at the party.* |
| No **me acuerdo de** tu nombre. | *I don't remember your name.* |
| **Me olvido de** todo cuando la veo. | *I forget everything when I see her.* |

---

[1] Remember that the infinitive form of the verb follows a preposition. In these cases, the infinitive translates to the present participle (*-ing*) in English: **antes de acostarse** = *before going to bed.*

■ Some verbs have different meanings when used with a reflexive pronoun.

| NON REFLEXIVE | | REFLEXIVE | |
|---|---|---|---|
| **acostar** | *to put to bed* | **acostarse** | *to go to bed* |
| **dormir** | *to sleep* | **dormirse** | *to fall asleep* |
| **enfermar** | *to make sick* | **enfermarse** | *to become sick* |
| **ir** | *to go* | **irse** | *to go away, to leave* |
| **levantar** | *to lift* | **levantarse** | *to get up* |
| **llamar** | *to call* | **llamarse** | *to be called* |
| **poner** | *to put, to place* | **ponerse** | *to put on* |
| **quitar** | *to remove* | **quitarse** | *to take off* |
| **vestir** | *to dress* | **vestirse** | *to get dressed* |

 **Practiquemos**

**5-27 Marianela y Eduardo.** Completa el párrafo con la forma correcta de cada verbo entre paréntesis.

Yo siempre (1 alegrarse) ___ mucho de ver a Marianela en la universidad. Nosotros (2 divertirse) ___ haciendo muchas cosas juntos. Cuando la veo, (3 yo/ponerse) ___ muy contento y ella también (4 ponerse) ___ muy contenta. Yo no (5 enojarse) ___ con ella porque ella es muy paciente y simpática. Ella casi nunca (6 enojarse) ___ conmigo tampoco. Si continuamos así, yo voy a (7 enamorarse) ___ de Marianela. Si ella también (8 enamorarse) ___ de mí, vamos a ser muy felices.

**5-28 En una casa de huéspedes.** Isabel es una estudiante de intercambio en un programa de verano. Tiene muchísimas preguntas para la familia con la que va a vivir. Túrnense para hacer y contestar las siguientes preguntas.

MODELO:  (yo) lavarse las manos ahora
E1: *¿Me lavo las manos ahora?*
E2: *Sí, puedes lavarte las manos ahora.*

1. (yo) levantarse a las ocho de la mañana
2. (tú) ducharse a las nueve
3. (José) vestirse a las nueve y media
4. (ustedes) sentarse cerca del televisor
5. (tú) cepillarse los dientes después de comer
6. (usted) acostarse tarde
7. (José) enamorarse de Ana
8. (tu padre) enojarse con nosotros otra vez
9. (nosotros) divertirse en las excursiones
10. (tú) enfermarse con la comida

**5-29 En casa con la abuela.** Ahora imagínense que Isabel está con la familia en Costa Rica. Una tía abuela (*great aunt*) muy vieja y difícil vive con la familia. Túrnense para representar a un pariente y a la tía abuela. Den y respondan a los mandatos indicados.

MODELO: E1: *¡Lávese las manos ahora!*
E2: *¡No quiero lavarme las manos!*

1. levantarse temprano
2. ponerse el suéter
3. acostarse ahora
4. no irse
5. despertarse temprano

6. lavarse la cara
7. no dormirse
8. divertirse
9. no enojarse
10. no enfermarse

## Conversemos

**5-30 ¿Qué tienen en común?** Háganse las siguientes preguntas para comparar sus horarios. Luego, hagan un resumen de lo que tienen en común.

MODELO: despertarse
E1: *¿A qué hora te despiertas?*
E2: *Me despierto a las seis. ¿Y tú?*

1. dormirse
2. levantarse
3. bañarse

4. vestirse
5. acostarse
6. peinarse

7. ducharse
8. maquillarse
9. despertarse

**5-31A ¿Qué estoy haciendo?** Túrnense para representar cada actividad de la lista mientras el/la compañero/a adivina qué hace.

MODELO: E1: *(combing hair)*
E2: *Estás peinándote.*

washing hair      standing up      shaving      going to sleep      going away

**5-32 ¿Cuándo...?** Comparen cuándo y por qué reaccionan de las siguientes maneras.

MODELO: reírse
E1: *¿Cuándo te ríes?*
E2: *Me río cuando veo una película cómica.*
E1: *Pues, yo me río cuando estoy con mis amigos.*

1. ponerse furioso
2. enamorarse
3. divertirse

4. reírse
5. ponerse feliz
6. enojarse

# 4. Reciprocal constructions

The plural reflexive pronouns **nos, os, se**, may be used with verbs that take direct objects to express reciprocal actions. The verbs can be reflexive or non-reflexive verbs, and these actions are conveyed in English by *each other* or *one another*.

| | |
|---|---|
| **Nos queremos** mucho. | *We love each other a lot.* |
| **Los novios se ven** todos los días. | *The sweethearts see one another every day.* |
| Marta y José **se escriben** todas las semanas. | *Marta and José write to each other every week.* |

 **Practiquemos**

**5-33 Parejas famosas.** Explica qué tienen en común las siguientes personas.

MODELO:  Romeo y Julieta
> *Romeo y Julieta se quieren mucho.*

ALGUNAS PAREJAS

ALGUNAS RELACIONES

| | |
|---|---|
| Charlie Brown y Snoopy | quererse |
| Antonio y Cleopatra | llamarse |
| Juan Carlos y Sofía | escribirse |
| los republicanos y los demócratas | verse |
| el gobierno norteamericano y el cubano (no) | besarse |
| tú y yo | odiarse |
| Superman y Lois Lane | encontrarse |
| ¿... ? | tolerarse |

## ◆ Conversemos

**5-34 Una relación especial.** Túrnense para hacerse preguntas sobre relaciones especiales que tienen. Puede ser con un/a novio/a, un/a amigo/a o un/a pariente.

MODELO:  E1: *¿Se conocen bien?*

            E2: *Sí, nos conocemos bastante bien.*

1. ¿Con qué frecuencia se ven?
2. ¿Dónde se encuentran generalmente?
3. ¿Cuántas veces al día se llaman por teléfono?
4. ¿Qué se dicen cuando se ven?
5. ¿Se entienden bien?
6. ¿Se quieren mucho?
7. ¿Se enojan a veces?
8. ¿Se perdonan fácilmente?
9. ¿Se respetan mucho?
10. ¿Cuándo se dan regalos?

**5-35 Tú y tu mejor amigo.** Explíquense qué hacen con sus mejores amigos/as. Hablen de actividades de la lista y de otras si las quieren incluir.

MODELO:  hacerse favores

     ▶ *Nos hacemos favores siempre.*

contarse los problemas que tienen

ayudarse con la tarea por las noches

verse en el gimnasio después de las clases

llamarse por teléfono todo el tiempo

reunirse en la cafetería para almorzar

encontrarse en el metro por las mañanas

invitarse a cenar (*to eat dinner*) en ocasiones especiales

contarse los secretos más íntimos

# *Páginas*

## *La búsqueda,* EPISODIO 5

---

### ◆ ESTRATEGIAS

**Hacer un resumen.** You can help yourself get back into a story if you review and summarize what you have read previously. Before reading the concluding episode, use the following questions to guide you in summarizing the previous events. Your summary should be in the form of a paragraph, using connecting words such as **entonces, por eso, pero, después**, etc.

1. ¿Quiénes son los personajes de este drama?
2. ¿Cuál es el problema?
3. ¿Dónde tiene lugar la acción primero? ¿Después? ¿Entonces?
4. En tu opinión, ¿cómo va a terminar el drama?

---

# La búsqueda, EPISODIO 5

¹ **Tutear** means to address someone informally (tú). Why is it inappropriate in this situation?

**5-36 ¿Comprendiste?** Pon las siguientes palabras en orden para formar oraciones. Luego, indica si cada oración es **cierta** o **falsa**. Corrige las oraciones falsas.

1. acaba secarse Ana Florencia de y cara lavarse la
2. peligrosos miedo insectos los de tiene Ana Florencia
3. es insectos necesario repelente la selva ponerse de entrar antes de en
4. mucho doctor Ana Florencia cuidado con tener Ortaña debe el
5. animal a doctor comprar exótico un va Ortaña el
6. precolombino frágil la es de arte pieza muy
7. secadora su Ana Florencia llevar que plancha y su tiene
8. Carlos Ana ayuda Florencia la y necesita de protección
9. costarricense del Carlos gobierno agente es
10. nada no le al doctor por Ana Florencia la Ortaña pieza paga
11. enfermas información puede a personas curar muchas la
12. ladrones Ana el Ortaña son Florencia y doctor

**5-37 Resumir.** Usa las siguientes preguntas para resumir el último episodio de **La búsqueda**.

1. ¿Dónde ocurre la acción?
2. ¿Qué busca Ana Florencia?
3. ¿Qué problemas tiene ella?
4. ¿Dónde encuentra lo que busca?
5. ¿Por qué es tan importante tener éxito?

**5-38 ¿Cuál es tu opinión?** Túrnense para decir si están de acuerdo o no con las siguientes oraciones.

> 1. ¡Ni modo! No estoy de acuerdo.
> 2. No es probable.
> 3. No tengo opinión.
> 4. Es posible.
> 5. Estoy completamente de acuerdo.

1. En un viaje, llevo mucha ropa y muchos artículos de uso personal.

    1     2     3     4     5

2. Me molestan los insectos.

    1     2     3     4     5

3. Siempre uso crema cuando hace mucho sol.

    1     2     3     4     5

4. Es importante ser experto en las artes marciales.

    1     2     3     4     5

5. Hay mucha corrupción en el gobierno.

    1     2     3     4     5

6. Las plantas medicinales son importantes para curar las enfermedades.

    1     2     3     4     5

7. No debe haber patentes (*patents*) basados en plantas medicinales.

    1     2     3     4     5

8. Las compañías farmacéuticas trabajan para el beneficio del consumidor.

    1     2     3     4     5

# ¡Escucha!

**A. Un informe para la radio.** Escucha al reportero dar las noticias del día. Completa el resumen a continuación basándote en la información que escuchas.

1. Noticias desde…
   a. México, D.F.  b. San José, Costa Rica  c. Washington, D.C.

2. Clima de hoy…
   a. agradable  b. feo  c. regular

## Noticias internacionales…

3. Hay un nuevo tratado de libre comercio entre EE.UU., Canadá, México y…
   a. Suramérica  b. España  c. Centroamérica

4. El tratado es firmado (*signed*) por…
   a. el ministro de Comercio  b. el presidente  c. el secretario de Estado

5. Los políticos están muy…
   a. optimistas  b. cansados  c. desesperados

## Noticias nacionales…

6. Se resuelve el robo de…
   a. una pieza de arte  b. un documento político  c. una foto escandalosa

7. La persona que resuelve el caso es de origen…
   a. mexicoamericano  b. mexicano  c. costarricense

8. Con esta información se puede…
   a. negociar la paz mundial  b. devolver (*return*) la pieza al Sr. Ortaña  c. curar una enfermedad

## Noticias deportivas…

9. Victoria para…
   a. los EE. UU.  b. Costa Rica  c. Canadá

**B. Un informe tuyo.** Prepara cuatro noticias para anunciar en la radio.

# La América Central II

## Costa Rica, Nicaragua, Panamá

**5-39 ¿Qué sabes tú?** Trata de identificar y/o explicar las siguientes cosas.

1. las capitales de Costa Rica, Nicaragua y Panamá
2. productos agrícolas centroamericanos importantes
3. los dueños (*owners*) del Canal de Panamá
4. el país que no tiene ejército (*army*)
5. una mola

Violeta Chamorro gana la presidencia de Nicaragua en 1989, derrotando (*defeating*) a Daniel Ortega, el líder Sandinista que asumió (*assumed*) la presidencia después del derrocamiento (*overthrow*) del dictador Anastasio Somoza en 1979. Violeta Chamorro restauró la economía y estableció la paz en Nicaragua. Desde 1997, el presidente de Nicaragua es Arnoldo Alemán.

La fundación Pro-Iguana Verde de Costa Rica se dedica a la protección de los animales en peligro de extinción, como la iguana verde y el guacamayo escarlata.

Hay una gran variedad de ranas en las selvas costarricenses. Algunas segregan (*secrete*) líquidos venenosos, otras alucinógenos.

Nuestro Mundo

188

En el siglo XVI, el Rey Carlos I de España sueña con construir un canal entre los océanos Atlántico y Pacífico. Tres siglos más tarde, los franceses empiezan la primera construcción, pero tienen muchos problemas. En 1903 el gobierno de los EE. UU. empieza una relación especial con Panamá para construir y manejar (*manage*) un canal de 51 millas. Después de diez años, los primeros barcos navegan por el canal entre los dos océanos. Ahora casi 14.000 barcos navegan por el Canal de Panamá cada año. El canal volvió al control del gobierno panameño el 31 de diciembre de 1999.

Cuando visitas las islas coralígenas cerca de la costa de Panamá, vuelves a vivir el pasado de veinte siglos de los Indios Kunas, quienes aún conservan sus viejas costumbres. Las mujeres usan faldas y blusas de vívidos colores, decoradas en el pecho y la espalda con la famosa mola, la expresión más auténtica del arte indígena.

PANAMÁ

Los desastres naturales son parte de la vida de Centroamérica. Hay volcanes activos, terremotos (*earthquakes*) y huracanes. En el huracán Mitch de 1998, uno de los desastres naturales más destructivos del siglo XX, más de 10.000 personas murieron (*died*) en Centroamérica. Gran parte de la infraestructura, la agricultura y la economía también se perdió (*was lost*) en el huracán.

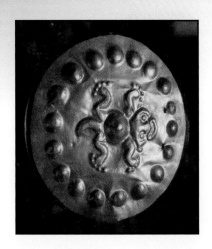

La rana, entre otros animales exóticos, sirve de modelo para los diseños de oro.

**5-40 ¿Dónde?** Identifica en el mapa del texto donde hay las siguientes cosas.

1. playas
2. artesanía
3. comercio marítimo
4. tejidos multicolores
5. mucha lluvia
6. terremotos (*earthquakes*)

 **5-41 El mapa.** Revisen el mapa de Centroamérica en este libro de texto e indiguen dónde se encuentran las siguientes ciudades y características geográficas.

MODELO: Copán

> *Copán está en Honduras, cerca de la frontera de Panamá.*

1. el Lago de Nicaragua
2. el Canal de Panamá
3. Colombia
4. San José
5. San Blas
6. el Golfo de Panamá

**5-42 ¿Cierto o falso?** Corrige las oraciones falsas.

1. Panamá tiene muchas ruinas aztecas.
2. Nicaragua tiene un gobierno autocrático.
3. La Fundación Pro-Iguana Verde es activa en la conservación del medio ambiente (*environment*) en Costa Rica.
4. El huracán Mitch causó daños (*damages*) en gran parte de Centroamérica.
5. La mola es un ejemplo de artesanía nicaragüense.
6. Violeta Chamorro fue (*was*) presidenta de Nicaragua.
7. El guacamayo escarlata es un animal en peligro de extinción.
8. Muchos artefactos de oro de Costa Rica reflejan la rica fauna de la región.
9. Los estadounidenses empiezan la primera construcción del Canal de Panamá.
10. El Canal de Panamá es territorio estadounidense.
11. La idea de un canal entre los dos océanos se originó en España.

**5-43 Investigar.** Usa una biblioteca o la Red Mundial para investigar uno de los siguientes temas relacionados con la cultura y la historia centroamericanas. Prepara una presentación en español para la clase.

1. Arnoldo Alemán
2. la fauna de Costa Rica
3. Sandino
4. Rubén Blades
5. la guerra civil nicaragüense
6. la Fundación Pro-Iguana Verde
7. las molas
8. el movimiento de alfabetización (*literacy*)

 **Taller**

## Una conclusión alternativa

En esta actividad vas a escribir cuatro escenas como una continuación o como una conclusión alternativa para **La búsqueda.**

1. **Contexto.** Haz una lista para darle contexto y acción a cada escena.

   ¿dónde?          ¿quiénes?          ¿cuándo?          ¿qué hacen?

2. **Descripción.** Ahora, describe y explica quién está en cada escena.
3. **Diálogo.** Escribe cuatro o más líneas de diálogo entre los personajes.
4. **Arte.** Dale instrucciones al artista para dibujar las escenas.
5. **Revisión.** Revisa tus escenas para verificar los siguientes puntos:

   ❏ el uso de los pronombres del complemento indirecto
   ❏ el uso de los verbos reflexivos
   ❏ la ortografía y los acentos escritos

6. **Intercambio.** Intercambia tus escenas con las de un/a compañero/a. Mientras leen las escenas, hagan comentarios y sugerencias sobre el contenido, la estructura y la gramática. Reaccionen también a la acción de las escenas.
7. **Entrega.** Pasa tus escenas en limpio, incorporando las sugerencias de tu compañero/a, y entrégaselas a tu profesor/a.

MODELO:  1.   *Ana Florencia y el señor misterioso están juntos en un café en Managua. Ella está tomando agua mineral; él está tomando café. Es de noche.*
     AF:   *Vamos a hacer un viaje a una playa magnífica.*
  Señor:   *Buena idea. Vamos a la Isla Contadora de Panamá.*
     2.   *Ana Florencia y el señor misterioso están en un barco que va por el Canal de Panamá. Se miran...*

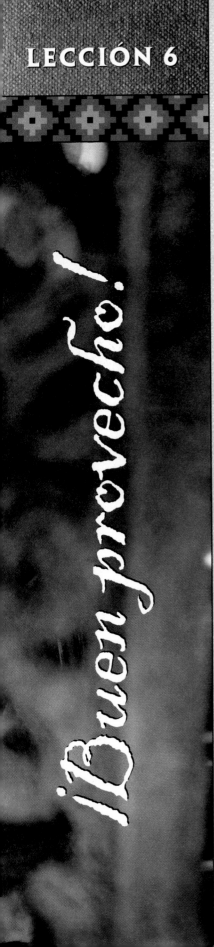

# LECCIÓN 6

¡Buen provecho!

## COMUNICACIÓN

- ► Discussing food
- ► Expressing likes and dislikes
- ► Getting service in a restaurant
- ► Requesting information in a restaurant
- ► Talking about what happened
- ► Giving and following instructions and commands

## ESTRUCTURAS

### PRIMERA PARTE

- ► *Gustar* and similar verbs
- ► Double object pronouns

### SEGUNDA PARTE

- ► The preterit of regular verbs
- ► *Tú* commands

## CULTURA

- ► Las comidas
- ► La compra de la comida y la cocina chilena
- ► Páginas: "Oda a la manzana", Pablo Neruda
- ► Nuestro mundo: Chile: Un país de contrastes

# PRIMERA PARTE

# ¡Así es la vida!

## ¡Buen provecho!

### Escena 1

MARTA: Me muero de hambre, Arturo. ¿Por qué no vamos a almorzar?

ARTURO: Está bien. Vamos a la cafetería. Sirven unas hamburguesas deliciosas con papas fritas.

MARTA: No como hamburguesas porque tienen mucha grasa. ¿Por qué no vamos al restaurante Don Pepe? Lo conoces bien. Allí sirven platos típicos españoles.

### Escena 2

ARTURO: Camarero, ¿nos trae el menú, por favor?.

CAMARERO: Enseguida se lo traigo. Mientras tanto, ¿desean algo de beber?

MARTA: Sí. ¿Me trae una copa de vino tinto, por favor?

ARTURO: Me encantan las limonadas que hacen aquí. Tráigame una.

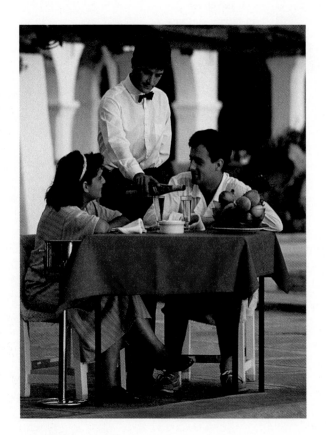

### Escena 3

MARTA: ¿Cuál es la especialidad de la casa?

CAMARERO: Son los camarones a la parrilla.

ARTURO: ¿A la parrilla?

CAMARERO: Sí, señor. Son realmente exquisitos. ¿Ustedes los quieren probar?

MARTA: ¡Yo no! Soy alérgica a los camarones. Prefiero un bistec con arroz y una ensalada.

ARTURO: Yo sí voy a pedir los camarones. Me los trae con la ensalada, por favor.

### Escena 4

MARTA: ¿De veras que te gustan[1] los camarones a la parrilla?

ARTURO: ¡Hmm! ¡Los camarones están como para chuparse los dedos![2] ¿Qué tal está tu comida?

MARTA: ¡Fenomenal! El bistec está rico y el arroz tiene un sabor divino.

ARTURO: Se lo voy a decir a nuestros amigos. Debemos frecuentar más los restaurantes buenos.

---

[1] Do you really like…?

[2] (They're) finger-licking good.

## Las comidas

| | |
|---|---|
| cenar | *to have dinner* |
| cortar | *to cut* |
| desayunar | *to eat/have breakfast* |
| desear | *to want; to desire* |
| merendar (ie) | *to snack; to picnic* |
| probar (ue) | *to taste; to try* |
| la merienda | *afternoon snack* |
| el sabor | *flavor* |

## Carnes (*Meats*)

| | |
|---|---|
| el bistec | *steak* |
| la chuleta (de cerdo) | *(pork) chop* |
| el jamón | *ham* |
| el pollo (asado/ a la parrilla) | *(broiled/grilled) chicken* |
| (la carne de) res | *beef* |
| la ternera | *veal* |

## Pescados y mariscos (*Fish and shellfish*)

| | |
|---|---|
| el atún | *tuna* |
| el bacalao | *codfish* |
| los camarones | *shrimp* |
| el filete de pescado | *fish fillet* |
| la langosta | *lobster* |

## Granos y derivados

| | |
|---|---|
| el arroz | *rice* |
| el cereal | *cereal* |
| los frijoles | *(kidney, pinto, red) beans* |
| la tostada, el pan tostado | *toast* |

## Postres (*Desserts*)

| | |
|---|---|
| el flan | *caramel custard* |
| la galleta | *cookie; cracker* |
| el helado | *ice cream* |
| la tarta | *pie; tart* |
| la torta | *cake* |

## Bebidas

| | |
|---|---|
| el café con leche | *coffee with milk* |
| el café solo | *black coffee* |
| la cerveza | *beer* |
| la limonada | *lemonade* |
| el té | *tea* |
| el vino (tinto/blanco) | *(red/white) wine* |

## Verduras (*Vegetables*) y frutas

| | |
|---|---|
| las judías | *green beans* |
| la lechuga | *lettuce* |
| la manzana | *apple* |
| la naranja | *orange* |
| la papa/patata (Sp.) | *potato* |
| las papas fritas | *french fries* |
| el plátano | *plantain, banana* |
| el tomate | *tomato* |
| la toronja | *grapefruit* |
| la uva | *grape* |
| la zanahoria | *carrot* |

## Otras comidas y condimentos

| | |
|---|---|
| el bocadillo | *sandwich* |
| la grasa | *grease; fat* |
| los huevos (fritos/revueltos) | *(fried/scrambled) eggs* |
| el queso | *cheese* |
| la salsa de tomate | *tomato sauce* |
| la sopa | *soup* |

## En el restaurante

| | |
|---|---|
| pagar la cuenta | *to pay the bill* |
| el/la camarero/a | *waiter/waitress* |
| el/la cliente/a | *client* |
| la especialidad de la casa | *the specialty of the house* |
| el menú | *menu* |
| la propina | *tip* |

## Para describir la comida

| | |
|---|---|
| caliente | *hot* |
| crudo/a | *rare; raw* |
| fresco/a | *fresh* |
| frío/a | *cold* |
| picante | *hot (spicy)* |
| rico/a | *delicious* [1] |

### REPASO

| | | |
|---|---|---|
| almorzar (ue) | la cena | el refresco |
| el agua mineral | el desayuno | el sándwich |
| el almuerzo | el jugo | la torta (Mex.) |
| el café | la leche | |

[1] Used with **estar**, **rico/a** means *delicious*. Used with **ser**, it means *rich*.

# En la mesa

la mantequilla
la sal
la pimienta
la copa
el azúcar
la taza
el vaso
el pan
la crema
la cucharita
la servilleta
el plato
la cuchara
el tenedor
el cuchillo

## Verbos como *gustar*

| | |
|---|---|
| **caer bien/mal** | *to like/dislike (a person)* |
| **encantar** | *to delight; to be extremely pleasing* |
| **faltar** | *to be lacking, needed* |
| **fascinar** | *to be fascinating* |
| **interesar** | *to be interesting* |
| **molestar** | *to be a bother; annoying* |
| **parecer** | *to seem* |
| **quedar** | *to be left, remain* |

## *Ampliación*

### Para expresarse en el restaurante

| | |
|---|---|
| **¡Buen provecho!** | *Enjoy your meal!* |
| **¿Desean algo de…?** | *Do you want something to…?* |
| **Enseguida.** | *Right away.* |
| **Me muero de hambre/sed.** | *I'm starving (to death)./ I'm dying of thirst.* |

### Regionalismo

Entre los países de habla hispana, hay mucha variedad de vocabulario y expresión. Esta variedad es aún más acentuada cuando hablamos de la comida. Para algunas comidas, hay varios términos.

| | | | |
|---|---|---|---|
| **la banana** | **el plátano** | **el guineo** | *banana* |
| **la torta** | **el pastel** | **la tarta** | *cake* |
| **los huevos** | **los blanquillos** | | *eggs* |
| **las habichuelas** | **las judías** | | *green beans* |
| **el jugo** | **el zumo** | | *juice* |
| **el melocotón** | **el durazno** | | *peach* |
| **la tarta** | **el pastel** | | *pie* |
| **los camarones** | **las gambas** | | *shrimp* |
| **la fresa** | **la frutilla** | **el fresón** | *strawberry* |

Algunas palabras tienen significados diferentes de país a país.

| | |
|---|---|
| **la tortilla** | *flat corn meal or wheat bread* (Mex., C.A. y S.A.) *potato and onion omelette* (Sp.) |

# ¡Escucha!

**A. ¡Buen provecho!** Indica en la cuenta la comida y bebida que piden Marta y Arturo en el Café El Náufrago con **A** (Arturo) o **M** (Marta).

 **B. Ahora tú.** Túrnense para preguntarse qué piden para cada comida.

MODELO: la cena
E1: *¿Qué pides para la cena?*
E2: *Pido una ensalada.*
E1: *¿Es todo?…*

1. la cena
2. el desayuno
3. la merienda
4. el almuerzo

PESCADOS Y MARISCOS

**Café El Náufrago**

Avenida Allende 489 • Tel. 311-1539 • Valparaíso

FECHA ___/___/___  CAMARERO/A _____ MESA ___

|  |  | TOTAL |
| --- | --- | --- |
| VINO ___ TINTO ___ BLANCO |  |  |
| REFRESCO ___ AGUA MINERAL ___ CERVEZA |  |  |
| JUGO DE MANZANA ___ DE NARANJA ___ |  |  |
| JUGO DE TORONJA ___ |  |  |
| CAMARONES ___ |  |  |
| ATÚN ___ |  |  |
| CALAMARES ___ |  |  |
| SALMÓN ___ |  |  |
| BACALAO ___ B. DE CHORIZO ___ |  |  |
| ENSALADA MIXTA ___ TOMATE Y CEBOLLA ___ |  |  |
| PAPAS FRITAS ___ PAPA AL HORNO ___ |  |  |
| PAN ___ |  |  |
| HELADO DE LIMÓN ___ DE CHOCOLATE ___ |  |  |
| FLAN ___ |  |  |
| ENSALADA DE FRUTAS ___ |  |  |
| CAFÉ ___ TÉ ___ |  |  |

# Practiquemos

**6-1 ¿Qué necesitas?** Di (*Say*) lo que necesitas para hacer lo siguiente.

MODELO: cortar la carne
▶ *Para cortar la carne, necesito un cuchillo y un tenedor.*

1. cortar el pan
2. beber vino
3. tomar sopa
4. comer flan
5. beber leche
6. comer papas fritas
7. tomar café
8. sazonar (*season*) la carne
9. ponerle mantequilla al pan
10. ponerle azúcar al café

**6-2 ¿Qué prefieres?** Completa las oraciones con palabras o expresiones lógicas de ¡Así lo decimos!

MODELO: ¿Qué prefieres de postre, ___ o ___?
▶ *flan o helado*

1. ¿Quieres ___ para el desayuno?
2. ¿Qué prefieres de postre, ___ o ___?
3. Camarero, necesito ___ para el café.
4. El/La ___ es mi carne favorita.
5. Siempre bebo ___ con el desayuno.
6. No me gusta comer tostadas sin ___.
7. ¿Tienes ___ para el cereal?
8. ¿Qué fruta prefieres, ___ o ___?

# COMPARACIONES... Las comidas

El horario de las comidas en los países hispanohablantes difiere de país a país. Muchas personas desayunan entre las siete y las ocho de la mañana. El desayuno casi siempre es ligero (*light*) y consiste en café con leche o chocolate caliente, pasteles (*pastries*), galletas o pan y mantequilla. En algunos países, como México, Chile y la Argentina, es común el desayuno fuerte (*heavy*), como por ejemplo huevos, tostadas, frijoles y queso, o también un bistec. La comida más importante del día es el almuerzo y, según el país, lo comen entre la una y las cuatro de la tarde. Un almuerzo típico tiene por lo menos cuatro platos (*courses*). Comienza con una sopa, después hay pescado o carne, alguna verdura o arroz y para terminar pueden comer fruta o un postre con café.[1]

A eso de (*At about*) las seis de la tarde, es común la merienda –un sándwich o bocadillo (*sandwich on a baguette*) de jamón y queso o algo parecido (*similar*) y un refresco, batido (*shake*) o café con leche. La última comida es la cena entre las ocho y las once de la noche. La cena es ligera –huevos fritos o una chuleta con ensalada.

A los hispanos les gusta comer sentados a la mesa con la familia. Aunque (*Although*) ahora hay restaurantes de comida rápida, no es típico comer en el auto o solo. Una costumbre en la mesa, especialmente durante el almuerzo y la cena, es la **sobremesa**, es decir, la conversación después de la comida. Muchas comidas duran (*last*) mucho más de una hora, porque la familia y los amigos continúan la conversación después de terminar de comer.

## ¡Vamos a comparar!

¿Cuáles son algunas diferencias en el horario de las comidas de los norteamericanos y de los hispanos? ¿En qué consiste el desayuno de muchos hispanos? ¿Cuál es la comida más importante en los países hispanos? Describe un almuerzo típico en un país hispano. ¿Existe la merienda o su equivalente en los EE.UU. o en el Canadá? ¿Qué es la sobremesa?

## ¡Vamos a conversar!

¿Cómo es la rutina en tu casa? Túrnense para contestar estas preguntas y comparar sus costumbres sobre las comidas.

1. ¿Quién(es) prepara(n) la comida en tu casa?
2. ¿Todos los miembros de la familia cenan juntos?
3. ¿Cuántas veces a la semana comen comida rápida?
4. ¿A veces cenan con la televisión prendida (*turned on*)?
5. ¿Hay sobremesa en tu casa? ¿Cuándo? ¿De qué hablan?

---

[1] In Spanish, **café** when used alone is often understood as referring to the type of coffee called *espresso* in Italian.

# Pronunciación

## Sounds of y, ll, and ñ

- The Spanish **y** has two distinct sounds. At the beginning of a word or within a word, it is pronounced like the *y* in the English word *yes*, but with slightly more force.

  **Y**o                    o**y**e                    **Y**olanda
  le**y**es                 **y**a                     arro**y**o

- When **y** is used to mean *and*, or appears at the end of a word, it is pronounced like the Spanish vowel **i**.

  Jorge **y** María         hay                        cantar **y** bailar          voy

- The Spanish double l (**ll**) is pronounced in many regions like the **y** in **yo**.

  **ll**amar                bri**ll**a                 **ll**orar                   se**ll**o

- The **ñ** is pronounced by pressing the middle part of the tongue against the roof of the mouth or palate. Its sound is similar to the *ny* sound in the English word *onion*.

  ma**ñ**ana                pu**ñ**o                   ni**ñ**o                     se**ñ**al

## Pronunciemos

**A.** You will hear a series of Spanish words which contain the letter **y**. Note that the **y** is either at the beginning of the word or within the word. Repeat each word after the speaker.

1. yo          3. arroyo        5. ayer          7. mayo          9. leyes
2. oye         4. joya          6. ya            8. yerba         10. haya

**B.** You will now hear a series of words which contain the letter **y** either by itself or at the end of the word. In such cases the **y** will be pronounced like the vowel **i.** Repeat each word after the speaker.

1. hoy         2. y             3. rey           4. hay           5. ¡ay!          6. ley

**C.** You will now hear a series of words and phrases which contain the letter **ll.** Repeat each word or phrase after the speaker.

1. me llamo    3. allí          5. silla         7. la tablilla       9. una vista bella
2. lluvia      4. llover        6. llamar        8. amarillo          10. voy a llevar

**D.** You will now hear a series of words which contain the letter **ñ.** Repeat each word after the speaker.

1. niño        3. señorita      5. montaña       7. señor         9. ñato
2. años        4. mañana        6. español       8. baño          10. añadir

 ¡Así lo hacemos!

# Estructuras

## 1. *Gustar* and similar verbs

Sí, me gusta mucho.

¿Te gusta mi coche?

The verb **gustar**, used most commonly to express preferences, likes and dislikes, literally means *to be pleasing*, and is used with an indirect object pronoun.

| | |
|---|---|
| **Me gusta** comer en restaurantes. | *I like to eat in restaurants. (Eating in restaurants is pleasing to me.)* |
| No **le gustan** las sopas. | *He doesn't like soups. (Soups are not pleasing to him.)* |

■ The subject of the verb **gustar** is whatever is pleasing to someone. Because we generally use **gustar** to indicate that something (singular) or some things (plural) are pleasing, **gustar** is most often conjugated in the third-person singular or third-person plural forms, **gusta** and **gustan**. The indirect object pronoun indicates who is being pleased.

| | |
|---|---|
| **Nos gusta** el pollo asado. | *We like broiled chicken.* |
| **No me gustan** las chuletas de cerdo. | *I don't like pork chops.* |

■ To express the idea that one likes to do something, **gustar** is followed by an infinitive. In such cases the third-person singular of **gustar** is used, even when you use more than one infinitive.

| | |
|---|---|
| **Les gusta** cenar en casa siempre. | *They always like to have dinner at home.* |
| **Me gusta** desayunar y almorzar con mi novio varias veces a la semana. | *I like to have breakfast and lunch with my boyfriend several times a week.* |

■ Some other verbs like **gustar** are listed. Note that the equivalent expressions in English are not direct translations.

| | | | |
|---|---|---|---|
| **caer bien/mal** | *to like/dislike (a person)* | **interesar** | *to be interesting* |

| | | | |
|---|---|---|---|
| **encantar** | *to delight, to be extremely pleasing* | **molestar** | *to be a bother, annoying* |
| **faltar** | *to be lacking, needed* | **parecer** | *to seem* |
| **fascinar** | *to be fascinating* | **quedar** | *to be left, remaining* |

| | |
|---|---|
| **Me molestan** las cafeterías sucias. | *I am annoyed by dirty cafeterias.* |
| **Le fascina** el chef del restaurante. | *She is fascinated by the restaurant's chef.* |
| **Nos parece** caro este restaurante. | *This restaurant seems expensive to us.* |

■ Remember to use the prepositional phrase beginning with **a** to emphasize or to clarify the indirect object pronoun.

| | |
|---|---|
| **A mí** me fascina la comida chilena, pero **a ti** no te parece buena. | *I am fascinated by Chilean food but it doesn't seem good to you.* |
| **A Óscar** y **a Teresa** les gusta el café. | *Oscar and Teresa like coffee.* |

---

## Expansión — More on structure and usage

### ¡¿Te gusto?! (*Do you like me?!*)

■ Be careful when using the verb **gustar** to express likes and dislikes related to people. In Spanish, **gustar** is used with people to express the idea that you feel *attracted* to a person in a physical sense.

"Me cae mal el camarero."

| | |
|---|---|
| **Me gusta** María Luisa. | *I like María Luisa. (I am attracted to her.)* |
| A Elena **le gustan** los hombres rubios. | *Elena likes blond men. (She is attracted to them.)* |

■ Use the expressions **caer bien** and **caer mal** to say that you like or dislike someone for the way that the person behaves or for what the person is like.

| | |
|---|---|
| **Nos cae bien** la tía Julia. | *We like Aunt Julia. (She is a great person.)* |
| **Me caen mal** los clientes que no dejan propinas. | *I don't like clients who don't leave tips. (I can't stand them.)* |

■ When referring specifically to qualities or defects of a person, the verb **gustar** is used.

| | |
|---|---|
| **Me gusta** cómo cocina mi papá. | *I like how my father cooks.* |
| **No le gustan** los hombres chovinistas. | *She doesn't like chauvinist men.* |

---

## Practiquemos

**6-8 Una carta de Chile.** Usa los pronombres de complemento indirecto y las formas correctas de los verbos correspondientes de la lista para completar la carta.

caer bien/mal    encantar    fascinar    gustar    interesar    molestar

*Querida Isabel:*

*Te escribo para contarte de mi viaje al parque nacional Lauca en el norte de Chile, cerca de la frontera con Bolivia. Es un lugar precioso. Nuestro guía se llama Antonio, y él (1. a nosotros) ____ muy bien. (2. A mí) ____ las plantas y los animales. (3. A mí) ____ especialmente las vicuñas, que son parientas de las llamas, pero mucho más bonitas. Están protegidas en el parque, y pueden vivir a una altitud mayor que las llamas. No (4. a mí) ____ mucho el frío, pero a las vicuñas no (5) ____ nada (at all). Las alpacas también viven en las montañas del parque, pero hay muchas y no están protegidas. Comimos alpaca un día para el almuerzo, pero la verdad es que (6. a mí) no ____ mucho. Prefiero la carne de res.*

*Bueno, Isabel, si (7. a ti) ____ la naturaleza,
(8. a ti) ____ va a (9) ____ el Parque Nacional de Lauca.
Un abrazo,
Eduardo*

*La vicuña vive protegida en el Parque Nacional Lauca de Chile.*

**6-9 ¿Te gusta? ¿Te cae bien?** Túrnense para hacer oraciones lógicas en español, usando elementos de cada columna.

MODELO: ▶ *Me encanta comer en casa, pero me molesta ir a un restaurante.*

| | | |
|---|---|---|
| (A mí) | encantar | los mariscos |
| (A ti) | caer bien | comer en casa |
| A mis padres | caer mal | la carne cruda |
| A nosotros, los estudiantes | fascinar | ir a un restaurante elegante |
| A mi profesor/a | interesar | las personas que sirven en la cafetería |
| A ustedes, los profesores | molestar | los postres |
| Al/A la rector/a | gustar | las verduras |
| de la universidad | | la fruta |
| A los vegetarianos | | el café con leche |
| A ¿... ? | | ¿... ? |

## Conversemos

 **6-10A Sus gustos culinarios.** Conversen sobre sus gustos culinarios.

MODELO:   gustar/la langosta
           E1: *¿Te gusta la langosta?*
           E2: *¡Sí, me encanta!/¡No, no me gusta nada!*

1. gustar/la comida picante
2. gustar/refrescos sin azúcar
3. interesar/los restaurantes latinos

4. fascinar/las comidas exóticas
5. molestar/los camareros lentos
6. caer mal/esos niños pequeños

 **6-11 ¿A quién?** Entrevístense para saber las opiniones de sus compañeros/as.

MODELO:   E1: *¿Te gusta el pescado?*
           E2: *Sí, me gusta./No, no me gusta.*

gustar los calamares
caer mal los camareros
interesar cocinar
interesar comer

fascinar la fruta
gustar desayunar
fascinar la ensalada
encantar el helado

caer bien los cocineros
encantar los cafés pequeños
gustar las meriendas
gustar los frijoles con arroz

**6-12 Los gustos y las quejas.** En un grupo de tres a cuatro personas, hablen de sus gustos y quejas sobre la comida de la universidad y la de sus casas.

MODELO:   E1: *Pues, a mí me gusta comer en la cafetería porque es económica...*
           E2: *A mí no me gusta nada porque...*

## 2. Double object pronouns

- When both a direct and an indirect object pronoun are used together in a sentence, they are usually placed before the verb, and the indirect object pronoun precedes the direct object pronoun.

Agustín, ¿**me** traes **el pescado**?      *Agustín, will you bring me the fish?*
**Te lo** traigo en un momento.      *I'll bring it to you in a moment.*

- The indirect object pronouns **le** (*to you, to her, to him*) and **les** (*to you, to them*) change to **se** when they appear with the direct object pronouns **lo, los, la, las**. Rely on the context of the previous statement to clarify the meaning of **se**.

  | | |
  |---|---|
  | La camarera **le/les** trae **el menú**. | *The waitress is bringing you/him/her/them the menu.* |
  | La camarera **se lo** trae. | *The waitress is bringing it to you/him/her/them.* |

- As with single object pronouns, the double object pronouns may be attached to the infinitive or the present participle. In both cases, the order of the pronouns is maintained and an accent mark is added to the stressed vowel of the verb.

  | | |
  |---|---|
  | Señorita, ¿puede **traerme un vaso de agua**? | *Miss, can you bring me a glass of water?* |
  | En un segundo voy a **traérselo**. | *I'll bring it to you in a second.* |
  | ¿El cocinero **nos está preparando la paella**? | *Is the cook preparing us the paella?* |
  | Sí, está **preparándonosla**. | *Yes, he's preparing it for us.* |

- As with single object pronouns, double object pronouns are always attached to the affirmative command and precede the negative command. Remember to place an accent mark on the stressed vowel of the verb in the case of affirmative commands.

  | | |
  |---|---|
  | Camarero, necesito la cuenta. **Tráigamela**, por favor. | *Waiter, I need the check. Bring it to me, please.* |
  | No **se la dé** a él. | *Don't give it to him.* |

 **Practiquemos**

**6-13 En la Cocina Concha.** Completa la conversación entre Concha y el camarero, usando los pronombres de los complementos directos e indirectos.

CONCHA: Oiga, Sebastián, (1) tráiga___ (a mí) las servilletas, por favor.

CAMARERO: Enseguida, señora, (2)___ ___ traigo. ¿Dónde (3)___ ___ pongo?

CONCHA: (4) Pónga___ ___ en la mesa y (5) búsque___ (a mí) los menús del día.

CAMARERO: ¿Dónde (6)___ encuentro, señora?

CONCHA: Creo que están en la cocina. Seguramente la cocinera (7)___ tiene. (8) Pída___ ___ a ella. ¿Tiene usted los platos?

CAMARERO: Estamos (9) lavándo___ ahora. ¿(10)___ ___ traigo (a usted)?

CONCHA: Mejor (11) pónga___ ___ en la mesa de enfrente. ¿No quiere tomar su descanso ahora, Sebastián?

CAMARERO: Gracias, señora. (12)___ tomo en cinco minutos.

CONCHA: Está bien. Y después (13) prepáre___ un cafecito.

CAMARERO: No se preocupe, señora. (14) ___ ___ preparo ahora.

**Study tips** Para aprender los pronombres de los complementos indirectos y directos juntos

Double object pronouns may appear confusing at first because of the number of combinations and positions that are possible in Spanish sentences. Here are a few strategies to help you with this structure.

1. Review the use of pronouns and do the practice activities (on pages 204–205) to reinforce your knowledge of this structure.

2. Also review the use of indirect objects and indirect object pronouns on pages 204–205 of your text.

3. Learning to use double object pronouns is principally a matter of combining the two pronouns in the right order.

| indirect object pronouns | third-person direct object pronouns |
|---|---|
| me<br>te<br>le → se<br>nos<br>os<br>les → se | lo / la / los / las |

4. Getting used to the way these pronouns sound together will help you make them become second nature to you. Practice repeating out loud phrases such as the ones below. Increase your pronunciation speed as you become more comfortable with verbalizing the double object pronouns.

| | | |
|---|---|---|
| me lo da | te lo doy | se los da |
| se lo llevo | se las llevamos | se la llevas |

**6-14 De viaje en la Patagonia.** Haz el papel de turista en la Patagonia, la región al extremo sur de Chile y la Argentina, y responde a las preguntas del guía (*guide*), usando los pronombres de complemento indirecto y directo.

MODELO: *¿Quiere ver el tren que tomamos mañana?*
*Sí, enséñemelo ahora.*

1. ¿Quiere ver el restaurante donde vamos a cenar?
2. ¿Quiere leer el periódico de ayer?
3. ¿Le traigo la información turística?
4. ¿Quiere ver los pingüinos?
5. ¿Le traigo un refresco?
6. ¿Le enseño nuestra ruta para mañana?

**6-15 Una receta chilena.** Haz el comentario para la televisión, mientras Concha prepara un plato especial.

MODELO:   En este momento Concha le está añadiendo
(*adding*) sal a la sopa.

▶ *Se la está añadiendo.* o *Está añadiéndosela.*

1. Concha está describiéndoles el plato a los televidentes.
2. El asistente está cortándole el pescado a la cocinera.
3. Concha está explicándoles la receta a los televidentes.
4. Los ayudantes están mezclándole los condimentos a Concha.
5. Concha le está añadiendo limón al plato.
6. Los camareros están pasándoles la sopa a los miembros de la audiencia.
7. El camarógrafo está pidiéndole la receta a la cocinera.
8. El público le dice a Concha que la sopa está magnífica.

 **Conversemos**

🅐🅑 **6-16A ¿Tienes?** Imagínate que estás muy enfermo/a, y tu compañero/a va a traerte unas cosas que necesitas. Pregúntale si tiene las siguientes cosas. Si las tiene, pregúntale si puede traértelas. Si no las tiene, pregúntale si puede comprártelas. Luego, consúltense para hacer una lista de las cosas que tu compañero/a necesita comprar.

MODELO:   E1: ¿Tienes naranjas?
E2: Sí, tengo naranjas. / No, no tengo naranjas
E1: ¿Me las traes? / ¿Me compras unas naranjas?
E2: Sí, te las traigo. / Sí, te las compro.

| | | | |
|---|---|---|---|
| 1. sopa de pollo | 3. mantequilla | 5. té | 7. jugo de toronja |
| 2. huevos | 4. lechuga | 6. manzanas | 8. pan |

**6-17 En el restaurante.** Hagan los papeles de cliente y camarero/a en un restaurante y pídanle varias cosas al/a la camarero/a. El/La camarero/a debe contestar usando dos pronombres de complemento directo/indirecto. Pueden usar las sugerencias a continuación.

MODELO:   E1: *Camarero, ¿nos trae el menú, por favor?*
E2: *Sí, se lo traigo enseguida…*

| | | |
|---|---|---|
| otra cuchara | el menú | dar |
| otro tenedor/cuchillo/plato | un vaso de agua/té | pedir |
| una taza de café/té | una servilleta | servir |
| más pan | la cuenta | traer |

# ¡Así es la vida!

## En la cocina

Buenas noches, querida televidente. Ayer te enseñé a hacer un enchilado de camarones. Me imagino que anoche preparaste este delicioso plato. Hoy en el programa de "La tía Julia cocina" vamos a explicarte cómo hacer otro plato exquisito: el arroz con pollo. A continuación te voy a dar una de las mejores recetas.

Primero corta el pollo en pedazos pequeños y luego pon los pedazos en un recipiente. Añádeles a los pedazos jugo de limón y un poco de ajo picado.

Ahora calienta un poco de aceite de oliva en una cazuela, añade los pedazos de pollo y pon a freír el pollo a fuego medio. Añade una cebolla y un ají verde bien picados. Deja cocinar todo unos cinco minutos.

Añade una taza de salsa de tomate, una cucharada de sal, una pizca de pimienta y azafrán, media taza de vino blanco y dos tazas de caldo de pollo. Deja cocinar todo unos cinco minutos más.

Añádele ahora dos tazas de arroz blanco a la cazuela. Revuelve todo bien y cuando vuelva a hervir (boil), tapa la cazuela y deja cocinar todo a fuego lento unos veinticinco minutos.

Ya está listo el delicioso arroz con pollo. Sirve el arroz con pollo caliente y… ¡Buen provecho!

## Las medidas (*Measurements*)

| | |
|---|---|
| la cucharada | *tablespoon* |
| la cucharadita | *teaspoon* |
| el kilo | *kilogram (equivalent to 2.2 pounds)* |
| el litro | *liter* |
| el pedazo | *piece* |
| la pizca | *pinch (of salt, pepper, etc.)* |

## Aparatos (*Appliances*) de la cocina

| | |
|---|---|
| la cafetera | *coffeepot* |
| el congelador | *freezer* |
| la estufa | *stove* |
| el fregadero | *sink* |
| el horno | *oven* |
| el microondas | *microwave* |
| el refrigerador | *refrigerator* |
| la tostadora | *toaster* |

## Utensilios de la cocina

| | |
|---|---|
| la cazuela | *stewpot, casserole dish, saucepan* |
| el cucharón | *ladle* |
| la espátula | *spatula* |
| el molde | *baking pan* |
| el recipiente | *generic pot, bowl, dish, etc.* |
| la sartén | *skillet, frying pan* |

## Actividades de la cocina

| | |
|---|---|
| añadir | *to add* |
| batir | *to beat* |
| calentar (ie) | *to heat* |
| derretir (i, i) | *to melt* |
| echar | *to add; to throw in* |
| freír (i, i)[1] | *to fry* |
| hervir (ie, i) | *to boil* |
| hornear | *to bake* |
| mezclar | *to mix* |
| pelar | *to peel* |
| picar | *to cut, to slice* |
| prender | *to light; to turn on* |
| revolver (ue) | *to stir* |
| saborear | *to taste* |
| tapar | *to cover* |
| tostar (ue) | *to toast* |
| voltear | *to turn over* |

## Ingredientes y condimentos especiales

| | |
|---|---|
| el ají verde, el pimiento | *green pepper* |
| el ajo | *garlic* |
| el azafrán | *saffron* |
| la cebolla | *onion* |
| el cilantro | *coriander; cilantro* |
| el jugo de limón | *lemon juice* |
| la salsa picante | *hot sauce* |

## Otras palabras y expresiones

| | |
|---|---|
| la receta | *recipe* |
| picado/a | *chopped* |
| aunque | *although* |
| a fuego alto/ medio/bajo | *on high/medium/ low heat* |

## Expresiones adverbiales para hablar del pasado

| | |
|---|---|
| anoche | *last night* |
| anteayer | *day before yesterday* |
| ayer | *yesterday* |
| el año (enero, febrero, etcétera) pasado | *last year (January, February, etc.)* |
| la semana pasada | *last week* |

### REPASO

el lavaplatos

### *Ampliación*

Muchas tiendas terminan en **–ería**. Para comprar carne, por ejemplo, puedes ir a la carnicería. ¿Qué puedes comprar en las siguientes tiendas?

| | |
|---|---|
| carnicería | heladería |
| confitería | panadería |
| droguería | pastelería |
| especiería | pescadería |
| florería/floristería | pollería |
| frutería | verdulería |

---

[1] frío, fríes, fríe, freímos, freís, fríen

 **¡Escucha!**

**A. En la cocina con tía Julia.**
Escucha la preparación del flan, un postre muy popular en todo el mundo hispano. Indica los ingredientes, y los utensilios que Julia utiliza y las acciones que realiza para preparar esta receta.

| INGREDIENTES | UTENSILIOS | ACCIONES |
|---|---|---|
| ___ agua | ___ cucharada | ___ añadir |
| ___ arroz | ___ cucharadita | ___ cortar |
| ___ azúcar | ___ licuadora | ___ echar |
| ___ huevos | ___ molde | ___ hornear |
| ___ jugo de limón | ___ recipiente | ___ mezclar |
| ___ leche evaporada | ___ sartén | ___ pelar |
| ___ leche condensada | ___ taza | ___ servir |
| ___ sal | | |
| ___ vainilla | | |

**B. Una receta tuya.** Túrnense para hacer una lista de los ingredientes, utensilios y acciones para una receta popular. El/La otro/a trata de adivinar para qué plato es la receta.

MODELO:   E1: *Necesitas tres limones, un litro de agua, media taza de azúcar…*
    E2: *Es una receta para hacer limonada.*

**Practiquemos**

**6-18 En la cocina.** Completa cada oración con la palabra correspondiente.

1. Voy a freír el pescado en…
2. Ella revuelve los huevos en…
3. Tú lavas los platos en…
4. Están tostando el pan en…
5. Hay una botella de agua en…
6. Preparamos el café en…
7. Cocino el arroz en…
8. Horneo el pastel en…

a. la cazuela
b. la cafetera
c. el refrigerador
d. el horno
e. la sartén
f. la tostadora
g. el recipiente
h. el fregadero

**6-19 ¿Qué hacen?** Describe lo que hacen las personas en cada dibujo con expresiones de **¡Así lo decimos!**

MODELO: ▶ *Mario pone el pollo en el horno.*

Mario

1. Lola

2. El señor Barroso

3. Dolores

4. Diego

5. Estela

6. Pilar

**6-20 ¿Qué necesitas?** Túrnense para hacer una lista de todo lo que necesitan para preparar estas comidas y bebidas.

MODELO: café
▶ *Necesitamos una cafetera, leche, azúcar, una taza, agua y café.*

1. huevos fritos
2. pollo asado
3. papas al horno
4. tortas
5. papas fritas
6. pan tostado
7. sopa
8. hamburguesas

**6-21 Una tortilla española.** Ordena las instrucciones lógicamente para preparar una tortilla española. Luego escribe el mandato formal singular (**usted**) correcto de cada infinitivo. Después, compara tu receta con la de un/a compañero/a.

Hoy voy a hacer una tortilla española…

___ (Batir) _____ los huevos con un poco de agua.
___ (Añadir) _____ sal y pimienta.
___ (Mezclar) _____ los ingredientes en un recipiente.
___ (Picar) _____ la cebolla.
___ (Poner) _____ la sartén a fuego lento.
___ (Pelar) _____ las papas y (cortarlas) _____ en pedazos pequeños.
___ (Voltear) _____ la tortilla y (cocinarla) _____ otros diez minutos.
___ (Servirla) _____ con pan francés, cerveza o una copa de vino.
___ Primero (mirar) _____ la receta.
___ (Pasar) _____ todo a una sartén.
___ (Freírlas) _____ en la sartén y (secarlas) _____ en una servilleta de papel.
___ (Cocinarla) _____ por diez minutos.

# Conversemos

**6-22 Nuestra cocina.** Ustedes tienen un presupuesto (*budget*) de 2.500.000 pesos para amueblar (*to furnish*) su cocina. Trabajen juntos para decidir los aparatos y utensilios más importantes que pueden comprar. Indiquen el orden de importancia (1-más importante).

| LOS APARATOS Y UTENSILIOS | EL COSTO |
|---|---|
| un refrigerador | 425.000 pesos |
| un congelador | 375.000 pesos |
| una estufa | 150.000 pesos |
| un horno | 425.000 pesos |
| una tostadora | 15.000 pesos |
| una cafetera | 30.000 pesos |
| un microondas | 75.000 pesos |
| una sartén | 25.000 pesos |
| un recipiente | 25.000 pesos |
| cucharones, moldes, cazuelas | 100.000 pesos |

**6-23A El arroz con leche.** El arroz con leche es un postre muy conocido por todo el mundo hispano. Imagínate que tú tienes la receta y tu compañero/a tiene algunos de los ingredientes. Decidan qué ingredientes necesitan comprar.

MODELO:   E1: *Necesitamos una taza de arroz.*
   E2: *No tenemos arroz. Tenemos que comprarlo.*

INGREDIENTES:

1 taza de arroz
2 litros de leche
9 cucharadas de azúcar
2 huevos
corteza (*peel*) de 1 limón
1 palito (*stick*) de canela (*cinnamon*)
canela molida (*ground*)
una pizca de sal

PREPARACIÓN:

Ponga el arroz en una cazuela antiadherente y añada agua fría hasta que lo cubra, junto con una pizquita de sal. Póngalo al fuego y cuando empiece a hervir, dele diez minutos o hasta que se consuma el agua.

Eche leche en la cazuela hasta que cubra el arroz y baje el fuego al mínimo. Añada el limón y el palito de canela, y revuelva todo constantemente mientras el arroz se va poniendo cremoso.

Si no se pone cremoso, siga cocinándolo a fuego muy lento, añadiendo de vez en cuando un poco de leche, según se vaya consumiendo el líquido. Hay que remover todo a menudo. La operación dura unas dos horas. Cuando ya esté incorporada toda la leche, añada el azúcar, dé unas vueltas más para que se mezcle bien y retire la cazuela del fuego. Sirva el arroz con leche frío, en recipientes individuales, espolvoreado con canela.

# COMPARACIONES...

## La compra de la comida y la cocina chilena

La comida tiene un papel muy importante en el mundo hispano. Se puede decir que para los hispanos la comida desempeña (*serves*) una función social muy importante. Se dice que en los países hispanos se vive para comer, no se come para vivir. Cada región tiene sus especialidades o platos típicos.

Aunque los supermercados ya son muy populares, todavía es común ir al mercado dos o tres veces por semana para asegurarse (*to be sure*) de que los productos son frescos. El mercado típico es un edificio enorme y abierto, con tiendas pequeñas (*shops*) donde se vende todo tipo de comestibles (*food*). En el mercado hay tiendas especiales como carnicerías, pescaderías y fruterías. En cada barrio también hay una panadería, una pastelería y una heladería.

Los mercados y las comidas típicas de cada región varían y dependen mucho de los productos disponibles en esa región. La cocina de Chile refleja la variedad topográfica del país. Debido a (*Due to*) su enorme costa, en Chile se come mucho marisco y pescado; también carnes diferentes, frutas frescas y verduras. Hay dos especialidades populares: **la parrillada**, que consiste en distintos tipos de carne, morcilla (*blood sausage*) e intestinos asados a la parrilla; y **el curanto**, que es un estofado (*stew*) de pescado, marisco, pollo, cerdo, carnero (*lamb*), carne y papas. El vino chileno es un gran vino.

## ¡Vamos a comparar!

¿Por qué es común todavía ir al mercado dos o tres veces por semana? ¿Cómo es el mercado típico en el mundo hispano? ¿Cuáles son algunas tiendas especiales que hay en el mercado típico? ¿Dónde compra tu familia la comida? Para ti, ¿qué es mejor, comprar en un supermercado o en el mercado típico del mundo hispano? ¿Piensas que hay especialidades de comida en los EE.UU. y en el Canadá? ¿Puedes nombrar algunas?

## ¡Vamos a conversar!

Conversen sobre las siguientes preguntas.

1. ¿Cuál es la especialidad de la región donde viven?
2. ¿Por qué es popular?
3. ¿Cuántas veces a la semana (al mes, al día) comen o toman la comida o la bebida especial de su región?
4. ¿Prefieren comprar la comida en un supermercado grande, en un mercado o en una tienda especializada? ¿Por qué?

*La abundancia de pescado en Chile lo hace una parte importante de su cocina.*

## Estructuras

### 3. The preterit of regular verbs

¿Comieron suficiente?

So far you have learned to use verbs in the present indicative, the present progressive, and the imperative form. In this chapter you will learn about the preterit, one of two simple past tenses in Spanish. In **Lección 9** you will be introduced to the imperfect, which is also used to refer to events in the past.

|  | **-AR** tomar | **-ER** comer | **-IR** vivir |
|---|---|---|---|
| yo | tom**é** | com**í** | viv**í** |
| tú | tom**aste** | com**iste** | viv**iste** |
| él/ella, Ud. | tom**ó** | com**ió** | viv**ió** |
| nosotros/as | tom**amos** | com**imos** | viv**imos** |
| vosotros/as | tom**asteis** | com**isteis** | viv**isteis** |
| ellos/as, Uds. | tom**aron** | com**ieron** | viv**ieron** |

■ The preterit forms for **nosotros** of **-ar** and **-ir** verbs are identical to the corresponding present tense forms. The situation or context of the sentence will clarify the meaning.

Siempre **hablamos** de recetas.　　*We always talk about recipes.*
La semana pasada **hablamos**　　*Last week we talked about your chicken*
　de tu receta de pollo.　　　　　*recipe.*
**Vivimos** aquí ahora.　　　　　*We live here now.*
**Vivimos** allí el año pasado.　　*We lived there last year.*

■ Always use an accent mark in the final vowel for the first- and third-person singular forms of regular verbs, unless the verb is only one syllable.

**Compré** aceite de oliva.　　　*I bought olive oil.*
Ana Luisa **prendió** el horno.　*Ana Luisa turned on the oven.*

■ The preterit tense is used to report actions completed at a given point in the past and to narrate past events.

> **Gasté** mucho dinero en comida.    *I spent a lot of money on food.*
> Ayer **comimos** en la cafetería.    *Yesterday we ate at the cafeteria.*

---

**Expansión**  **More on structure and usage**

### Los verbos terminados en *–car, -gar* y *-zar*

Verbs that end in **-car**, **-gar,** and **-zar** have the following spelling changes in the first-person singular of the preterit.[1] All other forms of these verbs are conjugated regularly.

| | | |
|---|---|---|
| c → qu | buscar | yo **busqué** |
| g → gu | llegar | yo **llegué** |
| z → c | almorzar | yo **almorcé** |

> Bus**qué** el programa en la tele.    *I looked for the program on TV.*
> Lle**gu**é muy contento ayer.    *I arrived very happy yesterday.*
> Almor**c**é poco hoy.    *I had little for lunch today.*

The following verbs follow this pattern as well.

| | | | |
|---|---|---|---|
| **abrazar** | *to embrace* | **obligar** | *to force* |
| **comenzar** | *to begin* | **pagar** | *to pay* |
| **empezar** | *to begin* | **practicar** | *to practice* |
| **explicar** | *to explain* | **tocar** | *to touch; to play a* |
| **jugar (a)** | *to play* | | *musical instrument* |

---

 Practiquemos

**6-24 Una tortilla española.** Conjuga los verbos en el pretérito para explicar cómo preparaste la tortilla.

MODELO:   (escribir) <u>Escribí</u> una lista.

Yo (1 salir) ___ para el mercado a las ocho. (2 comprar) ___ seis huevos, dos cebollas y cinco papas. (3 lavar: yo) ___ y (4 pelar) ___ las papas. (5 cortar) ___ las papas y las cebollas en pedazos muy pequeños. (6 echar) ___ un poco de aceite de oliva en una sartén. Lo (7 calentar) ___ y (8 cocinar) ___ las papas y las cebollas. (9 batir) ___ los huevos en un plato. (10 añadir) ___ un poco de sal y (11 echar) ___ los huevos a la sartén. (12 revolver) ___ los ingredientes con la espátula. (13 voltear) ___ la tortilla a los cinco minutos. (14 preparar) ___ un plato con un poco de perejil (*parsley*) y les (15 ofrecer) ___ la tortilla a mis invitados.

---

[1] You have seen these spelling changes when you learned the formal commands. Notice that with the preterit, the final vowel is accented.

**6-25 Un restaurante inolvidable.** Usa el pretérito de los verbos correspondientes de la lista para completar el párrafo. Puedes usar los verbos más de una vez.

| buscar | comprar | gustar | llamar | salir | tomar |
|--------|---------|--------|--------|-------|-------|
| comer | encontrar | lavar | llegar | seleccionar | visitar |

El sábado pasado (1)___ un restaurante que me (2)___ mucho. Nosotros (3) ___ el nombre del restaurante en la guía telefónica. Yo (4) ___ para hacer una reservación. Nosotros (5) ___ a las siete de la noche y (6)___ al restaurante a las siete y media. La comida estuvo (*was*) muy buena. Yo (7) ___ un filete y mis amigos (8)___ arroz con pollo. Todos nosotros (9) ___ agua mineral y después, café. Para el postre, yo (10) ___ una ensalada de frutas. Cuando era (*was*) hora de salir, yo (11) ___ mi tarjeta de crédito, pero no la (12) ___. Por eso, yo (13) ___ los platos por tres horas y (14)___ del restaurante a las dos de la mañana.

**6-26 ¿Qué hicieron?** Combina las personas y las actividades para explicar qué hicieron (*did*) anoche. Usa el pretérito de cada verbo.

MODELO:  *Tú cantaste con la banda.*

Gloria Estefan
George Clooney y Jennifer López
Jon Secada y yo
Isabel Allende y tú
tú
nosotros/as
Sammy Sosa y Mark McGwire
yo
¿… ?

bailar merengue
hablar con un reportero del periódico
cantar con la banda
cenar pescado y papas
limpiar las mesas
beber poco
salir juntos
trabajar hasta muy tarde
comer tapas
encontrar una mosca (*fly*) en la sopa
observar a la gente
hablar con los amigos

 **Conversemos**

**6-27 ¿Cuándo fue (*was*) la última vez que…?** Túrnense para preguntar cuándo fue la última vez que hicieron (*you did*) estas actividades.

MODELO: preparar una comida
E1: *¿Cuándo fue la última vez que preparaste una tortilla española?*
E2: *La preparé ayer.*

1. salir a cenar
2. ver un programa de cocina en la tele
3. cenar con tu familia
4. pelar unas papas
5. preparar una limonada

6. trabajar en un restaurante
7. leer una receta en el periódico
8. pagar la cuenta en un restaurante
9. cocinar un plato especial
10. comer en un restaurante elegante

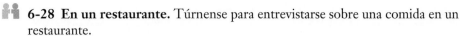

**6-28 En un restaurante.** Túrnense para entrevistarse sobre una comida en un restaurante.

1. ¿Llamaste para hacer una reservación?
2. ¿A qué hora saliste para el restaurante?
3. ¿Caminaste o tomaste el autobús?
4. ¿Encontraste a tus amigos allí?
5. ¿Cenaste bien?
6. ¿Cuánto pagaste?
7. ¿Conversaste con el camarero?
8. ¿Te gustó el servicio?
9. ¿Dejaste una propina?
10. ¿A qué hora volviste a casa?

**6-29 Te creo; no te creo.** Escribe tres oraciones ciertas y tres exageradas. Luego reta (*challenge*) a un/a compañero/a para decidir si lo que dices es cierto o falso.

MODELO:    E1: *Una vez cené con Tom Cruise.*
              E2: *¿Cuándo y dónde?*
              E1: *En 1999 en un restaurante en Los Ángeles.*
              E2: *Te creo./No te creo.*

ALGUNAS ACTIVIDADES

| | | | | |
|---|---|---|---|---|
| besar (a) | comprar | llevar | salir con | visitar |
| comer | conocer (a) | trabajar (en) | ver | vivir |

**6-30A Charadas.** Túrnense para actuar éstas y otras acciones para ver si tu compañero/a puede adivinar la acción.

Comí langosta.
Cocinamos papas fritas.
Batiste huevos para la tortilla.

Preparé sopa.
Encontré una mosca (*fly*) en la sopa.
¿… ?

# 4. *Tú* commands

■ In **Lesson 4**, you were introduced to the formal commands forms (**usted/ustedes**). The following chart shows the forms of several regular **tú** informal commands.

| INFINITIVE | AFFIRMATIVE | NEGATIVE |
|---|---|---|
| comprar | compra | no compres |
| pensar | piensa | no pienses |
| comer | come | no comas |
| atender | atiende | no atiendas |
| escribir | escribe | no escribas |
| pedir | pide | no pidas |
| traer | trae | no traigas |

- Most affirmative **tú** commands have the same form as the third-person singular of the present indicative.

> **Mezcla** los huevos en el recipiente.    *Mix the eggs in the bowl.*
> **Come** más maíz.                          *Eat more corn.*
> **Escribe** el nombre del vino.             *Write the name of the wine.*

- Negative **tú** commands of **-ar** verbs are formed by adding **-es** to the stem of the first-person singular (**yo**) of the present indicative.

> **No peles** las papas ahora.              *Don't peel the potatoes now.*
> **No cortes** la zanahoria todavía.        *Don't cut the carrot yet.*
> **No cierres** el horno.                    *Don't close the oven.*

- Verbs that end in **–car, -gar,** and **–zar** have spelling changes in the negative **tú** commands.

> **No busques** esa receta.                 *Don't look for that recipe.*
> **No pagues** la cuenta.                    *Don't pay the bill.*
> **No empieces** sin los niños.             *Don't start without the children.*

- Most negative **tú** commands of **-er** and **-ir** verbs are formed by adding **-as** to the stem of the first-person singular (**yo**) of the present indicative.

> **No frías** el cerdo ahora.               *Don't fry the pork now.*
> **No enciendas** el radio.                  *Don't turn on the radio.*
> **No pidas** más comida.                    *Don't ask for more food.*
> **No pongas** los platos allí.             *Don't put the plates there.*

## Irregular informal (*tú*) commands

- The following verbs have irregular **affirmative** command forms.

| decir | **di** | **Di** por qué. | *Tell (Say) why.* |
|---|---|---|---|
| hacer | **haz** | **Haz** la tortilla. | *Make the omelette.* |
| ir | **ve** | **Ve** a la cocina. | *Go to the kitchen.* |
| poner | **pon** | **Pon** la mesa. | *Set the table.* |
| salir | **sal** | **Sal** de aquí. | *Get out of here.* |
| ser | **sé** | **Sé** amable. | *Be nice.* |
| tener | **ten** | **Ten** paciencia. | *Be patient.* |
| venir | **ven** | **Ven** al mercado. | *Come to the market.* |

- **Ir, ser,** and **estar** have irregular negative command forms as well.

| | |
|---|---|
| **No vayas** a cocinar. | *Don't go cooking.* |
| **No seas** tonto. | *Don't be foolish.* |
| **No estés** allí más de una hora. | *Don't be there more than an hour.* |

- As with the formal commands, attach pronouns to the affirmative command and place them in front of the negative command. Remember to accent the stressed syllable of the affirmative command.

| | |
|---|---|
| **Prepárame** la cazuela. | *Prepare the casserole for me.* |
| No **le des** helado al bebé. | *Don't give ice cream to the baby.* |

 Practiquemos

**6-31 El gerente (*manager*) del restaurante**. Eres gerente de un restaurante. Dale instrucciones a un/a camarero/a nuevo/a.

MODELO:  buscar el menú del día
   ► *Busca el menú del día.*
   no añadir más sillas a las mesas
   ► *No añadas más sillas a las mesas.*

1. no llegar tarde al trabajo
2. no comer en el trabajo
3. poner los cubiertos en las mesas
4. ser amable con los clientes
5. estudiar el menú
6. no tomar mal las órdenes
7. servir rápidamente
8. escuchar bien a los clientes
9. limpiar las mesas
10. no hablar con los clientes
11. hacer todo enseguida
12. venir mañana domingo a trabajar

**6-32 La cena del Club Cervantes**. Indícales a los miembros del club qué tienen que hacer para preparar una cena.

MODELO:  Chela, por favor, no <u>pongas</u> las cervezas en la mesa.

| | | | | |
|---|---|---|---|---|
| calentar | decir | hacer | leer | salir |
| comenzar | freír | ir | poner | venir |

1. Manolo, ___ a comprar diez botellas de vino blanco.
2. Berta, por favor ___ la receta para la paella.
3. Carmen, no ___ las cebollas en la sartén pequeña.
4. José, ___ con Mirta a buscar los condimentos.
5. Adolfo, no ___ el aceite de oliva todavía.
6. Marisa, ___ a cortar el pescado y el pollo.
7. Pedro, ___ la ensalada.
8. Patricia, no me ___ que no compraste arroz para la paella.
9. Julio, ___ los refrescos en el refrigerador.
10. Pablo, ___ a picar el ajo.

# Conversemos

 **6-33 Consejos saludables.** Túrnense para darse consejos sobre la dieta y la nutrición.

MODELO:  E1: *No tengo mucha energía.*
E2: *Toma un refresco con azúcar.*

ALGUNOS PROBLEMAS

1. Soy alérgico/a a la leche.
2. Tengo un/a novio/a que no come verduras.
3. Tengo poco interés en cocinar.
4. Quiero impresionar a mis padres.
5. Tengo problemas con la estufa.
6. Siempre tengo mucha hambre.
7. Busco un restaurante de comida vegetariana.
8. No sé cocinar bien.
9. Quiero comer mejor, pero no tengo tiempo.
10. No me gusta comer solo/a.

---

ALGUNOS CONSEJOS

| | | | | |
|---|---|---|---|---|
| buscar… | cocinar… | comprar… | escribir… | estudiar… |
| hablar… | hacer… | invitar… | ir… | llamar… |
| llegar… | preparar… | salir… | trabajar… | tener… |

---

**6-34A ¿Ya?** Imagínate que eres instructor/a culinario/a y tu compañero/a es tu estudiante. Pregúntale a tu estudiante si ya completó los siguientes pasos de una receta. Si tu estudiante contesta afirmativamente, dile que no lo haga más (*not to do it anymore*). Si tu estudiante contesta negativamente, dile que lo haga. ¡Ojo! Cuando hay un complemento directo masculino y otro femenino, usa el masculino plural (**Necesito la mantequilla y el pan. → Los necesito.**).

MODELO:  lavar las papas
E1: *¿Ya lavaste las papas?*
E2: *Sí, ya las lavé./No, no las lavé.*
E1: *Pues, no las laves más./Pues, lávalas.*

1. pelar las papas
2. cortar las papas en pedazos
3. freír las papas
4. cortar las cebollas en pedacitos
5. sacar cinco huevos
6. batir los huevos
7. mezclar las papas y los huevos
8. echar la sal y la pimienta

**6-35A Haz lo que te digo.** Túrnense para dar y actuar mandatos informales, usando estos y otros verbos.

MODELO:   voltear
          E1: *Voltea la tortilla.*
          E2: *(acts out flipping the omelette)*

| añadir | freír | pelar |
|--------|-------|-------|
| poner  | secar | voltear |
| ¿… ?   |       |       |

# Páginas

## "Oda a la manzana"

### Pablo Neruda (1904-1973), Chile

El poeta chileno Pablo Neruda es uno de los poetas más importantes del siglo XX. Por su labor política, fue honrado por Rusia con el Premio Lenin de la Paz, y por su obra literaria, con el Premio Nobel de Literatura. Siempre amante de lo bello y lo simple, escribió no sólo poemas de amor, sino también odas sencillas. En la película italiana, *Il Postino* (*The Postman*) vemos cómo la poesía cambia la vida de un humilde (*humble*) habitante de la región de Italia donde Neruda vivió por un tiempo. Aunque la historia de la película es pura ficción, nos ayuda a apreciar el poder de la poesía. La oda que sigue fue publicada en 1956.

## ESTRATEGIAS

**Los símbolos.** Even the simplest poetry often includes symbols and personification. If you were to write a poem about an apple, how would you describe it? What might it symbolize? Can you think of what kind of person an apple would be? Make a list of everything that occurs to you when you think of an apple, its physical, symbolic, and personified representations. (Your list may be in Spanish, English or both.) Then, as you read Neruda's poem, compare your description with his.

| lo físico | lo simbólico | lo personificado |
|-----------|--------------|------------------|

# Oda a la manzana

A ti, manzana,
quiero
celebrarte
llenándome
con tu nombre
la boca
comiéndote.

Siempre
eres nueva como nada
o nadie,
siempre
recién caída°                    *fallen*
del Paraíso:
¡plena
y pura
mejilla arrebolada°              *blushing cheek*
de la aurora°!                   *dawn*

Qué difíciles
son
comparados
contigo
los frutos de la tierra
las celulares uvas
los mangos
tenebrosos,°                     *gloomy*
las huesudas°                    *bony*
ciruelas, los higos°             *plums, figs*
submarinos:
tú eres pomada° pura,            *cream*
pan fragante
queso
de la vegetación.

Cuando mordemos°                 *we bite*
tu redonda inocencia
volvemos
por un instante
a ser
también creadas criaturas:
aún tenemos algo de manzana.

Yo quiero una abundancia
total, la multiplicación
de tu familia,
quiero
una ciudad,
una república
un río Mississippi
de manzanas,
y en sus orillas°                *banks*
quiero ver
a toda la población
del mundo
unida, reunida,
en el acto más simple de la tierra°   *earth*
mordiendo una manzana.

**6-36 La música de la poesía.** Lee la oda en voz alta, línea por línea, pausando para saborear (*savor*) la delicia de la manzana.

**6-37 Lo físico, lo simbólico, lo personificado.** Completa la descripción que hace el poeta para cada uno de estos componentes. ¿Cuáles de éstos te sorprenden?

1. lo físico: _____

2. lo simbólico: _____

3. lo personificado: _____

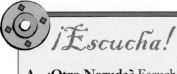
¡Escucha!

**A. ¿Otro Neruda?** Escucha las siguientes descripciones de comidas a ver si puedes adivinar qué representan. Identifica los objetos con el número de la descripción correspondiente.

MODELO:     Amigo mío… fiel amigo de las mañanas de tostadas… de las tardes
en bocadillo… compañero de mesa en las cenas… de masa a miga
te quiero…
▶ *el pan*

___ el jugo de naranja      ___ el plátano      ___ la langosta
___ la cebolla              ___ el huevo        ___ la lechuga

**B.¿Son poetas?** ¿A qué otra comida les gustaría escribirle una oda? ¿Cuáles son sus características físicas, personales y simbólicas?

# *Chile:* Un país de contrastes

**6-38 ¿Qué sabes tú?** Trata de identificar y/o explicar las siguientes cosas.

1. la capital de Chile
2. una cordillera de montañas (*mountains*) importantes
3. ciudades en Chile y en Indiana, EE.UU., cuyo nombre significa *Valley of Paradise*
4. la historia de Salvador Allende
5. un producto agrícola chileno
6. los países en su frontera
7. su clima
8. una industria importante

Isabel Allende es una de las novelistas contemporáneas más importantes de las Américas. Es pariente del ex-presidente Salvador Allende, y se exilió después de su derrocamiento (*overthrow*). Aunque hoy en día vive en los EE.UU., todavía escribe muchos cuentos en español que luego se traducen al inglés. Una de sus primeras novelas, *La casa de los espíritus*, fue llevada al cine y en ella actuó Meryl Streep.

Por sus 10.000 km de costas, la industria pesquera es sumamente importante en Chile. No sólo en los restaurantes se puede disfrutar de una variedad de pescado y mariscos, sino también en todo el mundo adonde se exportan. Y en el embarcadero, los pelícanos esperan las sobras (*leftovers*)

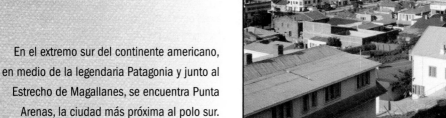

En el extremo sur del continente americano, en medio de la legendaria Patagonia y junto al Estrecho de Magallanes, se encuentra Punta Arenas, la ciudad más próxima al polo sur.

Nuestro Mundo

Se dice que el desierto de Atacama, en el norte de Chile, es el más seco del mundo. Aunque carece de (*it lacks*) vida, la región es rica en minerales, y es aquí donde se mina el nitrato de sodio para la producción de fertilizantes y explosivos. La minería de otros minerales, especialmente del cobre, es importante también.

El clima templado del valle central es ideal para el cultivo de frutas y verduras, muchas de las cuales se exportan a los EE.UU. y al Canadá durante el invierno norteamericano. El vino chileno es uno de los mejores del mundo.

Desde junio hasta octubre se puede disfrutar de los deportes de invierno en los Andes chilenos. El Parque Nacional Vicente Pérez Rosales, dominado por el volcán Osorno, es un lugar popular para hacer excursiones y esquiar.

N

Antofagasta

CHILE

Santiago

Punta Arenas

**6-39 ¿Dónde?** Identifica un lugar o unos lugares en el mapa de Chile donde puedes encontrar las siguientes cosas.

1. industria pesquera
2. industria minera
3. producción de vino
4. deportes invernales
5. la sede del gobierno
6. parques nacionales
7. volcanes
8. temperatura alta
9. temperatura baja

**6-40 ¿Cierto o falso?** Indica si las siguientes oraciones son **ciertas** o **falsas**. Si son falsas, explica por qué.

1. Chile es una nación estrecha y larga.
2. En el extremo norte de Chile hace mucho frío.
3. Chile es un país bastante próspero.
4. El presidente de Chile es Salvador Allende.
5. Punta Arenas se encuentra en una región árida.
6. En el Parque Nacional Vicente Pérez Rosales, puedes nadar en el lago y esquiar en la nieve.
7. La mayoría del pescado de la industria pesquera se consume en Chile.
8. Isabel Allende vive en Santiago.

 **6-41 Recomendaciones**. Háganles recomendaciones a personas que piensan viajar a Chile. Recomiéndenles lugares para visitar según sus intereses.

MODELO:   Quiero estudiar mineralogía.
  ▶   *¿Por qué no vas al desierto de Atacama? Allí hay minas de cobre y otros minerales.*

1. Quiero estudiar ecología.
2. Me gusta escalar montañas.
3. Deseo visitar el palacio presidencial.
4. Estudio agricultura.
5. Me gustan los mariscos.
6. Quiero observar los pingüinos.

 **6-42 Investigar**. Investiga uno de los siguientes temas o individuos y prepara un informe para presentárselo a la clase.

1. Augusto Pinochet
2. Pablo Neruda
3. Isabel Allende
4. el origen del nombre de Chile
5. las Islas de Pascua
6. Gabriela Mistral

## Taller

### Una reseña de un restaurante

Puedes encontrar reseñas de restaurantes en el periódico o en una revista culinaria. La reseña te ayuda a decidir si te interesa visitar el restaurante. Lee la reseña a continuación para ver la información que se incluye.

### ♨♨♨ EL SANTIAGO

Restaurante de cocina chilena, se encuentra en el centro de la ciudad, cerca de los teatros y la ópera. Entre sus especialidades se incluyen ceviche (pescado crudo "cocido" en jugo de limón); tapas (tortilla española, queso, calamares), corvina fresca preparada a gusto y los mejores vinos chilenos. Cada noche a partir de las 9:00, Los Chavales (grupo musical del norte de Chile) toca música andina. El lugar es hermoso con varios patios y pequeñas mesas alrededor de una fuente[1] en medio. Las pequeñas luces que decoran los árboles y las plantas contribuyen al ambiente[2] romántico. El servicio es bueno, aunque no excepcional (esperamos media hora para recibir nuestras tapas), pero el ambiente y la música compensaron la demora.[3] Cuando por fin nos llegó la comida, valió la pena[4] esperar. La cuenta para dos personas, que incluyó tapas, comida, una botella de vino tinto, postre y propina, no llegó a $75. Les recomendamos este lindo restaurante para una ocasión especial, o para una cena después del teatro. Se aceptan reservaciones llamando al 555-4876.

[1]*fountain*   [2]*atmosphere*   [3]*delay*   [4]*it was worth the trouble*

1. **Idea.** Piensa en el nombre de un restaurante, dónde se encuentra y por qué lo recomiendas.

2. **Preguntas.** Contesta las siguientes preguntas para organizar tus ideas.

   ¿Cuántos tenedores tiene
      (1-económico 5-caro)?
   ¿Tiene alguna cocina en especial?
   ¿Cómo es su ambiente?
   ¿Cómo es el servicio?
   ¿Qué te gustó o no te gustó?
   ¿Se puede ir vestido informalmente?
   ¿Cuál es su número de teléfono?

   ¿Dónde está?
   ¿Cuáles son sus especialidades?
   ¿Tiene música?
   ¿Qué comiste cuando lo visitaste?
   ¿Cuánto costó?
   ¿Se aceptan reservaciones?
   ¿Cuál es tu recomendación?

3. **Organización.** Escribe un párrafo basado en tus respuestas y el modelo.

4. **Revisión.** Revisa tu reseña para verificar los siguientes puntos.

   ❏ el uso del pretérito
   ❏ la concordancia de adjetivos y sustantivos
   ❏ la ortografía

5. **Intercambio.** Intercambia tu reseña con la de un/a compañero/a. Mientras leen las reseñas, hagan comentarios y sugerencias sobre el contenido, la estructura y la gramática.

6. **Entrega.** Pasa tu reseña en limpio, incorporando las sugerencias de tu compañero/a, y entrégasela a tu profesor/a.

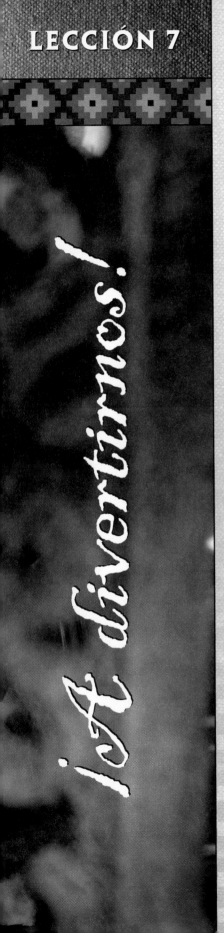

# LECCIÓN 7

¡A divertirnos!

## COMUNICACIÓN

- ► Making and responding to suggestions
- ► Talking about pastimes
- ► Talking about the weather
- ► Describing sports and outdoor activities
- ► Describing with negative and indefinite expressions
- ► Reporting past events

## ESTRUCTURAS

### PRIMERA PARTE

- ► Verbs with irregular preterit forms (I)
- ► Indefinite and negative expressions

### SEGUNDA PARTE

- ► Verbs with irregular preterit forms (II)
- ► Impersonal and passive *se*

## CULTURA

- ► Los pasatiempos
- ► Sammy Sosa, la superestrella dominicana de los Chicago Cubs
- ► Páginas: "Sensemayá," Nicolás Guillén
- ► Nuestro mundo: Las islas hispánicas del Caribe: Cuba, la República Dominicana y Puerto Rico

# PRIMERA PARTE

## *¡Así es la vida!*

### El fin de semana

#### Escena 1

Karen Banks, Ricardo Rubio, Linnette Ortiz y Scott Breslow estudian en la Universidad de Puerto Rico. Es sábado por la mañana. Karen y su novio Ricardo, no saben qué van a hacer y están leyendo algunos anuncios que aparecen en el centro estudiantil de la universidad.

RICARDO: Oye, Karen. ¿Por qué no vamos al partido de básquetbol?

KAREN: No sé. Hoy hace buen tiempo y no quiero estar dentro de un gimnasio.

RICARDO: Tienes razón. ¿Qué tal si vamos a la feria internacional?

KAREN: No, ya fui ayer y estuve varias horas. Pero, mira, allí están Scott y Linnette. Vamos a ver qué piensan hacer ellos.

#### Escena 2

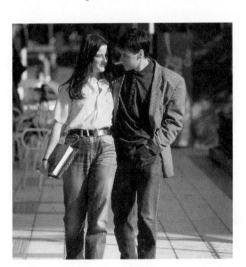

KAREN: Hola, ¿qué hay de nuevo? ¿Piensan hacer algo divertido hoy?

LINNETTE: Nada de particular, pero hoy es un día perfecto para ir a la playa. Hace sol y mucho calor. ¿Por qué no vamos a Luquillo a nadar en el mar y después hacemos un pícnic?

RICARDO: ¡Magnífico! ¡Es una estupenda idea!

SCOTT: Yo hago los sándwiches.

LINNETTE: No, mejor los hago yo. Tú los hiciste la última vez.

SCOTT: Entonces, yo voy a comprar los refrescos.

KAREN: ¿Y quién trae la sombrilla?

RICARDO: Yo la traigo y la pongo en mi carro.

LINNETTE: No, mejor dásela a Scott y así la pone en nuestro carro. Tenemos más espacio allí.

#### Escena 3

Scott y Linnette llegan a la playa y se sientan en la arena a esperar a Ricardo y a Karen.

LINNETTE: ¡Qué bonito está el mar!

SCOTT: ¡Fabuloso! Está ideal para nadar.

LINNETTE: Oye, Scott, ¿dónde está la bolsa con los trajes de baño? No la vi en el baúl. ¿Se la diste a alguien?

SCOTT: ¡Ay, no! La dejé en la residencia de estudiantes.

LINNETTE: No vamos a poder nadar en el mar.

SCOTT: ¡Qué mala suerte!

LINNETTE: No importa, mi amor, lo importante es estar con nuestros amigos.

## Actividades para el fin de semana (*weekend*)

| | |
|---|---|
| hacer una excursión | *to take a (day) trip/ excursion; to take a tour* |
| hacer un pícnic/ una merienda | *to have a picnic/snack* |
| ir a un partido/ un concierto/ una discoteca | *to go to a game/ concert/club* |
| nadar en el mar | *to swim in the sea* |
| pasarlo bien | *to have a good time* |

## Opiniones y sugerencias (*suggestions*)

| | |
|---|---|
| Es un día perfecto para… | *It's a perfect day for . . .* |
| ¿Qué piensan hacer hoy? | *What are you planning to do today?* |
| ¿Qué piensas? ¿Qué te parece? ¿Qué crees? | *What do you think? (How do you feel about that?)* |
| ¿Qué tal si…? | *What if . . .?* |

## Para la playa (*For the beach*)

| | |
|---|---|
| la bolsa | *big bag/tote bag* |
| el cesto | *basket* |
| la heladera | *cooler* |
| el hielo | *ice* |
| la sombrilla | *beach umbrella* |
| la toalla | *towel* |
| el traje de baño | *bathing suit* |

## Para hablar del clima (*Talking about the weather*)

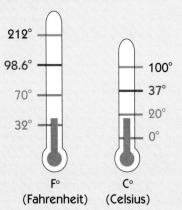

| | |
|---|---|
| ¿Qué tiempo hace? | *What's the weather like?* |
| Hace buen tiempo. | *It's nice out.* |
| Hace (mucho) calor. | *It's (very) hot.* |
| Hace fresco. | *It's cool.* |
| Hace (mucho) frío. | *It's (very) cold.* |
| Hace mal tiempo. | *The weather is bad.* |
| Hace (mucho) sol. | *It's (very) sunny.* |
| Hace (mucho) viento. | *It's (very) windy.* |
| Está despejado. | *It's (a) clear (day).* |
| Está nublado. | *It's cloudy.* |
| Hay contaminación. | *It's smoggy.* |
| Hay neblina. | *It's foggy.* |
| Llueve./ Está lloviendo. | *It rains./It's raining.* |
| Nieva./Está nevando. | *It snows./It's snowing.* |

## Otras palabras y expresiones

| | |
|---|---|
| el boleto | *ticket (for an event or for transportation)* |
| el pronóstico | *forecast* |
| tocar | *to play (a musical instrument)* |

### REPASO
dar un paseo
salir con…
traer la comida
ver una película
la entrada[1]
la función

[1] **Entrada** can also mean *entry* (in a diary, journal, etc.) and *entrance*.

## ¡Escucha!

**A. El pronóstico del tiempo.** Escucha el pronóstico del tiempo que se da en la radio para esta semana. Luego, completa la información a continuación. Puedes escuchar más de una vez, si quieres.

ciudad: _____

siglas (*call letters*) de la
   emisora de radio: _____

fecha: _____

estación del año: _____

tiempo de ayer: _____

pronóstico para hoy: _____
_____

pronóstico para mañana: _____
_____

una actividad que puedes hacer
   mañana: _____

*AB* **B. ¿Qué tiempo hace hoy?** Conversen sobre el tiempo. Túrnense para contestar estas preguntas y hacer una pregunta original.

1. ¿Qué tiempo hace hoy?
2. ¿Qué tiempo hace aquí en la primavera?
3. ¿Te gusta cuando hace calor?
4. ¿Hay mucha neblina o contaminación en esta ciudad?

**C. Un clima ideal.** Escribe cinco oraciones completas, describiendo un lugar que para ti tiene un clima ideal. Luego, descríbeselo al resto de la clase. Entre todos, escojan el lugar favorito.

## Practiquemos

**7-1 ¿Qué hacer?** Algunos amigos están haciendo planes para el fin de semana. Completa las oraciones con una palabra o expresión de **¡Así lo decimos!**

MODELO:  No quiero tomar el sol. ¿Hay __*sombrillas*__ en la playa?

1. Queremos ir a escuchar música. Vamos a un ___.
2. Hace buen tiempo. ¿Por qué no vamos al parque, llevamos sándwiches y hacemos un ___?
3. Hoy hace sol. Vamos a dar un ___ por el parque.
4. Los refrescos están en la ___.
5. El sábado va a hacer mucho calor. ¿Por qué no vamos a nadar en ___?
6. El domingo hay un ___ de básquetbol en el gimnasio.
7. ¡Qué feo! Hace muy mal tiempo: está ___ y hay mucha ___.
8. Si hace mal tiempo, es un día perfecto para ___.

**7-2 El tiempo.** Describe el tiempo que hace en los dibujos, usando expresiones de **¡Así lo decimos!**

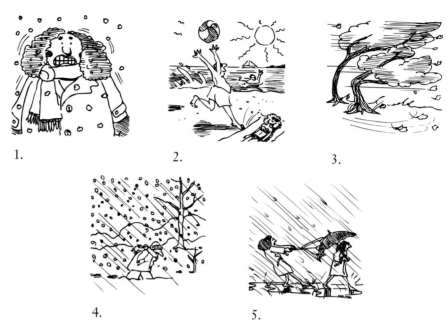

1.     2.     3.

4.     5.

👥 **7-3 El Caribe en abril.** Túrnense para contestar las preguntas basadas en el mapa meteorológico.

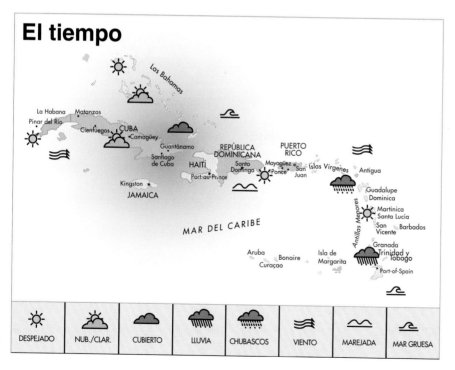

MODELO:    E1: *¿Qué tiempo hace en Mayagüez?*
E2: *Hace sol. Está despejado.*

1. Si quieres visitar un lugar donde hace sol, ¿adónde vas?
2. ¿En qué parte hace fresco?
3. ¿Qué tiempo hace en la capital de la República Dominicana?
4. ¿Dónde hace muy mal tiempo?
5. ¿Dónde está lloviendo?
6. ¿Qué tiempo hace en La Habana?
7. ¿Qué ciudad quieres visitar y por qué?

**7-4 La entrada.** Aquí tienes entradas para una función en Puerto Rico. Contesta las siguientes preguntas. Luego decide si te interesa asistir.

1. ¿Qué hay en el Auditorio Santa Cruz?
2. ¿En qué ciudad es la función?
3. ¿Qué tipo de función es?
4. ¿En qué parte del auditorio es el baile?
5. ¿A qué hora es la función? ¿Qué día?
6. ¿Cuánto es la entrada para el baile?
7. ¿Qué bailes van a presentar?
8. ¿Te interesa asistir? Explica.

¡NUESTRO BAILE!
MI TAÍNO

BAILE FOLKLÓRICO DE PUERTO RICO     $30.00

AUDITORIO SANTA CRUZ

SALA D                         3 ECO

22.30 | 14-V-00 DOMINGO | FILA | 17 | N.⁰ | 42

*Ayuntamiento de San Juan*

*Seis Chorreao, Bamba, Plena, Seis De Los Palitos, Danza, Lanceros ¡y más!*

 **Conversemos**

**7-5 Una invitación.** Túrnense para hacer y responder a invitaciones. Traten de extender la conversación lo más posible. Pueden usar expresiones de la lista.

Es un día perfecto para…          ¿Qué crees?
¿Qué piensas hacer hoy?           ¿Qué piensas?
¿Qué te parece?                   ¿Qué tal si…?

1. Tienes dos entradas para un concierto. Dale información a tu compañero/a sobre quiénes tocan, la fecha, la hora, el lugar, etcétera.
2. Hace buen tiempo y deseas nadar en la playa o en una piscina (*swimming pool*).
3. No tienes que trabajar hoy y quieres hacer una excursión.
4. Hace muy mal tiempo, pero no quieres pasar todo el día viendo la televisión.

**7-6 El clima.** Hablen del clima en varios lugares del mundo durante diferentes meses del año. Hablen de por lo menos seis lugares.

MODELO:  E1: *¿Qué tiempo hace en enero en Santo Domingo?*
         E2: *En enero probablemente hace sol y calor.*

*AB*  **7-7A ¿Qué te gusta hacer cuando...?** Túrnense para preguntarse qué les gusta hacer en diferentes climas. Anoten y resuman las respuestas.

MODELO:  E1: *¿Qué te gusta hacer cuando está nevando?*
E2: *Me gusta esquiar.*

ALGUNAS ACTIVIDADES

dar un paseo/una fiesta
esquiar en la nieve/en el agua
invitar a los amigos
leer una novela/el periódico
tomar el sol/un refresco

dormir una siesta
hacer un pícnic/una fiesta
ir a un partido/al cine/a la playa
nadar en la piscina/en la playa
ver una película/un concierto/la
 televisión

¿Qué te gusta hacer cuando...

1. hace calor?
2. está lloviendo?
3. hace frío en la playa?

4. hace fresco?
5. está nevando?
6. hace buen tiempo, pero tienes que
 trabajar?

**7-8 Una invitación.** Presenten las escenas a continuación. Traten de mantener la conversación por varios minutos.

1. Invita a tu amigo/a a un concierto. Él/Ella no tiene mucho interés en asistir y tú tienes que convencerle de que va a ser una experiencia magnífica.
2. Estás en la playa y te das cuenta de que no tienes algo que necesitas. Tu amigo/a te quiere ayudar.
3. ¡Quieres hacer algo verdaderamente extravagante! Tu amigo/a quiere acompañarte, pero no tiene mucho dinero.
4. Eres el profesor o la profesora de esta clase y los estudiantes quieren tener la clase afuera, al aire libre. Trata de convencerlos de que es mejor continuar la clase adentro (*inside*).

# COMPARACIONES...

## La vida social de los hispanos

A los hispanohablantes les gusta disfrutar de (*to enjoy*) la vida y dedicar mucho tiempo a las actividades recreativas. Generalmente estas actividades son de tipo social y ocurren por la noche: visitar a la familia y a los amigos íntimos; salir en grupo al cine, al teatro, a un concierto, a dar un paseo por el parque; ir a un partido de fútbol, béisbol o básquetbol; o simplemente quedarse (*to stay*) en la casa para ver la televisión o para jugar juegos de mesa, como canasta o ajedrez (*chess*) con la familia. Durante el fin de semana muchas familias de la clase media se pasan el día en el club social, donde los padres y los hijos se reúnen (*get together*) con sus respectivos amigos para participar en actividades deportivas o para jugar juegos de azar (*games of chance*).

## ¡Vamos a comparar!

¿Con quién disfrutas tú de las actividades recreativas? ¿Con tus padres? ¿Con tus hermanos? Con tus amigos, ¿qué haces para pasar el tiempo? ¿Cuáles son algunas diferencias entre los pasatiempos de los hispanos y los pasatiempos de los norteamericanos?

## ¡Vamos a conversar!

Pon estas actividades en orden de interés y compara tu lista con la de un/a compañero/a. Si hay diferencias de gustos, expliquen por qué.

____ dar un paseo          ____ jugar juegos de azar

____ salir con la familia   ____ ir a una discoteca

____ leer una novela        ____ salir con los amigos

____ ir al cine             ____ practicar deportes

____ ver la televisión      ____ ¿... ?

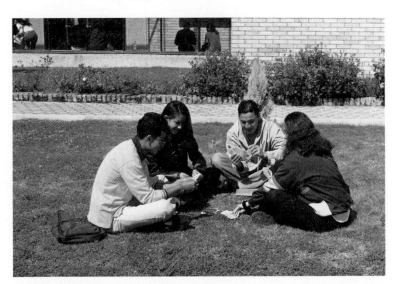

*A estas personas les encanta jugar canasta.*

 ¡Así lo hacemos!

## Estructuras

### 1. Verbs with irregular preterit forms (I)

| | SER/IR | ESTAR | TENER | DAR | HACER |
|---|---|---|---|---|---|
| | | Irregular preterit forms | | | |
| yo | fui | estuve | tuve | di | hice |
| tú | fuiste | estuviste | tuviste | diste | hiciste |
| él/ella, Ud. | fue | estuvo | tuvo | dio | hizo |
| nosotros/as | fuimos | estuvimos | tuvimos | dimos | hicimos |
| vosotros/as | fuisteis | estuvisteis | tuvisteis | disteis | hicisteis |
| ellos/as, Uds. | fueron | estuvieron | tuvieron | dieron | hicieron |

- The verbs **ser** and **ir** have the same forms in the preterit. The context of the sentence or the situation will clarify the meaning.

  | ¿Sabes?, nuestros abuelos también **fueron** jóvenes. | *You know, our grandparents were also young.* |
  |---|---|
  | **Fuimos** al centro a dar un paseo. | *We went downtown for a walk.* |

- Note that **estar** and **tener** have the same irregularities in the preterit. **Andar** is conjugated similarly.

  | **Estuve** en la feria internacional. | *I was at the international fair.* |
  |---|---|
  | Gloria **tuvo** que salir temprano del partido. | *Gloria had to leave the game early.* |
  | Esta mañana **anduvimos** por la playa mucho tiempo. | *This morning we walked on the beach for a long time.* |

- The preterit forms of **dar** are the same as for regular **-er** and **-ir** verbs. Because the first and third persons have only one syllable, they do not require an accent mark.

  | Víctor me **dio** una película excelente. | *Victor gave me an excellent movie.* |
  |---|---|
  | Le **di** la entrada a Alicia. | *I gave the ticket to Alicia.* |

- **Hacer** changes the stem vowel from **a** to **i,** and the **c** to **z** in the third person singular.

  | **Hice** una merienda estupenda ayer. | *I prepared a great snack yesterday.* |
  |---|---|
  | **Hizo** mucho frío anoche en el concierto. | *It was very cold last night at the concert.* |

## Practiquemos

**7-9 Un concierto de Juan Luis Guerra.** Completa el párrafo con la forma correcta del pretérito del verbo entre paréntesis.

Ayer yo (1 ir) ___ a un concierto de Juan Luis Guerra, el famoso cantante dominicano. Mis amigos y yo (2 llegar) ___ allí a las siete e (3 hacer) ___ cola para comprar las entradas. Un agente nos (4 atender)___ y nos (5 preguntar) ___: "¿Cuántas entradas desean?" Yo le (6 contestar) ___: "Queremos cuatro, por favor." Él nos (7 dar) ___ los boletos y (8 nosotros: subir) ___ al balcón. (9 Estar) ___ en la octava fila del tercer balcón. ¡Yo no (10 ver) ___ nada! Pero sí (11 oír) ___ el ritmo y (12 sentir) ___ la emoción de un concierto en vivo. (13 Ser)___ una experiencia estupenda y lo (14 pasar) ___ bien.

**7-10 En la discoteca.** Narra una experiencia personal o inventada en una discoteca. Combina elementos de cada columna y usa el pretérito.

MODELO:     ► *Mis amigos y yo hicimos mucho ruido.*

| | |
|---|---|
| yo/tú | tener que pagar la cuenta |
| nuestros amigos | estar bailando por horas |
| los músicos | ser divertido/a |
| la música | hacer mucho ruido |
| mis amigos y yo | darnos las bebidas |
| la cantante | ser muy bueno/a |

## Conversemos

 **7-11A Chismes** (*Gossip*). Hagan y contesten preguntas sobre la clase de ayer.

1. ¿Quiénes estuvieron en clase?
2. ¿Quiénes tuvieron que hacer presentaciones?
3. ¿Quién llegó tarde?
4. ¿Qué hizo el/la profesor/a?

**7-12 ¿Quién..?** Pregúntales a tus compañeros de clase si hicieron las siguientes actividades la semana pasada. Hazle una pregunta diferente a cada persona, y en una hoja de papel, escribe el nombre de la persona que conteste afirmativamente.

MODELO:     jugar al béisbol
            E1: *¿Jugaste al béisbol?*
            E2: *Sí, jugué al béisbol. (No, no jugué al béisbol.)*

| | | | |
|---|---|---|---|
| estar en clase todos los días | dar un paseo | ir a un partido | andar por el parque |
| tener problemas con el carro | hacer (*to take*) un viaje | ver una película | empezar un trabajo importante |
| hacerle un regalo a un/a amigo/a | pagar las cuentas | hacer un pícnic | llegar tarde a clase |
| tener que trabajar mucho | ir a una discoteca | jugar al tenis | hacerle un regalo a tu mamá |

## 2. Indefinite and negative expressions

| AFIRMATIVO | | NEGATIVO | |
|---|---|---|---|
| **algo** | *something, anything* | **nada** | *nothing, not anything* |
| **alguien** | *someone, anyone* | **nadie** | *nobody, no one* |
| **algún,** | *any, some* | **ningún,** | |
| **alguno/a(s)** | | **ninguno/a(s)** | *none, not any* |
| **siempre** | *always* | **nunca, jamás** | *never* |
| **también** | *also, too* | **tampoco** | *neither, not either* |
| **o… o** | *either . . . or* | **ni… ni** | *neither . . . nor* |

■ In Spanish, verbs are positive unless they are made negative through the use of **no** or a negative expression. There can be more than one negative expression (a double or triple negative) in a single sentence in Spanish. When **no** is used in a sentence, a second negative (e.g., **nada, nadie, ningún**) can either immediately follow the verb or be placed at the end of the sentence.

> No fuimos **nunca** a la playa con Esteban.
>
> *We never went to the beach with Esteban.*
>
> No le debe dar los sándwiches a **nadie**.
>
> *You shouldn't give the sandwiches to anyone.*

■ When the negative expression precedes the verb, **no** is omitted.

> **Nunca** fuimos a la playa con Esteban.
>
> *We never went to the beach with Esteban.*
>
> A **nadie** le debe dar los sándwiches.
>
> *You shouldn't give the sandwiches to anyone.*

- The expressions **nadie** and **alguien** refer only to persons and require the personal **a** when they appear as direct objects of the verb.

| | |
|---|---|
| No vi **a nadie** en el agua. | *I didn't see anyone in the water.* |
| ¿Viste **a alguien** especial anoche en la discoteca? | *Did you see someone special last night at the dance club?* |

- The adjectives **alguno** and **ninguno** drop the **-o** before a masculine singular noun in the same way the number **uno** shortens to **un**. Note the use of a written accent when the **-o** is dropped.

| | |
|---|---|
| **Ningún** amigo vino al partido. | *No friend came to the game.* |
| ¿Te gusta **algún** tipo de soda? | *Do you like any type of soda?* |

- **Ninguno** is almost always used in the singular, not plural form. The exception would be when used with inherently plural nouns.

| | |
|---|---|
| ¿Quedan **algunas** entradas? | *Are there any tickets left?* |
| No, no queda **ninguna** entrada. | *No, there aren't any tickets left.* |
| ¿Encontraste mis pantalones? | *Did you find my pants?* |
| No, no encontré **ningunos** pantalones. | *No, I didn't find any pants.* |

- Once a sentence is negative, all other indefinite words are also negative.

| | |
|---|---|
| **No** conseguí **ningún** boleto para **ninguno** de los partidos. | *I didn't get any tickets for any of the games.* |
| Lucía **no** conoce a **nadie tampoco**. | *Lucía doesn't know anybody either.* |
| **No** voy a traer **ni** refrescos **ni** sándwiches para **nadie**. | *I'm not bringing either refreshments or sandwiches for anyone.* |

## Practiquemos

**7-13 Misterio en el Teatro Colón.** Usa expresiones negativas para completar este párrafo.

Entré en el Teatro Colón. No vi a (1) ___ persona en el auditorio. No vi a (2) ___ en el bar. Busqué la luz, pero no vi (3) ___. No vi (4) ___ un actor (5) ___ un músico, absolutamente (6) ___. (7) ___ tuve miedo, pero sí estuve un poco nervioso. No voy a volver (8) ___ a un concierto un domingo a las tres de la mañana.

**7-14 Los planes.** Contesta las preguntas sobre los planes de tu familia. Usa expresiones negativas cuando sean (*they are*) apropiadas.

MODELO:   ¿Leíste algo interesante hoy en el periódico?
   ► *No, no leí nada interesante.*

1. ¿Alguien en tu familia planeó alguna excursión al campo este año?
2. ¿Preparaste algo para el último viaje que hiciste con tu familia?
3. ¿Ayudaste con algunos de los planes para las últimas vacaciones de la familia?
4. ¿Siempre van ustedes de viaje en autobús?

**7-15 ¡No quiero hacer nada!** Imagínense que uno/a de ustedes no quiere hacer nada hoy. Cuando el/la otro/a haga las siguientes preguntas, respondan con expresiones negativas.

MODELO: E1: *¿Vas a llamar a alguien?*
E2: *No, no voy a llamar a nadie.*

1. ¿Vas a visitar a alguien?
2. ¿Vas a ver algún programa esta noche?
3. ¿Vas a estudiar o vas a escuchar música?
4. ¿Vas a escribirle una carta a algún amigo?
5. ¿Vas a cenar con alguien?
6. ¿Vas a leer algo?
7. ¿Alguna vez vas a la playa solo/a?
8. ¿Vas a ir a algún concierto?

## Conversemos

**7-16A ¡Contéstame!** Conversen sobre sus planes. Túrnense para contestar estas preguntas. Háganse una pregunta original también.

MODELO: E1: *¿Siempre acompañas a tus padres cuando van al cine?*
E2: *Sí, siempre los acompaño. (No, no los acompaño nunca.)*

1. ¿Siempre vas a la playa en el verano?
2. ¿Tienes algunos invitados en tu casa este fin de semana?
3. ¿Conoces algún buen parque en esta ciudad?
4. ¿Hay algo que hacer el domingo?
5. ¿Siempre te gusta dar un paseo cuando hace buen tiempo?
6. ¿Te gusta salir con algún amigo especial?

**7-17 Una entrevista.** Entrevístense para saber algo de sus gustos. Usen las expresiones *siempre, algunas veces, casi nunca* y *nunca* en sus respuestas.

MODELO: ver muchas películas de ciencia ficción
E1: *¿Ves muchas películas de ciencia ficción?*
E2: *¡Siempre! Soy muy aficionado/a a las películas de ciencia ficción.*

ALGUNAS ACTIVIDADES

dar paseos en el invierno
ir a un partido los sábados
ir a una discoteca con los amigos
salir con los amigos los viernes

ver películas extranjeras
hacer un pícnic en el verano
ir a conciertos de música rock
gustar los días de lluvia

**7-18 En resumen.** Resume la información de la entrevista en la **Actividad 7-17.** Incluye las opiniones de tu compañero/a y las tuyas, también. ¿Es tu compañero/a un/a estudiante típico/a de esta universidad? ¿Son muy diferentes sus opiniones?

# ¡Así es la vida!

## Los deportes

**María Ginebra Rojas (dominicana)**
Como se sabe, es muy bueno hacer ejercicio todos los días. Durante el verano, cuando hace calor, juego al tenis y practico ciclismo. En el invierno, cuando hace fresco, me gusta nadar en la piscina de mi club. Mi deportista favorita es la tenista dominicana, Mary Jo Fernández.

**Daniel Betancourt Ramírez (cubano)**
Soy entrenador de un equipo de fútbol de niños. En los últimos años este deporte se juega más en Cuba, aunque el béisbol es el deporte más popular. Yo les enseño a mis jugadores a ser agresivos y disciplinados. Cuando ellos juegan bien, los animo gritando: "¡Arriba!", "¡Buena jugada!", "¡Qué pase!" No me caen bien los árbitros, pero respeto sus decisiones. Yo pude ir a ver partidos de la Copa Mundial (*World Cup*) un año. ¡Espero ver a uno de mis jugadores en la Copa Mundial algún día!

**Leopoldo Cobb Antúnez (puertorriqueño)**
Practico vólibol y béisbol. Aunque se dice que el deporte más popular es el fútbol, mi deporte favorito es el béisbol. Soy jardinero (*outfielder*) derecho del equipo de la universidad. No soy estrella, pero generalmente bateo bastante bien. La temporada de la liga de béisbol puertorriqueña es de noviembre a enero. Mi héroe es Juan González, que juega al béisbol para el equipo de Texas de la Liga Americana. Quise ir a Texas para verlo jugar este año, pero no pude porque me enfermé.

**Alejandra Sánchez Sandoval (puertorriqueña)**
Hay deportes que me gustan mucho y hay otros que no. El tenis me fascina porque es un deporte rápido; pero el golf no me gusta porque para mí es lento y muy aburrido. La semana pasada conocí en la universidad a un tenista que me llevó a un partido y me gustó mucho. En otra ocasión tuve una mala experiencia cuando fui con un amigo a una pelea de boxeo. ¡Qué violento es ese deporte! Aunque no entiendo el fútbol americano, encontré emocionante un juego que vi en la televisión ayer.

## Algunos deportes (*sports*)

| | |
|---|---|
| el atletismo | *track and field* |
| el boxeo | *boxing* |
| el ciclismo | *cycling* |
| el esquí | *skiing* |
| el esquí acuático | *water skiing* |
| la gimnasia | *gymnastics* |
| el golf | *golf* |
| el hockey | *hockey* |
| el vólibol | *volleyball* |

## Actividades deportivas (*sporting*)

| | |
|---|---|
| animar | *to encourage; to cheer* |
| batear | *to bat* |
| correr | *to run* |
| empatar | *to tie (the score)* |
| esquiar (esquío) | *to ski* |
| ganar | *to win* |
| gritar | *to shout* |
| patear | *to kick* |
| patinar | *to skate* |

## Algunos términos deportivos (*sports terms*)

| | |
|---|---|
| el/la aficionado/a | *fan* |
| el árbitro | *referee* |
| el balón | *ball (soccer ball, basketball, volleyball)* |
| el bate | *bat* |
| la bicicleta | *bicycle* |
| la cancha | *court, playing field* |
| el/la entrenador/a | *coach, trainer* |
| el equipo | *team; equipment* |
| los esquís | *skis* |
| la estrella | *star* |
| el guante | *glove* |
| la jugada | *play (in/of a game)* |
| los patines | *skates* |
| la pelota | *baseball, tennis ball* |
| la piscina la alberca | *swimming pool* |
| la raqueta | *racket* |
| la temporada | *season* |

## *Ampliación*

### Los deportistas

Generalmente identificamos a la persona que participa en un deporte con el sufijo **–ista**. Otro sufijo posible es **–dor/a**. Una persona que practica deportes es **deportista** o **jugador/a**. ¿Qué practican los siguientes deportistas?

| | |
|---|---|
| baloncestista/ basquetbolista | futbolista |
| nadador/a | boxeador/a |
| beisbolista | gimnasta |
| esquiador/a | tenista |
| ciclista | patinador/a |
| | corredor/a |

### REPASO

jugar (ue) (a)
nadar
perder (ie)
el baloncesto
el béisbol
el fútbol
el fútbol americano
la natación
el tenis

 ¡Escucha!

**A. Los deportes.** Escucha a Raquel y a Tomás mientras hablan de sus intereses en los deportes. Indica qué frases le corresponden a cada uno. Si una frase no le corresponde a ninguno, marca ninguno.

|  | RAQUEL | TOMÁS | NINGUNO |
|---|---|---|---|
| jugar al béisbol | _____ | _____ | _____ |
| ver los partidos de fútbol | _____ | _____ | _____ |
| jugar al tenis | _____ | _____ | _____ |
| practicar gimnasia | _____ | _____ | _____ |
| practicar atletismo | _____ | _____ | _____ |
| ver el boxeo | _____ | _____ | _____ |
| ser campeón/campeona (*champion*) | _____ | _____ | _____ |
| ser entrenador/a | _____ | _____ | _____ |
| esquiar | _____ | _____ | _____ |
| ver la natación en los Juegos Olímpicos | _____ | _____ | _____ |

**B. ¿Qué les interesa?** Hablen de sus deportes preferidos. Pregúntense si son jugadores o aficionados, en qué estación del año practican o ven sus deportes favoritos, quiénes son sus estrellas favoritas, etcétera.

## Practiquemos

**7-19 ¿Qué practicas?** Identifica el objeto en cada dibujo. Luego, indica el deporte correspondiente.

MODELO: ▶ *Es una bicicleta. La necesito para practicar ciclismo.*

1.

2.

3.

4.

5.

**7-20 En las Olimpiadas.** Identifica al (a la) deportista que corresponde a cada dibujo a continuación. Si el dibujo incluye al deportista, explica qué está haciendo la persona.

MODELO: ► *Es la gimnasta. Está practicando gimnasia.*

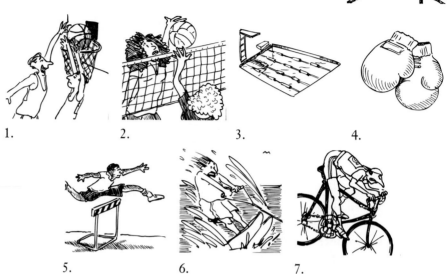

1.          2.          3.          4.

5.          6.          7.

**7-21 Excusas.** Emilio detesta hacer ejercicio pero le gustan los deportes. Usa el vocabulario de ¡**Así lo decimos!** para completar su conversación con Ana.

ANA: Emilio, ¿por qué no practicas deportes?

EMILIO: Bueno…, el (1) ___ es emocionante, pero tienes que correr mucho. Me gusta el béisbol, pero no me gusta (2) ___ la pelota. El (3) ___ es violento y tienes que ser muy fuerte. Además, los (4) ___ son caros. El hockey me gusta, pero no sé (5) ___ bien. El fútbol es interesante, pero no sé (6) ___ el (7) ___.

ANA: Si no te gustan los deportes violentos o de (8) ____, ¿por qué no practicas algo como el tenis o el (9)____?

EMILIO: No tengo (10) ____ y no me gusta la nieve.

ANA: ¿Y el (11) ___?

EMILIO: Pues, es estupendo, pero no nado bien y siempre tengo mucho miedo. No tengo (12) ___ para practicar ciclismo. Y la (13) ___es difícil para mí porque no soy ágil.

ANA: ¿Y el golf?

EMILIO: Es necesario practicarlo mucho y no me gusta (14) ___ a nada todos los días.

**7-22 Un partido.** Túrnense para contestar las preguntas sobre el anuncio.
Luego, decidan si quieren asistir al partido.

Campeonato Nacional de Béisbol

**ALMENDARES (LA HABANA)**
**VS.**
**CIENFUEGOS (CIENFUEGOS)**

Hora: 7:00 PM
Lugar: Estadio Nacional
Boletos: Un peso

1. ¿Qué pasa hoy?
2. ¿A qué hora es?
3. ¿De dónde son los equipos?

4. ¿Cómo se llaman los equipos?
5. ¿Dónde van a jugar los equipos?
6. ¿Quieres ir?

 **Conversemos**

*AB* **7-23A Entrevista.** Túrnense para pedir más información sobre los gustos de su
compañero/a. Expliquen sus respuestas.

MODELO:  deportes que practicas
E1: *¿Qué deportes practicas?*
E2: *Practico gimnasia y natación porque...*

1. tu deporte favorito
2. ¿por qué?
3. el equipo que menos te gusta

4. ¿por qué?
5. tu jugador/a favorito/a
6. la descripción de él/ella

**7-24 Consejos.** Explíquense cómo se sienten y pidan consejos sobre lo que deben hacer. Pueden aceptar o rechazar los consejos, pero es necesario dar excusas si no los aceptan.

MODELO: E1: *Estoy aburrido/a. ¿Qué hago?*

E2: *¿Por qué no das un paseo?*

E1: *No. No me gusta salir de noche.*

E2: *Bueno, yo voy contigo. ¿Está bien?*

| sugerencias | | |
|---|---|---|
| comprar entradas para un partido | hacer un pícnic | dar un paseo |
| jugar al tenis | escuchar música | trabajar en la biblioteca |
| hacer la tarea | visitar una librería | ir a la playa/un concierto |

| reacciones | | | |
|---|---|---|---|
| ¡fabuloso! | no me gusta(an)… | ¡ideal! | ¡qué buena idea! |
| no me importa | ¡qué mala idea! | no quiero porque… | tienes razón |
| no puedo porque… | ¡vamos! | | |
| *Estoy/Me siento…* | | | |
| impaciente | cansado/a | nervioso/a | de mal humor |
| aburrido/a | triste | emocionado/a | tenso/a |

**7-25 Un sondeo (*poll*).** Haz una lista de ocho deportes en una tabla como la siguiente. Luego, hazles preguntas a tus compañeros/as para saber cuántos aficionados a cada deporte hay, cuántos lo practican y la popularidad de cada deporte. Luego, compara tu cuadro con el de un/a compañero/a.

| | el deporte | el número de aficionados | el número de deportistas | escala de popularidad |
|---|---|---|---|---|
| | | | | |
| MODELO: | el boxeo | ⊞⊞ ll | ll | 5 |

**7-26 En mi tiempo libre.** Escribe un párrafo de por lo menos cinco oraciones. Explica cómo te gusta pasar el tiempo libre. Usa algunas de las siguientes palabras para conectar tus ideas.

pero          porque          cuando          si          y          aunque

MODELO: ▶ *Me gusta pasar tiempo con mi amigo Roberto porque él es mi mejor amigo. A Roberto le fascina el tenis, pero él no lo practica mucho. Prefiere verlo en la televisión. Cuando estoy con él, nos interesa ver a Pete Sampras porque él juega mejor que (better than) los otros tenistas, aunque hay otros jugadores que son muy buenos también. Mi pasión es el golf, pero no lo juego muy bien.*

# COMPARACIONES...

## Sammy Sosa, la superestrella dominicana de los Chicago Cubs

En 1998 Sammy Sosa ganó el título de Jugador Más Valioso de la Liga Nacional (MVP) a los veintinueve años. Con este título llegó a ser el dominicano más famoso del mundo. Llegó a ser tan famoso y tan popular, que el presidente Bill Clinton lo invitó en enero de 1999 a su discurso sobre el Estado de la Unión ante el Congreso. Pero Sosa viajó más lejos que la distancia física entre su país y Chicago para conseguir su fama y fortuna en los EE.UU. Nacido el 12 de noviembre de 1968 en el pueblo de San Pedro de Macorís de la República Dominicana, Sosa es de orígenes humildes (*humble*). Su madre, Lucrecia quedó viuda (*widowed*) desde muy joven, y Sammy la ayudó a mantener (*support*) a sus seis hermanos. Vendió naranjas a diez centavos y limpió zapatos por veinticinco centavos. Por muchos años su familia vivió en un apartamento de dos cuartos. A los dieciséis años todo cambió. Firmó un contrato por $3.500 con Los Texas Rangers y así comenzó su meteórica carrera. Empezó a jugar en las Grandes Ligas a los diecinueve años y en 1992 fue contratado por Los Chicago Cubs. Al final de la temporada de 1997, el entrenador de bateo de Los Cubs, Jeff Pentland, le dio a Sammy un video sobre cómo batear correctamente. Practicó con Pentland y en 1998 tuvo su legendaria carrera de jonrones con Mark McGwire. Mark McGwire ganó esa carrera con 70 jonrones, pero Sosa, quien tuvo 66 jonrones, tuvo una temporada más impresionante y más efectiva para su equipo. Bateó un promedio (*average*) de .308, tuvo 158 carreras impulsadas (*RBI's*) y 132 carreras anotadas (*runs scored*). Todo esto ayudó a su equipo a llegar a las finales y le aseguró el premio del Jugador Más Valioso. Ahora Sammy tiene asegurado su bienestar (*well-being*) económico con un contrato de cuatro años por 42,5 millones de dólares. En los próximos años vamos a ver cuántos récords rompe (*breaks*) esta superestrella de los Chicago Cubs.

### ¡Vamos a comparar!

Cuando Sosa ganó el título de MVP de la Liga Nacional, lo ganó con 438 votos y Mark McGwire, aunque bateó 70 jonrones, recibió sólo 272. ¿Por qué piensas que ocurrió esto? ¿Por qué crees que el dinero puede ser importante para Sammy? Muchos beisbolistas caribeños vuelven a sus países de origen para la temporada de invierno de béisbol. ¿Por qué puede ser importante esa temporada para ellos? ¿Hay otros jugadores de béisbol que admiras? ¿Por qué?

### ¡Vamos a conversar!

Conversen sobre los salarios que reciben las estrellas del deporte, especialmente las del básquetbol y del fútbol americano. ¿Cuál es la justificación para estos salarios tan altos? ¿Qué opinan de los salarios? ¿Qué deportistas reciben pequeños salarios o no reciben ninguno?

## ¡Así lo hacemos!

### Estructuras

## 3. Verbs with irregular preterit forms (II)

¿Dónde pusiste el balón?

|  | poder | poner | saber | decir | venir | traer |
|---|---|---|---|---|---|---|
| yo | **pud**e | **pus**e | **sup**e | **dij**e | **vin**e | **traj**e |
| tú | **pud**iste | **pus**iste | **sup**iste | **dij**iste | **vin**iste | **traj**iste |
| él/ella, Ud. | **pud**o | **pus**o | **sup**o | **dij**o | **vin**o | **traj**o |
| nosotros/as | **pud**imos | **pus**imos | **sup**imos | **dij**imos | **vin**imos | **traj**imos |
| vosotros/as | **pud**isteis | **pus**isteis | **sup**isteis | **dij**isteis | **vin**isteis | **traj**isteis |
| ellos/as, Uds. | **pud**ieron | **pus**ieron | **sup**ieron | **dij**eron | **vin**ieron | **traj**eron |

■ The preterit forms of **poder, poner,** and **saber** have a **u** in the stem. (See also **estar** → **estuve** and **tener** → **tuve** on p. 236.)

| | |
|---|---|
| **Pude** ir a la piscina. | *I was able to go to the pool.* |
| ¿**Pusiste** la toalla allí? | *Did you put the towel there?* |
| **Supimos** quién ganó enseguida. | *We found out (learned about) who won right away.* |

- The preterit form of **hay** (from the verb **haber**) is **hubo,** for both singular and plural.

Ayer **hubo** un partido de fútbol en el estadio. — *Yesterday there was a football game in the stadium.*

**Hubo** más de 50.000 espectadores. — *There were more than 50,000 spectators.*

- The preterit of **venir** has an **i** in the stem. Other verbs conjugated similarly in the preterit are: **decir → dije** and **querer → quise.** (See also **hacer → hice** on p. 236.)

**Vinimos** para esquiar en el mar. — *We came to ski in the sea.*

El entrenador le **dijo** la verdad al equipo. — *The coach told the truth to the team.*

**Quise** ir a la práctica contigo, pero no pude. — *I tried to go with you to the practice, but I wasn't able to.*

- Since the stem of the preterit forms of **decir** and **traer** ends in **j,** the third-person plural form of these verbs ends in **–eron,** not **-ieron.**

Los peloteros di**jeron** cosas buenas del entrenador. — *The ballplayers said good things about the coach.*

Me tra**jeron** los esquís que pedí. — *They brought me the skis I asked for.*

## Expansión — More on structure and usage

### Significados especiales en el pretérito

Certain Spanish verbs have different connotations when used in the preterit.

| | PRESENT | PRETERIT |
|---|---|---|
| **conocer** | to know | to meet someone (the beginning of knowing) |
| **poder** | to be able (have the ability) | to manage (to do something) |
| **no poder** | to not be able (without necessarily trying) | to fail (after trying) (to do something) |
| **(no) querer** | to (not) want | to try (to refuse) |
| **saber** | to know | to find out, to learn |

Chucho **conoció** a una tenista muy experta. — *Chucho met an expert tennis player.*

**Supimos** que el boxeador estaba muy grave. — *We learned that the boxer was in very serious condition.*

**Quisimos** ganar, pero no **pudimos**. — *We tried to win, but we failed.*

## Practiquemos

**7-27 Un concierto memorable**. Completa la entrada en el diario de Encarnación usando el pretérito de los verbos entre paréntesis.

> Querido diario:
>
> Anoche Manolo y yo (1. tener) ____ mucha suerte porque yo (2. poder) ____ comprar boletos para un concierto de Celia Cruz. Como sabes, ella es cubana y la llaman la "reina" de la música tropical. El concierto (3. ser) ____ en el estadio de Mayagüez. Nosotros (4. salir) ____ de la casa a las siete y media y (5. llegar) ____ al estadio a las ocho en punto. El concierto no (6. empezar) ____ hasta las nueve, pero así Manolo y yo (7. poder) ____ encontrar unos buenos asientos para el espectáculo. Al entrar en el estadio, Paco (8. ir) ____ a comprar un programa y yo le (9. dar) ____ dinero para comprarme uno también. Cuando Celia (10. saltar) ____ al escenario, todo el mundo (11. aplaudir) ____. Durante el concierto (12. hacer) ____ mucho calor en el estadio. Todos nosotros (13. bailar) ____ hasta la medianoche cuando Celia por fin (14. decidir) ____ dejar de cantar. Después, nosotros (15. andar) ____ buscando un café abierto para sentarnos a hablar. En el café (16. recordar) ____ la emoción de esa noche bajo las estrellas con Celia Cruz.
>
> Bueno, esto es todo por hoy. La semana que viene vamos a un concierto de rock.

**7-28 Un partido.** Completa el artículo que escribe un periodista, con el pretérito de verbos de la lista.

| | | | |
|---|---|---|---|
| batear | empezar | poder | ser |
| decir | perder | traer | venir |

Hoy (1) ____ el último partido de la Serie Caribeña entre la República Dominicana y Puerto Rico. Los aficionados (2) ____ al estadio con grandes expectativas. Los padres (3) ____ a sus hijos; los novios a sus novias. Había (*There were*) miles de espectadores en el estadio. Nadie (4) ____ creer la emoción del momento cuando, con las bases llenas, David Ortiz de los dominicanos (5) ____ un doble, impulsando la carrera ganadora. Un lado (*side*) del estadio —los dominicanos— (6) ____ a gritar y a celebrar; el resto del estadio… como una tumba. ¿Los puertorriqueños (7) ____ el partido? ¡Imposible! Los periodistas (8) ____ que fue uno de los partidos más emocionantes de la serie.

**7-29 Pero ayer...** Completa las oraciones indicando por qué ayer fue un día excepcional. Usa pronombres de objeto directo cuando sea apropiado.

MODELO:   Siempre hago ejercicio antes de salir para la clase, pero ayer...
> *Siempre hago ejercicio antes de salir para la clase, pero ayer no lo hice.*

1. Siempre puedo hablar con el entrenador, pero ayer...
2. Todas las mañanas andamos por el estadio, pero ayer...
3. El árbitro siempre dice la verdad sobre las jugadas, pero ayer...
4. Todos los días mis padres quieren asistir a los partidos, pero ayer...
5. Todas las tardes los deportistas hacen gimnasia, pero ayer...
6. Generalmente, los aficionados se ponen contentos, pero ayer...
7. Generalmente, mis amigos quieren comprar palomitas de maíz (*popcorn*), pero ayer...
8. Casi nunca sé quién gana el partido, pero ayer...

 **Conversemos**

 **7-30A El año pasado.** Túrnense para contestar estas preguntas y hacer una pregunta original. Luego, comparen sus preguntas y respuestas y resuman la información para el resto de la clase.

MODELO:   E1: *¿Conociste a alguien interesante el año pasado?*
           E2: *Sí, conocí a...*

1. ¿Tuviste clases difíciles?
2. ¿Fuiste a todas tus clases a tiempo?
3. ¿Alguna vez hiciste la tarea en clase?
4. ¿Le dijiste "Buenos días" al/a la profesor/a al llegar a clase?
5. ¿... ?

## 4. Impersonal and passive *se*

### El *se* impersonal para expresar *people, one, we, you, they*

SE VENDE
Raqueta de tenis en excelentes condiciones, sólo $15,00
Llamar a Pedro Fernández, Tel. 272-1787.

■ The pronoun **se** may be used with the third person singular form of a verb to express an idea without attributing it to anyone in particular. These expressions are equivalent to English sentences that have impersonal subjects such as *people, one, we, you,* and *they.*

| | |
|---|---|
| **Se dice** que ganar por primera vez da mucho placer. | *People say that winning for the first time is very pleasing.* |
| **¿Se puede** jugar al tenis aquí? | *Can one (Can you) play tennis here?* |
| **Se anuncia** el resultado de la competición de atletismo. | *They're announcing the results of the track and field competition.* |

- The third person plural of the verb may be used alone to express these impersonal subjects.

| | |
|---|---|
| **Dicen** que Juan González es un gran pelotero. | *They say that Juan González is a great baseball player.* |

### El *se* pasivo

Por fin se construyó
la cancha de tenis.

The pronoun **se** may also be used with the third person singular or plural form of the verb as a substitute for the passive voice in Spanish. In these expressions, the person who does the action is not identified, because in most cases the speaker is making a general reference. Use **se** + *the third person singular* when the noun acted upon is singular, and **se** + *the third person plural* when the noun is plural.

| | |
|---|---|
| **No se venden** entradas los domingos. | *Tickets are not sold on Sundays.* |
| **Se encontraron** los balones perdidos esta mañana. | *The lost soccer balls were found this morning.* |
| **Se compran** pelotas de golf usadas aquí. | *Used golf balls are bought here.* |

 **Practiquemos**

**7-31 Un concierto al aire libre.** Aquí tienes
información sobre un concierto de música
caribeña. Completa el párrafo con el **se**
impersonal o el **se** pasivo. Ten cuidado de usar la
forma correcta de los verbos a continuación.

| abrir | decir | oír | recibir |
|-------|-------|-----|---------|
| cerrar | ofrecer | poder | vender |

Si usted quiere asistir a un concierto de música
caribeña este fin de semana, le damos la
bienvenida a este gran concierto de música
folklórica puertorriqueña. (1)___ que este
concierto es uno de los mejores del mundo. Para
comprar sus boletos, la taquilla (2)___ a las nueve
de la mañana y (3)___ a las ocho de la noche.
Además (4)___ una variedad de precios. (5)___ un
descuento si compra más de cinco boletos. En el
concierto (6)___ la música más típica de Puerto
Rico. Además, (7)___ programas con bellas fotos
de los músicos. Después del concierto, (8)___
pasear por los jardines, tomar una copa de
champán y conocer a algunos de los músicos.

**Gran concierto de Baile Folklórico Puertorriqueño**
Seis Chorreao
**Bomba • Plena • Seis De Los Palitos • Danza • Y más...**

**Venga y vea el espectáculo**
Sábado 13 de octubre
a las ocho de la noche
entradas e información 555-9898

**7-32 El cargabates** (*batboy*). Hagan el rol de entrenador/a y cargabates para un
equipo de béisbol. Háganse las preguntas a continuación y contéstenlas usando el
**se** impersonal o el **se** pasivo. Algunas preguntas requieren palabras interrogativas
(**¿qué?** y **¿dónde?**) y otras no.

MODELO:  necesitar/batear
        E1 (cargabates): *¿Qué se necesita para batear?*
        E2 (entrenador/a): *Se necesita un bate.*
        decir que vamos a ganar
        E1 (cargabates): *¿Se dice que el otro equipo es muy bueno?*
        E2 (entrenador/a): *Sí, pero se dice que vamos a ganar.*

1. encontrar/las pelotas
2. guardar/los uniformes
3. permitir fumar (*to smoke*) en el estadio
4. servir el almuerzo al mediodía
5. poner/las toallas
6. decir que va a llover hoy
7. cancelar el partido cuando llueve poco
8. regalar entradas gratis para los partidos
9. viajar mucho
10. creer que este año van a ganar muchos partidos

## Conversemos

**7-33A ¿Se hace...?** Pregúntense si se hacen las siguientes cosas.

MODELO:   batear con un guante en béisbol
           E1: *¿Se batea con un guante en béisbol?*
           E2: *No, no se batea con un guante. Se batea con un bate.*

usar traje de baño en la natación       patear en el tenis
correr mucho en el fútbol             necesitar árbitro en la gimnasia

**7-34 Se dice que...** Hablen de los deportes que les gusta practicar, usando expresiones impersonales con **se**. Recuerden que sólo se usan las formas plurales antes de un sustantivo plural.

MODELO:   ▶  *Me gusta nadar porque se dice que es el mejor ejercicio. Se necesita un mínimo de equipo, sólo un traje de baño, y se pueden encontrar piscinas en todas partes.*

### ALGUNAS FRASES ÚTILES

| | | | | |
|---|---|---|---|---|
| se dice | se encuentra(n) | se necesita(n) | se oye(n) | se usa(n) |
| se cree | se juega(n) | se opina | se practica(n) | se vende(n) |

# *Páginas*

## *"Sensemayá"*

### *Nicolás Guillén (1902–1989), Cuba*

Nicolás Guillén nació en Camagüey, Cuba, en 1902. Este gran escritor mulato (mezcla de negro y blanco) dedicó su vida a la poesía. Su poesía se caracteriza por su ritmo y belleza y también por su contenido sociocultural. En su obra, Guillén escribe sobre la experiencia afrocubana, mientras que denuncia la discriminación racial que sufren los negros y los mulatos. Guillén perteneció desde joven al Partido Socialista Popular (comunista) y defendió la revolución cubana hasta su muerte en 1989.

A continuación aparece "Sensemayá", uno de sus poemas más populares por su musicalidad. El poema expresa la creencia afrocubana de que todo ser, aun la culebra (*snake*), tiene un alma (*soul*).

 **ESTRATEGIAS**

**El ritmo.** When you read poetry, listen to how the rhythm of the words contributes to the mood the poet portrays. In this poem, Guillén communicates a scene of mounting frenzy as the participants struggle with each other in a test of will. What musical instrument do you hear in this poem?

# Sensemayá
## (Canto para matar a una culebra)

¡Mayombe-bombe-mayombé!
¡Mayombe-bombe-mayombé!
¡Mayombe-bombe-mayombé!

La culebra tiene los ojos de vidrio°;                        *glass*
la culebra viene, y se enreda° en un palo;        *twists around*
con sus ojos de vidrio, en un palo,
con sus ojos de vidrio.

La culebra camina sin patas°;                                *legs*
la culebra se esconde en la yerba°                         *grass*
caminando se esconde en la yerba,
caminando sin patas.

¡Mayombe-bombe-mayombé!
¡Mayombe-bombe-mayombé!
¡Mayombe-bombe-mayombé!

Tú le das con el hacha°, y se muere:                    *hatchet*
¡dale ya!
¡No le des con el pie, que te muerde°                     *bites*
no le des con el pie, que se va!

Sensemayá, la culebra,
sensemayá.
Sensemayá, con sus ojos,
sensemayá.

Sensemayá, con su lengua°,                               *tongue*
sensemayá.
¡Sensemayá, con su boca,
sensemayá!

La culebra muerta no puede comer;
la culebra muerta no puede silbar°;              *to hiss*
no puede caminar,
no puede correr.

La culebra muerta no puede beber;
no puede respirar,
no puede morder.

¡Mayombe–bombe–mayombé!
Sensemayá, la culebra…
¡Mayombe–bombe–mayombé!
Sensemayá, no se mueve…

¡Mayombe–bombe–mayombé!
Sensemayá, la culebra…
¡Mayombe–bombe–mayombé!
¡Sensemayá, se murió!

**7-35 La música de la poesía.** Este poema es un buen ejemplo de la musicalidad de la obra de muchos escritores afrocubanos. Léelo en voz alta para sentir mejor el ritmo de las palabras.

**7-36 La culebra.** Haz una lista de las frases del poema que describen a la culebra y di qué cualidades personales te sugieren.

MODELO: ► *Tiene ojos de vidrio. Tiene una personalidad fría.*

**7-37 ¿Qué representa la culebra?** Hablen de lo que la culebra puede representar, tanto física como simbólicamente. ¿Cómo reaccionan ustedes cuando ven una culebra?

# Las islas hispánicas del Caribe

**7-38 ¿Qué sabes tú?** Trata de identificar y/o explicar las siguientes cosas y personas.

1. las dos naciones de la isla de la Española (*Hispaniola*)
2. dos productos agrícolas de las islas del Caribe
3. el nombre del descubridor de Cuba en 1492
4. la capital de Puerto Rico
5. el nombre del dictador de Cuba
6. un atractivo turístico de todas las islas del Caribe
7. la relación política entre Puerto Rico y los EE.UU.

La isla de Cuba atrae a turistas de todo el mundo que van al país a disfrutar de su agradable clima y de sus bellas playas y paisajes (*scenery*).

La Habana

CUBA

Guantánamo

Fidel Castro asumió el poder en enero de 1959. En 1961 el gobierno de los EE.UU. rompió relaciones diplomáticas con el gobierno cubano y desde entonces muy pocos norteamericanos visitan Cuba. La base militar de Guantánamo está en la zona oriental de la isla. La presencia militar norteamericana ha causado fricción entre Cuba y los EE.UU.

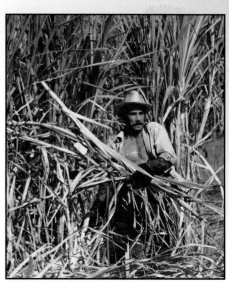

Además del turismo, el azúcar y el tabaco contribuyen mucho a la economía de Cuba.

Puerto Rico mantiene sus raíces españolas a pesar de ser estado libre asociado (*commonwealth*) de los EE.UU. La isla también se conoce como Borinquen, su nombre indígena. El viejo San Juan conserva el ambiente de la colonia española.

N

Santo Domingo

San Juan

**REPÚBLICA DOMINICANA**

**PUERTO RICO**

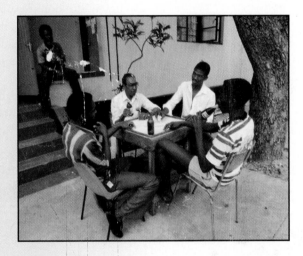

El dominó es un juego de mesa muy popular en las islas del Caribe. Hay una variedad de maneras de jugarlo y se tarda años en ser experto.

Se siente el ritmo afrocaribeño en la música de la República Dominicana.

**7-39 Asociaciones.** Conversen sobre lo que asocian con las islas hispanas del Caribe. Pueden incluir sus ideas y opiniones en las siguientes categorías.

1. la política
2. el clima
3. la música
4. la composición racial
5. la economía

**7-40 ¿Cierto o falso?** Corrige las oraciones falsas.

1. Cuba es la isla más grande de las Antillas.
2. La Revolución Cubana empezó en 1959.
3. Cuba todavía es popular entre los turistas norteamericanos.
4. La República Dominicana comparte la isla de La Española con Puerto Rico.
5. La música dominicana tiene el ritmo afrocaribeño.
6. Guantánamo es una base militar en la Florida.
7. El nombre indígena de Puerto Rico es Borinquen.
8. El dominó es un juego popular que tiene muchas variaciones.

**7-41 El mapa.** Explica dónde queda cada lugar en relación al otro lugar mencionado.

MODELO: Haití y la República Dominicana
> *Haití está al oeste de la República Dominicana. La República Dominicana está al este de Haití.*

| | | | |
|---|---|---|---|
| al este de… | al norte de… | al oeste de… | al sur de… |
| a…millas de | cerca de… | entre… | lejos de… |

1. Cuba y la Florida
2. Puerto Rico y La Española
3. Guantánamo y La Habana
4. Las Islas Vírgenes y Puerto Rico
5. Nueva York y Puerto Rico
6. El Estrecho de la Florida

 **7-42 Recomendaciones.** Túrnense para pedir y hacer recomendaciones, según sus intereses.

MODELO: E1: *Quiero escuchar el ritmo afrocaribeño.*
E2: *Debes visitar la República Dominicana. Allí puedes asistir a conciertos en vivo.*

1. Quiero visitar los barrios antiguos.
2. Quiero visitar la isla más bella de las Antillas.
3. Quiero conocer la isla donde no necesito llevar pasaporte.
4. Quiero ser un experto en el dominó.
5. Deseo hablar francés.

**7-43 Un viaje a...** En un grupo de tres o cuatro estudiantes, hagan planes para una excursión a una isla caribeña. Escriban una lista de todo lo que deben hacer antes de salir de viaje.

MODELO: ► *Primero, tenemos que sacar pasaporte.*

WWW

**7-44 Más información.** Consulta la Red Mundial o una agencia de turismo para encontrar más información sobre lo siguiente.

1. el nombre del presidente de la República Dominicana
2. el costo de un vuelo en avión a Santo Domingo o a San Juan
3. si el gobierno norteamericano te permite visitar Cuba
4. un ejemplo de música popular del Caribe
5. la artesanía de una de las islas

 **Taller**

### Una entrada en tu diario

Cuando escribes en tu diario, relatas algo interesante, curioso o significativo que te ha pasado ese día (por eso se llama **diario**). Contesta las preguntas a continuación para escribir una entrada.

1. **Ideas.** Piensa en lo que hiciste hoy. Escribe una lista de frases que indican brevemente tus acciones; por ejemplo, **asistir a clase, ver a mis amigos, hablar por teléfono con...,** etcétera.

2. **Organización.** Pon tus acciones en orden cronológico.

3. **Introducción.** Comienza tu entrada con la oración que resume tu día, por ejemplo,

4. **Borrador.** Escribe sobre cuatro o cinco actividades que hiciste, o acontecimientos que ocurrieron. Utiliza expresiones de entrada y transición, como **primero, segundo, entonces, después, por eso, aunque,** etcétera. Recuerda que debes usar el pretérito.

> *9 de febrero de 2001*
> *Diario, hoy fue un día extraordinario...*

5. **Conclusión.** Cierra tu entrada con una oración de despedida.

6. **Revisión.** Revisa tu entrada para ver si fluye bien. Luego revisa la mecánica.

   ❏ ¿Has incluido una variedad de vocabulario?
   ❏ ¿Has conjugado bien los verbos en el pretérito?
   ❏ ¿Has verificado la ortografía y la concordancia?

7. **Intercambio.** Intercambia tu entrada con la de un/a compañero/a. Mientras lean las entradas, hagan comentarios y sugerencias sobre el contenido, la estructura y la gramática.

8. **Entrega.** Pasa en limpio tu ensayo, incorporando las sugerencias de tu compañero/a, y entrégaselo a tu profesor/a.

# LECCIÓN 8

## ¿En qué puedo servirle?

## COMUNICACIÓN

- ➤ Talking about what happened
- ➤ Shopping at a department store
- ➤ Reading and responding to advertisements
- ➤ Describing a product
- ➤ Making comparisons

## ESTRUCTURAS

### PRIMERA PARTE

- ➤ The preterit of stem-changing verbs: $e \rightarrow i$ and $o \rightarrow u$
- ➤ Ordinal numbers

### SEGUNDA PARTE

- ➤ Demonstrative adjectives and pronouns
- ➤ Comparisons of equality and inequality
- ➤ Superlatives

## CULTURA

- ➤ De compras
- ➤ Las tiendas especializadas y los otavaleños
- ➤ Páginas: "Los rivales y el juez", Ciro Alegría
- ➤ Nuestro mundo: El reino inca: el Perú y el Ecuador

# ¡Así es la vida!

## De compras

Victoria Prado y su hermano Manuel, dos jóvenes peruanos, van de compras al centro de Lima. Primero van al almacén Saga Falabella.

MANUEL: ¿Quieres subir al segundo piso conmigo?

VICTORIA: Prefiero ver la venta-liquidación que tienen en el tercer piso en la sección de ropa de mujeres.

MANUEL: ¿Qué buscas en la venta?

VICTORIA: Pues, un vestido rojo muy elegante y una bolsa negra que vi con mamá la semana pasada. Le pedí a mamá su tarjeta de crédito para comprarlos, pero no quiso dármela.

MANUEL: ¡Ay! Victoria, tú sabes por qué. Este semestre papá nos pidió un gran favor —no usar más las tarjetas de crédito. El verano pasado, durante tus vacaciones en Cuzco y en Machu Picchu, preferiste pagar tus gastos con la tarjeta de crédito de papá. Y yo pagué los libros para mis clases con la tarjeta de papá también. Papá dijo que está pagando mucho dinero por tus vacaciones y mis libros.

VICTORIA: ¡Papá mintió! Yo le di todo el dinero que gasté en las vacaciones. Y ahora, pago todo al contado.

MANUEL: Bueno, Victoria, perdona. Yo sé que eres responsable. Te veo en tres horas en la entrada principal de esta tienda.

VICTORIA: Hasta luego, Manuel, nos vemos en tres horas.

## En el Almacén Vigo

Manuel no encuentra ni la chaqueta ni las camisas que quiere en Falabella y decide ir al Almacén Vigo.

DEPENDIENTE: Buenos días, joven. ¿En qué puedo servirle?

MANUEL: Quiero ver las chaquetas y las camisas que están en rebaja.

DEPENDIENTE: Las chaquetas están en el tercer piso y las camisas están aquí. ¡Son una verdadera ganga! ¿Qué talla usa?

MANUEL: Creo que es la 40. ¿Puedo probarme esa camisa?

DEPENDIENTE: Sí, claro. Allí está el probador.

**Unos minutos más tarde...**

MANUEL: ¿Qué tal me queda?

DEPENDIENTE: Le queda muy bien.

MANUEL: Entonces, la compro.

DEPENDIENTE: Favor de presentar esta cuenta en la caja.

261

## Lugares donde vamos a comprar

| | |
|---|---|
| el almacén | department store |
| el centro comercial | shopping center |
| la tienda | store |

## En una tienda

| | |
|---|---|
| la caja | cash register |
| la calidad | quality |
| la ganga | bargain, good deal |
| el mostrador | counter |
| el precio | price |
| el probador | fitting room |
| la rebaja | sale |
| la venta-liquidación | clearance sale |

## La ropa

| | |
|---|---|
| el abrigo | coat |
| la billetera/cartera | wallet |
| la blusa | blouse |
| el bolso | purse |
| el calcetín | sock |
| la camisa | shirt |
| la camiseta | T-shirt |
| la chaqueta | jacket |
| el cinturón | belt |
| la corbata | tie |
| la falda | skirt |
| la gorra | cap |
| los guantes | gloves |
| el impermeable | raincoat |
| las (panti)medias | stockings; pantyhose |
| los pantalones (cortos) | pants, slacks (shorts) |
| el saco | suitcoat |
| el sombrero | hat |
| el suéter | sweater |
| el traje | suit |
| los vaqueros | jeans |
| el vestido | dress |

## El calzado (*Footwear*)

| | |
|---|---|
| las botas | boots |
| el par | pair |
| las sandalias | sandals |
| los zapatos (de tenis) | (tennis) shoes |

## Telas (*Fabrics*)

| | |
|---|---|
| el algodón | cotton |
| el cuero | leather |
| la lana | wool |
| la seda | silk |

## Descripciones

| | |
|---|---|
| de cuadros | plaid |
| de manga corta/larga | short-/long-sleeved |
| de rayas | striped |
| sin manga | sleeveless |

## Verbos

| | |
|---|---|
| costar (ue) | to cost |
| estar de moda | to be in style |
| llevar | to wear |
| mentir (i, i) | to lie |
| pagar al contado/ con cheque/ con tarjeta de crédito | to pay cash/with a check/ with a credit card |
| probarse (ue)[1] | to try on |
| regatear | to bargain |

## Expresiones clave
## Dependiente/a (*Clerk*)

| | |
|---|---|
| ¿En qué puedo servirle(s)? | How may I help you? |
| Está en rebaja. | It's on sale. |
| Le queda muy bien. | It fits you very well. |
| ¿Qué número calza? | What (shoe) size do you wear? |
| ¿Qué talla usa? | What's your size? |

## Cliente/a

| | |
|---|---|
| Calzo el número... | I wear a (shoe) size . . . |
| Me queda estrecho/a (grande). | It's too tight (big). |
| ¿Puedo probarme...? | May I try on . . . ? |
| ¿Qué tal me queda? | How does it fit me? |

> **REPASO**
>
> el piso

---

[1]In general, **probar** means *to try*. In *Lección 6* you learned **probar** in the context of food: *to try* or *to taste food*. In the reflexive construction, **probarse** is used to express *to try something on oneself*, usually referring to clothing.

# Ampliación

## Las monedas

Las monedas (*currencies*) de los países hispanohablantes varían de país a país. Muchos países usan **pesos**, pero el valor del peso de un país es diferente al valor del peso en otro país. Los países que usan el peso son la Argentina, Bolivia, Colombia, Cuba, Chile, México, la República Dominicana y el Uruguay. Los otros países hispanohablantes usan las monedas indicadas a continuación. Para saber el tipo de cambio (*exchange rate*) de las monedas, busca la página de la Red Mundial indicada en www.prenhall.com/arriba.

| | |
|---|---|
| Costa Rica | el colón |
| Ecuador | el dólar |
| España | el euro |
| Guatemala | el quetzal |
| Honduras | el lempira |
| Nicaragua | el córdoba |
| Panamá | el balboa |
| Paraguay | el guaraní |
| Perú | el nuevo sol |
| Puerto Rico | el dólar estadounidense |
| El Salvador | el colón |
| Venezuela | el bolívar |

# ¡Escucha!

**A. En el almacén.** Escucha la conversación entre Manuel y la dependienta del almacén Vigo. Primero, indica los artículos que Manuel decide comprar; luego escucha otra vez para escribir el precio de cada artículo. Recuerda que en el Perú usan soles.

| | SÍ | NO | ARTÍCULO | COSTO | | SÍ | NO | ARTÍCULO | COSTO |
|---|---|---|---|---|---|---|---|---|---|
| 1. | ❑ | ❑ | calcetines | _____ | 5. | ❑ | ❑ | pantalones | _____ |
| 2. | ❑ | ❑ | camisa | _____ | 6. | ❑ | ❑ | saco | _____ |
| 3. | ❑ | ❑ | cartera | _____ | 7. | ❑ | ❑ | suéter | _____ |
| 4. | ❑ | ❑ | corbata | _____ | 8. | ❑ | ❑ | traje | _____ |

**B. Están de moda. No están de moda.** Conversen sobre la ropa que ustedes consideran que está de moda y la que no lo está. ¿Tienen la misma opinión?

MODELO:     E1: *Los vaqueros y los tenis están de moda. Las camisetas sin manga no*
            *están de moda.*
            E2: *No estoy de acuerdo. Las camisetas sin manga sí están de moda...*

# Pronunciación

## Repaso de la acentuación

En la **Lección 1** de este texto aprendiste las reglas para los acentos.

## Pronunciemos

Escucha cada palabra y escribe un acento cuando sea necesario.

MODELO:   sueter

► *suéter* (termina en una consonante que no es ni **n** ni **s**, pero se acentúa la primera sílaba)

| | | | |
|---|---|---|---|
| 1. almacen | 7. credito | 13. jovenes | 19. apartamento |
| 2. siempre | 8. articulos | 14. aqui | 20. jamon |
| 3. filete | 9. esparragos | 15. utensilios | 21. futbol |
| 4. esqui | 10. dias | 16. examen | 22. universidad |
| 5. mayor | 11. simpatico | 17. Mexico | 23. Paris |
| 6. filosofia | 12. natacion | 18. deportes | 24. español |

## Practiquemos

**8-1 De compras.** Completa el párrafo de una manera lógica.

| algodón | almacén | cuadros | caja | dependiente |
|---|---|---|---|---|
| mostrador | piso | precio | probador | rebaja |

Ayer fui a un (1) ___ muy grande. Fui al segundo (2) ___ porque allí tenían (*they had*) toda la ropa en (3) ___. Encontré una camisa de (4) ___ rojos y azules, perfecta para el verano porque es de (5) ___. El (6) ___ era bueno: setenta soles. El (7) ___ me mostró otra y yo fui al (8) ___ a probarme las camisas. Me quedaron muy bien. Me las compré. Pagué la cuenta en la (9) ___ detrás del (10) ___.

**8-2 Los amigos de Samuel.** Los amigos de Samuel se visten de una manera muy única. Completa las descripciones con expresiones lógicas de **¡Así lo decimos!**

MODELO:   Lupe lleva un *traje de baño* aunque llueve en la playa.

1. Elena lleva ___, ___ y un par de ___ porque cree que hace mucho frío.
2. Rafael se pone un ___ porque cree que va a llover.
3. Luis siempre compra ___ que le quedan muy grandes porque están de moda.
4. Las ___ de Tito siempre son de manga corta, no importa el clima.
5. Manolo lleva un ___ viejo, con un ___ de cuadros y una ___ de rayas negras.
6. Eduardo lleva su dinero en la ___ y Anita pone las entradas en la ___.
7. A Samuel le gustan las ___ de seda.
8. Ramón siempre lleva un ___ porque no tiene mucho pelo.
9. Francisca se pone una ___ de cuero cuando monta en la motocicleta.
10. Héctor sólo lleva una ___ y pantalones cortos aun cuando (*even when*) nieva.

**8-3 En un almacén.** Contesta las preguntas basándote en la información del dibujo.

1. ¿Qué está comprando la señora?
2. ¿De qué forma paga ella?
3. ¿Quién está detrás del mostrador?
4. ¿Cómo son las camisas que miran las dos jóvenes?
5. ¿Cómo están vestidas ellas ahora?
6. ¿Quién las atiende?

## Conversemos

**8-4A ¿Tienes...?** Túrnense para preguntarse si tienen los artículos de la lista, cómo son, cuánto pagaron, etcétera.

MODELO:   blusa/seda
         E1: *¿Tienes una blusa de seda?*
         E2: *Sí, tengo una.*
         E1: *¿Cómo es?...*
         E1: *¿Cuánto pagaste por ella?...*

| | | |
|---|---|---|
| blusa/seda | blusa/manga corta | pantalones/lana |
| chaqueta/lana | impermeable/algodón | camisa/seda |
| sandalias/cuero | vestido/lana | cinturón/cuero |
| camiseta/algodón | impermeable/cuadros | camisa/manga larga |

**8-5 ¿Qué llevas cuando...?** Pregúntense qué ropa llevan en diferentes ocasiones.

MODELO:   E1: *¿Qué llevas cuando tienes examen?*
         E2: *Llevo vaqueros y una camiseta.*
         E1: *Pues, yo llevo...*

OCASIÓN

| | |
|---|---|
| asistes a una boda | practicas un deporte |
| te invitan a la Casa Blanca | preparas la cena |
| tienes un examen final | quieres impresionar a una |
| hace mucho frío |  persona importante |
| estás en una sauna | trabajas como camarero/a |
| hace muchísimo calor | vas al cine |
| invitas a tus compañeros a una fiesta en tu casa | vas de vacaciones a Cancún |

# COMPARACIONES... De compras

Las tiendas y los bancos en los países hispanos no tienen los mismos horarios que las tiendas y los bancos en los EE.UU. Generalmente, están abiertos menos horas que los de (*those of*) los EE.UU. En las ciudades principales del Ecuador y el Perú, las tiendas tienen horarios más amplios, pero en las ciudades pequeñas, por ejemplo, las tiendas abren generalmente a las nueve o diez de la mañana y cierran a las dos de la tarde durante dos o tres horas para el almuerzo. Vuelven a abrir a las cinco de la tarde y cierran a las ocho o nueve de la noche. Las tiendas están abiertas de lunes a viernes y los sábados por la mañana. Casi todas las ciudades y los pueblos tienen mercados al aire libre en los que se puede regatear el precio de un artículo. También es posible regatear con los vendedores ambulantes (*street vendors*).

En muchos otros países hispanos los empleados tienen derecho (*the right*) a un mes de vacaciones al año. La mayoría de los empleados prefiere tomar las vacaciones durante el verano. Muchos dueños (*owners*) deciden cerrar sus comercios (*businesses*) durante un mes en el verano y así ellos toman sus vacaciones al mismo (*the same*) tiempo que sus empleados. El turista que va a estos países en los meses de verano va a encontrar muchas tiendas y restaurantes cerrados.

## ¡Vamos a comparar!

¿Qué diferencias hay entre las tiendas estadounidenses o canadienses y las tiendas del mundo hispano? ¿Es práctico cerrar las tiendas a la hora de almorzar? ¿Por qué? ¿Qué piensas de la idea de que todos los empleados tienen derecho a un mes de vacaciones? ¿Crees que hay muchos dueños de comercios en los EE.UU. y el Canadá que cierran su comercio durante un mes? ¿Por qué?

## ¡Vamos a conversar!

Conversen sobre dónde prefieren comprar los siguientes artículos, por ejemplo, en una tienda especializada, en un almacén grande, en un mercado al aire libre, de un vendedor ambulante, en una tienda de artículos de segunda mano, etcétera.

1. unos vaqueros
2. unos tenis
3. un traje de baño
4. una camisa de manga larga
5. unos zapatos de cuero
6. un saco para el trabajo
7. unos calcetines deportivos
8. un abrigo

# ¡Así lo hacemos!

## Estructuras

### 1. The preterit of stem-changing verbs: *e → i* and *o → u*

¿Qué talla pidió?

| | pedir (*to ask for*) | dormir (*to sleep*) |
|---:|---|---|
| yo | pedí | dormí |
| tú | pediste | dormiste |
| él/ella, Ud. | pidió | durmió |
| nosotros/as | pedimos | dormimos |
| vosotros/as | pedisteis | dormisteis |
| ellos/as, Uds. | pidieron | durmieron |

- Stem-changing **-ir** verbs in the present also have stem changes in the preterit: **e → i** and **o → u**. They occur only in the third person singular and plural.

| | | |
|---|---|---|
| **mentir (ie, i)** | **preferir (ie, i)** | **seguir (i, i)** |
| **morir (ue, u)** | **reír(se) (i, i)** | **sentir (ie, i)** |
| **pedir (i, i)** | **repetir (i, i)** | **servir (i, i)** |

| | |
|---|---|
| La dependienta **repitió** el precio. | *The clerk repeated the price.* |
| **Se rieron** del nuevo estilo. | *They laughed about the new style.* |
| Adela **siguió** buscando un vestido negro. | *Adela continued to look for a black dress.* |
| Manuel le **mintió** a su padre. | *Manuel lied to his father.* |

 **Practiquemos**

**8-6  En el mercado de Otavalo.** Usa el pretérito de los verbos entre paréntesis para completar la narración sobre dos turistas norteamericanos que visitaron Otavalo.

Cuando los señores García (1 hacer) ___ el viaje al Ecuador, (2 visitar) ___ el pueblo de Otavalo, situado a tres horas de Quito. Cuando (3 llegar) ___ en taxi, (4 ir) ___ directamente al mercado. La señora de García no (5 poder) ___ creer el espectáculo de ropa, comida, animales… todo un concierto de colores y olores. El señor García (6 reírse) ___ cuando (7 ver) ___ la reacción de su esposa. En un pequeño puesto (*stall*), una mujer les (8 preparar) ___ un plato especial de la región —cerdo con papas. El señor García también (9 pedir) ___ limonada y la señora (10 pedir) ___ agua mineral. La cocinera les (11 servir) ___ dos platos gigantescos de comida exquisita. Los señores García (12 seguir) ___ comiendo hasta las tres de la tarde cuando (13 decidir) ___ hacer sus compras. La señora (14 comprar) ___ un suéter de alpaca; el señor (15 comprar) ___ una cartera de cuero. Los dos (16 regatear) ___ con los vendedores y (17 conseguir) ___ los artículos por precios muy buenos. A las cuatro de la tarde (18 volver) ___ al hotel, (19 acostarse) ___ y (20 dormirse) ___ enseguida.

**8-7  ¿Qué pasó?** Combina elementos para formar oraciones sobre lo que pasó en la zapatería ayer.

MODELO:  ▶  *El dependiente les repitió los precios a los clientes.*

1. nosotros
2. los niños

3. nuestros amigos
4. yo

5. tú
6. el dependiente

reírse
preferir

pedir
mentir

repetir
sentir

 **Conversemos**

 **8-8A  ¿Qué pasó?** Pregúntale a tu compañero/a qué pasó en las siguientes situaciones.

MODELO:  en la fiesta familiar
E1: *¿Qué pasó en la fiesta familiar?*
E2: *Mi mamá sirvió nuestra comida favorita.*

1. en la residencia estudiantil
2. en una película que viste
3. en clase ayer

4. la oficina del consejero
5. en la cena con…
6. en el mercado

**8-9  ¿Cómo fue?** Utiliza éstos y otros verbos para escribir una narración de unas ocho líneas sobre lo que pasó la última vez que fuiste de compras. Luego, nárrale tu experiencia a un/a compañero/a de clase.

| | | | | | |
|---|---|---|---|---|---|
| conseguir | mentir | preferir | pedir | poder | poner |
| reír | repetir | servir | seguir | traer | venir |

## 2. Ordinal numbers

| | |
|---|---|
| **primero/a** | *first* |
| **segundo/a** | *second* |
| **tercero/a** | *third* |
| **cuarto/a** | *fourth* |
| **quinto/a** | *fifth* |
| **sexto/a** | *sixth* |
| **séptimo/a** | *seventh* |
| **octavo/a** | *eighth* |
| **noveno/a** | *ninth* |
| **décimo/a** | *tenth* |

■ Ordinal numbers in Spanish agree in gender and number with the noun they modify.

| | |
|---|---|
| Es la **primera** rebaja del año. | *It's the first sale of the year.* |
| Pidió el **segundo** vestido. | *She asked for the second dress.* |

■ **Primero** and **tercero** are shortened to **primer** and **tercer** before masculine singular nouns.

| | |
|---|---|
| El almacén está en el **tercer** piso. | *The store is on the third floor.* |
| Es el **primer** día. | *It's the first day.* |

■ In Spanish, ordinal numbers are rarely used after **décimo**. The cardinal numbers are used instead, and follow the noun.

| | |
|---|---|
| La oficina del gerente está en el piso **doce**. | *The manager's office is on the twelfth floor.* |

 **Practiquemos**

**8-10 El Almacén La Gran Vía.** Usa la guía a continuación para completar las siguientes oraciones.

1. Si quieres comprarle una blusa a tu mamá, la vas a encontrar en el ___.
2. Si tienes hambre, puedes ir al ___.
3. Si necesitas ropa para un bebé, vas al ___.
4. Si buscas zapatos, los compras en el ___.
5. Si quieres comprarle una pelota a tu sobrina, vas al ___.
6. Si quieres pagar la cuenta, puedes encontrar la caja en el ___.
7. Si necesitas comprarle una corbata a tu tío, la vas a encontrar en el ___.
8. Si necesitas aceite de oliva, lo puedes comprar en ___.
9. Si buscas empleo, la oficina está en el ___.

| ALMACÉN LA GRAN VÍA | |
|---|---|
| 1er Piso | ropa para hombre calzado, caja |
| 2do Piso | ropa para mujer oficinas de administración |
| 3er Piso | ropa infantil artículos deportivos |
| 4to Piso | restaurante |
| 5to Piso | supermercado |

# Conversemos

 **8-11 Su orden de importancia.** Individualmente pongan los siguientes artículos en orden de importancia para ustedes ahora, de primero a décimo. Luego comparen su orden.

MODELO: ▶ *Primero, necesito comprar una camisa de manga larga, porque todas mis camisas son viejas. Segundo…*

MI LISTA                                       LA LISTA DE MI COMPAÑERO/A

_____ una corbata de seda                  _____

_____ un cinturón de cuero                 _____

_____ una camiseta de algodón             _____

_____ una falda de lana                    _____

_____ una billetera                        _____

_____ un suéter de lana                    _____

_____ un par de pantimedias                _____

_____ un par de tenis                      _____

_____ un traje de rayas                    _____

_____ un vestido de rayón                  _____

_____ un impermeable                       _____

_____ ¿… ?                                 _____

 **8-12 En la oficina de información.** Uno/a de ustedes trabaja en Información de Saga Falabella, un almacén grande en un barrio de Lima. Los otros le piden información. Sigan el modelo a continuación.

### saga falabella
**AV. PASEO DE LA REPÚBLICA 3220**
**URB. JARDÍN — SAN ISIDRO**
**TEL: (1) 4420500**

 **Sótano** — **Tejidos** Boutique, Sedas, Lanas **Supermercado** Alimentación, Limpieza **Imagen y Sonido** Computadoras, Estéreos, Radio, VCR

**1.er PISO** — **Complementos de moda** Perfumería y Cosméticos, Joyería, Bolsas, Medias, Relojería, Sombreros, Turismo, Fotografía

**2.do PISO** — **Hogar** Artesanía, Cerámica, Cristalería, Accesorios Automóvil, Porcelanas, Platería, Regalos, Electrodomésticos, Muebles de Cocina

**3.er PISO** — **Niños/as** cuatro a diez años, **Chicos** 11-14 años, **Bebés**, **Zapatería** Señoras, Caballeros y Niños

**4.to PISO** — **Confección Caballeros** Ropa Interior, Artículos de Viajes, Complementos de Moda, Tallas Especiales, Sastrería

**5.to PISO** — **Agencia de Viajes, Señoras** Boutiques Internacionales, Futura Mamá, Tallas Especiales, Complementos de Moda

**6.to PISO** — **Juventud** Tienda Vaquera, **Deportes** Prendas deportivas, Zapatería, Marcas Internacionales

**7.mo PISO** — **Muebles y Decoración** Dormitorios, Salones, Lámparas

**8.vo PISO** — **Restaurante, Cambio de Moneda Extranjera, Caja**

MODELO: E1: *Señor/a (Señorita), ¿dónde está la zapatería?*
E2: *Está en el segundo piso.*
E1: *Gracias, ¿y la caja?*

- ropa para mujer
- las corbatas de seda
- artículos deportivos
- tallas especiales
- ropa para bebé
- los probadores
- suéteres para niños
- el restaurante
- comida
- agencia de viajes
- ropa para hombre
- ¿… ?

### SEGUNDA PARTE

# ¡Así es la vida!

## ¿Qué compraste?

Victoria y su hermano Manuel ya volvieron a casa y Victoria está viendo sus compras cuando suena (*rings*) el teléfono.

VICTORIA:   ¿Aló?

LUCÍA:   Hola, Victoria. Te habla Lucía. ¿Cómo estás?

VICTORIA:   Muy bien. ¿Qué tal, Lucía?

LUCÍA:   Oye, llamé tres veces a tu casa y no contestó nadie. ¿Qué hiciste hoy? ¿Adónde fuiste?

VICTORIA:   Fui de compras al centro y estuve allí todo el día.

LUCÍA:   ¡Ah sí! ... ¿Y qué compraste?

VICTORIA:   Compré un vestido rojo fabuloso en Falabella. Luego fui a la joyería y le compré un llavero de plata a mi novio Gustavo. Después, en la perfumería, le compré un frasco de colonia a papá y un frasco de perfume a mamá.

LUCÍA:   ¿Gastaste mucho?

VICTORIA:   Gasté menos que tú la semana pasada. Desde que pago al contado tengo mucho más cuidado. Por ejemplo, la cosa más cara que compré fue el vestido, pero como lo encontré en rebaja, sólo me costó 185 soles.

LUCÍA:   ¡Pero Victoria! Aún es mucho para ti.

VICTORIA:   No me critiques. ¡Es el vestido más elegante del mundo! Y necesito un vestido elegante para la fiesta de los padres de Gustavo. Dan las mejores fiestas de la ciudad.

LUCÍA:   Sí, es verdad. Son las más divertidas del año.

# ¡ASÍ LO DECIMOS!

## Las tiendas

| | |
|---|---|
| la farmacia | pharmacy |
| la joyería | jewelry store |
| la perfumería | perfume shop |
| la sastrería | tailor shop |
| la zapatería | shoe store |

## Las joyas

| | |
|---|---|
| el anillo de oro | gold ring |
| los aretes/pendientes de diamantes | diamond earrings |
| la cadena de plata | silver chain |
| el collar de perlas | pearl necklace |
| el llavero | key chain |
| la pulsera | bracelet |
| el reloj de pulsera | wristwatch |

## Artículos de tocador (*Personal care products*)

| | |
|---|---|
| el champú | shampoo |
| el frasco de colonia/ perfume | bottle of cologne/ perfume |
| la pasta de dientes | toothpaste |
| el talco | powder |

## Verbos

| | |
|---|---|
| arreglar | to fix |
| devolver (ue) | to return (something) |
| gastar | to spend |
| hacer juego (con) | to match, to go well with |
| ir de compras | to go shopping |
| valer | to be worth; to cost |

### REPASO

la librería/la papelería
el cepillo de dientes
el desodorante
el jabón
la loción
el maquillaje

## ¡Escucha!

**A. ¡Yo también fui de compras!** Lucía también fue de compras ayer. Indica las tiendas que visitó, los artículos que compró y los que devolvió.

| TIENDAS | COMPRÓ | DEVOLVIÓ |
|---|---|---|
| ___ el almacén | ___ una falda | _____ |
| ___ la farmacia | ___ una blusa | _____ |
| ___ la joyería | ___ unas sandalias | _____ |
| ___ la papelería | ___ una camisa | _____ |
| ___ la perfumería | ___ un talco caro | _____ |
| ___ la sastrería | ___ un té especial | _____ |
| ___ la tienda | ___ un frasco de colonia | _____ |
| ___ la zapatería | ___ una pulsera | _____ |

**B. ¿En qué tiendas?** Conversen sobre dónde hacen las compras y por qué.

MODELO: ▶ *Me gusta comprar helado en la heladería La Crema que está en mi ciudad porque tiene veintiún sabores.*

 **Practiquemos**

**8-13 De compras en el Centro Comercial Arenales en Lima.** Completa el párrafo de una manera lógica, usando expresiones de **¡Así lo decimos!**

| | | | | |
|---|---|---|---|---|
| aceptan | collar | gastar | me quedó | sastrería |
| cheques | devolver | juego | oro | tiendas |

Generalmente, cuando voy de compras, no me gusta (1) ___ mucho dinero. Ayer fui al Centro Comercial Arenales porque tiene una buena selección de (2) ___ y almacenes. En casi todos (3) ___ tarjetas de crédito y (4) ___. Primero, tuve que (5) ___ un vestido que recibí como regalo, pero que (6) ___ muy grande. Luego, encontré una blusa de seda que hace (7) ___ con mi falda de lana. También encontré una bella cadena de (8) ___ para mi padre y un (9) ___ para mi madre. Después pasé por la (10) ___ donde recogí un traje de mi padre.

 **Conversemos**

**8-14 ¿Hacen juego?** Decidan si estos artículos hacen juego. Si no, cámbienlos para que hagan juego mejor.

MODELO:   traje de baño y zapatos de cuero
►   *No hacen juego. Es mejor llevar sandalias con un traje de baño.*

1. una camisa de cuadros y pantalones de rayas
2. un vestido de seda y botas de cuero
3. un collar de oro y pendientes de plata
4. un traje de poliéster y una camisa de seda
5. sandalias y calcetines
6. anillos de plástico y una pulsera de diamantes
7. vaqueros y tenis
8. una falda y pantalones cortos
9. perfume y talco
10. traje de baño y un cinturón
11. una corbata y un vestido

**8-15 Fui de compras…** Conversen sobre la última vez que fueron de compras. Cuéntense adónde fueron, qué hicieron, qué compraron, etcétera. Pueden usar las expresiones a continuación.

| | | |
|---|---|---|
| busqué | encontré | salí |
| compré | gasté | vi |
| devolví | pagué | volví |

MODELO:   ►   *Salí de mi casa por la mañana…*

# COMPARACIONES...

## Las tiendas especializadas y los otavaleños

Aunque en el mundo hispano hay grandes almacenes y supermercados, también hay una gran cantidad de tiendas especializadas. Es fácil identificar estas tiendas porque, como aprendiste en la **Lección 6,** por lo general llevan el nombre del producto en el que se especializan, seguido por **-ería**. En todos los pueblos y las ciudades puedes encontrar peleterías (tiendas donde venden artículos de piel), perfumerías, zapaterías, sastrerías, fruterías, sombrererías, etcétera. Los productos que se venden en estas tiendas muchas veces están hechas por los mismos dueños y son de excelente calidad.

En Otavalo, Ecuador, los indígenas otavaleños tienen un pintoresco mercado al aire libre que es mundialmente famoso por su artesanía. Los vendedores otavaleños visten con ropa atractiva indígena cuando van al mercado para vender sus productos. Los tejidos (*woven goods*) de gran calidad incluyen tapetes (*rugs*), blusas, camisas, ponchos, suéteres, gorros (*knit or woven caps*), bolsas, cinturones y bufandas (*scarves*). Los precios son buenos, pero lo mejor y más divertido es regatear el precio con los vendedores.

### ¡Vamos a comparar!

¿Puedes nombrar algunas tiendas especializadas en los EE.UU. o el Canadá? ¿Por qué crees que no hay más tiendas especializadas? ¿No son prácticas? ¿No nos interesa la calidad? ¿Podemos obtener productos de calidad en otros tipos de tiendas? ¿Hay en Norteamérica mercados al aire libre donde se venden productos como en Otavalo? ¿Dónde?

### ¡Vamos a conversar!

Imagínense que son un/a vendedor/a y un/a turista en un puesto (*stall*) de un mercado al aire libre. Regateen para conseguir el mejor precio de los artículos de la lista.

MODELO: sandalias de cuero: 67 soles

TURISTA: *¿Cuánto valen las sandalias de cuero?*

VENDEDOR/A: *Son 67 soles.*

TURISTA: *¡Uf! ¡Es mucho! Le doy 34.*

VENDEDOR/A: *Imposible. Son de primera calidad…*

una bolsa de cuero: 80 soles
una camiseta de algodón: 25 soles
un suéter de lana: 75 soles
una pulsera de plata: 35 soles
unas botas de cuero: 120 soles
un sombrero de Panamá: 56 soles

# ¡Así lo hacemos!

## Estructuras

### 3. Demonstrative adjectives and pronouns

#### Adjetivos demostrativos

¿Prefiere esta pulsera?

Demonstrative adjectives point out people and objects and the relative position and distance between the speaker and the object or person modified.

|  | SINGULAR | PLURAL |  | RELATED ADVERBS |
|---|---|---|---|---|
| MASCULINE | este | estos | } *this/these (close to me)* | aquí (*here*) |
| FEMININE | esta | estas | | |
| MASCULINE | ese | esos | } *that/those (close to you)* | allí (*there*) |
| FEMININE | esa | esas | | |
| MASCULINE | aquel | aquellos | } *that/those (over there; away from both of us)* | allá (*over there*) |
| FEMININE | aquella | aquellas | | |

- Demonstrative adjectives are usually placed before the modified noun and agree with it in number and gender.

   ¿De quién son **esos** pendientes?     *To whom do those earrings belong?*
   **Esos** pendientes son de Dulce.      *Those earrings belong to Dulce.*

- Note that the **ese/esos** and **aquel/aquellos** forms, as well as their feminine counterparts, are equivalent to the English *that/those*. In normal, day-to-day usage, these forms are interchangeable, but the **aquel** forms are preferred to point out objects and people that are relatively farther away than others.

   Yo voy a comprar **esa** pulsera y     *I am going to buy that bracelet and that*
   **aquella** cadena.                     *chain (over there).*

- Demonstrative adjectives are usually repeated before each noun in a series.

**Estas** perlas y **estos** diamantes son mis favoritos.
*These pearls and these diamonds are my favorites.*

**Este** anillo, **ese** collar y **aquel** llavero son míos.
*This ring, that necklace, and that key chain are mine.*

## Pronombres demostrativos

¡Me gusta ése!

When the noun that a demonstrative adjective modifies is omitted, use the corresponding demonstrative pronoun. To differentiate them from demonstrative adjectives, an accent mark is written on the stressed vowel of the demonstrative pronouns.

| MASCULINE | | FEMININE | | NEUTER |
|---|---|---|---|---|
| éste | éstos | ésta | éstas | esto |
| ése | ésos | ésa | ésas | eso |
| aquél | aquéllos | aquélla | aquéllas | aquello |

Esta pulsera y **aquélla** son muy buenas.
*This bracelet and that one are very good.*

No me gustan aquellos vaqueros, pero me encantan **éstos**.
*I don't like those jeans, but I love these.*

- The neuter forms **esto, eso,** and **aquello** do not take a written accent nor do they have plural forms. They are used to point out ideas, actions, or concepts, or to refer to unspecified objects or things.

**Aquello** no me gusta.
*I don't like that.*

No dije **eso**.
*I didn't say that.*

**Esto** está mal.
*This is wrong.*

- These forms are also used to define what something is.

¿Qué es **eso**?
*What's that?*

Es un anillo.
*It's a ring.*

¿Qué es **esto**?
*What's this?*

Es un pedazo de jabón.
*It's a piece of soap.*

**8-16 De compras.** Completa la conversación entre dos turistas en un mercado al aire libre con los adjetivos y pronombres demostrativos correspondientes.

MODELO: ▶ *No me gustan* <u>*aquellas*</u> *zanahorias (que compré en el supermercado); prefiero* <u>*éstas*</u> *(que tengo en la bolsa).*

GABRIEL: No quiero (1) ___ sombrero (aquí enfrente); quiero (2) ___ (que está cerca de ti).

TOMÁS: Pues, compra (3) ___, si quieres.

GABRIEL: No quiero comprar (4) ___ camiseta (en el almacén); prefiero comprar (5) ___ (que tengo aquí).

TOMÁS: Pues compra (6) ___ si quieres.

GABRIEL: No me gustan (7) ___ cinturones (que tienes); me gustan (8) ___ (que tienen en mi ciudad).

TOMÁS: Pues, espera hasta volver a tu ciudad para comprar uno de (9) ___.

GABRIEL: No voy a comprar (10) ___ naranja (enfrente de mí); voy a comprar (11) ___ (cerca de ti).

TOMÁS: No, no puedes comprar (12) ___, ¡porque la voy a comprar yo!

**8-17 En Otavalo.** Completa la conversación entre Carlos, el vendedor y Amanda, su clienta, con los adjetivos y pronombres demostrativos correspondientes. Recuerda que en el Ecuador usan dólares.

CARLOS: Buenas tardes, señorita. ¿Qué desea?

AMANDA: Hmmm... No sé. Tal vez un suéter… ¿Es de buena calidad (1) ___ suéter pequeño de color azul? ¿O es mejor (2) ___ grande, de color rojo?

CARLOS: ¡Todos (3) ___ suéteres son buenos!

AMANDA: Muy bien, pues ¿tiene un suéter pequeño y rojo como (4) ___ grande de allá?

CARLOS: Sí, claro. ¿Quiere usted probarse (5) ___ *(close to vendor)*?

AMANDA: No, no es para mí. Es para mi amiga. ¿Cuánto cuesta?

CARLOS: Para usted, 228.500 sucres.

AMANDA: ¡Es mucho!… pero, a ver. Las camisas de colores. Quiero ver una de (6) ___ medianas.

CARLOS: Sí, las camisas son de primera calidad.

AMANDA: Y, ¿cuánto cuesta (7) ___ que tengo aquí?

CARLOS: (8) ___ que tiene usted allí… cuesta 171.375 sucres.

AMANDA: ¡Uf! Es mucho también. ¿Qué tal si le doy 250.000 sucres por todo (9) ___ que tengo aquí?

CARLOS: ¡Ay, señorita! Pero, mire usted la calidad, los colores… Pero como usted es tan amable, le puedo dejar todo (10) ___ que tiene allí en 300.000 sucres.

AMANDA: Perfecto. ¡Muchas gracias!

## ◆ Conversemos

 **8-18 ¿Qué vas a comprar?** Imagínense que están mirando los artículos que vende Carlos en el mercado de Otavalo. Usen el dibujo de la **Actividad 8-17** para hacerse y contestar preguntas sobre lo que le van a comprar a Carlos. Luego, dibujen otros puestos (*stalls*) en el mercado donde venden algunos de los siguientes artículos. Arreglen las cosas cerca (**esto aquí**), un poco apartadas (**eso allí**) y lejos (**aquello allá**). Entonces, pregúntense qué van a comprar.

MODELO:   E1: *¿Vas a comprar esa camisa mediana?*
              E2: *No, voy a comprar aquel suéter grande.*

| | | | |
|---|---|---|---|
| abrigo de lana | calcetines | corbata de seda | pendientes de plata |
| billetera | camisa | guantes de cuero | perfume francés |
| botas | camiseta de algodón | jabón | pulsera de oro |

**8-19 ¿Qué es esto?** Túrnense para preguntar qué son los diferentes artículos de ropa, para que el/la otro/a los identifique.

MODELO:   E1: (Señala la camisa.) *¿Qué es esto?*
              E2: *Es una camisa. ¿Y esto?*
              E1: *Es…*

**8-20 En una tienda de artículos de segunda mano.** Uno/a de ustedes es el/la dependiente/a y el/la otro/a es el/la cliente/a en una tienda de artículos de segunda mano. Pueden usar los dibujos de la **Actividad 8-17** si quieren.

MODELO:   DEPENDIENTE/A: *¿En qué puedo servirle?*
              CLIENTE/A: *Quiero ver esas camisas de manga corta. ¿Me puedo probar ésa?*

## 4. Comparisons of equality and inequality

### Comparaciones de igualdad

■ In Spanish, you may make comparisons of equality with adjectives (e.g., *as good as*) and adverbs (e.g., *as quickly as*) by using the following construction.

**tan** + adjective/adverb + **como**

Pedro es **tan** amable **como** Juan.　*Pedro is as nice as Juan.*
María habla **tan** despacio **como** su hermana.　*María speaks as slowly as her sister.*

■ Make comparisons of equality with nouns (e.g., *as much money as; as many friends as*) by using the following construction. Notice that **tanto** is an adjective and agrees in gender and number with the noun or pronoun it modifies.

**tanto/a(s)** + noun + **como**

Marta tiene **tantos** pares de zapatos **como** ustedes.　*Marta has as many pairs of shoes as you.*
Tú tienes **tanta** paciencia **como** Eugenio.　*You have as much patience as Eugenio.*

■ Make comparisons of equality with verbs (e.g., *works as much as*) by using the following construction.

verb + **tanto como**

Marilú gasta **tanto como** su papá.　*Marilú spends as much as her father.*
Mis hermanos regatean **tanto como** tú.　*My brothers bargain as much as you.*

## Comparaciones de desigualdad

Tengo más dinero que tú.

■ A comparison of inequality expresses *more than* or *less than*. Use this construction with adjectives, adverbs, or nouns.

**más/menos** + adjective/adverb/noun + **que**

ADJECTIVE: Mercedes es **menos** responsable **que** Claudio.　*Mercedes is less responsible than Claudio.*
ADVERB: Yo me pruebo la ropa **más** rápidamente **que** tú.　*I try on the clothes faster than you.*
NOUN: Tengo **menos** compras que Anita.　*I have fewer purchases than Anita.*

■ Make comparisons of inequality with verbs, using this construction:

**verb** + mas/menos + **que**

Tu estudias más que yo.          *You study more than I (do).*

■ With numerical expressions, use **de** instead of **que**.

Tengo **más de** cinco buenas camisas.    *I have more than five good shirts.*

| Summary of comparisons of equality and inequality |
|---|
| **EQUAL COMPARISONS** |
| nouns:                  **tanto/a(s)** + noun + **como** + noun or pronoun |
| adjectives/adverbs:   **tan** + adj./adv. + **como** + noun or pronoun |
| verbs:                   verb + **tanto como** + noun or pronoun |
| **UNEQUAL COMPARISONS** |
| adj./adv./noun:   **más/menos** + adj./adv./noun + **que** + noun or pronoun |
| verbs:              verb + **más/menos** + **que** |
| with numbers:    **más/menos** + **de** + number |

## Expansión    More on structure and usage

### Los adjetivos comparativos irregulares

Some Spanish adjectives have both regular and irregular comparative forms:

| ADJECTIVE | REGULAR FORM | IRREGULAR FORM | |
|---|---|---|---|
| bueno/a | más bueno/a | mejor | *better* |
| malo/a | más malo/a | peor | *worse* |
| viejo/a | más viejo/a | mayor | *older* |
| joven | más joven | menor | *younger* |

■ The irregular forms **mejor** and **peor** are more commonly used than the regular forms. **Más bueno** and **más malo** are primarily used to refer to character, not quality.

| | |
|---|---|
| Esta farmacia es **mejor** que ésa. | *This pharmacy is better than that one.* |
| Pedro es **peor** que Luis en regatear. | *Pedro is worse than Luis in bargaining.* |
| La señora Dávila es **más buena** que el señor Dávila. | *Mrs. Dávila is a better person than Mr. Dávila.* |

■ **Mayor, menor,** and **más joven** are commonly used with people; **más viejo** may be used with inanimate objects.

| | |
|---|---|
| Manuel es **menor** que Beba, y yo soy **mayor** que Manuel. | *Manuel is younger than Beba, and I am older than Manuel.* |
| Cuzco es **más vieja** que Lima. | *Cuzco is older than Lima.* |

# Practiquemos

**8-21 En el hipermercado.** Pueden comprar de todo en un hipermercado: ropa, comida, artículos para el coche, muebles, etcétera. Hagan comparaciones entre lo que ven. Usen la imaginación.

MODELO:   blusa y camisa
          E1: *Esta blusa es bonita.*
          E2: *Sí, pero esta camisa es más bonita que esa blusa.*
          o
          *Sí, pero esta camisa es tan bonita como esa blusa, etcétera.*

ALGUNOS ADJETIVOS Y EXPRESIONES

| | | | | |
|---|---|---|---|---|
| delicioso | exquisito | fresco | horrible | divino |
| barato | bonito | económico | a buen precio | bello |
| hermoso | cómodo | moderno | feo | caro |

1. zapatos y sandalias
2. pollo y pescado
3. saco y traje
4. espárragos y judías
5. vaqueros y pantalones

6. sofá y sillón
7. queso y jamón
8. armario y cama
9. pulseras y relojes
10. microondas y televisor

**8-22 Dos chismosos...** Completa la conversación entre dos personas chismosas (*gossipy*) en una fiesta.

**Clave**: comparación igual (=); comparación desigual (+/−)

MODELO:  Creo que el champú que usa Ramona no es *tan* bueno *como* el que uso yo. (=)

ÁNGEL:  Tiene el pelo (1) ___ bonito ___ el de Marilú. (+)

CARLOTA:  No me gustan sus sandalias (2) ___ ___ sus zapatos. (=)

ÁNGEL:  Es verdad. Sus zapatos son (3) ___ elegantes ___ sus sandalias (+), pero son (4) ___ cómodos ___ los que llevas tú. (−)

CARLOTA:  ¿Crees que ella es (5) ___ rica ___ dice? (=)

ÁNGEL:  No, pero creo que es (6) ___ rica ___ nosotros. (+) Sin embargo, es (7) ___ rica ___ su esposo. (−)

CARLOTA:  Pero él no tiene (8) ___ coches ___ don Jorge. (=)

ÁNGEL:  Es verdad, pero los coches de don Jorge son (9) ___ lujosos ___ los de don Pablo. (−)

CARLOTA:  ¿Y quién crees que tiene (10) ___ edad? ¿Tú o Ramona? (+)

ÁNGEL:  ¡Qué barbaridad! Yo soy mucho (11) ___ ___ ella. (−) Ella tiene (12) ___ ___ cincuenta años. (+) Yo sólo tengo cuarenta.

CARLOTA:  Bueno, estoy aburrida. Vamos a casa. No me gusta la comida aquí. En casa mi comida es (13) ___ ___ la que hacen aquí. (+)

ÁNGEL:  Tienes razón. ¡Estas tapas son (14) ___ ___ las que probamos en ese restaurante horrible la semana pasada! (−) ¡Vamos!

CARLOTA:  Buenas noches, Ramona. Esta fiesta ha sido muy divertida. ¡La comida ha estado (15) ___ ___ nunca! (+)

## ◆ Conversemos

**8-23 Los Óscars.** Imagínense que son reporteros/as durante las ceremonias Óscar de Hollywood y ven llegar a las estrellas. Comparen a las estrellas mientras salen de sus carros. Algunas posibilidades son: Liz Taylor, Ricky Martin, Antonio Banderas, Gwyneth Paltrow, Clint Eastwood, Jennifer López, Danny Glover, Nicole Kidman, Daisy Fuentes, Hugh Grant, Andy García, Tom Cruise, Woody Allen, Salma Hayek.

MODELO:  ► *Daisy Fuentes es más alta que Salma Hayek.*

**8-24 En la joyería.** Imagínense que están en una joyería en Lima: uno/a de ustedes hace de dependiente/a y el/la otro/a es cliente/a. Comparen las joyas que tienen. Pueden comparar el tamaño (*size*), la calidad, el estilo y el precio.

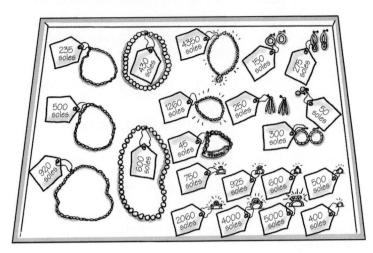

MODELO:   DEPENDIENTE/A: *Este collar es más largo y bonito que ése.*
CLIENTE/A: *Sí, pero es más caro que este collar. ¿No tiene collares más baratos?*

## 5. Superlatives

■ A superlative statement expresses the highest or lowest degree of a quality; for example, the most, the greatest, the least, or the worst. To express the superlative in Spanish, the definite article is used with **más** or **menos**. Note that the preposition **de** is the equivalent of *in* or *of* after a superlative.

definite article + **más** or **menos** + adjective + **de**

| | |
|---|---|
| Este almacén es **el más elegante de** la ciudad. | *This department store is the most elegant in the city.* |
| Estos zapatos son **los menos cómodos de** todos. | *These shoes are the least comfortable of all.* |

- When a noun is used with the superlative, the article precedes the noun in Spanish.

> La seda es **el** material más caro de los que venden aquí.
> *Silk is the most expensive material of the ones they sell here.*
>
> La Cenicienta es **la** zapatería más popular del barrio.
> *Cinderella is the most popular shoe store in the neighborhood.*

- Adjectives and adverbs that have irregular forms in the comparative use the same irregular forms in the superlative.

> Don Pepe es el **mejor de** los joyeros.
> *Don Pepe is the best of the jewelers.*
>
> Tía Isabel es **la mayor de** mis tías.
> *Aunt Isabel is the oldest of my aunts.*

- When **mejor(es)** and **peor(es)** are used in the superlative and the noun is expressed, these adjectives are placed *before* the noun.

> **Edwardo es el mejor estudiante de la clase.**
> *Edwardo is the best student of the class.*

 **Practiquemos**

**8-25 De compras en el Ecuador.** Usa la información a continuación para hacer comentarios, usando la construcción superlativa. Haz todos los cambios necesarios.

MODELO:   pendientes de plata/bonito/joyería
   ► *Estos pendientes de plata son los más bonitos de la joyería.*

1. bolsa de cuero/hermoso/puesto (*stall*)
2. gorras de alpaca/bello/mercado
3. bufanda de seda/elegante/almacén
4. frasco de colonia/pequeño/perfumería
5. cadena de oro/caro/joyería
6. sombreros de Panamá/barato/mercado
7. suéteres de lana/bueno/tienda
8. camisas de algodón/cómodo/país

*A B*

 **Conversemos**

**8-26A ¿Cómo eres?** Túrnense para preguntarse sobre su familia y sus amigos.

MODELO:   más trabajador
   E1: *¿Quién es el más trabajador de tu familia?*
   E2: *Mi hermano es el más trabajador de mi familia.*

1. más alegre
2. más alto/a
3. menos responsable

4. menor
5. más liberal
6. más simpático/a

**8-27 ¿Cuál es?** Túrnense para identificar y hablar de las siguientes cosas, usando comparaciones y superlativos.

MODELO: un buen coche
E1: *¿Cuál es un buen coche?*
E2: *Pues, el Ford es bueno, pero los coches japoneses son mejores que los Ford.*
E3: *¡Creo que el VW es el mejor de todos!*
E1: *No estoy de acuerdo…*

1. una tienda elegante
2. unos zapatos de buena calidad
3. unos vaqueros de moda
4. un reloj de pulsera caro
5. un restaurante económico
6. una tela para verano
7. un perfume agradable
8. una farmacia económica

**8-28 En mi opinión…** Túrnense para asociar cada característica a continuación con la persona que mejor la represente para ustedes.

MODELO: un/a cantante bueno/a
► *Ricky Martin es el mejor cantante del mundo.*

1. una buena actriz
2. un actor serio
3. una persona rica
4. un cantante malo
5. una persona desagradable
6. un animal gracioso
7. un hombre viejo
8. una mujer hermosa/un hombre guapo

**8-29 La última vez que fui de compras.** Escríbele una carta a un/a amigo/a contándole una experiencia que tuviste cuando fuiste de compras. Utiliza comparaciones y superlativos para contar tu experiencia. Tu carta puede incluir esta información, aunque no necesariamente en este orden.

¿qué hiciste?        ¿por qué?
¿dónde?              ¿cuándo?
¿con quiénes?        ¿por cuánto tiempo?
¿cuándo volviste?    ¿cómo te sentiste después?

*Querida Mariela:*

*Ayer fui de compras para buscar un regalo para el cumpleaños de mi mamá. Primero, fui al almacén más grande de la ciudad, pero…*

# *Páginas*

## *"Los rivales y el juez"*

### *Ciro Alegría (1909–1967), el Perú*

Ciro Alegría nació en Huamachuco, Perú en 1909. Vivió muchos años entre los indígenas y muchas de sus obras dan vida y validez a sus tradiciones y a su folklore. "Los rivales y el juez" es una fábula.

## ESTRATEGIAS

**El género de la obra.** By recognizing the genre of a piece you anticipate the style, narrative procedures, and content of the work. What you expect to read on the sports page of a newspaper is different from a mystery or a poem or a play. Before you read this fable, think about the writer's purpose and the characters.

**A. ¿Quiénes son?** Empareja el personaje con su descripción.

*El sapo*          *La cigarra*          *La garza*

1. ___ el sapo
2. ___ la cigarra
3. ___ la garza

a. pequeña, negra, seis patas
b. alta, gris, elegante, pico largo
c. bajo, verde o pardo, cuatro patas, feo

**B. Para pensar.** Piensa en una fábula en inglés y da la información a continuación.

1. el nombre de un escritor de fábulas: ___
2. el nombre en inglés de una fábula famosa: ___
3. el nombre de un personaje ufano (*conceited*): ___

## ¡Escucha!

**A. Los personajes.** Escucha las características de estos animales a ver si los puedes identificar.

___ la araña                    ___ el zorro
___ el perro                    ___ la tortuga
___ la culebra                  ___ el mapache (*raccoon*)

**B. Sus animales favoritos.** Hablen de los animales que les gustan y de los que no les gustan y por qué.

# Los rivales y el juez°

*judge*

Un sapo estaba° muy ufano° de su voz y toda la noche se la
pasaba cantando: toc, toc, toc...

*was, conceited*

Y una cigarra estaba más ufana de su voz, y se pasaba toda la
noche y también todo el día cantando: chirr, chirr, chirr...

Una vez se encontraron y el sapo le dijo: "Mi voz es mejor".

Y la cigarra contestó: "La mía es mejor".

Se armó una discusión que no tenía cuándo acabar°

*had no end*

El sapo decía° que él cantaba toda la noche.

*said*

La cigarra decía que ella cantaba día y noche.

El sapo decía que su voz se oía° a más distancia y la cigarra que
su voz se oía siempre.

*could be heard*

Se pusieron a cantar alternándose: toc, toc, toc...; chirr, chirr,
chirr... y ninguno se convencía°.

*gave in*

Y el sapo dijo: "Por aquí a la orilla° de la laguna, se para° una
garza. Vamos a que haga de juez".

*bank, hay*

Y la cigarra dijo: "Vamos." Saltaron y saltaron hasta que vieron a
la garza...

Y la cigarra gritó: "Garza, queremos únicamente que nos digas
cuál de nosotros dos canta mejor".

La garza respondió: "Entonces acérquense° para oírlos bien"....

*vengan cerca*

El sapo se puso a cantar, indiferente a todo... y mientras tanto la
garza se comió a la cigarra.

Cuando el sapo terminó, dijo la garza: "Ahora seguirá la
discusión en mi buche°," y también se lo comió. Y la garza,
satisfecha de su acción, encogió una pata° y siguió mirando
tranquilamente el agua.

*belly*

*drew up a leg*

**8-30 ¿En qué orden?** Pon estos eventos en orden cronológico.

___ El sapo canta "toc, toc, toc".
___ La garza es juez.
___ El sapo y la cigarra están ufanos.
___ La cigarra canta "chirr, chirr, chirr".
___ Toda la noche se oye "toc, chirr, toc, chirr, toc, chirr".

**8-31 ¿Comprendiste?** Contesta brevemente en español.

1. ¿Quiénes son los tres personajes de esta fábula?
2. ¿Cuál de los personajes canta mejor? ¿Cuál es el más inteligente?
3. En tu opinión, ¿cuál es la lección de esta fábula? Explica.
4. Compara la lección de esta fábula con la de otra que conoces.

# El reino inca:

## el Perú y el Ecuador

**8-32 ¿Qué sabes tú?** Identifica o explica las siguientes cosas.

1. las capitales del Perú y del Ecuador
2. dónde están las Islas Galápagos
3. el científico inglés que hizo investigaciones en las Islas Galápagos
4. una antigua civilización de la América del Sur
5. el origen de la papa
6. productos agrícolas importantes del Ecuador
7. los meses de verano en el Perú
8. el nombre del río que pasa por Brasil, el Perú y el Ecuador
9. los países en las fronteras del Perú y del Ecuador
10. el clima de la selva amazónica

Isla
Gal

El clima tropical de la zona costal es ideal para el cultivo de bananas, uno de los productos agrícolas más importantes del Ecuador.

Se conoce el archipiélago de las islas Galápagos por su exquisita variedad de vida marítima y terrestre. Aquí también se ubica el Centro de Investigación Charles Darwin, nombrado en honor del famoso científico inglés que visitó las islas, y formuló allí su teoría sobre la evolución de las especies. Hoy en día, el gobierno ecuatoriano coopera con el movimiento ecológico para estudiar y proteger las especies únicas, como el galápago [*giant turtle*] y la iguana marina.

La alpaca es un precioso animal camélido [*of the camel family*] que vive en las altas sierras de Suramérica. La alpaca fue importante en la civilización incaica, que la usó en sus ceremonias religiosas y para sus tejidos de lana. La lana de la alpaca es más fuerte y mucho más calurosa que la de la oveja, y se produce en 22 colores naturales distintos.

Cuenca es una bella ciudad que preserva la arquitectura colonial española junto a algunos sitios arqueológicos de la época de los incas.

Quito

ECUADOR

Cuenca

PERÚ

El camino inca

Cuzco

Machu Picchu

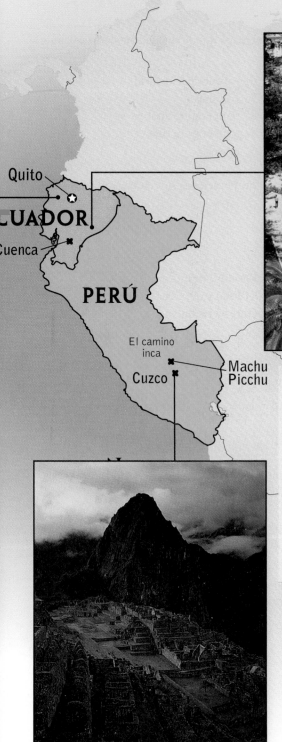

## Ceviche[1]

1 pescado corvina (*sea bass*)
sal
2 cebollas
1/2 taza de apio (*celery*) picado
3 dientes de ajo

2 cucharadas de ají verde molido
4 chiles pequeños picados
1 cucharada de cilantro picado
8 limones
lechuga

### Preparación:

Corta el pescado en trocitos, échalo a un recipiente con agua y sal, déjalo reposar por 10 minutos. Luego cuélalo (*drain*) y déjalo en agua fresca. Corta las cebollas en pluma (*thin slices*) y ponlas en agua con sal. Pica el apio y licúalo con el ajo. Cuela el pescado y la cebolla, luego agrega el apio licuado, los chiles picados (opcional); agrega el ají verde molido, luego el pescado y el jugo de los 8 limones. Mézclalo bien y déjalo reposar (*stand*) en el refrigerador. Agrega la cebolla y el cilantro. Sírvelo acompañado de la lechuga.

[1] a raw fish dish

La sierra peruana es la región atravesada (*crossed*) por los Andes. Allí hay ciudades como Cuzco, la antigua capital de los incas, a más de 3.500 metros de altura, y el impresionante Machu Picchu, centro ceremonial de los incas.

Un plato especial que se sirve en el Perú y en el Ecuador es el ceviche, pescado fresco "cocinado" en jugo de limón. Arriba tienes una receta fácil de preparar.

**8-33 ¿Dónde?** Identifica los lugares en el mapa donde se puede encontrar las siguientes cosas.

1. industria pesquera (del pescado)
2. artículos hechos de lana de alpaca
3. investigación ecológica
4. deportes invernales
5. la sede del gobierno
6. parques nacionales
7. volcanes
8. temperatura alta
9. temperatura baja
10. museos

**8-34 ¿Cierto o falso?** Indica si las siguientes oraciones son **ciertas** o **falsas**. Si son falsas, explica por qué.

1. El Ecuador tiene un sólo clima.
2. Las alpacas viven en las sierras.
3. Cuenca es una ciudad colonial.
4. En el Ecuador, el cultivo de las bananas es importante.
5. El ceviche es un plato típico de carne del Perú y del Ecuador.
6. La lana de la alpaca es ideal para los suéteres y las bufandas.
7. Charles Darwin visitó el Ecuador.

**8-35 El mapa.** Consulten el mapa de Suramérica y túrnense para indicar dónde se encuentran las ciudades y los lugares a continuación.

en el centro     en la costa del Pacífico     en las montañas (*mountains*)

MODELO:   Lima
   ▶   *Lima es la capital del Perú. Está en la costa del país.*

1. Machu Picchu
2. Quito
3. Guayaquil
4. las Islas Galápagos
5. el Lago Titicaca
6. Cuzco

**8-36 Recomendaciones.** Háganles recomendaciones a personas que piensan hacer un viaje al Perú y al Ecuador. Recomiéndenles lugares para visitar, según sus intereses.

MODELO:   E1: *Quiero estudiar las civilizaciones antiguas.*
   E2: *¿Por qué no vas a Machu Picchu? Allí puedes estudiar el centro ceremonial de los incas.*

1. Quiero estudiar ecología.
2. Me gusta escalar montañas.
3. Estudio agricultura.
4. Me gustan los mariscos.
5. Quiero observar las alpacas.
6. Quiero hacer un crucero (*cruise*).

**8-37 Investigar.** Investiga uno de los siguientes temas en la biblioteca o en la Red Mundial y prepara un informe para presentárselo a la clase.

1. la papa
2. Alberto Fujimori
3. la iguana marina
4. el quechua (idioma andino)
5. la música andina
6. la artesanía andina
7. Atahualpa
8. Pizarro
9. la zona amazónica del Ecuador
10. los tejedores del Ecuador

**Taller**

## Una fábula

En esta actividad, vas a escribir una fábula.

1. **Lección.** Primero piensa en la lección o moraleja (*moral*) que quieres ilustrar en tu fábula.

2. **Descripción.** Escribe una breve descripción de dos o tres personajes. Incluye sus aspectos físicos y personales.

ALGUNOS ANIMALES

| | | | |
|---|---|---|---|
| **el águila** | *eagle* | **el gato** | *cat* |
| **la alpaca** | *alpaca* | **la iguana** | *iguana* |
| **la araña** | *spider* | **el mapache** | *raccoon* |
| **la ardilla** | *squirrel* | **el pato** | *duck* |
| **la culebra** | *snake* | **el perro** | *dog* |
| **el galápago** | *turtle* | **el zorro** | *fox* |

3. **Problema.** Escribe dos o tres oraciones, explicando el problema o el conflicto entre los personajes.

4. **Detalles.** Escribe dos o tres oraciones, describiendo su encuentro (*encounter*) y los resultados.

5. **Opinión.** Usa mandatos formales para escribir la moraleja de la fábula.

6. **Revisión.** Revisa tu fábula para verificar los siguientes puntos.

❏ el uso del pretérito
❏ el uso de los números ordinales
❏ las comparaciones y los superlativos
❏ la ortografía y la concordancia

7. **Intercambio.** Intercambia tu fábula con otro/a estudiante para hacer correcciones y sugerencias y comentar sobre el mensaje (*message*) de la fábula.

8. **Entrega.** Pasa tu fábula en limpio, incorporando las sugerencias de tu compañero/a, y entrégasela a tu profesor/a.

MODELO:   En la alta sierra del Perú viven una alpaca y un águila. La alpaca se cree la criatura más bella de todo el mundo. El águila también se cree muy, muy bella, aún más bella que la alpaca…

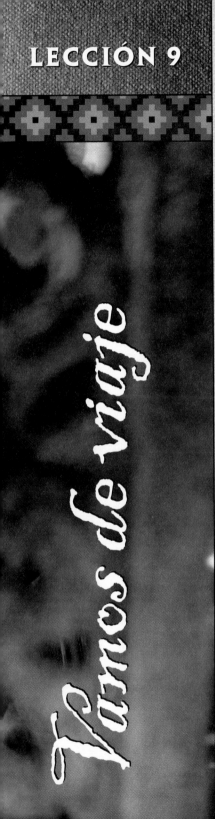

# LECCIÓN 9

## Vamos de viaje

## COMUNICACIÓN

- ► Requesting travel-related information
- ► Making travel arrangements
- ► Describing travel experiences
- ► Talking about events in the past

## ESTRUCTURAS

### PRIMERA PARTE

- ► The imperfect of regular and irregular verbs
- ► *Por* or *para*

### SEGUNDA PARTE

- ► Preterit vs. imperfect
- ► Adverbs ending in *-mente*

## CULTURA

- ► El turismo norteamericano en los países hispanos
- ► Irene Sáez, Gobernadora del Estado de Nueva Esparta
- ► Páginas: *Relato de una vida equivocada* (trozo), Rosaura Rodríguez
- ► Nuestro mundo: Los países caribeños de Suramérica: Venezuela y Colombia

### PRIMERA PARTE

# ¡Así es la vida!

## Un viaje de vacaciones

Mauricio Pasos y Susana García son dos jóvenes universitarios venezolanos. Son esposos y quieren tomarse unas vacaciones entre semestres. Están en la agencia de viajes Omega, C.A., situada en la Avenida Andrés Bello de Caracas, y hablan con Rosario Díaz, una amiga de Susana que trabaja en la agencia.

ROSARIO: Hola, ¿cómo están? ¿Qué dicen los tortolitos (*lovebirds*)?

SUSANA: Pues, aquí nos tienes, corriendo de un lado a otro.

ROSARIO: Bueno, ¿y ya saben adónde desean ir de vacaciones?

MAURICIO: Yo quiero ir a Cancún, porque allí fue donde nos conocimos.

SUSANA: No, mi amor. De eso nada (*No way*). En Cancún hay demasiados (*too many*) turistas.

ROSARIO: (Mostrándoles un folleto) Un momento, Susana. No vayan a pelearse ahora. Miren, aquí les ofrecen un viaje de una semana a Colombia.

SUSANA: ¿Qué incluye el viaje?

ROSARIO: Incluye pasaje de ida y vuelta, hospedaje, comidas y excursiones por tres días y dos noches en la isla de San Andrés, que tiene una playa fabulosa, y cinco días y cuatro noches en la maravillosa ciudad colonial de Cartagena de Indias. ¡Todo esto por sólo 506.000 bolívares por persona!

SUSANA: ¡Fenomenal!

MAURICIO: Pues, mi cielo, entonces… ¡vamos a Colombia!

Un mes más tarde Mauricio y Susana salen para Colombia en su viaje de vacaciones. Ahora se encuentran en la sala de espera de AVIANCA, en el aeropuerto internacional de Caracas. Al poco rato oyen la voz del agente…

AGENTE: Buenas tardes, señores pasajeros. AVIANCA anuncia la salida del vuelo 79 con destino a San Andrés. Favor de pasar a la puerta de salida número 8. ¡Buen viaje!

(Más adelante, cuando están sentados dentro del avión, ellos escuchan… )

AZAFATA: De parte del capitán Recio les damos la bienvenida a bordo del vuelo 79. El viaje va a durar dos horas y media y vamos a volar a 4.000 metros de altura. ¡Favor de abrocharse los cinturones de seguridad!

## En la agencia de viajes

| | |
|---|---|
| el folleto | *brochure* |
| el/la guía | *tour guide* |
| la guía | *guide book* |
| el hospedaje | *lodging* |
| el pasaje | *(roundtrip) fare, ticket* |
|   (de ida y vuelta) | |
| la reserva | *reservation* |
| el vuelo sin escala | *nonstop flight* |

## En el aeropuerto

| | |
|---|---|
| cancelar | *to cancel* |
| facturar el equipaje | *to check in the luggage* |
| hacer cola | *to stand in line* |
| la aduana | *customs* |
| el/la aduanero/a | *customs inspector* |
| la demora | *delay* |
| el equipaje | *luggage* |
| el equipaje de mano | *hand luggage* |
| la maleta | *suitcase* |
| la puerta de salida | *gate* |
| la sala de espera | *waiting room* |
| la sala de<br>  reclamación de<br>  equipaje | *baggage claim room* |

## En el avión

| | |
|---|---|
| abordar | *to board* |
| abrocharse | *to fasten (a seatbelt)* |
| aterrizar | *to land* |
| despegar (gu) | *to take off* |
| la altura | *altitude* |
| el asiento<br>  (de ventanilla /<br>  de pasillo) | *(window/aisle) seat* |
| el aterrizaje | *landing* |
| la azafata, el/la<br>  aeromozo/a | *stewardess, flight<br>  attendant* |
| el cinturón<br>  de seguridad | *seat belt* |
| la clase turista | *coach class* |
| la llegada | *arrival* |
| el/la piloto | *pilot* |
| la salida | *departure* |
| la salida de emergencia | *emergency exit* |
| la sección de no fumar | *no-smoking section* |
| la tarjeta de embarque | *boarding pass* |

### REPASO

viajar
el boleto
la excursión
el viaje
el mostrador

## ¡Escucha!

**A. Un vuelo en avión.** Escucha el anuncio en el avión. Indica la información correcta del vuelo.

| | | | |
|---|---|---|---|
| 1. aerolínea: | a. IBERIA | b. AVENSA | c. LACSA |
| 2. número: | a. 895 | b. 985 | c. 995 |
| 3. destino: | a. San Juan | b. San José | c. San Andrés |
| 4. comida: | a. almuerzo | b. merienda | c. desayuno |
| 5. película: | a. cubana | b. venezolana | c. colombiana |
| 6. temperatura: | a. 30° C | b. 30° F | c. 32° C |
| 7. hora de llegada: | a. 2:30 AM | b. 3:30 PM | c. 2:30 PM |

**B. ¿Qué prefieres?** Conversen entre sí sobre sus preferencias cuando viajan.

MODELO: aerolínea doméstica o extranjera

    E1: *Cuando viajas, ¿cuál prefieres, una aerolínea doméstica o una*
    *extranjera?*
    E2: *Prefiero una doméstica.*
    E1: *¿Cuál?*
    E2: …

## Practiquemos

**9-1 De viaje.** Completa la conversación entre un niño y su mamá, usando expresiones de **¡Así lo decimos!**

NIÑO:  Mamá, ¿dónde pongo mi chaqueta?

MAMÁ:  Métela allí en tu (1) ___ con el resto de tu ropa.

NIÑO:  Mamá, ¿por qué no salimos a tiempo?

MAMÁ:  Porque hay una (2) ___ de media hora.

NIÑO:  Mamá, ¿por qué no vamos en primera clase?

MAMÁ:  Porque los (3) ___ de primera clase son muy caros.

NIÑO:  Mamá, ¿a quién le pido un refresco?

MAMÁ:  Puedes pedírselo a la (4) ___ que está en el pasillo con las bebidas.

NIÑO:  ¿Cuándo va a (5) ___ el avión?

MAMÁ:  En unos cinco minutos. ¡Pero sólo si estás sentado con el (6) ___ abrochado!

NIÑO:  Mamá, ¿a quién le doy mi pasaporte en el otro aeropuerto?

MAMÁ:  En el otro aeropuerto, tenemos que pasar por la (7) ___ y allí vas a darle tu pasaporte al (8)___.

**9-2 Planes para un viaje.** Imagínate que hiciste un viaje y que hiciste las cosas que aparecen en la lista a continuación. Primero, pon en orden las acciones. Luego, en una hoja aparte, escribe un párrafo, usando estas ideas. Usa el pretérito de los verbos.

MODELO:  ▶  *1: pedir dos semanas de vacaciones.*
         *Primero, pedí dos semanas de vacaciones.*

___ comprar una novela de detectives

___ bajarse del avión

___ comprar una guía turística, mapas y planos

___ darle el pasaporte al aduanero

___ abrirle la maleta al aduanero

_1_ pedir dos semanas de vacaciones

___ hacer cola para abordar el avión

___ cambiar dólares a la moneda local

___ hacer la maleta

___ pedir un taxi para el hotel

___ hablar con un agente de viajes

___ pedir un taxi para el aeropuerto

___ obtener fotos para el pasaporte

___ darle la tarjeta de embarque al aeromozo

___ hacer las reservas del avión

___ hacer las reservas del hotel

___ comprar cheques de viajero

**9-3 En la agencia de viajes.** Completa la conversación entre el agente y la viajera con palabras y expresiones de la lista a continuación.

| | | | | |
|---|---|---|---|---|
| buen viaje | guía | ventanilla | pasaje | viaje |
| excursión | hospedaje | paquete | salida | vuelo |

AGENTE:  Buenos días, señora. ¿En qué puedo servirle?
SEÑORA:  Quiero hacer un (1) ___ a Colombia.
AGENTE:  Bien, ¿quiere que le muestre un (2) ___?
SEÑORA:  Sí, por favor.
AGENTE:  Aquí tiene.
SEÑORA:  ¿Incluye (3) ___ en un hotel?
AGENTE:  Sí, y también incluye una (4) ___ por Cartagena.
SEÑORA:  ¿Hay un (5) ___ para explicar las atracciones?
AGENTE:  Sí, por supuesto.
SEÑORA:  Quiero un (6) ___ sin escala.
AGENTE:  Sí, señora. Hay dos sin escala.
SEÑORA:  Entonces compro un (7) ___ de turista.
AGENTE:  ¿Dónde prefiere usted sentarse?
SEÑORA:  Al lado de la (8) ___ para poder ver, y cerca de la (9) ___ de emergencia, por si hay una emergencia.
AGENTE:  Muchas gracias y ¡(10) ___!

**9-4 Anuncios.** Contesta las siguientes preguntas, basándote en el anuncio a continuación.

1. ¿Cómo se llama la agencia de viajes?
2. ¿Qué anuncia la agencia?
3. ¿Dónde está la agencia?
4. ¿Cuál es el viaje más caro?
5. ¿Cuál es el más barato?
6. ¿A qué ciudades del Caribe hay excursiones?
7. En español, explica la frase, "Precios sujetos a cambio sin previo aviso".
8. ¿Cuál de los viajes prefieres y por qué?

**AGENCIA DE VIAJES MUNDIALES**

**Tarifas de ida y vuelta de Nueva York**

**Centro y Suramérica**

| | |
|---|---|
| Managua | $595 |
| San Salvador | $550 |
| Tegucigalpa | $600 |
| Caracas | $800 |
| Panamá | $650 |
| Bogotá | $800 |
| Cartagena | $850 |
| Maracaibo | $900 |

**Islas del Caribe**

| | |
|---|---|
| San Andrés | $850 |
| Isla Margarita | $900 |
| San Juan | $500 |
| Santo Domingo | $700 |

**Tenemos más tarifas y excursiones económicas, para destinos en los EE.UU. y a cualquier parte del mundo.**

¡LLÁMENOS HOY! CUMPLIMOS LO QUE PROMETEMOS
SU AGENCIA AMIGA EN EL CORAZÓN DE MANHATTAN

Precios sujetos a cambio sin previo aviso

**(212) 555-8042**   1320 8th Ave., Suite 54

## Conversemos

**9-5 En el mostrador de AVIANCA.** Hagan el papel de agente y viajero/a en el mostrador de la aerolínea AVIANCA (aerolínea colombiana). Incluyan esta información.

el saludo                                  el equipaje
el destino                                 el número de la puerta de salida
el pasaporte                               un anuncio para el avión
su preferencia para sentarse               ¿… ?

MODELO:    E1: *Buenos días. Su boleto y pasaporte por favor.*
           E2: *Aquí los tiene.*
           E1: *Usted viaja a… ¿verdad?*
           E2: …

**9-6 Especiales de viaje desde Caracas.**
Lean el aviso y decidan adónde desean viajar. Incluyan la siguiente información.

1. el país (ciudad) a visitar
2. el número de días de la excursión
3. el tipo de ropa que van a llevar
4. los precios y cuánto quieren gastar
5. si van a necesitar un taxi para ir al aeropuerto o a la estación de autobuses
6. algunas actividades que van a hacer
7. si quieren invitar también a otros compañeros

**VIAJES VENEZOLANOS**
Salidas desde Caracas

**SALIDAS EN AUTOBÚS**

**Internacionales**

| Bogotá | 158.000 |
| Boa Vista, Brasil | 142.200 |
| Sao Paulo | 221.200 |

**Nacionales**

| Valencia | 12.640 |
| Maracaibo | 94.800 |
| Mérida | 101.120 |
| Ciudad Bolívar | 47.400 |
| Barcelona | 31.600 |
| San Carlos de Río Negro | 63.200 |
| Puerto Ayacucho | 47.400 |
| Coro | 79.000 |

**VENEZUELA**

viajes **Marsans** Somos los primeros desde 1.910

**SALIDAS EN AVIÓN**

**LANZAROTE**
4 noches
Salida 29 abril
Apt htl. PTO. Carmen***
**43.500**

| **Isla Margarita**<br>4 días. Hotel***. Salida 28 abril | **316.000** |
| **Miami**<br>4 días. Hotel***. Salida 28 abril | **568.500** |
| **San Juan, Pto Rico**<br>4 días. Hotel***. Salida 5 mayo | **537.200** |
| **Quito**<br>5 días. Hotel***. Salida 6 junio | **442.400** |

¡Pague en 3 meses sin recargo! (en viajes a partir de 300.000 bolívares)

# COMPARACIONES...  El turismo en los países hispanos

Millones de turistas, especialmente los estadounidenses de todas las regiones de los EE.UU, visitan países hispanos todos los años. Ciertos países son más populares que otros. Aquí tienes una pequeña descripción de los cuatro países más populares.

MÉXICO: Más de ocho millones de estadounidenses visitan México todos los años. Las ciudades preferidas son Acapulco, Cancún, Guadalajara y Ciudad de México. Como México está cerca y tiene un clima cálido (*warm*) en las costas, es un sitio ideal para escaparse de las incomodidades del invierno. Tanto en las costas del mar Caribe, como en el Pacífico, México tiene centros turísticos de gran belleza, dedicados casi exclusivamente a satisfacer a los turistas norteamericanos.

ESPAÑA: Más de un millón de norteamericanos visita España todos los años. Las ciudades más populares son Madrid, Barcelona, Sevilla y Málaga.

Durante los veranos, miles de estudiantes norteamericanos participan en programas de verano auspiciados (*sponsored*) por universidades españolas.

PUERTO RICO Y LA REPÚBLICA DOMINICANA: Por su ubicación en el Mar Caribe, estas dos islas reciben anualmente a cientos de miles de turistas de los EE.UU. Entre los atractivos principales de las islas están no sólo sus hermosos balnearios (*beach resorts*), sino también las ciudades coloniales de San Juan y Santo Domingo, consideradas las capitales más antiguas del Nuevo Mundo.

## ¡Vamos a comparar!

¿Sabes cuál es la ciudad norteamericana más popular entre los visitantes hispanoamericanos a los EE.UU. y al Canadá? Busca información sobre las ciudades de los EE.UU. y el Canadá que los españoles visitan más.

## ¡Vamos a conversar!

Pongan en orden de preferencia estos aspectos de sus vacaciones y comparen sus gustos. Luego, decidan qué país hispano prefieren visitar y por qué.

___ hacer deportes  ___ ir al teatro
___ hacer excursiones  ___ comer en restaurantes étnicos
___ visitar museos  ___ estudiar en un programa especial
___ estar cerca del agua  ___ visitar los barrios viejos
___ tomar el sol  ___ ¿... ?

**RUTAS TURÍSTICAS DE CASTILLA-LA MANCHA**

*¿En qué país está esta ruta turística?*

# ¡Así lo hacemos!

## Estructuras

### 1. The imperfect of regular and irregular verbs

**El imperfecto de los verbos regulares**

CAMINÁBAMOS, SUBÍAMOS CERROS
Y NOS SENTÍAMOS LOS DUEÑOS DEL MUNDO.
NISSAN TERRANO, DE CIDEF.

You have already studied the preterit tense in **Lecciones 6, 7,** and **8.** Here you will be introduced to the imperfect, the other simple past tense in Spanish.

■ The imperfect of regular verbs is formed as follows:

|  | hablar | comer | escribir |
|---|---|---|---|
| yo | habl**aba** | com**ía** | escrib**ía** |
| tú | habl**abas** | com**ías** | escrib**ías** |
| él/ella, Ud. | habl**aba** | com**ía** | escrib**ía** |
| nosotros/as | habl**ábamos** | com**íamos** | escrib**íamos** |
| vosotros/as | habl**abais** | com**íais** | escrib**íais** |
| ellos/as, Uds. | habl**aban** | com**ían** | escrib**ían** |

■ With **-ar** verbs, only the first-person plural form has a written accent mark. All **-er** and **-ir** verbs have the same imperfect endings, and all forms have a written accent mark.

■ The Spanish imperfect has three common English equivalents: the simple past, the past progressive, and the *used to* + infinitive construction.

Rosario **trabajaba** en la agencia. 
$\left\{ \begin{array}{l} \textit{Rosario worked at the agency.} \\ \textit{Rosario was working at the agency.} \\ \textit{Rosario used to work at the agency.} \end{array} \right.$

- Use the imperfect to describe repeated, habitual, or continuous actions in the past with no reference to the beginning or ending.

| | |
|---|---|
| Cuando yo **viajaba** a Colombia, **volaba** en Avianca. | *When I traveled to Colombia, I used to fly on Avianca.* |
| Susana y Mauricio **leían** la guía todos los días. | *Susana and Mauricio read* (past tense) *the guide book every day.* |
| Mauricio **pensaba** todo el tiempo en el viaje. | *Mauricio was thinking (thought) all the time about the trip.* |

- Use the imperfect to describe an event or action in progress when another event or action takes place (in the preterit) or is occurring (in the imperfect).

| | |
|---|---|
| **Estaban** en la sala de espera cuando **llegaron** las azafatas. | *They were at the waiting room when the stewardesses arrived.* |
| Mientras Rosario **hablaba** con Susana, Mauricio **miraba** el folleto. | *While Rosario was talking with Susana, Mauricio was looking at the brochure.* |

- The imperfect is used to describe characteristics or states of being (health, emotions, etc.) in the past when no particular beginning or ending is implied in the statement.

| | |
|---|---|
| Mi abuela **era** muy activa. **Tenía** mucha energía. | *My grandmother was very active. She had a lot of energy.* |
| Mis padres **estaban** muy contentos en la Isla Margarita. | *My parents were very happy on Isla Margarita.* |

## Verbos irregulares en el imperfecto

There are only three verbs that are irregular in the imperfect.

Only the first person plural forms of **ir** and **ser** have written accent marks; all forms of **ver** require a written accent.

Cuando yo era joven, veíamos a nuestros abuelos todas las semanas. Vivían cerca e íbamos en bicicleta para visitarlos.

| | ir | ser | ver |
|---|---|---|---|
| yo | iba | era | veía |
| tú | ibas | eras | veías |
| él/ella, Ud. | iba | era | veía |
| nosotros/as | íbamos | éramos | veíamos |
| vosotros/as | ibais | erais | veíais |
| ellos/as, Uds. | iban | eran | veían |

**9-7 Cuando iba de viaje**. Refiérete a los dibujos para describir lo que hacía
Carlos cuando iba de viaje.

MODELO:    Cuando Carlos iba de viaje,…
▶ *siempre consultaba al agente de viajes.*

1.

Después..

2.

Luego…

3.

Siempre…

4.

Entonces…

5.

Al poco rato…

6.

Por lo general…

7.

Después…

8.

Pendiente

A menudo…

**9-8 Caos en la agencia de viajes.** Imagínate que eres agente en una agencia de
viajes, y ayer cuando llegaste a la agencia, bajaron los precios de los vuelos
internacionales. Completa el párrafo con la forma correcta del imperfecto de cada
verbo entre paréntesis para saber lo que pasaba cuando entraste.

MODELO:    ▶ La agente *hablaba* por teléfono.

Cuando entré en la oficina, Carlos (1. estar)___ furioso y (2. reñir)___ por teléfono
con un agente de la aerolínea. Ana Julia (3. preparar)___ los boletos para una pareja
recién casada. Los novios (4. querer)___ planear su viaje de luna de miel (*honeymoon*).
Un chico (5. traer)___ un paquete con los folletos nuevos. Algunos muchachos
(6. ver)___ un video sobre Colombia. Una amiga del agente dijo que (7. venir)___ a
visitarlo. Dos estudiantes (8. dormir)___ en el sofá. ¡Qué escándalo!

**9-9 En el mercado de pulgas (*flea market*).** Completa los recuerdos de Chela de cuando iba con su hermano al mercado de pulgas en Caracas. Usa las formas correctas del imperfecto de los verbos correspondientes.

| | | | |
|---|---|---|---|
| atender | encantar | poder | vender |
| ayudar | conversar | ser | |
| buscar | ir | tomar | |

A mi hermano Beto y a mí nos (1) ___ el mercado de pulgas en Caracas. Siempre (2) ___ de compras y (3) ___ artículos a buen precio. Conchita, una amiga, (4) ___ allí y nos (5) ___ en el mercado. Para empezar, ella nos (6) ___ a encontrar las mejores gangas, una camiseta de algodón o unos vaqueros de moda. Los precios (7) ___ muy buenos allí, aunque yo a veces no (8) ___ encontrar mi talla. Después (9) ___ café en la plaza donde (10) ___ sobre nuestras compras.

## ◆ Conversemos

**9-10 Los recuerdos de tus papás.** Haz una lista de las diferencias entre tu vida y la de tus padres cuando tenían tu edad. Luego compara tu lista con la de un/a compañero/a. ¿Tienen algo en común los padres suyos?

MODELO:  ► *Cuando mi padre tenía dieciséis años, él jugaba con el equipo de baloncesto de su escuela secundaria. Yo, en cambio* (on the other hand), *jugaba al béisbol en la escuela secundaria.*

**9-11A ¿Qué ocurría?** Túrnense para preguntar lo que pasaba la última vez que entraron en estos lugares.

MODELO:  el cine
      E1: *¿Qué pasaba en el cine?*
      E2: *Daban una película.*

1. la clase
2. la casa de algunos amigos
3. tu casa
4. el restaurante
5. el gimnasio
6. ¿... ?

**9-12 En mi otra vida.** Usa el imperfecto para escribir por lo menos ocho oraciones para contar cómo eras en tu otra vida. Usa la imaginación y después, compara tu vida con la de un/a compañero/a.

MODELO:  ► *En mi otra vida, era piloto. Volaba en un avión 747 a Caracas dos veces a la semana. El aeromozo siempre me traía el café y la comida. Cuando estaba en Caracas, me gustaba visitar un pequeño café donde me sentaba al sol, tomaba un refresco y veía a la gente.*

**9-13 Te creo. No te creo.** Túrnense para jactarse (*brag*) de sus experiencias y para comentar si las creen o no. Pídanse detalles.

MODELO: E1: *Cuando era joven, siempre iba a España de vacaciones.*
     E2: *¿Con quiénes?*
     E1: *Con mi amigo, Ricky Martin.*
     E2: *¿Qué hacían?*
     E1: *Íbamos a cenar con la reina Sofía.*
     E2: *No te creo.*

## 2. *Por* or *para*

Although the prepositions **por** and **para** may both be translated as *for* in English, they are not interchangeable. Each word has a distinctly different use in Spanish, as outlined below.

### Por

- expresses the time during which an action takes place, or its duration (*during, for*).

| | |
|---|---|
| Vamos al aeropuerto **por** la tarde. | *We are going to the airport during the afternoon.* |
| Pienso estudiar en Caracas **por** un semestre. | *I am planning to study in Caracas for a semester.* |

- expresses *because of, in exchange for, on behalf of*.

| | |
|---|---|
| Tuve que cancelar el vuelo **por** una emergencia. | *I had to cancel the flight because of an emergency.* |
| ¿Quieres $10 **por** esa guía? | *Do you want $10 for that guide book?* |
| ¿Lo hiciste **por** mí? | *Did you do it for me?* |

- expresses the object/goal of an action, person being sought after (*for*).

| | |
|---|---|
| Venimos **por** usted a las dos. | *We'll come by for you at two.* |
| Los estudiantes fueron **por** el equipaje. | *The students went for their luggage.* |

- expresses motion (*through, by, along, around*).

| | |
|---|---|
| Pasé **por** la agencia ayer. | *I went by the agency yesterday.* |
| Las chicas salieron **por** la puerta de salida. | *The girls went out through the gate.* |

- expresses means by or manner in which an action is accomplished (*by, for*).

| | |
|---|---|
| ¿Viajaron a Bogotá **por** avión? | *Did you travel to Bogotá by plane?* |
| Hicimos las reservaciones **por** teléfono. | *We made the reservations by telephone.* |

- expresses readiness (*to be about to do something*) when used with **estar** + infinitive.[1]

| | |
|---|---|
| Estoy **por** salir. | *I am about to leave.* |
| Estamos **por** comer. | *We are about to eat.* |

---

[1]However, the expression **estar listo/a(s)** takes the preposition **para**.

| | |
|---|---|
| Estamos listos **para** visitar la tumba de Bolívar en el centro de Caracas. | *We are ready to visit Bolívar's tomb in downtown Caracas.* |

- is used in many common idiomatic expressions.

| | | | |
|---|---|---|---|
| **por ahora** | *for now* | **por favor** | *please* |
| **por aquí** | *around here* | **por fin** | *finally* |
| **por Dios** | *for God's sake* | **por lo general** | *in general* |
| **por eso** | *that's why* | **por supuesto** | *of course* |
| **por ejemplo** | *for example* | **por último** | *finally* |

## Para

- expresses the purpose of an action (*in order to* + infinitive) or an object (*for*).

Vamos a Colombia **para** conocer el país.
*We're going to Colombia in order to get to know the country.*

La cámara es **para** sacar fotos.
*The camera is for taking pictures.*

- expresses destination (a place or a recipient).

Mañana salimos **para** Maracaibo.
*Tomorrow we're leaving for Maracaibo.*

Este pasaje es **para** ti.
*This ticket is for you.*

- expresses work objective.

Ana estudia **para** azafata.
*Ana is studying to be a stewardess.*

- expresses time limits or specific deadlines (*by, for*).

Necesito el pasaporte **para** esta tarde.
*I need the passport for this afternoon.*

Pienso estar en Cartagena **para** las seis de la tarde.
*I plan to be in Cartagena by six in the afternoon.*

- expresses comparison with others (stated or implicit).

**Para** diciembre, hace buen tiempo.
*For December, the weather is nice.*

**Para** tener cinco años, tu hermanita sabe mucho.
*For a five-year-old, your little sister knows a lot.*

## Expansión   More on structure and usage

### Para usar *por* y *para*

The uses of **por** and **para** have apparent similarities, which sometimes cause confusion. In some cases it may be helpful to link their uses to the questions **¿para qué?** (*for what purpose?*) and **¿por qué?** (*for what reason?*).

| | |
|---|---|
| — ¿**Por qué** viniste? | *Why (For what reason) did you come?* |
| — Vine porque necesitaba los boletos. | *I came because I needed the tickets.* |
| — ¿**Para qué** viniste? | *For what purpose did you come?* |
| — Vine **para** pedirte un favor. | *I came (in order) to ask you a favor.* |

In many instances the use of either **por** or **para** will be grammatically correct, but the meaning will be different. Compare the following sentences.

| | |
|---|---|
| Mario viaja **para** Cartagena. | *Mario is traveling to (toward) Cartagena.* (destination) |
| Mario viaja **por** Cartagena. | *Mario is traveling through (in) Cartagena.* (motion) |

## Practiquemos

**9-14 Planes para un viaje a San Andrés.** Completa el párrafo con **por** o **para**.

En enero Carmen y yo decidimos hacer un viaje a San Andrés. Quería ir (1)___ Semana Santa (*Easter week*), que es en la primavera. El día que hicimos los planes, yo pasé (2)___ Carmen a las tres y luego nosotras salimos (3)___ la agencia de viajes. Carmen y yo caminamos (4)___ el Parque Central, (5)___ Times Square y, (6)___ fin, (7)___ Grand Central Station. En la agencia le dijimos a la directora que (8)___ nosotras la primavera era la mejor estación del año. (9)___ eso, queríamos hacer el viaje en abril. Con la agente hicimos los planes. Íbamos a pescar (10)___ el río. Íbamos a hacer una excursión (11)___ el parque nacional. Íbamos a pasar quince días recorriendo la isla. ¿Cuánto pagamos (12)___ un viaje tan bonito? ¡Sólo $850! ¡(13)___ mí era una ganga!

La agente dijo, "Está bien. Estos boletos de avión son (14)___ ustedes (15)___ el viaje. Pero tienen que pasar (16)___ la librería (17) ___ comprar una guía turística (18)___ el viaje". También teníamos que ir al banco (19)___ comprar cheques de viajero. Y entonces, con todo listo, ¡sólo teníamos que esperar (20) ___ tres meses!

**9-15 Los viajes con la familia.** Escribe un párrafo contando cómo eran los viajes con tu familia cuando eras pequeño/a. Puedes inventar una historia, si quieres. Puedes usar las frases a continuación para empezar.

MODELO: ▶ *Cuando era pequeña, hacíamos un viaje a San Antonio todos los veranos. No íbamos a la agencia de viajes, porque teníamos parientes en San Antonio...*

Cuando era pequeño/a, hacíamos viajes a... (No) Íbamos a la agencia para... Siempre hablábamos con el agente para... Mirábamos folletos de viajes a... Por supuesto,... Pero para nosotros,... Por fin,... Después de hacer los planes,...

## Conversemos

*AB* **9-16A Un viaje a un lugar interesante.** Ustedes piensan visitar un lugar interesante este verano. Háganse preguntas para planear el viaje y después hagan un resumen de sus planes.

1. ¿Para qué hacemos el viaje?
2. ¿Viajamos por avión o en automóvil?
3. ¿Salimos por la mañana o por la tarde?
4. ¿Cuánto dinero vamos a necesitar para el viaje?
5. ¿Por cuánto tiempo vamos?
6. ¿Es necesario cambiar dólares por moneda extranjera antes de salir?

**9-17 ¡Explícate!** Inventen, individualmente, viajes que van a hacer, usando las categorías del modelo. Luego, háganse las preguntas a continuación sobre sus viajes. Los viajes pueden ser largos o muy breves.

MODELO:
| | |
|---|---|
| destino: | Washington, D.C. |
| ruta: | Pennsylvania |
| transporte: | carro |
| fecha de llegada: | el 24 de mayo |
| duración del viaje: | cuatro días |
| propósito: | visitar a mi tía |

E1: *¿Para dónde vas?*
E2: *Voy para Washington, D.C.*
E1: *¿Cómo vas a llegar?*
E2: *Voy por Pennsylvania...*

1. ¿Para dónde vas?
2. ¿Cómo vas a llegar?
3. ¿Cómo vas a viajar, por tren, por carro, por...?
4. ¿Para cuándo vas?
5. ¿Por cuánto tiempo vas?
6. ¿Para qué vas?

### SEGUNDA PARTE

# ¡Así es la vida!

## Un correo electrónico para Raquel

Al regresar de su viaje de vacaciones, Susana le escribe un mensaje electrónico a su amiga Raquel.

Raquel:  25 de junio de 2001

¡Qué lástima! (*What a pity!*) ¡No pude despedirme cuando terminaron las clases! Los últimos días fueron de locura.

Mauricio y yo acabamos de regresar de Colombia. Fuimos por una semana y lo pasamos maravillosamente bien. Primero estuvimos en la Isla de San Andrés por tres días. Cuando el botones nos saludó, yo sabía que nuestro hotel era de lujo. Era un hotel grande, muy moderno y hermoso. ¡Nos trataron como a reyes (*royalty*)! Nos quedamos en un cuarto muy grande, con una cama grande, jacuzzi® y sauna, una cocinita y una vista al mar. Nos levantábamos tarde, pedíamos servicio de habitación, desayunábamos y luego nos poníamos los trajes de baño. Salíamos para hacer esquí acuático y bucear en una pequeña piscina natural formada por el mar al sureste de la isla.

Nuestro hotel tenía un restaurante en la playa y allí almorzábamos un pescado delicioso y unos mariscos. Las dos noches que estuvimos en San Andrés salimos a cenar y a bailar con una pareja (*couple*) que conocimos en el hotel. El último día, recorrimos la isla en bicicleta con esa pareja. Llevamos mochilas con una merienda y exploramos toda la isla. En esa isla dejamos el estrés de los exámenes finales.

Durante nuestra estadía de cuatro días en Cartagena, nos quedamos en la Ciudad Antigua en un hotel colonial con un jardín tropical divino. El hotel era muy bonito, pero más antiguo y menos cómodo (*comfortable*) que el hotel de San Andrés. Nos quedamos en un cuarto doble, con dos camas dobles. No había cocinita, ni jacuzzi®, ni sauna, pero sí teníamos una vista impresionante. Desde nuestro cuarto podíamos ver la muralla de la ciudad.

En Cartagena visitamos sitios de interés como el Convento de San Pedro de Claver, el Palacio de la Inquisición, el Fuerte de San Felipe, el Teatro Heredia, el Museo del Oro, el Convento de la Popa y la mansión del Marqués de Valdehoyos. Una noche paseamos por toda la ciudad en un coche de caballo (*horse-drawn cart*). Por las tardes Mauricio salía a caminar por el jardín y me traía flores. ¡Qué romántico!

Bueno, pues, ahora, ¡a trabajar otra vez! Las clases empiezan mañana y volvemos a la rutina. Hablamos muy pronto.

Un abrazo de tu amiga,
Susana

## El hotel

| | |
|---|---|
| el botones | *bellhop* |
| la cama doble | *double bed* |
| la cama grande | *king-size bed* |
| la cocinita | *kitchenette* |
| el cuarto doble | *double room* |
| la estadía | *stay* |
| la flor | *flower* |
| el hotel (de lujo) | *(luxury) hotel* |
| la piscina | *swimming pool* |
| el servicio de habitación | *room service* |
| la vista | *view* |

## Actividades típicas de los viajeros

| | |
|---|---|
| bucear | *to scuba dive* |
| comprar recuerdos | *to buy souvenirs* |
| explorar | *to explore* |
| ir de excursión | *to go on an outing; to tour* |
| montar a caballo/ en bicicleta | *to go horseback/ bicycle riding* |
| pasarlo bien/mal/ de maravilla | *to have a good/bad/ wonderful time* |
| pescar | *to fish* |
| planear | *to plan* |
| prometer | *to promise* |
| quedarse | *to stay (somewhere)* |
| recorrer | *to go round; to travel through/across* |
| sacar fotos | *to take pictures* |
| saludar(se) | *to greet (one another)* |

## Geografía

| | |
|---|---|
| el bosque | *forest* |
| la isla | *island* |
| el lago | *lake* |
| el mar | *sea* |
| las montañas | *mountains* |
| el río | *river* |
| el salto | *waterfall* |
| el volcán | *volcano* |

## Objetos que llevamos en los viajes

| | |
|---|---|
| los binoculares | *binoculars* |
| la cámara de video | *video camera, camcorder* |
| la cámara fotográfica | *camera* |
| las gafas de sol | *sun glasses* |
| el mapa | *map* |
| el rollo de película | *roll of film (for camera)* |

### *Ampliación*

**Atracciones turísticas arquitectónicas**

| | |
|---|---|
| el castillo | *castle* |
| la catedral | *cathedral* |
| el convento | *convent* |
| la estatua | *statue* |
| la fuente | *fountain* |
| el fuerte | *fort* |
| la mansión | *mansion* |
| el monumento | *monument* |
| el museo | *museum* |
| el palacio | *palace* |

### REPASO

esquiar
tomar el sol
el parque
la playa

# ¡Escucha!

**A. El viaje de Carlota y Andrés.** Carlota le cuenta a su mamá de su viaje con Andrés. Escucha a Carlota y luego contesta brevemente las siguientes preguntas en español.

1. ¿Cuándo regresaron del viaje?
   a. hoy                    b. ayer                    c. la semana pasada

2. ¿Adónde fueron?
   a. Colombia               b. San Andrés              c. Venezuela

3. ¿Por cuánto tiempo estuvieron?
   a. diez días              b. ocho días               c. un mes

4. ¿Qué actividad *no* hicieron allí?
   a. nadar                  b. montar a caballo        c. escalar montañas

5. ¿Qué tuvieron que comprarse?
   a. unos rollos de película   b. unas fotos           c. un helicóptero

6. ¿Qué lugar les impresionó mucho?
   a. las montañas           b. las atracciones         c. el salto

7. ¿Cómo llegaron al Salto Ángel?
   a. por las montañas       b. a caballo               c. en helicóptero

8. ¿Qué le prometió Carlota a su mamá?
   a. montar a caballo       b. volver con ella         c. llamar a Andrés

 **B. Sus gustos.** Túrnense para comparar cómo prefieren pasar sus vacaciones. ¿Qué tienen en común y cómo se diferencian?

MODELO:   E1: *En las vacaciones, me gusta…*
          E2: *Pues, yo prefiero…*

# Practiquemos

**9-18 Fuera de serie.** Indica la palabra que no va con las demás y explica por qué.

MODELO:   a. los árboles      b. las flores       c. el bosque       d. las fotos
          ▶ *Las fotos, porque las otras palabras se refieren a cosas naturales, vivas.*

1. a. el lago          b. la montaña          c. la cámara          d. el río
2. a. quedarse         b. escalar             c. montar             d. pescar
3. a. el lago          b. el salto            c. el río             d. la montaña
4. a. la cocinita      b. la cama gigante     c. las gafas de sol   d. la vista al mar
5. a. el mapa          b. la cámara           c. la guía            d. el volcán
6. a. recorrer         b. sacar fotos         c. ir de excursión    d. prometer

**9-19 Una tarjeta postal de Colombia.** Completa la tarjeta postal con expresiones de **¡Así lo decimos!**

Queridos papás:

Éste es el Hotel Margarita en Bogotá. En su jardín hay unas (1)___ preciosas. Tenemos una (2)___ impresionante. Para ver mejor aquellas montañas necesitamos (3)___. Tuvimos que comprar muchos (4)___ para nuestra cámara fotográfica. Por la tarde, fuimos de (5) ___ a varios lugares. Vimos las obras de arte más importantes en el (6)___ de la ciudad. Un día fuimos a un pueblo lejos de Bogotá porque queríamos nadar y (7)___. En fin, lo (8)___ maravillosamente bien.

## Conversemos

**Un Caribe muy privado**

La felicidad es una isla privada en el Mar Caribe, cerca de la costa venezolana.

Imagínese un mundo aparte para usted en una zona residencial muy cerca de la Isla de Margarita, una terraza o balcón exclusivo, amplios jardines, piscinas junto al mar, playas de arena blanca, canchas de tenis, parques infantiles y todas las habitaciones renovadas con vistas al mar.

Ideal para los deportes náuticos y cercano al campo de golf del Club Real, el Hotel Luz del Mar, un hotel de 5 estrellas, le ofrece una excelente gastronomía, el confort y servicio que usted merece. Elija su propia isla de lujo, una isla privada, exclusivamente para usted.

Para mayor información, acuda a su agente de viajes y pida nuestros Programas Especiales, o llámenos al **900 14 44 44.**

**Luz del Mar**
Isla Bella, Venezuela

**9-20 Vacaciones caribeñas.** Lean el siguiente anuncio y luego háganse preguntas sobre la información.

MODELO: ► *¿Cómo se llama el lugar? ¿Sabes dónde está?*

**9-21 En un viaje...** Hagan individualmente dos listas: una de los artículos que siempre llevan cuando viajan, y otra de los que nunca llevan. Luego comparen sus listas para saber si son compatibles.

MODELO: ► *Llevo mi cámara y diez rollos de película. Nunca llevo cámara de video.*

**9-22 Una tarjeta postal.** Escríbele una tarjeta postal a un amigo para contarle de tu viaje al río Carrao. Intercambia tu postal con la postal de un/a compañero/a y escríbele una respuesta.

# COMPARACIONES...
## Irene Sáez, Gobernadora del Estado de Nueva Esparta

Irene Sáez Conde, que obtuvo el título de Miss Universo en 1981, es la mujer política más importante de Venezuela. Después de salir electa alcaldesa del Municipio de Chacao, que con unas 75.000 personas forma parte del área metropolitana de Caracas, la Sra. Sáez, en diciembre de 1998, fue candidata a la presidencia de Venezuela. Aunque no logró salir electa en esa ocasión, tres meses después, con el apoyo del presidente Hugo Chávez y de otros grupos independientes, ganó con un 70% del voto las elecciones para gobernadora del Estado de Nueva Esparta. Ese estado comprende las islas turísticas de Margarita, Cochas y Cubagua, cuya capital, Porlamar, está en la isla de Margarita. En su discurso de victoria, la gobernadora Sáez dijo que pensaba trabajar mucho para mejorar la economía de su estado, tratando de atraer más turismo con eventos como el de Miss Universo.

## ¡Vamos a comparar!

¿Qué mujer norteamericana se puede comparar en popularidad a Irene Sáez? ¿Por qué? ¿Qué problemas crees que tuvo la gobernadora Sáez para entrar en la política? ¿Qué problemas tienen otras mujeres norteamericanas para participar en la política? ¿Piensas que es más fácil o más difícil para las mujeres hispanas entrar en la política? ¿Por qué? ¿Crees que son lógicos los planes de la gobernadora para mejorar la economía del Estado de Nueva Esparta? ¿Por qué?

## ¡Vamos a conversar!

Imagínense que ustedes son gobernadores/as de su estado. Conversen sobre lo que pueden hacer para atraer más turismo y mejorar la economía.

MODELO:   Podemos abrir más parques de recreo…

 ¡Así lo hacemos!

## Estructuras

### 3. Preterit vs. imperfect

¿Te gustó la película?

Creía que te gustaban las películas de horror.

In Spanish, the use of the preterit and the imperfect reflects the way the speaker views the action or event being expressed. The uses of these two tenses are compared in the following chart.

THE PRETERIT...

1. narrates actions or events in the past that the speaker views as completed or finished.

   Susana y Mauricio **estuvieron** en la agencia por dos horas.
   *Susana and Mauricio were at the agency for two hours.*

2. expresses the beginning or end of a past event or action.

   El vuelo **aterrizó** a las tres y cinco.
   *The flight landed at 3:05.*

   La excursión **terminó** a la una.
   *The tour ended at 1:00.*

THE IMPERFECT...

1. describes what was happening in the past, usually in relation to another event or at a given time, with no reference to the beginning or end of an action.

   Mientras **caminaban** por el parque **hablaban**.
   *While they were walking in the park they were talking.*

2. expresses habitual actions or events in the past.

   Pedro **comía** en ese restaurante todos los sábados.
   *Pedro used to eat at that restaurant every Saturday.*
   Ina **tomaba** el sol todo el tiempo.
   *Ina used to sunbathe all the time.*

3. narrates completed events that occured in a series.

   Carlos **entró** en el río, **vio** a María y **sacó** la foto.
   *Carlos entered the river, saw María, and took the picture.*

4. expresses changes in mental, physical, and emotional conditions or states in the past.

   Fefa **se puso** furiosa cuando vio el cuarto.
   *Fefa became furious when she saw the room.*

   **Estuve** nerviosa durante la entrevista.

   *I was nervous during the interview (but now I'm not).*

5. describes weather and scenes as events or within specific time parameters.

   Ayer fue un día horrible. **Llovió** e **hizo** mucho viento.

   *Yesterday was a horrible day. It rained and was very windy.*

3. expresses time and dates in the past.

   **Eran** las cuatro de la tarde.

   *It was 4:00 in the afternoon.*

4. expresses mental, physical, and emotional conditions or states in the past.

   Fefa **estaba** contenta durante la excursión.
   *Fefa was happy during the tour.*

   **Teníamos** dolor de estómago después de comer allí.
   *We had stomach aches after eating there.*

5. sets the scene (weather, activities in progress, etc.) for other actions and events that take place.

   **Hacía** muy mal tiempo y **llovía**. Yo **leía** en mi cuarto y **esperaba** la llamada.
   *The weather was bad and it was raining. I was reading in my room and waiting for the call.*

The preterit and the imperfect are often used together. In the following examples, the imperfect describes what was happening or in progress when another action (in the preterit) interrupted and took place.

**Conversábamos** con la azafata cuando Elodia **entró** en el avión.

Las chicas **escalaban** la montaña cuando Jorge las **vio** con los binoculares.

*We were talking with the stewardess when Elodia entered the plane.*

*The girls were climbing the mountain when Jorge saw them with the binoculars.*

## Study tips  Para distinguir entre el pretérito y el imperfecto

1. Analyze the context in which the verb will be used and ask yourself: does the verb describe the way things were or does it tell what happened? Use the imperfect to describe and the preterit to tell what happened.

>   Era de noche cuando llegaron al aeropuerto.
>   **Era**: describes → It was nighttime.
>   **llegaron:** tells what happened → They arrived.

2. In many instances, both tenses produce a grammatical sentence. Your choice will depend on the message you are communicating.

| | |
|---|---|
| Así **fue**. | *That's how it happened.* |
| Así **era**. | *That's how it used to be.* |
| Ayer **fue** un día horrible. | *Yesterday was a horrible day (this is the point, it's not background information).* |
| **Era** un día horrible. | *It was a horrible day (this is background information for the actions that will be narrated).* |

3. Here are some temporal expressions that are frequently associated with the imperfect and the preterit. Note that the ones that require imperfect generally imply repetition or habit and those that take preterit refer to specific points in time.

| IMPERFECT | PRETERIT |
|---|---|
| a menudo | anoche |
| con frecuencia | anteayer |
| de vez en cuando | ayer |
| muchas veces | esta mañana |
| frecuentemente | el fin de semana pasado |
| todos los lunes/martes/etcétera | el mes pasado |
| todas las semanas | el lunes/martes/etcétera pasado |
| todos los días/meses | una vez |

 Practiquemos

**9-23 Ayer fue diferente**. Ayer fue diferente a todos los otros días. Completa el párrafo con la forma correcta de los verbos indicados en el pretérito o el imperfecto.

1. ver: Todos los días yo ___ las montañas, pero ayer no las ___.
2. montar: Generalmente, Elsa y Javier ___ a caballo, pero ayer no ___.
3. pescar: Nosotros siempre ___ en el río, pero ayer ___ en el mar.
4. ir: Frecuentemente, mis padres ___ a la playa los sábados, pero ayer no ___.
5. viajar: Antes tú ___ en tren, pero ayer ___ en avión.
6. sacar: Normalmente mis padres ___ fotos en sus viajes, pero en el viaje de ayer no las ___.

**9-24 Un día en la playa.** Completa la descripción de lo que les pasó a Marta y a Cecilia en la playa con la forma correcta del pretérito o del imperfecto de cada verbo entre paréntesis.

Ayer Cecilia y yo (1. pasar) ___ el día en la playa de la Isla de Margarita. El mar (2. estar) ___ verde claro y (3. estar) ___ como un plato (*it was smooth, like a plate*). La playa (4. estar) ___ llena de palmeras y (5. tener) ___ una arena blanca. (6. haber) ___ mucha gente de nuestra edad y nosotros (7. jugar) ___ al vólibol todo el día. Por la tarde, nosotras (8. ir) ___ a pasear en el bote de Carlos, un amigo de la universidad. Cecilia y yo (9. conocer) ___ a un joven paraguayo que nos (10. invitar) ___ a bailar salsa en un bar de la playa. Por la tarde (11. ir) ___ a ver los partidos de tenis. Después nosotras (12. volver) ___ a la playa a tomar el sol y por la noche (13. comer) ___ en un restaurante de mariscos al lado del mar. Sí, ayer (14. ser) ___ un día maravilloso para nosotras y vamos a tratar de volver a la playa la semana próxima.

**9-25 ¿Cómo era el parque?** Imagínate que fuiste con unos amigos a un parque ayer. Completa las oraciones para describir cómo era el parque y lo que pasó. Usa el imperfecto del verbo dado y el pretérito de un verbo de la lista.

MODELO:   ser temprano cuando...
   ►   *Era temprano cuando llegamos a la playa.*

| actividades que se completaron | | |
|---|---|---|
| decidir entrar en el agua | almorzar en la playa | comenzar a llover |
| llegar a la playa | llegar a casa | venir a hablarnos un/a joven |
| regresar a nuestra casa | decidir salir | ver a un/a amigo/a de la universidad |

1. (nosotros/as) llegar cuando
2. (nosotros/as) estar tomando sol cuando
3. (nosotros/as) nadar en el mar cuando
4. ser las doce del día cuando
5. (nosotros/as) caminar por la playa cuando
6. empezar a llover cuando

**9-26 Antes y ahora.** Compara lo que hacía tu amigo el verano pasado con lo que hizo la semana pasada.

MODELO:   ir a centro comercial (todas las tardes/ayer a las cinco)
   ►   *Todas las tardes iba al centro comercial. Ayer a las cinco fue al centro comercial.*

1. ir a la playa (el verano pasado/el domingo pasado)
2. comer en un restaurante chino (de vez en cuando/el sábado a las siete)
3. desayunar en la cafetería de la escuela (todas las mañanas/esta mañana)
4. jugar al baloncesto (frecuentemente/el jueves por la tarde)
5. asistir a todas las fiestas (siempre/el miércoles por la noche)
6. estudiar tres veces por semana (generalmente/anteayer)

**Conversemos**

 **9-27 Queríamos…** Hagan individualmente una lista de cosas que ustedes querían hacer, pero que no podían hacer por varias razones. Luego, túrnense para explicarse por qué no podían y qué hicieron en su lugar. Vean el modelo.

MODELO:  Iba a… esta noche pero…

E1: *Iba a ver a mi novio esta noche pero tenía que estudiar. Por eso, estudié toda la tarde.*

E2: *Pues yo iba a terminar un trabajo, pero no tenía los libros que necesitaba. Por eso, fui a la biblioteca.*

1. Quería… pero…
2. Pensaba… pero…
3. Tenía deseos de… pero…
4. Planeaba salir a… pero…

5. Esperaba asistir a… pero…
6. Tenía ganas de ir a… pero…
7. Iba a… pero…
8. Debía… pero…

*AB* **9-28A Maleta perdida**. Imagínate que eres agente de la aerolínea Avianca y que tu compañero/a es un/a pasajero/a que perdió su maleta en ruta a Cartagená. Contesta las preguntas de tu compañero/a y hazle las preguntas a continuación para llenar el formulario.

1. ¿Cómo se llama usted?
2. ¿Cuál era el número de su vuelo? ¿En qué ciudad se originó el vuelo?
3. ¿Adónde iba usted?
4. ¿Cuántas maletas perdió usted?
5. ¿Qué tenía usted en las maletas?
6. ¿Tenían las maletas identificación?
7. ¿Cómo eran las maletas?
8. ¿En qué hotel está usted en Cartagena?

**9-29 Un viaje inolvidable (*unforgettable*)**. Descríbanse su último viaje, usando estas preguntas como guía. Pueden inventar viajes si quieren.

MODELO: ► *El verano pasado fui a España con mi amigo Pepe… Cuando llegamos, hacía un calor tremendo…*

1. ¿Adónde fuiste?
2. ¿Cómo? ¿En avión? ¿en coche? ¿…?
3. ¿Con quiénes fuiste?
4. ¿Qué tiempo hacía cuando llegaste?
5. ¿Cómo era el lugar?
6. ¿Dónde te quedaste?
7. ¿Qué recuerdos compraste?
8. ¿Cómo estaban los precios?
9. ¿Qué actividades hiciste y qué lugares visitaste?
10. ¿Cuándo volviste?

## 4. Adverbs ending in -*mente*

¡Están locamente enamorados!

In Spanish many adverbs are formed by adding **-mente** to the feminine singular form of the adjectives that end in **-o** or **-a**. Adjectives that have only one form simply add **-mente**. Note that the ending **-mente** is equivalent to the English ending -*ly*. Also note that if the adjective requires an accent mark, the accent remains on the adverb.

lento → lentamente      rápido → rápidamente
alegre → alegremente      fácil → fácilmente

Lucrecia canceló el viaje **inmediatamente.**
*Lucrecia canceled the trip immediately.*

Esteban escala montañas **lentamente**.
*Esteban climbs mountains slowly.*

 Practiquemos

**9-30 En el Museo del Oro de Bogotá**. Completa el párrafo con adverbios lógicos, basados en los siguientes adjetivos.

| animado | frecuente | lento | normal | sólo |
|---------|-----------|-------|--------|------|
| especial | general | maravilloso | rápido | tranquilo |

Cuando Aleida y José vivían en Bogotá, iban (1)___ al Museo del Oro. Para llegar al museo, (2)___ pasaban por el parque, (3)___ cuando hacía buen tiempo. A José siempre le gustaba caminar (4)___, pero Aleida tenía más prisa y caminaba (5)___. En el museo, José se sentaba en los bancos y (6)___ leía todos los letreros (*signs*) sobre las piezas, pero Aleida (7)___ sacaba fotos de ellas. (8)___ después de visitar el museo iban a una heladería donde se sentaban a tomar un refresco y conversar (9)___ sobre la visita. Siempre lo pasaban (10)___ bien.

**9-31 ¿Cómo se hace?** Cambia los adjetivos a adverbios y úsalos en una oración.

MODELO:   lento
          ▶ *lentamente*
          *El tren pasaba lentamente por los Andes venezolanos.*

1. enorme
2. cómodo
3. regular
4. único

5. amable
6. tranquilo
7. difícil
8. alto

 **Conversemos**

 **9-32A ¿Cómo lo haces?** Túrnense para hacerse preguntas. Contesten cada una con un adverbio terminado en **–mente,** basado en un adjetivo de la lista.

MODELO:   E1: *¿Qué tal lees en español?*
          E2: *Leo lentamente en español.*

| | | | | | |
|---|---|---|---|---|---|
| alegre | animado | difícil | fácil | profundo | tranquilo |
| amable | cuidadoso | elegante | lento | rápido | triste |

1. ¿Qué tal escribes en español?
2. ¿Qué tal duermes en el verano?
3. ¿Cómo te vistes cuando sales con tus amigos?
4. ¿Cómo bailas el tango?

**9-33 Semejanzas y diferencias.** Háganse preguntas para completar el cuadro con adverbios correspondientes. Luego comparen cómo hacen las actividades para ver qué tienen en común y cómo se diferencian.

MODELO:   caminar a clase
          E1: *¿Cómo caminas a clase?*
          E2: *Camino a clase rápidamente.*
          E1: *Pues, yo camino a clase lentamente.*
          E2: *Mi compañero/a y yo caminamos a clase, pero él/ella camina lentamente, mientras que yo camino rápidamente.*

| | | | |
|---|---|---|---|
| amable | cómodo | fácil | rápido |
| animado | cuidadoso | frecuente | raro |
| ansioso | difícil | lento | respetuoso |
| brutal | elegante | maravilloso | tranquilo |

1. viajar
2. esquiar
3. hablar francés

4. aprender cosas nuevas
5. reñir con los amigos
6. escribir cartas

7. jugar al tenis
8. salir con los amigos

**9-34 Charadas.** Formen dos equipos para actuar y adivinar algunas de las actividades de la **Actividad 9-33.**

MODELO:   ▶ *Viajo frecuentemente a lugares interesantes.*

# Páginas

## Relato de una vida equivocada (trozo)

### Rosaura Rodríguez, Colombia

Rosaura Rodríguez es una escritora colombiana que recibe mucha atención crítica en Latinoamérica hoy en día. Sus novelas presentan un dibujo de la mujer latinoamericana y sus problemas dentro de una sociedad tradicionalmente dominada por los hombres. Este trozo es de su primera novela, *Relato de una vida equivocada* (1998). Relata las memorias juveniles de la protagonista, una joven cuyo (*whose*) padre habría preferido que fuera varón (*would have preferred for her to be a male*).

---

## ⊢—⊣ ESTRATEGIAS

**Las narraciones.** Stories in the past are usually written in the imperfect to set the scene, then punctuated with the preterit to show events that occurred. As you read this selection, imagine the daily experiences and context in which the young woman grew up, then contrast these with the event that was a turning point for her. Take note of examples of the following:

1. phrases that set the scene (imperfecto)
2. phrases that show habitual activities (imperfecto)
3. phrases that show specific events that occurred (pretérito)

---

**9-35 Lo permitido y lo prohibido**. Después de leer el cuento, haz una lista de las actividades que el padre de la protagonista no le permitía hacer y otra lista de lo que tus padres te prohibían hacer de niño/a. Compara las listas. ¿Quién tenía una familia más estricta, tú o la protagonista? ¿Cuáles de las actividades prohibidas hacías tú cuando eras más joven?

**9-36 La crisis**. Después de leer el cuento, resume lo que le pasó el día en que la madre descubrió el delito de la protagonista. Puedes usar estas preguntas como guía.

1. ¿Dónde estaba?
2. ¿Qué hacía?
3. ¿Quién la esperaba?
4. ¿Cómo se sentía la joven?
5. ¿Cómo reaccionó la mamá?
6. ¿Qué pasó después?

 **9-37 Los gustos literarios**. Hablen de lo que leían cuando tenían catorce años y por qué les gustaba.

# Relato de una vida equivocada (trozo)

… Me llevaban a la finca[1] y me enseñaban el manejo del negocio,[2] pero no podía jugar con los hijos de los peones, ni montarme en los árboles y mucho menos cazar sapos[3] porque no eran cosas de señoritas. Podía leer todos los libros que quisiera[4] y mi papá nos ponía de tarea un libro a la semana sobre política o economía que él mismo nos entregaba[5] y después nos hacía comentar, pero tenía prohibido leer novelas con temas románticos porque ésas sólo lograban[6] llenarles a las mujeres la cabeza de pajaritos.[7] Creo que fueron las novelas de amor las que me llevaron a desobedecer a mi padre por primera vez… De todas formas fue en el colegio y a través de mis compañeras que descubrí el amor escrito y a partir de ese momento no me podía despegar[8] de esas páginas que hablaban de emociones desconocidas para mí. Era tanta mi obsesión que el dinero que me daban para comer en los recreos[9] me lo gastaba en comprar novelas. Me encerraba[10] en el cuarto que compartía con Elena a leerlas y releerlas sin atreverme[11] a revelarle mi secreto para no hacerla cómplice de mi delito.[12] A veces el dinero no me alcanzaba[13] y fue entonces que descubrí una tienda, a tres cuadras de la escuela, donde entregaba mis novelas y por unos cuantos pesos me las cambiaban por otras igual de gastadas.[14] Cientos de hojas[15] que habían pasado por otras manos que buscaban lo mismo que yo: tocar el amor con la imaginación. Corría a mi casa, me encerraba en el baño. Lo hacía los viernes y así tenía todo el fin de semana para leerlas y meterme[16] en ese mundo mágico de hombres morenos y fuertes, de pasiones encendidas,[17] de mujeres rescatadas[18] de destinos crueles y de un final feliz donde el amor triunfaba ante la intriga y los malentendidos.[19]

Una tarde cuando salía del baño con mi libro entre las manos me encontré con mi mamá esperándome afuera. Tenía esa expresión tan usual en los progenitores cuando están seguros de que nos van a agarrar con las manos en la masa.[20] Instintivamente escondí[21] el libro.

—¿Se puede saber[22] qué hacías tanto tiempo encerrada en el baño?— me preguntó.

—Nada, mami. Es que estoy mal del estómago…

—No me engañes[23] y saca lo que escondiste en la camisa.

No me quedó más remedio[24] que entregarle el libro con la esperanza de que al ver el título de *Historia de Hispanoamérica* me dejara tranquila.[25] No fue así y temblaba mientras mi mamá en voz alta leía "Un Ángel de fuego", "Pasión sin Tiempo", "Invierno de Amor"…

El corazón me retumbaba[26] en el pecho y las piernas empezaban a doblárseme del susto.[27] Me miró con compasión y hasta creí ver en sus ojos algo parecido al entendimiento…

---

[1]*farm* [2]*manejo… business affairs* [3]*cazar… hunt toads* [4]*I wanted* [5]*daba* [6]*managed* [7]*foolish ideas (lit. little birds)* [8]*unglue* [9]*school recess time* [10]*Me… would lock myself* [11]*sin… without daring* [12]*crime* [13]*No… wasn't enough* [14]*worn out* [15]*pages* [16]*to plunge into* [17]*fiery* [18]*rescued* [19]*misunderstandings* [20]*agarrar… to catch red-handed* [21]*I hid* [22]*¿Se… Can I know* [23]*No… Don't try to deceive me* [24]*No… I didn't have any other option but* [25]*Me… she would leave me alone* [26]*Me… was thumping* [27]*fright*

—Ven —me dijo—. Vamos a tu cuarto, que tenemos que hablar.

Le seguí balbuceando[1] excusas.

—Mami, te juro que no lo vuelvo a hacer, pero por favor no se lo digas a mi papá.

—Cállate y siéntate.

—Yo sé que hice algo malo, pero todas mis amigas en el colegio lo hacen y sus papás no les dicen nada.

—No has hecho nada malo y no te preocupes[2] que no voy a decirle nada a tu papá. Eso sí,[3] me tienes que prometer que nunca más me darás la excusa, ni harás nada por la absurda razón de que los demás[4] lo hacen.

—Te lo prometo y te prometo que no lo vuelvo a hacer.

—Ése no es el problema. No quiero que te sientas culpable[5] por algo que no tiene nada de malo, mija.[6] Leer novelas de amor no es pecado ni mucho menos…

Desde ese día mi mamá se convirtió en una especie[7] de aliada…

---

[1]*babbling* [2]*No… don't worry* [3]*Eso… But* [4]*los… everybody else* [5]*guilty* [6]*mi hija* [7]*kind*

## ¡Escucha!

**A. Cuando era joven.** Escucha las posibles actividades de la joven que narra en *Relato de una vida equivocada* e indica si lo que dice es lógico o ilógico.

| | LÓGICO | ILÓGICO | | LÓGICO | ILÓGICO |
|---|---|---|---|---|---|
| 1. | _____ | _____ | 5. | _____ | _____ |
| 2. | _____ | _____ | 6. | _____ | _____ |
| 3. | _____ | _____ | 7. | _____ | _____ |
| 4. | _____ | _____ | 8. | _____ | _____ |

**B. Cuando éramos más jóvenes.** Túrnense para contar incidentes difíciles de cuando eran jóvenes.

MODELO: ► *Cuando tenía diez años…*

# Los países caribeños de Suramérica:

## Venezuela y Colombia

**9-38  ¿Qué sabes tú?** Identifica o explica las siguientes cosas.

1. las capitales del Colombia y Venezuela
2. una bebida popular colombiana
3. el color de una esmeralda
4. un país importante por su petróleo
5. la profesión de Gabriel García Márquez
6. el país que tiene costa en el Mar Caribe y en el Océano Pacífico
7. el nombre del salto más alto del mundo
8. un mineral brillante que se mina en Colombia

En el siglo XVI los españoles exploraron el interior del país en busca de El Dorado (*the Gilded Man*), porque habían escuchado (*had heard*) que los indios chibchas tenían un cacique (*chief*) tan rico que durante los ritos religiosos se cubría con polvo (*powder*) de oro y que después se bañaba en un lago de los Andes hasta quitarse todo el oro. Otras veces el rito incluía tirar (*to throw*) al lago piedras preciosas y objetos de oro. Este artefacto de oro que está en el Museo del Oro representa la balsa (*raft*) de El Dorado.

Cartagena de las Indias fue fundada en la costa del Caribe en 1533. En pocos años su excelente puerto se convirtió en el puerto más importante para España en el Nuevo Mundo. Cartagena se convirtió en una de las ciudades más ricas del imperio. Hoy día esta acogedora (*cozy*) ciudad, situada en la costa del Caribe, es el centro turístico más importante de Colombia.

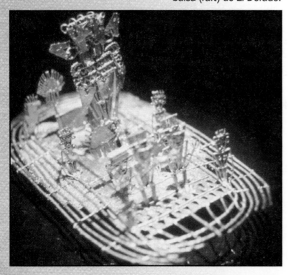

Gabriel García Márquez (1928– ) es uno de los mejores autores del siglo XX. En 1982 ganó el Premio Nobel de Literatura por sus novelas y cuentos en los que lo fantástico y lo real se combinan en una rica composición de imaginación donde se reflejan la vida y los conflictos de las Américas y de la humanidad en general. Sus obras, traducidas a unos treinta idiomas, se leen por todo el mundo. *Cien años de soledad* (1969), la novela que inició su fama, es una de sus novelas más populares e importantes y uno de los mejores ejemplos del realismo mágico latinoamericano.

La Isla Margarita, de un tamaño de 920 Km², es la mayor de las islas que bordean Venezuela y que forman lo que muchos llaman un bello collar de perlas en el Mar Caribe. Margarita, con su zona franca (*duty-free zone*), magníficos hoteles y restaurantes y espléndidas playas, es un paraíso tropical para el turista. En las playas de Margarita se practican varios deportes acuáticos como el jet ski, el surf, el buceo, la pesca y por supuesto el windsurf.

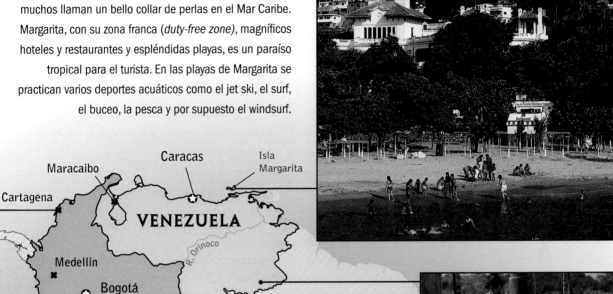

Fernando Botero (1932-  ) es el pintor y escultor vivo latinoamericano más prestigioso. Su estilo de formas rodondas e infladas refleja su deseo de dar forma y presencia a la realidad, una realidad basada en temas medievales, renacentistas, coloniales y el siglo XX. Aunque nació en Colombia, hoy día tiene apartamentos en EE. UU. y Europa.

Cuando los españoles llegaron a Venezuela quedaron tan impresionados por las viviendas construidas dentro del gigantesco lago de Maracaibo que nombraron la región Venezuela, nombre que significa **pequeña Venecia**. Con el descubrimiento, muchos  años después, de una gran reserva de petróleo en el subsuelo del lago de Maracaibo, Venezuela llegó a tener el PIB (producto interior bruto) más alto de Hispanoamérica.

**9-39 ¿Dónde?** Identifica dónde se puede encontrar lo siguiente.

1. industria petrolera
2. artefactos precolombinos de oro
3. deportes de verano
4. museos
5. arquitectura colonial
6. clima templado
7. muchas autopistas modernas

**9-40 ¿Cierto o falso?** Indica si las siguientes oraciones son **ciertas** o **falsas**. Si son falsas, explica por qué.

1. Gabriel García Márquez se conoce más por su poesía.
2. Los conquistadores españoles encontraron El Dorado.
3. Cartagena es una ciudad colonial.
4. La Isla Margarita atrae a muchos turistas por sus deportes invernales.
5. Fernando Botero es colombiano.
6. El petróleo es el producto más importante de Venezuela.
7. Para los conquistadores españoles Venezuela se parecía a una ciudad italiana.
8. Las figuras que pinta y esculpe Fernando Botero son grandes y voluptuosas.

 **9-41 El mapa.** Consulten el mapa de Suramérica y túrnense para indicar dónde se encuentran estas ciudades y lugares.

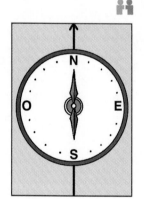

| al norte de... | al sur de... | al este de... | al oeste de... |
|---|---|---|---|
| en el centro | en el interior | en las montañas | en la costa del Caribe |
| en la costa del Pacífico | | en el Caribe | |

MODELO:  Santa Fé de Bogotá
▶ *Santa Fé de Bogotá es la capital de Colombia. Está en el interior del país, en las montañas.*

| | | | |
|---|---|---|---|
| Cartagena | Cali | Medellín | Maracaibo |
| Caracas | la Isla Margarita | el Salto Ángel | el Orinoco |

**9-42 Recomendaciones.** Háganles recomendaciones a personas que piensan hacer un viaje a Colombia y Venezuela. Recomiéndenles lugares según sus intereses.

MODELO:  Quiero buscar El Dorado.
▶ *¿Por qué no vas a Colombia? Allí puedes buscarlo en los Andes.*

1. Me gusta visitar lugares de belleza natural.
2. Deseo visitar una ciudad grande.
3. Me gusta nadar en el mar y tomar sol.
4. Me interesa visitar la casa donde nació García Márquez.
5. Quiero conocer una ciudad colonial.
6. Me interesan los cuadros de Botero.
7. Me encanta visitar museos no típicos.

**9-43 Investigar.** Investiga uno de los temas siguientes y prepara un informe para presentárselo a la clase.

1. el café colombiano
2. el ecoturismo en Colombia
3. los indios chibchas
4. Simón Bolívar
5. la batalla contra las drogas
6. la isla drogas Margarita
7. los contrastes geográficos en Colombia o Venezuela

## Taller

### Una entrada en tu diario de viajes

En esta actividad vas a escribir una entrada en tu diario de viajes.

1. **Ideas.** Piensa en un viaje o un evento que te gustaría recordar por escrito. Haz una lista de los datos importantes. Vas a escribir la entrada como si acabaras de experimentarla (*as if you had just experienced it*).

¿Cuándo fue?      ¿Qué pasó?   ¿Qué hicieron los demás?  ¿Cómo te sientes ahora?
¿Quiénes estuvieron?  ¿Qué hiciste? ¿Cómo te sentías después?

2. **Lugar.** Escribe la fecha y el lugar.
3. **Descripción.** Escribe dos o tres oraciones para dar información de fondo (*background*) y explicar el contexto.
4. **Acción.** Escribe qué pasó, quiénes participaron, etcétera.
5. **Resumen.** Escribe cómo te sientes ahora (un poco después del viaje o evento) y cómo vas a seguir el viaje o qué vas a hacer ahora.
6. **Revisión.** Revisa tu entrada para verificar los siguientes puntos.

   ❏ el uso del pretérito e imperfecto
   ❏ el uso de **por** y **para**
   ❏ el uso de los adverbios terminados en **-mente**
   ❏ la ortografía y la concordancia

7. **Intercambio.** Intercambia tu diario con un/a compañero/a para hacerle correcciones y sugerencias y responder a su entrada.
8. **Entrega.** Pasa tu entrada en limpio, incorporando las sugerencias de tu compañero/a, y entrégasela a tu profesor/a.

MODELO:   ▶ *El Salto Ángel, 6 de abril de 2001*
   *Aquí estamos después de cuatro días de viaje en canoa por el río Orinoco. Es la temporada de lluvia y por eso llovió todo el día. Estoy completamente mojado/a* (wet). *Pero no importa porque hoy disfruté de* (enjoyed) *la vista más espectacular de mi vida, el Salto Ángel…*

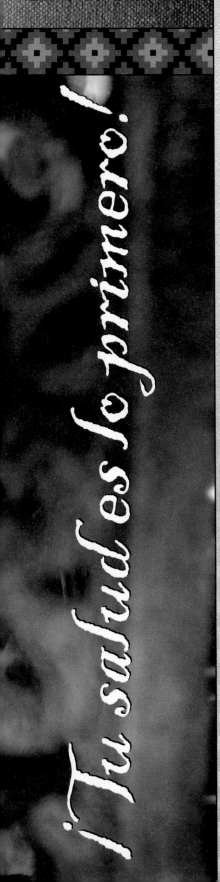

# LECCIÓN 10

¡Tu salud es lo primero!

## COMUNICACIÓN

➤ Inviting others to do something with you
➤ Persuading others
➤ Expressing wishes, requests, and emotions
➤ Talking about health and health care
➤ Giving advice

## ESTRUCTURAS

### PRIMERA PARTE

➤ The Spanish subjunctive: an introduction and the subjunctive in noun clauses
➤ The *nosotros* commands

### SEGUNDA PARTE

➤ The subjunctive to express volition
➤ The subjunctive to express feelings and emotion

## CULTURA

➤ El ejercicio y la dieta
➤ El uso de la hoja de la coca en Bolivia
➤ Páginas: *El ñandutí*, una leyenda paraguaya
➤ Nuestro mundo: Los países sin mar: Bolivia y Paraguay

### PRIMERA PARTE

# ¡Así es la vida!

## ¡Qué mal me siento!

Don Remigio Campoamor es un señor paraguayo mayor, que no se siente bien. Le duele todo el cuerpo. Ahora está hablando con su esposa doña Refugio.

DON REMIGIO: ¡Aaay, Refu! ¡Qué mal me siento!

DOÑA REFUGIO: Remigio, hace tres días que estás enfermo. Vamos al médico ahora mismo.

DON REMIGIO: De ninguna manera.

DOÑA REFUGIO: ¡Remi! Hagamos una cita con el doctor Estrada. Por favor, mi vida.

DON REMIGIO: ¡Está bien! No sé por qué tienes tanta confianza en los médicos.

En el consultorio del doctor Estrada en el centro de Asunción.

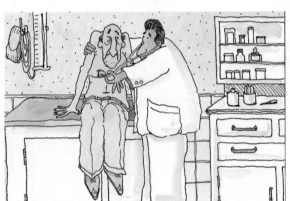

DR. ESTRADA: Don Remigio, ¿cómo se siente? ¿Qué tiene? ¿Qué le duele?

DON REMIGIO: Me duele mucho la garganta y me duelen también el pecho y el estómago.

DR. ESTRADA: A ver… ¡Respire! ¡Tosa!… Pues, mire, lo que usted tiene es bronquitis. ¿Es alérgico a los antibióticos?

DON REMIGIO: No. Sólo tengo alergia a ustedes los médicos y a mi señora.

DR. ESTRADA: Don Remigio, usted es algo serio. Mire, quiero que se tome estas pastillas, una cada seis horas. Yo le garantizo que se va a sentir mejor. Deseo que venga la próxima semana. Quiero hacerle un examen físico.

DON REMIGIO: ¿Otra vez venir a visitarlo? Pero usted sabe que yo odio (*hate*) las visitas al médico.

DR. ESTRADA: Vamos, don Remigio, tranquilo. Usted sabe que para mí su salud es lo primero.

## Problemas de salud

| | |
|---|---|
| doler (ue) | *to hurt* |
| estornudar | *to sneeze* |
| romperse (un hueso)[1] | *to break (a bone)* |
| tener dolor de cabeza | *to have a headache* |
| ... espalda | *... a backache* |
| ... estómago | *... a stomachache* |
| ... garganta | *... sore throat* |
| ... muelas | *... a toothache* |
| tener fiebre[2] | *to have a fever* |
| ... la gripe | *... the flu* |
| ... una infección | *... an infection* |
| ... un resfriado | *... a cold* |
| ... una tos | *... a cough* |
| tener alergias a | *to be allergic to* |
| ... náuseas | *... nauseous* |
| torcerse (ue) (z) el tobillo | *to twist one's ankle* |
| toser | *to cough* |

## Remedios y sugerencias médicas

| | |
|---|---|
| dejar de fumar[3] | *to quit smoking* |
| guardar cama | *to stay in bed* |
| hacer una cita | *to make an appointment* |
| mejorarse | *to get better, to get well* |
| operar | *to operate* |
| recetar | *to prescribe* |
| respirar | *to breathe* |
| tomarse la presión | *to take one's blood pressure* |
| ... la temperatura | *... temperature* |

### REPASO

| | |
|---|---|
| la cara | enfermarse |
| la mano | hacer ejercicio |
| el ojo | |

## Medicinas comunes

| | |
|---|---|
| el antiácido | *antacid* |
| el antibiótico | *antibiotic* |
| la aspirina | *aspirin* |
| el calmante | *pain killer; sedative* |
| el jarabe | *cough syrup* |
| la pastilla | *pill; lozenge* |
| la penicilina | *penicillin* |

## En el consultorio

| | |
|---|---|
| el consultorio | *doctor's office* |
| el diagnóstico | *diagnosis* |
| el dolor | *pain* |
| la enfermedad | *illness* |
| el/la enfermero/a | *nurse* |
| el examen físico | *checkup* |
| la inyección | *shot* |
| el/la médico/a | *doctor, physician* |
| el/la paciente | *patient* |
| la prueba | *test* |
| la radiografía | *x-ray* |
| la receta | *prescription* |
| el síntoma | *symptom* |

## El cuerpo (*body*)

| | |
|---|---|
| el brazo | *arm* |
| el corazón | *heart* |
| el cuello | *neck* |
| el dedo | *finger* |
| el dedo del pie | *toe* |
| el músculo | *muscle* |
| el pecho | *chest* |
| el pie | *foot* |
| la pierna | *leg* |
| los pulmones | *lungs* |
| la rodilla | *knee* |
| la sangre | *blood* |

## La cabeza y la cara (*head and face*)

| | |
|---|---|
| la boca | *mouth* |
| la cabeza | *head* |
| el diente | *tooth* |
| la frente | *forehead* |
| la garganta | *throat* |
| la lengua | *tongue* |
| la nariz | *nose* |
| el oído | *inner ear, hearing* |
| la oreja | *ear* |
| la uña | *fingernail* |

---

[1] **Quebrarse** is another word for *to break.*

[2] **la fiebre**

[3] **Dejar de** is followed by an infinitive in Spanish, whereas the present participle (*-ing*) is used after *to quit* in English. **Fumar** means *to smoke.*

# ¡Escucha!

**A. ¡Qué mal me siento!** Escucha la conversación entre doña Refugio y su médico y anota sus síntomas, un diagnóstico lógico y el consejo del médico.

| SÍNTOMA | DIAGNÓSTICO | CONSEJO |
|---|---|---|
| ___ tos | ___ alergias | ___ tomar aspirina |
| ___ fiebre | ___ presiones del trabajo | ___ descansar |
| ___ dolor de cabeza | ___ resfriado | ___ tomar sopa |
| ___ dolor de estómago | ___ gripe | ___ comer mejor |
| ___ dolor de garganta | ___ úlceras | ___ hacer ejercicio |
| ___ dolor de muela | ___ mala dieta | ___ tomar antibióticos |

**B. ¿Cuándo consultas al médico?** Pregúntense si consultan al médico en las siguientes situaciones.

MODELO:    Te duele la cabeza.
            E1: *¿Consultas al médico si te duele la cabeza?*
            E2: *No. Por lo general, tomo dos aspirinas y me siento mejor. ¿Y tú?*

1. Tienes tos.
2. Tienes una fiebre alta.
3. Te duele la espalda.
4. Te rompes un hueso.
5. Tienes fuertes náuseas.
6. Te duele la garganta.

# Ampliación

## En el consultorio

| | |
|---|---|
| **A ver...** | *Let's see . . .* |
| **¿Cómo se siente?** | *How do you feel?* |
| **¿Qué síntomas tiene?** | *What are your symptoms?* |
| **¿Cuánto hace que estás enfermo/a?** | *How long have you been sick?* |
| **Hace ___ días que estoy enfermo/a.** | *I've been sick for ___ days.* |
| **Me duele...** | *My . . . hurts* |
| **Me siento bien (mal / mejor).** | *I feel well (bad / better).* |
| **¿Qué le duele?** | *What's hurting you?* |
| **Saque la lengua.** | *Stick out your tongue* |

 **Practiquemos**

**10-1 ¿Qué le pasa?** Describe lo que les pasa a estas personas y da una causa de su posible problema.

MODELO: ▶ *A Alicia le duele el estómago porque comió dos hamburguesas.*

Alicia

1. Alberto

2. Ana María

3. Samuel y Ricardo

4. Carlos

5. Ramiro y Marta

| MÉDICOS |
| --- |
| **Dr. Armando D. Rodrigo**<br><br>Medicina interna<br><br>Avenida Piraí No. 134<br>Santa Cruz, Bolivia<br>(591-3) 555366 |
| **Dra. Iliana del Río**<br>Medicina optometrista<br><br>Avenida Piraí No. 421<br>Santa Cruz, Bolivia<br>(591-3) 555747 |

| MÉDICOS |
| --- |
| **Dra. Carlota Ramírez**<br>Cirugía cosmética<br>Miembro de la Academia<br>de Cirugía Cosmética<br><br>Avenida Roca y Coronado No.229<br>Santa Cruz, Bolivia<br>(591-3) 552975 |
| **Dr. Santiago Vilas**<br>Urólogo<br>Avenida Velarde No. 622<br>Santa Cruz, Bolivia<br>•<br>Avenida Manuel Ignacio Salvatierra 1003<br>Santa Cruz, Bolivia<br>(591-3) 557414 |

**10-2 ¿Necesito un médico?** Lee los avisos y contesta las preguntas a continuación.

1. ¿Qué tienen en común el doctor Rodrigo y la doctora del Río?
2. ¿Dónde tienen el consultorio todos los médicos?
3. ¿Cuál es la especialidad del doctor Vilas?
4. ¿A quién consultas si necesitas cirugía plástica? ¿si necesitas lentes de contacto?
5. ¿Por qué consultas al doctor Rodrigo?

 **10-3 ¿Qué tal?** Imagínense que son el/la paciente y médico/a de la siguiente conversación y completen el intercambio.

DOCTOR/A:   Hola... ¿Qué tal? ¿Cómo ___?
PACIENTE:   ___
DOCTOR/A:   ¿Qué tienes? ¿Qué te pasa?
PACIENTE:   ___
DOCTOR/A:   ¿Vas a ir al ___?
PACIENTE:   ___
DOCTOR/A:   Bueno, ___ .

# COMPARACIONES... El ejercicio y la dieta

La preocupación por seguir una dieta saludable y por mantenerse en forma (*to stay in shape*) es un fenómeno reciente en los países hispanos. Muchos de los platos tradicionales de la cocina hispana tienen generosas cantidades de azúcar o un alto contenido de grasa animal, como la carne de cerdo y la carne de res. Afortunadamente, los hispanos preparan sus comidas con ingredientes naturales y frescos. En esto hay un gran contraste con los EE.UU., donde es muy frecuente que los alimentos se empaquen en fábricas (*factories*) y contengan conservantes. Según los expertos, los alimentos naturales son mucho más saludables y su consumo resulta en menos casos de cáncer y otras enfermedades. Otro beneficio de la dieta hispana es el equilibrio de platos. Típicamente una comida incluye legumbres, algún tipo de arroz y distintas variedades de frijoles. El postre es casi siempre alguna fruta, y hoy en día los hispanos comen menos carne de res que antes. Un delicioso y saludable aspecto de la comida hispana es el uso de aceite de oliva que no contiene colesterol.

Los hispanos tienen la costumbre de caminar mucho todos los días, una actividad excelente para mantenerse en forma. Pero generalmente, los hispanos no suelen tener un régimen de ejercicio, ni preocuparse por mantenerse en forma como los norteamericanos. Esto va cambiando entre los jóvenes de las ciudades que hoy en día hacen footing por los parques o van a clases de ejercicio aeróbico en los gimnasios.

## ¡Vamos a comparar!

¿Se preocupan mucho por mantenerse en forma tus amigos? ¿Qué tipo de dieta haces? ¿Camina la gente mucho en los EE.UU.? ¿Por qué? ¿Hacen ejercicio regularmente tú y tus amigos? ¿Qué tipo de ejercicio? ¿Cómo son las comidas en los EE.UU.? ¿Cuáles son los postres preferidos en los EE.UU.? ¿Hay mucha diferencia en rutinas de ejercicio y dieta entre generaciones en los EE.UU.? Explica. Puedes comparar tu rutina con la de tus padres, abuelos o hijos.

## ¡Vamos a conversar!

Primero hagan una lista de las ventajas y desventajas de cada tratamiento. Luego, comparen sus opiniones sobre la utilidad de estos tratamientos.

MODELO:   una copa de vino diaria para proteger el corazón
E1: *Creo que es una buena idea tomar una copa de vino todos los días para proteger el corazón. Me parece muy saludable.*
E2: *No estoy de acuerdo. No me gusta el vino, y creo que la gente toma demasiado.*

1. la quiropráctica para aliviar el dolor de espalda
2. el té de hierbas para dar energía
3. la acupuntura para aliviar el dolor del tobillo
4. los calmantes para combatir el estrés
5. los antibióticos para el dolor de garganta
6. la aspirina para proteger el corazón
7. los esteroides para fortalecer (*to strengthen*) los músculos
8. el ejercicio para prevenir (*to prevent*) las enfermedades

## ◆ Conversemos

**10-4A ¡Qué mal me siento!** Túrnense para decir sus síntomas y dar consejos.

MODELO:  E1: *Me duelen los pulmones.*
          E2: *Fuma menos.*

1. Me duelen las piernas.
2. Creo que tengo fiebre.
3. No tengo energía.
4. No me siento bien.
5. Tengo un resfriado terrible.
6. Me duele el estómago.

**10-5 En la farmacia.** Imagínense que uno/a de ustedes es turista en Paraguay y el/la otro/a es farmacéutico/a. El/La turista está terriblemente resfriado/a y le pide consejos al/a la farmacéutico/a. Después de inventar una conversación, preséntenle su intercambio a la clase.

MODELO:  E1: *Tengo un resfriado horrible.*
          E2: *¿Tiene usted fiebre también?*

**10-6 Consejos.** Imagínense que cada uno/a de ustedes es uno/a de los amigos/as descritos/as a continuación. Mientras el/la amigo/a presenta su problema, los otros dos le dan consejos.

MODELO:  Uno/a que está en clase estornuda mucho y posiblemente tiene fiebre.
          E1: *¡Aaaachú! ¡Ay! ¡Creo que tengo fiebre!*
          E2: *Ve a casa y toma aspirinas.*
          E3: *No, necesitas ir al médico o a la clínica.*

1. Uno/a que está con ustedes se cae y se rompe el tobillo.
2. Uno/a que fuma sigue fumando aunque tose mucho.
3. Uno/a que comió en un restaurante con ustedes, de repente tiene una fiebre alta y mucha dificultad para respirar.
4. Uno/a que comió en un restaurante con ustedes tiene un fuerte dolor de estómago.

 ¡Así lo hacemos!

# Estructuras

## 1. The Spanish subjunctive: an introduction and the subjunctive in noun clauses

Quiero que tome dos pastillas y que descanse por unos días.

With the exception of the command forms, you have been using verb tenses (present, preterit and imperfect) in the indicative mood. The indicative is used to express real, definite, or factual actions or states of being.

The subjunctive mood is used to express the hypothetical or subjective, such as a speaker's attitude, wishes, feelings, emotions, or doubts. Unlike the indicative that states facts, the subjunctive describes reality subjectively.

### Los verbos regulares del presente del subjuntivo

When you learned the formal commands, you learned the **usted** and **ustedes** forms of the present subjunctive. The present subjunctive is formed by deleting the final **-o** of the first-person singular of the present indicative and adding the endings. As with the commands that you learned, **-ar** verbs in the subjunctive use **–e** endings and the **-er** and **-ir** verbs use **–a** endings.

| | | | | | |
|---|---|---|---|---|---|
| **hablar** | habl~~o~~ | → | habl + **e** | → | **hable** |
| **comer** | com~~o~~ | → | com + **a** | → | **coma** |
| **vivir** | viv~~o~~ | → | viv + **a** | → | **viva** |

■ The following chart shows the present subjunctive forms of regular verbs. Note that the endings of **-er** and **-ir** are identical.

| | hablar | comer | vivir |
|---|---|---|---|
| yo | **hable** | coma | viva |
| tú | **hables** | comas | vivas |
| él/ella, Ud. | **hable** | coma | viva |
| nosotros/as | **hablemos** | comamos | vivamos |
| vosotros/as | **habléis** | comáis | viváis |
| ellos/as, Uds. | **hablen** | coman | vivan |

- Verbs that are irregular in the **yo** form of the present indicative will use the same spelling changes in the present subjunctive.

| INFINITIVE | PRESENT INDICATIVE (YO) | PRESENT SUBJUNCTIVE |
|---|---|---|
| decir | digo | diga, digas, diga, digamos, digáis, digan |
| hacer | hago | haga, hagas, haga, hagamos, hagáis, hagan |
| oír | oigo | oiga, oigas, oiga, oigamos, oigáis, oigan |
| poner | pongo | ponga, pongas, ponga, pongamos, pongáis, pongan |
| tener | tengo | tenga, tengas, tenga, tengamos, tengáis, tengan |
| traer | traigo | traiga, traigas, traiga, traigamos, traigáis, traigan |
| venir | vengo | venga, vengas, venga, vengamos, vengáis, vengan |
| ver | veo | vea, veas, vea, veamos, veáis, vean |

- The spelling changes that you learned for the command forms of the verbs whose infinitives end in **-car, -gar,** and **-zar** also occur in all forms of the present subjunctive.

| -car: c → qu | buscar: | busque, busques, busque, busquemos, busquéis, busquen |
|---|---|---|
| -gar: g → gu | llegar: | llegue, llegues, llegue, lleguemos, lleguéis, lleguen |
| -zar: z → c | empezar | empiece, empieces, empiece, empecemos, empecéis, empiecen |

- The subjunctive forms of -**ar** and -**er** stem-changing verbs have the same pattern of the present indicative.

| pensar (ie) | | devolver (ue) | |
|---|---|---|---|
| piense | pensemos | devuelva | devolvamos |
| pienses | penséis | devuelvas | devolváis |
| piense | piensen | devuelva | devuelvan |

- -**Ir** stem-changing verbs reflect both the present indicative stem changes and the preterit stem changes. The preterit stem changes occur in the **nosotros/as** and **vosotros/as** forms, where unstressed –**e**– changes to –**i**–, and the unstressed –**o**– changes to –**u**–. The other persons follow the present-tense pattern.

| sentir (ie, i) | | pedir (i, i) | | dormir (ue, u) | |
|---|---|---|---|---|---|
| sienta | sintamos | pida | pidamos | duerma | durmamos |
| sientas | sintáis | pidas | pidáis | duermas | durmáis |
| sienta | sientan | pida | pidan | duerma | duerman |

## Los verbos irregulares del presente de subjuntivo

■ The following verbs are irregular in the present subjunctive.

| dar | estar | haber | ir | saber | ser |
|-----|-------|-------|-----|-------|-----|
| dé | esté | haya | vaya | sepa | sea |
| des | estés | hayas | vayas | sepas | seas |
| dé | esté | haya | vaya | sepa | sea |
| demos | estemos | hayamos | vayamos | sepamos | seamos |
| deis | estéis | hayáis | vayáis | sepáis | seáis |
| den | estén | hayan | vayan | sepan | sean |

## El subjuntivo en cláusulas nominativas

Espero que te mejores pronto.

■ A noun clause is a clause that is used as the direct object, subject of the verb, or as the object of a preposition.

Necesito **una receta**. (noun—direct object)
Necesito **que usted me dé una receta**. (noun clause—direct object)

■ Noun clauses are also dependent clauses—they depend on the main clause for meaning and structure. The noun clause has its own subject and verb and, in Spanish, is often connected to the main clause with **que**.

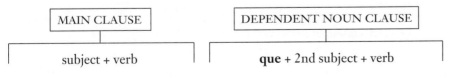

| MAIN CLAUSE | DEPENDENT NOUN CLAUSE |
|-------------|----------------------|
| subject + verb | **que** + 2nd subject + verb |

Yo quiero que el médico **hable** despacio.

*I want the doctor to speak slowly.*

Luis desea que Paco **se mejore**.

*Luis wants Paco to get better.*

- The subjunctive is used in the dependent noun clause, when the action or state expressed has yet to occur, and may not occur at all.[1]

- The English equivalents of the Spanish subjunctive are often different in structure, since the use of the English subjunctive has diminished. Note that in the examples on page 335, the infinitive is used (*to speak*, *to get better*), in the examples below, the present (*gets better*), and the future (*will live*) are used.

| Esperamos que nuestro abuelo **viva** mucho tiempo. | *We hope (that) our grandfather will live a long time.* |
| Espero que Paco se mejore. | *I hope that Paco gets better.* |

 **Practiquemos**

**10-7 Consejos médicos.** Completa los consejos que la doctora García les da a sus pacientes, usando el subjuntivo de los verbos de la lista.

| dar | empezar | fumar | llegar | recibir | seguir |
| dormir | escribir | ir | pedir | salir | tomar |

—Marisa, yo sé que usted quiere que le (1) ___ una receta, pero prefiero que primero usted (2) ___ a hacer ejercicio.

—Juan y Carlos, ustedes saben que yo no permito que mis pacientes (3) ___ en el consultorio. Si quieren fumar, prefiero que (4) ___ al patio.

—Doña María, sugiero que usted (5) ___ directamente al hospital y que (6) ___ información sobre el programa cardíaco.

—Lupe, como eres la recepcionista de esta oficina, necesito que (tú) (7) ___ temprano todos los días y que (8) ___ a los pacientes.

—Señores Echevarría, recomiendo que ustedes (9) ___ más de siete horas todas las noches. Prefiero que ustedes (10) ___ café descafeinado.

—Señor Gómez, si usted quiere que le (11) ___ pastillas para la tos, yo insisto en que (12) ___ mis consejos.

---

[1] In the first example, *I want the doctor to speak slowly*, but *I have no guarantee that he will*. By the same token, *Luis has no guarantee that Paco will get better*.

**10-8 El centro naturista.** Eres dueño/a de un centro naturista (*health food store*). Quieres que tus empleados hagan las siguientes cosas.

MODELO:   Marta/traer los cereales
>  *Quiero que Marta traiga los cereales.*

1. Alberto/buscar todos los jugos
2. Julia y Ángela/preparar las ensaladas
3. Norma/pedirles a los clientes su dirección (*address*)
4. Roberto/traer las frutas orgánicas
5. Juan José y Berta/poner las vitaminas en la vitrina
6. Ramón/buscar los frijoles negros
7. José/servirles a los clientes
8. tú/hacer la limpieza de la tienda

**10-9 En el consultorio.** Completa las instrucciones que el doctor Méndez les dejó a las personas que trabajan en su consultorio. Usa el verbo **querer**.

MODELO:   llamar al laboratorio
>  *La doctora Medina quiere que llamemos al laboratorio.*

1. llamar a la doctora Fernández
2. preparar las pruebas
3. pedir las recetas
4. ir por los termómetros
5. barrer el piso
6. lavar los vasos
7. buscar información para los pacientes
8. ordenar el consultorio
9. cerrar bien la oficina

 **Conversemos**

**10-10 Quiero que...** Escribe cinco mandados (*errands*) que quieres que un/a amigo/a te haga. Luego, intercambia tu lista con la de un/a compañero/a y, entre los dos, respondan si quieren hacer cada uno de los mandados o no.

MODELO:   ▶  *Quiero que vayas a la tienda y que me compres un refresco. Luego, quiero que me busques el periódico de hoy y que me leas las noticias. Por último, quiero que me prepares un bocadillo de jamón y queso.*

**10-11 ¿Qué desean?** Túrnense para decir qué desean estas personas. Usen el subjuntivo en sus respuestas y sean creativos.

MODELO:   E1: *¿Qué desean los padres?*
E2: *Desean que sus hijos sean felices.*

1. los políticos
2. los actores
3. los profesores
4. la gente pobre
5. tu mejor amigo/a
6. los comerciantes
7. los estudiantes
8. ¿...?

## 2. The *nosotros* commands

¡Compremos unos helados!

HELADOS SUPERDELICIOSOS

■ There are two ways to give a direct command to a group of persons that includes yourself: **vamos a** + infinitive or the **nosotros/as** form of the present subjunctive. As you know, **vamos a...** is also used to express a simple statement or to ask a question. The interpretation of *Let's...* results from intonation and context.

| | |
|---|---|
| ¿**Vamos a** llamar al médico? | *Shall we call the doctor?* |
| Sí, **vamos a** llamarlo. | *Yes, let's call him.* |

■ With the present subjunctive of **nosotros/as,** the command is clearly stated.

| | |
|---|---|
| **Hablemos** con la enfermera. | *Let's talk with the nurse.* |
| **No miremos** la radiografía ahora. | *Let's not look at the x-ray now.* |

■ As with all command forms, object pronouns are attached to the affirmative forms and precede the negative commands. In affirmative commands with an attached pronoun, an accent mark is added to maintain the original stress.

| | |
|---|---|
| **Busquemos** al enfermero. | *Let's look for the nurse.* |
| **Busquémoslo.** | *Let's look for him.* |
| **No molestemos** a la paciente. | *Let's not bother the patient.* |
| **No la molestemos**. | *Let's not bother her.* |

■ To express *Let's go...,* use the indicative **vamos.** For the negative *Let's not go...,* however, you must use the command form.

| | |
|---|---|
| **Vamos** al hospital a visitar a Linda. | *Let's go to the hospital to visit Linda.* |
| No, **no vayamos** al hospital ahora. | *No, let's not go to the hospital now.* |

■ When the pronoun **nos** is attached to the affirmative command of reflexive verbs, the final **-s** is deleted from the verb ending.

| | |
|---|---|
| **Vámonos.** | *Let's leave.* |
| **Levantémonos.** | *Let's get up.* |
| **Sentémonos** | *Let's sit down.* |

## Practiquemos

**10-12 El doctor Chiringa.** El doctor Chiringa es una persona que siempre se incluye en las órdenes que les da a las otras personas. Completa la conversación que tiene con sus pacientes, Roberto y Ruperto Cholalisa, usando mandatos de **nosotros**.

DR. CHIRINGA: Señores Cholalisa, tenemos que hacer algo por nuestra salud. No (1. cenar) ___ tan tarde y no (2. acostarse) ___ todos los días después de las doce de la noche.

ROBERTO: Sí, doctor, pero (3. acordarse) ___ de que llegamos del trabajo muy tarde.

DR. CHIRINGA: Sí, queridos amigos, pero (4. tener) ___ más cuidado, no (5. trabajar) ___ tanto. (6. Llegar) ___ a casa más temprano; (7. descansar) ___ más y (8. cuidarse) ___ un poco más.

RUPERTO: Doctor, pero (9. comprender) ___ nuestros problemas. Trabajamos en una panadería por las noches y sólo tenemos tiempo para comer y dormir porque por las mañanas tenemos otro trabajo en un restaurante.

DR. CHIRINGA: Amigos, no (10. enfadarse) ___ . (Seguir) ___ estos consejos y, si es posible, (12. cambiar) ___ de trabajo.

ROBERTO: No es fácil, doctor, siempre estamos buscando un trabajo mejor.

DR. CHIRINGA: Sí, lo sé. Pero nuestra salud es lo primero. Bueno, (13. ir) ___ al consultorio mañana a seis de la tarde. (14. Consultar) ___ a la enfermera que nos va a recetar un régimen más saludable. ¡No (15. faltar) ___!

ROBERTO: ¡De acuerdo, doctor!

## Conversemos

 **10-13A En la sala de urgencias.** Imagínense que ustedes tienen que decidir qué acciones tomar en situaciones urgentes. Túrnense para presentar situaciones. El/La otro/a responde con instrucciones lógicas de su lista, usando un mandato de **nosotros**.

MODELO: E1: *El niño tiene gripe.*
E2: *Démosle una inyección de vitamina C.*

buscarle un calmante          hacerle una radiografía
darle dos aspirinas           recetarle pastillas
darle té con limón            ¿...?

1. El paciente necesita oxígeno.
2. A la niña le duele el estómago.
3. El bebé está tosiendo mucho.

4. La señora tiene una infección en el brazo.
5. El Sr. Pérez tiene una fiebre muy alta.
6. ¿...?

### SEGUNDA PARTE

# ¡Así es la vida!

## Mejora tu salud

# Una buena dieta para un corazón saludable

Todos sabemos lo importante que es cuidar la alimentación para mantener un buen estado de salud. Mantener un control del consumo de azúcar en su dieta contribuye a su bienestar. Otras cosas que se deben tener en cuenta son los alimentos que contribuyen a las enfermedades del corazón.

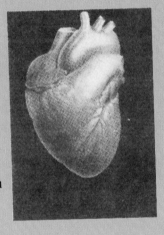

*claim*    Las enfermedades del corazón cobran° más vidas que cualquier otra complicación que genere la diabetes. Esto no debería ocurrir. Los cambios en su dieta pueden reducir el riesgo de las enfermedades cardíacas efectivamente. *such as*    Para disminuir estos riesgos, la Asociación Americana de Diabetes ha hecho las siguientes recomendaciones dietéticas:

• Limite su consumo de colesterol a 300 mg. o menos por día. El colesterol está presente en todos los productos de origen animal. También trate de consumir más alimentos ricos en proteínas, tales como° avena o frijoles.

• No consuma alimentos con alto contenido de grasa. Utilice aceites vegetales, especialmente aceite de oliva en su cocina en lugar de mantequilla y manteca.

• Obtenga del 50% al 60% de sus calorías diarias de los carbohidratos (pan, cereales), del 12% al 20% de proteínas (carne, pescado, leche) y no más del 30% de grasa.

• No coma más de lo necesario. Comer en exceso aumenta el nivel de azúcar en la sangre.

Naturalmente, para la buena salud, el peso adecuado, el ejercicio, el control de los niveles de glucosa y el evitar el alcohol son importantes. Hable con su médico quien le ayudará a planear la dieta adecuada.

## Los alimentos y otros productos que ingerimos (*we ingest*)

| | |
|---|---|
| la avena | *oatmeal* |
| la bebida alcohólica | *alcoholic beverage* |
| el cigarrillo | *cigarette* |
| el colesterol | *cholesterol* |
| la grasa | *fat* |
| los carbohidratos | *carbohydrates* |
| la manteca | *lard* |
| los productos lácteos | *milk products* |
| la proteína | *protein* |

## Otros sustantivos

| | |
|---|---|
| el bienestar | *well-being* |
| el centro naturista | *health store* |
| la complexión | *body build* |
| la diabetes | *diabetes* |
| los ejercicios aeróbicos | *aerobics* |
| la estatura | *height* |
| el peso | *weight* |
| el riesgo | *risk* |
| el sobrepeso | *excess weight, obesity* |

## REPASO

correr
esperar
estar contento/a (de)
molestar
tener (ie) miedo (de)
decir (i)
desear
necesitar
pedir (i, i)
querer (ie)

el aceite
la carne
los frijoles
la leche
la mantequilla
alegrarse (de)

## La salud y la línea (*figure*)

| | |
|---|---|
| adelgazar, bajar de peso | *to lose weight* |
| alejarse (de) | *to get away (from)* |
| cuidar(se) | *to take care (of oneself)* |
| engordar, subir de peso | *to gain weight* |
| estar a dieta | *to be on a diet* |
| guardar la línea | *to stay trim, to watch one's figure* |
| hacer jogging/footing | *to jog* |
| levantar pesas | *to lift weights* |
| mantenerse en forma | *to stay in shape* |
| nacer (zc) | *to be born* |
| padecer (zc) (de) | *to suffer (from)* |
| ponerse en forma | *to get in shape* |
| tener en cuenta | *to take into account* |
| vigilar | *to watch* |

## Verbos para expresar recomendaciones

| | |
|---|---|
| aconsejar | *to advise* |
| insistir (en) | *to insist* |
| mandar | *to order* |
| permitir | *to permit* |
| prohibir[1] | *to prohibit* |
| recomendar (ie) | *to recommend* |
| sugerir (ie, i) | *to suggest* |

## Verbos que expresan emoción

| | |
|---|---|
| enojar | *to anger* |
| lamentar | *to regret* |
| sentir (ie, i) | *to regret* |
| sorprender(se) | *to surprise, to be surprised* |
| temer | *to fear* |

---

[1] prohíbo, prohíbes…

## ¡Escucha!

**A. Una encuesta (*poll*) médica.** Escucha y completa la siguiente encuesta telefónica. Después de completarla, compara tus respuestas con las de un/a compañero/a.

MODELO:   ¿Cuántos cigarrillos fuma usted por día? a. ninguno b. de cinco a diez c. más de un paquete

▶ *a. ninguno*

| | | |
|---|---|---|
| 1. a. 0 mg. | b. 300 mg. | c. 600 mg. |
| 2. a. muchos | b. algunos | c. ninguno |
| 3. a. mucho | b. un poco | c. nada |
| 4. a. de oliva | b. de maíz | c. de animal |
| 5. a. 80% | b. 50-60% | c. 30% |
| 6. a. menos de una vez | b. dos o tres veces | c. todos los días |

**B. Lo bueno y lo malo.** Escriban una lista de actividades saludables y otra de las no saludables.

|   | ACTIVIDADES SALUDABLES | ACTIVIDADES NO SALUDABLES |
|---|---|---|
| MODELO: | *practicar natación* | *fumar cigarrillos* |
|  | _____ | _____ |
|  | _____ | _____ |

## Practiquemos

**10-14 Consejos.** Completa las oraciones con expresiones lógicas de ¡Así lo decimos!

1. La ___ es un cereal que ayuda a bajar el colesterol.
2. La manteca tiene un alto contenido de ___ saturada.
3. La carne y los frijoles son comidas ricas en ___.
4. El ___ está presente en todos los productos de origen animal.
5. Según la AMA, tomar mucho ___ es malo para la salud, especialmente para el hígado (*liver*).
6. Es importante controlar el ___, no tanto para guardar la línea, sino para evitar problemas de salud como la diabetes y enfermedades del corazón.
7. Si haces ejercicio y te mantienes ___, vas a sentirte mejor.
8. Se puede comprar vitaminas y comidas naturales en el ___.
9. Si eres alérgico/a a los ___, no puedes tomar leche.
10. Las personas que fuman aumentan el ___ del cáncer.

**10-15 Un chequeo para la salud.**
Completa el sondeo (questionnaire) sobre la diabetes y decide si estás a riesgo.

VOCABULARIO ÚTIL

| | |
|---|---|
| cansancio | *fatigue* |
| nublado | *cloudy* |
| orinar | *to urinate* |

 **Conversemos**

*AB* **10-16A Te recomiendo que…**
Túrnense para presentar los siguientes problemas mientras el/la otro/a ofrece unas recomendaciones. Pueden usar el verbo **recomiendo** con una cláusula nominativa en el subjuntivo.

MODELO:   E1: *Soy muy delgado/a.*
                  E2: *Te recomiendo que hagas tres comidas completas todos los días.*

1. Quiero bajar de peso.
2. Necesito bajar mi nivel de colesterol.
3. Fumo más de un paquete de cigarrillos por día.
4. Mi hermano/a quiere guardar la línea.
5. Mi tío padece de diabetes.

**10-17 Sus preocupaciones sobre la salud.** Conversen entre sí para poner estas enfermedades y condiciones en orden de importancia para ustedes y para la sociedad.

MODELO:   E1: *¿Cuál es más importante para ti?*
                  E2: *Para mí es el cáncer, para la sociedad es…*

| | PARA MÍ | PARA MI COMPAÑERO/A | PARA LA SOCIEDAD |
|---|---|---|---|
| el cáncer | ____ | ____ | ____ |
| la diabetes | ____ | ____ | ____ |
| las enfermedades del corazón | ____ | ____ | ____ |
| el SIDA (*AIDS*) | ____ | ____ | ____ |
| las enfermedades del pulmón | ____ | ____ | ____ |
| la artritis | ____ | ____ | ____ |
| el alcoholismo | ____ | ____ | ____ |
| las enfermedades del riñón (*kidney*) | ____ | ____ | ____ |
| otra: ____ | ____ | ____ | ____ |

---

## CHEQUEO PARA SU SALUD...

Los hispanos son más propensos a sufrir diabetes...¿por qué correr este riesgo sin necesidad?

En honor a la "Semana de Alerta a la Diabetes", hágase una simple prueba. Este servicio es **gratis** para la comunidad. A continuación unas preguntas, solamente necesita responder SÍ o NO y debe anotar 10 puntos por cada respuesta afirmativa.

| Estoy sintiendo los siguientes síntomas con regularidad: | SÍ | NO |
|---|---|---|
| Sed excesiva | ☐ | ☐ |
| Orino con frecuencia | ☐ | ☐ |
| Mucho cansancio | ☐ | ☐ |
| Pérdida de peso inexplicable | ☐ | ☐ |
| Vista nublada a veces | ☐ | ☐ |
| Tengo más de 40 años: | ☐ | ☐ |
| Según las tablas de peso, tengo más peso del debido: | ☐ | ☐ |
| Soy mujer y he tenido niños que han pesado más de 9 lbs. al nacer: | ☐ | ☐ |
| Mi madre/padre es diabético: | ☐ | ☐ |
| Mi gemelo/a tiene diabetes: | ☐ | ☐ |
| Mi hermano/a tiene diabetes: | ☐ | ☐ |

Si su total es de 20 o más de 20 puntos, le recomendamos que se haga una prueba de diabetes, absolutamente gratis.

**LAS PRUEBAS SE EFECTUARÁN:**

Martes, 19 de marzo—8:00 am -11:00am
Vestíbulo del Hospital San Vicente
Calle Reina del Río
Asunción

Las personas que deseen hacerse esta prueba no deben comer <u>dos horas</u> antes del examen.

Contaremos con una dietista que podrá informarle sobre las comidas y contestar cualquier pregunta que pueda tener.

*Para más informacion o si quiere recibir nuestra revista gratis, llame al*
**5-56-68-50.**

## Hospital San Vicente
Calle Reina del Río, Asunción, Paraguay

La hoja de la coca se usa en Bolivia y otros países andinos con propósitos religiosos y medicinales desde hace más de 2.000 años. Es importante entender que la hoja de coca es tan diferente a su derivado alcaloide, la cocaína, como la cebada (*barley*) es al güisqui escocés (*Scotch whiskey*).

Para los incas la coca era una planta sagrada (*sacred*). Aun hoy los chamanes (*shamans*) en Bolivia, Colombia y el Perú usan la hoja de coca en rituales religiosos.

El uso de la hoja de la coca no se limita a los chamanes. Los indios aimará en Bolivia y los quechua en el Perú —los hombres más que las mujeres— mastican (*chew*) la hoja de coca. La hoja de coca ayuda a los indígenas a trabajar porque previene la fatiga, disminuye el frío y reduce el hambre. Investigaciones científicas sobre las actividades bioquímicas de la coca confirman estas observaciones. Con el consumo de la hoja de la coca, los intestinos absorben glucosa y el vigor (*stamina*) de la persona aumenta. Además, los vasos capilares (*blood vessels*) se encogen (*constrict*) y el calor del cuerpo se conserva. Por lo tanto, la coca ayuda a los indígenas a trabajar por largos períodos de tiempo en lugares fríos. Desafortunadamente, esta cualidad de la hoja sirvió para la explotación de los indígenas y, por lo tanto, su uso es ilegal en algunos países.

La hoja de la coca también tiene beneficios nutritivos porque es rica en vitaminas B-1 y C, que no son parte de la dieta tradicional andina. Los chamanes usan la hoja de la coca y otras hierbas (*herbs*) para hacer un té medicinal que se toma para tratar distintas enfermedades.

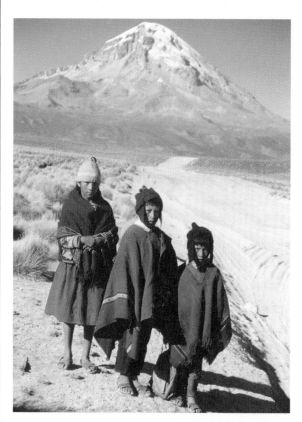

## ¡Vamos a comparar!

¿Qué hierbas medicinales conoces? ¿Hay alguien en tu familia que las usa? ¿Por qué? ¿Crees que los indígenas de los Andes tienen otras opciones? ¿Cuáles?

## ¡Vamos a conversar!

Hablen entre ustedes de sus preferencias de consumo. ¿Qué tienen en común y cómo se diferencian?

MODELO:   carne
　　　　　　E1: *¿Cuántas veces al día (a la semana) comes carne?*
　　　　　　E2: *Como carne...*

1. productos lácteos
2. los granos integrales
3. frutas y verduras
4. vasos de agua
5. ajo
6. suplementos de vitaminas

## Estructuras

### 3. The subjunctive to express volition

¿Necesitan que los lleve a casa?

■ Verbs of volition express the wishes, preferences, suggestions, requests, and implied commands of the speaker. When the verb in the main clause expresses volition, the verb of the noun clause is expressed in the subjunctive mood.

| | | | |
|---|---|---|---|
| **aconsejar** | **insistir (en)** | **pedir (i, i)** | **querer (ie)** |
| **decir** | **mandar** | **permitir** | **recomendar (ie)** |
| **desear** | **necesitar** | **prohibir** | **sugerir (ie, i)** |

■ Note that the subject of the verb in the main clause tries to influence the subject of the dependent noun clause.

Carmen querer + yo ir →
Carmen **quiere** que yo **vaya** con
ella al consultorio.

*Carmen wants me to go with her to the doctor's office.*

ustedes necesitar + yo llevar →
¿**Necesitan** que los **lleve** al
hospital?

*Do you need (for) me to take you to the hospital?*

la doctor desear + tú recoger →
La doctora **desea** que **recojas**
la receta.

*The doctor wants you to pick up the prescription.*

■ When there is no change of subject for the two verbs, there is no noun clause. Use the infinitive.

Sofía desear + Sofía ir →
Sofía **desea** ir a la farmacia.

*Sofía wants to go to the pharmacy.*

yo querer + yo engordar →
Yo no **quiero** engordar.

*I don't want to gain weight.*

- Sentences using verbs such as **aconsejar**, **decir**, **pedir**, **recomendar**, and **sugerir** require an indirect object pronoun. This indirect object refers to the subject of the dependent clause and is understood as the subject of the subjunctive verb.

| | |
|---|---|
| **Le** aconsejo **a usted** que **descanse** más. | *I advise you to rest more.* (Literally, *I advise that you rest more.*) |
| Nos **piden** que **hagamos** más ejercicio. | *They ask us to exercise more.* (Literally, *They ask that we exercise more.*) |

- When verbs of communication such as **decir** and **escribir** are used in the main clause, and the subject of the verb is simply reporting information (telling someone something), the indicative is used in the dependent clause. If the verb in the main clause is used in the sense of a command (telling someone to do something), the subjunctive is used.

INFORMATION:

| | |
|---|---|
| Le **dice** a Juan que **levantamos** más pesas. | *She tells Juan that we are lifting more weights.* |
| Les **escribo** que volvemos el sábado. | *I'm writing them that we're returning on Saturday.* |

COMMAND:

| | |
|---|---|
| Le **dice** a Juan que **levante** más pesas. | *She tells Juan to lift more weights.* |
| Les **escribo** que **vuelvan** el sábado. | *I'm writing (to ask) them to return on Saturday.* |

 Practiquemos

**10-18 En el consultorio médico.** Completa el párrafo con las formas correctas de los verbos a continuación. No repitas ningún verbo.

MODELO:   Refugio *quiere* que Remigio *vea* al médico.

| | | | | |
|---|---|---|---|---|
| correr | hacer | permitir | recomendar | tener |
| decir | insistir en | poner | respirar | tomar |
| desear | llegar | querer | sugerir | |

Mi mamá (1) ___ que la doctora Medina nos (2) ___ un examen físico. La médica (3) ___ que mi hermano y yo (4) ___ al consultorio temprano. En el consultorio, la doctora Medina (5) ___ que yo (6) ___ fuerte para escuchar mis pulmones. Mi hermano necesita una vacuna (*vaccine*), pero él no (7) ___ que la médica le (8)___ una inyección. La doctora Medina me (9) ___ que yo (10) ___ un jarabe para la tos. Ella también (11) ___ que nosotros (12) ___ todos los días para ponernos en forma. Nosotros le (13) ___ que no (14) ___ tiempo para hacer ejercicio, pero que vamos a cuidarnos mejor.

**10-19 Consejo médico.** Combina palabras de cada columna para formar ocho oraciones como el modelo. Escoge dos sujetos distintos y recuerda que la cláusula principal y la cláusula dependiente se conectan con **que**.

MODELO:  yo/querer/que/tú/ir al médico
► *Yo quiero que tú vayas al médico*

| | | | |
|---|---|---|---|
| Refugio | recomendar | Refugio | no enfermarse |
| el farmacéutico | querer | ustedes | tomar las pastillas |
| el paciente | desear | los médicos | hacerse el examen |
| la doctora Reyes | aconsejar | mis padres | comer menos /más |
| Remigio | sugerir  **que** | su esposo/a | pagar la cuenta |
| yo | necesitar | los clientes | sacar la lengua |
| el médico | insistir en | los pacientes | respirar fuerte |
| el hospital | preferir | nosotros | caminar todos los días |
| el terapista | pedir | tú | dormir más |

 **Conversemos**

**10-20A ¿Qué hacer?** Imagínate que necesitas pedirle consejos a tu compañero/a. Explícale tu problema y luego reacciona a su recomendación.

MODELO:  Tienes un examen de química mañana.
E1: *Tengo un examen de química mañana.*
E2: *Te recomiendo que estudies mucho.*
E1: *Buena idea./No tengo tiempo.*

1. Necesitas dinero.
2. Tienes problemas con un miembro de la familia.
3. Tu trabajo no te deja tiempo para estudiar.
4. Quieres un trabajo más interesante.
5. Tu casa está en desorden y tienes invitados este fin de semana.
6. Tienes que preparar una comida especial este fin de semana.
7. Quieres irte de vacaciones, pero no tienes mucho dinero.

**10-21 En el consultorio.** Imagínense que están en el consultorio médico. Uno/a está enfermo/a y el/la otro/a es el/la médico/a que le da consejos. Representen dos o tres situaciones. El/La enfermo/a puede imaginarse los problemas a continuación.

MODELO:  E1: *Doctor/a, me siento muy mal.*
E2: *¿Qué síntomas tiene?*

PROBLEMAS POSIBLES

la gripe    una fiebre    una tos    un resfriado    alergias    dolores de cabeza

**10-22 ¿Cuáles son tus deseos?** Escribe cinco deseos que tienes para el futuro. Introduce los deseos con verbos de voluntad (**querer, desear, preferir,** etcétera), usando el subjuntivo cuando haya cambios de sujeto en la oración.

MODELO:  ► *Deseo que mis padres vivan muchos años y que siempre tengamos una buena relación. Espero que mis amigos consigan un buen trabajo y que ganen mucho dinero. Prefiero viajar después de terminar mis estudios.*

## 4. The subjuntive to express feelings and emotion

- The subjunctive is used in noun clauses after verbs that express emotions such as hope, fear, surprise, regret, pity, anger, joy, and sorrow.

| | | | |
|---|---|---|---|
| **alegrarse (de)** | *to be glad* | **molestar** | *to bother* |
| **enojarse** | *to get angry* | **sentir (ie, i)** | *to regret* |
| **esperar** | *to hope* | **sorprender(se)** | *to surprise* |
| **estar contento/a (de)** | *to be happy* | **temer** | *to fear* |
| **lamentar** | *to regret* | **tener (ie) miedo (de)** | *to be afraid* |

| | |
|---|---|
| Julia **lamenta** que Carlos **esté** enfermo. | *Julia regrets that Carlos is sick.* |
| **Espero** que **hagas más ejercicio** esta semana. | *I hope that you exercise more this week.* |
| Juana **teme** que su madre **padezca** de diabetes. | *Juana fears that her mother is suffering from diabetes.* |

- As with the verbs of volition, verbs that express feelings and emotions require the subjunctive in the dependent clause if the subject is different from that of the main clause. If there is only one subject, the infinitive is used in the dependent clause.

| | |
|---|---|
| Carlos **lamenta estar** enfermo. | *Carlos regrets being sick.* |
| **Esperamos hacer más ejercicio** esta semana. | *We hope to exercise more this week.* |
| Juana **teme padecer** de diabetes. | *Juana fears suffering from diabetes.* |

**10-23  Un examen médico.** Completa la conversación entre el médico y el paciente con la forma correcta del verbo entre paréntesis.

PACIENTE:  Buenos días, doctor. Yo (1. sentirse) ___ mal.

MÉDICO:  A ver... ¿qué le (2. doler) ___?

PACIENTE:  No me (3. doler) ___ nada, pero yo (4. sentirse) ___ mal.

MÉDICO:  Bueno, quiero que (5. sacar) ___ la lengua y que (6. respirar) ___ profundamente.

PACIENTE:  Espero que no (7. ser) ___ nada serio.

MÉDICO:  No, pero temo que usted (8. tener) ___ una infección en la garganta.

PACIENTE:  Me sorprende que (9. decir) ___ eso. A mí no me (10. doler) ___ nunca la garganta.

MÉDICO:  Sí, pero veo que usted (11. tener) ___ una infección en la garganta. Le (12. ir) ___ a poner una inyección de penicilina. Quiero que (13. volver) ___ a su casa ahora mismo.

PACIENTE:  ¡Pero, doctor!

MÉDICO:  Lo siento, pero su salud (14. ser) ___ lo primero.

**10-24  La entrenadora personal.** Marisol, una entrenadora (*trainer*) personal de un gimnasio escribe apuntes (*notes*) sobre sus clientes todos los días. Completa su entrada (*entry*) con expresiones lógicas según el contexto.

MODELO:  *Espero* que Luis *haga* ejercicio todos los días.

**10-25  Lo que sentimos.** Combina expresiones de cada columna para formar oraciones lógicas.

MODELO:  esperamos/que/el médico/llegar pronto
► *Esperamos que el médico llegue pronto.*

martes, 13 de abril
- Mario llega al gimnasio a las ocho en punto. (1. alegrarse: yo) ___ de que él (2. llegar) ___ temprano.
- Rosario nada muy bien pero me (3. enojar) ___ que no (4. nadar) ___ por lo menos cuatro días a la semana.
- Después de no hacer mucho ejercicio, Beto pesa más de 200 libras. (5. Sentir: yo) ___ que él (6. subir) ___ de peso. Mañana yo (7. querer) ___ que Beto (8. empezar) ___ una rutina de ejercicios aeróbicos.
- Alberto y Linda corren mucho. Me (9. sorprender) ___ que ellos (10. correr) ___ por las tardes cuando hace mucho calor, pero ellos me (11. decir) ___ que (12. beber) ___ mucha agua.
- Yo (13. estar) ___ contenta de que Aurelio no (14. fumar) ___ esta semana porque tiene tos. Le (15. recomendar: yo) ___ que (16. dejar) ___ de fumar ahora.
- Diana no vino al gimnasio esta semana. (17. Temer: yo) ___ que ella no (18. volver) ___ más. (19. Esperar: nosotros) ___ que no (20. tener) ___ problemas de salud.

| | | |
|---|---|---|
| siento | tú | no guardar la línea |
| mi compañero/a se alegra de | mi amigo/a | no cuidarse |
| el/la farmacéutico/a teme | los/las profesores/as | bajar de peso |
| tú estás contento/a de | los/las pacientes | estar a dieta |
| esperamos | los/las médicos/as | tener el colesterol alto |
| | | hacer ejercicio |
| | | fumar |

(with *que* between second and third columns)

 **Conversemos**

 **10-26 Entre amigos/as.** Los/Las buenos/as amigos/as saben compadecerse (*commiserate*) de sus amigos/as cuando se quejan. Túrnense para quejarse de problemas personales, familiares, médicos y académicos. El/La otro/a debe reaccionar a las quejas.

MODELO:  E1: *¡Tengo que escribir un trabajo para la clase de historia!*
E2:*¡Lamento que tengas que escribir ese trabajo!*

| | | | |
|---|---|---|---|
| Espero... | Me alegro de... | Me sorprende... | Temo... |
| Estoy contento/a de... | Me enoja | No me gusta... | Tengo miedo de... |
| Lamento... | Me molesta | Siento... | |

**10-27 ¡Mejoremos nuestra salud!** Hablen de lo que esperan hacer para mejorar la salud durante los próximos meses y reaccionen a los comentarios que escuchan.

MODELO:  E1: *Espero bajar cinco libras* (pounds) *en un mes.*
E2: *Espero que hagas ejercicio todos los días.*

# *Páginas*

## El ñandutí

### *Leyenda paraguaya*

Las leyendas como tradición oral son populares en todo el mundo hispano. Sirven para transmitir la historia, la cultura y los valores de una generación a la siguiente. Aunque la leyenda se basa en un evento histórico, se hace propiedad de la persona que la cuenta. Por eso, existen muchas versiones de la misma leyenda, y puede transformarse a través de los años hasta que haya poca relación entre la original y la actual. Lo mismo pasa con leyendas que tú conoces, por ejemplo la de Pocahontas o la de Davy Crockett. A continuación tienes una leyenda paraguaya que se originó durante la colonia española. Representa una mezcla (*blending*) de la cultura indígena y la española. Explica el origen del encaje (*lace*) especial que se llama *ñandutí*, una palabra guaraní. Esta versión la cuenta Aitor Bikandi-Mejías, un joven español.

 **ESTRATEGIAS**

**Las preguntas clave.** Before you read a text, you may ask yourself some questions that you expect to be answered in the text. After reading the introduction above, make a list of three to four questions that you hope to be able to answer by the time you finish the legend.

MODELO:  ▶ *¿Quiénes son los personajes de esta leyenda?*

# El ñandutí

Antes de partir para América —en la época de la colonia—, Manuela, la esposa de un joven oficial del ejército español destinado al Paraguay, fue a decir adiós a su madre. El encuentro fue muy doloroso,[1] pues no sabían cuándo iban a volver a verse en vida. Entre las muchas cosas que la madre le dio en aquella ocasión para su nuevo hogar,[2] había una de especial belleza: una mantilla de un encaje[3] exquisito.

—Cuídala,[4] porque es mi regalo a ti —le dijo su madre abrazándola—. Si así lo haces, vas a tener abundantes años de felicidad y prosperidad.

Manuela prometió cuidar de la mantilla, besó a su madre y se despidió de ella, tal vez para siempre. Ella y su marido abandonaron[5] España al día siguiente.

Una vez en América, la joven pareja se estableció en el pueblecito de Itaguá. Vivían en una casa grande en el centro del pueblo. Poco después, empezó a vivir con ellos una muchacha guaraní, Ibotí. Ibotí ayudaba a Manuela con las tareas de la casa. Pronto nació entre ellas una amistad sincera y un cariño profundo. Se sentaban las dos en el patio por la tarde y Manuela le confesaba a Ibotí sus recuerdos de su casa en España. Le hablaba a Ibotí de su patria y de su madre. ¡Qué gran consuelo[6] era para ella poder hablarle a Ibotí!

En cierta ocasión, el marido de Manuela tuvo que irse del hogar, con motivo de una expedición militar. La casa ahora parecía más grande y vacía.[7] Como no tenía mucho que hacer, un día Manuela decidió revisar[8] todo lo que había traído[9] de España. Ibotí participaba en esta labor. Muchas cosas hermosas salieron a la luz: tejidos,[10] vestidos, manteles, cubiertos, candelabros, joyas. Entre tantos objetos bellos, el recuerdo más íntimo, era la mantilla de su mamá.

Sin embargo, por el tiempo, la mantilla estaba amarilla y un poco gastada.[11] Manuela le pidió a Ibotí que la lavara con agua y jabón, recomendándole que fuera muy cuidadosa. La muchacha la lavó cuidadosamente; sin embargo, al sacarla del agua, vio que la mantilla estaba completamente deshecha.[12] Cuando Manuela supo lo ocurrido, sintió que una parte de su memoria se había perdido,[13] y lloró con angustia. Esa noche soñó que su mamá estaba muerta. Pasaron muchos días en que tampoco recibió noticias de su esposo.  Ibotí trataba de animar[14] a su señora. Era imposible.

Una noche, Ibotí soñó con el encaje de la mantilla. Se despertó agitada. —¡Voy a tejer[15] una mantilla igual que la de la señora!—, se dijo esperanzada.[16]

Empezando esa misma noche, Ibotí se dedicó a tejer una nueva mantilla. Pero cada mañana, estaba desilusionada. Nada de lo que hacía era como la mantilla original. Y Manuela estaba más y más triste, más y más enferma.

Una noche de hermosa luna, Ibotí salió al patio a calmar su pena.[17] Ya no sabía qué hacer. De pronto, por la luz de la luna

---

[1] *painful*   [2] casa   [3] *lace*   [4] *Take care of it*   [5] salieron de   [6] *consolation*   [7] sin gente
[8] inspeccionar   [9] había... *had brought*   [10] *weavings*   [11] *worn*   [12] *unravelled*   [13] se... *had been lost*   [14] *to comfort*   [15] *to knit, to weave*   [16] *full of hope*   [17] *sorrow*

vio la tela que una arañita[18] hacía. El corazón de la buena Ibotí palpitó violentamente. ¡Las líneas que aquella araña dibujaba eran como las de la mantilla de Manuela! Durante las siguientes semanas, todas las tardes Ibotí salía al patio y observaba la tela de la araña.[19] Tan pronto como llegaba la noche, corría a su habitación y se ponía a tejer la mantilla. Tejía y tejía, y no conocía el cansancio.[20] Por fin, una madrugada, poco antes del alba,[21] el trabajo estuvo completo.

Aquella mañana, cuando despertó Manuela, vio ante sus ojos una mantilla prácticamente idéntica a la que se había perdido. Creía estar soñando.

—¡Ibotí!, ¿qué es esto? —preguntó asombrada—. ¿De dónde ha salido esta mantilla?

—Es "ñandutí", tela de araña. La tejí yo misma —contestó Ibotí sonriendo.

Manuela recuperó gran parte de su alegría. Se sentía casi feliz. Y aquella misma tarde su felicidad fue completa, pues tuvo noticias de que su querido esposo estaba bien y pronto vendría a casa.

Ibotí, por su parte, encontró su camino. Siguió tejiendo y fabricó otras muchas mantillas maravillosas. También les enseñó a hacerlas a las jóvenes guaraníes del lugar. Desde entonces, el pueblo de Itaguá es conocido por sus bellos tejidos de ñandutí o "tela de araña".

**10-28 ¿Comprendiste?** Completa las oraciones y ponlas en orden según la cronología de la leyenda.

\_\_\_ Manuela e Ibotí decidieron revisar los \_\_\_ que Manuela había traído de España.

\_\_\_ En su nueva casa, Manuela se \_\_\_ muy sola.

\_\_\_ Manuela no lo podía \_\_\_ cuando vio la nueva mantilla.

\_\_\_ Se hizo amiga de Ibotí, una joven que \_\_\_ en su casa.

\_\_\_ Un día su \_\_\_ estaba fuera de la casa.

\_\_\_ Una joven señora vivía en España durante la época de la \_\_\_.

\_\_\_ Ibotí \_\_\_ tejerle una mantilla nueva.

\_\_\_ Se casó con un joven militar, quien la iba a llevar al \_\_\_.

\_\_\_ Ese mismo día recibió noticias de que su esposo estaba bien y que \_\_\_ a casa.

\_\_\_ Ibotí la \_\_\_ cuidadosamente, pero se deshizo.

\_\_\_ Las mujeres del pueblo todavía tejen el bello encaje que se llama \_\_\_.

\_\_\_ Antes de dejar su casa, su mamá le dio una bella \_\_\_ de encaje.

\_\_\_ Por fin, vio una tela de \_\_\_ y la usó como modelo para la mantilla.

\_\_\_ Al ver la mantilla deshecha, Manuela se puso muy \_\_\_.

\_\_\_ La querida mantilla de su mamá estaba \_\_\_.

\_\_\_ Le dijo: "Guárdala bien y siempre serás \_\_\_."

---

[18] *small spider*   [19] *spider's web*   [20] *fatigue*   [21] *daybreak*

**10-29 Entrevista.** Divídanse en dos grupos. Un grupo representa a Manuela y el otro representa a Ibotí. Preparen preguntas para entrevistar al otro grupo, luego entrevístense.

MODELO:  GRUPO1: *Manuela, ¿por qué fue usted al Paraguay?*
 GRUPO 2: *Fui porque mi esposo consiguió un puesto en el Paraguay.*
 GRUPO 2: *Ibotí, ¿por qué quieres tejer una mantilla nueva?*
 GRUPO 1: *Porque siento que la señora Manuela esté triste.*

**10-30 Otras leyendas.** Organicen información sobre otra leyenda que conozcan. Luego cuéntensela a la clase. Usen las palabras o frases a continuación para organizar sus ideas.

el protagonista / la protagonista
el lugar / el período
el argumento (*plot*) principal o un episodio importante
lo que la leyenda trata de explicar

MODELO:  ► *Era en el siglo XIX. Johnny Appleseed iba por los estados de*
 *Pennsylvania, Ohio e Indiana sembrando semillas de manzanas…*

## ¡Escucha!

**A. ¿Quién lo habrá dicho (*might have said it*)?** Escucha cada oración e indica quién la habrá dicho según la leyenda.

| | Manuela | Ibotí | la madre | el esposo | | Manuela | Ibotí | la madre | el esposo |
|---|---|---|---|---|---|---|---|---|---|
| 1. | ☐ | ☐ | ☐ | ☐ | 5. | ☐ | ☐ | ☐ | ☐ |
| 2. | ☐ | ☐ | ☐ | ☐ | 6. | ☐ | ☐ | ☐ | ☐ |
| 3. | ☐ | ☐ | ☐ | ☐ | 7. | ☐ | ☐ | ☐ | ☐ |
| 4. | ☐ | ☐ | ☐ | ☐ | 8. | ☐ | ☐ | ☐ | ☐ |

**B. Las artesanías regionales.** ¿Conocen alguna artesanía norteamericana que sea especialidad de una región o un pueblo en particular? Por ejemplo, objetos de madera, tejidos, manteles (*tablecloths*), cobijas (*blankets*), objetos de cerámica, de vidrio (*glass*), tallados (*carving*) de piedra. ¿Conocen el origen de esa artesanía?

# *Países sin mar:* Bolivia y Paraguay

**10-31 ¿Qué sabes tú?** Identifica o explica las siguientes cosas.

1. las capitales de Bolivia y Paraguay
2. los países sin salida al mar
3. los idiomas oficiales del Paraguay
4. el nombre del lago navegable más alto del mundo
5. el país cuyos productos principales son minerales
6. el país cuyos productos principales son agrícolas

En el noroeste de Bolivia hay llanos tropicales y selvas con abundantes y valiosas maderas (*lumber*) y cosechas (*crops*) tropicales como el banano. Aquí hace más calor que en el altiplano y hay mucha más humedad que en los llanos hacia el sur.

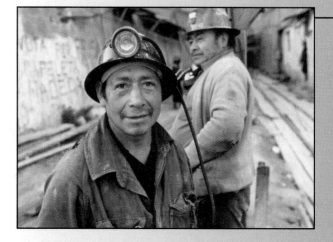

El altiplano (*high plateau*) de Bolivia tiene 700 kilómetros de largo y unos 500 kilómetros de ancho con una altura media de 3.500 metros. Aunque el clima durante el día suele ser agradable en los altiplanos, las heladas (*frosts*) son frecuentes. En las montañas de los altiplanos, siempre hace frío y hay nieve perpetua en los picos (*peaks*) de más de 4.500 metros de altura. La región es muy rica en minerales como el estaño (*tin*), la plata, el cinc y el cobre (*copper*).

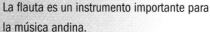

La flauta es un instrumento importante para la música andina.

El clima de los llanos al noreste y al este es más seco y templado. La agricultura de estos valles y cuencas (*basins*) es más abundante y más comercial. Algunas tierras de esta área se dedican a la ganadería (*cattle raising*).

Lago
Titicaca

**BOLIVIA**

**PARAGUAY**

Asunción

N

CORDILLERA DE LOS ANDES

Paraguay tiene dos lenguas oficiales, el español y el guarani, la lengua indígena. Estos níños aprenden a leer y escribir las dos lenguas en la escuela.

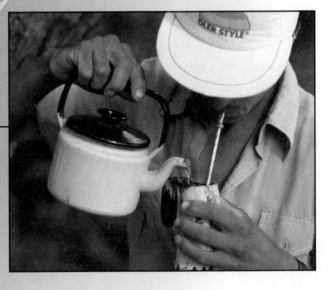

El té de mate es una bebida muy popular por todo el Paraguay, el Uruguay y Argentina. El compartirlo con otra persona es símbolo de la amistad.

355

**10-32 ¿Cierto o falso?** Indica si las siguientes oraciones son ciertas o falsas.
Corrige las oraciones falsas.

1. El bilingüismo es importante en Paraguay.
2. Bolivia tiene cuatro regiones climáticas.
3. La extracción de minerales es importante en Paraguay.
4. El té de mate es una bebida popular paraguaya.
5. Paraguay y Bolivia tienen acceso al Lago Titicaca.
6. Los bolivianos que viven en el altiplano gozan de un clima bastante templado.
7. La flauta es un instrumento musical muy popular en los Andes.

 **10-33 Identificar.** Completen el cuadro con la información que falta.

MODELO: identidad: Potosí
descripción: *una ciudad boliviana*
ubicación: *cerca de Sucre y lejos de La Paz en Bolivia*

| IDENTIDAD | DESCRIPCIÓN | UBICACIÓN |
|---|---|---|
| _____ | productos principales | |
| el guaraní | _____ | Paraguay |
| el altiplano | | _____ |
| _____ | una bebida popular | _____ |
| Asunción | _____ | |
| _____ | capital | Bolivia |
| el ganado | _____ | |
| cobre | _____ | el oeste de Bolivia |
| _____ | región tropical | _____ |
| _____ | producto de la selva | |
| _____ | un lago alto | _____ |

 **10-34 Investigar.** Investiga uno de estos temas en la Red Informática y prepara
un informe breve para la clase.

1. la situación política en el Paraguay
2. los idiomas indígenas de Bolivia
3. el PIB (Producto Interno Bruto: *GNP*) de Bolivia
4. la música andina
5. las misiones jesuitas del Paraguay

**10-35 Guía turística.** Prepara un folleto turístico para Bolivia o el Paraguay.
Incluye sitios de interés, clima, cambio de moneda, costo de viaje, etcétera.

**Taller**

## Un artículo sobre la salud

En la prensa popular es común encontrar artículos que dan consejos sobre la salud. En este taller vas a escribir un artículo al estilo de esta prensa.

1. **Ideas.** Piensa en un problema o una condición que quieres tratar, por ejemplo, la falta de ejercicio, el sobrepeso, los efectos del sol sobre la tez (*skin*), etcétera.
2. **El problema.** Escribe un párrafo en que expliques el problema. Indica a cuánta gente afecta y por qué es importante hacer algo para solucionarlo.
3. **Estrategias.** Haz una lista de tres a cinco estrategias o consejos que ayuden al/a la lector/a a seguir tus consejos.
4. **Conclusión.** Concluye el artículo de una manera positiva, explicando cómo el/la lector/a va a sentirse mejor si sigue tus consejos.
5. **Revisión.** Revisa tu artículo para verificar los siguientes puntos.

   ❏ el uso del subjuntivo
   ❏ el uso de mandatos de nosotros
   ❏ la ortografía y la concordancia

6. **Intercambio.** Intercambia tu artículo con el de un/a compañero/a para hacer correcciones y sugerencias y para comentar sobre el contenido.
7. **Entrega.** Pasa el artículo en limpio, incorporando los comentarios de tu compañero/a, y entrégaselo a tu profesor/a.

MODELO:  *Las enfermedades respiratorias*

> ► *Se dice que más de 200.000 personas sufren de alguna enfermedad respiratoria como el asma. Para muchas de ellas, la causa es genética. Para otras, es ambiental, o una combinación de los dos factores. ¿Qué puedes hacer si tú o uno de tus familiares sufre de una enfermedad respiratoria?*

# LECCIÓN 11

*¿Para qué profesión te preparas?*

## COMUNICACIÓN

- ► Expressing doubt, denial, and uncertainty
- ► Persuading others
- ► Discussing what has happened
- ► Describing your job
- ► Gaining information from the want ads
- ► Writing a brief business letter
- ► Interviewing for a job

## ESTRUCTURAS

### PRIMERA PARTE

- ► The subjunctive to express doubt or denial
- ► The subjunctive with impersonal expressions

### SEGUNDA PARTE

- ► The past participle and the present perfect indicative
- ► The present perfect subjunctive

## CULTURA

- ► Los empleos y las relaciones personales
- ► El desempleo en la Argentina
- ► Páginas: *No hay que complicar la felicidad*, Marco Denevi
- ► Nuestro mundo: El Virreinato la Plata: La Argentina y el Uruguay

### PRIMERA PARTE

# ¡Así es la vida!

## El mundo del trabajo

*Margarita Alfonsín Frondizi*
*Abogada*
*Centro Comercial Houssay*
*Torrego 2699*
*Buenos Aires, Argentina*
*Teléfono: 54-1-277-5561*
*Fax: 277-4268*

*Rafael Betancourt Rosas*
*Ingeniero industrial*
*Edificio Díaz de Solís,*
*Gral. Rivera 32*
*Montevideo, Uruguay*
*Teléfono: 8-283-1520*
*Fax: 283-9831*

*Dra. Mercedes Fernández de*
*Robles*
*Psicóloga clínica*
*Oficina*
*Hospital del Instituto*
*Nacional de la Salud*
*Paseo de la Reforma 345*
*México, Distrito Federal*
*Teléfonos: 52-5-367-78-12*
*52-5-367-54-34*

*Ramón Gutiérrez Sergil*
*Analista de sistemas*
*Informática, S.A.*
*Torre las Brisas*
*Avenida Fernández*
*Juncos*
*No. 500*
*San Juan, Puerto Rico*
*00979*
*Teléfono: (787) 597-8000*
*Telex: Informat*

*Dra. Julia R. Mercado*
*Contable/Asesora*
*financiera*
*Plaza Letamendi 54*
*564 Barcelona, España*
*Teléfono: (93) 892-56-12*
*Fax: 892-67-09*

# ¡ASÍ LO DECIMOS!

## Las profesiones y los oficios

| | |
|---|---|
| el/la analista de sistemas | systems analyst |
| el/la arquitecto/a | architect |
| el/la bombero/a | firefighter |
| el/la carpintero/a | carpenter |
| el/la cartero/a | mailman, mail carrier |
| el/la cocinero/a | cook |
| el/la contador/a | accountant |
| el/la contable | |
| el/la dentista | dentist |
| el/la electricista | electrician |
| el/la ingeniero/a | engineer |
| el/la intérprete | interpreter |
| el (la mujer) mecánico | mechanic |
| el/la obrero/a | manual worker |
| el/la peluquero/a | hair stylist |
| el/la periodista | journalist |
| el plomero | plumber |
| el/la psicólogo/a | psychologist |
| el/la secretario/a | secretary |
| el/la traductor/a | translator |
| el/la vendedor/a | salesperson |
| el/la veterinario/a | veterinarian |
| el/la viajante | traveling salesperson |

## Términos y expresiones de trabajo

| | |
|---|---|
| el desempleo | unemployment |
| el entrenamiento | training |
| el horario de trabajo | work schedule |
| la meta | goal |
| el puesto | position (job) |
| las responsabilidades | responsibilities |
| el salario, el sueldo | salary, wages |

## Cargos

| | |
|---|---|
| el/la coordinador/a | coordinator |
| el/la director/a | director |
| el/la empleado/a | employee |
| el/la gerente | manager |
| el/la jefe/a | boss |
| el/la supervisor/a | supervisor |

## ¡Manos a la obra! (*Let's get to work!*)

| | |
|---|---|
| apagar (gu) (fuegos) | to put out, extinguish (fires) |
| curar | to cure |
| diseñar | to design |
| escribir a máquina | to type |
| estar en paro (sin trabajo) | to be out of work |
| reparar | to repair |
| repartir | to deliver; to distribute |
| trabajar a comisión | to work on commission |

## Verbos

| | |
|---|---|
| dudar | to doubt |
| negar (ie) | to deny |

## Expresiones impersonales

| | |
|---|---|
| es cierto | it's true |
| es común | it's common |
| es dudoso | it's doubtful |
| es evidente | it's evident |
| es extraño | it's strange |
| es importante | it's important |
| es imposible | it's impossible |
| es increíble | it's incredible |
| es indispensable | it's indispensable |
| es una lástima | it's a pity |
| es mejor | it's better |
| es necesario | it's necessary |
| es obvio | it's obvious |
| es preciso | it's essential |
| es seguro | it's certain |
| es urgente | it's urgent |
| es verdad | it's true |

---

### REPASO

| | |
|---|---|
| el/la abogado/a | es difícil |
| el/la enfermero/a | es fácil |
| el/la médico/a | es malo |
| el/la profesor/a | es posible |
| creer | es probable |
| es bueno | |

# ¡Escucha!

**A. Las profesiones y los oficios.** Escucha a las siguientes personas e indica la profesión o el oficio que le interese a cada una.

MODELO:   Soy bilingüe. Me gusta escribir a máquina y contestar el teléfono.
► *secretario*

a. analista de sistemas    c. cocinero/a    e. dentista              g. peluquero/a
b. arquitecto/a            d. contador/a    f. (la mujer) mecánico   h. periodista

1. ____    2. ____    3. ____    4. ____    5. ____    6. ____    7. ____    8. ____

**B. Ventajas y desventajas.** Comenten lo positivo y lo negativo de tres profesiones y oficios según el horario, las vacaciones, el sueldo, y el prestigio.

MODELO:   plomero/a
► *Una ventaja es que cobra el doble los fines de semana.*
► *Una desventaja es que siempre tiene las manos en agua sucia.*

analista de sistemas    cocinero/a    ingeniero/a    periodista    vendedor/a
arquitecto/a            contador/a    intérprete     psicólogo/a    veterinario/a
carpintero/a            dentista      mecánico/a     secretario/a   viajante

# Practiquemos

**11-1 ¿Qué es lo que hace?** Identifica la profesión u oficio que corresponde a cada persona a continuación y explica sus responsabilidades y características.

MODELO:   ► *Pilar es bombera. En su trabajo, apaga fuegos.*
*Su trabajo es difícil, pero emocionante.*

Pilar

1. Don Lucas

2. el señor Castillo

3. Rafael

4. Doña Maruja

5. la doctora Zorilla

## LA TIENDA DE COCINAS Y BAÑOS

*necesita*

### VENDEDORES

–ambos sexos–

**SE REQUIERE:**
- Experiencia en venta de servicios.
- Capacidad de trabajo y ganas de superación.

**SE OFRECE:**
- Integración en la primera empresa del sector.
- Incorporación inmediata.
- Ingresos superiores a 13.000 pesos argentinos entre sueldo fijo y comisiones.

Para entrevista personal, llamar al teléfono
**4978 0875**

---

EDITORIAL internacional de primer orden para su sede en Montevideo selecciona Jefes de venta de publicidad. Referencia JV.
- Se responsabilizan de la capacitación de publicidad, relaciones con agencias y obtención de nuevos clientes.
- Pensamos en profesionales con amplia experiencia comercial en departamento de publicidad y formación universitaria.
- Compañía internacional en expansión. Salario interesante.

Las personas interesadas deberán enviar C.V. y foto reciente, indicando teléfono de contacto y referencias en el sobre, al

Apartado de Correos número **10.745, 28080 Buenos Aires**

---

## CARMINA EL MEJOR TRABAJO

### Secretaria Bilingüe (inglés-español)
Para importante multinacional americana perteneciente al sector farmacéutico buscamos una secretaria bilingüe con excelente presencia, dominio de Word 2000, hoja de cálculo y que tenga experiencia previa de al menos dos años en el registro de productos farmacéuticos. Si éste es su perfil, envíenos urgentemente su *currículum vitae* con fotografía reciente a la Ref.: SEC-FAR

### Graduado Social
Compañía multinacional busca graduados titulados en sociología con dominio del inglés y del portugués, experiencia en informática (Word, Excel) para trabajar en departamento de Administración de personal. Si usted es una persona abierta, tiene capacidad administrativa, ganas de trabajar y experiencia de tres años, le tenemos un puesto con una remuneración muy interesante. Envíenos su *currículum vitae* y una fotografía reciente a la Ref: G.SOC

Carmina Trabajo Temporal
Carmina Empleo 2560 Avenida La Paz, Buenos Aires
**Tel. 4358 9998**

---

**11-2 Un aviso para el periódico.** Contesta las preguntas a continuación basándote en los siguientes avisos.

## CASALINDA

EMPRESA DE ÁMBITO NACIONAL QUE FABRICA CASAS MODULARES PRECISA PARA SU DELEGACIÓN EN MONTEVIDEO

### ARQUITECTO TÉCNICO

- Buscamos un técnico con experiencia mínima de un año para incorporarse a empresa líder en el sector.

- Su trabajo consiste en realizar proyectos de producto, nuevos diseños de casas y promoción de productos.

- Cualidades necesarias: iniciativa, facilidad de trabajo con la gente, facilidad para convencer, capacidad de trabajo y espíritu competitivo.

- Salario mínimo inicial 23.000 pesos uruguayos al mes.

- Gastos de kilometraje y comida.

Interesados enviar CV, con carta de presentación escrita a mano y fotografía reciente, al apartado de Correos 20-037, Montevideo.

---

Se necesita cocinero y ayudante para restaurante argentino. Preguntar por Julia. Tardes. (4153 2112)

---

1. ¿Cuál(es) tiene(n) puestos para hombres y mujeres?
2. ¿Cuál(es) anuncia(n) puesto(s) de restaurante?
3. ¿Cuál(es) es/son anuncio(s) para empresa(s) internacional(es)?
4. ¿Cuál(es) paga(n) salario y comisión?
5. ¿Cuál(es) paga(n) los gastos de viaje?
6. ¿Cuál(es) está(n) en Uruguay?
7. ¿Cuál(es) quiere(n) una persona con experiencia?
8. ¿Cuál(es) busca(n) vendedor/a?
9. ¿Cuál(es) requiere(n) foto?
10. ¿Cuál(es) busca(n) una persona bilingüe?
11. ¿Cuál(es) requiere(n) experiencia con programas de computación?
12. ¿Cuál(es) requiere(n) que se sepa trabajar con otras personas?

**11-3 ¿A quién llamas?** ¿A qué profesional llamas en cada una de las siguientes situaciones? Explica a quién y por qué.

MODELO:   Tienes el pelo muy largo y necesitas un corte nuevo.
> *Llamo a mi peluquero de Supercorte, donde no tengo que pagar mucho.*

1. No hay agua en el baño.
2. Tu carro tiene un ruido (*noise*) extraño.
3. Tu perro está enfermo.
4. Quieres comprar un carro nuevo.
5. Quieres una carta traducida del chino al inglés.
6. No recibiste ninguna carta u otro correo (*mail*) esta semana.

## Conversemos

**11-4 Ahora tú eres el/la jefe/a de personal.** Escribe un aviso para el periódico para anunciar un puesto en tu compañía. Luego, muéstraselo a un/a compañero/a para ver si quiere solicitar el trabajo, y por qué.

**11-5 ¿En qué orden?** Pongan individualmente las siguientes cosas en orden de importancia. Luego comparen sus listas. Cuando no estén de acuerdo, explíquense su punto de vista.

MODELO:   E1: *Quiero un trabajo interesante porque no quiero estar aburrido/a.*
E2: *Bueno, para mí el sueldo es lo más importante. Si gano suficiente, me divierto cuando no estoy trabajando.*

___ un trabajo interesante      ___ la oportunidad de aprender más
___ el sueldo      ___ las responsabilidades
___ la seguridad      ___ los compañeros
___ el/la jefe/a      ___ el horario de trabajo
___ el seguro médico      ___ el número de días de vacaciones
___ la independencia en el trabajo      ___ trabajar a comisión
___ trabajar a sueldo fijo      ___ el número de empleados

**11-6 En la oficina de empleos.** Imagínense que uno/a de ustedes es consejero/a en una oficina de empleos. El/La otro/a es un/a cliente/a que busca trabajo. Representen una escena que incluya la información a continuación.

MODELO:   CONSEJERO/A:   ¿Qué tipo de trabajo le interesa?
CLIENTE/A:   Soy cocinero/a. Me interesa trabajar en un restaurante italiano.
CONSEJERO/A:   ¿Por qué?
CLIENTE/A:   Porque me encanta la comida italiana y sé preparar salsas muy buenas.

1. su nombre, sus estudios, sus intereses
2. si tiene trabajo ahora
3. el sueldo que busca
4. si quiere trabajar a comisión
5. el horario de trabajo que prefiere
6. si tiene coche/carro

Las relaciones personales son muchas veces la clave (*key*) para obtener un puesto en los países hispanos. Éste es un factor más importante en el mundo hispano que en los EE.UU. donde es mucho más frecuente obtener un puesto a través de agencias de empleos o de anuncios clasificados.

Para obtener un trabajo, los hispanos típicamente acuden (*turn to*) a sus familiares o a sus amigos íntimos cuando saben que uno de ellos los puede ayudar. Los amigos íntimos o familiares se ayudan porque es parte de la ética (*ethics*) de la familia hispana, y a los amigos íntimos los consideran parte de la familia. Es costumbre que las personas que ocupan puestos importantes ayuden a los jóvenes que están dentro de su círculo de amistades. Una vez que los jóvenes hayan obtenido sus puestos y estén establecidos, estos jóvenes van a tener que pagar el favor haciendo algo similar por otros miembros de la familia.

## ¡Vamos a comparar!

¿Por qué crees que en los EE.UU. no son tan importantes las relaciones personales para obtener trabajo? ¿Te han ayudado alguna vez tus amigos a obtener trabajo? ¿Cómo?

## ¡Vamos a conversar!

**¿Cuáles son los requisitos?** Conversen entre ustedes sobre los requisitos para estas profesiones y oficios. Pueden incluir requisitos personales y formales.

MODELO:   veterinario
     E1: *Para ser veterinario se requieren cuatro años en ciencias y cuatro años en la escuela de medicina veterinaria.*
     E2: *Además, debes querer trabajar con los animales. Y si son animales grandes, como los caballos, tienes que ser bien fuerte.*

1. trabajador/a social
2. pediatra
3. maestro/a
4. ingeniero/a eléctrico/a
5. plomero
6. bombero/a
7. analista de sistemas
8. psiquiatra

 ¡Así lo hacemos!

## Estructuras

### 1. The subjunctive to express doubt or denial

Dudo que podamos nadar hoy.

■ The subjunctive is used in noun clauses after expressions of doubt, uncertainty, or denial. The following verbs can express doubt and denial. Unlike the verbs that express volition and emotion, these verbs do not require a change in the subject of the dependent clause in order to use the subjunctive.

| **dudar** | **negar** | **no creer** | **no estar seguro/a de** |
|---|---|---|---|

**Dudo** que **tengas** mucho trabajo.     *I doubt that you will have much work.*
**No creo** que ésta **sea** la peluquera.     *I don't believe this is the hair stylist.*
La profesora **niega** que **haya**     *The professor denies that there is much*
   mucho desempleo.        *unemployment.*

■ When there is no doubt, uncertainty, or disbelief about an action or event, and when the subject appears certain of the facts, the indicative is used in the noun clause. For most expressions of doubt or uncertainty, the indicative will be used for the opposing expression (**dudar** versus **no dudar; no creer** versus **creer**).

No **dudo** que **tienes**     *I don't doubt that you have a lot of work.*
   mucho trabajo.

**Creo** que ésta **es** la peluquera.     *I believe (think) this is the hair stylist.*
La profesora **no niega** que **hay**     *The professor doesn't deny that there*
   mucho desempleo.        *is much unemployment.*

■ When the verb **creer** is used in a question, it can imply doubt in the mind of the speaker, thereby triggering the subjunctive in the dependent clause. If the speaker expresses no opinion, or does not anticipate a negative response, the indicative is preferred.

¿**Crees** que Claudia **sea** bombera?     *Do you believe (think) that Claudia is a*
           *firefighter? (speaker implies doubt)*

¿**Crees** que ella **es** bombera?     *Do you believe (think) that she is a*
           *firefighter? (speaker has no opinion)*

 **Practiquemos**

**11-7 Eres desconfiado/a.** Imagínate que eres una persona que duda de todo lo que te dice la gente. Expresa tus dudas sobre las siguientes declaraciones, usando las expresiones **dudo, no creo** o **niego.**

MODELO:   Jacobo es muy buen ingeniero
   ► *Dudo que Jacobo sea muy buen ingeniero.*

1. Ese analista de sistemas sabe mucho.
2. El sueldo es muy bueno.
3. La vendedora dice la verdad.
4. El cartero me va a traer buenas noticias.
5. La jefa es siempre amable con los empleados.
6. El gerente conoce muy bien a todos los viajantes.
7. El secretario va a escribir a máquina el memorándum.
8. Sólo tres bomberos pueden apagar el fuego.

**11-8 En la sala de espera.** Mientras Camila y Samuel esperan en la sala de espera del dentista, miran a los demás (*others*) y hablan de una de las señoras que ven. Completa su conversación con la forma correcta de cada verbo entre paréntesis.

SAMUEL:   ¿Crees que esa señora (1. tener) ___ una oficina en el centro?
CAMILA:   ¡Qué ridículo, Samuel! Dudo que ella (2. trabajar) ___. ¿No ves que tiene cinco hijos?
SAMUEL:   Yo no creo que todos esos niños (3. ser) ___ suyos. Además, lleva una carpeta con muchos papeles. Yo creo que esa señora (4. ser) ___ abogada.
CAMILA:   Yo dudo que ella (5. traer) ___ papeles del trabajo. Estoy segura que ella (6. tener) ___ las hojas médicas de sus hijos.
SAMUEL:   ¡Qué sexista eres, Camila! No te entiendo.
CAMILA:   No es ser sexista creer que una mujer con cinco niños no trabaja fuera de (*outside*) casa. ¡Tú eres sexista! ¿Dudas que cuidar niños (7. ser) ___ un trabajo? ¡Una madre trabaja más de cuarenta horas a la semana!
SAMUEL:   Tienes razón, pero dudo que esa mujer (8. cuidar) ___ a sus hijos todo el día. Ahora habla por su teléfono celular. Escucha…

**11-9 Tus opiniones.** Combina elementos de cada columna para formar diez oraciones en español. Usa el subjuntivo si la oración expresa duda o inseguridad.

MODELO:   (yo)/no creer/que/el médico/trabajar…
   ► *No creo que el médico trabaje tanto como yo.*

| | | | |
|---|---|---|---|
| (tú) | dudar | los plomeros | curar |
| mis padres | (no) creer | el enfermero | tratar |
| mi mejor amigo/a | negar | la arquitecta | reparar |
| mi profesor/a | (no) estar seguro/a **que** | los secretarios | diseñar |
| el/la consejero/a | | el mecánico | buscar |
| nosotros/as | | el cartero | ganar |

## Conversemos

**11-10 Sus opiniones del trabajo.** Refiéranse a los anuncios de la **Actividad 11-2** y hagan dos comentarios de certidumbre o incertidumbre sobre cada uno.

MODELO: E1: *Creo que ser arquitecto técnico es interesante. No creo que pague bien.*
E2: *Bueno, para un primer trabajo no creo que pague mal.*

**11-11 Avisos clasificados.** Diseñen un aviso para el periódico en que anuncien oportunidades para intérpretes para los Juegos Olímpicos. Antes de diseñar el aviso, contesten las siguientes preguntas.

1. ¿Están seguros/as de que necesitan intérpretes para los Juegos Olímpicos? ¿Por qué?
2. ¿Creen que los intérpretes reciben buenos salarios?
3. ¿Creen que el gobierno debe certificar a los intérpretes? Expliquen.

*AB* **11-12A En la empresa de Microchip, S.A.** Imagínate que eres supervisor/a para la empresa Microchip. Tu compañero/a es programador/a de software. Hablen entre ustedes sobre lo que está pasando en la industria en que ustedes trabajan.

MODELO: SUPERVISOR/A: *¿Crees que nuestro producto es mejor que los otros?*
PROGRAMADOR/A: *Sí, estoy seguro/a que… / No, no creo que…*

1. El producto de las otras empresas es más barato.
2. Hay más competencia en esta industria que en otras.
3. Los sueldos son mayores en esta compañía que en otras.

## 2. The subjunctive with impersonal expressions

Es importante que estudies para ser médico.

■ The subjunctive is used in noun clauses after impersonal expressions of necessity, doubt, frequency, probability, denial, opinion, pity, uncertainty, and when the dependent clause has an expressed subject.

| | | | |
|---|---|---|---|
| **Es bueno** | **Es fácil** | **Es indispensable** | **Es posible** |
| **Es común** | **Es importante** | **Es una lástima** | **Es preciso** |
| **Es difícil** | **Es imposible** | **Es malo** | **Es probable** |
| **Es dudoso** | **Es increíble** | **Es mejor** | **Es urgente** |
| **Es extraño** | | **Es necesario** | |

Some examples of the subjunctive are:

**Es importante** que ustedes **recomienden** a la aspirante.

*It is important that you recommend the applicant.*

**Es imposible** que **asciendan** al secretario.

*It is impossible for them to promote the secretary.*

■ The indicative is used when the impersonal expression conveys certainty or conviction on the part of the speaker. Some common impersonal expressions of certainty are:

| | |
|---|---|
| **Es cierto** | **Es seguro** |
| **Es evidente** | **Es verdad** |
| **Es obvio** | |

**Es verdad** que **es** muy honrada.

*It's true that she is very honest.*

**Es evidente** que el jefe no **está**.

*It's evident that the boss is not here.*

**Es seguro** que el electricista **viene** a repararla.

*It's certain that the electrician is coming to repair it.*

■ Use the infinitive with impersonal expressions when there is no expressed subject in the dependent clause.

**Es difícil conseguir** trabajo.

*It's hard to get work.*

**Es necesario apagar** el fuego.

*It's necessary to extinguish the fire.*

## Practiquemos

**11-13 ¿Cierto o dudoso?** Lee las expresiones y decide si éstas requieren el subjuntivo o el indicativo. Luego escribe una oración que describa tu experiencia en la universidad o en el trabajo para cada expresión.

MODELO:  ▶  *Es probable que el examen final de química tenga una sección práctica.*

| | | | |
|---|---|---|---|
| Es bueno… | No es seguro… | Es dudoso… | No es evidente… |
| Es cierto… | Es posible… | Es evidente… | Es probable… |
| Es fácil… | Es importante… | Es extraño… | Es malo… |

**11-14 Algunos consejos.** Aquí tienes algunos consejos de un amigo para escoger una carrera en una universidad norteamericana. Completa cada oración con el infinitivo o el subjuntivo del verbo entre paréntesis.

Es importante que (1. tomar: nosotros) ___ una decisión cuidadosa cuando escojamos (*we choose*) una carrera. A veces es difícil (2. saber) ___ qué carrera debemos seguir. Es bueno que las universidades les (3. ofrecer) ____ una variedad de clases a los estudiantes. Es mejor que tú (4. tomar) ___ varias clases porque es probable que (5. haber) ___ más de una carrera interesante para ti. Es común que los estudiantes (6. empezar) ____ los estudios para una carrera y que (7. graduarse) ____ en otra al final. En la universidad es fácil (8. explorar) ____ las posibilidades un poco antes de dedicarse a una carrera.

**11-15 En el despacho (*office*) de la directora de personal.** Completa la siguiente conversación con las formas correctas del subjuntivo de los verbos de la lista.

completar   conocer   contratar   dar   hablar   ir   saber   tener   volver

LIGIA GÓMEZ:   Buenos días. Soy Ligia Gómez y vengo a solicitar el puesto de programadora.

SRA. MÉNDEZ:   Mucho gusto. Soy la señora Méndez, la directora de personal. Bueno, es importante que usted (1)___ esta solicitud de empleo. ¿Es verdad que usted (2)___ experiencia de trabajo con computadoras?

LIGIA GÓMEZ:   Sí, usted va a notar en mi currículum vitae que es evidente que (3)___ mucho de informática. Tengo cuatro años de estudios universitarios y cuatro más en un banco internacional. Es posible que usted (4)___ a mi antiguo jefe, el señor Méndez.

SRA. MÉNDEZ:   Sí, lo conozco bien. Es importante que yo (5)___ con él sobre las cualificaciones de usted. Es mejor que usted (6)___ mañana. Es probable que nosotros la (7)___.

LIGIA GÓMEZ:   Es magnífico que ustedes me (8)___ una oportunidad en su empresa. ¡Muchísimas gracias!

SRA. MÉNDEZ:   ¡No hay de qué! Es seguro que el puesto le (9)___ a gustar.

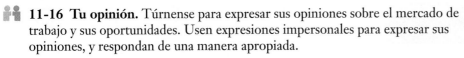

## Conversemos

**11-16 Tu opinión.** Túrnense para expresar sus opiniones sobre el mercado de trabajo y sus oportunidades. Usen expresiones impersonales para expresar sus opiniones, y respondan de una manera apropiada.

MODELO:   E1: *Es importante que yo busque trabajo.*
          E2: *Es verdad que tienes que trabajar.*

*A*ℬ **11-17A Consejo.** Túrnense para contar sus problemas y darse consejos, usando expresiones impersonales.

MODELO:   un/a amigo/a enojado/a
          E1: *Mi amigo/a está enojado/a conmigo.*
          E2: *Es indispensable que lo/la llames y que ustedes hablen del problema.*

POSIBLES PROBLEMAS

padres exigentes          un/a profesor/a difícil   un problema con su novio/a o esposo/a
una entrevista            un carro viejo            ¿... ?
  importante

### SEGUNDA PARTE

# ¡Así es la vida!

## En busca de empleo

Isabel Urquiza Duarte es una chica argentina que se ha graduado de la universidad. Acaba de leer los avisos clasificados porque quiere conseguir un puesto como analista de sistemas.

## La carta de Isabel

Después de leer los avisos clasificados, Isabel ha escrito la siguiente carta:

*… tengo tres años de experiencia…*

20 de julio de 20

Sr. Germán Posada Galtieri, Gerente
Centro de Cómputos, S.A.
Apartado Postal 2225
Buenos Aires, Argentina

Estimado señor:
La presente es para solicitar el puesto de analista de sistemas que anunció su empresa en *La Nación*. Me gradué de la Universidad de Buenos Aires con especialización en informática y contabilidad. También tengo tres años de experiencia práctica.

Soy bilingüe y me considero una persona entusiasta, responsable y trabajadora. Adjunto mi currículum vitae.

Atentamente,

*Isabel Urquiza Duarte*

Anexo

## La entrevista

Isabel llega al despacho del señor Posada para una entrevista.

| | |
|---|---|
| SR. POSADA: | Pase, señorita. Siéntese por favor |
| ISABEL: | Muchas gracias. |
| SR. POSADA: | Acabo de examinar su expediente y me ha gustado mucho. Para nosotros es importante que la finalista haya tenido experiencia en contabilidad. Además, sus recomendaciones son excelentes. |
| ISABEL: | Muchas gracias. |
| SR. POSADA: | Dígame, ¿por qué quiere trabajar en nuestra empresa? |
| ISABEL: | Porque todo el mundo dice que es una gran empresa y que ustedes realmente se interesan por el bienestar de sus empleados. |
| SR. POSADA: | Si le ofrecemos el puesto, ¿cuándo puede comenzar a trabajar? |
| ISABEL: | Inmediatamente, pero primero deseo saber cuál es el sueldo. |
| SR. POSADA: | El sueldo es de mil pesos al mes. ¿Qué le parece? |
| ISABEL: | Me parece bien. |
| SR. POSADA: | ¡Enhorabuena! (*Congratulations!*) ¡El puesto es de usted! |

*Dígame, ¿por qué le gustaría trabajar en nuestra empresa?*

## La búsqueda de empleo

| | |
|---|---|
| la agencia de empleos | *employment agency* |
| el/la aspirante | *applicant* |
| la calificación | *qualification* |
| el contrato | *contract* |
| el despacho | *office* |
| la empresa | *firm* |
| la entrevista | *interview* |
| la evaluación | *evaluation* |
| el expediente | *file, dossier* |
| la experiencia práctica | *practical experience* |
| el formulario | *blank form* |
| la oferta | *offer* |
| la recomendación | *recommendation* |
| la referencia | *reference* |
| la solicitud de empleo | *job application* |
| la vacante | *opening, vacancy* |

## Los beneficios

| | |
|---|---|
| el aumento | *raise* |
| la bonificación anual | *yearly bonus* |
| el plan de retiro | *retirement plan* |
| el seguro médico | *health insurance* |
| el seguro de vida | *life insurance* |

## Verbos

| | |
|---|---|
| acabar de (+ infinitive) | *to have just (done something)* |
| ascender (ie) | *to promote, to move up* |
| contratar | *to hire* |
| cubrir | *to cover* |
| definir | *to define* |
| dejar | *to quit* |
| descubrir | *to discover* |
| despedir (i, i) | *to fire* |
| establecer (zc) | *to establish* |
| jubilarse, retirarse | *to retire* |
| (re)llenar | *to fill out* |
| renunciar | *to resign* |

## Adjetivos

| | |
|---|---|
| capaz | *capable* |
| estusiasta | *enthusiastic* |
| honrado/a, honesto/a | *honest* |
| justo/a | *just, fair* |

---

### *Ampliación*

### La carta comercial

| | |
|---|---|
| **Saludos** | *Salutations, greetings* |
| **Estimado/a señor/a:** | *Dear Sir/Madam:* |
| **Despedidas** | *Closings* |
| **Atentamente,** | *Sincerely yours,* |
| **Cordialmente,** | *Cordially yours,* |
| **Se despide de usted(es) atentamente,** | *Very truly yours,* |

 ¡Escucha!

**A. La solicitud de empleo.** Imagínate que trabajas en una agencia de empleo y que Alejandra es una clienta. Escucha mientras Alejandra explica su formación y experiencia. Luego completa su solicitud de trabajo. Puedes escuchar más de una vez, si quieres. ¡Ojo! Alejandra no da toda la información necesaria.

---

### Solicitud de empleo

Fecha: _____   Referido por: _____

**Información personal**

Apellidos: _____   Nombre: _____

Dirección: _____

Teléfono: _____   Fecha de nacimiento: _____

**Empleo deseado**

Puesto: _____   Fecha de comienzo: _____

¿Actualmente empleado/a? _____   Sueldo deseado: _____

¿Permiso para ponernos en contacto con su jefe actual? _____

**Educación:** _____

|  | Nombre | Lugar |
|---|---|---|
| Primaria: | _____ | _____ |
| Secundaria: | _____ | _____ |
| Universidad: | _____ | |
| Idiomas: | _____ | Otras habilidades: _____ |

**Empleos anteriores**

| Fechas | Compañía | Puesto | Sueldo | Jefe |
|---|---|---|---|---|
| | | | | |
| | | | | |

**Referencias**

| Nombre | | Teléfono |
|---|---|---|
| | | |
| | | |

---

 **B. Una llamada por teléfono.** Escriban por lo menos cinco preguntas que les gustaría hacerle a un/a jefe/a de personal. Luego túrnense para hacer y responder a las preguntas.

MODELO: ▶ *Buenos días. Soy … ¿Tiene usted vacantes en …?*

# Practiquemos

**11-18 Un nuevo puesto.** Completa la narración de Raúl en la que nos cuenta lo que le pasó. Usa la forma correcta de las palabras y expresiones de **¡Así es la vida!**

Yo (1) ___ mi puesto el año pasado porque me pagaban poco. Fui a una (2) ___ a buscar trabajo. El profesor Blanco me permitió usar su nombre como una de mis (3) ___. El consejero me dijo que había (4) ___ en Chiquita. Esa empresa tiene un buen (5) ___. Decidí enviar mi currículum vitae, junto con mi (6)___. Dos semanas después, firmé un (7)___ con la empresa. Decidí trabajar bien porque no quiero que me (8) ___ del trabajo. Ayer recibí un (9) ___ de sueldo porque soy muy (10) ___. Mis compañeros me dijeron: ¡Enhorabuena!

**11-19 En busca de empleo.** Indica a qué se refieren las siguientes oraciones.

MODELO:   Tienes que rellenar este formulario.
> *la solicitud de empleo*

1. Tu último jefe escribió excelentes comentarios.
2. Rellenas tu solicitud de empleo y hablas con el jefe de personal en este lugar.
3. Firmas este documento. Los términos son por un año, pero el documento es renovable.
4. Incluyes los nombres y números de teléfono de personas cuyos (*whose*) comentarios van a ser muy buenos.
5. Este beneficio es importante si tienes hijos pequeños.
6. Esta persona necesita buenas cualificaciones y una cara honrada y entusiasta.
7. Después de trabajar bien por unos años en una empresa, tu sueldo cambia.
8. Debes indicar todas las cosas que sabes hacer que pueden relacionarse al puesto que buscas.

**11-20 ¿En qué orden?** Indica el orden en que completas estos pasos para conseguir un puesto.

___ llamar para hacer una cita con el/la jefe/a de personal
___ volver a casa y esperar una llamada
___ leer los avisos en el periódico
___ rellenar la solicitud
___ ir al despacho de personal
___ hacer preguntas sobre los beneficios del trabajo
___ tener la entrevista
___ contestar las preguntas sobre mi formación y experiencia
___ vestirme bien
___ preguntar sobre el sueldo

**11-21 Una carta de recomendación.** Escribe una carta de recomendación para una persona que conoces. Incluye tu relación con la persona, sus cualidades y tu evaluación de su futuro en el trabajo.

MODELO:

> *9 de agosto de 2001*
> *Vancouver, B.C.*
>
> *A quien le pueda interesar:*
>
> ***Asunto:** Eduardo Mazuecos Villar*
> *El señor Mazuecos es un empleado en esta oficina*
> *donde trabaja como asistente del*
> *director de personal. Es una persona muy*
> *entusiasta y honrada, trabaja bien con los otros*
> *empleados y ...*
>
> *Atentamente,*
> *Ana María del Val*
> *Supervisora*
> *Editorial Pilar*

 Conversemos

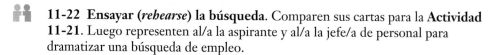

**11-22 Ensayar (*rehearse*) la búsqueda.** Comparen sus cartas para la **Actividad 11-21**. Luego representen al/a la aspirante y al/a la jefe/a de personal para dramatizar una búsqueda de empleo.

MODELO:  E1: *Necesito encontrar un empleo. Debo ver qué hay en el periódico. Bien, aquí hay un aviso para...*
              E2: *Sí, señor/ita. ¿Quién es usted?*

**11-23A La despedida.** Eres el/la director/a de la sección de finanzas de tu empresa. Encuentras una discrepancia en las cuentas y sospechas (*suspect*) que uno/a de tus empleados/as no fue honrado/a. Explícale tus sospechas y despídelo/la con dos semanas de sueldo.

# COMPARACIONES... El desempleo en la Argentina

En el mundo hispano hay un alto nivel de desempleo. Cuando el/la joven universitario/a termina su carrera y encuentra trabajo, el salario es bastante bajo y va a pasar varios años antes de adquirir un nivel económico razonable. Un fenómeno que resulta de esta situación económica es el pluriempleo (*moonlighting*), porque para cubrir los gastos (*expenses*) los jóvenes tienen que tener a veces dos o tres trabajos diferentes.

La Argentina en los últimos años ha adoptado el sistema capitalista de economía de mercado y ha hecho grandes ajustes en su economía. Por ejemplo, el peso argentino tiene ahora casi el mismo valor que el dólar. Cuando el Brasil, socio (*partner*) de la Argentina en el Tratado de Mercosur, decidió devaluar su moneda, el real, sus productos se volvieron más baratos que los productos argentinos. Esto ha resultado en un desempleo de un 17,5% en Buenos Aires y sus alrededores, y en una subocupación (*low occupancy rate*) de un 15,2%. Así, puede decirse que el 32,7%, o uno de cada tres trabajadores urbanos, sufre de problemas de empleo. Además hay atrasos (*delays*) en pagos a los empleados públicos, como a los maestros y a los profesionales médicos. Éstos recientemente se han ido a huelga (*strike*) agravando la crisis económica del país.

## ¡Vamos a comparar!

¿Qué nivel de desempleo hay en los EE.UU.? ¿Y en el Canadá? ¿Conoces a alguien que tenga más de un trabajo? ¿Por qué es menos común el pluriempleo en los EE.UU. y el Canadá? ¿En qué se diferencia la situación económica de una joven pareja estadounidense o canadiense a la de una joven pareja argentina?

## ¡Vamos a conversar!

Conversen entre ustedes sobre cuándo buscarían (*would look for*) un segundo empleo. ¿Tienen algunas circunstancias en común?

MODELO:   E1: *¿Buscas un segundo empleo si necesitas dinero para costear una escuela privada para tus hijos?*
E2: *Pues, depende de si las escuelas públicas son buenas...*

Por ejemplo, necesitas dinero para...
pagar una escuela privada para tus hijos
comprar un coche nuevo
financiar tus estudios
permitirle a tu esposo/a quedarse en casa con los hijos
comprar una casa más grande
financiar un viaje especial
pagar los gastos de la boda
pagar las deudas de tu tarjeta de crédito
¿... ?

 *¡Así lo hacemos!*

## Estructuras

### 3. The past participle and the present perfect indicative

Han llegado los invitados de Pedrito. ¿Los hago pasar o llamo a la policía?

### El participio pasado

The past participle is used in Spanish and English as an adjective or as part of the perfect tenses. In English, it is usually the *-ed* or *-en* form of the verb.

| | |
|---|---|
| **Nos hemos jubilado.** | *We have retired.* |
| **Estamos jubilados.** | *We're retired.* |

■ In Spanish the participle is formed by adding **-ado** to the stem of **-ar** verbs and **-ido** to the stem of **-er** and **-ir** verbs.

| **tomar** | **comer** | **vivir** |
|---|---|---|
| tom**ado** (*taken*) | com**ido** (*eaten*) | viv**ido** (*lived*) |

■ An accent mark is added to the past participle of **-er** and **-ir** verbs whose stems end in **-a**, **-e**, or **-o**.

| caer | **caído** | *fallen* | oír | **oído** | *heard* |
|---|---|---|---|---|---|
| creer | **creído** | *believed* | traer | **traído** | *brought* |
| leer | **leído** | *read* | reír | **reído** | *laughed* |

■ The following verbs have irregular past participles.

| abrir | **abierto** | *opened* | ir | **ido** | *gone* |
|---|---|---|---|---|---|
| cubrir | **cubierto** | *covered* | morir | **muerto** | *dead* |
| decir | **dicho** | *said* | poner | **puesto** | *put, placed* |
| descubrir | **descubierto** | *discovered* | romper | **roto** | *broken* |
| escribir | **escrito** | *written* | ver | **visto** | *seen* |
| hacer | **hecho** | *done; made* | volver | **vuelto** | *returned* |

# El presente perfecto de indicativo

■ The present perfect in English and Spanish is considered a compound tense because its forms require two verbs. In English, the present perfect is formed with the present tense of the auxiliary verb *to have* + past participle. In Spanish, the present perfect is formed with the present tense of the auxiliary verb **haber** + past participle.

| | haber | PAST PARTICIPLE | to have | PAST PARTICIPLE |
|---|---|---|---|---|
| yo | he | | *I have* | |
| tú | has | **tomado** | *you have* | *taken* |
| él/ella, Ud. | ha | **comido** | *he/she has, you (sing.) have* | *eaten* |
| nosotros/as | hemos | **vivido** | *we have* | *lived* |
| vosotros/as | habéis | | *you (pl.) have* | |
| ellos/as, Uds. | han | | *they, you (pl.) have* | |

■ In general, the present perfect is used to refer to a past action or event that is perceived as having some bearing on the present.

¿Ya **has hablado** del plan de retiro?     *Have you already talked about the retirement plan?*

Estoy buscando a la gerente. ¿La **has visto**?     *I'm looking for the manager. Have you seen her?*

■ The auxiliary verb **haber** agrees with the subject of the sentence. The past participle, however, is invariable when used in the perfect tense.

Mi jefe me **ha dado** una recomendación muy buena.     *My boss has given me a very good recommendation.*

Marisa **ha preparado** el formulario.     *Marisa has prepared the blank form.*

■ The auxiliary verb **haber** and the past participle cannot be separated by another word. Object pronouns and negative words are always placed before **haber**.

**No lo he visto.**     *I haven't seen him.*

**¿La has abierto?**     *Have you opened it?*

■ The verb **haber** is not interchangeable with **tener**. **Haber** means *to have* only when used as an auxiliary verb with the past participle. **Tener** means *to have* or *to own* in the sense of possession.

Isabel **tiene** muchos amigos en esa empresa.     *Isabel has many friends in that company.*

¿**Has tenido** experiencia en hacer contratos?     *Have you had experience in doing contracts?*

- You can use the present tense of **acabar de** + *infinitive* in order to describe an event that has just happened.

> **Acabamos de** leer el expediente.     *We have just read the file.*
> **Acaban de** hacerse un seguro     *They have just taken out a life insurance*
> de vida.                                 *policy.*

## El participio pasado usado como adjetivo

- In both English and Spanish, the past participle may be used as an adjective to modify a noun. In Spanish, when the past participle is used as an adjective, it agrees in gender and number with the noun it modifies.

> Recibimos una bonificación     *We received a bonus recommended by our*
> **recomendada** por nuestro     *supervisor.*
> supervisor.
>
> Hay una agencia de empleos     *There is an employment agency open next*
> **abierta** al lado del Banco     *to the Central Bank.*
> Central.

- The verb **estar** may be used with the past participle to describe a state or condition that is the result of a previous action. In this resultant condition, the past participle is an adjective and agrees in gender and number with the noun it modifies.

> El seguro médico **está hecho;**     *The health insurance policy is done; the*
> la secretaria lo hizo.     *secretary did it.*
>
> La solicitud de empleo **está**     *The job application is completed; the*
> **terminada;** la terminó el     *applicant finished it when he came by*
> aspirante cuando vino esta     *this morning.*
> mañana.

## Practiquemos

**11-24 La entrevista.** Completa la conversación entre Teresa y su padre con el presente perfecto de cada verbo entre paréntesis.

PAPÁ: ¿Ya le (1. decir: tú) ___ algo a mamá sobre las entrevistas?

TERESA: No, papá. Mamá aún no (2. volver) ___ de la oficina.

PAPÁ: Pues, ¡cuéntame a mí! ¿Cuántas empresas te (3. entrevistar) ___?

TERESA: Esta semana sólo (4. hablar: yo) ___ con dos empresas, pero (5. enviar [*to send*]) ___ solicitudes a unas diez empresas.

PAPÁ: ¡Diez! ¡Nunca (6. tener: yo) ___ que mandar tantas solicitudes para buscar un puesto.

TERESA: Pues, ahora es diferente. En total Luis y yo (7. completar) ___ más de cien solicitudes cada uno. Es muy difícil encontrar trabajo después de graduarte hoy en día.

PAPÁ: ¿Algunas de estas empresas te (8. llamar) ___?

TERESA: ¡Claro! Dos empresas me (9. hacer) ___ ofertas, pero no me gustaron.

PAPÁ: ¡Pero, ¿cómo (10. dejar: tú) ___ escapar esas ofertas?!

TERESA: No te preocupes, papá. Sé que una de las empresas que me interesan le (11. escribir) ___ una carta al profesor Morillas, una de mis referencias. El profesor me (12. dar) ___ una recomendación buenísima, y cree que esa empresa me va a hacer una oferta.

**11-25 En la agencia de empleo.** Tu amigo/a quiere saber exactamente lo que ustedes han hecho antes de su llegada.

MODELO:    leer los avisos en el tablero
    ▶ *Hemos leído los avisos en el tablero.*

1. esperar mucho tiempo en la cola
2. hablar con la recepcionista
3. rellenar la solicitud
4. leer los avisos en su publicación
5. pedirle ayuda a la directora
6. encontrar dónde podemos sacar fotos
7. esperar más de media hora
8. tomar más de dos tazas de café

**11-26 Desde Buenos Aires.** Combina elementos para explicarles a tus padres lo que ha pasado durante tu viaje con amigos a la Argentina.

MODELO:    Yo/comer en un lugar diferente todos los días
    ▶ *Yo he comido en un lugar diferente cada día.*

| | |
|---|---|
| Diego Maradona | ir a la Plaza de Mayo/la Casa Rosada |
| Carlos Menem y yo | hacer compras en los grandes almacenes |
| Plácido Domingo y José Carreras | comprar artículos de cuero |
| yo | comer una parrillada todas las semanas |
| el equipo de fútbol uruguayo | pasar tiempo en los pequeños cafés |
| el presidente del Uruguay | visitar el barrio de los artistas |
| Eva Perón | bailar tango |
| | cambiar muy pocos cheques de viajero |
| | dar tres conciertos |

**11-27 Dos señoras en la sala de espera.** Completa los fragmentos de conversaciones entre dos señoras que esperan una entrevista para el mismo puesto. Puede haber más de una respuesta en algunos casos.

abrir    cubrir    desordenar    hacer    perder    romper

ROSA:  ¡Qué frío! ¿Por qué tienen la ventana (1) ___ aquí?

FLOR:  No sé, pero a mí me gusta abrir las ventanas. Me gusta el aire fresco.

ROSA:  ¡Dios mío! ¿Dónde están mis lentes? ¡(2) ___ otra vez!

FLOR:  No te preocupes. Aquí están. Afortunadamente, nunca pierdo mis lentes porque no los necesito.

ROSA:  No me gusta este sofá. No es cómodo. Es un sofá barato y mal (3) ___.

FLOR:  Para mí no importa el sofá. ¡Vengo a trabajar, no a descansar!

ROSA:  Esta oficina es un desastre. Nunca he visto una oficina tan (4) ___.

FLOR:  Bueno, por eso estamos aquí, ¿no?, para organizar todo esto.

ROSA:  ¿¡No pueden ser sólo las dos!? No creo que mi reloj funcione. Parece que hemos estado esperando dos horas.

FLOR:  No, el problema no es un reloj (5) ___. Son las dos. Sólo hemos esperado media hora.

ROSA:  Ese escritorio (6) ___ de papeles y mensajes es un desastre. ¡Espero que no quieran que yo arregle todo eso!

FLOR:  Pues creo que ése es el escritorio para la secretaria, el puesto que solicitamos.

 **Conversemos**

**11-28 ¿Quién...?** Pregúntense si tienen algunos de estos artículos. No escriban ningún nombre más de una vez.

MODELO:  producto/hacer en la Argentina
E1: *¿Tienes algún producto hecho en la Argentina?*
E2: *Sí, tengo una chaqueta hecha en la Argentina.*

producto/importar de Suramérica          novela/escribir en español
vaqueros/romper                          bicicleta/pintar de azul
maleta/hacer en la Argentina             libro/abrir
carta/escribir por una persona importante    camisas/lavar
autógrafo/firmar por Sabatini            zapatos/fabricar en los EE.UU.
maleta/perder                            falda/planchar

**11-29 ¿Qué has hecho hasta ahora?** Conversen entre ustedes sobre lo que han hecho hoy hasta ahora.

MODELO:  E1: *He preparado la tarea para dos clases, he ido al laboratorio de lenguas y he hecho ejercicio. Y ustedes, ¿qué han hecho?*
E2: *No he hecho tanto. He...*
E3: *Pues, yo he hecho más que ustedes dos. He...*

**11-30 Recuerdos.** Túrnense para hablar de experiencias que han tenido, y también de experiencias que no han tenido pero que desean tener.

MODELO:   ver películas
        E1: *¿Qué películas has visto este año?*
        E2: *Esta semana he visto "El Buena Vista Social Club".*
        E1: *¿Te ha gustado?*

**11-31 Diez preguntas.** Formen dos o más grupos para retarse (*challenge each other*) a adivinar lo que han hecho. Pueden hacerse diez preguntas que pueden contestarse con **sí** o **no** hasta que adivinen la respuesta. Deben usar el presente perfecto de indicativo en sus preguntas y en sus respuestas.

MODELO:   E1: *He hecho un viaje interesante.*
        E2: *¿Has viajado a un país de habla española?*
        E1: *No, no he viajado a ningún país de habla española.*
        E3: *¿Has visitado… ?*

## 4. The present perfect subjunctive

The present perfect subjunctive is formed with the present subjunctive of the auxiliary verb **haber** + the past participle.

| | PRESENT SUBJUNCTIVE OF HABER | PAST PARTICIPLE |
|---|---|---|
| yo | **haya** | |
| tú | **hayas** | **tomado** |
| él/ella, Ud. | **haya** | **comido** |
| nosotros/as | **hayamos** | **vivido** |
| vosotros/as | **hayáis** | |
| ellos/as, Uds. | **hayan** | |

- The present perfect subjunctive, like the present subjunctive, is used when the main clause expresses a wish, emotion, doubt, denial, etc., pertaining to the subject of another clause. Generally, the verb in the main clause is in the present tense.

**Dudamos** que **hayan rellenado** el formulario.
*We doubt that they have filled out the blank form.*

¿**Crees** que la jefa le **haya hecho** una oferta a nuestra amiga?
*Do you think that the boss has made an offer to our friend?*

**Espero** que Pepe le **haya enviado** su currículum vitae al gerente.
*I hope that Pepe has sent his résumé to the manager.*

 ## Practiquemos

**11-32 La solicitud.** Ángela ha solicitado un puesto, pero ahora se pregunta si ha hecho todo lo necesario. Completa su monólogo con la forma correcta de cada verbo entre paréntesis. Usa el presente perfecto de indicativo o de subjuntivo.

MODELO:   Espero que el jefe (leer) _haya leído_ mi solicitud primero.

Dudo que las cartas de recomendación (1. llegar) ___ al despacho. Espero que la doctora Mendoza le (2. decir) ___ buenas cosas al jefe de personal. Estoy segura que el jefe (3. ver) ___ mi currículum vitae. No creo que los otros aspirantes (4. hacer) ___ tantos preparativos como yo. Creo que yo (5. poner) ___ las tres mejores referencias, pero temo que el profesor Núñez (6. olvidar) ___ mandar su carta de recomendación.

 **11-33 Los preparativos para un nuevo trabajo.** Imagínense que buscan un nuevo puesto. Hablen de sus emociones durante su búsqueda.

MODELO:   la empresa/recibir mi currículum
E1: *¡Espero que la empresa haya recibido mi currículum!*
E2: *Estoy seguro/a que lo ha recibido.*

| | |
|---|---|
| Es verdad | programar una computadora |
| No es cierto | no perderse la solicitud |
| No estoy seguro/a | conseguir el puesto |
| No creo | romperse el despertador |
| Es dudoso | comprar un diccionario |
| Es fabuloso | preparar el almuerzo |
| Niego | recibir el contrato |
| Temo | lavar la camisa |
| Espero | limpiar el traje |
| Es posible | comprar una computadora |
| | recibir mis cartas de recomendación |
| | dejar un mensaje en el contestador automático (*answering machine*) |

**11-34 El regreso del/de la jefe/a**. Imagínate que tu jefe/a acaba de volver de sus vacaciones y quiere saber si todo ha estado bien durante su ausencia. Responde a sus preguntas según las indicaciones.

MODELO:     ¿Han trabajado bien los empleados?
            Es probable que…
    ►       *Es probable que los empleados hayan trabajado bien.*

1. ¿Se ha vendido mucha mercancía?
   Dudo que…

2. ¿Han tenido ustedes tiempo de completar las cartas?
   No creo que…

3. ¿Han pedido ustedes el currículum vitae del empleado nuevo?
   Lamento que…

4. ¿Le ha dado Juan la información a la Sra. Flores?
   No creo que…

5. ¿Han probado Jaime y Gloria la nueva computadora?
   Temo que…

6. ¿Ha calculado la cajera las ventas de esta semana?
   Es posible…

7. ¿Ha atendido bien a los clientes el empleado problemático?
   Dudo que…

8. Entonces, ¿es verdad que ustedes han tenido muchos problemas durante mi ausencia?
   No, no es verdad que nosotros…

## Conversemos

**11-35 ¿De veras?** Escriban individualmente cinco o más actividades que tal vez (*perhaps*) hayan hecho. Luego túrnense para adivinar si el/la otro/a dice la verdad o no. Háganse preguntas para conseguir más información antes de decidir si es cierto o no.

MODELO:     E1: *He viajado a la India.*
            E2: *¿De veras? ¿Cuándo?… ¿Por qué?… ¿Con quiénes?… Pues, yo no creo que hayas viajado a la India.*

**11-36 ¿Qué has hecho?** Túrnense para contar dos acciones que han hecho esta semana para complacer (*please*) o ayudar a otra persona. Respóndanse de una manera apropiada.

MODELO:     E1: *Le he comprado flores a mi mamá.*
            E2: *Es bueno que le hayas comprado flores. Estoy seguro que le han gustado.*

# Páginas

## *"No hay que complicar la felicidad"*

### *Marco Denevi (1922– ), Argentina*

Marco Denevi es uno de los cuentistas latinoamericanos más conocidos. Nació en la Argentina en 1922. Escribió varias novelas, incluyendo *Rosaura a las diez* (1955) y *Ceremonia secreta* (1960). Ésta última fue convertida en una película estadounidense con Mia Farrow como protagonista. Denevi se conoce por sus narrativas, sus minidramas y sus minicuentos, los cuales comentan verdades humanas y sociológicas.

En "No hay que complicar la felicidad", hay dos novios sin nombre que no están satisfechos con la felicidad que gozan. La conclusión es a la vez sorprendente (*surprising*) y misteriosa.

---

### ESTRATEGIAS

**Ironía, o el poder de la imaginación.** In literature there may be several levels of understanding. For example, the surface level is what is most obvious. The metaphorical or symbolic level requires you to reference some other occurrence to enrich your understanding, such as the symbol of the apple in the Garden of Eden ("Oda a la manzana"). When an author uses irony, you are often left with a feeling of ambiguity or tension because the action did not turn out the way you expected and you must use your imagination to finish the story. As you read the minidrama that follows, leave yourself open to surprise and irony, then use your imagination to fill in the gaps and bring closure to the action.

---

**11-37 Antes de leer.** Busca esta información en la primera página.

1. Los dos protagonistas son ___.
   a. amigos      b. enemigos      c. novios      d. hermanos

2. Están en ___.
   a. una iglesia      b. una clase      c. una casa      d. un parque

3. Según la ilustración, están muy___.
   a. impacientes      b. enamorados      c. enojados      d. histéricos

**11-38 Anticipación.** En este drama los protagonistas hacen acciones recíprocas. ¿Cuáles de estas acciones crees que se hacen?

❏ Se miran.          ❏ Se gritan.
❏ Se besan.          ❏ Se detestan.
❏ Se aman (quieren).     ❏ Se matan (*kill each other*).

# No hay que complicar la felicidad

*Un parque. Sentados bajo los árboles, Ella y Él se besan.*

ÉL:  Te amo.
ELLA:  Te amo.

*Vuelven a besarse.*

ÉL:  Te amo.
ELLA:  Te amo.

*Vuelven a besarse.*

ÉL:  Te amo.
ELLA:  Te amo.

*Él se pone violentamente de pie.*

ÉL:  ¡Basta![1] ¿Siempre lo mismo? ¿Por qué, cuando te digo que te amo no contestas que amas a otro?

ELLA:  ¿A qué otro?

ÉL:  A nadie. Pero lo dices para que yo tenga celos. Los celos alimentan[2] al amor. Despojado de este estímulo, el amor languidece.[3] Nuestra felicidad es demasiado simple, demasiado monótona. Hay que complicarla un poco. ¿Comprendes?

---

[1] *Enough!*   [2] *nourish, add spice*   [3] *languishes*

ELLA: No quería confesártelo porque pensé que sufrirías.[1] Pero lo has adivinado.[2]

ÉL: ¿Qué es lo que adiviné?

*Ella se levanta, se aleja[3] unos pasos.*

ELLA: Que amo a otro.

ÉL: Lo dices para complacerme.[4] Porque te lo pedí.

ELLA: No. Amo a otro.

ÉL: ¿A qué otro?

ELLA: No lo conoces.

*Un silencio. Él tiene una expresión sombria.[5]*

ÉL: Entonces, ¿es verdad?

ELLA: (*Dulcemente*) Sí, es verdad. Está allí.

*Él se pasea haciendo ademanes[6] de furor.*

ÉL: Siento celos. No finjo,[7] créeme. Siento celos. Me gustaría matar a ese otro.

ELLA: (*Dulcemente*) Está allí.

ÉL: ¿Dónde?

ELLA: Nos espía. También él es celoso.

ÉL: Iré en su busca.[8]

ELLA: Cuidado. Quiere matarte.

ÉL: No le tengo miedo.

*Él desaparece entre los árboles. Al quedar sola ella se ríe.*

ELLA: ¡Qué niños son los hombres! Para ellos hasta el amor es un juego.

---

[1] *you would suffer*   [2] *you've guessed it*   [3] *gets up, moves away*   [4] *please me*   [5] *somber*   [6] *gestures*
[7] *I'm not faking*   [8] *I'll look for him*

*Se oye el disparo de un revólver.*[1] *Ella deja de reír.*

ELLA:   Juan.

*Silencio.*

ELLA:   (*Más alto*) Juan.

*Silencio.*

ELLA:   (*Grita.*) ¡Juan!

*Silencio. Ella corre y desaparece entre los árboles.*
*Después de unos instantes*
*se oye el grito desgarrador*[2] *de ella.*

ELLA: ¡Juan!

*Silencio. Después desciende el telón.*[3]

---

[1] *a gunshot* [2] *heartrending cry* [3] *curtain*

**11-39  La cronología.** Pon en orden las siguientes acciones.

___ La novia no lo toma en serio (... *doesn't take him seriously*).
___ El novio siente celos.
___ La novia grita.
___ Los novios se besan.
___ El novio quiere tener celos.
___ El novio desaparece.

**11-40  ¿Comprendiste?** Contesta las preguntas brevemente en español.

1. Según él, ¿por qué es importante tener celos?
2. ¿Tiene ella la misma opinión?
3. ¿Por qué dice ella que tiene otro novio?
4. ¿Qué busca él entre los árboles?
5. ¿Qué hace ella cuando él sale de la escena?
6. ¿Qué se oye desde los árboles? ¿Qué se oye al final?

**11-41  Imagínate.** Imagínate lo que pasa después. ¿Cuál de estas posibilidades te parece la más probable y por qué?

___ Todo es una broma (*joke*) del novio.
___ El segundo amante sale de los árboles. Besa a la novia.
___ Un policía llega y detiene (*arrests*) a la novia.
___ La novia se suicida.
___ ¿... ?

**11-42  Una carta para pedir consejos.** Asume el punto de vista de uno de los personajes (ÉL, ELLA o EL OTRO) y escribe una carta para pedirle consejos a doña Eulalia.

MODELO:

> *lunes, 30 de abril de 2001*
> *Querida doña Eulalia:*
> *¡Necesito sus consejos! Mi novio, quien*
> *se llama Juan...*

**11-43  ¡Están en la escena!** Representen el minidrama de la **Actividad 11-42**.

# ¡Escucha!

**A. ¿Quién lo habrá dicho (*might have said it*)?** Escucha las declaraciones e indica quién las habrá dicho, Él, Ella, o Sus amigos.

| | ÉL | ELLA | SUS AMIGOS | | ÉL | ELLA | SUS AMIGOS |
|---|---|---|---|---|---|---|---|
| 1. | ❏ | ❏ | ❏ | 6. | ❏ | ❏ | ❏ |
| 2. | ❏ | ❏ | ❏ | 7. | ❏ | ❏ | ❏ |
| 3. | ❏ | ❏ | ❏ | 8. | ❏ | ❏ | ❏ |
| 4. | ❏ | ❏ | ❏ | 9. | ❏ | ❏ | ❏ |
| 5. | ❏ | ❏ | ❏ | 10. | ❏ | ❏ | ❏ |

**B. ¿Qué opinas?** Hablen en español de las siguientes cuestiones de amor.

MODELO:   A los hombres les gusta tener celos.
            E1: *Estoy de acuerdo. Los hombres son mucho más celosos que las mujeres.*
            E2: *No estoy de acuerdo. Soy hombre y no tengo celos de mi novia…*
            E3: *Bueno, depende…*

1. Los celos alimentan el amor.
2. El amor lo vence (*conquers*) todo.
3. Es bueno confesárselo todo a tu novio/a o esposo/a.
4. Los novios siempre deben complacerse (*please each other*).
5. En el amor, todos somos niños.
6. Es imposible ser feliz en el amor.
7. El amor es complicado.

# El Virreinato de la Plata:

## la Argentina y el Uruguay

**11-44 ¿Qué sabes tú?** Identifica o explica lo siguiente.

1. las capitales de la Argentina y el Uruguay
2. el nombre de la mujer más famosa y adorada de la Argentina
3. el nombre de un escritor argentino
4. la profesión y nacionalidad de Gabriela Sabatini
5. la guerra entre Gran Bretaña y la Argentina

El tango, música y baile popular, se originó en las calles de Buenos Aires a fines del siglo XIX. Su ritmo y estilo románticos tienen origen en los bailes caribeños como la habanera y el tangano. Es un baile para dos personas, con pasos precisos, guiados por una medida doble. El tango, un baile sensual y exótico, ha inspirado varias películas como *Tango* (1999) de Carlos Saura.

Buenos Aires es históricamente una de las ciudades hispanas más importantes. Cuando España estableció el Virreinato de la Plata que incluía la Argentina y el Uruguay, Buenos Aires sirvió de capital. Sigue siendo la capital comercial de toda la región del Río de la Plata y la capital de la República de la Argentina. Es una metrópolis con un distinguido aire cosmopolita y europeo, famosa por sus teatros, bailes y su industria cinematográfica.

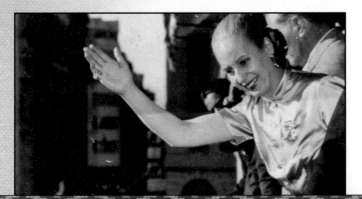

Eva Perón ha captado la imaginación del mundo por su legendaria subida de cantante a esposa del presidente Juan Perón en los años cuarenta. La historia de su vida fue representada por Madonna en la comedia musical, *Evita*.

El Parque Nacional Iguazú es un lugar popular para los turistas. Ocupa 135.850 acres y ofrece bellas vistas de selva subtropical y deportes acuáticos como el de navegar en canoa o en kayak. El Salto Iguazú está ubicado en el parque, al este de la confluencia de los ríos Iguazú y Paraná.

ARGENTINA

URUGUAY

Buenos Aires

Montevideo

La Plata

Río de la Plata

LAS PAMPAS

A pesar de ser el país más pequeño del continente, el Uruguay tiene una población bastante instruida y goza de excelentes servicios públicos y medios de transporte. Junto con partes de la Argentina, el Uruguay formó el Virreinato de la Plata. El Uruguay ganó su independencia en 1828. Aunque ha tenido breves períodos de dictadura y de serios problemas políticos, ha servido también durante los períodos de paz como modelo de democracia. La bella ciudad de Montevideo es una activa metrópolis con playas estupendas que la hacen muy popular entre los turistas. Además, goza de un clima templado casi todo el año.

**11-45  Para buscar.** Busca esta información en **Nuestro mundo**.

1. dos metrópolis
2. una mujer argentina famosa
3. un atractivo del Uruguay
4. el país que es modelo de la democracia
5. un baile popular argentino
6. un lugar popular para los turistas
7. una película cuyo tema es argentino

 **11-46  Recomendaciones.** Háganles recomendaciones a personas que planean hacer un viaje a la Argentina y al Uruguay. Recomiéndenles lugares para visitar, según sus intereses.

MODELO:  Me gustan los deportes acuáticos.
> *¿Por qué no vas al Parque Nacional Iguazú?*

1. Me gusta visitar lugares de belleza natural.
2. Deseo visitar una ciudad grande.
3. Me gusta nadar en el mar y tomar el sol.
4. Quiero estudiar la política uruguaya.
5. Quiero conocer un lugar con mucha vida nocturna.

**11-47  Comparar.** Comparen estos lugares y aspectos con otros lugares que ustedes conozcan o sobre los que hayan leído.

MODELO:  Gabriela Sabatini
> *Es una deportista argentina que jugaba al tenis. Un/a deportista canadiense (estadounidense famoso/a) es... Él/Ella jugaba...*

1. Buenos Aires
2. Eva Perón
3. Montevideo

4. el tango
5. el Salto Iguazú

*WWW* **11-48  Investigar.** Consulta la Red Informática para buscar más información sobre estos temas.

1. la parrillada (una tradición culinaria)
2. el fútbol en el Uruguay o en la Argentina
3. Quino, el creador de Mafalda
4. La Boca (barrio de Buenos Aires)
5. los gauchos y la Pampa
6. la región de la Patagonia
7. la producción de vino argentino
8. el mate (bebida popular)
9. la guerra de las Malvinas
10. Manuel Puig, Julio Cortázar o Jorge Luis Borges, escritores argentinos
11. las Madres de la Plaza de Mayo

 **Taller**

## Un *currículum vitae* y una carta de presentación para solicitar un trabajo

En esta actividad, vas a escribir tu currículum vitae y una carta para solicitar un puesto.

1. **El puesto.** Primero, inventa el puesto que vas a solicitar. ¿Qué tipo de empresa es? ¿Qué tipo de trabajo?

2. **El currículum vitae.** Escribe tu *currículum vitae* en una hoja de papel aparte. Usa la información a continuación como guía. La información que incluyas (especialmente aficiones) debe reflejar de alguna manera el tipo de puesto que solicitas.

   DATOS PERSONALES
   Nombre y apellidos
   Fecha de nacimiento
   Lugar
   Estado civil
   Domicilio actual
   Teléfono
   Correo electrónico
   DATOS ACADÉMICOS (en orden cronológico inverso)
   (fechas)           (títulos)
   EXPERIENCIA PROFESIONAL (en orden cronológico inverso)
   (fechas)           (títulos)
   PUBLICACIONES, COLABORACIONES, HONORES (en orden cronológico inverso)
   IDIOMAS
   AFICIONES (por ej., viajar, jugar al tenis, nadar)
   REFERENCIAS

3. **La carta de presentación.** Incluye esta información:

   Nombre
   Dirección
   Fecha
   Destinatario
   Saludo formal
   Presentación. Trabajo que solicitas.
   Breve resumen de tus calificaciones
   Despedida formal
   Firma

MODELO:

> Manuel Martínez Gil
> 48 Calle Ocho
> Miami, FL 32819
> Tel. (305) 555-1950
>
> 27 de abril de 2001
> José Sánchez García
> Director de Recursos Humanos
> Microduro, S.A.
> Montevideo, Uruguay
>
> Estimado señor Sánchez García:
>   En respuesta al anuncio publicado en el New York Times de fecha 25 de abril en el que solicitan programadores, me gustaría ser considerado como candidato.
>   Como verá en el currículum vitae que adjunto, tengo cinco años de experiencia trabajando...
>
> Muy atentamente,
>
> Manuel Martínez Gil
> Anexo: Currículum vitae

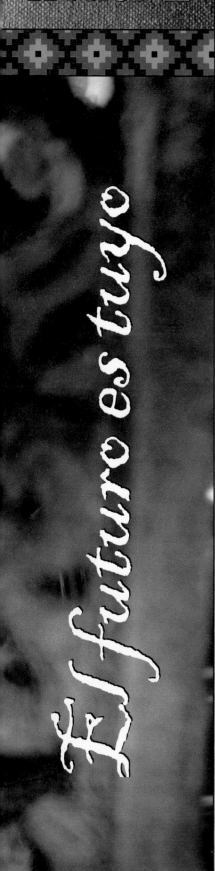

# LECCIÓN 12

El futuro es tuyo

## COMUNICACIÓN

- ► Discussing technology
- ► Talking about the environment
- ► Talking about what will and will have happened
- ► Expressing conditions and results

## ESTRUCTURAS

### PRIMERA PARTE

- ► The future and future perfect tenses
- ► The subjunctive with *ojalá, tal vez,* and *quizás*

### SEGUNDA PARTE

- ► The subjunctive and the indicative with adverbial conjunctions

## CULTURA

- ► La tecnología y el idioma
- ► Julio Fanjul, protector del sur de la Florida
- ► Páginas: *La casa en Mango Street*, Sandra Cisneros
- ► Nuestro mundo: Los hispanos en los EE.UU.

# ¡Así es la vida!

## El impacto de la tecnología

En el mundo moderno es casi imposible vivir sin tener contacto con la tecnología. Las computadoras, los aparatos electrónicos y los nuevos medios de comunicación son parte de nuestra vida diaria. La tecnología ha tenido un gran impacto en los últimos veinte años en los EE.UU. y en Hispanoamérica. Veamos la opinión de algunos hispanos de los EE.UU.

### Lorenzo Valdespino, estudiante de ingeniería

Yo no podría trabajar sin la computadora. En la universidad hacemos todos nuestros diseños en computadora. Además, tengo en casa una nueva microcomputadora para mis trabajos y asuntos personales. Manejo todas mis cuentas en una hoja electrónica. Tengo también una impresora para imprimir mis cartas y tareas universitarias. Ahora que vivo lejos de casa usaré el correo electrónico para comunicarme con mis padres. Ojalá que mis amigos también me envíen mensajes electrónicos.

### Hortensia Gómez Correa, abogada

La tecnología revolucionará el trabajo en nuestra oficina en los próximos años. En el pasado todas las cartas se escribían a máquina con papel carbón. Hoy en día usamos un procesador de textos en nuestra computadora y sacamos copias en la fotocopiadora. Antes, cuando necesitábamos enviar un mensaje urgente usábamos el télex, pero hoy con el fax y el correo electrónico podemos enviar cartas instantáneamente a cualquier parte del mundo. Queda por saber si en el futuro habremos podido ahorrar papel con esta nueva tecnología.

### Adolfo Manotas Suárez, agricultor

La tecnología ha cambiado la forma de hacer las cosechas en nuestra finca. Analizamos el clima y los suelos con un programa de computadora, que también puede determinar el mejor momento para recoger la cosecha. Con esta tecnología, sabemos cuándo es el mejor momento para sembrar y cuáles son los mejores cultivos. Además de los equipos electrónicos, hoy en día la maquinaria agrícola está muy avanzada. Las cosas que antes hacíamos a mano en nuestra finca, hoy las hacemos con máquinas modernas. ¡Tal vez la tecnología agrícola mejore el estándar de vida de los pobres del mundo!

## La computadora

| | |
|---|---|
| la base de datos | *database* |
| el disco duro | *hard disk* |
| el disquete | *diskette* |
| el escáner | *scanner* |
| la hoja electrónica | *spreadsheet* |
| el hipervínculo; el enlace | *hyperlink* |
| la impresora | *printer* |
| el juego electrónico | *computer (electronic) game* |
| la microcomputadora | *personal computer, microcomputer* |
| la pantalla | *screen* |
| el procesador de textos | *word processor* |
| el ratón | *mouse* |
| la Red Informática | *Internet* |
| el teclado | *keyboard* |

## Los aparatos electrónicos

| | |
|---|---|
| la antena parabólica | *satellite dish* |
| el cajero automático | *automatic teller* |
| el contestador automático | *answering machine* |
| el disco compacto | *CD* |
| la fotocopiadora | *photocopy machine* |
| el fax | *fax* |
| la máquina de escribir | *typewriter* |
| el teléfono inalámbrico | *cordless telephone* |
| el teléfono celular | *cellular telephone* |
| el teléfono móvil(Sp.) | |
| la videograbadora | *video cassette recorder (VCR)* |

## Verbos

| | |
|---|---|
| apagar | *to turn off* |
| archivar | *to file; to save* |
| borrar | *to erase* |
| calcular | *to calculate* |
| cosechar | *to harvest* |
| encender (ie) | *to turn on* |
| fotocopiar | *to photocopy* |
| funcionar | *to function, to work* |
| grabar | *to record* |
| imprimir[1] | *to print* |
| instalar | *to install* |
| llevar cuentas | *to keep accounts, bills* |
| manejar | *to manage* |
| observar | *to observe; to adhere to* |
| programar | *to program* |
| recoger | *to pick up* |
| sembrar (ie) | *to plant* |

## Adjetivos

| | |
|---|---|
| electrónico/a | *electronic* |
| tecnológico/a | *technological* |

## Otras palabras y expresiones

| | |
|---|---|
| la cosecha | *harvest* |
| los cultivos | *crops* |
| el diseño | *design* |
| la finca | *farm, ranch* |
| la maquinaria agrícola | *agricultural machinery* |
| la marca | *brand* |

## Expresiones de esperanza

| | |
|---|---|
| ¡Ojalá (que)! | *I hope that* |
| quizá(s) | *perhaps, maybe* |
| tal vez | *perhaps, maybe* |

---

### REPASO

el correo electrónico
la calculadora

---

[1] The past participle is irregular: **impreso**

# ¡Escucha!

**A. El impacto de la tecnología**

**Primera fase.** Escucha las siguientes oraciones sobre Lorenzo, Hortensia y Adolfo de **¡Así es la vida!** Luego, indica a quién se refiere cada una

MODELO:  Utiliza con frecuencia el fax.
      ➤ *H (Hortensia)*

|||| 
|---|---|---|
| **L = Lorenzo** | **H = Hortensia** | **A = Adolfo** |

1.         3.         5.         7.
2.         4.         6.         8.

**Segunda fase.** Ahora escucha cada oración y complétala con las palabras correspondientes a continuación, según lo que has leído en **¡Así es la vida!**

MODELO:  Lorenzo Valdespino dice que no puede trabajar sin ___.
        la computadora / una silla cómoda / silencio en la oficina
       ➤ *la computadora*

1. a. su vida personal      b. los estudios      c. sus cuentas
2. a. hacer llamadas      b. imprimir sus cartas      c. juegos de video
3. a. estudiante de ingeniería      b. agricultora      c. abogada
4. a. en la impresora      b. a máquina y con papel carbón      c. a mano
5. a. teléfono      b. fax y correo electrónico      c. télex
6. a. enviar mensajes      b. escribir cartas      c. analizar el clima

**B. La tecnología para ustedes.** Hablen de los aparatos en relación con su vida académica, profesional y personal.

¿Cuál es el aparato más útil (menos útil/más divertido/más frustrante) en cada aspecto de su vida? ¿Por qué?

**12-1 ¡Cómo cambian las cosas!** Completa las oraciones a continuación para explicar cómo la tecnología ha cambiado la vida.

1. Antes Pepe escribía a máquina, ahora usa ___.
2. Pedro utilizaba un télex para mensajes urgentes, ahora utiliza ___.
3. Antes hacíamos copias de una carta con papel carbón, ahora usamos ___.
4. En el siglo XIX se hacía todo a mano, ahora se hace ___.
5. Antes llevábamos nuestras cuentas con papel y lápiz, ahora utilizamos ___.
6. En 1930 oíamos las noticias sólo por radio, ahora podemos verlas y leerlas en ___ .

**12-2 En la oficina.** Completa la conversación con los verbos de la lista a continuación.

apagar          borrar          imprimir          programar
archivar          fotocopiar          instalar

JEFA: Bueno, otro día. Son las 6:00. Voy a (1) ___ estos documentos antes de salir. No quiero (2) ___ ninguno porque son muy importantes todos.

EMPLEADO: Entiendo. Los debo (3) ___, pero la fotocopiadora no funciona. Necesitamos una copia. La impresora todavía funciona. Si usted quiere, los voy a (4) ___.

JEFA: Buena idea. ¿Mañana vas a (5) ___ el nuevo procesador de texto en mi computadora?

EMPLEADO: Claro. Pero primero tengo que (6) ___ la computadora. Quiero que se apague automáticamente.

JEFA: Bueno, eso es para otro día. No te olvides de (7) ___ la computadora antes de salir esta noche.

EMPLEADO: De acuerdo. ¡Buenas noches!

**12-3 El fax.** Lee el anuncio y contesta las preguntas a continuación.

1. ¿Cuál es la marca del fax?
2. ¿Por qué dice el anuncio que los Fax Fujitsu hablan "Tu mismo idioma"?
3. ¿Cuál es el modelo pequeño?
4. ¿Qué tipo de papel utiliza el dex 455?
5. ¿Qué ofrece la Fujitsu?
6. ¿Cuál es uno de los lemas (*slogans*) de la Fujitsu?

**12-4 ¿Quién lo necesita y por qué?** Di quiénes necesitan estas cosas y por qué.

MODELO:   la hoja electrónica
   ► *La necesita un contador para llevar las cuentas en su trabajo.*

1. el disco compacto
2. la calculadora
3. la impresora
4. el teléfono inalámbrico
5. la videograbadora
6. el escáner
7. el fax
8. el contestador automático
9. la microcomputadora
10. el juego electrónico

Este Fax habla tu mismo idioma

**Facsímiles**
**dex**
**de FUJITSU**

Los Fax Fujitsu se entienden a la primera. Porque el display, el teclado y hasta el manual están en castellano.

Y hay un Fax Fujitsu para cada necesidad. Desde el pequeño dex 11 con las prestaciones de los grandes como marcación automática, dieciséis tonos de gris, display, etc. Hasta el dex 455, que utiliza el papel normal. Y todos con una garantía tecnológica y el buen servicio Fujitsu.

Facsímiles Fujitsu. Hablan tu mismo idioma.

**FUJITSU**
Tecnología hasta donde lleguen tus sueños

# Conversemos

**12-5A ¡Hagamos más fácil la vida!** Túrnense para decir lo que necesita la otra persona para hacerse más fácil la vida.

MODELO:　E1: *No puedo ver bien mi documento en la computadora.*
　　　　　　E2: *Necesitas una pantalla más grande.*

1. Quiero enviarle una foto a un amigo.
2. Tengo que buscar la bibliografía de un autor para la clase de inglés.
3. Quiero que llegue una carta de recomendación esta tarde.
4. Trabajo esta noche y no puedo ver el partido de béisbol en la televisión.
5. Tengo que imprimir bien el trabajo para impresionar a la profesora.

**12-6 ¿Quién...?** Hazles preguntas a tus compañeros/as para saber quién ha tenido cada experiencia con la tecnología o con la agricultura. Trata de encontrar un/a estudiante para cada una.

MODELO:　perder un documento en la computadora
　　　　　► *¿Has perdido un documento en la computadora?*

| | | |
|---|---|---|
| borrar un documento sin querer | programar una computadora | usar la computadora para calcular los impuestos |
| usar una máquina de escribir | sembrar flores en el jardín | cosechar vegetales en una finca |
| trabajar con una supercomputadora | trabajar con una máquina que no funcione bien | apagar la computadora sin archivar el documento |

**12-7A Una encuesta de Harris.** Túrnense para hacer esta encuesta de Harris. Empiecen con esta presentación.

MODELO:　E1: *Buenos días. Con su permiso, me gustaría hacerle algunas preguntas sobre su forma de utilizar la tecnología...*
　　　　　　E2: *Bueno, no tengo mucho tiempo, pero...*

1. ¿Usa una computadora para sus trabajos universitarios? ¿Qué marca de computadora tiene?
2. ¿Qué programa usa? ¿Le gusta o no le gusta?
3. ¿Cuánta memoria tiene su computadora?
4. ¿Tiene una pantalla grande o pequeña?
5. ¿Su computadora tiene un fax? ¿un módem?

**12-8 Un mundo sin tecnología.** Hagan una lista de cinco problemas que tenemos cuando nos falla (*fails*) la tecnología.

MODELO:　► *Si el módem no funciona, no podemos mandar información a otros lugares tan rápidamente.*

# COMPARACIONES... La tecnología y el idioma

La tecnología avanza a un ritmo muy acelerado, pero el idioma, que tiene que adaptarse constantemente a los inventos que surgen todos los días, sigue un ritmo más lento. La mayoría de los nuevos productos electrónicos viene de los países industrializados. Por eso, muchas palabras relacionadas con la tecnología en español son anglicismos (palabras derivadas del inglés) y extranjerismos (palabras de otros idiomas). En esta lección ya hemos presentado palabras como **fax, disco compacto** y **disquete**. A continuación les damos una lista de palabras tecnológicas que vienen del inglés.

| | | | |
|---|---|---|---|
| el casete | el escáner | el láser | el módem |
| el chip | el home page | el monitor | el sóftware |

Entre los países hispanohablantes, algunos aparatos electrónicos varían de nombre. En España, por ejemplo, se dice **el ordenador** para referirse a la computadora. En ciertos países de Hispanoamérica también se dice **el computador** o **el microcomputador**.

## ¡Vamos a comparar!

¿Puedes nombrar algunas palabras que se usan en inglés que vienen de otros idiomas? ¿Cuáles vienen del español?

## ¡Vamos a conversar!

Conversen entre ustedes sobre las desventajas de la tecnología. Consideren los efectos personales, sociales, económicos y académicos.

MODELO: ▶ *Una desventaja es que dependemos de la electricidad para poder usarla.*

---

## IMPRESORA INKJET DESKJET 612C DE COLOR

### *El más bajo precio hasta ahora en una impresora HP*

- Imprime 5 ppm en negro/2.5 ppm en color
- Tecnología HP ColorSmart II
- 1 año de garantía "Express Exchange"

---

 Apoyo Técnico Gratuito

## COMPUTADORA PAVILION 6540C CON PROCESADOR INTEL® CELERON® 466MHZ

### *Disponible sólo en las tiendas.*

- SDRAM de 96MB
- Disco Duro Ultra DMA de 10.2GB
- Módem de V.90 K56flex data/fax (velocidad de descarga puede variar)
- AGP Integrado Intel® Direct
- HP CD-Writer Plus 4x (vel. máx.) Graba 2x, (vel. máx.) Re-graba
- Microsoft Windows® 98, Encarta® 99 Encyclopedia, Works 4.5 y Quicken® Basic 99 incluido

---

# ¡Así lo hacemos!

## Estructuras

### 1. The future and future perfect tenses

**El futuro**

> Las nuevas microcomputadoras serán aun más pequeñas.

- The Spanish future tense is formed with only one set of endings for the **-ar, -er,** and **-ir** verbs. For most verbs, the endings are attached to the infinitive (do not drop the **–ar, -er,** or **–ir.**). Note that all endings, except for the **nosotros/as** forms, have a written accent mark.

|  | tomar | comer | vivir |
|---|---|---|---|
| yo | tomar**é** | comer**é** | vivir**é** |
| tú | tomar**ás** | comer**ás** | vivir**ás** |
| él/ella, Ud. | tomar**á** | comer**á** | vivir**á** |
| nosotros/as | tomar**emos** | comer**emos** | vivir**emos** |
| vosotros/as | tomar**éis** | comer**éis** | vivir**éis** |
| ellos/as, Uds. | tomar**án** | comer**án** | vivir**án** |

| | |
|---|---|
| Mañana **hablaremos** con la programadora. | *Tomorrow we will talk with the programmer.* |
| ¿**Irás** a la finca conmigo? | *Will you go to the farm with me?* |

- As in English, the Spanish future tense expresses what will happen in the future. The English equivalent is *will* + verb.

| | |
|---|---|
| **Estudiaré** mucha informática en la universidad. | *I will study a lot of computer science at the university.* |
| Ustedes **comprarán** otro disco duro pronto. | *You will buy a new hard disk soon.* |

- Remember that the present tense is often used to express immediate future in Spanish.

> El técnico **viene** para arreglar mi computadora hoy.
> *The technician will come (is coming) to fix my computer today.*
>
> **Termino** mi trabajo a las cuatro.
> *I will finish my work at four.*

- The future may also be conveyed with the present tense of **ir a** + infinitive.

> **Voy a arreglar** el procesador de textos.
> *I am going to fix the word processor.*
>
> **¿Vas a archivar** ese documento?
> *Are you going to save that document?*

- The idea of willingness sometimes expressed with the English future cannot be expressed with the Spanish future tense. Use verbs like **querer** or simple present tense to express willingness.

> **¿Quieres** ayudarme con la impresora?
> *Will you help me with the printer?*
>
> ¿Me **traes** el otro programa?
> *Will you bring me the other program?*

- The irregular verbs in the future are formed by adding the future endings to an irregular stem. The irregular stems can be grouped into three categories.

CATEGORY 1: Drop two letters to form the stem of the future.

| decir | **dir-** | diré, dirás,... |
| hacer | **har-** | haré, harás,... |

CATEGORY 2: The **e** of the infinitive is dropped to form the stem of the future.

| haber | **habr-** | habré, habrás,... |
| poder | **podr-** | podré, podrás,... |
| querer | **querr-** | querré, querrás,... |
| saber | **sabr-** | sabré, sabrás,... |

CATEGORY 3: The **e** or the **i** of the infinitive is replaced by **d** to form the stem of the future.

| poner | **pondr-** | pondré, pondrás,... |
| salir | **saldr-** | saldré, saldrás,... |
| tener | **tendr-** | tendré, tendrás,... |
| venir | **vendr-** | vendré, vendrás,... |

> El programa **hará** todos los cálculos.
> *The program will make all the calculations.*
>
> El técnico **vendrá** a las ocho.
> *The technician will come at eight.*

## El futuro perfecto

Para el próximo año, habrán escrito nuevas versiones y éstas serán inservibles.

■ The future perfect is formed with the future of the auxiliary verb **haber** + past participle.

|  | FUTURE | PAST PARTICIPLE |
|---|---|---|
| yo | **habré** |  |
| tú | **habrás** | tomado |
| él/ella, Ud. | **habrá** | comido |
| nosotros/as | **habremos** | vivido |
| vosotros/as | **habréis** |  |
| ellos/as, Uds. | **habrán** |  |

■ The future perfect is used to express an action which will have occurred by a certain point in time.

¿**Habrás hecho** la hoja electrónica para las cinco?

No, no la **habré hecho** para las cinco.

*Will you have done the spreadsheet by five o'clock?*

*No, I will not have done it by five.*

## El futuro y la probabilidad

La computadora estará pensando.

■ Probability or conjecture in the present is often expressed in Spanish with the future tense. This use of the future has many equivalents in English, for example, *probably*, *may*, *I wonder*, etc.

| | |
|---|---|
| ¿Dónde **estará** Antonio? | *I wonder where Antonio is?* |
| **Estará** jugando a juegos electrónicos. | *He's probably playing computer games.* |
| ¿Qué hora **será**? | *What time can it be?* |
| **Serán** las ocho. | *It must be eight.* |

■ When the future perfect is used to express probability or conjecture, it refers to events that may have happened in the past, yet have some relation to the present. In English, *I wonder if* is often used to express probability in this context.

| | |
|---|---|
| ¿**Habrá llegado** el fax ya? | *I wonder if the fax has arrived already.* |
| ¿**Habrán instalado** el cajero automático? | *I wonder if they have installed the automatic teller.* |

## Practiquemos

**12-9 La empresa MicroDuro.** Isela tiene una entrevista con la empresa MicroDuro. Completa la conversación entre ella y el director de personal de una manera lógica, usando el futuro de los verbos a continuación.

| conocer | decir | informar | poder | responder | tener |
|---------|-------|----------|-------|-----------|-------|
| dar | escribir | llamar | recibir | ser | trabajar |

| | |
|---|---|
| ISELA: | Señor Mejías, ¿(1. yo) ___ desde las nueve hasta las cinco? |
| DIRECTOR: | No. Los nuevos programadores trabajan desde las tres hasta las once. |
| ISELA: | ¿(2. yo) ___ trabajar con un programador veterano? |
| DIRECTOR: | Claro, usted puede trabajar con varias personas. |
| ISELA: | ¿(3. yo) ___ muchas oportunidades para ser creativa? |
| DIRECTOR: | Bueno, los nuevos tienen que ayudar a los veteranos. |
| ISELA: | ¿(4. yo) ___ programas para juegos electrónicos? |
| DIRECTOR: | No. Es más probable que usted escriba manuales para sóftware. También, usted (5) ___ al correo electrónico de los clientes. |
| ISELA: | ¿Usted me (6) ___ cuánto me van a pagar? |
| DIRECTOR: | Sí, le (7) ___ sobre su sueldo antes de salir hoy. |
| ISELA: | ¿Cuándo (8. yo) ___ el primer aumento? |
| DIRECTOR: | Normalmente se recibe después del primer año de servicio. |
| ISELA: | ¿(9. yo) ___ gente importante? |
| DIRECTOR: | Sí. Usted va a tener mucha oportunidad de conocer gente importante. |
| ISELA: | ¿Cuándo me (10) ___ usted su decisión? |
| DIRECTOR: | La (11) ___ mañana. |
| ISELA: | Gracias, señor Mejías. (12) ___ muy interesante trabajar en esta empresa. |

**12-10 ¿Cómo será el mundo en el año 2050?** Usa el futuro para expresar tu opinión sobre estas posibilidades.

MODELO:   Para el año 2050 vamos a vivir en la luna.

▶ *Es verdad. Viviremos en la luna./No, no es cierto. No viviremos en la luna nunca.*

1. Vamos a trabajar sólo veinte horas por semana.
2. No vamos a tener que ir a la oficina. Mandaremos nuestro trabajo por fax y correo electrónico.
3. No salimos al cine. Las películas nos llegan por cable.
4. No hay restaurantes. Tomamos toda la comida en forma líquida.
5. Los niños no asisten a la escuela. Reciben sus lecciones por computadora.
6. Podemos asistir a un concierto de música sin pagar.
7. Viajamos a cualquier parte del mundo en cinco minutos.
8. Vamos a recibir el periódico en disquete, no en papel.
9. Todos pierden interés en la política.
10. Hay una sola nación.

**12-11 ¿Por qué será?** Usa las ideas de la lista en el futuro para hacer una conjetura sobre cada situación a continuación.

MODELO:    Recibes una llamada por teléfono a las siete de la mañana.
> *Será algo urgente.*

estar contaminado                              instalar un programa nuevo
la fotocopiadora estar rota                    recibir un buen precio en el mercado
haber una película de ciencia ficción          ser mi jefe

1. Hay peces (*fish*) muertos en el lago.
2. Hay un mensaje en tu contestador automático.
3. Hay mucha gente esperando enfrente del cine.
4. Los agricultores tienen una buena cosecha este año.
5. Hay un técnico trabajando en tu computadora.
6. La secretaria no ha hecho las fotocopias.

**12-12 En el taller (*workshop*) de MicroCentro.** Completa lógicamente las pequeñas conversaciones que se oyeron en el taller. Usa el futuro perfecto de los verbos.

borrar        copiar        encontrar      instalar      recoger
conectar      empezar       imprimir       preparar      solucionar

MODELO:    —¿Tú <u>*habrás empezado*</u> a preparar la cuenta para la señora Jiménez
           esta tarde?
           —Sí, la <u>*habré terminado*</u> para las cuatro.

—¿Nosotros (1) ___ los programas en esta computadora para las doce?
—Es posible. Creo que (2) ___ los archivos necesarios.

—¿Tú (3) ___ el virus en esta computadora para esta tarde?
—Estoy seguro de que yo (4) ___ el problema para las dos.

—¿Ustedes (5) ___ el manual de instrucciones para mañana?
—Lo dudo mucho, con todo el trabajo que tenemos, no (6) ___ la impresora.

—¿(7) ___ usted las partes que ya no necesitamos para esta tarde?
—Sí señor, las (8) ___ para la una.

**12-13 ¿Qué habrá pasado?** Expresa tus conjeturas sobre las situaciones a continuación.

MODELO:    El técnico no está en su despacho.
> *¿Le habrá pasado algo? / ¿Habrá salido temprano?*

1. El dependiente dice que ya no tienen el modelo que queremos.
2. El agricultor dice que todo está muy verde este año.
3. El ayudante del abogado dice que no terminó de imprimir las cartas.
4. El profesor dice que no encuentra el examen en su computadora.
5. El estudiante dice que no funciona su computadora.
6. La científica dice que no tiene su teléfono celular.
7. La profesora dice que no encuentra su videograbadora.
8. La ingeniera dice que no recibió sus mensajes.

# Conversemos

**12-14 El/La adivino/a.** Túrnense para ser el/la adivino/a (*fortune-teller*) y el/la cliente que quiere saber su futuro. Háganse tres preguntas originales también.

MODELO:  E1: *¿Dónde voy a trabajar el año que viene?*
E2: *Trabajarás en alguna parte de la universidad.*

1. ¿Dónde voy a estar este verano?
2. ¿Qué voy a hacer después de graduarme?
3. ¿Con quién voy a pasar el resto de mi vida?
4. ¿Cuántos hijos voy a tener?
5. ¿Dónde voy a vivir? ¿En una finca?
6. ¿Cuánto dinero voy a ganar en mi primer trabajo?
7. ¿Qué problemas voy a tener en mi trabajo?
8. ¿Cuánto éxito voy a tener en mi trabajo?
9. ¿Qué tipo de experto/a voy a ser?
10. ¿Cómo voy a ser? ¿feliz? ¿infeliz?

**12-15 Planes.** Túrnense para contar dos o tres de sus planes para este año. ¿Tienen algo en común?

MODELO:  E1: *Aprenderé a usar la nueva versión del procesador de textos.*
E2: *¿De veras? ¿Tomarás una clase especial?*

**12-16A ¿Qué harás?** Túrnense para preguntarse qué harán en estas circunstancias.

MODELO:  Ni el fax ni la conexión para la Red Informática funcionan.
▶ *Llamaré a un técnico o compraré un módem nuevo.*

1. Tu jefe te obliga a usar una computadora.
2. El cajero automático no tiene dinero.
3. Se rompe tu computadora.
4. Borras un trabajo importante en tu computadora.
5. Tu impresora no tiene tinta (*ink*).
6. Tu escáner no funciona.

**12-17 Para el año 2010...** ¿Qué habrán hecho para el año 2010? ¿Qué no habrán hecho? Túrnense para contar sus planes para el futuro. ¿Tienen algunas metas en común?

MODELO:  terminar
E1: *Para el año 2010 habré terminado mis estudios.*
E2: *¿Sí? ¿En qué?*

| | | | | | |
|---|---|---|---|---|---|
| aprender | conseguir | escribir | terminar | visitar | ¿... ? |
| conocer | empezar | ganar | trabajar | vivir | |

## 2. The subjunctive with *ojalá*, *tal vez*, and *quizás*

Ojalá que sea una pizza de jamón con champiñones

■ The expression **¡Ojalá!** entered the Spanish language during the Arab occupation of Spain. It comes from an Arabic expression meaning *God (Allah) willing*, and is used in Spanish as the equivalent of *I hope that*. **¡Ojalá!** may be used with or without **que** and is followed by the subjunctive.

| | |
|---|---|
| **¡Ojalá (que)** mamá **compre** la antena parabólica! | *I hope that Mom buys the satellite dish!* |
| **¡Ojalá (que)** la cosecha **sea** buena! | *I hope that the harvest is good!* |
| **¡Ojalá (que) hayan instalado** el juego electrónico! | *I hope that they have installed the computer game!* |

■ The expressions **tal vez** and **quizá(s)**, meaning *perhaps* or *maybe*, are followed by the subjunctive when the speaker wishes to convey uncertainty or doubt. Both expressions are used without **que**.

| | |
|---|---|
| **Tal vez funcione** el contestador automático. | *Perhaps the answering machine will work.* |
| **Quizás siembre** tomates. | *Maybe I'll plant tomatoes.* |

■ When **tal vez** or **quizá(s)** follows the verb, the indicative is used.

| | |
|---|---|
| Voy a comprarme una videograbadora, **tal vez**. | *I'm going to buy myself a VCR, perhaps.* |
| Grabo la canción, **quizás**. | *I'll record the song, maybe.* |

 **Practiquemos**

**12-18  Artegráfico.** Hay una nueva supervisora en la oficina de Artegráfico. Completa la lista de los cambios que los empleados esperan.

MODELO:   Ojalá que ella <u>sea</u> organizada.

| | | | |
|---|---|---|---|
| aumentar | eliminar (*to eliminate*) | estar | recibir |
| definir | establecer | poder | ser |

1. Ojalá que ___ las responsabilidades de cada empleado.
2. Ojalá que yo ___ ayudarla.
3. Ojalá que nosotros ___ un aumento de salario.
4. Ojalá que ella ___ metas realistas.
5. Ojalá que los ingenieros ___ satisfechos con su trabajo.
6. Ojalá que nos ___ los días de vacaciones.
7. Ojalá que ella ___ las fricciones en la oficina.
8. Ojalá que su supervisión ___ efectiva.

**12-19  En la empresa Todosjabones.** Completa la siguiente conversación de oficina, usando expresiones de la lista.

| | | | |
|---|---|---|---|
| quizás | tal vez | ojalá | es cierto |

MODELO:   ¿Es cierto que Isabel ha enviado la solicitud de empleo?
              No sé. *Tal vez* la haya enviado.

JEFA:   ¿(1)___ que los secretarios han aprendido el nuevo programa?
AYUDANTE:   No sé. (2) ___ lo hayan aprendido. (3) ___ que trabajaron hasta muy tarde anoche.
JEFA:   ¿(4) ___ que tú vas a ayudar a la nueva programadora hoy?
AYUDANTE:   (5)___ la ayude. Depende de si tengo tiempo.
JEFA:   (6)___ tengas tiempo. Es muy importante que ella aprenda la rutina.
AYUDANTE:   Está bien. (7)___ vaya ahora a buscarla.
JEFA:   Dile que tiene que aprender nuestro sistema. (8) ¡___ que sea capaz!

**12-20 Raúl, el indeciso.** Raúl es muy indeciso sobre todo lo que le sugiere su amigo Paco. Completa la conversación lógicamente con las formas correctas del presente o del presente perfecto (del subjuntivo o del indicativo) de los verbos a continuación.

| comprar | encontrar | perder | rellenar | ser | tener |
|---------|-----------|--------|----------|-----|-------|
| conocer | ir | poder | saber | solicitar | |

PACO:  Raúl, ¿por qué no (1)___ el puesto de gerente de la tienda Telemundo? (2. Tú) ___ mucho de aparatos electrónicos.

RAÚL:  No sé. Tal vez (3)___ a la tienda y (4)___ la solicitud esta semana. (5)___ al dueño; es muy amigo de mi padre. Ojalá que (6)___ un buen paquete de beneficios.

PACO:  Raúl, allí tienen seguro médico y retiro. Ese puesto (7)___ una oportunidad excepcional para ti.

RAÚL:  No sé. Quizás (8)___ un puesto más interesante en el periódico. Tal vez (9)___ el periódico mañana. Ojalá que (10)___ encontrar uno.

PACO:  ¡Ojalá que no (11)___ esta oportunidad!

## Conversemos

*A B* **12-21A ¿Cómo reaccionas?** Túrnense para reaccionar a sus comentarios, usando **ojalá, tal vez** o **quizás.** Comparen sus reacciones.

MODELO:  E1: *Las computadoras no funcionan.*
E2: *Quizás el técnico pueda repararlas.*
E1: *¡Ojalá que venga un técnico bueno!*

1. No podemos usar ni el fax ni el correo electrónico.
2. La microcomputadora que me gusta es muy cara.
3. Siempre pierdo mi conexión con este teléfono celular.
4. ¿... ?

**12-22 ¡Ojalá que... !** Hablen de las cosas que esperan que ocurran en su país durante los próximos años.

MODELO:  E1: *Ojalá que todas las casas tengan computadoras.*
E2: *Estoy de acuerdo. Tal vez el gobierno nos las regale...*

### SEGUNDA PARTE

# ¡Así es la vida!

## El medio ambiente: Hablan los jóvenes

Entre los jóvenes de hoy hay una gran preocupación por la protección del medio ambiente. Muchos jóvenes hispanos que ahora viven en los EE.UU. y el Canadá sienten esta preocupación. Ellos saben que aunque sus países de origen tienen grandes riquezas naturales, el desarrollo industrial y la falta de preocupación de los gobiernos por proteger estos valiosos recursos naturales, hacen que el medio ambiente se deteriore. Como reacción a esta situación, en Hispanoamérica se han formado varios grupos de voluntarios que trabajan para proteger el medio ambiente. A continuación se presentan las opiniones de tres jóvenes hispanos que desean mejorar la contaminación en sus países de origen.

**Liliana Haya Sandoval.** El gran problema de la Ciudad de México, es el de la contaminación del aire. En la capital hay 20 millones de habitantes y la contaminación que producen los carros y camiones es algo serio. Imagínense que los expertos dicen que respirar el aire de esta gran ciudad todos los días equivale a fumar un paquete de cigarrillos. Desde 1989, los residentes de la capital que tienen carro no pueden manejarlo un día por semana. El día se determina por los números de las placas (*plates*). Pertenezco a la organización La Paz Verde o *Greenpeace*, que constantemente analiza la situación en la Ciudad de México y es obvio que el gobierno tendrá que tomar medidas más fuertes para que se empiece a resolver el problema.

**María Isabel Cifuentes Betancourt.** El cólera en algunos países de nuestro hemisferio ha tomado proporciones epidémicas. Hoy en día tenemos casos de cólera en América del Sur y en varios países de América Central. La causa principal de esta enfermedad es la contaminación del agua. Mucha gente bebe agua que está contaminada con deshechos humanos y contrae esta enfermedad. Cuando la gente practique mejores medidas de higiene, no existirá esta enfermedad. La Cruz Roja y el Cuerpo de Paz (*Peace Corps*) trabajan con varias comunidades para exterminar esta enfermedad.

**Fernando Sánchez Bustamante.** Aunque Costa Rica tiene varios parques y reservas protegidos, uno de los principales problemas de la nación es la deforestación. En 1960, el 50% del país estaba cubierto de bosques tropicales. Hoy sólo el 10% lo está. Los bosques y las selvas tropicales son esenciales para la producción de oxígeno. Aunque parezca obvia la solución, hasta que el gobierno tenga la voluntad de controlar el desarrollo industrial y la explotación de los bosques, la situación va a empeorar.

## El medio ambiente

| | |
|---|---|
| el aire | *air* |
| la atmósfera | *atmosphere* |
| la naturaleza | *nature* |
| el recurso natural | *natural resource* |
| la selva | *jungle* |
| la sierra | *mountain range* |

## Nuestro mundo y el medio ambiente

| | |
|---|---|
| la contaminación | *pollution, contamination* |
| la deforestación[1] | *deforestation* |
| los desechos | *waste* |
| la energía | *energy* |
| el envase (de aluminio) | *(aluminum) container* |
| la escasez | *shortage* |
| la fábrica | *factory* |
| el humo | *smoke* |
| la lluvia ácida | *acid rain* |
| la medida | *measure* |
| la multa | *fine* |
| los pesticidas | *pesticides* |
| la planta nuclear | *nuclear plant* |
| el petróleo | *petroleum* |
| la radioactividad | *radioactivity* |
| el reciclaje | *recycling* |
| la reforestación[1] | *reforestation* |

---

### REPASO

el bosque
el lago
el mar
la montaña
el río
la basura
el basurero
aunque
cuando

---

## Verbos

| | |
|---|---|
| arrojar | *to throw out* |
| conducir (zc) | *to drive* |
| conservar | *to conserve; to preserve* |
| consumir | *to consume* |
| contaminar | *to contaminate, to pollute* |
| empeorar | *to worsen* |
| emprender | *to undertake* |
| multar | *to fine* |
| proteger (j) | *to protect* |
| reciclar | *to recycle* |

## Adjetivos

| | |
|---|---|
| dispuesto/a | *ready; disposed* |
| industrial | *industrial* |
| obligatorio/a | *mandatory* |

## Conjunciones

| | |
|---|---|
| a fin de que | *in order that* |
| a menos (de) que | *unless* |
| ahora que | *now that* |
| antes (de) que | *before* |
| con tal (de) que | *provided (that)* |
| desde que | *since* |
| después (de) que | *after* |
| en caso de que | *in case* |
| en cuanto | *as soon as* |
| hasta que | *until* |
| luego que | *as soon as* |
| mientras que | *as long as* |
| para que | *in order that, so that* |
| sin que | *without* |
| tan pronto como | *as soon as* |
| ya que | *now that* |

---

[1]En España, **la despoblación/la repoblación forestal**

# ¡Escucha!

**A. ¿Quién lo habrá dicho (*might have said it*)?** Indica cuál de los jóvenes —Liliana, María o Fernando— habrá hecho cada afirmación.

L = LILIANA             M = MARÍA           F = FERNANDO

1.      3.      5.      7.      9.

2.      4.      6.      8.      10.

**B. ¿En qué orden?** Pongan estos problemas del medio ambiente en orden de importancia para ustedes y para los países subdesarrollados. Expliquen sus razones.

MODELO:    E1: *Para mí, el problema más serio es… porque…*
               E2: *Pues, yo creo que el problema más serio es… porque…*

los desechos químicos                la contaminación del agua

la contaminación del aire            los desechos radioactivos

la deforestación                     los desechos no reciclables

la escasez del agua                 los pesticidas

el uso excesivo de la tierra

## Practiquemos

**12-23 ¿Qué solución?** Empareja cada problema con la solución correspondiente.

1. ___ la contaminación del aire      a. usar basureros en el parque
2. ___ la deforestación      b. ahorrar agua
3. ___ arrojar botellas a la calle      c. conservar electricidad
4. ___ los desechos industriales      d. multar a las fábricas
5. ___ la escasez de energía      e. establecer programas de reciclaje
6. ___ la escasez de agua      f. plantar más árboles
7. ___ echar basura en el parque      g. usar un programa de inspección de emisiones de automóviles

**12-24 ¿Qué acción?** Completa cada oración con el verbo correspondiente.

arrojar      consume      contaminó      emprende      multó      protege

1. El accidente del Exxon *Valdez* ___ el agua alrededor de Alaska.
2. En vez de ___ los artículos de plástico, tenemos que aprender a reciclar.
3. La organización de *Greenpeace* ___ muchos programas de conservación.
4. El gobierno de la India ___ a la *Dow Chemical* por un accidente de pesticidas.
5. La EPA es una organización del gobierno que regula y ___ el medio ambiente.
6. En los EE.UU. se ___ más petróleo que en cualquier otro país del mundo.

**12-25 En otras palabras.** Túrnense para explicar y dar un ejemplo de cada una de estas expresiones.

MODELO: obligatorio

> E1: *Es algo que tenemos que hacer, por ejemplo, pagar los impuestos.*
> E2: *También es obligatorio usar el cinturón de seguridad en el coche.*

1. el humo
2. el reciclaje
3. los pesticidas
4. la fábrica
5. los recursos naturales
6. los envases de aluminio
7. la energía nuclear
8. la reforestación

## Conversemos

**12-26A ¿Cuál es tu opinión?** Túrnense para hacer y responder a preguntas sobre el medio ambiente.

1. ¿Crees que la contaminación del medio ambiente es un problema serio? Explica.
2. ¿Cómo contribuyes a la conservación de energía?
3. ¿Qué programas de conservación hay en tu ciudad?
4. ¿Cuál es tu opinión sobre la energía nuclear?
5. ¿Cómo es el sistema de transporte público en tu ciudad?

**12-27 ¡Salve nuestro paraíso!** Refiéranse a la tarjeta que se encontró en la habitación de un hotel, y hagan por lo menos cinco afirmaciones para explicar el problema y las posibles soluciones.

MODELO: ▶ *Estamos en una región que tiene escasez de agua. Tendremos que…*

¡SALVE NUESTRO PARAÍSO!

En un ambiente desértico, nuestros recursos de agua son muy limitados. Para proteger esta situación crítica causada por las toneladas de detergentes utilizados anualmente para lavar la ropa de cama, ofrecemos una posible alternativa.

Generalmente, las sábanas se cambian diariamente, pero si usted cree que esto no es necesario, coloque esta tarjeta encima de la almohada por la mañana, y le arreglarán la cama pero no cambiarán las sábanas ese día.

FAVOR DE DECIDIR POR SÍ MISMO.

HOTEL IMPERIAL
SOUTH PADRE ISLAND

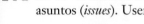**12-28 Protejamos nuestro ambiente.** Trabajen juntos/as para crear un folleto para un parque en su región en que nombren cinco cosas para proteger el medio ambiente.

MODELO: ▶ *¡No echemos basura a la calle!*

**VACACIONES LIMPIAS**

Procuraduría Federal de
Protección al Ambiente

Secretaría del Medio Ambiente
Recursos Naturales y Pesca

**12-29 Debate.** Formen dos equipos para debatir sobre algunos de los siguientes asuntos (*issues*). Usen las frases a continuación para expresar sus opiniones.

| | | |
|---|---|---|
| En mi opinión… | Creo que… | Para mí lo más importante es… |
| Estás equivocado/a… | No estoy de acuerdo… | Desde mi punto de vista… |

- las ventajas y desventajas de la tecnología moderna

- las plantas nucleares y el peligro para el medio ambiente

- la destrucción de la selva del Amazonas

- el exceso de población en Latinoamérica

# COMPARACIONES...   Julio Fanjul, protector del sur de la Florida

El cubanoamericano Julio Fanjul es el coordinador del Proyecto del Control de Aguas del Distrito Sur de la Florida. Fanjul supervisa la administración de 1.400 millas de canales, diques (*dikes*), compuertas (*flood-gates*) y alcantarillas (*culverts*) del sur de la Florida. Su trabajo consiste en asegurarse de que los mecanismos que mueven el agua dulce (*fresh water*) funcionen. Esta agua dulce abastece (*replenishes*) el gran depósito subterráneo de agua de Biscayne, de donde viene el agua para las siembras de vegetales de los campesinos, para los turistas y para los grifos (*faucets*) e inodoros (*toilets*) de toda esa zona.

El distrito que Fanjul supervisa tiene tres misiones, cada una a veces en conflicto con la otra. Se supone que el distrito protege los pantanos (*swamps*) de los Everglades, evita las inundaciones (*floods*) en el sur de la Florida y provee agua para irrigar las fincas y para las necesidades urbanas. Las personas relacionadas con cada misión se quejan de los otros grupos. Los campesinos se quejan de que el distrito se preocupa demasiado por el medio ambiente. Los protectores del medio ambiente se quejan de que el distrito está bajo el control de los campesinos poderosos. Finalmente, los vecinos de las ciudades se preguntan por qué el distrito no puede mejorar el desagüe (*drainage*) y controlar mejor las inundaciones.

Sin embargo, Fanjul no se da por vencido (*doesn't give up*). Fanjul ha sido un líder en la adquisición de tierra para el estado de la Florida y ha salvado por este medio muchos manglares (*mangroves*). Los activistas que han tratado con Fanjul dicen que es el tipo de supervisor que necesitan los distritos que controlan el agua. En estos momentos Fanjul es el presidente de la Junta Directiva (*Board of Directors*) de Ciudadanos por un mejor sur de la Florida (*Citizens For A Better South Florida*), dedicado a proteger el medio ambiente en esta bella parte del país.

## ¡Vamos a comparar!

¿Te interesa preservar el medio ambiente? ¿Por qué? ¿Qué problemas ambientales existen en tu comunidad? ¿Conoces a alguien que sea activista del medio ambiente? ¿Qué es lo que hace?

## ¡Vamos a conversar!

Trabajen juntos para preparar un lema (*slogan*) que despierte la conciencia de la gente de su pueblo o ciudad. Refiéranse al lema que usan para la conservación de agua en España como modelo.

# Tú tienes la llave

Ahorra Agua Ahora y Siempre.

Canal de Isabel II

# ¡Así lo hacemos!

## Estructuras

### 3. The subjunctive and the indicative with adverbial conjunctions

POLIZA VIDA

**Asegure su Crédito o Préstamo**

*Para que no pase nada*

ASCAT seguros
Compañías del Grupo CAJA DE CATALUÑA

### Conjunciones que siempre requieren el subjuntivo

■ Certain conjunctions are always followed by the subjunctive when they introduce a dependent clause, because they express purpose, intent, condition, or anticipation. The use of these conjunctions presupposes that the action described in the dependent clause is uncertain or has not yet taken place. The following are some of these conjunctions.

| | |
|---|---|
| **a fin de que** | **en caso de que** |
| **a menos (de) que** | **para que** |
| **antes (de) que** | **sin que** |
| **con tal (de) que** | |

| | |
|---|---|
| Dáselo **para que** lo **recicle**. | *Give it to him so that he recycles it.* |
| No comprará el basurero **a menos que bajen** el precio. | *He will not buy the garbage can unless they lower the price.* |
| No me enojaré **con tal que** no **contaminemos** el agua. | *I will not get angry provided that we don't pollute the water.* |
| Llevaré el pesticida **en caso de que** lo **necesites**. | *I will take the pesticide in case you need it.* |
| Visitaré la planta nuclear **antes de que** la **cierren**. | *I will visit the nuclear plant before they close it.* |

## Conjunciones que siempre requieren el indicativo

■ A few conjunctions always use the indicative because they convey that the action in the subordinate clause is within our experience.

**ahora que/ya que/desde que**

Voy a conservar agua, **ya que entiendo** la urgencia.
La fundación es más estable **desde que nos ayudó** el Banco Mundial.

*I'm going to conserve water now that I understand the urgency.*
*The foundation is more stable since the World Bank helped us.*

## Conjunciones que se usan con el subjuntivo y el indicativo

Llámanos tan pronto como llegues.

■ The subjunctive is used after some conjunctions that introduce time clauses when they refer to an action that has not yet taken place. Since the action has yet to take place, we cannot speak with certainty about it. The main clause may be in the future tense, the present indicative (with future meaning), or the imperative (direct command).

| | |
|---|---|
| **cuando** | **luego que** |
| **después (de) que** | **mientras que** |
| **en cuanto** | **tan pronto como** |
| **hasta que** | |

| Habla con el técnico **cuando venga** a la oficina. | *Talk to the technician when he comes to the office.* |
| Mediremos la radioactividad **en cuanto limpien** la planta. | *We will measure the radioactivity as soon as they clean the plant.* |
| No podemos nadar en el río **mientras que haya** mucha contaminación. | *We can't swim in the river as long as there is a lot of pollution.* |
| Van a hablar con la activista **hasta que se vaya**. | *They are going to talk to the activist until she leaves.* |
| **Cuando funcione** su impresora, se sentirá mejor. | *When her printer works, she will feel better.* |

■ However, if the action referred to in the time clause is habitual or has already taken place, the present or past indicative is used after these conjunctions because we can speak with certainty about things that have already occurred or that occur regularly.

| Hablas con el técnico **cuando viene** a la oficina. | *You talk to the technician when he comes to office.* (habit) |
| Medimos la radioactividad **en cuanto limpiaron** la planta. | *We measured the radioactivity as soon as they cleaned the plant.* (past) |
| Nunca nadamos en el río **mientras que hay** mucha contaminación. | *We never swim in the river as long as there is a lot of pollution.* (habit) |
| Hablaron con la activista **hasta que se fue**. | *They talked with the activist until she left.* (past) |
| **Cuando funciona** mi impresora, me siento bien. | *When my printer works, I feel good.* (habit) |

■ When there is no change in subject, the following prepositions are used with the infinitive: **antes de, después de, para,** and **sin**.

| Van a comprar un teléfono celular **después de hablar** con el dependiente. | *They are going to buy a cellular phone after talking to the clerk.* |
| No puedes recibir programas de Hispanoamérica **sin usar** una antena parabólica. | *You can't receive programs from Hispanic America without using a satellite dish.* |

¡Aprenderé a usar este programa aunque tarde un año!

■ The conjunction **aunque** is followed by the subjunctive when the speaker wishes to convey uncertainty. If the speaker wants to express certainty or refer to a completed event, the indicative is used.

**Aunque conserve** agua, no tendrá suficiente.

*Even though she may conserve water, she will not have enough.* (uncertainty)

**Aunque hay** un poco de humo, no me molesta.

*Although there's a little smoke, it doesn't bother me.* (certainty)

Arrojaste la basura en la calle, **aunque había** un basurero allí.

*You threw the garbage in the street even though there was a garbage can there.* (certainty)

 **Practiquemos**

**12-30 ¿Subjuntivo?** Completa las oraciones con la forma correcta del verbo entre paréntesis.

1. Te voy a enseñar la videograbadora con tal que (venir: tú)___ al laboratorio.
2. Ayer te instalamos la fotocopiadora después de que tú (salir) ___ de la oficina.
3. Los contadores harán la cuenta tan pronto como (conseguir) ___una calculadora.
4. ¿Me enviarás un fax antes de que los administradores me (llamar) ___ por teléfono?
5. Les voy a comprar una computadora para que los estudiantes (poder)___ hacer mejor su trabajo.
6. Hablé con Mario cuando él (volver) ___ de su clase de informática.
7. Los estudiantes aprenderán a usar las computadoras luego que tú les (explicar) ___ cómo usarlas.
8. No vemos nada en la pantalla aunque ya tú la (arreglar) ___.

**12-31 En la planta nuclear.** Completa la conversación entre Sandro y su supervisora lógicamente con las formas correctas de los verbos de la lista. Usa el indicativo, el subjuntivo o el infinitivo, según el contexto.

| anunciar | consultar | estar | recibir | tener | trabajar |
|----------|-----------|-------|---------|-------|----------|
| ayudar | dar | haber | saber | terminar | visitar |

SANDRO: ¿Cuándo vamos a cambiar la maquinaria en la planta?

SUPERVISORA: La cambiaremos en cuanto el gobierno nos (1) ___ el dinero.

SANDRO: ¿Y cuándo será eso? Aunque (2. nosotros) ___ el doble, nunca vamos a poder hacer todas las reparaciones necesarias.

SUPERVISORA: La burocracia es lenta.

SANDRO: Tendrá razón. Pero tal vez el congreso nos (3) ___ cuando (4) ___ que el equipo ya tiene quince años. Seguramente saben que es importante para la seguridad del país.

SUPERVISORA: Bueno, debemos escribirle para que (5) ___ la información necesaria. No queremos perder la oportunidad ahora que la economía (6) ___ en buenas condiciones.

SANDRO: Prepararé el informe para el congreso tan pronto como (7) ___ este proyecto para el Departamento de Energía. Dicen que lo necesitan para cuando nos (8) ___ el secretario.

SUPERVISORA: Es verdad. Él siempre nos visita después de que (9) ___ una inspección de sorpresa. Dicen que nos van a multar aunque no (10) ___ hecho nada ilegal.

SANDRO: ¿De veras? Entonces, vamos a tener una reunión con la prensa tan pronto como lo (11) ___. Tenemos que evitar la mala publicidad.

SUPERVISORA: Bueno, no digas nada sin (12) ___ conmigo primero.

**12-32 En la oficina de Guillermo García.** El presidente de una compañía de sóftware está planeando la adquisición de otra compañía. Completa la entrada en su diario con conjunciones lógicas.

| a menos que | cuando | hasta que | para que | tan pronto como |
|-------------|--------|-----------|----------|-----------------|
| aunque | en cuanto | mientras que | sin que | |

Hoy es 17 de mayo, y (1) ___ no sé cómo voy a hacerlo, mi plan es comprar la empresa Intelinet (2) ___ pueda. He estudiado todos los documentos (3) ___ entendamos bien su organización. Quiero hablar con todos sus empleados (4) ___ me lo impidan. He trabajado doce horas al día (5) ___ estoy agotado (*exhausted*). Quiero llamar al banquero (6) ___ abra el banco. ¡Estoy decidido! Voy a comprar Intelinet (7) ___ el banco me niegue el préstamo (*loan*).

## ◆ Conversemos

**12-33 Entrevista.** Túrnense para entrevistarse sobre sus planes para el futuro.

MODELO: E1: *¿Cuándo vas a casarte?* (cuando)
E2: *Voy a casarme cuando tenga un buen trabajo.*

1. ¿Cuándo vas a graduarte? (después de que)
2. ¿Cuándo comprará tu familia un coche? (tan pronto como)
3. ¿Cuánto tiempo vas a estudiar español? (hasta que)
4. ¿Cuándo vas a saber usar bien la computadora? (en cuanto)
5. ¿Cuándo buscarás casa? (luego que)
6. ¿Cuándo tendrás suficiente dinero? (aunque)

*AB* **12-34A ¡Dime cuándo volverás!** Túrnense para hacer y contestar preguntas indiscretas. Hagan las preguntas con la frase **Dime cuándo....** No se olviden de usar el subjuntivo en la cláusula dependiente. ¡Usen la imaginación!

MODELO: volver
E1: *Dime cuándo volverás.*
E2: *Volveré cuando termine mis estudios en la universidad.*

1. ser feliz                    4. llamarme
2. buscar trabajo               5. regalarme flores
3. terminar los estudios        6. aprender a…

*AB* **12-35A La Paz Verde.** Ésta es una organización cuyo objetivo es la conservación del medio ambiente. Imagínate que tu compañero/a es el/la director/a de la organización y a ti te interesa ser miembro. Hazle las siguientes preguntas.

MODELO: E1: *¿Podré decidir el número de horas que trabajo como voluntario/a?*
E2: *¡Claro que sí! Aunque sólo trabajes una hora por semana, será suficiente.*

PREGUNTAS DEL/DE LA INTERESADO/A:

1. ¿Tengo que reclutar otros miembros?
2. ¿Necesito pagar inscripción?
3. ¿Vamos a hacer una campaña en contra de las fábricas?
4. ¿Podemos reciclar envases de aluminio?
5. ¿Debemos usar carros eléctricos?
6. ¿Hay una campaña de reforestación?
7. ¿Protegen ustedes los mares también?

**12-36 Estoy decidido/a.** Escriban individualmente cinco resoluciones que tienen para el resto de este año. Luego, comparen sus oraciones para ver qué tienen en común. Empiecen la cláusula subordinada con **aunque.**

MODELO: ► *Este año voy a reciclar la mitad de la basura que produzco aunque sea más difícil hacerlo.*

# Páginas

## La casa en Mango Street

### Sandra Cisneros (1954 – ), EE.UU.

La escritora Sandra Cisneros es chicana (mexicoamericana). Nació en Chicago en 1954 y durante su vida se ha dedicado a mejorar y a enriquecer el futuro de los jóvenes. Es una de las escritoras americanas más importantes de la época. La novela *La casa en Mango Street* fue escrita originalmente en inglés y luego traducida al español por Elena Poniatowska, una importante figura literaria mexicana.

 **ESTRATEGIAS**

**Dialectos.** The dialect of each Hispanic country or region is influenced by the people who inhabit it. The Spanish spoken by Chicanos is influenced both by Mexico and by the U.S.

A characteristic of Mexican Spanish is the use of diminutives to imply that something is small, dear, or even unimportant, such as *cosita*, to mean a small or tiny thing. The suffix *-ito/a, illo/a* can be extended, such as *chiquitito*, which is even smaller than *chiquito*. In this selection, you will come across other diminutives. See if you can guess the meaning of the following expressions as they are used to describe the house on Mango Street.

1. Es pequeña y roja, con escalones apretados al frente y unas **ventanitas** tan chicas que parecen guardar su respiración.
2. No hay jardín al frente sino cuatro olmos **chiquititos** que la ciudad plantó en la banqueta.
3. Afuera, atrás hay un garaje **chiquito** para el carro que no tenemos todavía, y un **patiecito** que luce todavía más **chiquito** entre los edificios de los lados.
4. El **modito** en que lo dijo me hizo sentirme una nada.

Often Spanish terms are borrowed from English. Find another word for this term:

La casa de Mango Street es nuestra y no tenemos que pagarle **renta** a nadie,…

# La casa en Mango Street

No siempre hemos vivido en Mango Street. Antes vivimos en el tercer piso de Loomis, y antes de allí vivimos en Keeler. Antes de Keeler fue en Paulina y de más antes, ni me acuerdo, pero de lo que sí me acuerdo es de un montón de mudanzas.[1] Y de que en cada una éramos uno más. Ya para cuando llegamos a Mango Street éramos seis: Mamá, Papá, Carlos, Kiki, mi hermana Nenny y yo.

La casa de Mango Street es nuestra y no tenemos que pagarle renta a nadie, ni compartir el patio con los de abajo, ni cuidarnos de hacer mucho ruido, y no hay propietario que golpee[2] el techo[3] con una escoba. Pero aún así no es la casa que hubiéramos querido.

Tuvimos que salir volados[4] del departamento[5] de Loomis. Los tubos del agua se rompían y el casero[6] no los reparaba porque la casa era muy vieja. Salimos corriendo. Teníamos que usar el baño del vecino y acarrear[7] agua en botes lecheros de un galón. Por eso Mamá y Papá buscaron una casa, y por eso nos cambiamos a la de Mango Street, muy lejos del otro lado de la ciudad.

Siempre decían que algún día nos mudaríamos[8] a una casa, una casa de verdad, que fuera nuestra para siempre, de la que no tuviéramos que salir cada año, y nuestra casa tendría agua corriente y tubos que sirvieran. Y escaleras interiores propias, como las casas de la tele. Y tendríamos un sótano, y por lo menos tres baños para no tener que avisarle a todo mundo cada vez que nos bañáramos. Nuestra casa sería blanca, rodeada de árboles, un jardín enorme y el pasto creciendo sin cerca.[9] Esa es la casa de la que hablaba Papá cuando tenía un billete de lotería y esa es la casa que Mamá soñaba en los cuentos que nos contaba antes de dormir.

Pero la casa de Mango Street no es de ningún modo como ellos la contaron. Es pequeña y roja, con escalones apretados[10] al frente y unas ventanitas tan chicas que parecen guardar su respiración.[11] Los ladrillos[12] se hacen pedazos en algunas partes y la puerta del frente se ha hinchado[13] tanto que uno tiene que empujar fuerte para entrar. No hay jardín al frente sino cuatro olmos[14] chiquititos que la ciudad plantó en la banqueta. Afuera, atrás hay un garaje chiquito para el carro que no tenemos todavía, y un patiecito que luce todavía más chiquito entre los edificios de los lados. Nuestra casa tiene escaleras pero son ordinarias, de pasillo, y tiene solamente un baño. Todos compartimos recámaras,[15] Mamá y Papá, Carlos y Kiki, yo y Nenny.

Una vez, cuando vivíamos en Loomis, pasó una monja[16] de mi escuela y me vio jugando enfrente. La lavandería[17] del piso bajo había sido cerrada con tablas[18] arriba por un robo dos días antes, y el dueño había pintado en la madera SÍ, ESTÁ ABIERTO, para no perder clientela.

¿Dónde vives? preguntó.

Allí, dije señalando arriba, al tercer piso.

¿Vives *allí*?

*Allí*. Tuve que mirar a donde ella señalaba. El tercer piso, la pintura descarapelada,[19] los barrotes[20] que Papá clavó en las ventanas para que no nos cayéramos. ¿Vives *allí*? El modito[21] en que lo dijo me hizo sentirme una nada. *Allí*. Yo vivo *allí*. Moví la cabeza asintiendo.

---

[1] *moves*  [2] golpear: *to pound*  [3] *ceiling*  [4] *in a rush*  [5] apartamento  [6] *dueño*  [7] *carry*
[8] nos... *we would move*  [9] *fence*  [10] escalones... *small and narrow steps*  [11] parecen... *seem to be holding their breath*  [12] *bricks*  [13] hinchar: *to swell*  [14] *elms*  [15] alcobas  [16] *nun*  [17] *laundry*
[18] *boards*  [19] *peeling*  [20] *bars*  [21] *manner*

Desde ese momento supe que debía tener una casa. Una que pudiera señalar. Pero no esta casa. La casa de Mango Street no. Por mientras, dice Mamá. Es temporario, dice Papá. Pero yo sé cómo son esas cosas.

**12-37 ¿Es ésa su casa?** Compara la casa de los sueños de la narradora con la que encontraron en Mango Street. ¿Era mejor o peor?

MODELO:

LA DE SUS SUEÑOS: *era blanca*                LA DE MANGO STREET: *era roja*

_____                _____
_____                _____
_____                _____
_____                _____
_____                _____
_____                _____
_____                _____

 **12-38 Resumir.** Trabajen juntos para resumir el contenido de esta selección. Pueden usar las preguntas a continuación como guía.

1. ¿Quién narra la selección?
2. ¿Cómo era su familia?
3. ¿Qué quería? ¿Por qué?
4. ¿Por qué se desilusionó?
5. ¿Por qué dice que se sintió como una "nada" cuando le habló la monja?
6. ¿Crees que la casa de Mango Street algún día sea la de sus sueños? ¿Por qué?

## ¡Escucha!

**A. ¿Probable o improbable?** Escucha las siguientes oraciones. Luego, indica si cada una es probable (**P**) o improbable (**I**) según el trozo que has leído.

| 1. | 3. | 5. | 7. | 9. |
| 2. | 4. | 6. | 8. | 10. |

**B. La casa de sus sueños.** Comparen entre sí la que consideran la casa de sus sueños. ¿Cómo contrasta con la de la narradora del cuento?

MODELO:   E1: *La casa de mis sueños tiene un jardín grande y una piscina. La de la joven tenía jardín, pero no tenía piscina…*

# Los hispanos en los EE. UU.

**12-39 ¿Qué sabes tú?** Trata de identificar y/o explicar lo siguiente:

1. los tres grupos principales de hispanos en los EE.UU.
2. las regiones de los EE.UU. donde hay mayor concentración de hispanos
3. el nombre de algunos hispanoamericanos importantes
4. la ciudadanía de los puertorriqueños
5. la razón por la cual muchos cubanos salieron de Cuba a partir de 1959
6. la razón por la cual emigran muchos mexicanos a los EE.UU.
7. las letras "UFW"
8. el significado de las palabras "colorado" y "tejas" (Colorado y Texas)
9. el nombre de una comida popular mexicana

Hasta 1848 todo el suroeste de lo que hoy es los EE.UU. pertenecía a México, así que es necesario recordar que los antepasados *(ancestors)* de los mexicoamericanos llegaron al suroeste mucho antes que los anglosajones. Hoy en día aproximadamente 12 millones de mexicoamericanos viven en el suroeste.

César Chávez organizó la unión de trabajadores agrícolas, *United Farm Workers (UFW)* en los años setenta. Ha sido tan importante en el desarrollo de derechos para los trabajadores agrícolas en California que declararon un día festivo en su honor.

Sacramento
NEVADA
CALIFORNIA
Los Ángeles
ARIZONA
COLORA
NUEVO MÉXICO

LECHE
¿Dónde está su bigote?

Hoy en día más de 32 millones de hispanos viven en los EE.UU., un gran número de los cuales hablan español en casa y en el trabajo. Por eso, los EE.UU. constituye la quinta nación hispanohablante. En muchos estados ofrecen educación bilingüe. La educación bilingüe tiene como propósito enseñarles a los inmigrantes a leer y escribir en español e inglés. Aunque la educación bilingüe es controversial, miles de niños y adultos se benefician de estos programas.

La mayoría de los puertorriqueños se encuentra en Nueva York, Nueva Jersey y Chicago. La inmigración puertorriqueña se debe en gran parte al hecho de que, desde el final de la Guerra Hispanoamericana (1898), España le cedió la isla de Puerto Rico a los EE.UU. En 1953, Puerto Rico se convirtió en un estado libre asociado a los EE.UU., y sus habitantes son ciudadanos de los EE.UU. desde 1917. Los que son de herencia puertorriqueña y que se crían en Nueva York, como Héctor Elizondo (*Chicago Hope, Pretty Woman, Runaway Bride)*, también se conocen como neoyorquinos.

Aunque ha habido una presencia cubana en Tampa desde el siglo XIX, la inmigración masiva de los cubanos a la Florida empezó en 1959, después de la revolución cubana. Los cubanos llegaron a la Florida buscando libertad política y se establecieron principalmente en la ciudad de Miami. La mayoría de los cubanos que abandonó la isla pertenecía a la clase media culta (*educated*) y les fue bastante fácil adaptarse a la nueva vida en los EE.UU. Muchos cubanoamericanos, como Gloria Estefan, se dedican a preservar su herencia cubana.

427

**12-40 ¿Has comprendido?** Indica si estas oraciones son ciertas o falsas. Corrige las oraciones falsas.

1. Hay más de 25 millones de hispanos en los EE.UU.
2. Los puertorriqueños no son ciudadanos de los EE.UU.
3. Puerto Rico es un estado de los EE.UU.
4. Hay más puertorriqueños en Atlanta que en Nueva York.
5. Los primeros cubanos llegaron a los EE.UU. el siglo pasado.
6. El motivo de la inmigración cubana de los años sesenta fue el escapar de la dictadura de Fidel Castro.
7. El grupo de hispanos más numeroso es el de los mexicoamericanos.
8. Muchos mexicoamericanos viven en Nueva York.
9. El territorio del suroeste de los EE.UU. pertenecía a México antes de 1848.

**12-41 Figuras conocidas.** Túrnense para identificar a estas personas.

MODELO:  E1: *¿Quién es Gloria Estefan?*
      E2: *Es una cantante popular cubanoamericana.*

| | |
|---|---|
| 1. Héctor Elizondo | a. actriz puertorriqueña (*White Men Can't Jump, It Could Happen to You*) |
| 2. John Leguizamo | b. boxeador mexicoamericano que aparece en anuncios con su bigote (*mustache*) de leche |
| 3. Andy García | c. "Yo quiero Taco Bell" |
| 4. Rita Moreno | d. cantante puertorriqueño que ha aparecido en la portada de *Time*, entre otras |
| 5. Oscar de la Hoya | e. actriz puertorriqueña (*West Side Story*) |
| 6. Ricky Martin | f. actor neoyorquino |
| 7. Selena | g. actor colombiano (*Summer of Sam*) |
| 8. Rosie Pérez | h. actor cubanoamericano (*When a Man Loves a Woman, The Godfather Part III*) |
| 9. Sammy Sosa | i. cantante mexicoamericana famosa por sus discos *crossover* |
| 10. Gidget | j. jonronero del club de Chicago |

**12-42 Entrevistas.** Entrevista una persona de origen hispano que estudie en tu universidad. Hazle preguntas sobre su experiencia y la de sus padres en este país. Toma apuntes durante la entrevista y prepara una breve presentación oral en español para la clase.

**12-43 Investigación.** Usen la biblioteca o la Red Informática para investigar uno de los siguientes temas. Escriban un resumen de la información y preséntensela a la clase.

1. César Chávez y UFW (United Farm Workers)
2. la guerra entre México y los EE.UU.
3. la educación bilingüe en los EE.UU.
4. los éxitos y problemas sociales y políticos de los trabajadores migratorios
5. la literatura chicana
6. la música caribeña
7. los murales mexicanos en los EE.UU.
8. las misiones españolas en la Florida, Texas, Nuevo México y/o California

 **Taller**

## Un relato personal

En este taller, vas a narrar alguna experiencia que hayas tenido en el pasado, o una que hayas inventado. Puedes incluir un poco de diálogo entre los personajes también, si quieres.

1. **Escenario.** Piensa en el lugar, las personas, la situación y tus impresiones.

2. **Introducción.** Abre el relato con una oración para describir el contexto y el evento.

3. **Anzuelo (Hook).** Escribe de cuatro a cinco oraciones que piquen (*spark*) el interés del lector.

4. **Conflicto.** Presenta algún conflicto psicológico o personal.

5. **Diálogo.** Escribe dos o tres líneas de diálogo entre los personajes.

6. **Conclusión.** Resume o cierra el relato.

7. **Revisión.** Revisa tu relato para verificar los siguientes puntos.
   ❏ el uso del pretérito y del imperfecto
   ❏ el uso del futuro y del subjuntivo
   ❏ la concordancia y la ortografía

8. **Intercambio.** Intercambia tu relato con el de un/a compañero/a. Mientras leen los relatos, hagan comentarios y sugerencias sobre el contenido, la estructura y la gramática. Reaccionen también a los relatos.

9. **Entrega.** Pasa tu relato en limpio, incorporando las sugerencias de tu compañero/a, y entrégaselo a tu profesor/a.

MODELO: ▶ *Era el año de 1985 cuando mi familia se mudó a esta ciudad. Éramos cinco personas, mi madre, mis tres hermanas y yo. Para mí fue difícil el cambio. No conocía a nadie y me sentía fuera de lugar, pero luego…*

# APPENDIX 1
# B ACTIVITIES

## LECCIÓN 1

**1-5B ¿Cómo está usted?** Your partner will assume the role of instructor. You are his/her student. Greet each other and ask how things are. Use the following information about yourself and the day.

■ It's morning.

■ You know the professor's name (Sr./Sra. Pérez).

■ You're not feeling well.

**1-9B Otra vez, por favor** (*please*).

**Primera fase.** Spell the following names of cities, people, or things with Spanish origins for your classmate as s/he writes them out. If your partner does not understand, s/he will say, **Otra vez, por favor.**

MODELO:    cosa (thing) (enchilada)
     ▶ *e- ene - ce - hache - i - ele - a - de - a*

1. persona famosa        (Jennifer López)
2. ciudad (*city*)        (San Antonio)
3. cosa (*thing*)        (café)
4. persona famosa        (Ricky Martin)
5. ciudad        (Tampa)
6. cosa        (montaña)

**Segunda fase.** Now your classmate will spell his/her list to you. Write out each name, then place it in the corresponding category. Remember, if you need to hear the spelling again, say **Otra vez, por favor.**

1. persona famosa        _____
2. ciudad        _____
3. cosa        _____
4. persona famosa        _____
5. ciudad        _____
6. cosa        _____

**1-13B ¿Cuál (*What*) es tu número de teléfono?** Telephone numbers in Spanish are usually expressed in pairs of digits. Write your telephone numbers, including the area code, and take turns dictating them to each other. Then give each other the missing phone numbers to complete the following list. After you finish, you should each have a complete list, including your partner's number.

MODELO:    E1: *¿Cuál es tu número de teléfono?*
               E2: *(5 13) 5 55 18 40: cinco, trece, cinco, cincuenta y cinco, dieciocho, cuarenta*
               E1: *¿Y el teléfono de Pedro?*
               E2: *El teléfono de Pedro es el cuatro, doce, ocho, ochenta y ocho, veintitrés, sesenta y dos.*

mi compañero/a _____         Pedro (412) 888-2362

Teresa (201) 747-0026         Yolanda _____

Andrés _____         Luis (332) 761-8558

Emilio (205) 819-8605         Gloria _____

Gabriela _____         Marcos (543) 835-8283

**1-18B Trivia.** Take turns asking each other questions. One of you will use this page; the other the corresponding activity in *Lección 1*.

MODELO:    E1: *un mes con veintiocho días*
               E2: *febrero*

1. el número de meses en un año
2. el mes de tu cumpleaños
3. un mes con treinta días
4. los meses del semestre de primavera
5. tu mes favorito
6. un día bueno (*good*)

**1-24B Necesito...** Below is a list of items you have. Your classmate will tell you what s/he needs. If you have more of an item than your partner needs, tell him or her how many you have or simply that you have what he or she needs. If you don't have enough of something, answer that you don't have what he or she needs or that you only (sólo) have so many. Circle the items you have that your classmate needs. When you finish, compare your lists.

MODELO:    E1: *Necesito un pupitre. ¿Tienes un pupitre?*
               E2: *Sí, tengo un pupitre. (Sí, tengo dos pupitres.)*
               E2: *Necesito treinta y tres libros. ¿Tienes treinta y tres libros?*
               E1: *No, no tengo treinta y tres libros. (No, sólo tengo veintidós libros.)*

Tengo...

| | | | | |
|---|---|---|---|---|
| 2 pupitres | 14 cuadernos | 17 lápices | 96 mapas | 16 mochilas |
| 18 bolígrafos | 25 pizarras | 11 mesas | 22 libros | |
| 10 sillas | 7 relojes | 16 escritorios | 5 ventanas | |

**1-30B  ¿Qué necesita?** Ask each other what the following people or places need. Use the indefinite article.

MODELO:  E1: *¿Qué necesita un profesor de informática (computer science)?*
E2: *Un profesor de informática necesita una computadora,...*

| | | | | | | |
|---|---|---|---|---|---|---|
| bolígrafos | computadora | estudiantes | mesa | papeles | pupitres | ventanas |
| borradores | cuaderno | libros | microscopio | paredes | reloj | ¿...? |
| calculadora | diccionario | mapas | mochila | puerta | sillas | |

1. un profesor de literatura
2. una clase de español
3. una librería (*bookstore*)

4. un estudiante en la clase de español
5. una profesora de geografía

**1-33B  ¿Qué hay en la clase?** Answer your classmate's questions about your classroom. Then ask him/her the following questions. To ask *How many?*, use the question word **¿Cuánto/a(s)?** Like regular adjectives, **¿Cuánto?** must agree in number and gender with the noun it modifies.

MODELO:  E1: *¿Cuántos estudiantes hay en la clase?*
E2: *Hay veinticuatro.*

1. ¿Cuántos profesores (Cuántas profesoras) hay en la clase?
2. ¿Cómo se llama el profesor (la profesora)?
3. ¿Hay una mesa?
4. ¿Qué hay en la mesa?
5. ¿Cuántas estudiantes hay? (¡Ojo! *female students*)
6. ¿Hay dos relojes?

**1-40B  En la celebración de los Grammy.** Identify the following people sighted at the Grammy Award celebration. Use adjectives from this lesson and those below.

MODELO:  E1: *¿Cómo es Denzel Washington?*
E2: *Es un hombre muy activo y alto. Es norteamericano.*

| | |
|---|---|
| alto/bajo (*tall/short*) | gracioso (*funny*) |
| delgado/gordo (*thin/fat*) | misterioso/exótico |
| rubio/moreno (*blond/dark*) | romántico |
| bonito/feo (*pretty/ugly*) | idealista/realista/pesimista |
| joven/viejo (*young/old*) | paciente/impaciente |

1. Rosie Pérez
2. Jimmy Smits
3. Jennifer López
4. Cameron Díaz
5. ¿... ?

# LECCIÓN 2

**2-6B ¿De dónde es?** Take turns asking each other the country of origin and the nationality of these famous people.

MODELO:  ¿el rey Juan Carlos?
    E1: *¿De dónde es el rey Juan Carlos?*
    el rey Juan Carlos / España
    E2: *Es de España. Es español.*

1. ¿Fidel Castro?
2. ¿Alberto Fujimori?
3. ¿Gabriel García Márquez?
4. ¿Sammy Sosa?

5. Carlos Menem/Argentina
6. Daisy Fuentes/Estados Unidos
7. Laura Esquivel/México
8. Rubén Blades/Panamá

**2-17B El horario (*schedule*) de Gracia Roldán.** Complete Gracia's schedule by asking each other for the missing information. Once you've completed her schedule, ask each other the questions that follow.

MODELO: E1: *¿Qué clase tiene Gracia a las nueve?*
    E2: *Tiene inglés a las nueve. ¿A qué hora es la clase de matemáticas?*
    E2: *Es a la una y diez.*

| | |
|---|---|
| inglés | 9:00 a.m. |
| química | 11:00 a.m. |
| matemáticas | ____ |
| español | ____ |
| ____ | 4:45 p.m. |
| historia | 7:15 p.m. |

1. ¿Qué clases tiene Gracia por la tarde?
2. ¿Cómo es el horario de Gracia?

**2-18B ¿A qué hora?** Ask each other at what time these events will take place.

MODELO: la fiesta de Adela (8:30 p.m.)
    E1: *¿A qué hora es la fiesta?*
    E2: *Es a las ocho y media de la noche.*

*8:30 p.m.*   *la fiesta de Adela*

1:45 p.m.   el examen
10:15 a.m.   la clase
4:30 p.m.   el partido (*game*) de fútbol

4. el programa *Amigos* en la televisión
5. la conferencia (*lecture*)
6. la fiesta el sábado

**2-21B ¿Es verdad?** Take turns asking and answering yes/no questions. Comment on the truthfulness of each other's responses.

MODELO:  E1: *¿Eres norteamericano/a?*
E2: *No, no soy norteamericano/a.*
E1: *¿Verdad?*
E2: *Sí, es verdad. Soy de Francia.*

1. ¿Eres venezolano/a?
2. ¿Tus padres son jóvenes?
3. Somos amigos/as, ¿no?
4. Eres de aquí, ¿cierto?
5. ¿Son interesantes tus clases?
6. ¿...?

**2-27B ¿Cuál es tu opinión?** Take turns asking each other questions about different people, places, and things.

MODELO:  E1: *En tu opinión, ¿cómo es la universidad?*
E2: *Es buena.*

las clases        el profesor de...        el presidente        el libro de español

**2-40B Entrevista.** Ask each other the following questions. Be prepared to report back to the class.

MODELO:  E1: *¿Qué estudias en la universidad?*
E2: *Estudio español,...*

1. ¿Dónde estudias?
2. ¿Con qué clases necesitas ayuda?
3. ¿Qué música (popular, clásica, de rock) escuchas?
4. ¿Bailas en una fiesta?
5. ¿Quién necesita la calculadora?
6. ¿Hablas mucho en clase?

**2-47B ¿Tienes... ?** Following the model, create questions with **tener** to ask each other. Try to find out additional information as well.

MODELO:  sed en clase
E1: *¿Tienes sed en clase?*
E2: *Sí, tengo sed en clase.*
E1: *¿Por qué?*
E2: *Porque tengo que hablar mucho.*

1. hambre en clase
2. frío
3. cuidado en un examen
4. que trabajar mucho
5. miedo
6. dieciocho años

# LECCIÓN 3

**3-7B Inventario.** Write the inventory numbers that your partner dictates to you. Then, dictate your inventory numbers to him/her. **¡Ojo!** Be careful with agreement!

MODELO:    747 mesas

       ► *setecientas cuarenta y siete mesas*

1. 689 ventanas    3. 101 relojes    5. 579 bolígrafos    7. 161 puertas
2. 444 luces    4. 1201 mochilas    6. 5.900.101 lápices

**3-8B ¿Cuánto cuesta…?** You are a client in a car rental office in Mexico City. Ask the clerk for the prices. After asking the questions below, choose a car.

MODELO:    E1: *¿Cuánto cuesta alquilar un carro por siete días?*
           E2: *Cuesta cinco mil seiscientos pesos por semana.*
           E1: *¡Uf! ¡Es mucho!*

¿Cuánto cuesta…

1. …un carro compacto, manual, de dos puertas por siete días?
2. …un carro de lujo (*luxury*), automático, de cuatro puertas por día adicional?
3. …un carro de turismo (*full sized*), automático, de cuatro puertas por siete días?
4. …un carro compacto, automático, de dos puertas por un día? ¿Por siete días?
5. …un carro de turismo utilitario o especial (*SUV*) automático por un día?

**3-13B En el aeropuerto.** Complete the following immigration document. Ask each other questions to get the missing information in the forms you have. **¡Ojo!** To indicate possession, use **de** in the questions. Use a possessive adjective in your answers.

MODELO:    E1: *¿Cuál es el lugar de nacimiento de Pedro?*
           E2: *Su lugar de nacimiento es España.*

| Profesión | Nombre | Apellido paterno (*last name*) | Edad | Lugar de nacimiento |
|---|---|---|---|---|
| _____ | Pedro | Pérez | _____ | España |
| doctor | Paco | _____ | 55 | Francia |
| director | _____ | Saura | 61 | Portugal |
| estudiante | Claudia | Cortés | _____ | Cuba |

**3-17B Mañana.** Imagine that the following schedule is yours for tomorrow. Ask your partner what he/she is doing tomorrow and jot down the information. Then answer his/her questions about your activities. What things will the two of you do together?

MODELO: ► *Por la mañana, voy a la clase de informática. A las once voy a la cafetería a conversar con los amigos. ¿Vas a la cafetería a las once?*

| | | | |
|---|---|---|---|
| 9:00 | clase de informática | 12:45 | clase de literatura mexicana |
| 10:15 | oficina de la profesora del Río | 2:00 | clase de historia precolombina |
| 11:00 | cafetería | 5:00 | cancha de tenis |
| 11:15 | clase de biología | | |

**3-24B Las materias, la hora, el lugar.** Take turns asking each other questions and giving each other information to complete the schedule.

MODELOS: E1: *¿A qué hora es la clase de…?*
E2: *¿Qué clase es a…?*
E1: *¿Dónde es la clase de…?*
E2: *¿Quién es el profesor de…?*

| Hora | Clase | Lugar | Profesor/a |
|---|---|---|---|
| 8:30 | cálculo | _____ | |
| 9:00 | _____ | Facultad de Arte | Ramón Sánchez Guillón |
| 10:35 | _____ | Facultad de Medicina | _____ |
| 1:55 | física | Facultad de Ciencias | _____ |

**3-31B ¿Qué estoy haciendo?** Take turns physically role playing an activity while the other tries to guess what it is.

MODELO: mirar la televisión
E1: *(imita una persona que mira la televisión) ¿Qué estoy haciendo?*
E2: *Estás mirando la televisión.*

| | | |
|---|---|---|
| leer un libro muy bueno | comer un sándwich grande | hablar por teléfono |
| estudiar para un examen difícil | escribir en la computadora | ¿… ? |

**3-37B Dibujos (*Drawings*).** Take turns describing a person using the following information while the other tries to draw the person described. Then, compare your drawings with your descriptions.

MODELO: chica: 18 años, alta, bonita, triste, oficina
E1: *Es una chica. Tiene dieciocho años. Es alta y bonita. Está triste. Está en la oficina.*
E2:

1. chico, veinte años, delgado, bajo, enamorado, cafetería
2. mujer, cuarenta años, alta, gordita, cansada, gimnasio
3. mujer, noventa años, delgada, pequeña, ocupada, biblioteca

**3-43B  ¿Qué tienen en común?** Take turns asking each other what these people have in common. Try to use some of the following suggestions.

MODELO:  E1: *¿Qué tienen en común Mickey Mouse y Donald Duck?*
          E2: *Viven en la Florida (y en California).*

| | | |
|---|---|---|
| beber cerveza (café, refrescos) | escribir novelas | vivir en Europa (en…) |
| buscar a los estudiantes | tener mucho dinero | vivir en la Casa Blanca |
| cantar bien (mal) | tener problemas | |

1. Gloria Estefan y Gregory Hines
2. los estudiantes norteamericanos y los españoles
3. Mary Higgins Clark y John Grisham
4. mi familia y tu familia
5. Willie Nelson y Julio Iglesias
6. tú y ¿…?

# LECCIÓN 4

**4-7B  La familia real española.** Ask each other questions to complete the Spanish Royal Family tree. Each of you has part of the information.

MODELO:  E1: *¿Cómo se llama el abuelo de Juan Carlos?*
          E2: *Se llama…*

### La familia real española

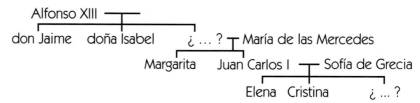

**4-12B  Una entrevista.** Ask each other questions, then write a summary of your partner's answers.

MODELO:  E1: *Generalmente, ¿dónde almuerzas?*
          E2: *Generalmente, almuerzo en casa.*

1. Durante la semana ¿cuánto tiempo puedes pasar con tus amigos?
2. ¿Cuántas horas duermes todas las noches?
3. ¿A qué hora vuelves a casa todos los días?
4. ¿Qué piensas hacer este viernes después de clase?

**4-19B  Los consejos.** Take turns role playing a counselor and a university student who is trying to resolve problems from the list. The counselor should respond with formal commands. The student should write down the advice he/she receives and indicate if he/she thinks it is reasonable or not.

MODELO:    Usted tiene mucho sueño en sus clases.
   E1: *Tengo mucho sueño en mis clases pero no me gusta el café.*
   E2: *¡Haga ejercicio!*
   E1: *No me gusta hacer ejercicio. Prefiero dormir.*

ALGUNOS PROBLEMAS

1. Hay una fiesta familiar el jueves, pero usted tiene un examen el viernes.
2. Su novio/a no es estudiante y siempre quiere salir.
3. Usted vive con sus padres y es difícil estudiar en casa.
4. Su profesor/a piensa que usted no estudia para su clase.

ALGUNOS CONSEJOS

(no)

| | | | | | | |
|---|---|---|---|---|---|---|
| buscar... | comprar... | consultar... | escribir... | estudiar... | hablar... | hacer... |
| ir... | llamar... | llegar... | salir... | trabajar... | tener... | |

**4-24B  ¡Estoy aburrido/a!** Your partner is bored. Invite him/her to do something.

MODELO:    E1: *Estoy aburrido/a.*
   E2: *¿Quieres ir a bailar?*
   E1: *Me encantaría. ¡Vamos!/Gracias, pero no puedo. No tengo dinero.*

ALGUNAS ACTIVIDADES

| | | |
|---|---|---|
| conversar con... | hacer ejercicio | ir al cine/a la playa | tomar un café |
| correr por el parque | hacer una fiesta | pasear por el centro | |
| visitar a amigos/familia | | | |

**4-31B  Una entrevista para *Prensa Libre*.** *Prensa Libre* is an independent newspaper from Guatemala. Role play the member of a famous family while your partner—a reporter—asks you questions. After the interview, ask the reporter questions based on the following information. Write down his/her answers.

MODELO:    E1: *¿Practica usted fútbol?*
   E2: *No, no lo practico. ... ¿Escribe usted artículos en inglés también?*
   E1: *Sí, los escribo. (No, no los escribo.)*

| | |
|---|---|
| escribir muchos artículos | hablar inglés en su trabajo |
| visitar El Salvador | preferir los periódicos norteamericanos |
| siempre escribir la verdad | ver a muchas personas famosas |
| necesitar mi fotografía | ¿...? |

**4-33B Entrevista.** Ask your partner the questions below, and write down his/her answers. Then, read the following sentences, and answer your partner's questions using that information.

MODELO:   E1: *¿Conoces una persona famosa?*
          E2: *Sí, conozco a Ricky Martin. Soy amigo/a de Ricky Martin.*

1. ¿Conoces un político importante?
2. ¿A qué actores famosos conoces?
3. ¿Qué idiomas sabes hablar?
4. ¿Qué países conoces muy bien?

5. ¿Sabes dónde está la capital de Francia?
6. ¿Sabes jugar bien al vólibol?

---

Soy amigo/a de Rigoberta Menchú.[1]
Toco el piano muy bien.
No practico mucho los deportes.
Vivo y trabajo en la Ciudad de Guatemala.
Hablo español y una lengua maya.
Soy arqueólogo/a y estudio las pirámides mayas.

---

# LECCIÓN 5

**5-12B Tus responsabilidades domésticas.** Túrnense para hacer y contestar las siguientes preguntas sobre los quehaceres de la casa.

MODELO:   E1: *¿Les sacas la basura a tus padres/abuelos?*
          E2: *Sí, les saco la basura. (No, no les saco la basura porque no vivo con ellos.)*

1. ¿Le sacas la basura a tu abuela?
2. ¿Les pasas la aspiradora a tus padres/hijos?
3. ¿Le barres el piso a tu padre?
4. ¿Le ordenas el garaje a tu madre?
5. ¿Les sacudes el polvo de los muebles a tus padres/hijos?
6. ¿Le pones la ropa en la secadora a tu hermano/a?

**5-5B ¡Esta es su casa!** Imagínate que quieres comprar una casa y quires saber la siguiente información. Tu compañero/a es agente inmobilario/a (*realtor*). Explícale qué deseas y hazle preguntas para saber si tiene una casa que deseas comprar.

---

[1]Rigoberta Menchú (1959- ) of Guatemala won the 1992 Nobel Peace prize, for her advocacy of social justice for indigenous peoples and other victims of governmental repression.

**5-31B ¿Qué estoy haciendo?** Túrnense para representar cada actividad de la lista mientras el/la compañero/a adivina qué hace.

MODELO:   E1: *(combing hair)*
              E2: *Estás peinándote.*

sitting down    brushing teeth    drying hair    getting dressed    falling in love

# LECCIÓN 6

**6-7B Cocina Concha.** Esta **cocina** (restaurante informal) es una de las muchas que se encuentran por la costa chilena, donde las especialidades son pescados y mariscos. Eres un/a camarero/a que atiende a dos turistas. Trata de convencerles que pidan los platos más caros, para luego recibir una propina más grande. Puedes utilizar expresiones como, **exquisito, fenomenal, delicioso, rico,** etcétera. See the menu on page 198.

**6-10B Sus gustos culinarios.** Conversen sobre sus gustos culinarios.

MODELO:   gustar/la langosta
              E1: *¿Te gusta la langosta?*
              E2: *¡Sí, me encanta!/¡No, no me gusta nada!*

1. gustar/la comida rápida
2. gustar/las papas fritas
3. interesar/los restaurantes chinos
4. fascinar/los postres elegantes
5. molestar/los restaurantes grandes
6. caer bien/el/la camarero/a de tu restaurante favorito

**6-16B ¿Tienes?** Imagínate que tu compañero/a está muy enfermo/a y quiere saber si le puedes traer algunas cosas. Contesta sus preguntas para decidir qué puedes traerle de casa y qué necesitas comprar.

MODELO:   E1: ¿Tienes naranjas?
              E2: Sí, tengo naranjas./No, no tengo naranjas
              E1: ¿Me las traes?/¿Me compras unas naranjas?
              E2: Sí, te las traigo./Sí, te las compro.

En tu cocina, tienes…

| | | | | |
|---|---|---|---|---|
| azúcar | huevos | manzanas | pepinos | sal |
| café | jugo de naranja | pan | pimienta | tomates |
| chuletas | leche | papas | pollo | zanahorias |

INGREDIENTES:

**En tu cocina**
1 litro leche
1 lb. de azúcar
docena de huevos
1 limón viejo
canela molida (ground cinnamon)
sal

**6-23B El arroz con leche.** El arroz con leche es un postre muy conocido por todo el mundo hispano. Imagínate que tu compañero/a tiene la receta y tú tienes algunos de los ingredientes. Decidan qué ingredientes necesitan comprar.

MODELO:  E1: *Necesitamos una taza de arroz.*
E2: *No tenemos arroz. Tenemos que comprarlo.*

**6-30B Charadas.** Túrnense para actuar éstas y otras acciones para ver si tu compañero/a puede
adivinar la acción.

El/La profesor/a peló las zanahorias./Cortamos el bistec.
Comí un huevo crudo./Tomaste café con leche.
Volteé la tortilla en el plato./¿… ?

**6-35B Haz lo que te digo.** Túrnense para dar y actuar mandatos informales, usando estos y otros verbos.

MODELO:  voltear
E1: *Voltea la tortilla.*
E2: *(acts out flipping the omelette)*

| | | | |
|---|---|---|---|
| echar | hornear | mezclar | tapar |
| picar | prender | remover | voltear |
| ¿… ? | | | |

# LECCIÓN 7

**Escucha B. ¿Qué tiempo hace hoy?** Conversen sobre el tiempo. Túrnense para contestar estas preguntas y hacer una pregunta original.

1. ¿Qué tiempo va a hacer mañana?
2. ¿Qué tiempo hace aquí en el invierno?
3. ¿Prefieres el sol o la lluvia? ¿Por qué?
4. ¿Adónde vas si quieres ver mucho sol?

**7-7B ¿Qué te gusta hacer cuando…?** Túrnense para preguntarse qué les gusta hacer en diferentes climas. Anoten y resuman las respuestas.

MODELO:   E1: *¿Qué te gusta hacer cuando está nevando?*
                E2: *Me gusta esquiar.*

ALGUNAS ACTIVIDADES

| | |
|---|---|
| dar un paseo/una fiesta | dormir una siesta |
| esquiar en la nieve/en el agua | hacer un pícnic/una fiesta |
| invitar a los amigos | ir a un partido/al cine/a la playa |
| leer una novela/el periódico | nadar en la piscina/en la playa |
| tomar el sol/un refresco | ver una película/un concierto/la televisión |

¿Qué te gusta hacer cuando…

1. hace mal tiempo?
2. hace sol?
3. hace mucho viento?
4. hace calor pero no tienes aire acondicionado?
5. hace mucho frío?
6. quieres esquiar pero no hay nieve?

**7-11B Chismes** (*Gossip*). Hagan y contesten preguntas sobre la clase de ayer.

1. ¿Qué hicieron los estudiantes?
2. ¿Tuvieron que escribir algo?
3. ¿Qué les dio el/la profesor/a de tarea para hoy?
4. ¿Cómo fue la clase?

**7-16B ¡Contéstame!** Conversen sobre sus planes. Túrnense para contestar estas preguntas. Háganse una pregunta original también.

MODELO:   E1: *¿Siempre acompañas a tus padres cuando van al cine?*
                E2: *Sí, siempre los acompaño. (No, no los acompaño nunca.)*

1. ¿Vas a visitar algún museo (*museum*) este fin de semana?
2. ¿No tienes ningún plan esta tarde?
3. ¿Siempre vas al cine cuando hace mal tiempo?
4. ¿Conoces a alguien con carro convertible?
5. ¿Alguien va a hacer un pícnic el sábado?
6. ¿Tienes algo importante que hacer el domingo?

**7-23B  Entrevista.** Túrnense para pedir más información sobre los gustos de su compañero/a. Expliquen sus respuestas.

MODELO:  deportes que practicas
E1: *¿Qué deportes practicas?*
E2: *Practico gimnasia y natación porque...*

1. el deporte que menos te interesa
2. ¿por qué?
3. tu equipo favorito
4. la estrella del equipo
5. un jugador que no te cae bien
6. ¿por qué?

**7-30B  El año pasado.** Túrnense para contestar estas preguntas y hacer una pregunta original. Luego, comparen sus preguntas y respuestas y resuman la información para el resto de la clase.

MODELO:  E1: *¿Conociste a alguien interesante el año pasado?*
E2: *Sí, conocí a…*

1. ¿Tuviste que estudiar toda la noche para algún examen?
2. ¿Conociste una persona importante?
3. ¿Les dijiste "¡Adiós!" a tus padres al salir para clase?
4. ¿Hiciste planes especiales un fin de semana?
5. ¿… ?

**7-33B  ¿Se hace…?** Pregúntense si se hacen las siguientes cosas.

MODELO:  batear con un guante en béisbol
E1: *¿Se batea con un guante en béisbol?*
E2: *No, no se batea con un guante. Se batea con un bate.*

permitir correr con la pelota en el básquetbol
necesitar pelotas en el hockey
jugar fútbol norteamericano con bates y guantes
usar patines en el esquí

# LECCIÓN 8

**8-4B  ¿Tienes…?** Túrnense para preguntarse si tienen los artículos de la lista, cómo son, cuánto pagaron, etcétera.

MODELO:  blusa/seda
E1: *¿Tienes una blusa de seda?*
E2: *Sí, tengo una.*
E1: *¿Cómo es?… ¿Cuánto pagaste por ella?…*

| | | |
|---|---|---|
| blusa/algodón | abrigo/piel | chaqueta/seda |
| suéter/lana | falda/algodón | zapatos/cuero |
| bolsa/cuero | cartera/cuero | abrigo/lana |
| impermeable/plástico | botas/cuero | vestido/seda |

**8-8B ¿Qué pasó?** Tu compañero/a te va a preguntar qué pasó en algunas situaciones. Contesta usando actividades lógicas de la lista.

MODELO:   en la fiesta familiar
            E1: *¿Qué pasó en la fiesta familiar?*
            E2: *Mi mamá **sirvió** nuestra comida favorita.*

ALGUNAS ACTIVIDADES

dormir por varias horas                los turistas preferir comprar ropa de…
todos reírse mucho                     el profesor repetir la lección
los estudiantes pedir refrescos        mentir

**8-26B ¿Cómo eres?** Túrnense para preguntarse sobre su familia y sus amigos.

MODELO:   más trabajador
            E1: *¿Quién es el más trabajador de tu familia?*
            E2: *Mi hermano es el más trabajador de mi familia.*

1. menos impaciente          4. más atractivo
2. más imaginativo           5. más activo
3. peor cocinero             6. mayor

# LECCIÓN 9

**9-11B ¿Qué ocurría?** Túrnense para preguntar lo que pasaba la última vez que entraron en estos lugares.

MODELO:   el cine
            E1: *¿Qué pasaba en el cine?*
            E2: *Daban una película.*

1. el aeropuerto
2. el estadio
3. la fiesta
4. el patio
5. la sala de espera
6. ¿… ?

**9-16B Un viaje a un lugar interesante.** Ustedes piensan visitar un lugar interesante este verano. Háganse preguntas para planear el viaje y después hagan un resumen de sus planes.

1. ¿Qué regalos vamos a comprar para nuestros/as amigos/as?
2. ¿Es importante para ti hablar español todo el tiempo? ¿Por qué?
3. ¿Por qué vamos a ese lugar y no a… ?
4. ¿Cuánto tenemos que pagar por los billetes?
5. ¿Para cuándo tenemos que pagar?
6. ¿Qué vas a llevar contigo?

**9-28B Maleta perdida.** Imagínate que perdiste tu maleta en ruta a Cartagena y que tu compañero/a es agente de la aerolínea Avianca. Hazle las siguientes preguntas y contesta las preguntas que te hace mientras tu compañero/a completa el formulario necesario.

1. ¿Sabe usted dónde está mi maleta?
2. ¿Cuándo voy a recibirla?
3. ¿Cuánto me pagan si no la encuentran?
4. ¿Pueden ustedes prestarme dinero para comprar un cepillo de dientes?
5. ¿Con quién puedo quejarme ahora?

**9-32B ¿Cómo lo haces?** Túrnense para hacerse preguntas. Contesten cada una con un adverbio terminado en **–mente,** basado en un adjetivo de la lista.

MODELO:  E1: *¿Qué tal lees en español?*
 E2: *Leo lentamente en español.*

| | | | | | |
|---|---|---|---|---|---|
| alegre | animado | difícil | fácil | profundo | tranquilo |
| amable | cuidadoso | elegante | lento | rápido | triste |

1. ¿Qué tal cantas en español?
2. ¿Qué tal duermes cuando hace frío?
3. ¿Cómo te vistes cuando estás de vacaciones?
4. ¿Cómo trabajas cuando tienes sueño?

# LECCIÓN 10

**10-4B ¡Qué mal me siento!** Túrnense para decir sus síntomas y dar consejos.

MODELO:  E1: *Me duelen los pulmones.*
 E2: *Fuma menos.*

1. Tengo gripe.
2. Tengo náuseas.
3. Tengo un dolor de cabeza terrible.
4. Toso mucho.
5. Me duele el pecho.
6. Soy alérgico a los camarones.

**10-13B En la sala de urgencias**. Imagínense que ustedes tienen que decidir qué acciones tomar en situaciones urgentes. Túrnense para presentar situaciones. El/La otro/a responde con instrucciones lógicas de su lista, usando un mandato de **nosotros**.

MODELO:  E1: *El niño tiene gripe.*
         E2: *Démosle una inyección de vitamina C.*

buscar el tanque de oxígeno        ponerle una inyección de penicilina
darle un antiácido                 tomarle la temperatura
darle un jarabe                    ¿... ?

1. La paciente en la silla se rompió una pierna.
2. El señor viejo está muy ansioso.
3. La niña está resfriada.
4. La señora tiene dolor de cabeza.
5. Al joven le duele una muela.
6. ¿... ?

**10-16B Te recomiendo que...** Túrnense para presentar los siguientes problemas mientras el/la otro/a ofrece unas recomendaciones. Pueden usar el verbo **recomiendo** con una cláusula nominativa en el subjuntivo.

MODELO:  E1: *Soy muy delgado/a.*
         E2: *Te recomiendo que hagas tres comidas completas todos los días.*

1. Mi jefe/a padece de úlceras.
2. A mi abuelo/a le preocupa su alto nivel de colesterol.
3. A mi amigo/a le falta energía.
4. No quiero engordar cuando voy de vacaciones.
5. Me duele el estómago

**10-20B ¿Qué hacer?** Imagínate que tu compañero/a te pide consejos. Después de escuchar cada problema, ofrécele un consejo. Usa verbos de la lista para introducir tus recomendaciones. Escucha su reacción.

MODELO:  Tienes un examen de química mañana.
         E1: *Tengo un examen de química mañana.*
         E2: *Te recomiendo que estudies mucho.*
         E1: *Buena idea./No tengo tiempo.*

te aconsejo      te digo        te mando       te pido        te recomiendo
deseo            insisto en     te permito     te prohíbo     te sugiero

# LECCIÓN 11

**11-12B En la empresa de Microchip, S.A.** Imagínate que eres programador/a de software para la empresa Microchip y que tu compañero/a es la supervisor/a. Hablen entre ustedes sobre lo que está pasando en la industria en que ustedes trabajan.

MODELO:      SUPERVISOR/A: *¿Crees que nuestro producto es mejor que los otros?*
                    PROGRAMADOR/A: *Sí, estoy seguro/a que…/No, no creo que…*

1. Vas a recibir un aumento de sueldo este año.
2. Es buena idea buscar otro trabajo.
3. Puedes ganar más en otra compañía.

**11-17B Consejo.** Túrnense para contar sus problemas y darse consejos usando expresiones impersonales.

MODELO:   un/a amigo/a enojado/a
                E1: *Mi amigo/a está enojado/a conmigo.*
                E2: *Es indispensable que lo/la llames y que ustedes hablen del problema.*

### POSIBLES PROBLEMAS

un desacuerdo con un/a amigo/a        un examen difícil          un trabajo aburrido
un virus en tu computadora              un/a jefe/a imposible      ¿… ?

**11-23B La despedida.** Eres un/a empleado/a de veinte años en la sección de finanzas de tu empresa. Siempre fuiste muy honrado/a, pero ahora hay una discrepancia en las cuentas. Explícale a tu director/a por qué mereces (*deserve*) quedarte en tu trabajo (si hay un error, fue accidental, trabajas mucho y largas horas, etcétera).

# LECCIÓN 12

**12-5B ¡Hagamos más fácil la vida!** Túrnense para decir lo que necesita la otra persona para hacerse más fácil la vida.

MODELO:   E1: *No puedo ver bien mi documento en la computadora.*
                E2: *Necesitas una pantalla más grande.*

1. Mi primo vive en España, y es muy caro hablarle por teléfono.
2. Pierdo todas las llamadas telefónicas cuando no estoy en casa.
3. Me gustaría hacer llamadas desde mi carro.
4. Tengo que pasar en limpio un trabajo para mañana.
5. No me gusta hacer copias con papel carbón.

**12-7B Una encuesta de Harris.** Túrnense para hacer esta encuesta de Harris. Empiecen con esta presentación.

MODELO: E1: *Buenos días. Con su permiso, me gustaría hacerle algunas preguntas sobre su forma de utilizar la tecnología…*

E2: *Bueno, no tengo mucho tiempo, pero…*

1. ¿Tiene un contestador automático en casa? ¿Qué mensaje tiene?
2. ¿Con qué frecuencia usa los cajeros automáticos?
3. ¿Tiene un teléfono inalámbrico en casa? ¿Cuáles son sus ventajas y desventajas?
4. ¿Tiene un teléfono celular en el carro? ¿Sabe cuánto cuesta la llamada?
5. ¿Tiene una videograbadora? ¿De qué marca?

**12-16B ¿Qué harás?** Túrnense para preguntarse qué harán en estas circunstancias.

MODELO: Ni el fax ni la conexión para la Red Informática funcionan.
► *Llamaré a un técnico o compraré un módem nuevo.*

1. Necesitas información para un trabajo sobre un país hispano.
2. Necesitas copias de un informe para una clase.
3. Recibes veinte mensajes en tu correo electrónico.
4. No funciona tu contestador automático.
5. Hay un disco compacto nuevo que te interesa oír.
6. Tienes problemas manejando tus cuentas.

**12-21B ¿Cómo reaccionas?** Túrnense para reaccionar a sus comentarios, usando **ojalá, tal vez** or **quizás**. Comparen sus reacciones.

MODELO: E1: *Las computadoras no funcionan.*
E2: *Quizás el técnico pueda repararlas.*
E1: *¡Ojalá que venga un técnico bueno!*

1. No archivé mis documentos en la computadora.
2. El clima este año no es muy bueno para la cosecha de esta región.
3. Muchas de las fincas pequeñas no tienen dinero para la maquinaria agrícola nueva.
4. ¿… ?

**12-26B ¿Cuál es tu opinión?** Túrnense para hacer y responder a preguntas sobre el medio ambiente.

1. ¿Qué ideas tienes con respecto a la conservación de energía?
2. ¿Cuál es el problema del medio ambiente más serio en tu región?
3. ¿Qué otras medidas para proteger el medio ambiente debería tomar el gobierno?
4. ¿Cuál es tu opinión sobre la energía solar?
5. ¿Cómo llegas a la universidad? ¿a pie?, ¿en carro?, ¿en transporte público? ¿Por qué?

**12-34B ¡Dime cuándo volverás!** Túrnense para hacer y contestar preguntas indiscretas. Hagan las preguntas con la frase **Dime cuándo….** No se olviden de usar el subjuntivo en la cláusula dependiente. ¡Usen la imaginación!

MODELO:   volver
               E1: *Dime cuándo volverás.*
               E2: *Volveré cuando termine mis estudios en la universidad.*

1. hacer tu trabajo
2. ayudarme a…
3. graduarte
4. irte de vacaciones
5. tener suficiente dinero
6. querer…

**12-35B  La Paz Verde.** Ésta es una organización cuyo objetivo es la conservación del medio ambiente. Imagínate que eres el/la director/a de la organización y a tu compañero/a le interesa ser miembro. Contéstale sus preguntas.

MODELO:   E1: *¿Podré decidir el número de horas que trabajo como voluntario/a?*
               E2: *¡Claro que sí! Aunque sólo trabajes una hora por semana, será*
                  *suficiente.*

ALGUNAS RESPUESTAS DEL/DE LA DIRECTOR/A:

    ¡Claro que sí! / ¡Claro que no!
          cuando viajar…
          aunque no querer…
          en cuanto tener…
          mientras que usted ser…
          hasta que haber otras alternativas…
          antes de que acabarse todos los recursos naturales…
          tan pronto como usted organizar…

# APPENDIX 2
# VERB CHARTS

## REGULAR VERBS: SIMPLE TENSES

| Infinitive Present Participle Past Participle | Indicative | | | | | | Subjunctive | | Imperative |
|---|---|---|---|---|---|---|---|---|---|
| | Present | Imperfect | Preterit | Future | Conditional | | Present | Imperfect | |
| hablar hablando hablado | hablo hablas habla hablamos habláis hablan | hablaba hablabas hablaba hablábamos hablabais hablaban | hablé hablaste habló hablamos hablasteis hablaron | hablaré hablarás hablará hablaremos hablaréis hablarán | hablaría hablarías hablaría hablaríamos hablaríais hablarían | | hable hables hable hablemos habléis hablen | hablara hablaras hablara habláramos hablarais hablaran | habla tú, no hables hable Ud. hablemos hablen Uds. |
| comer comiendo comido | como comes come comemos coméis comen | comía comías comía comíamos comíais comían | comí comiste comió comimos comisteis comieron | comeré comerás comerá comeremos comeréis comerán | comería comerías comería comeríamos comeríais comerían | | coma comas coma comamos comáis coman | comiera comieras comiera comiéramos comierais comieran | come tú, no comas coma Ud. comamos coman Uds. |
| vivir viviendo vivido | vivo vives vive vivimos vivís viven | vivía vivías vivía vivíamos vivíais vivían | viví viviste vivió vivimos vivisteis vivieron | viviré vivirás vivirá viviremos viviréis vivirán | viviría vivirías viviría viviríamos viviríais vivirían | | viva vivas viva vivamos viváis vivan | viviera vivieras viviera viviéramos vivierais vivieran | vive tú, no vivas viva Ud. vivamos vivan Uds. |

*Vosotros* commands

| hablar | hablad no habléis | comer | comed no comáis | vivir | vivid no viváis |
|---|---|---|---|---|---|

# REGULAR VERBS: PERFECT TENSES

| | Indicative | | | | | Subjunctive | |
|---|---|---|---|---|---|---|---|
| **Present Perfect** | **Past Perfect** | **Preterit Perfect** | **Future Perfect** | **Conditional Perfect** | **Present Perfect** | **Past Perfect** | |
| he hablado<br>has comido<br>ha vivido<br>hemos<br>habéis<br>han | había hablado<br>habías comido<br>había vivido<br>habíamos<br>habíais<br>habían | hube hablado<br>hubiste comido<br>hubo vivido<br>hubimos<br>hubisteis<br>hubieron | habré hablado<br>habrás comido<br>habrá vivido<br>habremos<br>habréis<br>habrán | habría hablado<br>habrías comido<br>habría vivido<br>habríamos<br>habríais<br>habrían | haya hablado<br>hayas comido<br>haya vivido<br>hayamos<br>hayáis<br>hayan | hubiera hablado<br>hubieras comido<br>hubiera vivido<br>hubiéramos<br>hubierais<br>hubieran |

# IRREGULAR VERBS

| Infinitive<br>Present Participle<br>Past Participle | Indicative | | | | | Subjunctive | | Imperative |
|---|---|---|---|---|---|---|---|---|
| | **Present** | **Imperfect** | **Preterit** | **Future** | **Conditional** | **Present** | **Imperfect** | |
| andar<br>andando<br>andado | ando<br>andas<br>anda<br>andamos<br>andáis<br>andan | andaba<br>andabas<br>andaba<br>andábamos<br>andabais<br>andaban | anduve<br>anduviste<br>anduvo<br>anduvimos<br>anduvisteis<br>anduvieron | andaré<br>andarás<br>andará<br>andaremos<br>andaréis<br>andarán | andaría<br>andarías<br>andaría<br>andaríamos<br>andaríais<br>andarían | ande<br>andes<br>ande<br>andemos<br>andéis<br>anden | anduviera<br>anduvieras<br>anduviera<br>anduviéramos<br>anduvierais<br>anduvieran | anda tú,<br>no andes<br>ande Ud.<br>andemos<br>anden Uds. |
| caer<br>cayendo<br>caído | caigo<br>caes<br>cae<br>caemos<br>caéis<br>caen | caía<br>caías<br>caía<br>caíamos<br>caíais<br>caían | caí<br>caíste<br>cayó<br>caímos<br>caísteis<br>cayeron | caeré<br>caerás<br>caerá<br>caeremos<br>caeréis<br>caerán | caería<br>caerías<br>caería<br>caeríamos<br>caeríais<br>caerían | caiga<br>caigas<br>caiga<br>caigamos<br>caigáis<br>caigan | cayera<br>cayeras<br>cayera<br>cayéramos<br>cayerais<br>cayeran | cae tú,<br>no caigas<br>caiga Ud.<br>caigamos<br>caigan Uds. |
| dar<br>dando<br>dado | doy<br>das<br>da<br>damos<br>dais<br>dan | daba<br>dabas<br>daba<br>dábamos<br>dabais<br>daban | di<br>diste<br>dio<br>dimos<br>disteis<br>dieron | daré<br>darás<br>dará<br>daremos<br>daréis<br>darán | daría<br>darías<br>daría<br>daríamos<br>daríais<br>darían | dé<br>des<br>dé<br>demos<br>deis<br>den | diera<br>dieras<br>diera<br>diéramos<br>dierais<br>dieran | da tú,<br>no des<br>dé Ud.<br>demos<br>den Uds. |

# IRREGULAR VERBS (CONTINUED)

| Infinitive Present Participle Past Participle | Indicative | | | | | Subjunctive | | Imperative |
|---|---|---|---|---|---|---|---|---|
| | Present | Imperfect | Preterit | Future | Conditional | Present | Imperfect | |
| decir diciendo dicho | digo dices dice decimos decís dicen | decía decías decía decíamos decíais decían | dije dijiste dijo dijimos dijisteis dijeron | diré dirás dirá diremos diréis dirán | diría dirías diría diríamos diríais dirían | diga digas diga digamos digáis digan | dijera dijeras dijera dijéramos dijerais dijeran | di tú, no digas diga Ud. digamos digan Uds. |
| estar estando estado | estoy estás está estamos estáis están | estaba estabas estaba estábamos estabais estaban | estuve estuviste estuvo estuvimos estuvisteis estuvieron | estaré estarás estará estaremos estaréis estarán | estaría estarías estaría estaríamos estaríais estarían | esté estés esté estemos estéis estén | estuviera estuvieras estuviera estuviéramos estuvierais estuvieran | está tú, no estés esté Ud. estemos estén Uds. |
| haber habiendo habido | he has ha hemos habéis han | había habías había habíamos habíais habían | hube hubiste hubo hubimos hubisteis hubieron | habré habrás habrá habremos habréis habrán | habría habrías habría habríamos habríais habrían | haya hayas haya hayamos hayáis hayan | hubiera hubieras hubiera hubiéramos hubierais hubieran | |
| hacer haciendo hecho | hago haces hace hacemos hacéis hacen | hacía hacías hacía hacíamos hacíais hacían | hice hiciste hizo hicimos hicisteis hicieron | haré harás hará haremos haréis harán | haría harías haría haríamos haríais harían | haga hagas haga hagamos hagáis hagan | hiciera hicieras hiciera hiciéramos hicierais hicieran | haz tú, no hagas haga Ud. hagamos hagan Uds. |
| ir yendo ido | voy vas va vamos vais van | iba ibas iba íbamos ibais iban | fui fuiste fue fuimos fuisteis fueron | iré irás irá iremos iréis irán | iría irías iría iríamos iríais irían | vaya vayas vaya vayamos vayáis vayan | fuera fueras fuera fuéramos fuerais fueran | ve tú, no vayas vaya Ud. vamos (no vayamos) vayan Uds. |

# IRREGULAR VERBS (CONTINUED)

| Infinitive Present Participle Past Participle | Indicative | | | | | Subjunctive | | Imperative |
|---|---|---|---|---|---|---|---|---|
| | Present | Imperfect | Preterit | Future | Conditional | Present | Imperfect | |
| oír oyendo oído | oigo oyes oye oímos oís oyen | oía oías oía oíamos oíais oían | oí oíste oyó oímos oísteis oyeron | oiré oirás oirá oiremos oiréis oirán | oiría oirías oiría oiríamos oiríais oirían | oiga oigas oiga oigamos oigáis oigan | oyera oyeras oyera oyéramos oyerais oyeran | oye tú, no oigas oiga Ud. oigamos oigan Uds. |
| poder pudiendo podido | puedo puedes puede podemos podéis pueden | podía podías podía podíamos podíais podían | pude pudiste pudo pudimos pudisteis pudieron | podré podrás podrá podremos podréis podrán | podría podrías podría podríamos podríais podrían | pueda puedas pueda podamos podáis puedan | pudiera pudieras pudiera pudiéramos pudierais pudieran | |
| poner poniendo puesto | pongo pones pone ponemos ponéis ponen | ponía ponías ponía poníamos poníais ponían | puse pusiste puso pusimos pusisteis pusieron | pondré pondrás pondrá pondremos pondréis pondrán | pondría pondrías pondría pondríamos pondríais pondrían | ponga pongas ponga pongamos pongáis pongan | pusiera pusieras pusiera pusiéramos pusierais pusieran | pon tú, no pongas ponga Ud. pongamos pongan Uds. |
| querer queriendo querido | quiero quieres quiere queremos queréis quieren | quería querías quería queríamos queríais querían | quise quisiste quiso quisimos quisisteis quisieron | querré querrás querrá querremos querréis querrán | querría querrías querría querríamos querríais querrían | quiera quieras quiera queramos queráis quieran | quisiera quisieras quisiera quisiéramos quisiérais quisieran | quiere tú, no quieras quiera Ud. queramos quieran Uds. |
| saber sabiendo sabido | sé sabes sabe sabemos sabéis saben | sabía sabías sabía sabíamos sabíais sabían | supe supiste supo supimos supisteis supieron | sabré sabrás sabrá sabremos sabréis sabrán | sabría sabrías sabría sabríamos sabríais sabrían | sepa sepas sepa sepamos sepáis sepan | supiera supieras supiera supiéramos supiérais supieran | sabe tú, no sepas sepa Ud. sepamos sepan Uds. |
| salir saliendo salido | salgo sales sale salimos salís salen | salía salías salía salíamos salíais salían | salí saliste salió salimos salisteis salieron | saldré saldrás saldrá saldremos saldréis saldrán | saldría saldrías saldría saldríamos saldríais saldrían | salga salgas salga salgamos salgáis salgan | saliera salieras saliera saliéramos salierais salieran | sal tú, no salgas salga Ud. salgamos salgan Uds. |

# IRREGULAR VERBS (CONTINUED)

| Infinitive / Present Participle / Past Participle | Indicative | | | | | Subjunctive | | Imperative |
|---|---|---|---|---|---|---|---|---|
| | Present | Imperfect | Preterit | Future | Conditional | Present | Imperfect | |
| ser / siendo / sido | soy / eres / es / somos / sois / son | era / eras / era / éramos / erais / eran | fui / fuiste / fue / fuimos / fuisteis / fueron | seré / serás / será / seremos / seréis / serán | sería / serías / sería / seríamos / seríais / serían | sea / seas / sea / seamos / seáis / sean | fuera / fueras / fuera / fuéramos / fuerais / fueran | sé tú, no seas / sea Ud. / seamos / sean Uds. |
| tener / teniendo / tenido | tengo / tienes / tiene / tenemos / tenéis / tienen | tenía / tenías / tenía / teníamos / teníais / tenían | tuve / tuviste / tuvo / tuvimos / tuvisteis / tuvieron | tendré / tendrás / tendrá / tendremos / tendréis / tendrán | tendría / tendrías / tendría / tendríamos / tendríais / tendrían | tenga / tengas / tenga / tengamos / tengáis / tengan | tuviera / tuvieras / tuviera / tuviéramos / tuvierais / tuvieran | ten tú, no tengas / tenga Ud. / tengamos / tengan Uds. |
| traer / trayendo / traído | traigo / traes / trae / traemos / traéis / traen | traía / traías / traía / traíamos / traíais / traían | traje / trajiste / trajo / trajimos / trajisteis / trajeron | traeré / traerás / traerá / traeremos / traeréis / traerán | traería / traerías / traería / traeríamos / traeríais / traerían | traiga / traigas / traiga / traigamos / traigáis / traigan | trajera / trajeras / trajera / trajéramos / trajerais / trajeran | trae tú, no traigas / traiga Ud. / traigamos / traigan Uds. |
| venir / viniendo / venido | vengo / vienes / viene / venimos / venís / vienen | venía / venías / venía / veníamos / veníais / venían | vine / viniste / vino / vinimos / vinisteis / vinieron | vendré / vendrás / vendrá / vendremos / vendréis / vendrán | vendría / vendrías / vendría / vendríamos / vendríais / vendrían | venga / vengas / venga / vengamos / vengáis / vengan | viniera / vinieras / viniera / viniéramos / vinierais / vinieran | ven tú, no vengas / venga Ud. / vengamos / vengan Uds. |
| ver / viendo / visto | veo / ves / ve / vemos / véis / ven | veía / veías / veía / veíamos / veíais / veían | vi / viste / vio / vimos / visteis / vieron | veré / verás / verá / veremos / veréis / verán | vería / verías / vería / veríamos / veríais / verían | vea / veas / vea / veamos / veáis / vean | viera / vieras / viera / viéramos / vierais / vieran | ve tú, no veas / vea Ud. / veamos / vean Uds. |

# STEM-CHANGING AND ORTHOGRAPHIC-CHANGING VERBS

| Infinitive Present Participle Past Participle | Indicative | | | | | | Subjunctive | | Imperative |
|---|---|---|---|---|---|---|---|---|---|
| | Present | Imperfect | Preterit | Future | Conditional | | Present | Imperfect | |

| Infinitive Present Participle Past Participle | Present | Imperfect | Preterit | Future | Conditional | Present | Imperfect | Imperative |
|---|---|---|---|---|---|---|---|---|
| incluir (y) incluyendo incluido | incluyo incluyes incluye incluimos incluís incluyen | incluía incluías incluía incluíamos incluíais incluían | incluí incluiste incluyó incluimos incluisteis incluyeron | incluiré incluirás incluirá incluiremos incluiréis incluirán | incluiría incluirías incluiría incluiríamos incluiríais incluirían | incluya incluyas incluya incluyamos incluyáis incluyan | incluyera incluyeras incluyera incluyéramos incluyerais incluyeran | incluye tú, no incluyas incluya Ud. incluyamos incluyan Uds. |
| dormir (ue, u) durmiendo dormido | duermo duermes duerme dormimos dormís duermen | dormía dormías dormía dormíamos dormíais dormían | dormí dormiste durmió dormimos dormisteis durmieron | dormiré dormirás dormirá dormiremos dormiréis dormirán | dormiría dormirías dormiría dormiríamos dormiríais dormirían | duerma duermas duerma durmamos durmáis duerman | durmiera durmieras durmiera durmiéramos durmierais durmieran | duerme tú, no duermas duerma Ud. durmamos duerman Uds. |
| pedir (i, i) pidiendo pedido | pido pides pide pedimos pedís piden | pedía pedías pedía pedíamos pedíais pedían | pedí pediste pidió pedimos pedisteis pidieron | pediré pedirás pedirá pediremos pediréis pedirán | pediría pedirías pediría pediríamos pediríais pedirían | pida pidas pida pidamos pidáis pidan | pidiera pidieras pidiera pidiéramos pidierais pidieran | pide tú, no pidas pida Ud. pidamos pidan Uds. |
| pensar (ie) pensando pensado | pienso piensas piensa pensamos pensáis piensan | pensaba pensabas pensaba pensábamos pensabais pensaban | pensé pensaste pensó pensamos pensasteis pensaron | pensaré pensarás pensará pensaremos pensaréis pensarán | pensaría pensarías pensaría pensaríamos pensaríais pensarían | piense pienses piense pensemos penséis piensen | pensara pensaras pensara pensáramos pensarais pensaran | piensa tú, no pienses piense Ud. pensemos piensen Uds. |

# STEM-CHANGING AND ORTHOGRAPHIC-CHANGING VERBS (CONTINUED)

| Infinitive Present Participle Past Participle | Indicative | | | | | Subjunctive | | Imperative |
|---|---|---|---|---|---|---|---|---|
| | Present | Imperfect | Preterit | Future | Conditional | Present | Imperfect | |
| producir (zc) produciendo producido | produzco produces produce producimos producís producen | producía producías producía producíamos producíais producían | produje produjiste produjo produjimos produjisteis produjeron | produciré producirás producirá produciremos produciréis producirán | produciría producirías produciría produciríamos produciríais producirían | produzca produzcas produzca produzcamos produzcáis produzcan | produjera produjeras produjera produjéramos produjerais produjeran | produce tú, no produzcas produzca Ud. produzcamos produzcan Uds. |
| reír (i, i) riendo reído | río ríes ríe reímos reís ríen | reía reías reía reíamos reíais reían | reí reíste rio reímos reísteis rieron | reiré reirás reirá reiremos reiréis reirán | reiría reirías reiría reiríamos reiríais reirían | ría rías ría riamos riáis rían | riera rieras riera riéramos rierais rieran | ríe tú, no rías ría Ud. riamos rían Uds. |
| seguir (i, i) (ga) siguiendo seguido | sigo sigues sigue seguimos seguís siguen | seguía seguías seguía seguíamos seguíais seguían | seguí seguiste siguió seguimos seguisteis siguieron | seguiré seguirás seguirá seguiremos seguiréis seguirán | seguiría seguirías seguiría seguiríamos seguiríais seguirían | siga sigas siga sigamos sigáis sigan | siguiera siguieras siguiera siguiéramos siguierais siguieran | sigue tú, no sigas siga Ud. sigamos sigan Uds. |
| sentir (ie, i) sintiendo sentido | siento sientes siente sentimos sentís sienten | sentía sentías sentía sentíamos sentíais sentían | sentí sentiste sintió sentimos sentisteis sintieron | sentiré sentirás sentirá sentiremos sentiréis sentirán | sentiría sentirías sentiría sentiríamos sentiríais sentirían | sienta sientas sienta sintamos sintáis sientan | sintiera sintieras sintiera sintiéramos sintierais sintieran | siente tú, no sientas sienta Ud. sintamos sientan Uds. |
| volver (ue) volviendo vuelto | vuelvo vuelves vuelve volvemos volvéis vuelven | volvía volvías volvía volvíamos volvíais volvían | volví volviste volvió volvimos volvisteis volvieron | volveré volverás volverá volveremos volveréis volverán | volvería volverías volvería volveríamos volveríais volverían | vuelva vuelvas vuelva volvamos volváis vuelvan | volviera volvieras volviera volviéramos volvierais volvieran | vuelve tú, no vuelvas vuelva Ud. volvamos vuelvan Uds. |

# APPENDIX 3
# SPANISH-ENGLISH VOCABULARY

## A

a bordo on board
a buen precio inexpensive
a continuación following
a cuestas on one's back, shoulders
a eso de at about
a fin de que in order that (12)
a finales de at the end of
a fuego alto/medio/bajo on high/medium/low heat (6)
a la derecha (de) to (on) the right (of) (3)
a la izquierda (de) to (on) the left (of) (3)
a la parrilla grilled (6)
a la vez at the same time
a menos (de) que unless (12)
a menudo often (5)
a partir de from this point on
a pesar de in spite of
¿a qué se debe... ? what's the reason for...? (4)
a tiempo on time
a través de through; across
a veces sometimes, at times (5)
a ver... let's see... (10)
abandonar to abandon; to leave
abastecer to replenish; to store
abogado/a, el/la lawyer
abolir to abolish (15)
abordar to board (9)
aborto, el abortion (15)
abrazar to hug
abrazo, el hug (4)
abrigo, el coat (8)
abril April (1)
abrir to open (3)
abrocharse to fasten (a seat belt) (9)
abuelo/a, el/la grandfather/grandmother (4)
aburrido/a boring (1); bored (3)

acabar (de + inf.) to finish; to have just (done something) (11)
accesorio, el accessory
aceite (de oliva), el (olive) oil
aceituna, la olive
aceptar to accept (4)
acerca about
acercarse to approach
ácido/a acidic
acogedor/a cozy
aconsejar to advise (10)
acontecimiento, el happening, event
acordarse (de) (ue) to remember
acordeón, el accordion
acostar to put to bed (5)
acostarse (ue) to go to bed (5)
acostumbrarse to get used to
actitud, la attitude
actividad, la activity (7)
activista, el/la activist
acto, el act
actor, el/actriz, la actor/actress
actuación, la acting
actual adj. current
actuar to act
acuático/a water adj.
acudir to go; to present oneself
acuerdo, el agreement
adelgazar to lose weight (10)
ademán, el gesture
además de besides
adentro inside
adiós good-bye (1)
adivinar to guess
adivino/a, el/la fortuneteller
adjuntar to attach
administración de empresas, la business administration (2)
admirar to admire
adónde where
adornar to decorate
adquisición, la acquisition

aduana, la customs (9)
aduanero/a, el/la customs inspector (9)
advertir to warn
aerolínea, la airline
aeromozo/a, el/la stewardess, flight attendant (9)
aeropuerto, el airport
afecto, el affection
afeitarse to shave (5)
afición, la hobby
aficionado/a, el/la fan (7)
afortunadamente fortunately
afortunado/a fortunate
afrontar to face
afuera outside
agarrar to grab; to catch
agencia, la agency (11)
agitar to shake up
agosto August (1)
agradable pleasant
agradar to be pleasing; to please
agradecer (zc) to thank
agrandar to enlarge
agravar to make worse
agrícola agricultural
agricultor/a, el/la farmer
agua (mineral), el (but f.) (mineral) water (3)
agua corriente, el (but f.) running water
agua dulce, el (but f.) fresh water
águila, el (but f.) eagle
ahí there; over there (1)
ahora (mismo) (right) now (2)
ahora que now that (12)
ahorrar to save
aire, el air (12)
ajedrez, el chess
ají, el pepper
ají verde, el green pepper (6)
ajo, el garlic (6)
ajuste, el adjustment
al aire libre outdoors
al atardecer at dusk

al borde de on the verge (edge)
al lado (de) next to (3)
al poco rato soon
alambrada, la wire fence
alambre, el wire
alba, el (but f.) daybreak
albergar esperanzas to have hopes
alcalde/alcaldesa, el/la mayor
alcantarilla, la culvert; sewer
alcanzar to reach
alcoba, la bedroom
aldea, la village
alegrarse (de) to become happy (5)
alegre happy (4)
alejarse (de) to get away (from) (10)
alemán/a adj., n. German (2)
alergia, la allergy (10)
alérgico/a allergic
alfabetización, la literacy
alfombra, la rug (5)
álgebra algebra (3)
algo something (6)
algodón, el cotton (8)
alguien someone (7)
algún, alguno/a some (7)
algunas veces sometimes
alhaja, la jewel, gem
aliado/a, el/la ally
alimentar to feed
alimento, el food
aliviado/a relieved
aliviar to relieve
allí there; over there (1)
alma, el (but f.) soul
almacén, el department store (8)
almorzar (ue) to have lunch (4)
almuerzo, el lunch (3)
aló hello (answering the phone) (4)
alquilar to rent
alrededor around
alta costura, la high fashion
altibajos, los ups and downs

**altiplano, el** high plateau
**alto/a** tall (2); high (6)
**altura, la** altitude (9); height
**alucinógeno, el** hallucinogen
**alumbrar** to light
**aluminio, el** aluminum (12)
**ama de casa, el** (but *f.*) housewife
**amable** friendly; kind (4)
**amanecer (zc)** to dawn
**amante, el/la** lover
**amar** to love
**amarillo/a** yellow (1)
**ambiental** environmental
**ambiente, el** environment
**ambos/as** both
**ambulante, el/la vendedor/a ambulante** street vendor
**amigo/a, el/la** friend (2)
**amistad, la** friendship
**amistoso/a** friendly
**amor, el** love
**ampliar** to broaden
**amplio/a** extensive
**analista de sistemas, el/la** systems analyst (11)
**anaranjado/a** orange (1)
**ancho/a** wide
**andar** to walk
**andén, el** platform
**anfitrión/anfitriona, el/la** show host/hostess
**angustia, la** anguish
**anillo, el** ring (8)
**animar** to encourage (7)
**anoche** last night (6)
**anotada: carrera anotada, la** run scored
**ansioso/a** anxious
**ante** before (in front of); with regard to
**anteayer** (*adv.*) day before yesterday (6)
**antena parabólica, la** satellite dish (12)
**antepasado, el** ancestor
**antes (de)** before (3)
**antes (de) que** before (12)
**antiácido, el** antacid (10)
**antiadherente** nonstick
**antibiótico, el** antibiotic (10)
**antiguo/a** ancient
**antigüedad, la** antique
**antipático/a** unpleasant, mean (1)
**antropología, la** anthropology (3)
**antropólogo, el** anthropologist

**anunciar** to announce
**anuncio, el** announcement; ad
**anzuelo, el** hook
**añadir** to add (3)
**año, el** year
**año (lunes, martes, etcétera) pasado, el** last year (Monday, Tuesday, etc.) (6)
**apagar (gu)** to put out, extinguish (11); to turn off (12)
**aparato, el** appliance (6)
**aparato electrónico, el** electronics
**aparecer (zc)** to appear
**apariencia, la** appearance
**apartar** to separate
**aparte** separate
**apellido, el** last name, surname (4)
**apilar** to pile up
**aplaudir** to applaud
**aplauso, el** applause
**apodo, el** nickname
**apoyar** to support
**apoyo, el** support
**apreciar** to appreciate
**aprender (a) (+ inf.)** to learn (how) (to do something) (3)
**apretado/a** tight
**aprobar (ue)** to approve
**apropiado/a** appropriate
**aprovechar** to take advantage of
**apunte, el** note
**apurado/a** in a hurry (3)
**aquí** here (1)
**aquí tiene** here you are
**araña, la** spider
**árbitro, el** referee (7)
**árbol, el** tree
**archivar** to file; to save (12)
**ardilla, la** squirrel
**área de estudio, el** (but *f.*) major
**arete, el** earring (8)
**argentino/a** *n., adj.* Argentine (2)
**argumento, el** plot
**arma, el** *f.* weapon
**armario, el** closet (5)
**armario de cocina, el** kitchenette (9)
**armarse** to arm oneself
**arpa, el** *f.* harp
**arquitecto/a** architect (11)
**arrastrar** to drag
**arrebolado/a** blushing

**arreglar,** to arrange; to fix (8)
**arreglo personal, el** personal care (5)
**arriba** up
**¡arriba!** yeah!
**arriba de** above (5)
**arrimarse a** to approach; to get near
**arrodillarse** to kneel
**arrojar** to throw out (12)
**arroyo, el** gulley
**arroz, el** rice (6)
**arruga, la** wrinkle
**arte dramático, el** acting
**arte, el** art (2)
**artesanía, la** handicrafts
**artesano/a** craftsman/woman
**artículo, el** article
**artículo de tocador, el** personal care product (8)
**asado/a** broiled (6); baked
**ascender (ie)** to promote, to move up (11)
**asegurar** to assure
**asentir (ie)** to assent; to agree
**asesinar** to murder
**asesino/a, el/la** murderer
**asesor/a, el/la** consultant, advisor
**así** such; thus
**así así** so-so (1)
**¡así es la vida!** that's life!
**asiento, el** seat (9)
**asistencia social, la** welfare
**asistir a** to attend (3)
**asombrado/a** surprised
**aspiradora, la** vacuum cleaner (5)
**aspiradora: pasar la aspiradora** to vacuum (5)
**aspirante, el/la** applicant (11)
**aspirar (a)** to run for (Congress, etc.)
**aspirina, la** aspirin (10)
**astro, el** star
**asumir** to assume
**asunto, el** matter; issue
**asustado/a** frightened
**asustarse** to be frightened
**ataque de nervios, el** nervous breakdown
**atar** to tie (up)
**atardecer: al atardecer** at dusk
**atasco, el** traffic jam
**atender (ie)** to wait on
**atentamente** sincerely yours (11)
**ateo/a, el/la** atheist

**aterrizaje, el** landing (9)
**aterrizar** to land (9)
**atleta, el/la** athlete
**atletismo, el** track and field (7), athletics
**atmósfera, la** atmosphere (12)
**atractivo/a** attractive (4)
**atraer** to attract
**atrapado/a** trapped
**atrás** back; backwards; behind
**atraso, el** delay
**atravesado/a** crossed
**atreverse** to dare
**atún, el** tuna (6)
**audición, la** audition
**auditorio, el** auditorium
**aumentar** to increase
**aumento, el** raise (11)
**aun** even
**aún** still
**aun cuando** even when
**aunque** although (6)
**aurora, la** dawn
**auspiciado/a** sponsored
**autobiografía, la** autobiography
**autobús, el** bus
**automático: contestador automático, el** answering machine (12)
**autónomo/a** autonomous
**autopista, la** highway
**autorretrato, el** self-portrait
**ave, el** (but *f.*) bird
**avena, la** oatmeal (10)
**aventura, la** adventure
**averiado/a** broken down
**averiguar** to check
**avión, el** airplane
**aviso, el** warning; ad
**¡ay bendito!** oh no!
**ayer** yesterday (6)
**ayuda, la** help (2)
**ayudante, el/la** helper
**ayudar** to help (2)
**azafata, la** stewardess, flight attendant (9)
**azafrán, el** saffron (6)
**azar, el** chance
**azúcar, el** (or *f.*) sugar (6)
**azul** blue (1)

**B**

**bacalao, el** codfish (6)
**bailar** to dance (2)
**bailarín/bailarina, el/la** dancer
**bajar** to lower

**bajar de peso** to lose weight (10)

**bajo, el** bass (instrument)

**bajo/a** *adj.* short (2); *adv.* low (6); deep ; *prep.* under

**balbucear** to babble

**balcón, el** balcony

**balneario, el** beach resort

**balón, el** ball (7)

**baloncestista, el/la** basketball player (7)

**baloncesto, el** basketball (2)

**banana, la** banana (6)

**banano, el** banana tree

**banco, el** bank; bench

**banda, la** band

**bandera, la** flag

**bando, el** faction; party

**banqueta, la** bench, stool

**baño, el** bathroom (5)

**bañarse** to bathe (5); to go swimming

**barato/a** cheap, inexpensive (1)

**¡bárbaro!** awesome!

**barco, el** ship

**barítono, el** baritone

**barrer el piso** to sweep the floor (5)

**barrio, el** neighborhood

**barrote, el** thick bar, rail

**base, de datos, la** database (12)

**básquetbol, el** basketball

**bastante** rather (3); enough

**bastante bien** pretty well (1)

**basura, la** garbage (5)

**basurero, el** garbage can (5)

**bate, el** bat (7)

**batear** to bat (7)

**batería, la** drums

**batido, el** shake

**batir** to beat (6)

**baúl, el** trunk

**bebé, el/la** baby

**beber** to drink (3)

**bebida, la** drink; refreshment (3)

**bebida alcohólica, la** alcoholic beverage (10)

**béisbol, el** baseball (2)

**beisbolista, el/la** *m., f.* baseball player (7)

**bellas artes, las** fine arts (2)

**belleza, la** beauty

**bello/a** beautiful

**bendición, la** blessing

**beneficio, el** benefit

**besar** to kiss

**beso, el** kiss (4)

**biblioteca, la** library (3)

**bicicleta, la** bicycle (7)

**bien** well (1)

**bien hecho/a** well made

**bienestar, el** well-being (10)

**bienvenido/a** *adj.* welcome

**bigote, el** mustache

**bilingüe** bilingual

**bilingüismo, el** bilingualism

**billar, el** pool; billiards

**billetera, la** wallet (8)

**binoculares, los** binoculars (9)

**biología, la** biology (2)

**bistec, el** steak (6)

**blanco/a** white (1)

**blanquillo, el** egg *(Mex.)* (6)

**blusa, la** blouse (8)

**boca, la** mouth (10)

**bocadillo, el** sandwich (3)

**boda, la** wedding

**boleto, el** ticket (7)

**bolígrafo, el** pen

**bolsa, la** big bag (7); purse (8)

**bolso, el** purse (8)

**bombero/a** firefighter (11)

**bondad, la** goodness

**bonificación anual, la** yearly bonus (11)

**bonito/a** pretty (2)

**borde: al borde de** on the verge (edge) of

**bordear** to border

**borrador, el** eraser

**borrar** to erase (12)

**bosque, el** forest (9)

**bota, la** boot (8)

**botar** to throw out

**bote, el** jar; bounce; boat

**botella** bottle

**botones, el/la** bellhop (9)

**boxeador/a** boxer (7)

**boxeo, el** boxing (7)

**brazo, el** arm (10)

**brevemente** briefly

**brillar** to shine

**broma, la** joke

**bronce: instrumento de bronce, el** brass instrument

**bucear** to scuba dive (9)

**buche, el** craw; stomach

**¡buen provecho!** enjoy your meal! (6)

**¡buen viaje!** have a good trip

**buen, bueno/a** good (1)

**buenas noches** good evening (1)

**buenas tardes** good afternoon (good evening) (1)

**¡bueno!** hello *(Mex.)* (answering the phone) (4)

**buenos días** good morning (1)

**bufanda, la** scarf

**buitre, el** vulture

**buscar** to look for (2)

**búsqueda, la** search

**buzón, el** drop-box

# C

**caballo, el** horse (9)

**cabeza, la** head (10)

**cacahuete, el** peanut

**cacho, el** small piece

**cachorro, el** cub

**cachucha, la** cap

**cacique, el** chief

**cada** each

**cadena, la** chain (8); network

**caer** to fall

**caerle bien/mal** to like/dislike (a person) (6)

**café, el** coffee (3); cafe (4)

**café al aire libre** outdoor cafe (4)

**café con leche** coffee with milk (6)

**café solo** black coffee (6)

**cafetera, la** coffeepot (6)

**cafetería, la** cafeteria (3)

**caja, la** box; cash register (8)

**cajero automático, el** automatic teller (12)

**cajuela, la** small box

**calavera, la** skull

**calcetín, el** sock (8)

**calculadora, la** calculator (3)

**calcular** to calculate (12)

**cálculo, el** calculus (3)

**calentar (ie)** to heat

**calidad, la** quality (8)

**cálido/a** warm

**caliente** hot (6)

**calificación, la** qualification (11)

**callarse** to get quiet

**calle, la** street

**calmante, el** painkiller, sedative (10)

**calor: tener calor** to be hot (2)

**caluroso/a** warm

**calzado, el** footwear (8)

**calzar** to wear (shoes) (8)

**cama, la** bed (5)

**cama doble, la** double bed (9)

**cama gigante, la** king-size bed (9)

**cámara, la** chamber

**cámara de representantes, la** house of representatives

**cámara de video, la** video camera, camcorder (9)

**cámara fotográfica, la** camera (9)

**camarero/a, el/la** waiter/waitress (6)

**camarón, el** shrimp (6)

**cambio, el** change

**camélido/a** of the camel family

**caminar** to walk (2)

**camino, el** road

**camión, el** bus *(Mex.)*

**camisa, la** shirt (8)

**camiseta, la** T-shirt (8)

**campamento, el** camp

**campaña, la** campaign

**campeón/campeona, el/la** champion

**campesino/a, el/la** peasant

**campo de estudio, el** field of study

**canadiense, el/la** *n., adj.* Canadian (2)

**canal, el** channel

**cancelar** to cancel (9)

**cancha, la** court, playing field (7)

**canción, la** song

**candelabro, el** candle holder

**candidato/a** candidate

**canela, la** cinnamon

**cansado/a** tired (3)

**cansancio, el** fatigue

**cantante, el/la** singer

**cantero de jardín, el** flower bed

**cantidad, la** quantity

**canto, el** song

**capataz, el** foreman

**capaz** capable (11)

**capital, la** capital city (2)

**captar** to capture

**cara, la** face (5)

**carácter, el** personality

**característica, la** characteristic

**carbohidrato, el** carbohydrate (10)

**carecer de** to lack

**cargabate, el/la** batboy

**cargo, el** charge ; post

**Caribe, el** Caribbean Sea

**caribeño/a** Caribbean

**cariño** affection; love, dear (4)

**cariñosamente** love, affectionately (4)
**caritativo/a** charitable
**carne, la** meat (6)
**carne de res, la** beef (6)
**carnero, el** lamb
**carnicería, la** butcher shop (6)
**caro/a** expensive (1)
**carpa, la** tent
**carpintero/a, el/la** carpenter (11)
**carrera, la** career; profession
**carrera anotada, la** run scored
**carrera impulsada, la** run batted in
**carretera, la** highway
**carro, el** car (4)
**carta, la** letter (4)
**cartelera, la** entertainment section
**cartera, la** wallet (8)
**cartero/a** mailman, mail carrier (11)
**cartón, el** cardboard
**casa, la** house (5)
**casa de huéspedes, la** guest house (3)
**casa de ópera, la** concert hall
**casado/a (con)** married (to) (3)
**casarse** to get married
**casi** almost
**caso, el** case
**castillo, el** castle (9)
**catedral, la** cathedral (9)
**católico/a** n., adj. Catholic
**caudillo, el** chief; leader
**cavar** to dig
**cazadora, la** jacket
**cazar** to hunt
**cazuela, la** stewpot, casserole dish, saucepan (6)
**cebada, la** barley
**cebolla, la** onion (6)
**ceceo, el** lisp; pronouncing *s* like *th*
**ceder** to cede; to relinquish
**celebrar** to celebrate
**celos, los** jealousy
**cementerio, el** cemetery
**cena, la** dinner (5)
**cenar** to have dinner (6)
**censurado/a** censured
**censurar** to censure
**centavo, el** cent
**centígrado/a** centigrade
**centro, el** center (3); downtown (4)

**centro comercial, el** shopping center (8)
**centro estudiantil, el** student center (3)
**centro naturista, el** health store (10)
**cepillarse** to brush (5)
**cepillo (de dientes), el** (tooth)brush (5)
**cerca, la** fence
**cerca (de)** nearby (3); close to (3)
**cercanía, la** environs; vicinity
**cerdo, el** pork (6)
**cereal, el** cereal (6)
**cerrar** to close (1)
**certamen, el** contest; pageant
**certidumbre, la** certainty
**cerveza, la** beer (6)
**césped, el** lawn (5)
**cesto, el** basket (7)
**chamán/chamana, el/la** shaman
**champú, el** shampoo (8)
**chaqueta, la** jacket (8)
**cheque, el** check (8)
**cheque de viajero, el** traveler's check
**chicle, el** gum
**chico/a, el/la** n. kid, boy/girl; man/woman (coll.) (3); adj. small
**chileno/a** n., adj. Chilean (2)
**chino/a** n., adj. Chinese (2)
**chisme, el** gossip
**chismoso/a** gossipy
**chiste, el** joke
**chocar** to crash
**chocita, la** hut
**chuleta, la** chop (6)
**cicatriz, la** scar
**ciclismo, el** cycling (7)
**ciclista, el/la** cyclist (7)
**cielo, el** heaven
**ciencia, la** science (2)
**científico/a** scientist
**cierto/a** true (11)
**cigarra, la** cicada; grasshopper
**cigarrillo, el** cigarette (10)
**cilantro, el** coriander; cilantro (6)
**cine, el** theater; movies (4)
**cineasta, el/la** film producer, filmmaker
**cinematografía, la** cinematography
**cínico/a** cynical
**cinta, la** tape (1); film
**cinturón, el** belt (8)

**cinturón de seguridad, el** seat belt (9)
**ciprés, el** cypress (tree)
**ciruela, la** plum
**cirugía, la** surgery
**cita, la** date; appointment (10)
**ciudad, la** city (2)
**ciudadanía, la** citizenship; citizens
**ciudadano/a** citizen
**clarinete, el** clarinet
**claro** of course (4)
**clase, la** class
**clase turista, la** coach class (9)
**clasificado/a** classified
**cláusula, la** clause
**clave, la** n. key; adj. inv. key
**cliente/a, el/la** customer; client (6)
**clima, el** weather (7)
**cobija, la** blanket
**cobrar** to charge
**cobre, el** copper
**coche, el** car (4)
**coche de caballo, el** horse-drawn cart
**cocina, la** kitchen (5)
**cocinero/a, el/la** cook (11)
**código, el** code
**coger** to catch; to gather
**cognado, el** cognate
**cola, la** line, tail
**coleccionista, el/la** collector
**colegio, el** high school
**colesterol, el** cholesterol (10)
**colgado/a** hung (up)
**collar, el** necklace (8)
**colocar** to place; to put
**colombiano/a** adj., n. Colombian (2)
**colonia, la** colony; cologne (8)
**color, el** color (1)
**comal, el** hot plate
**combatir** to fight, to combat
**comedia, la** comedy
**comedia musical, la** musical comedy
**comedor, el** dining room (5)
**comentario, el** comment
**comentarista, el/la** newscaster, commentator
**comentarista deportivo/a, el/la** sportscaster
**comenzar** (ie) to begin
**comer** to eat (3)
**comerciante, el/la** merchant
**comercio, el** trade; commerce; business

**comestible, el** food
**cometer** to commit
**cómico/a** funny
**comida, la** meal; dinner (3)
**comienzo, el** beginning
**¿cómo?** how? what? (2)
**¿cómo le va?** how's it going? (form.) (1)
**¿cómo se llama usted?** what's your name? (form.) (1)
**¿cómo te va?** how's it going? (inform.) (1)
**cómoda, la** dresser (5)
**comodidad, la** amenity; comfort
**cómodo/a** comfortable
**compadecerse** to commiserate
**compañero/a, el/la** friend; workmate
**comparar** to compare
**compartir** to share
**compatriota, el/la** compatriot
**competencia, la** match; competition
**complacer** to please
**complexión, la** body build (10)
**complicado/a** complicated (3)
**cómplice, el/la** accomplice
**componer** to compose
**compositor/a** composer
**compra, la** purchase
**comprar** to buy (3)
**comprender** to understand (3); to include
**comprensivo/a** comprehensive
**compuerta, la** floodgate
**computadora, la** computer (3)
**común** common (11)
**comunicación, la** communication (2)
**comunidad, la** community
**con** with (2)
**con frecuencia** frequently
**con motivo de** because of
**con tal (de) que** provided (that) (12)
**con todo el cariño** with all my love (4)
**concha, la** shell
**concierto, el** concert (4)
**concordancia, la** agreement
**concursante, el/la** contestant
**concurso, el** contest; game show; pageant

condenado/a condemned
condenar to condemn
condimento, el condiment
conducir (zc) to drive (12)
conexión, la connection
confeccionar to make
conferencia, la lecture
confianza, la confidence
confiar to confide
confitería, la candy store (6)
conflicto, el conflict
confundir to confuse
confuso/a confusing
congelador, el freezer (6)
congreso, el congress
conjuntamente jointly
conjunto, el outfit
conjunto/a joined, linked
conocer (zc) to know
  (someone); to be familiar
  with (4)
conocido/a well-known,
  famous
conocimiento, el knowledge
conquista, la conquest
conquistar to conquer
conseguir (i) to get, to
  obtain (4)
consejero, el advisor
consejo, el advice
conservador/a conservative
conservante, el preservative
conservar to conserve; to
  preserve (12)
construir (y) to construct
consuelo, el consolation
consultorio, el doctor's
  office (10)
consultorio sentimental, el
  advice column
consumidor/a, el/la
  consumer
consumir to consume (12)
consumo, el consumption
contabilidad, la accounting
contado: pagar al contado
  to pay cash (8)
contador/a, el/la accountant
  (11)
contaminación, la pollution,
  contamination (12)
contaminar to contaminate
  (12)
contar (ue) to tell; to count
contener (ie) to contain
contenido, el content
contento/a happy (3)
contestador automático, el
  answering machine (12)
contestar to answer (1)
contra against (5)

contraer to contract
contraer matrimonio to get
  married
contralto, el/la contralto
contrario/a contrary
contraseña, la password
contrastar to contrast
contratar to hire (11)
contrato, el contract (11)
contribuir (y) to contribute
contrincante, el/la opponent
controlar to control
controvertido/a
  controversial
convencer to convince
convento, el convent (9)
conversar to converse, to
  chat (2)
convertirse to become
coordinador/a, el la
  coordinator (11)
copa, la wine glass (6)
Copa Mundial, la World
  Cup
coquetear to flirt
coralígeno/a having to do
  with coral
corazón, el heart (10)
corbata, la tie (8)
cordialmente cordially yours
  (11)
cordillera, la mountain
  range
coreano/a n,. adj. Korean (2)
corneta, la horn
coro, el chorus
correo, el mail
correo electrónico, el
  e-mail (4)
correr to jog (4); to run (7)
corriente la n. current; adj.
  running, current
corrupción, la corruption
cortar to mow the lawn (5);
  to cut (6)
corte suprema, la Supreme
  Court
corteza, la peel
cortina, la curtain
corto/a short (5)
cosa, la thing
cosecha, la crop; harvest
  (12)
cosechar to harvest (12)
cosmopolita n., adj.
  cosmopolitan
costa, la coast
costar (ue) to cost (8)
costarricense adj., n. (el/la)
  Costa Rican
costumbre, la custom

costura, la sewing; el desfile
  de costura fashion show
costurero/a, el/la dressmaker
cotizado/a popular
creador/a, el/la creator
creciente growing
crecimiento, el growth
creencia, la belief
creer to believe; to think (3)
crema, la cream (6)
cremoso/a creamy
criar to raise; to rear
criatura, la creature
crimen, el crime
cristiandad, la Christianity
criticar to criticize
crítico/a adj., n. critic ;
  critical
crónica, la news story
crónica social, la social page
cronológico/a chronological
crucero, el cruise
crudo/a rare; raw (6)
cruzar to cross
cuaderno, el notebook
cuadro, el table; chart;
  painting (5)
¿cuál(es)? which (one/s)? (2);
  what? (2)
¿cuáles son sus síntomas?
  what are your symptoms?
  (10)
cualquier/a adj. any
cuando when (3)
¿cuándo? when? (2)
¿cuánto cuesta(n)...? how
  much is...? how much
  are...? (1)
¿cuánto(s)...? how much?
  how many? (1)
cuarteto, el quartet
cuarto, el room (5);
  bedroom (5); quarter
cuarto doble, el double
  room (9)
cubano/a adj., n. Cuban (2)
cubiertos, los silverware
cubo, el bucket, pail (5)
cubrir to cover (11)
cuchara, la spoon (6)
cucharada, la tablespoon (6)
cucharadita, la teaspoon (6)
cucharita, la small spoon (6)
cucharón, el large spoon (6)
cuchilla de afeitar, la razor
  blade (5)
cuchillo, el knife (6)
cuello, el neck (10)
cuenca, la basin
cuenta, la check (6); account;
  bill (12)

cuento, el story
cuento de hadas, el fairy
  tale
cuerda, la cord; string
cuero, el leather (8)
cuerpo, el body
cuesta(n)... it costs..., they
  cost... (1)
cueva, la cave
cuidadosamente carefully
cuidado: tener cuidado to
  be careful
cuidadoso/a careful
cuidar a los niños to babysit
cuidarse to take care of
  oneself (10)
culebra, la snake
culpable guilty
cultivo, el cultivation; crop
  (12)
culto/a educated
cumbre, la summit (13-amp)
cumpleaños, el birthday
cumplir (con) to make good;
  to fulfill (a promise)
cuna, la cradle
cuñado/a, el/la brother/
  sister-in-law (4)
cura, el priest
curar to cure (11)
curso, el course (3)

# D

daño, el damage
dar to give
dar un paseo to take a stroll
  (4)
dar una película to show a
  movie (4)
darse cuenta de to realize
dato, el information
de of, from (1)
de acuerdo fine with me;
  okay (4)
de cuadros plaid (8)
de eso nada no way
de manga corta/larga short-/
  long-sleeved (8)
de nada you're welcome (1)
de pasillo passing (through)
¿de qué color es...? what
  color is...? (1)
¿de quién(es)? whose? (2)
de rayas striped (8)
de repente suddenly
¿de veras? is that right?
  (really?) (2)
de vez en cuando from time
  to time (5-amp)
debajo de under (5)

**debatir** to debate
**deber, el** duty
**deber** ought to, must; to owe (3)
**debido a** due to
**década, la** decade
**decidir** to decide (3)
**décimo/a** tenth
**decimoctavo/a** eighteenth
**decir (i)** to say; to tell
**decisorio/a** decisive
**dedicarse a** to dedicate oneself to
**dedo de la mano, el** finger (10)
**dedo del pie, el** toe (10)
**defender (ie)** to defend
**defensa, la** defense
**definir** to define (11)
**deforestación, la** deforestation (12)
**dejar** to allow, to let; to quit (10)
**delante (de)** in front of (3)
**delgado/a** slender (2)
**delito, el** crime
**demasiado/a** too much; **demasiados/as** too many
**democracia, la** democracy
**demócrata, el/la** democrat
**democratización, la** democratization
**demora, la** delay (9)
**denominar** to name
**dentista, el/la** dentist (11)
**dentro de** within; inside of (5)
**denunciar** to denounce
**departamento, el** apartment (*Mex.*)
**depender (ie)** to depend
**dependiente/a** clerk (8)
**deporte, el** sport (7)
**deportista, el/la** sports figure
**deportivo, el** sports car
**deportivo/a** sporting (7)
**derecho/a** *adj.* right (3); straight
**derecho, el** law (2); right
**derecho humano, el** human right
**derivado, el** byproduct (6)
**derretir (i, i)** to melt (6)
**derrocamiento, el** overthrow
**derrotar** to defeat
**desacuerdo, el** disagreement
**desafío, el** challenge
**desagradable** unpleasant

**desagüe, el** drainage
**desaparecido/a, el/la** missing person
**desaparición, la** disappearance
**desarme, el** disarmament
**desarrollo, el** development
**desastre, el** disaster (5)
**desayunar** to eat breakfast (5)
**desayuno, el** breakfast (5)
**descafeinado/a** decaffeinated
**descansar** to rest (4)
**descargar** to discharge
**desconfiado/a** distrusting; distrustful
**desconocer (zc)** to not know
**desconocido/a** unknown
**describir** to describe
**descubrimiento, el** discovery
**descubrir** to discover (11)
**descuento, el** discount
**desde** from; since
**desde que** since (12)
**desear** to want; to desire (6)
**desecho, el** waste (12)
**desempeñar** to serve
**desempleo, el** unemployment (11)
**desenlace, el** outcome
**desesperado/a** desperate
**desfile, el** parade
**desfile de costura, de moda, el** fashion show
**desgarrador/a** heart-rending
**desgracia, la** shame
**desgranar** to remove the grain
**deshecho/a** unraveled; undone
**desierto, el** desert
**desilusionado/a** disillusioned
**desmilitarización, la** demilitarization
**desobedecer (zc)** to disobey
**desodorante, el** deodorant (5)
**desorden, el** disorder
**despacho, el** office (11)
**despacio/a** slow; (*adv.*) slowly
**despedida, la** closing (11)
**despedir (i, i)** to fire (11)
**despedirse (i)** to say good-bye (11)
**despegar (gu)** to take off (9)
**desperdicio, el** waste
**despertador, el** alarm clock (5)

**despertarse (ie)** to wake up (5)
**despoblación, la** depopulation
**desprender** to let loose; to loosen
**desproporcionado/a** disproportionate
**después (de)** after (3)
**después (de) que** after (12)
**destacar** to stand out
**destinatario, el** addressee
**destino, el** fate; destination
**destrozar** to destroy; to break into pieces
**destruir (y)** to destroy
**desventaja, la** disadvantage
**detener (ie)** to arrest
**detenerse (ie)** to stop
**deteriorar** to deteriorate
**detrás (de)** behind (3)
**deuda (externa), la** (foreign) debt
**devaluar** devalue
**devolver (ue)** to return (something) (8)
**día, el** day (1)
**Día de la Raza, el** Columbus Day
**día festivo, el** holiday
**diabetes, la** diabetes (10)
**diagnóstico, el** diagnosis (10)
**diamante, el** diamond (8)
**diario/a** daily
**dibujar** to draw
**dibujo, el** drawing
**diccionario, el** dictionary (3)
**diciembre** December (1)
**dictador/a, el/al** dictator
**dictadura, la** dictatorship
**diente, el** tooth (5)
**diferir (ie, i)** to differ
**difícil** difficult (2)
**dificultar** to make difficult
**difunto/a** dead
**¡diga!** hello! (*Sp.*) (answering the phone) (4)
**dineral, el** fortune
**dinero, el** money
**dios/a, el/al** god/goddess
**diputado/a, el/al** representative
**dique, el** dike
**dirección, la** address
**director/a, el/al** director (11); conductor
**dirigir** to direct
**disco compacto, el** CD (12)
**disco duro, el** hard disk (12)
**discurso, el** speech

**diseñador/a, el/al** designer
**diseñar** to design (11)
**diseño, el** design (12)
**disfraz, el** disguise
**disfrutar** to enjoy
**disidencia, la** dissident group
**disimular** to hide
**disminuir (y)** to lessen
**disparo, el** gunshot
**disponible** available
**dispuesto/a** ready; disposed (12)
**disquete, el** diskette (12)
**distinguido/a** distinguished
**distinguirse** to distinguish oneself
**distraer** to distract
**diva, la** diva
**divertido/a** fun
**divertirse (ie, i)** to have fun (5)
**dividir** to divide
**divino/a** heavenly; marvelous
**divorciado/a** divorced (3)
**divorciarse** to get a divorce
**doblar** to fold; to turn
**doble** *adj., n.* (el) double (9)
**docena, la** dozen
**documental, el** documentary
**dólar, el** dollar
**doler (ue)** to hurt (10)
**dolor, el** pain (10)
**doloroso/a** painful
**domicilio, el** residence
**domingo, el** Sunday (1)
**dominicano/a** *adj., n.* Dominican (2)
**donde** where
**¿dónde?** where? (2)
**dormir (ue)** to sleep (4)
**dormirse (ue, u)** to fall asleep (5)
**dormitorio, el** bedroom (5)
**dosis, la** dose
**dote, el/al** dowry
**drama, el** drama
**dramatizar** to act out
**dramaturgo/a, el/al** playwright
**drogadicción, la** drug addiction
**droguería, la** drugstore (6)
**ducha, la** shower (5)
**ducharse** to shower (5)
**duda, la** doubt
**dudar** to doubt (11)
**dudoso/a** doubtful (11)
**dueño/a** owner
**dulce** *adj., n.* (el) sweet
**duradero/a** lasting

**durante** during
**durar** to last
**durazno, el** peach (6)
**duro/a** hard; difficult

# E

**echar** to add; to throw in (6)
**ecológico/a** ecological
**economía, la** economics (3)
**económico/a** economical
**edad, la** age
**edificación, la** edifice
**edificio, el** building
**editorial, el** editorial page
**educación física, la** physical
    education (2)
**educar** to educate
**educativo/a** educational
**ejecutivo/a** executive
**ejemplificar** to exemplify
**ejemplo, el** example
**ejercer** to exercise
**ejercicio, el** exercise
**ejercicios aeróbicos, los**
    aerobics (10)
**ejército, el** army
**el gusto es mío** the pleasure
    is mine (1)
**elástico, el** elastic
**elección, la** election
**electricista, el/la** electrician
    (11)
**electrodoméstico, el**
    electrical appliance
**electrónico/a** electronic
    (12)
**elegir (i, i)** to elect
**eliminar** to eliminate; to end
**embajada, la** embassy
**embajador/a, el/al**
    ambassador
**embarcadero, el** dock
**embarque, el: la tarjeta de**
    **embarque** boarding pass
    (9)
**emisora, la** radio station
    (business entity)
**emocionante** exciting (1)
**empacar** to pack; to crate
**empatar** to tie (the score) (7)
**empeorar** to worsen (12)
**empezar (ie)** to begin (4)
**empleado/a, el/al** employee
    (11)
**empleo, el** employment (11)
**emprender** to undertake (12)
**empresa, la** firm (11)
**empujar** to push
**en cambio** on the other hand
**en caso de que** in case (12)

**en cuanto a** with regard to
**en cuanto** as soon as (12)
**en directo** live (on
    television)
**en liquidación** on sale
**en peligro de extinción**
    endangered
**en punto** exactly; sharp
    (time)
**en vano** in vain
**en vez de** instead of (5)
**en vivo** live
**enamorado/a de** in love
    with (3)
**enamorarse** to fall in love (5)
**encaje, el** lace
**encantado/a** delighted (1)
**encantador/a** enchanting,
    delightful
**encantar** to delight; to be
    extremely pleasing (6)
**encarcelado/a, el/al** prisoner
**encargar** to be responsible
**encargo, el** request
**encender (ie)** to turn on (12)
**encendido/a** on fire; fiery
**encerrar (ie)** to enclose
**encima de** on top of (5)
**enclavado/a** embedded
**encoger** to pull in (one's
    legs)
**encogerse** to constrict
**encontrar (ue)** to find (4)
**encontrarse (ue)** to meet
**encuentro, el** encounter
**encuesta, la** survey; poll
**enemigo/a, el/al** enemy
**energía, la** energy (12)
**enero** January (1)
**enfadado/a** angry (3)
**enfatizar** to emphasize
**enfermar** to make sick
**enfermarse** to become sick
    (5)
**enfermedad, la** illness (10)
**enfermero/a, el/al** nurse (10)
**enfermo/a** sick (3)
**enfrentar** to confront
**enfrente (de)** in front of,
    across from (3)
**engañar** to deceive
**engordar** to gain weight (10)
**¡enhorabuena!**
    congratulations!
**enojado/a** angry (3)
**enojar** to anger (10)
**enojarse (con)** to get angry
    (5)
**enorme** enormous
**enredar** to mix up
**enredarse** to twist around

**enriquecer** to make wealthy;
    to enrich
**ensalada, la** salad (3)
**ensamblaje, el** assembly
**ensamblar** to assemble
**ensartado/a en una cuerda**
    strung together
**ensayar** to rehearse
**enseguida** right away (6)
**enseñar (a)** to teach (2)
**entender (ie)** to understand
    (4)
**entendimiento, el**
    understanding
**enterarse** to find out
**enterrado/a** buried
**entierro, el** burial
**entonces** then (2)
**entorno, el** environment
**entrada, la** entry; entrance;
    admission ticket (4)
**entre** between (3)
**entregar** to turn in
**entrenador/a** coach, trainer
    (7)
**entrenamiento, el** training
    (11)
**entrevista, la** interview (11)
**entrevistador/a** interviewer
**entrevistar** to interview
**entusiasmadamente**
    enthusiastically
**entusiasmo, el** enthusiasm
**entusiasta** *m., f.* enthusiastic
**envase, el** container (12)
**enviar** to send
**episodio, el** episode
**época, la** period (time)
**equilibrio, el** balance
**equipaje, el** luggage (9)
**equipo, el** team; equipment
    (7)
**equivaler** to (be) equal (to)
**equivocado/a** mistaken
**es la una…** it's one (o'clock)
    (2)
**esbozo, el** outline
**escala: vuelo sin escala**
    nonstop flight
**escalar** to climb
**escalera, la** stairs (5)
**escalón, el** step
**escandaloso/a** scandalous
**escándalo, el** scandal
**escáner, el** scanner (12)
**escaño, el** seat (in Congress,
    Senate, etc.)
**escaparse** to escape
**escasez, la** shortage (12)
**escaso/a** scarce; limited
**escena, la** scene

**escenario, el** stage
**esclavitud, la** slavery
**escoba, la** broom (5)
**escocés/a** *adj., n.* Scotch
**Escocia** Scotland
**escoger** to choose
**esconder** to hide
**escribir** to write (3)
**escribir a máquina** to type
    (11)
**escritorio, el** desk
**escuchar** to listen (2)
**escuela, la** school
**escultura, la** sculpture
**esfuerzo, el** effort
**esmeralda, la** emerald
**esmoquin, el** tuxedo
**espacio, el** space
**espalda, la** back (10)
**espaldarazo, el** accolade
**español/a, el/al** *n.* Spaniard;
    *adj.* Spanish (2)
**espárrago, el** asparagus
**espátula, la** spatula (6)
**especial** special
**especialidad de la casa, la**
    the specialty of the house
    (6)
**especialmente** especially
**especie, la** species
**especiería, la** grocery store
    (6)
**espectáculo, el** show
**espectador/a** spectator
**espejo, el** mirror (5)
**esperanza, la** hope
**esperanzado/a** hopeful
**esperar** to wait for; to hope;
    to expect (4)
**espeso/a** thick
**espíritu, el** spirit
**espolvorear** to sprinkle
**esposo/a, el/la** husband/wife
    (4)
**esquela, la** obituary
**esquí, el** skiing (7); ski (7)
**esquí acuático, el** water
    skiing (7)
**esquiador/a, el/la** skier (7)
**esquiar** to ski (7)
**está despejado** it's (a) clear
    (day) (7)
**está lloviendo** it's raining (7)
**está nevando** it's snowing (7)
**está nublado** it's cloudy (7)
**estabilidad, la** stability
**estable** *adj.* stable
**establecer (zc)** to establish
    (11)
**estación de radio, la** radio
    station (on the dial)

**estación, la** season (1); station
**estacionar** to park
**estadía, la** stay (9)
**estadio, el** stadium
**estadística, la** statistics (3)
**estado civil, el** marital status
**estado libre asociado, el** commonwealth
**estadounidense** *m., f. adj., n.* American (from the United States)
**estándar, el** standard
**estante, el** bookshelf
**estaño, el** tin
**estar** to be (1)
**estar a dieta** to be on a diet (10)
**estar a punto de** to be about to
**estar de acuerdo** to agree
**estar de moda** to be in style (8)
**estar de pie** to be standing
**estar en forma** to be in shape
**estar en paro** to be out of work (11)
**estar en peligro** to be in danger
**estar muerto/a de** to be dying to
**estar sin terminar** yet to be finished
**estatal** *adj.* state
**estatua, la** statue (9-amp)
**estatura, la** height (10)
**este, el** east
**estéreo, el** stereo (5)
**esteroide, el** steroid
**estilo, el** style
**estimado/a señor/a** dear sir/madam (11)
**estímulo, el** stimulus
**esto es un/a...** this is a... (1)
**estofado, el** stew
**estómago, el** stomach (10)
**estornudar** to sneeze (10)
**estrecho/a** narrow; tight (8)
**estrella, la** star (7)
**estrenar** to present for the first time
**estrés, el** stress
**estructura, la** structure
**estudiante, el/la** student
**estudiantil** *adj.* student (3)
**estudiar** to study (2)
**estudio, el** study
**estufa, la** stove (6)
**estupendo** terrific, wonderful

**ética, la** ethics
**étnico/a** ethnic
**eucalipto, el** eucalyptus
**evaluación, la** evaluation (11)
**evidente** evident (11)
**evitar** to avoid
**exagerar** to exaggerate
**examen, el** exam (2)
**examen físico, el** checkup (10)
**excavar** to excavate
**exceso de población, el** overpopulation
**exigente** challenging, demanding (3)
**éxito, el** success
**exitoso/a** successful
**expectativa, la** expectation
**expediente, el** file, dossier (11)
**experiencia práctica, la** practical experience (11)
**experimentar** to experience
**explicar** to explain
**explorar** to explore (9)
**explotado/a** exploited
**exquisito/a** exquisite
**extranjerismo, el** word from another language
**extranjero/a** foreign (2)
**extraño/a** strange (11)
**extrovertido/a** outgoing (1)

# F

**fábrica, la** factory (12)
**fabricación, la** manufacturing
**fabricar** to manufacture
**fábula, la** fable
**fácil** easy (2)
**facturar el equipaje** to check in the luggage (9)
**facultad de..., la** school of... (3)
**falda, la** skirt (8)
**faltar** to be lacking, needed (6)
**farmacéutico/a** pharmacist
**farmacia, la** pharmacy (8)
**fascinante** fascinating (1)
**fascinar** to fascinate (6)
**fase, la** phase
**fastuoso/a** ostentatious
**fax, el** fax (12)
**febrero** February (1)
**fecha, la** date
**fecha límite, la** deadline
**felicidad, la** happiness
**fenómeno, el** phenomenon

**feo/a** ugly (2)
**feria, la** fair
**fiebre, la** fever (10)
**fiesta, la** party (2)
**figurar** to appear
**fijarse** to notice
**fijo/a** still; fixed
**fila, la** row
**filete, el** fillet (6)
**filipino/a** *n., adj.* Filipino
**filmar** to film
**filme, el** movie, film
**filosofía, la** philosophy
**filosofía y letras, la** humanities/liberal arts (2)
**fin, el** end
**fin de semana, el** weekend (7)
**final, el** *n.* end ; *adj.* final, end result
**financiar** to finance
**financiero/a** financial
**finca, la** farm, ranch (12)
**firma, la** signature (4)
**física, la** physics (3)
**físico/a** *adj.* physical (2)
**flaco/a** skinny (2)
**flan, el** caramel custard (6)
**flanquear** to flank
**flauta, la** flute
**flor, la** flower (9)
**florería, la** florist (6)
**floristería, la** florist (6)
**fluir (y)** to flow
**fogata, la** fire
**folleto, el** brochure (9)
**fondo, el** background; bottom
**forjar** to shape
**formación, la** education; training
**formular** to form
**formulario, el** blank form (11)
**foro, el** forum
**fortalecer (zc)** to strengthen; fortify
**fotocopiadora, la** photocopy machine (12)
**fotocopiar** to photocopy (12)
**frasco, el** bottle (8)
**frecuentemente** frequently (5)
**fregadero, el** sink (6)
**freír (i, i)** to fry (6)
**freno, el** brake
**frente, la** forehead (10)
**fresa, la** strawberry
**fresco/a** fresh (6)
**fresón, el** *m.* strawberry

**frijol, el** (kidney, pinto, red) bean (6)
**frío/a** cold (6)
**frito/a** fried (6)
**frontera, la** border
**frotar** to rub
**fruta, la** fruit (6)
**frutería, la** fruit stand, store (6)
**frutilla, la** strawberry
**fuego, el** fire (11)
**fuegos artificiales, los** fireworks
**fuente, la** fountain (9); source
**fuente oficial, la** official source
**fuera de** outside
**fuerte** heavy; strong (4)
**fuerte, el** fort (9)
**fumar** to smoke (10)
**función, la** show (4)
**funcionar** to function, to work (12)
**fundación, la** foundation
**fundador/a** founding
**fundamento, el** melting
**fundar** to found
**furibundo/a** raging
**furioso/a** furious (5)
**fútbol, el** soccer (2)
**fútbol americano, el** football (2)
**futbolista, el/la** soccer player (7)

# G

**gabardina, la** gabardine (lightweight wool)
**gafas de sol, las** sunglasses (9)
**gaita, la** bagpipes
**galán, el** leading man
**galápago, el** giant turtle
**galleta, la** cookie; cracker (6)
**gamba, la** shrimp (6)
**ganadería, la** cattle raising
**ganadero, el** cattleman
**ganado, el** cattle
**ganancia, la** earning
**ganar** to earn; to win (7)
**ganga, la** bargain, good deal (8)
**garaje, el** garage (5)
**garantizar** to guarantee
**garganta, la** throat (10)
**garza, la** heron
**gastado/a** worn
**gastar** to spend (8)
**gasto, el** expense

**gato, el** cat
**gazpacho, el** cold tomato soup
**generalmente** generally (3)
**generar** to generate
**género, el** genre
**generoso/a** generous
**genial** pleasant; agreeable
**gente, la** people
**geografía, la** geography (2)
**geología, la** geology (3)
**gerente, el/la** manager (11)
**gigantesco/a** huge; gigantic
**gimnasia, la** gymnastics (7)
**gimnasio, el** gymnasium (3)
**gimnasta, el/la** gymnast (7)
**gira, la** tour
**girar** to turn
**gitano/a, el/al** gypsy
**gobernador/a, el/al** governor
**gobernante** governing, ruling
**gobernar** to govern
**gobierno, el** government
**golf, el** golf (7)
**golpear** to hit
**gordito/a** plump (2)
**gordo/a** fat (2)
**gorra, la** cap (8)
**gorro, el** knit or woven cap
**gota, la** drop
**gozar** to enjoy
**grabación, la** recording
**grabar** to record (12)
**gracias** thank you (1)
**gracioso/a** funny
**grado, el** degree
**graduarse** to graduate
**gran/de** big (1); great
**grano, el** grain (6)
**grasa, la** grease, fat (6)
**grave** serious
**gremio, el** trade union
**grifo, el** faucet
**gripe, la** flu (10)
**gris** gray (1)
**gritar** to shout (7)
**grito, el** cry; shout
**grosella, la** red currant
**guacamayo escarlata, el** Scarlet Macaw
**guante, el** glove (7)
**guapo/a** handsome (2)
**guardar** to keep; to put away (5)
**guardar cama** to stay in bed (10)
**guardar la línea** to stay trim, to watch one's figure (10)
**guardia, la** guard

**guerra, la** war
**guerrero/a, el/al** warrior
**guía, la** guidebook (9); **el/la guía,** tour guide (9)
**guineo, el** banana (6)
**guión, el** script
**guionista, el/la** screenwriter
**güisqui, el** whiskey
**guitarra, la** guitar
**gusano, el** worm
**gustar** to like (2)
**gusto, el** pleasure (1)

**habichuela, la** green bean (6)
**habitación, la** room; bedroom
**habitante, el/la** inhabitant; resident
**habitar** to live
**hablar** to talk (2)
**hace...años** ...years ago
**hace (mucho) calor** it's (very) hot (7)
**hace (mucho) frío** it's (very) cold (7)
**hace (mucho) sol** it's (very) sunny (7)
**hace (mucho) viento** it's (very) windy (7)
**hace buen tiempo** it's nice out (7)
**hace fresco** it's cool (7)
**hace mal tiempo** the weather is bad (7)
**hacer** to do (3); to make (3)
**hacer caso** to pay attention to
**hacer cola** to stand in line (9)
**hacer de "celestina"** to match-make
**hacer ejercicio** to exercise (3)
**hacer el jogging/footing** to jog (10)
**hacer investigaciones** to research
**hacer juego (con)** to match, to go well with (8)
**hacer la cama** to make the bed (5)
**hacer la maleta** to pack (a suitcase)
**hacer las compras** to buy groceries (5)
**hacer preguntas** to ask questions (3)

**hacer un pícnic/una merienda** to have a picnic (7)
**hacer una cita** to make an appointment (10)
**hacer una excursión** to take a (day) trip/excursion, to take a tour (7)
**hacha, el** (but *f.*) hatchet
**hacia** toward
**hamaca, la** hammock
**hambre, el** (but *f.*) *n.* hungry; **tener hambre** to be hungry (2)
**hamburguesa, la** hamburger (3)
**hasta** until (5)
**hasta luego** see you later (1)
**hasta mañana** see you tomorrow (1)
**hasta pronto** see you soon (1)
**hasta que** until (12)
**hay** there is/ there are 1)
**hecho, el** fact
**hecho/a a mano** handmade
**helada, la** frost
**heladera, la** cooler (7)
**heladería, la** ice-cream parlor (6)
**helado, el** ice cream (6)
**helicóptero, el** helicopter
**hemisferio, el** hemisphere
**heredero/a, el/la** inheritor
**herencia, la** inheritance
**herido/a** wounded
**hermanastro/a** stepbrother/stepsister (4)
**hermano/a, el/la** brother/sister (4)
**hervir (ie, i)** to boil (6)
**hielo, el** ice (7)
**hierro, el** iron (metal)
**hígado, el** liver
**higiene, la** hygiene
**higo, el** fig
**hijastro/a, el/la** stepson/ stepdaughter (4)
**hijo/a (único/a), el/la** (only) son/daughter (4)
**hinchar** to swell
**hipermercado, el** superstore
**hipervínculo, el** hyperlink (12)
**hipótesis, la** hypothesis
**hispano/a** Hispanic
**hispanohablante, el/la** *n.* Spanish-speaking person; *adj.* Spanish-speaking
**historia, la** history (2)
**hockey, el** hockey (7)

**hogar, el** home
**hoja, la** page; leaf
**hoja electrónica, la** spreadsheet (12)
**¡hola!** hi (1)
**hombre, el** man
**honestidad, la** honesty
**honesto/a** honest (11)
**honradez, la** honesty
**honrado/a** honest (11)
**honrar** to honor
**hora, la** hour (2)
**horario, el** schedule (3)
**hornear** to bake (6)
**horno, el** oven (6)
**horno microondas, el** microwave
**horóscopo, el** horoscope
**horrendo/a** horrendous
**hospedaje, el** lodging (9)
**hospedar** to lodge
**hostilidad, la** hostility
**hotel, el** hotel (9)
**hoy** today (2)
**hoy en día** nowadays
**hoyo, el** hole
**huelga, la** strike
**hueso, el** bone (10)
**huesudo/a** bony
**huevo, el** egg (6)
**humilde** humble
**humo, el** smoke (12)
**humor, el** mood
**hipervínculo, el** hyperlink (12)

**I**

**ibérico/a** Iberian
**ida y vuelta, de** (*adj.*) round trip
**idealista** *m., f.* idealistic
**idioma, el** language (2)
**iglesia, la** church
**igualmente** same here (1)
**ilustre** illustrious
**imagen, la** image
**impaciente** impatient (5)
**imperio, el** empire
**impermeable, el** raincoat (8)
**importante** important (11)
**importar** to be important
**impresionante** impressive
**impresionar** to impress
**impresora, la** printer (12)
**imprevisto/a** unexpected
**imprimir** to print (12)
**improvisar** to improvise
**improviso/a** impromptu
**impuesto, el** tax

impulsada: carrera impulsada, la run batted in
inalámbrico: teléfono inalámbrico, el cordless phone (12)
incansable untiring
incertidumbre, la uncertainty
incluir to include
incomodidad, la discomfort
incómodo/a uncomfortable
indeciso/a undecided; hesitant
índice, el index
indígena, el/la n. indigenous person; indian adj. indigenous
indiscreto/a indiscreet
indudablemente undoubtedly
industria automovilística, la automobile industry
industria petrolera, la oil industry
industrial industrial (12)
infaltable indispensable
infección, la infection (10)
inferior lower
infidelidad, la infidelity
infierno, el hell
inflación, la inflation
inflar to inflate; to swell
influyente influential
informar to report
informática, la computer science (2)
informe, el report
ingeniería, la engineering (2)
ingeniero/a, el/la engineer (11)
ingerir to ingest
inglés/a n., adj. English (2)
ingreso, el income
iniciar to begin
inmobiliario/a adj. real estate
inodoro, el toilet
inolvidable unforgettable
inseguridad, la insecurity
insistir (en) to insist (10)
inspeccionar to inspect
instalar to install (12)
instauración, la installation
instrumento de bronces, el brass
instrumento de cuerdas, el stringed instrument
instrumento de percusión, el percussion
instumento de viento de madera, el woodwind
inteligente intelligent (1)

intentar to try
intercambio, el exchange
interés, el interest
interesante interesting (1)
interesar to be interesting (6)
internado, el internship
interno/a internal
intérprete, el/la interpreter (11)
interrumpir to interrupt
introducción, la introduction
inundación, la flood
inútil useless
inventario, el inventory
invernal adj. winter
inverso/a reverse
invertir to invest
investigar investigate
invierno, el winter (1)
invitación, la invitation (4)
invitado/a, el/la guest
invitar to invite
involucrado/a involved
inyección, la shot (10)
ir (a) to go (3)
ir de compras to go shopping (8)
ir de excursión to go on an outing; to tour (9)
irse to leave (3)
isla, la island (9)
italiano/a n., adj. Italian (2)
izquierdo/a left

## J

jabón, el soap (5)
jamás never
jamón, el ham (6)
japonés/a n., adj. Japanese (2)
jarabe, el cough syrup (10)
jardín, el garden, yard (5)
jardinero/a, el/la outfielder; gardener
jefe/a, el/la boss (11)
jeroglífico, el hieroglyphic
jonrón, el homerun
joven young (2)
joya, la jewel
joyería, la jewelry store (8)
jubilado/a retired
jubilarse to retire (11)
judías, las green beans (6)
juego (electrónico), el (computer, electronic) game (12)
Juegos Olímpicos Olympic Games
jueves, el Thursday (1)

juez/a, el judge
jugada, la play (in/of a game) (7)
jugador/a, el/la player
jugar (ue) to play (4)
jugo, el juice (3)
julio July (1)
junio June (1)
junta directiva, la board of directors
junto/a together (3)
junto a... next to... (3)
jurado, el jury
jurar to swear
justo/a just (11)
juventud, la youth

## K

kilo, el kilogram (6)
kilómetro, el kilometer

## L

labial: lápiz labial, el lipstick (5)
labio, el lip (5)
labor, la work, labor
laboratorio de lenguas, el language laboratory (3)
lado, el side
ladrar to bark
ladrillo, el brick
ladrón/ladrona, el/la thief
lago, el lake (9)
lágrima, la tear
lamentar to regret (10)
lámpara, la lamp (5)
lana, la wool (8)
lancha, la boat
langosta, la lobster (6)
languidecer to languish
lápida, la gravestone
lápiz, el; pl. lápices pencil (1)
lápiz labial, el lipstick (5)
largo/a long (5)
lástima, la pity (11)
lata, la can
lavadora, la washer (5)
lavandería, la laundry
lavaplatos, el dishwasher (5)
lavar(se) to wash (oneself) (5)
lección, la lesson (1)
leche, la milk (3)
lechuga, la lettuce (6)
lector/a, el/la reader
leer to read (3)
legumbre, la vegetable; legume
lejos (de) far (3)
lema, el slogan; motto

lengua, la tongue (10)
lentejuela, la sequin
lentes (de contacto), los glasses; contact lenses
lento/a slow
león/leona, el/la lion, lioness
letra, la letter
letrero, el sign
levantar (pesas) to lift (weights) (10); to raise
levantarse to get up (5)
ley, la law
libertad, la freedom
libre free
librería, la bookstore (2)
librero, el bookcase (5)
libro, el book (1)
licuadora, la blender
liga, la league
ligero/a light
limón, el lemon (6)
limonada, la lemonade (6)
limpiar to clean (5)
limpieza, la cleaning
lindo/a pretty
línea, la figure
lírico/a lyrical
listo/a clever; ready
literatura, la literature (3)
litro, el liter (6)
liviano/a light (weight)
llamar to call (1)
llano, el plain
llavero, el key chain (8)
llegada, la arrival (9)
llegar to arrive (2)
llenar to fill (out)
llevar to wear (8)
llevar cuentas to keep accounts, bills (12)
llorar to cry
llover (ue) to rain (7)
lluvia ácida, la (acid) rain (12)
lo siento I'm sorry (1)
localizar to locate
loción, la lotion (5)
locura, la craziness; insanity
locutor/a announcer
lograr to achieve
loma, la hill
loro, el parrot
los demás everybody else
lucha, la fight
lucir to display; to shine
luego later; then (3)
luego que as soon as (12)
lugar, el place
lujo, el luxury (9)
lujoso/a luxurious

luna, la moon
luna de miel, la honeymoon
lunes, el Monday (1)
luz, la *pl.* luces light

macabro/a macabre
madera, la wood; *pl.* lumber
madrastra, la stepmother (4)
madre, la mother (2)
madrina, la godmother (4)
madrugada, la early morning
    hours
maestro/a, el/la teacher
    (elementary school) (1)
maíz, el corn
majadero/a annoying (4)
majestuoso/a majestic
mal *adv.* badly (1)
malo/a bad (1); evil; ill
maldición, la curse
maldito/a damned
malentendido, el
    misunderstanding
maleta, la suitcase (9)
mamá, la mom (mother) (4)
mandado, el errand
mandar to order (10)
mandatario, el chief
    executive of a country
    (13-amp)
mandato, el command
manejar to manage (12)
manera, la way
manglar, el mangrove
mano de obra, la manual
    labor
mano, la hand (5)
¡manos a la obra! let's get to
    work!
mansión, la mansion (9)
manteca, la lard (10)
mantel, el tablecloth
mantener (ie) to support
    (a family, etc.)
mantenerse en forma to
    stay in shape (10)
mantequilla, la butter (6)
manzana, la apple (6)
mañana, la morning;
    mañana *adv.* tomorrow
    (1)
mapa, el map (9)
mapache, el raccoon
maquiladora, la border
    factory
maquillador/a, el/la make-
    up artist
maquillaje, el make-up
    (5-amp)

maquillarse to put on make-
    up (5)
máquina, la machine
máquina de afeitar, la
    electric razor (5)
máquina de escribir, la
    typewriter (12)
maquinaria agrícula, la
    agricultural machinery
    (12)
mar, el *f.* ocean (7); sea (9)
marca, la brand (12)
marear to make dizzy
mariposa, la butterfly
mariscos, los seafood (6)
marítimo/a maritime; having
    to do with the sea
marrón brown (1)
martes, el Tuesday (1)
marzo March (1)
más more (2)
más o menos so-so (1)
masa, la dough
máscara, la mask
masticar to chew
matar to kill
matemáticas, las
    mathematics (2)
matemático/a, el/la
    mathematician
materia, la (academic)
    subject (3)
matrimonio, el marriage
mayo May (1)
mayor older (4)
mayoría, la majority
mazorca, la ear (of corn)
me da igual it's the same to
    me
me encantaría I would love
    to (4)
me llamo… my name is…
    (1)
me muero de hambre / sed
    I'm starving (to death) /
    I'm dying of thirst (6)
mecánico, el/la *n.* mechanic
    (11), *adj.* mechanical
media, la stocking;
    pantyhose (8)
mediano/a medium
medianoche, la midnight
mediar to mediate (13-amp)
medicina, la medicine
    (2)
médico/a, el/la doctor,
    physician (10)
medida, la measurement;
    measure (12)
medio/a *adj., n.* medium (6),
    half

medio (de comunicación),
    el media
medio ambiente, el
    environment
mediodía, el noon
mejilla, la cheek
mejor better (11); best
mejoramiento, el
    improvement
mejorar to improve
mejorarse to get better, to
    get well (10)
melocotón, el peach (6)
melodía, la melody
menor younger (4)
menos less
mensaje, el message
mensajero/a, el/la messenger
mensual monthly
mentir (i, i) to lie (8)
menú, el menu (6)
mercadeo, el marketing (2)
mercado, el market
mercancía, la merchandise
merecer to deserve
merendar (ie) to snack; to
    picnic (6)
merienda, la afternoon
    snack (6)
mes, el month (1)
mesa, la table (1)
mesa de noche, la
    nightstand (5)
mesero/a, el/la waiter
meta, la goal (11)
meteorológico/a pertaining
    to the weather
meteorólogo/a, el/la
    meteorologist
meter to place; to put
mexicano/a *n., adj.* Mexican
    (2)
mezcla, la blending; mixture
mezclar to mix (6)
mezzosoprano, la
    mezzosoprano
mi amor my love (4)
mi cielo sweetheart, darling
    *(fig.)* (4)
mi corazón sweetheart (4)
mi vida darling *(fig.)* (4)
mi(s) querido/a(s)
    amigo/a(s) my dear
    friend(s) (4)
mi/mis my (1)
microcomputadora, la
    personal computer,
    microcomputer (12)
microondas, el microwave
    (6)
microscopio, el microscope

miedo, el fear; tener miedo
    to be afraid (2)
miel, la honey; la luna de
    miel honeymoon
miembro, el member
mientras (tanto)
    (mean)while (1)
mientras que as long as (12)
miércoles, el Wednesday (1)
migra, la Immigration and
    Naturalization Service
    (slang)
migratorio/a *adj.* migrant
milenio, el millenneum
minería, la mining
ministro/a, el/la minister
mirar to look at, to watch (2)
mirarse to look at oneself (5)
misa, la mass
misceláneo miscellaneous
mismo/a same
misterioso/a mysterious
mochila, la backpack
moda, la fashion
modelo, el/la model
modo, el way, manner
mojado/a wet
mojarse to get wet
molde, el baking pan (6)
molestar to bother (annoy)
    (6)
molido/a ground
monarquía, la monarchy
moneda, la currency
monja, la nun
monótono/a monotonous
montaña, la mountain (9)
montañoso/a mountainous
montar a caballo/en
    bicicleta to go horseback
    / bicycle riding (9)
montón, el heap; pile
monumento, el monument
    (9)
morado/a purple (1)
moraleja, la moral
morcilla, la blood sausage
morder (ue) to bite
moreno/a brunette, dark (2)
morir (ue, u) to die (11)
morir de risa to have a great
    laugh
moro/a Moor
mosca, la fly
mostrador, el counter (8)
mostrar (ue) to show
mover (ue) to move
movimiento, el movement
muchacho/a, el/la boy/girl
    (2)
muchas veces often

**mucho** a lot (1)
**mucho gusto** it's a pleasure (to meet you) (1)
**mudanza, la** move
**mudar(se)** to move
**mueble, el** (a piece of) furniture (5)
**muela, la** molar (10)
**muerte, la** death
**muerto/a (de)** dead (dying of) (3)
**muestra, la** sample
**mujer, la** woman
**multa, la** fine (12)
**multar** to fine (12)
**mundano/a** worldly ; ordinary
**mundialmente** worldwide
**mundo, el** world
**músculo, el** muscle (10)
**musculoso/a** muscular
**museo, el** museum (9)
**música, la** music (3)
**músico, el/la** musician
**muy** very (2)

**nacer (zc)** to be born (10)
**nacimiento** birth
**nación, la** nation
**nacionalidad, la** nationality
**nada** nothing (7)
**nadador/a, el/la** swimmer (7)
**nadar** to swim (2)
**nadie** no one (7)
**naranja, la** orange (6)
**narcotraficante, el/la** drug dealer
**nariz, la** nose (10)
**natación, la** swimming (2)
**naturaleza, la** nature (12)
**náusea, la; tener náusea** to be nauseous (10)
**navaja de afeitar, la** razor blade (5)
**navegar** to navigate; to sail
**neblina, la** fog (7)
**necesario/a** necessary (11)
**necesitar** to need (2)
**negar (ie)** to deny (11)
**negocio, el** business
**negro/a** black (1)
**nervio, el** nerve; **el ataque de nervios** nervous breakdown
**nervioso/a** nervous (3)
**nevar (ie)** to snow (7)
**¡ni modo!** no way!
**ni...ni** niether . . . nor
**nido, el** nest

**nieto/a, el/la** grandson/ granddaughter (4)
**nieve, la** snow
**nilón, el** nylon
**niñez, la** childhood
**ningún, ninguno/a** none; not any (7)
**niño/a, el/la** child (4)
**nitrato de soda, el** sodium nitrate
**nivel, el** level
**nocturno/a** nocturnal
**nombrar** to name
**nombre, el** name (1)
**norte, el** north
**norteamericano/a** *adj., n.* North American (2)
**nota, la** grade
**notar** to note
**noticias, las** news
**noticiero, el** newscast
**noveno/a** ninth
**noviembre** November (1)
**novio/a, el/la** boyfriend/ girlfriend; fiancé/ée (2); groom/bride (4)
**nublado/a** cloudy (7)
**núcleo familiar, el** nuclear family
**nuera, la** daughter-in-law (4)
**nuevo/a** new (2)
**número, el** number
**nunca** never
**nutritivo/a** nutritious

**ñato/a** pug-nosed

## O

**o (u)** or (1)
**obedecer (zc)** to obey
**obligar** to compel
**obligatorio/a** mandatory (12)
**obra de teatro, la** play (theater)
**obra maestra, la** masterpiece
**obrero/a, el/la** manual worker (11)
**observar** to observe; to adhere to (12)
**obstáculo, el** obstacle
**obvio/a** obvious (11)
**octava, la** octave
**octavo/a, el** eighth
**octubre** October (1)
**ocupado/a** busy (3)
**ocupar** to occupy
**odiar** to hate
**oeste, el** west

**oferta, la** sale; offer (11)
**oficina, la** office
**oficio, el** occupation; job (11)
**ofrecer** to offer
**ogro/a, el/la** ogre
**oído, el** ear (10)
**¡ojalá (que)!** I hope that (12)
**ojo, el** eye (5)
**¡ojo!** be careful!
**olmo, el** elm
**olor, el** smell
**olvidarse (de)** to forget
**ondulante** wavy
**operar** to operate (10)
**opereta, la** operetta
**opinar** to think, give one's opinion
**oportunidad, la** opportunity
**opresión, la** oppression
**oración, la** sentence
**orden, la** order
**ordenador, el** computer (*Sp.*)
**ordenar** to pick up (5)
**oreja, la** ear (10)
**órgano, el** organ
**orgullo, el** pride
**orgulloso/a** proud
**oriental** *adj.* east
**origen, el** origin
**originar** to originate (from); to come (from)
**orilla, la** shore
**orinar** to urinate
**oro, el** gold (8)
**orquesta, la** orchestra (4)
**orquesta sinfónica, la** symphony
**orquídea, la** orchid
**ortografía, la** spelling
**otoño, el** fall (1)
**otra vez** again (5)
**otro/a** other
**oveja, la** sheep
**¡oye!** listen! (3)

## P

**paciente** *m., f., adj., n.* patient (10)
**pacifista, el/la** pacifist
**padecer (zc) (de)** to suffer (from) (10)
**padrastro, el** stepfather (4)
**padre, el** father (2); *pl.* parents (2)
**padrino, el** godfather (4)
**pagar** to pay (6)
**pagar al contado** to pay cash (8)

**página, la** page (1)
**país, el** country (2)
**país en desarrollo, el** developing country
**paisaje, el** scenery
**paja, la** straw
**pájaro, el** bird
**palabra, la** word (1)
**palacio, el** palace (9)
**palito, el** stick
**palmera, la** palm tree
**palo, el** stick
**palomitas de maíz, las** popcorn
**pan, el** bread (6)
**pampas, las** plains (*Arg.*)
**pana, la** corduroy
**panadería, la** bakery (6)
**panameño/a** *n., adj.* Panamanian (2)
**panecillo, el** sweet roll
**pantalla, la** screen (12)
**pantalones (cortos), los** pants, slacks (shorts) (8)
**pantano, el** swamp
**pantimedias, las** stockings; pantyhose (8)
**pañuelo, el** handkerchief
**papa, la** potato (6)
**papá, el** dad (father) (4)
**papas fritas, las** french fries (6)
**papel, el** paper (1); role
**papelería, la** stationery shop
**paquete, el** package
**par, el** pair (8)
**para chuparse los dedos** finger-licking good
**para (que)** in order (that), so (that) (12)
**parada, la** stop
**parado/a** standing
**paraíso, el** paradise
**parar en seco** to stop dead
**parecer** to seem (6)
**parecido/a** similar
**pared, la** wall
**pareja, la** couple
**pariente, el** relative (4)
**paro: estar en paro** to be out of work (11)
**parrilla: a la parrilla** grilled (6)
**parque, el** *park (4)*
**párrafo, el** paragraph
**parte, la** part
**partido, el** (ball) game (sports) (4); party (political)
**pasado/a** past
**pasaje, el** fare, ticket (9)

pasajero/a, el/la passenger
pasaporte, el passport
pasar to spend (time); to come by (4)
pasar la aspiradora to vacuum (5)
pasar una película to show a movie (4)
pasarlo bien to have a good time (7)
pasatiempo, el pastime
pasear to take a walk (4)
paseo, el walk; promenade; avenue
pasillo, el hall (5); aisle (9)
paso, el step
pasta de dientes, la toothpaste (8)
pastel, el cake (6); pie (6)
pastelería, la pastry shop (6)
pastilla, la pill; lozenge (10)
pasto, el pasture
pata, la leg (animal)
patata, la potato (Sp.) (6)
patear to kick (7)
patente clear; evident
patinador/a skater (7)
patinar to skate (7)
patín, el skate (7)
patio, el patio (5)
pato, el duck
patrocinador/a, el/la sponsor
patrocinar to sponsor
paz, la peace
pecado, el sin
pecho, el chest (10)
pedagogía, la education (2)
pedazo, el piece (6)
pedir (i, i) to ask for, to request (4)
pegado/a glued
peinarse to comb (one's hair) (5)
peine, el comb (5)
peineta, la comb (5)
pelar to peel (6)
pelea, la fight
pelearse to fight
peletería, la shop selling furs
película, la movie (4); film (9)
peligro, el danger
peligroso/a dangerous
pelirrojo/a redhead (2)
pelo, el hair (5)
pelona, la barren
pelota, la baseball, tennis ball (7)
peluquería, la hair salon
peluquero/a, el/la hair stylist (11)

pena, la grief
pena de prisión, la prison term
pendiente, el earring (8)
penicilina, la penicillin (10)
península (ibérica), la (Iberian) peninsula
pensar (ie) (+ inf.) to think; to plan (to do something) (4)
pensión estudiantil, la boardinghouse
peor worse
pequeño/a small (1)
percusión, la percussion
perder (ie) to lose (4)
perder (ie) tiempo to waste time
pérdida, la loss
perdido/a lost
perdonar to excuse; to pardon
perdurar to last
peregrino/a, el/la pilgrim
perejil, el parsley
perezoso/a lazy (1)
perfumería, la perfume shop (8)
periódico, el newspaper
periodista, el/la journalist (11); newspaper man/woman
perla, la pearl (8)
permanecer to remain
permiso, el permission
permitir to permit (10)
pero but (2)
perplejo/a perplexed
perseverancia, la perseverance
persona, la person (2)
personaje, el character
pertenecer (zc) to belong
peruano/a adj., n. Peruvian
pesar to weigh
pesca, la fishing
pescadería, la fish store (6)
pescado, el fish (6)
pescar to fish (9)
pesimista, el/la n. pesimist; adj. pessimist
peso, el weight (10)
pesticida, el pesticide (12)
petróleo, el oil; petroleum (12)
petrolero/a, la industrial petrolera oil industry
pez, el fish
picado/a chopped (6)
picante hot (spicy) (6)
picar to cut, to slice (6)

pico, el peak
pie, el foot (10)
piedra, la stone
piel, la leather, fur ; skin
pierna, la leg (10)
pieza, la piece
piloto/a, el/la pilot (9)
pimienta, la pepper (6)
pimiento, el green pepper (6)
piña, la pineapple
pingüino, el penguin
pinta, la look
pintar to paint
pintarse to put on make-up (5)
pintor/a, el/la painter
pintoresco/a picturesque
pirámide, la pyramid
Pirineos, los Pyrenees
pisar to step
piscina, la swimming pool (9)
piso, el floor; apartment (Sp.) (5)
pista, la clue
pizarra, la chalkboard (1)
pizca, la pinch (6)
placa, la (license) plates
placer, el pleasure
plan de retiro, el retirement plan (11)
plancha, la iron (appliance) (5)
planchar to iron (5)
planear to plan (9)
plano, el map
planta alta, la upstairs (5)
planta baja, la downstairs; main floor (5)
planta nuclear, la nuclear plant (12)
plata, la silver (8)
plátano, el plantain, banana (6)
platería, la silversmith's trade
plato, el course; dish (5); plate (6)
playa, la beach (4)
pleno/a full
plomero, el plumber (11)
pluriempleo, el moonlighting
poblado/a populated
pobre poor (2)
pobreza, la poverty
poco/a little (1)
poder (ue) to be able, may (4)
poder, el power
poderoso/a powerful

policía, la police (force)
policía, el policeman
política, la politics
político/a political (2)
político, el/la politician
pollería, la chicken store (6)
pollo, el chicken (6)
polvo, el powder
pomada, la salve ointment
poner to put (5)
poner la mesa to set the table (5)
poner una película to show a movie (4)
ponerse to put on (5); to become (+ emotion) (5)
ponerse de pie to stand up
ponerse en forma to get in shape (10)
por ahora for now
por aquí around here
por by
por casualidad by chance
por Dios for God's sake
por ejemplo for example
por eso therefore
por favor please (1)
por fin finally
por la mañana (tarde/ noche) in (during) the morning (afternoon/ evening) (2)
por lo general in general
por lo menos at least
por lo tanto therefore
por otro lado on the other hand
¿por qué? why? (2)
por supuesto of course
por último finally
porcentaje, el percentage
porque because (2)
portada, la title page
portugués/a n., adj. Portuguese (2)
posible possible (11)
posteriormente afterwards
postre, el dessert (6)
pozo, el well
practicar to practice; to play (a sport) (2)
precario/a precarious
precio, el price (8)
preciso/a precise; exact; essential (11)
predecir (i) predict
preferir (ie, i) to prefer (4)
pregunta, la question (3)
preguntar to ask
premiar to award

premio, el prize
prenda, la garment
prender to light; to turn on (6)
prensa, la press; news media
preocupación, la worry; concern
preocupado/a worried (3)
preocuparse to worry
preparar to prepare (2)
presenciar to witness
presentación, la introduction (1)
presentar to present; to introduce; to perform
presidente/a, el/la president
presión, la blood pressure (10)
preso, el prisoner
préstamo, el loan
prestar to lend
prestar atención to pay attention
presupuesto, el budget
prevenir to prevent; to warn
previo/a previous
primavera, la spring (1)
primer/o/a first (8)
primera actriz, la leading lady
primera plana, la front page
primo/a, el/la cousin (4)
principal adj. main
príncipe, el prince
principiante, el/la beginner
principio, el beginning
prisa: tener prisa to be in a hurry (2)
probador, el fitting room (8)
probar (ue) to taste; to try (6)
probarse (ue) to try on (8)
problema, el problem
procesador de textos, el word processor (12)
procurar to procure; secure
producir (zc) to produce
producto interior bruto, el gross domestic product
productor/a, el/la producer
producto lácteo, el milk product (10)
profesor/a, el/la professor (1); instructor (1)
profundo/a deep
programa radial, el radio program
programar to program (12)
programa social, el social welfare program
prohibir to prohibit (10)
promedio, el average

promesa, la promise
prometer to promise (9)
promover (ue) to promote
pronóstico, el forecast (7)
pronto soon
pronunciación, la pronunciation
pronunciar to pronounce
propiedad, la property
propietario/a, el/la owner
propina, la tip (6)
propio/a own
propósito, el purpose
próspero/a prosperous
protagonista, el/la protagonist; star
protección del medio ambiente, la environmental protection
proteger (j) to protect (12)
proteína, la protein (10)
próximo/a close
proyecto, el project
prueba, la test (10)
psicología, la psychology (3)
psicólogo/a, el/la psychologist (11)
psiquiatra, el/la psychiatrist
publicar to publish
público, el audience
pueblo, el town; the people, the masses
puerta, la door
puerta de salida, la gate (9)
puerto, el port
puertorriqueño/a n., adj. Puerto Rican (2)
pues (conj.) well (3)
puesto, el stall; position (job) (11)
pulga, la flea
pulmón, el lung (10)
pulposo/a pulpy; fleshy
pulsera, la bracelet (8)
puño, el fist
punto, el point
pupitre, el desk

## Q

¡qué barbaridad! what nonsense!
¿qué hay? what's new? (inform.) (1)
¿qué hora es? what time is it? (2)
¿qué pasa? what's happening? what's up? (inform.) (1)
¿qué suerte la nuestra? It's our tough luck!

¿qué tal? what's up? how's it going? (inform.) (1)
¿qué te parece? what do you think? (how do you feel about that?) (7)
¿qué tiempo hace? what's the weather like? (7)
¿qué? what? (2)
quebrar(se) to break
quedar to be left, remain (6)
quedarse to fit (clothes) (8); to stay (somewhere) (9)
quehacer doméstico, el household chore (5)
quemar to burn
querer (ie) to want (4); to love
queridísima... dearest ... (4)
querido/a(s)... dear... (4)
queso, el cheese (6)
quien who
¿quién(es)? who? (2)
química, la chemistry (3)
quinto/a fifth
quiropráctica, la chiropractic
quitar to take away
quitar la mesa to clear the table (5)
quitarse to take off (5)
quizá(s) perhaps, maybe (12)

## R

radial: programa radial, el radio program
radicar to be situated
radioactividad, la radioactivity (12)
radiografía, la x-ray (10)
radioyente, el/la radio listener
raíz, la root
rana, la frog
rápidamente quickly
raqueta, la racket (7)
raro/a unusual
rascacielo, el skyscraper
raspa, la sturdy wire comb
rato: al poco rato soon
ratón, el mouse (12)
raya: de rayas striped (8)
rayón, el rayon
razón, la reason
reaccionar to react
real royal
realizar to carry out
rebaja, la sale (8)
rebelde, el/la rebel
recámara, la room
recaudar to collect (money)

receta, la recipe (6); prescription (10)
recetar to prescribe (10)
rechazar to reject; to turn down (4)
rechinar to squeak
recibir to receive (3)
reciclaje, el recycling (12)
reciclar to recycle (12)
recién casado/a, el/la newlywed
recién recently
reciente recent
recipiente, el generic pot, bowl, dish, etc. (6)
reclamar to demand (13-amp)
reclutar to recruit
recoger to pick up (12)
recomendación, la recommendation (11)
recomendar (ie) to recommend (10)
reconocible recognizable
Reconquista, la Reconquest
reconstruir (y) reconstruct
recordar (ue) to remember (4)
recorrer to go round; to travel through/across (9)
recreativo/a recreational
recreo, el school recess time
rector/a, el/la administrator
rectoría, la administration building (3)
recuerdo, el souvenir (9)
recurso (natural), el (natural) resource (12)
Red Informática, Red Mundial, la Internet
redactado/a written
redondo/a round
reducir (zc) to reduce
referencia, la reference (11)
reflejar to reflect
reforestación, la reforestation, (12)
refresco, el soft drink, soda (3)
refrigerador, el refrigerator (6)
regalar to give (a present)
regalo, el gift; present
regatear to bargain (8)
regresar to return (2)
regular so-so (1)
reina, la queen
reino, el reign
reírse (i, i) to laugh (5)

**relajarse** to relax
**relatar** to tell
**religioso/a** religious
**rellenar** to fill completely; to fill out (11)
**reloj, el** clock
**reloj de pulsera, el** wristwatch (8)
**reluciente** shining
**remedio, el** solution
**renacentista** *adj.* Renaissance
**reñir (i, i)** to quarrel (4)
**renombre, el** renoun
**renovable** renewable
**renunciar** to resign (11)
**reparar** to repair (11)
**repartir** to deliver; to distribute (11)
**reparto, el** distribution; cast (theater)
**repaso, el** review
**repertorio, el** repertoire
**repetir (i, i)** to repeat; to have a second helping (4)
**reportero/a, el/la** reporter
**representante, el/la** representative
**representar** to perform
**republicano/a** Republican
**requerir (ie, i)** to require
**requisito, el** qualification; requirement
**res: carne de res, la** beef (6)
**rescatado/a** rescued
**rescate, el** rescue
**reseña, la** review (of book, movie, etc.)
**reserva, la** reserve; reservation (9)
**resfriado, el** cold (10)
**residencia estudiantil, la** dorm
**resolución, la** resolution
**resolver (ue)** to resolve
**respaldar** to back (up)
**respetar** to respect
**respetuoso/a** respectful
**respiración, la** breathing
**respirar** to breathe (10)
**responsabilidad, la** responsibility (11)
**responsable** responsible (4)
**respuesta, la** answer
**restaurar** to restore
**resultado, el** result
**resumen, el** summary
**resumir** to summarize
**resurgimiento, el** resurgence
**retar** to challenge
**reto, el** challenge

**retirarse** to retire (11)
**retiro, el** retirement (11)
**retractacción, la** retraction
**retrasar** to delay
**retrato, el** portrait
**retumbar** to thump
**reunión, la** meeting
**reunirse** to get together (5)
**revelar** to reveal
**revisar** to check
**revista, la** magazine
**revolver (ue)** to stir (6)
**revuelto/a** scrambled (6)
**rey, el** king
**rezar** to pray
**rico/a** rich (2); delicious (6)
**ridículo/a** ridiculous
**riel, el** rail
**rienda, la** reign
**riesgo, el** risk (10)
**riñón, el** kidney
**río, el** river (9)
**riqueza, la** wealth
**ritmo, el** rhythm
**robo, el** robbery
**rodaje, el** filming
**rodeado/a** surrounded
**rodilla, la** knee (10)
**rojo/a** red (1)
**rollo de película, el** roll of film (for camera) (9)
**romper** to break
**romperse (un hueso)** to break (a bone) (10)
**ron, el** rum
**ropa, la** clothes (5)
**rosado/a** pink (1)
**rosal, el** rosebush
**rubio/a** blond (2)
**ruido, el** noise
**rumbo, el** direction

## S

**sábado, el** Saturday (1)
**saber** to know (how to do) something (4)
**sabor, el** flavor (6)
**saborear** to taste (6)
**sacar** to take out (5); to stick out (tongue) (10)
**sacar fotos** to take pictures (9)
**saco, el** coat (8)
**sacudir** to dust (5)
**sacudirse** to shake
**sagrado/a** sacred
**sal, la** salt (6)
**sala, la** living room (5)
**sala de clase, la** classroom
**sala de espera, la** waiting room (9)

**sala de reclamación de equipaje, la** baggage claim room (9)
**salario, el** salary, wages (11)
**salida, la** departure (9)
**salida de emergencia, la** emergency exit (9)
**salir** to go out; to leave (5)
**salsa de tomate, la** tomato sauce (6)
**salsa picante, la** hot sauce (6)
**saltar** to jump
**salto, el** waterfall (9)
**salubridad, la** healthiness
**salud, la** health
**saludable** healthy
**saludar(se)** to greet (one another) (9)
**saludo, el** salutation, greeting (11)
**sandalia, la** sandal (8)
**sangre, la** blood (10)
**sanidad, la** health
**sano/a** healthy
**santo/a** holy
**sapo, el** toad
**sartén, la** skillet, frying pan (6)
**sastrería, la** tailor shop (8)
**sátira, la** satire
**satisfacer** to satisfy
**satisfecho/a** satisfied
**saxofón, el** saxophone
**sazonar** to season
**se despide de usted(es) atentamente** very truly yours (11)
**secadora, la** dryer (5); hair dryer (5)
**secar(se)** to dry (oneself) (5)
**sección de no fumar, la** no-smoking section (9)
**sección deportiva, la** sports section
**sección financiera, la** business section
**seco/a** dry
**secretario/a, el/la** secretary (11)
**secuela, la** sequel
**sed, la** thirst; **tener sed** to be thirsty (2)
**seda, la** silk (8)
**sede, la** seat (of government)
**segregar** to secrete
**seguir (i, i)** to follow; to continue (4)
**según** according to
**segundo/a** second
**seguro/a** certain (11)

**seguridad, la** security
**seguro de vida, el** life insurance (11)
**seguro médico, el** health insurance (11)
**seleccionar** to choose
**sello, el** stamp
**selva, la** jungle (12)
**selvático/a** of the jungle
**semana, la** week (1)
**semana pasada, la** last week (6)
**Semana Santa, la** Easter week
**sembrar (ie)** to plant (12)
**semejante** similar
**semejanza, la** similarity
**semestre, el** semester (3)
**senado, el** senate
**senador/a, el/la** senator
**señal, la** signal
**señalar** to indicate; to point out
**sencillez, la** simplicity
**sencillo/a** simple
**sendero, el** trail
**señor (Sr.), el** Mr. (1)
**señora (Sra.), la** Mrs. (1)
**señorita (Srta.), la** Miss (1)
**sentarse (ie)** to sit down (5)
**sentido, el** sense
**sentir (ie, i)** to regret (10)
**sentirse (ie, i)** to feel (5)
**septiembre, el** September (1)
**séptimo/a** seventh
**sepulcro, el** tomb
**ser, el** being
**ser** to be
**serenata, la** serenade
**servicio de habitación, el** room service (9)
**servilleta, la** napkin (6)
**servir (i)** to serve (4)
**sexteto, el** sextet
**sexto/a** sixth
**si** if (3)
**SIDA, el** AIDS
**siembra, la** sowing; seed planting
**siempre** always (3)
**sierra, la** mountain range (12)
**sigla, la** call letter
**siglo, el** century
**significado, el** meaning
**signo, el** sign
**siguiente** following
**silabeo, el** syllabication
**silbar** to hiss
**silbato, el** whistle

**silla, la** chair
**sillón, el** armchair, overstuffed chair (5)
**simpatía, la** fondness
**simpático/a** nice (1)
**sin embargo** nevertheless
**sin manga** sleeveless (8)
**sin (que)** without (12)
**sindicato, el** (trade) union
**sinfonía, la** symphony
**sino** but
**síntoma, el** symptom (10)
**sirviente/a, el/la** servant
**sitio, el** place
**sobras, las** leftovers
**sobre** on (5)
**sobrenatural** supernatural
**sobrepeso, el** excess weight, obesity (10)
**sobrepoblación, la** overpopulation
**sobresalir** to stand out
**sobresalto, el** sudden fright
**sobretiempo, el** overtime
**sobrino/a, el/la** nephew/ niece (4)
**socio/a, el/la** partner
**sociología, la** sociology (3)
**sofá, el** sofa (5)
**sol, el** sun
**solamente** only (3)
**soldado, el** soldier
**soledad, la** loneliness
**soler (ue)** to be in the habit of (4)
**solicitar** to apply
**solicitud, la** application
**solicitud de empleo, la** job application form (11)
**solista, el/la** soloist
**sólo** only (3)
**soltero, el/la** *n.* bachelor, bachelorette; *adj.* single
**solucionar** to solve
**sombrero, el** hat (8)
**sombrilla, la** beach umbrella (7)
**sombrío/a** somber
**son las dos...** it's two (o'clock)... (2)
**soñar (ue) (con)** to dream (about) (4)
**sonar (ue)** to ring
**sondeo, el** questionnaire
**sonido, el** sound
**sonreír (i, i)** to smile
**sonrisa, la** smile
**sopa, la** soup (6)
**soplar** to blow
**soprano, la** soprano
**sorprendente** surprising

**sorprender(se)** to surprise; to be surprised (10)
**sorpresa, la** surprise (4)
**sorteo, el** drawing
**sospechosa/a** suspicious; unfriendly
**sostén, el** bra
**suave** soft
**subida, la** climb
**subir** to climb
**subir de peso** to gain weight (10)
**subocupación, la** low occupancy rate
**subsuelo, el** subsoil
**sucio/a** dirty
**suegro/a, el/la** father-in-law/ mother-in-law, el/la (4)
**sueldo, el** salary, wages (11)
**sueño, el** dream
**suerte, la** luck
**suéter, el** sweater (8)
**suficiente** enough
**sufrir** to suffer
**sugerencia, la** suggestion (7)
**sugerir (ie, i)** to suggest (10)
**sumamente** extremely
**superar** to overcome
**superestrella, el/la** superstar
**supermercado, el** supermarket
**supervisor/a, el/la** supervisor (11)
**suponer** to suppose
**sur, el** south
**Suramérica** South America
**suramericano/a** South American
**surgir** to spring up; to arise
**suroeste, el** southwest
**sustantivo, el** noun
**susto, el** fright

# T

**tabaquera, la** snuffbox
**tablero, el** (bulletin) board
**tablilla, la** small (cutting) board
**tal vez** perhaps, maybe (12)
**talco, el** powder (8)
**talentoso/a** talented
**talla, la** size (8)
**tallado, el** carving
**taller, el** workshop
**tamaño, el** size
**también** also (2)
**tambor, el** drum
**tampoco** neither (7)

**tan pronto como** as soon as (12)
**tanto** so much
**tapar** to cover (6)
**tapas, las** appetizers
**tapete, el** rug
**taquilla, la** ticket booth
**taquillero/a, el/la** ticket seller
**tardar** to be late
**tarde** late (2)
**tarea, la** homework (3); task
**tarjeta de crédito, la** credit card (8)
**tarjeta de embarque, la** boarding pass (9)
**tarta, la** cake (6); pie (6)
**tasa, la** rate
**tatuaje, el** tattoo
**taxista, el/la** taxi driver
**taza, la** cup (6)
**té, el** tea (6)
**te quiero** I love you (4)
**te toca a ti** it's your turn (1)
**techo, el** roof
**teclado, el** keyboard (12)
**técnica, la** technique
**tecnológico/a** technological (12)
**tejer** to weave
**tejidos, los** woven goods
**tela de araña, la** spiderweb
**tela, la** fabric (8)
**teléfono celular, el** cellular telephone (12)
**teléfono inalámbrico, el** cordless telephone (12)
**telenovela, la** soap opera
**televidente, el/la** television viewer
**televisión por cable, la** cable TV
**televisor, el** television set
**tema, el** theme; topic
**temblar** to tremble
**temblor de tierra, el** earthquake
**temer** to fear (10)
**templado/a** temperate
**temporada, la** season (7)
**temprano** early (2)
**tenebroso** gloomy
**tenedor, el** fork (6)
**tener (ie)** to have (2)
**tener...años** to be . . . years old
**tener calor** to be hot (2)
**tener cuidado** to be careful
**tener dolor (de)** to have a pain (10)

**tener en cuenta** to take into account (10)
**tener éxito** to be successful
**tener frío** to be cold (2)
**tener ganas de (+ inf)** to feel like (doing something) (2)
**tener hambre** to be hungry (2)
**tener miedo** to be afraid (2)
**tener náuseas** to be nauseous (10)
**tener prisa** to be in a hurry (2)
**tener que (+ inf.)** to have to (+ inf.) (2)
**tener razón** to be right (2)
**tener sed** to be thirsty (2)
**tener sueño** to be sleepy (2)
**tenis, el** tennis (2)
**tenista, el/la** tennis player (7)
**tenor, el** tenor
**teoría, la** theory
**terapia, la** therapy
**tercer, tercero/a** third
**terciopelo, el** velvet
**término, el** term
**termómetro, el** thermometer
**ternera, la** veal (6)
**terrateniente, el/la** landowner
**terraza, la** terrace (5)
**terremoto, el** earthquake
**terreno, el** terrain
**terrestre** earthly; terrestial
**tez, la** skin
**tibio/a** warm; tepid
**tiempo, el** time; weather
**tienda, la** tent; store (8)
**tienda de antigüedades, la** antique shop
**tierra, la** land
**tijera, la** scissors (5)
**tímido/a** shy, timid (1)
**tinta, la** ink
**tinto: vino tinto, el** red wine (6)
**tío/s, el/la** uncle/aunt (4)
**tío/a abuela/o, el/la** great uncle/great aunt
**tipo de cambio, el** exchange rate
**tipo, el** type
**tirar** to throw
**tiras cómicas, las** comics
**titular, el** headline
**título, el** title (1); degree
**tiza, la** chalk
**toalla, la** towel (7)

tobillo, el ankle (10)
tocador, el vanity
tocar to touch; to play (a musical instrument) (7)
todas las noches every night (3-amp)
todavía still; yet
todo *pron.* everything, all (3);
todo/a *adj., n.* all (3); *pl.* everyone (3)
todo el día all day (3)
todo el mundo everyone, everybody (3)
todos los días every day (3)
tolerar to tolerate
tomar to drink (2); to take (10)
tomar el sol to sunbathe (4)
tomate, el tomato (6)
tono, el tone
tonto/a dumb (1); stupid
topografía, la topography
tórax, el torso
torcerse (ue) (z) to twist (10)
tormenta, la storm
toronja, la grapefruit (6)
torre, la tower
torta, la cake (6); sandwich (*Mex.*)
tortilla, la flat cornmeal or wheat bread (*Mex., S.A., U.S.*); potato and onion omelette (*Sp.*) (6)
tortolito/a, el/la lovebird
tortuga, la turtle
tos, la cough (10)
toser to cough (10)
tostada, la toast (6)
tostadora, la toaster (6)
tostar to toast (6)
trabajador/a hard-working (1)
trabajar to work (2)
trabajar a comisión to work on commission (11)
trabajo, el work (11)
traducir to translate
traductor/a, el/la translator (11)
traer to bring (5)
trago, el drink
traje, el suit (8)
traje de baño, el bathing suit (7)
tranquilo/a calm
transmisión, la transmission
transmitir to transmit

transporte, el transportation
tratado, el treaty
Tratado de Libre Comercio NAFTA
tratamiento, el treatment
tratar de (+ inf.) to try (to do something) (2)
trimestre, el trimester (3)
tripulación, la crew
triste sad (3)
tristeza, la sadness
triunfar to triumph
trombón, el trombone
trompeta, la trumpet
trono, el throne
tropa, la troop
trozo, el piece; fragment
tul, el tulle (silk or nylon net)

## U

ubicación, la location
ubicarse to be located/situated
ufano/a conceited
úlcera, la ulcer
último/a last
uña, la finger/toenail (5)
una vez one time; once (5)
únicamente only
único/a unique; only
unido/a close, close-knit (4)
universidad, la university
utensilio, el utensil
útil useful
utilidad, la usefulness
utilizar to use
uva, la grape (6)

## V

vacaciones, las vacation
vacante, la opening, vacancy (11)
vacío, el emptiness
vacuna, la vaccine
valer to be worth; to cost (8)
validez, la validity
valioso/a valuable
valle, el valley
valor, el value
vaqueros, los jeans (8)
variar to vary
variedad, la variety
varios/as several
varón, el male
vasco/a *n., adj.* Basque

vaso, el water glass (6)
vaso capilar, el blood vessel
vecino/a, el/la neighbor
vela, la candle
velocidad, la speed
vencer to conquer
vendedor/a, el/la salesperson (11)
vendedor/a ambulante, el/la street vendor
vender to sell (3)
venenoso/a poisonous
venezolano/a *n., adj.* Venezuelan (2)
venir (ie) to come (4)
venta, la sale
ventaja, la advantage
venta-liquidación, la clearance sale (8)
ventana, la window (1)
ventanilla, la window (9)
ver to see, to watch (television) (3)
verano, el summer (1)
verdad, la truth (4)
¿verdad? really? (1)
verdadero/a real
verde green (1); not ripe
verdulería, la greengrocer's shop 6
verdura, la vegetable (6)
vergonzoso/a embarrassing
verificar to verify; to check
verter (ie) to pour
vestido, el dress (8)
vestirse (i, i) to get dressed (5)
veterinario/a, el/la veterinarian (11)
vez, la time (5)
viajante, el/la traveling salesperson (11)
viajar to travel (2)
viaje, el trip (2)
viajero/a, el/la traveler
vibrar to vibrate
vida, la life (3)
videograbadora, la videocassette recorder (VCR) (12)
vidrio, el glass
viejo/a old (2)
viento, el wind
viernes, el Friday (1)
vietnamés/a *n., adj.* Vietnamese (2)

vietnamita *m., f. n., adj.* Vietnamese
vigilar to watch (10)
vigor, el stamina
vinagre, el vinegar
vino, el wine (6)
violación, la *f.* violation; rape
violar to violate; to rape
violencia, la violence
violín, el (14-amp)
virreinato, el viceroyalty
virtuoso/a virtuoso
visitante, el/la visitor
visitar to visit (4)
vista, la view (9)
vitrina, la (store) window
viuda, la widow
vivienda, la housing
vivir to live (3)
vivo/a to be smart, cunning; to be alive
vocal, la vowel
volcán, el volcano (9)
vólibol, el volleyball (7)
voltear to turn over, to toss (6)
voluntad, la will
volver (ue) to return (4)
volverse to become
votar to vote
voto, el vote; ballot
vuelo, el flight
vuelo sin escala, el nonstop flight (9)

## Y

y (e) and (1)
ya already (3)
ya que now that (12)
yate, el yacht
yerba, la herb; grass (5)
yerno, el son-in-law (4)

## Z

zanahoria, la carrot (6)
zapatería, la shoestore (8)
zapato (de tenis), el (tennis) shoe (8)
zarzuela, la (Spanish) operetta
zona franca, la duty-free zone
zorro, el fox
zumo, el juice (6)

# APPENDIX 4
# ENGLISH-SPANISH VOCABULARY

## A

a lot mucho (1)
abolish, to abolir
abandon, to abandonar
abortion aborto, el
about acerca
about to, to be estar a punto de
above *adv.* arriba; *prep.* arriba de (5)
(academic) subject materia, la (3)
accept, to aceptar (4)
accessory accesorio, el
accolade espaldarazo, el
accomplice cómplice, el/la
according to según
accordion acordeón, el
accountant contador/a (11)
accounting contabilidad, la
(acid) rain lluvia ácida, la (12)
achieve, to lograr
acidic ácido/a
acquisition adquisición, la
across from enfrente (de) (3); a través de
act acto, el
act, to actuar
act out, to dramatizar actuación, la ; arte dramático, el;
acting actuación, la ; arte dramático, el
activist activista, el/la
activity actividad, la (7)
actor/actress actor, el/actress, la
ad anuncio, el ; aviso, el
add, to añadir (3); (to a mix) echar (6)
address dirección, la
addressee destinatario, el
adjustment ajuste, el
admire, to admirar
admission ticket entrada (4)
administration building rectoría, la (3)

administrator rector, el/la
advantage ventaja, la
adventure aventura, la
advice column consultorio sentimental, el
advice consejo, el
advise, to aconsejar (10)
advisor consejero/a, el/la; asesor/a, el/la
aerobics ejercicios aeróbicos, los (10)
affection afecto, el
affection cariño, el
afraid, to be afraid tener miedo (2)
after *adv.* después; *prep.* después de (3); *conj.* después de que (12)
after después (de) que (12)
afternoon snack merienda, la (6)
afterwards posteriormente
again otra vez (5)
against contra (5)
age edad, la
agency agencia, la (11)
agree, to estar de acuerdo; asentir (ie, i)
agreeable genial
agreement acuerdo, el; concordancia, la
agricultural machinery maquinaria agrícola, la (12)
agricultural agrícola
AIDS SIDA, el
air aire, el (12)
airline aerolínea, la
airplane avión, el
airport aeropuerto, el
aisle pasillo, el (9)
alarm clock despertador, el (5)
alcoholic beverage bebida alcohólica, la (10)
algebra álgebra, la (3)
all todo/a
all day todo el día (3)
allergic alérgico/a
allergy alergia, la (10)

allow, to dejar (10)
ally aliado/a, el/la
almost casi
already ya (3)
also también (2)
although aunque (6)
altitude altura, la (9)
aluminum aluminio, el (12)
always siempre (3)
ambassador embajador/a, el/la
amenity comodidad, la
American (from the United States) estadounidense *m., f. n., adj.*
ancestor antepasado, el
ancient antiguo/a
and y (e) (1)
anger, to enojar (10)
angry enfadado/a (3); enojado/a (3)
anguish angustia, la
ankle tobillo, el (10)
announce, to anunciar
announcement anuncio, el
announcer locutor/a, el/la
annoying majadero/a (4)
answer respuesta, la
answer, to contestar (1)
answering machine contestador automático, el (12)
antacid antiácido, el (10)
anthropologist antropólogo, el
anthropology antropología, la (3)
antibiotic antibiótico, el (10)
antique antiguedad, la
antique shop tienda de antigüedades, la
anxious ansioso/a
any cualquier/a adj.
apartment departamento, el *(Mex.)*, piso, el *(Sp.)*
appear, to aparecer (zc), figurar
appearance apariencia, la
appetizers tapas, las

applaud, to aplaudir
applause aplauso, el
apple manzana, la (6)
appliance aparato, el (6)
applicant aspirante, el/la (11)
application solicitud, la
apply, to solicitar
appointment cita, la
appreciate, to apreciar
approach, to arrimarse a
appropriate apropiado/a
approve, to aprobar (ue)
April abril (1)
architect arquitecto/a (11)
Argentine argentino/a *adj., n.* (2)
arise, to surgir
arm brazo, el (10)
armchair sillón, el (5)
arm oneself, to armarse
army ejército, el
around here por aquí
around alrededor
arrange, to arreglar (8)
arrest, to detener (ie)
aride, to surgir
arrival llegada, la (9)
arrive, to llegar (2)
art arte, el (2)
article artículo, el
ask for, to pedir (i, i)
ask questions, to hacer preguntas (3)
as long as mientras que (12)
as soon as en cuanto (12), luego que (12); tan pronto como (12)
ask, to preguntar
asparagus espárrago, el
aspirin aspirina, la (10)
assemble, to ensamblar
assembly ensamblaje, el
assent, to asentir (ie)
assume, to asumir
assure, to asegurar
at about (time) a eso de
at dusk al atardecer
at least por lo menos
at the end of a finales de

at the same time  a la vez
at times  a veces (5)
atheist  ateo/a, el/la
athlete  atleta, el/la
atmosphere  atmósfera, la (12)
attach, to  adjuntar
attend, to  asistir a (3)
attitude  actitud, la
attract, to  atraer
attractive  atractivo/a (4)
audience  público, el
audition  audición, la
auditorium  auditorio, el
August  agosto (1)
autobiography  autobiografía, la
automatic teller  cajero automático, el (12)
automobile industry  industria automovilística, la
autonomous  autónomo/a
available  disponible
average  promedio, el
avoid, to  evitar
award, to  premiar
awesome!  ¡bárbaro!

# B

babble, to  balbucear
baby  bebé, el/la
babysit, to  cuidar a los niños
bachelor  soltero, la
bachelorette  soltera, la
back  espalda, la (10)
back; backwards; behind  atrás
background; bottom  fondo, el
backpack  mochila, la
back (up), to  respaldar
bad  mal, malo/a (1)
badly  mal adv. (1)
bag (big)  bolsa, la (7)
baggage claim room  sala de reclamación de equipaje, la (9)
bagpipes  gaita, la
bake, to  hornear (6)
baked  asado/a (6)
bakery  panadería, la (6)
baking pan  molde, el (6)
balance  equilibrio, el
balcony  balcón, el
ball  balón, el (7)
(ball)game  partido, el (4)
banana  banana, la (6); plátano, el (6); guineo, el (6)
banana tree  banano, el

band  banda, la
bank  banco, el
bargain  ganga, la (8)
bargain, to  regatear (8)
baritone  barítono, el
bark, to  ladrar
barley  cebada, la
barren  pelona, la
baseball player  beisbolista, el/la m., f. (7)
baseball  béisbol, el (2)
baseball, tennis ball  pelota, la (7)
basin  cuenca, la
basket  cesto, el (7)
basketball player  baloncestista, el/la (7)
basketball  baloncesto, el (2)
basketball  básquetbol, el
Basque  vasco/a adj., n.
bass (instrument)  bajo, el
bat  bate, el (7)
bat, to  batear (7)
batboy  cargabate, el/la
bathe, to  bañarse (5)
bathing suit  traje de baño, el (7)
bathroom  baño, el (5)
be able, to  poder (ue) (4)
be careful!  ¡ojo!
be situated, to  radicar; ubicar
be, to  estar (1); ser (1)
beach  playa, la (4)
beach resort  balneario, el
beach umbrella  sombrilla, la (7)
beat, to  batir (6)
beautiful  bello/a
beauty  belleza, la
because  porque (2)
because of  con motivo de
become, to  convertirse (ie, i); volverse (ue); (+ emotion) ponerse
become frightened, to  asustar
bed  cama, la (5)
bedroom  alcoba, la; dormitorio, el (5); habitación, la; recámara, la
beef  carne de res, la (6)
beer  cerveza, la (6)
before  adv. antes; prep. antes de (3); conj. antes de que (12); (with regard to) ante
begin, to  comenzar (ie); empezar (ie) (4); iniciar
beginner  principiante, el
beginning  comienzo, el; principio, el

behind  detrás (de) (3)
being  ser, el
belief  creencia, la
believe, to  creer (y) (3)
bellhop  botones, el/la (9)
belong, to  pertenecer (zc)
belt  cinturón, el (8)
bench  banqueta, la; banco, el
benefit  beneficio, el
besides  además de
best  mejor (11)
better  mejor (11)
between  entre (3)
bicycle  bicicleta, la (7)
big  gran, grande (1)
bilingual  bilingüe
bilingualism  bilingüismo, el
bill (restaurant)  cuenta, la (6)
billiards  billar, el
binoculars  binoculares, los (9)
biology  biología, la (2)
bird  pájaro, el; ave, el (but f.)
birth  nacimiento
birthday  cumpleaños, el
bite, to  morder (ue)
black  negro/a (1)
black coffee  café solo (6)
blanket  cobija, la
blender  licuadora, la
blessing  bendición, la
blond  rubio/a (2)
blood  sangre, la (10)
blood pressure  presión, la (10)
blood sausage  morcilla, la
blood vessel  vaso capilar, el
blouse  blusa, la (8)
blow, to  soplar
blue  azul (1)
blushing  arrebolado/a
board, to  abordar (9)
board of directors  junta directiva, la
boarding pass  tarjeta de embarque, la (9)
boarding house  pensión estudiantil, la
boat  lancha, la
body  cuerpo, el
body building  complexión, la (10)
boil, to  hervir (ie, i) (6)
bone  hueso, el (10)
bony  huesudo/a
book  libro, el (1)
bookcase  librero, el (5)
bookshelf  estante, el
bookstore  librería, la (2)

boot  bota, la (8)
border factory  maquiladora, la
border  frontera, la
border, to  bordear
boring, bored  aburrido/a (1); (3)
born, to be born  nacer (zc) (10)
boss  jefe/a, el/la (11)
both  ambos/as
bother (annoy), to  molestar (6)
bottle  botella, la; frasco, el (8)
box; cash register  caja, la (8)
boxer  boxeador/a, el/la (7)
boxing  boxeo, el (7)
bowl (generic)  recipiente, el (6)
boy  muchacho, el (2); chico, el (3)
boy/girl  muchacho/a (2)
boyfriend  novio (2)
boyfriend/girlfriend; fiancé/ée groom/bride  novio/a (2); (4)
bra  sostén, el
bracelet  pulsera, la (8)
brake  freno, el
brand  marca, la (12)
brass instrument  instrumento de bronce
bread  pan, el (6)
break, to  romper; quebrar; (a bone) romperse (un hueso) (10) (into pieces)  destrozar
breakfast  desayuno, el (5)
breathe, to  respirar (10)
breathing  respiración, la
brick  ladrillo, el
bride  novia, la (4)
briefly  brevemente
bring, to  traer (5)
broaden, to  ampliar
brochure  folleto, el (9)
broiled  asado/a (6)
broken down  averiado/a
broom  escoba, la (5)
brother  hermano, el (4)
brother-in-law  cuñado, el (4)
brown  marrón (1)
brunette  moreno/a (2)
brush, to  cepillarse (5)
bucket  cubo, el (5)
budget  presupuesto, el
building  edificio, el
(bulletin) board  tablero, el

**burial** entierro, el
**buried** enterrado/a
**burn, to** quemar
**bus** autobús, el; camión, el (*Mex.*)
**business** comercio, el
**business administration** administración de empresas, la (2)
**business section** sección financiera, la
**business** negocio, el
**busy** ocupado/a (3)
**but** pero (2)
**but** sino
**butcher shop(6)** carnicería, la
**butter** mantequilla, la (6)
**butterfly** mariposa, la
**buy, to** comprar (2)
**buy groceries, to** hacer las compras (5)
**by chance** por casualidad
**by** por
**byproduct** derivado, el (6)

## C

**cable TV** televisión por cable, la
**cafeteria** cafetería, la (3)
**cake pie** pastel, el (6); (6)
**cake pie** tarta, la (6); (6)
**cake** torta, la (6)
**calculate, to** calcular (12)
**calculator** calculadora, la (3)
**calculus** cálculo, el (3)
**call, to** llamar (1)
**call letter** sigla, la
**calm** tranquilo/a
**camera** cámara fotográfica, la (9)
**camp** campamento, el
**campaign** campaña, la
**can** lata, la
**Canadian** canadiense *m., f. n., adj.*
**cancel, to** cancelar (9)
**candidate** candidato/a
**candle holder** candelabro, el
**candle** vela, la
**candy store** confitería, la (6)
**cap** cachucha, la
**cap** gorra, la (8)
**capable** capaz (11)
**capital city** capital, la (2)
**capture, to** captar
**car** carro, el (4)
**car** coche, el (4)
**careful, to be careful** tener cuidado
**caramel custard** flan, el (6)

**carbohydrate** carbohidrato, el (10)
**cardboard** cartón, el
**career** carrera, la
**careful** cuidadoso/a
**carefully** cuidadosamente
**Caribbean** caribeño/a
**Caribbean Sea** Mar Caribe, el
**carpenter** carpintero/a, el/la (11)
**carrot** zanahoria, la (6)
**carry out, to** realizar
**carving** tallado, el
**case** caso, el
**castle** castillo, el (9)
**cat** gato, el
**catch, to** coger; agarrar
**cathedral** catedral, la (9)
**Catholic** católico/a *n., adj.*
**cattle raising** ganadería, la
**cattle** ganado, el
**cattleman** ganadero, el
**cave** cueva, la
**CD** disco compacto, el (12)
**cede, to; relinquish to** ceder
**celebrate, to** celebrar
**cellular telephone** teléfono celular, el (12)
**cemetery** cementerio, el
**censure, to** censurar
**censured** censurado/a
**cent** centavo, el
**center** centro, el (3)
**centigrade** centígrado/a
**century** siglo, el
**cereal** cereal, el (6)
**certain** seguro/a (11)
**certainty** certidumbre, la
**chain** cadena, la (8)
**chair** silla, la
**chalk** tiza, la
**chalkboard** pizarra, la (1)
**challenge, to** retar
**challenge** desafía, el; reto, el
**challenging** exigente (3)
**chamber** cámara, la
**champion** campeón/campeona, el/la
**chance** azar, el
**change** cambio, el
**channel** canal, el
**character** personaje, el
**characteristic** característica, la
**charge** cargo, el
**charge, to** cobrar
**charitable** caritativo/a
**chart** cuadro, el
**chat, to** conversar (12)

**check** cheque, el (8); (restaurante) cuenta, la (6)
**check account** cuenta corriente, la (12)
**check, to** averiguar; revisar
**check, to** verificar
**check in the luggage, to** facturar el equipaje (9)
**checkup** examen físico, el (10)
**cheek** mejilla, la
**cheese** queso, el (6)
**chemistry** química, la (3)
**chess** ajedrez, el
**chest** pecho, el (10)
**chew, to** masticar
**chicken** pollo, el (6)
**chicken store** pollería, la (6)
**chief** cacique, el; caudillo, el
**chief executive of a country** mandatorio, el (13-amp)
**child** niño/a (4)
**childhood** niñez, la
**Chilean** chileno/a *adj., n.* (2)
**Chinese** chino/a *adj., n.* (2)
**chiropractic** quiropráctica, la
**cholesterol** colesterol, el (10)
**choose, to** escoger; seleccionar
**chop** chuleta, la (6)
**chopped** picado/a (6)
**chorus** coro, el
**Christianity** cristiandad, la
**chronological** cronológico/a
**church** iglesia, la
**cicada** cigarra, la
**cigarette** cigarrillo, el (10)
**cinematography** cinematografía, la
**cinnamon** canela, la
**citizen** ciudadano/a, el/la; *pl.* ciudadanía, la
**citizenship** ciudadanía, la
**city** ciudad, la (2)
**clarinet** clarinete, el
**class** clase, la
**classified** clasificado/a
**classroom** sala de clase, la
**clause** cláusula, la
**clean to,** limpiar (5)
**cleaning** limpieza, la
**clear** patente
**clear the table to,** quitar la mesa (5)
**clearance sale** venta-liquidación, la (8)
**clerk** dependiente/a (8)
**clever; ready** listo/a
**client** cliente/a, el/la (6)

**climb** subida, la
**climb, to** escalar; subir (a)
**clock** reloj, el
**close** *adj.* próximo/a; unido/a (4)
**close, to** cerrar (ie) (1)
**close to** *adv.* cerca de (2)
**close-knit** unido/a (4)
**closet** armario, el (5)
**closing** despedida, la (11)
**clothes** ropa, la (5)
**cloudy** nublado/a (7)
**clue** pista, la
**coach** entrenador/a, el/la (7)
**coach class** clase turista, la (9)
**coast** costa, la
**coat** abrigo, el (8)
**coat** saco, el (8)
**code** código, el
**codfish** bacalao, el (6)
**coffee** café, el (3); **black coffee** café solo, el; **coffee with milk** café con leche, el (6)
**coffee café** café, el (4)
**coffeepot** cafetera, la (6)
**cognate** cognado, el
**cold** frío/a (6); resfriado, el (10)
**cold, to be cold** tener frío (2)
**collect (money) to,** recaudar
**collector** coleccionista, el/la
**Colombian** colombiano/a *n., adj.* (2)
**colony; cologne** colonia, la (8)
**color** color, el (1)
**Columbus Day** Día de la Raza, el
**comb** peine, el (5); (sturdy, wire) raspa, la
**comb (one's hair) to,** peinarse (5)
**combat, to** combatir
**come, to** venir (ie) (4); **(from, origin)** originar de
**comedy** comedia, la
**comfort** comodidad, la
**comfortable** cómodo/a
**comics** tiras cómicas, las
**command** mandato, el
**comment** comentario, el
**commerce** comercio, el
**commiserate, to** compadecerse
**commit, to** cometer
**common** común (11)

commonwealth estado libre asociado, el

communication comunicación, la (2)

community comunidad, la

compare, to comparar

compatriot compatriota, el/la

compel, to obligar

competition competencia, la

complicated complicado/a (3)

compose, to componer

composer compositor/a, el/la

comprehensive comprensivo/a

computer computadora, la (3); ordenador, el (Sp.)

computer science informática, la (2)

(computer, electronic) game juego (electrónico), el (12)

conceited ufano/a

concert hall casa de ópera, la

concert concierto, el (4)

condemn, to condenar

condemned condenado/a

condiment condimento, el

conductor (symphony) director/a, el/la

confide, to confiar

confidence confianza, la

conflict conflicto, el

confront, to enfrentar

confuse, to confundir

confusing confuso/a

congratulations! ¡enhorabuena!

congress congreso, el

connection conexión, la

conquer conquistar; vencer

conquest conquista, la

conservative conservador/a

conserve, to conservar (12)

consolation consuelo, el

constrict, to encogerse

construct construir (y)

consultant asesor/a, el/la

consume, to consumir (12)

consumer consumidor/a

consumption consumo, el

contact lenses lentes de contacto, los

container envase, el (12)

contain, to contener (ie)

contaminate, to contaminar (12)

contamination contaminación, la

content contenido, el

contest; game show; pageant concurso, el

contest certamen, el

contestant concursante, el/la

continue, to seguir (i, i) (4)

contract contrato, el (11)

contract, to contraer

contralto contralto, el/la

contrary contrario/a

contrast, to contrastar

contribute, to contribuir (y)

control, to controlar

controversial controvertido/a

convent convento, el (9)

converse, to conversar (2)

convince, to convencer

cook cocinero/a, el/la (11)

cookie; cracker galleta, la (6)

cooler heladera, la (7)

coordinator coordinador/a, el/la (11)

copper cobre, el

cord; string cuerda, la

cordially yours cordialmente (11)

cordless telephone teléfono inalámbrico, el (12)

corduroy pana, la

coriander cilantro, el (6)

corn maíz, el

corruption corrupción, la

cosmopolitan cosmopolita m., f.

cost, to costar (ue) (8); valer (8)

Costa Rican costarricense n., adj.

cotton algodón, el (8)

cough tos, la (10)

cough, to toser (10)

cough syrup jarabe, el (10)

counter mostrador, el (8)

country país, el (2)

couple pareja, la

course curso, el (3)

course; dish plate plato, el (5); (6)

court, playing field cancha, la (7)

cousin primo/a, el/la (4)

cover, to cubrir (11); tapar (6)

cozy acogedor/a

cradle cuna, la

craftsman/woman artesano/a

crash, to chocar

craw; stomach buche, el

craziness; insanity locura, la

cream crema, la (6)

creamy cremoso/a

creator creador/a

creature criatura, la

credit card tarjeta de crédito, la (8)

crew tripulación, la

crime crimen, el; delito, el

critic crítico/a, el/la ;

critical crítico/a

criticize, to criticar

crop cosecha, la (12)

cross, to cruzar

crossed atravesado/a

cruise crucero, el

cry; shout grito, el

cry, to llorar

cub cachorro, el

Cuban cubano/a adj., n. (2)

cultivation; crop cultivo, el (12)

culvert; sewer alcantarilla, la

cup taza, la (6)

cure, to curar (11)

currency moneda, la

current actual adj.

curse maldición, la

curtain cortina, la

custom costumbre, la

customer; client cliente/a, el/la (6)

customs inspector aduanero/a, el/la (9)

customs aduana, la (9)

cut, to cortar (6); picar (6)

cycling ciclismo, el (7)

cyclist ciclista, el/la (7)

cynical cínico/a

cypress (tree) ciprés, el

## D

dad (father) papá, el (4)

daily diario/a

damage daño, el

damned maldito/a

dance, to bailar (2)

dancer bailarín/bailarina, el/la

danger peligro, el

dangerous peligroso/a

dare, to atreverse

dark (skin, hair) moreno/a

darling (fig.) mi vida (4)

database base, la de datos (12)

date fecha, la; cita, la

date; appointment cita, la (10)

daughter hija, la

daughter-in-law nuera, la (4)

dawn aurora, la

dawn, to amanecer (zc)

day día, el (1)

day before yesterday anteayer, el (6)

daybreak alba, el (but f.)

dead (dying of) muerto/a (de) (3)

dead difunto/a

deadline fecha límite, la

deal, good ganga (8)

dear (endearment) cariño/a, el/la; (in a letter) dear... querido/a(s)... (4)

dear sir/madam: estimado/a señor/a (11)

dearest... queridísima... (4)

death muerte, la

debate, to debatir

debt deuda, la

decade década, la

decaffeinated descafeinado/a

December diciembre, el (1)

deceive, to engañar

decide, to decidir (3)

decisive decisorio/a

decorate, to adornar

dedicate, to oneself to dedicarse a

deep profundo/a

defeat, to derrotar

defend, to defender (ie)

defense defensa, la

define, to definir (11)

deforestation deforestación, la (12)

degree grado, el (education) titulo, el

delay atraso, el; demora, la (9)

delay, to retrasar

delight, to encantar (6)

delighted encantado/a (1)

delightful encantador/a

deliver, to repartir (11)

demand, to reclamar (13-amp)

demanding exigente (3)

demilitarization desmilitarización, la

democracy democracia, la

democrat demócrata, el/la

democratization democratización, la

denounce, to denunciar

dentist dentista, el/la (11)

deny, to negar (ie) (11)

deodorant desodorante, el (5)

**department store** almacén, el (8)

**departure** salida, la (9)

**depend, to** depender (ie)

**depopulation** despoblación, la

**describe, to** describir

**desert** desierto, el

**deserve, to** merecer

**design** diseño, el (12)

**design, to** diseñar (11)

**designer** diseñador/a, el/la

**desire, to** desear (6)

**desk** escritorio, el; pupitre, el

**desperate** desesperado/a

**dessert** postre, el (6)

**destroy** destruir (y); destrozar

**destroy, to; to break into pieces** destrozar

**deteriorate, to** deteriorar

**devalue, to** devaluar

**developing country** país en desarrollo, el

**development** desarrollo, el

**diabetes** diabetes, la (10)

**diagnosis** diagnóstico, el (10)

**diamond** diamante, el (8)

**dictator** dictador/a, el/la

**dictatorship** dictadura, la

**dictionary** diccionario, el (3)

**die, to** morir (ue, u) (11)

**diet, to be on a diet** estar a dieta (10)

**differ, to** diferir (ie)

**difficult** difícil; duro/a (2)

**dig, to** cavar

**dike** dique, el

**dining room** comedor, el (5)

**dinner** cena, la; comida, la (5)

**direct, to** dirigir

**direction** rumbo, el

**director** director/a, el/la

**director conductor** director/a (11);

**dirty** sucio/a

**disadvantage** desventaja, la

**disagreement** desacuerdo, el

**disappearance** desaparición, la

**disarmament** desarme, el

**disaster** desastre, el (5)

**discharge, to** descargar

**discomfort** incomodidad, la

**discount** descuento, el

**discover, to** descubrir (11)

**discovery** descubrimiento, el

**disguise** disfraz, el

**dish (generic, serving)** recipiente, el (6); **plate** plato, el (6)

**dishwasher** lavaplatos, el (5)

**disillusioned** desilusionado/a

**diskette** disquete, el (12)

**disobey, to** desobedecer (zc)

**disorder** desorden, el

**display, to; to shine** lucir

**disposed** disponible

**disproportionate** desproporcionado/a

**dissident group** disidencia, la

**distinguish, to oneself** distinguirse

**distinguished** distinguido/a

**distract, to** distraer

**distribute, to** repartir (11)

**distribution; cast (theater)** reparto, el

**distrusting; distrustful** desconfiado/a

**diva** diva, la

**divide, to** dividir

**divorced** divorciado/a (3)

**do, to; to make** hacer (3); (3)

**dock** embarcadero, el

**doctor, physician** médico/a, el/la (10)

**doctor's office** consultorio, el (10)

**documentary** documental, el

**dollar** dólar, el

**Dominican** dominicano/a *n.*, *adj.* (2)

**door** puerta, la

**dorm** residencia estudiantil, la

**dose** dosis, la

**dossier** expediente, el (11)

**double** doble, el; *adj., n.* (el) (9)

**double bed** cama doble, la (9)

**double room** cuarto doble, el (9)

**doubt** duda, la

**doubt, to** dudar (11)

**doubtful** dudoso/a (11)

**dough** masa, la

**downstairs; planta baja, la (5)**

**downtown** centro, el (4)

**dowry** dote, el

**dozen** docena, la

**drag, to** arrastrar

**drainage** desagüe, el

**drama** drama, el

**draw, to** dibujar

**drawing (art)** dibujo, el

**drawing (lottery)** sorteo, el

**dream** sueño, el

**dream (about), to** soñar (ue) (con) (4)

**dress** vestido, el (8)

**dresser** cómoda, la (5)

**dressmaker** costurero/a, el/la

**drink; refreshment** bebida, la (3); trago, el

**drink, to** beber (3); tomar (2)

**drive, to** conducir (zc) (12)

**drop** gota, la

**drop-box** buzón, el

**drug addiction** drogadicción, la

**drug dealer** narcotraficante, el/la

**drugstore** droguería, la (6)

**drum** tambor, el

**drums** batería, la

**dry** seco/a

**dry (oneself), to** secar(se) (5)

**dryer (hair and laundry)** secadora, la (5)

**duck** pato, el

**due to** debido a

**dumb** tonto/a (1)

**during** durante

**dust, to** sacudir (5)

**duty** deber, el

**duty-free zone** zona franca, la

# E

**each** cada

**eagle** águila, el (but *f.*)

**ear (of corn)** mazorca, la

**ear (inner)** oído, el (10)

**ear (outer)** oreja, la (10)

**early morning hours** madrugada, la; **early** temprano (2)

**earn, to; to win** ganar (7)

**earning** ganancia, la

**earring** arete, el (8); pendiente, el (8)

**earthly** terrestre

**earthquake** temblor de tierra, el; terremoto, el

**east** este, el; *adj.* oriental

**Easter week** Semana Santa, la

**easy** fácil (2)

**eat, to** comer (3)

**eat breakfast, to** desayunar (5)

**ecological** ecológico/a

**economical** económico/a

**economics** economía, la (3)

**edifice** edificación, la

**editorial page** editorial, el

**educate, to** educar

**educated** culto/a

**education** pedagogía, la (2); formación, la

**educational** educativo/a

**effort** esfuerzo, el

**egg** huevo, el (6); blanquillo, el (Mex.) (6)

**eighteenth** décimoctavo/a

**eighth** octavo/a

**elastic** elástico, el

**elect, to** elegir (i, i)

**election** elección, la

**electric razor** máquina de afeitar, la (5)

**electrical appliance** electrodoméstico, el

**electrician** electricista, el/la (11)

**electronic** electrónico/a (12)

**electronics** aparato electrónico, el

**eliminate, to** eliminar

**elm** olmo, el

**e-mail** correo electrónico, el (4)

**embarrassing** vergonzoso/a

**embassy** embajada, la

**embedded** enclavado/a

**emerald** esmeralda, la

**emergency exit** salida de emergencia, la (9)

**emphasize, to** enfatizar

**empire** imperio, el

**employee** empleado/a (11)

**employment** empleo, el (11)

**emptiness** vacío, el

**enchanting,** encantador/a

**enclose, to** encerrar (ie)

**encounter** encuentro, el

**encourage, to** animar (7)

**end** fin, el; final, el ; *adj.* final

**end, to** eliminar

**endangered** en peligro de extinción

**enemy** enemigo/a

**energy** energía, la (12)

**engineer** ingeniero/a, el/la (11)

**engineering** ingeniería, la (2)

**English** inglés/inglesa *n.*, *adj.* (2)

**enjoy, to** disfrutar; gozar

enjoy your meal! ¡buen provecho! (6)
enlarge, to agrandar
enormous enorme
enough suficiente
enrich, to enriquecer
entertainment section cartelera, la
enthusiasm entusiasmo, el
enthusiastic entusiasta *m., f.*
enthusiastically entusiasmadamente
entrance entrada, la
entry entrada, la (4)
environmental ambiental
environmental protection protección del medio ambiente, la
environs cercanía, la
episode episodio, el
equal, to (be) equal to equivaler
equipment equipo, el (7)
erase, to borrar (12)
eraser borrador, el
errand mandado, el
escape, to escaparse
especially especialmente
establish, to establecer (zc) (11)
estar de moda to be in style (8)
ethics ética, la
ethnic étnico/a
eucalyptus eucalipto, el
evaluation evaluación, la (11)
event acontecimiento, el
even aun
even when aun cuando
every day todos los días (3)
every night (3-amp) todas las noches
everybody todo el mundo (3), todos (3)
everybody else los demás
everyone, todo el mundo (3)
everything, all todo *pron.* (3);
evident evidente (11); patente
evil mal, malo/a (1)
exact preciso/a
exactly; (time) en punto
exaggerate, to exagerar
exam examen, el (2)
example ejemplo, el
excavate, to excavar
excess weight sobrepeso, el (10)
exchange intercambio, el

exchange rate tipo de cambio, el
exciting emocionante (1)
excuse, to; to pardon perdonar
executive ejecutivo/a
exemplify, to ejemplificar
exercise ejercicio, el
exercise, to hacer ejercicio (3); (carry out) ejercer
expect, to esperar
expectation expectativa, la
expense gasto, el
expensive caro/a (1)
experience, to experimentar
explain, to explicar
exploited explotado/a
explore, to explorar (9)
exquisite exquisito/a
extensive amplio/a
extinguish, to apagar (gu) (12)
extremely sumamente
extremely, to be pleasing encantar (6)
eye ojo, el (5)

# F

fable fábula, la
fabric tela, la (8)
face cara, la (5)
face, to afrontar
fact hecho, el
faction bando, el
factory fábrica, la (12)
fair feria, la
fairy tale cuento de hadas, el
fall asleep, to dormirse (ue, u) (5)
fall in love, to enamorarse (5)
fall otoño, el (1)
fall, to caer
familiar, to be (with) conocer (zc)
famous conocido/a
fan aficionado/a, el/la (7)
far lejos (de) (3)
fare pasaje, el (9)
farm, ranch finca, la (12)
farmer agricultor/a, el/la
fascinate, to fascinar (6)
fascinating fascinante (1)
fashion moda, la
fashion show costura: desfile de costura, el
fashion show desfile de costura, de moda, el

fasten (a seat belt), to abrocharse (9)
fat gordo/a (2)
fate; destination destino, el
father padre, el (2)
father-in-law suegro (2)
fatigue cansancio, el
faucet grifo, el
fax fax, el (12)
fear, to temer (10)
February febrero (1)
feed, to alimentar
feel like (doing something), to tener ganas de (+ inf) (2)
feel, to sentirse (ie, i) (5)
fence cerca, la
fever fiebre, la (10)
fiancé/fiancée novio/a, el/la (4)
field of study campo de estudio, el
fifth quinto/a
fig higo, el
fight lucha, la; pelea, la
fight, to combatir
figure línea, la
file expediente, el (11)
file, to archivar (12)
Filipino filipino/a *n., adj.*
fill (out), to llenar; rellenar
fill completely, to rellenar (11)
fillet filete, el (6)
film producer, filmmaker cineasta, el/la
film película, la (4); filme, el
film, to filmar
filming rodaje, el
finally por fin
finally por último
finance, to financiar
financial financiero/a
find out, to enterarse
find, to encontrar (ue) (4)
fine multa, la (12)
fine arts bellas artes, las (2)
fine, to multar (12)
fine with me; de acuerdo (4)
finger dedo de la mano, el (10)
finger-licking good para chuparse los dedos
fingernail uña, la (5)
finish, to acabar (11)
fire fogata, la
fire fuego, el (11)
fire, to despedir (i, i) (11)
firefighter bombero/a (11)
fireworks fuegos artificiales, los
firm empresa, la (11)

first primer/o/a (8)
fish pescado, el (6)
fish store pescadería, la (6)
fish, to pescar (9)
fishing pesca, la
fist puño, el
fit, to (clothes) quedar (8)
fitting room probador, el (8)
fix, to asrreglar (8)
flag bandera, la
flank, to flanquear
flat cornmeal or wheat bread (*Mex., S.A., U.S.*); tortilla, la (6)
flavor sabor, el (6)
flea pulga, la
fleshy pulposo/a
flight vuelo, el
flight attendant aeromozo/a, el/la (9); azafata, la (9)
flirt, to coquetear
flood inundación, la
floodgate compuerta, la
floor piso, el (5)
florist florería, la (6); floristería, la (6)
flow, to fluir
flower bed cantero de jardín, el
flower flor, la (9)
flu gripe, la (10)
flute flauta, la
fly mosca, la
fog neblina, la (7)
fold to; to turn doblar
follow, to seguir (i, i) (4)
following a continuación
following, *adj.* a continuación, siguiente
fondness simpatía, la
food alimento, el; comestible, el
foot pie, el (10)
football fútbol americano, el (2)
footwear calzado, el (8)
for example por ejemplo
for God's sake por Dios
for now por ahora
forecast pronóstico, el (7)
forehead frente, la (10)
foreign extranjero/a (2)
(foreign) debt deuda (externa), la
foreman capataz, el
forest bosque, el (9)
forget, to olvidarse (de)
fork tenedor, el (6)
form (blank) formulario (11)
form, to formular

**fort** fuerte, el (9)
**fortunate** afortunado/a
**fortunately** afortunadamente
**fortune** dineral, el
**fortuneteller** adivino/a, el/la
**forum** foro, el
**found, to** fundar
**foundation** fundación, la
**founding** fundador/a
**fountain source** fuente, la (9)
**fox** zorro, el
**fragment** trozo, el
**free** libre
**freedom** libertad, la
**freezer** congelador, el (6)
**french fries** papas fritas, las (6)
**frequently** con frecuencia
**frequently** frecuentemente (5)
**fresh** fresco/a (6)
**fresh water** agua dulce, el (but *f.*)
**Friday** viernes, el (1)
**fried** frito/a (6)
**friend** amigo/a, el/la; compañero/a, el/la
**friendly** amistoso/a; amable (4)
**friendly; kind** amable (4)
**friendship** amistad, la
**fright** susto, el
**frightened** asustado/a
**frog** rana, la
**from** de (1); desde
**from this point on** a partir de
**from time to time** de vez en cuando (5-amp)
**front page** primera plana, la
**frost** helada, la
**fruit** fruta, la (6)
**fruit stand, store** frutería, la (6)
**fry, to** freír (i, i) (6)
**fulfill, to** cumplir (con)
**full** pleno/a
**fun** divertido/a
**function, to** funcionar (12)
**funny** cómico/a; gracioso/a
**fur** piel, la
**furniture** (a piece of) mueble (5)
**furious** furioso/a (5)

## G

**gabardine (lightweight wool)** gabardina, la
**gain weight, to** engordar (10); subir de peso (10)

**garage** garaje, el (5)
**garbage** basura, la (5)
**garbage can** basurero, el (5)
**garden, yard** jardín, el (5)
**garlic** ajo, el (6)
**garment** prenda, la
**gate** puerta de salida, la (9)
**gather, to** coger
**generally** generalmente (3)
**generate, to** generar
**generous** generoso/a
**genre** género, el
**geography** geografía, la (2)
**geology** geología, la (3)
**German** alemán/alemana *n., adj.* (2)
**gesture** ademán, el
**get, to** conseguir (i) (4)
**get a divorce, to** divorciarse
**get angry, to** enojarse (con) (5)
**get away (from), to** alejarse (de) (10)
**get better, to** mejorarse (10)
**get dressed, to** vestirse (i, i) (5)
**get in shape, to** ponerse en forma (10)
**get married, to** casarse; contraer matrimonio
**get near, to** arrimarse a
**get quiet, to** callarse
**get together, to** reunirse (5)
**get up, to** levantarse (5)
**get used to, to** acostumbrarse
**get well, to** mejorarse (10)
**get wet, to** mojarse
**gift** regalo, el
**gigantic** gigantesco/a
**girl** muchacha, la (2); chica, la (3)
**girlfriend** novia, la (4)
**give, to** dar
**give (a present), to** regalar
**glass** vidrio, el
**glasses; lentes**
**gloomy** tenebroso
**glove** guante, el (7)
**glued** pegado/a
**go, to** ir (a) (3) **(present oneself)** acudir
**go, to; to present oneself** acudir
**go horseback / bicycle riding, to** montar a caballo/en bicicleta (9)
**go on an outing, to** ir de excursión (9)
**go out, to** salir (5)
**go round, to** recorrer (9)

**go shopping, to** ir de compras (8)
**go to bed, to** acostarse (ue) (5)
**goal** meta, la (11)
**god/goddess** dios/a, el/la
**godfather** padrino, el (4)
**godmother** madrina, la (4)
**gold** oro, el (8)
**golf** golf, el (7)
**good** buen, bueno/a (1)
**good afternoon (good evening)** buenas tardes (1)
**good deal** ganga, la (8)
**good evening** buenas noches (1)
**good morning** buenos días (1)
**good-bye** adiós (1)
**goodness** bondad, la
**gossip** chisme, el
**gossipy** chismoso/a
**govern, to** gobernar
**governing, ruling** gobernante
**government** gobierno, el
**governor** gobernador/al el/la
**grab, to** agarrar
**grade** nota, la
**graduate, to** graduarse
**grain** grano, el (6)
**granddaughter** nieta, la (4)
**grandfather/grandmother** abuelo/a, el/la (4)
**grandson** nieto, el (4)
**grape** uva, la (6)
**grapefruit** toronja, la (6)
**grass** yerba, la
**grasshopper** cigarra, la
**great** gran, grande
**gravestone** lápida, la
**gray** gris (1)
**grease, fat** grasa, la (6)
**great-uncle/great-aunt** tío/a abuelo/a, el/la
**green (color and not ripe)** verde (1)
**green beans** habichuelas, las; judías, las (6)
**green pepper** ají verde, el (6)
**green pepper** pimiento, el (6); ají verde (6)
**greengrocer's shop** verdulería, la (6)
**greet (one another), to** saludar(se) (9)
**greeting** saludo, el
**grief** pena, la
**grilled** a la parrilla (6)

**grocery store** supermercado, el
**groom** novio, el (4)
**gross domestic product** producto interior bruto, el
**ground** molido/a
**growing** creciente
**growth** crecimiento, el
**guarantee, to** garantizar
**guard** guardia, la
**guess, to** adivinar
**guest** invitado/a, el/la
**guest house** casa de huéspedes, la (3)
**guidebook** guía, la (9)
**guilty** culpable
**guitar** guitarra, la
**gulley** arroyo, el
**gum** chicle, el
**gunshot** disparo, el
**gymnasium** gimnasio, el (3)
**gymnast** gimnasta, el/la (7)
**gymnastics** gimnasia, la (7)
**gypsy** gitano/a

## H

**habit, to be in the habit** soler (ue) (4)
**hair** pelo, el (5)
**hair salon** peluquería, la
**hairstylist** peluquero/a, el/la (11)
**half** medio, el (6)
**hall aisle** pasillo, el (5); (9)
**hallucinogen** alucinógeno, el
**ham** jamón, el (6)
**hamburger** hamburguesa, la (3)
**hammock** hamaca, la
**hand** mano, la (5)
**handicrafts** artesanía, la
**handkerchief** pañuelo, el
**handmade** hecho/a a mano
**handsome** guapo/a (2)
**happiness** felicidad, la
**happy** alegre (4), contento/a (3)
**happy, to become happy** alegrarse (de) (5)
**hard** duro/a; **difficult** duro/a
**hard disk** disco duro, el (12)
**hard-working** trabajador/a (1)
**harp** arpa, el (but *f.*)
**harvest** cosecha, la (12)
**harvest, to** cosechar (12)
**hat** sombrero, el (8)
**hatchet** hacha, el (but *f.*)
**hate, to** odiar

**have to (+ inf.), to** tener que (+ inf.) (2)

**have a good time, to** pasarlo bien (7)

**have a good trip** ¡buen viaje!

**have a great laugh, to** morir de risa (ue)

**have a pain, to** tener dolor (de) (10)

**have a picnic, to** hacer un pícnic/una merienda (7)

**have dinner, to** cenar (6)

**have fun, to** divertirse (ie, i) (5)

**have hopes, to** albergar esperanzas

**have just (done something), to** acabar de (+inf.)

**have lunch, to** almorzar (ue) (4)

**have, to** tener (ie) (2)

**head** cabeza, la (10)

**headline** titular, el

**health** salud, la; sanidad, la

**health insurance** seguro médico, el (11)

**health store** centro naturista, el (10)

**healthiness** salubridad, la

**healthy** saludable; sano/a

**heap** montón, el

**heart** corazón, el (10)

**heart-rending** desgarrador/a

**heat, to** calentar (ie)

**heaven** cielo, el

**heavenly** divino/a

**heavy; strong** fuerte (4)

**height** estatura, la (10); la altura

**helicopter** helicóptero, el

**hell** infierno, el

**hello** ¡hola!; (answering the phone) ¡aló! (4); ¡bueno! (*Mex.*) (4); ¡diga! (*Sp.*) (4)

**help** ayuda, la (2)

**help, to** ayudar (2)

**helper** ayudante, el/la

**hemisphere** hemisferio, el

**here** aquí (1)

**herb; grass** yerba, la (5)

**here you are** aquí tiene

**heron** garza, la

**hi** hola (1)

**hide, to** disimular; esconder

**hieroglyphic** jeroglífico, el

**high fashion** alta costura, la

**high plateau** altiplano, el

**high school** colegio, el

**highway** autopista, la; carretera, la

**hill** loma, la

**hire, to** contratar (11)

**Hispanic** hispano/a

**hiss, to** silbar

**history** historia, la (2)

**hit, to** golpear

**hobby** afición, la

**hockey** hockey, el (7)

**hole** hoyo, el

**holiday** día festivo, el

**holy** santo/a

**home** hogar, el

**homerun** jonrón, el

**homework** tarea, la (3)

**honest** honesto/a (11); honrado/a (11)

**honesty** honestidad, la ; honradez, la

**honeymoon** luna de miel, la

**honor, to** honrar

**hook** anzuelo, el

**hope** esperanza, la

**hope, to** esperar (4)

**hopeful** esperanzado/a

**horn** corneta, la

**horoscope** horóscopo, el

**horrendous** horrendo/a

**horse** caballo, el (9)

**horse-drawn cart** coche de caballo, el

**hostility** hostilidad, la

**hot** caliente (6)

**hot (spicy)** picante (6)

**hot plate** comal, el

**hot sauce** salsa picante, la (6)

**hot, to be hot** tener calor (2)

**hotel** hotel, el (9)

**hour** hora, la (2)

**house** casa, la (5)

**house of representatives** cámara de representantes, la

**household chore** quehacer doméstico, el (5)

**housewife** ama de casa, la

**housing** *n.* vivienda, la

**how?** ¿cómo? (2)

**how much is/are...?** ¿cuánto cuesta(n)...? (1)

**how's it going?** ¿cómo le va? (form.) (1); ¿cómo te va? (inf.) (1)

**how many?** ¿cuántos/as? (1)

**how much?** ¿cuánto/a? (1)

**hug** abrazo, el (4)

**hug, to** abrazar

**huge** gigantesco/a

**human right** derecho humano, el

**humanities** filosofía y letras, la (2)

**humble** humilde

**hung (up)** colgado/a

**hungry, to be hungry** tener hambre (2)

**hunt, to** cazar

**hurry, to be in a hurry** tener prisa (2)

**hurt, to** doler (ue) (10)

**husband** esposo (4)

**hut** chocita, la

**hygiene** higiene, la

**hyperlink** hypervínculo, el (12)

**hypothesis** hipótesis, la

**I hope that** ¡ojalá (que)! (12)

**I love you** te quiero (4)

**I would love to** me encantaría (4)

**I'm sorry** lo siento (1)

**I'm starving (to death) / I'm dying of thirst** me muero de hambre / sed (6)

**Iberian** ibérico/a (Iberian) **peninsula** península (ibérica), la

**ice** hielo, el (7)

**ice cream** helado, el (6)

**ice-cream parlor** heladería, la (6)

**idealistic** idealista *m., f.*

**if** si (3)

**ill** mal, malo/a

**illness** enfermedad, la (10)

**illustrious** ilustre

**image** imagen, la

**Immigration and Naturalization Service** migra, la (slang)

**impatient** impaciente (5)

**important** importante (11)

**important, to be important** importar

**impress, to** impresionar

**impressive** impresionante

**impromptu** improviso/a

**improve, to** mejorar

**improvement** mejoramiento, el

**improvise, to** improvisar

**in (during) the morning (afternoon/evening)** por la mañana (tarde/noche) (2)

**in a hurry** apurado/a (3)

**in case** en caso de que (12)

**in front of** delante (de) (3); enfrente (de) (3)

**in general** por lo general

**in love with** enamorado/a de (3)

**in order that** a fin de que (12); para (que) (12)

**in spite of** a pesar de

**in vain** en vano

**include, to** incluir (y); comprender

**income** ingreso, el

**increase, to** aumentar

**index** índice, el

**indicate, to; to point out** señalar

**indigenous (person)** indígena *m., f. adj., n.*

**indiscreet** indiscreto/a

**indispensable** infaltable

**industrial** industrial (12)

**inexpensive** a buen precio

**infection** infección, la (10)

**infidelity** infidelidad, la

**inflate, to** inflar

**inflation** inflación, la

**influential** influyente

**information** dato, el

**ingest, to** ingerir

**inhabitant** habitante, el/la

**inheritance** herencia, la

**inheritor** heredoro/a, el/la

**ink** tinta, la

**insanity** locura, la

**insecurity** inseguridad, la

**inside** adentro

**insist, to** insistir (en) (10)

**inspect, to** inspeccionar

**install, to** instalar (12)

**installation** instauración, la

**instead of** en vez de (5)

**instructor** profesor/a, el/la

**intelligent** inteligente (1)

**interest** interés, el

**interesting** interesante (1)

**interesting, to be interesting** interesar (6)

**internal** interno/a

**Internet** Red Informática, Red Mundial, la

**internship** internado, el

**interpreter** intérprete, el/la (11)

**interrupt, to** interrumpir

**interview** entrevista, la (11)

**interview, to** entrevistar

**interviewer** entrevistador/a

**introduce, to** presentar

**introduction** introducción, la; presentación, la (1)

**inventory** inventario, el
**invest, to** invertir
**investigate** investigar
**invitation** invitación, la (4)
**invite, to** invitar
**involved** involucrado/a
**iron (metal)** hierro, el; (appliance) plancha, la (5)
**iron, to** planchar (5)
**is that right? (really?)** ¿de veras? (2)
**island** isla, la (9)
**issue** asunto, el
**it costs…, they cost…** cuesta(n)… (1)
**it's (a) clear (day)** está despejado (7)
**it's (very) cold** hace (mucho) frío (7)
**it's (very) hot** hace (mucho) calor (7)
**it's (very) sunny** hace (mucho) sol (7)
**it's (very) windy** hace (mucho) viento (7)
**it's a pleasure (to meet you)** mucho gusto (1)
**it's cloudy** está nublado (7)
**it's cool** hace fresco (7)
**it's nice out** hace buen tiempo (7)
**it's one (o'clock)** es la una… (2)
**it's our tough luck** ¡qué suerte la nuestra!
**it's raining** está lloviendo (7)
**it's snowing** está nevando (7)
**it's the same to me** me da igual
**it's two (o'clock)…** son las dos… (2)
**it's your turn** te toca a ti (1)
**Italian** italiano/a n., adj. (2)

**jacket** cazadora, la
**jacket** chaqueta, la (8)
**January** enero (1)
**Japanese** japonés/japonesa n., adj. (2)
**jar; bounce; boat** bote, el
**jealousy** celos, los
**jeans** vaqueros, los (8)
**jewel** joya, la
**jewel, gem** alhaja, la
**jewelry store** joyería, la (8)

**job** oficio,el (11)
**job application form** solicitud de empleo, la (11)
**jog, to** hacer el jogging/footing (10)
**jog to run, to** correr (4); (7)
**joined** v. conjunto/a
**jointly** conjuntamente
**joke** broma, la; chiste, el
**journalist newspaper man/woman** periodista m., f. (11);
**judge** juez/a, el/la
**juice** jugo, el (3)
**juice** zumo, el (6)
**July** julio (1)
**jump, to** saltar
**June** junio (1)
**jungle** selva, la (12)
**jury** jurado, el
**just** justo/a (11)

**keep, to** guardar (5)
**keep accounts, bills, to** llevar cuentas (12)
**key chain** llavero, el (8)
**key** clave adj., n. (la)
**keyboard** teclado, el (12)
**kick, to** patear (7)
**kid** chico/a, el/la (3)
**kidney** riñón, el
**(kidney, pinto, red) bean** frijol, el (6)
**kill, to** matar
**kilogram** kilo, el (6)
**kilometer** kilómetro, el
**kind** amable (4)
**king** rey, el
**king-size bed** cama gigante, la (9)
**kiss** beso, el (4)
**kiss, to** besar
**kitchen** cocina, la (5)
**kitchenette** armario de cocina, el (9)
**knee** rodilla, la (10)
**kneel, to** arrodillarse
**knife** cuchillo, el (6)
**knit or woven cap** gorro, el
**know (someone), to** conocer (zc) (4); (how to do) something saber (+inf.) (4)
**knowledge** conocimiento, el
**Korean** coreano/a adj., n. (2)

**labor** labor, la
**lace** encaje, el
**lack, to** carecer de
**lacking, to be** faltar (6)
**lake** lago, el (9)
**lamb** carnero, el
**lamp** lámpara, la (5)
**land** tierra, la
**land, to** aterrizar (9)
**landing** aterrizaje, el (9)
**landowner** terrateniente, el/la
**language** idioma, el (2)
**language laboratory** laboratorio de lenguas, el (3)
**languish. to** languidecer
**lard** manteca, la (10)
**large spoon** cucharón, el (6)
**last name** apellido, el (4)
**last night** anoche (6)
**last** último/a
**last week** semana pasada, la (6)
**last year (Monday, Tuesday, etc.)** año (lunes, martes, etcétera) pasado, el (6)
**last, to** durar
**last, to** perdurar
**lasting** duradero/a
**late** tarde (2)
**late, to be** tardar
**later; then** luego (3)
**laugh, to** reírse (i, i) (5)
**laundry** lavandería, la
**law** derecho, el (2); ley, la
**lawn** césped, el (5)
**lawyer** abogado/a, el/la
**lazy** perezoso/a (1)
**leader** caudillo, el
**leading lady** primera actriz, la
**leading man** galán, el
**leaf** hoja, la
**league** liga, la
**learn (how) (to do something)(3), to** aprender (a) (+ inf.)
**leather** cuero, el (8); piel, la
**leave, to** irse (3); salir (4); abandonar
**lecture** conferencia, la
**left (-hand side)** izquierdo, el; adj. izquierdo/a
**left, remain, to be** quedar (6)
**leftovers** sobras, las

**leg** pierna, la (10); (animal) pata, la
**lemon** limón, el (6)
**lemonade** limonada, la (6)
**lend, to** prestar
**less** menos
**lessen, to** disminuir
**lesson (1)** lección, la
**let loose, to** desprender
**let's get to work!** ¡manos a la obra!
**let's see…** a ver… (10)
**let, to** dejar
**letter** carta, la (4); (alphabet) letra, la
**lettuce** lechuga, la (6)
**level** nivel, el
**liberal arts** filosofía y letras, la (2)
**library** biblioteca, la (3)
**(license) plate** placa, la
**lie, to** mentir (i, i) (8)
**life** vida, la (3)
**life insurance** seguro de vida, el (11)
**lift (weights) to raise, to** levantar (pesas) (10);
**light** luz, la (pl. luces); adj. ligero/a
**light (weight)** liviano/a
**light, to** alumbrar
**light, to; to turn on** prender (6)
**like / dislike (a person), to** caerle bien/mal (6)
**like, to** gustar
**limited** escaso/a
**line** cola, la
**linked** conjunto/a
**lion, lioness** león/leona
**lip** labio, el (5)
**lipstick** lápiz labial, el (5)
**lisp; pronouncing s like th** ceceo, el
**listen!** ¡oye! (3)
**listen, to** escuchar (2)
**liter** litro, el (6)
**literacy** alfabetización, la
**literature** literatura, la (3)
**little** poco/a (1)
**live (on television)** en directo ; en vivo
**live, to** vivir (3), habitar
**liver** hígado, el
**living room** sala, la (5)
**loan** préstamo, el
**lobster** langosta, la (6)
**locate, to** localizar
**located, to be** ubicarse
**location** ubicación, la
**lodge, to** hospedar

lodging hospedaje, el (9)
loneliness soledad, la
long (5) largo/a
look at oneself, to mirarse (5)
look at, to watch, to mirar (2)
look for, to buscar (2)
look pinta, la
loosen, to desprender
lose weight, to adelgazar (10)
lose weight, to bajar de peso (10)
lose, to perder (ie) (4)
loss pérdida, la
lost perdido/a
lotion loción, la (5)
love amor, el; (with love) cariñosamente (4); (endearment) cariño/a, el/la; (my love) mi amor
love, to amar
lovebird tortolito, el
lover amante, el/la
low bajo/a (6)
low occupancy rate subocupación, la
lower inferior
lower, to bajar
lozenge pastilla, la (10)
luck suerte, la
luggage equipaje, el (9)
lunch almuerzo, el (3)
lung pulmón, el (10)
luxurious lujoso/a
luxury lujo, el (9)
lyrical lírico/a

## M

macabre macabro/a
machine máquina, la
magazine revista, la
mail correo, el
mail carrier cartero/a, el/la (11)
mailman cartero/a, el/la (11)
main principal
main floor planta baja, la (5)
majestic majestuoso/a
major área de estudio, el (but f.)
majority mayoría, la
make an appointment, to hacer una cita (10)
make difficult, to dificultar
make dizzy, to marear
make good (on a promise), to cumplir con
make sick, to enfermar

make the bed, to hacer la cama (5)
make wealthy, to enriquecer
make worse, to agravar
make, to hacer (3); confeccionar
make-up maquillaje, el (5-amp)
make-up artist maquillador/a, el/la
male varón, el
man hombre, el
manage, to manejar (12)
manager gerente, el/la (11)
mandatory obligatorio/a (12)
mangrove manglar, el
mansion mansión, la (9)
manual labor mano de obra, la
manual worker obrero/a, el/la (11)
manufacture, to fabricar
manufacturing fabricación, la
map mapa, el (9); plano, el
March marzo (1)
maritime marítimo/a
market mercado, el
marketing mercadeo, el (2)
marriage matrimonio, el
married (to) casado/a (con) (3)
marvelous divino/a
mask máscara, la
mass misa, la
masses, the pueblo, el
masterpiece obra maestra, la
match competencia, la
match, to hacer juego (con) (8)
match-make, to hacer de "celestina"
mathematics matemáticas, las (2)
mathematician matemático/a
matter asunto, el
May mayo (1)
may (to be able) poder (ue)
maybe quizá(s) (12); tal vez (12)
mayor alcalde/alcaldesa, el/la
meal comida, la (3)
meaning significado, el
meanwhile mientras (tanto) (1)
measurement; measure medida, la (12)
meat carne, la (6)
mechanic mecánico, el (11)
mechanical mecánico/a (11)

media medio (de comunicación), el
mediate, to mediar (13-amp)
medicine medicina, la (2)
medium mediano/a; medio/a (6)
meet, to encontrarse (ue)
meeting reunión, la
melody melodía, la
melt, to derretir (i, i) (6)
melting fundamento, el
member miembro, el
menu menú, el (6)
merchandise mercancía, la
merchant comerciante, el/la
message mensaje, el
messenger mensajero/a
meteorologist meteorólogo/a, el/la
Mexican mexicano/a n., adj. (2)
mezzosoprano mezzosoprano, la
microscope microscopio, el
microwave (horno) microhondas, el (6)
midnight medianoche, la
migrant migratorio/a adj.
milk leche, la (3)
milk product producto lácteo, el (10)
millenneum milenio, el
(mineral) water agua (mineral), el (but f.)
mining minería, la
minister ministro/a
mirror espejo, el (5)
miscellaneous misceláneos
Miss señorita (Srta.), la (1)
missing person desaparecido/a, el/la
mistaken equivocado/a
misunderstanding malentendido, el
mix, to mezclar (6)
mix up, to enredar
mixture mezcla, la
model modelo, el/la
molar muela, la (10)
mom mamá, la (4)
monarchy monarquía, la
Monday lunes, el (1)
money dinero, el
monotonous monótono/a
month mes, el (1)
monthly mensual
monument monumento, el (9)
mood humor, el
moon luna, la

moonlighting pluriempleo, el
Moor moro/a
moral moraleja, la
more más (2)
mother madre, la (2); mamá, la (4)
mother-in-law suegra, la (4)
motto lema, el
mountain montaña, la (9)
mountain range cordillera, la; sierra, la (12)
mountainous montañoso/a
mouse ratón, el (12)
mouth boca, la (10)
move mudanza, la
move, to mover (ue); mudar(se); (up) ascender (ie)
movement movimiento, el
movie película, la (4); filme, el
mow the lawn, to cortar el césped (5)
Mr. señor (Sr.), el (1)
Mrs. señora (Sra.), la (1)
murder, to asesinar
murderer asesino/a, el/la
muscle músculo, el (10)
muscular musculoso/a
museum museo, el (9)
music música, la (3)
music música, la (3)
musical comedy comedia musical, la
musician músico, el/la
musician músico/a, el/la
must (do something) deber + inf.
my dear friend(s) mi(s) querido/a(s) amigo/a(s) (4)
my mi/mis (1)
my name is... me llamo... (1)
mysterious misterioso/a

## N

NAFTA Tratado de Libre Comercio
nail (finger/toe) uña, la (5)
name nombre, el (1)
name, to nombrar; denominar
napkin servilleta, la (6)
narrow; tight estrecho/a (8)
nation nación, la
nationality nacionalidad, la
(natural) resource recurso (natural), el (12)
nature naturaleza, la (12)

**nauseous, to be** tener náuseas (10)
**navigate, to** navegar
**nearby** cerca (de) (3)
**necessary** necesario/a (11)
**neck** cuello, el (10)
**necklace** collar, el (8)
**need, to** necesitar (2)
**neighbor** vecino/a, el
**neighborhood** barrio, el
**neither** tampoco (7)
**neither . . . nor** ni...ni
**nephew/niece** sobrino/a (4)
**nervous breakdown** ataque de nervios, el
**nervous** nervioso/a (3)
**nest** nido, el
**network** cadena, la
**never** jamás
**never** nunca; jamás
**nevertheless** sin embargo
**new** nuevo/a (2)
**newlywed** recién casado/a
**news** noticias, las
**news media** prensa, la
**news story** crónica, la
**newscaster, commentator** comentarista, el/la
**newspaper** periódico, el
**next to** al lado (de) (3); junto a (3)
**nice** simpático/a (1)
**nickname** apodo, el
**niece** sobrina, la (4)
**nightstand** mesa de noche, la (5)
**ninth** noveno/a
**no one** nadie (7)
**no way** de eso nada; ¡ni modo!
**nocturnal** nocturno/a
**noise** ruido, el
**none** ningún, ninguno/a (7)
**nonstick** antiadherente
**nonstop flight** vuelo sin escala, el (9)
**noon** mediodía, el
**North American** norteamericano/a *adj., n.* (2)
**north** norte, el
**nose** nariz, la (10)
**no-smoking section** sección de no fumar, la (9)
**not any** ningún, ninguno/a (7)
**not know, to** desconocer (zc)
**note** apunte, el

**note, to** notar
**notebook** cuaderno, el
**not know, to** desconocer (zc)
**nothing** nada (7)
**notice, to** fijarse
**noun** sustantivo, el
**November** noviembre (1)
**now (right)** ahora (mismo)
**now that** ahora que (12); ya que (12)
**nowadays** hoy en día
**nuclear family** núcleo familiar, el
**nuclear plant** planta nuclear, la (12)
**number** número, el
**nun** monja, la
**nurse** enfermero/a (10)
**nutritious** nutritivo/a
**nylon** nilón, el

## O

**oatmeal** avena, la (10)
**obesity** sobrepeso, el
**obey, to** obedecer (zc)
**obituary** esquela, la
**observe, to** observar (12)
**obstacle** obstáculo, el
**obtain, to** conseguir (i, i)
**obvious** obvio/a (11)
**occupation** oficio, el (11)
**occupy, to** ocupar
**ocean** mar, el (7)
**octave** octava, la
**October** octubre (1)
**of** de (1)
**of course** claro (4); por supuesto
**offer, to** ofrecer
**office** despacho, el (11)
**office** oficina, la
**official source** fuente oficial, la
**often** a menudo (5); muchas veces
**ogre** ogro/a, el/la
**oh no!** ¡ay bendito!
**oil** aceite, el; **olive oil** aceite de oliva, el
**oil industry** industria petrolera, la
**oil; petroleum** petróleo, el (12)
**okay** de acuerdo (4)
**old** viejo/a (2)
**older** mayor (4)
**olive** aceituna, la
**Olympic Games** Juegos Olímpicos

**omelette (with onions and potatoes)** tortilla, la *(Sp.)* (6)
**on** sobre (5)
**on board** a bordo
**on fire; fiery** encendido/a
**on high/medium/low heat** a fuego alto/medio/bajo (6)
**on one's back/shoulders** a cuestas
**on sale** en liquidación
**on the other hand** en cambio; por otro lado
**on the verge (edge)** al borde de
**on time** a tiempo
**on top of** encima de (5)
**once** una vez (5)
**one time** una vez (5)
**onion** cebolla, la (6)
**only** solamente (3); sólo (3); únicamente
**(only) son/daughter** hijo/a (único/a) (4)
**open, to** abrir (3)
**opening** vacante, la (11)
**operate, to** operar (10)
**operetta** opereta, la
**opponent** contrincante, el/la
**opportunity** oportunidad, la
**oppression** opresión, la
**or** o (u) (1)
**orange** *n.* naranja, la (6); *adj.* anaranjado/a (1)
**orchestra** orquesta, la (4)
**orchid** orquídea, la
**order** orden, la
**order, to** mandar (10)
**ordinary** mundano
**organ** órgano, el
**origin** origen, el
**originate (from), to** originar (de)
**ostentatious** fastuoso/a
**other** otro/a
**ought to (do something)** deber + inf. (3)
**outcome** desenlace, el
**outdoor cafe** café al aire libre (4)
**outdoors** al aire libre
**outfielder** jardinero/a, el/la
**outfit** conjunto, el
**outgoing** extrovertido/a (1)
**outline** esbozo, el
**outside** afuera, fuera de
**oven** horno, el (6)
**overcome, to** superar

**overpopulation** exceso de población, el; sobrepoblación, la
**overstuffed chair** sillón, el (5)
**overthrow** derrocamiento, el
**overtime** sobretiempo, el
**owe, to** deber
**own** propio/a
**owner** dueño/a, el/la; propietario/a, el/la

## P

**pacifist** pacifista, el/la
**pack** empacar; **(a suitcase)** hacer la maleta
**package** paquete, el
**page** página, la (1)
**pageant** certamen, el
**pail** cubo, el (5)
**pain** dolor, el (10)
**painful** doloroso/a
**painkiller** calmante, el (10)
**paint, to** pintar
**painter** pintor/a, el/la
**painting** cuadro, el (5)
**pair** par, el (8)
**palace** palacio, el (9)
**palm tree** palmera, la
**Panamanian** panameño/a *adj., n.* (2)
**pants** pantalones, los (8)
**pantyhose** (panti)medias, las (8)
**paper** papel, el (1)
**parade** desfile, el
**paradise** paraíso, el
**paragraph** párrafo, el
**parents** padres, los (2)
**park** parque, el (4)
**park, to** estacionar
**parrot** loro, el
**parsley** perejil, el
**part** parte, la
**partner** socio/a
**party** fiesta, la (2); **(political)** partido, el; **(fraction)** bando, el
**passenger** pasajero/a
**passing (through)** de pasillo
**passport** pasaporte, el
**password** contraseña, la
**past** pasado/a
**pastime** pasatiempo, el
**pastry shop** pastelería, la (6)
**pasture** pasto, el
**patient** paciente, el/la (10); *adj.* paciente
**patio** patio, el (5)
**pay, to** pagar (6)

**pay attention to, to** hacer caso; prestar atención

**pay cash, to** pagar al contado (8)

**peace** paz, la

**peach** durazno, el (6); melocotón, el (10)

**peak** pico, el

**peanut** cacahuete, el

**pearl** perla, la (8)

**peasant** campesino/a, el/la

**peel** corteza, la

**peel, to** pelar (6)

**pen** bolígrafo, el

**pencil** lápiz, el (1) (*pl.* lápices)

**penguin** pingüino, el

**penicillin** penicilina, la (10)

**people** gente, la; **the people** pueblo, el

**pepper** pimienta, la (6); **(green)** pimienta, la; ají verde, el

**pepper** pimienta, la (6); **(green)** pimiento, el; ají verde, el

**percentage** porcentaje, el

**percussion** percusión, la; instrumento de percusión, el

**perform** presentar , representar

**perfume shop** perfumería, la (8)

**perhaps** quizá(s) (12); tal vez (12)

**period (time)** época, la

**permission** permiso, el

**permit, to** permitir (10)

**perplexed** perplejo/a

**perseverance** perseverancia, la

**person** persona, la (2)

**personal care** arreglo personal, el (5)

**personal care product** artículo de tocador, el (8)

**personal computer** microcomputadora, la (12)

**personality** carácter, el

**Peruvian** peruano/a *n., adj.*

**pessimist** pesimista, el/la

**pessimistic** pesimista *m., f.*

**pesticide** pesticida, el (12)

**pharmacist** farmacéutico/a

**pharmacy** farmacia, la (8)

**phase** fase, la

**phenomenon** fenómeno, el

**philosophy** filosofía, la

**photocopy machine** fotocopiadora, la (12)

**photocopy, to** fotocopiar (12)

**physical education** educación física, la (2)

**physical** físico/a *adj.* (2)

**physician** médico/a, el/la (1)

**physics** física, la (3)

**pick up, to** ordenar (5); recoger (12)

**picturesque** pintoresco/a

**piece** pedazo, el (6); pieza, la , trozo, el

**piece** pieza, la

**piece; fragment** trozo, el

**pile** montón, el

**pile up, to** apilar

**pilgrim** peregrino/a

**pill** pastilla, la (10)

**pilot** piloto/a (9)

**pinch** pizca, la (6)

**pineapple** piña, la

**pink** rosado/a (1)

**pity** lástima, la (11)

**place** lugar, el; sitio, el

**place, to** colocar; meter

**plaid** de cuadros (8)

**plain** llano, el; pampa, la (*Arg.*)

**plan, to** planear (9); pensar (+inf.)

**plant, to** sembrar (ie) (12)

**plantain** plátano, el (6)

**plate (dish)** plato, el (6); **(license)** placa, la

**platform** andén, el

**play (in/of a game)** jugada, la (7); **(theater)** obra de teatro,

**play (theater)** obra de teatro, la

**play, to** jugar (ue) (4); practicar; **(an instrument)** tocar

**player** jugador/a, el/la

**playwright** dramaturgo/a, el/la

**pleasant** agradable, genial

**please** por favor (1)

**please, to** complacer; agradar

**pleasing, to be pleasing** agradar

**pleasure** gusto, el (1); placer, el

**pleasure** placer, el

**plot** argumento, el

**plum** ciruela, la

**plumber** plomero, el (11)

**plump** gordito/a (2)

**point** punto, el

**poisonous** venenoso/a

**police (force)** policía, la

**policeman/woman** policía, el/la

**political** político/a (2)

**politician** político, el/la

**politics** política, la

**poll** encuesta, la

**pollution** contaminación, la (12)

**pool** billar, el

**poor** pobre (2)

**popcorn** palomitas de maíz, las

**popular** cotizado/a

**populated** poblado/a

**pork** cerdo, el (6)

**port** puerto, el

**portrait** retrato, el

**Portuguese** portugués/ portuguesa *n., adj.*

**possible** posible (11)

**pot (generic)** recipiente, el (6)

**potato (*Sp.*)** patata, la (6)

**potato** papa, la (6)

**pour, to** verter (ie)

**poverty** pobreza, la

**powder** polvo, el

**powder** talco, el (8)

**power** poder, el

**powerful** poderoso/a

**practical experience** experiencia práctica, la (11)

**practice, to** practicar (2)

**pray, to** rezar

**precarious** precario/a

**precise** preciso/a (11)

**predict, to** predecir (i)

**prefer, to** preferir (ie, i) (4)

**prepare, to** preparar (2)

**prescribe, to** recetar (10)

**prescription** receta, la (10)

**present** regalo, el

**present for the first time, to** estrenar

**present, to** presentar

**preservative** conservante, el

**preserve, to** conservar

**president** presidente/a, el/la

**press** prensa, la

**pretty** bonito/a (2); lindo/a

**pretty well** bastante bien (1)

**prevent, to** prevenir (ie)

**previous** previo/a

**price** precio, el (8)

**pride** orgullo, el

**priest** cura, el

**prince** príncipe, el

**print, to** imprimir (12)

**printer** impresora, la (12)

**prison term** pena de prisión, la

**prisoner** encarcelado/a

**prisoner** preso, el

**prize** premio, el

**problem** problema, el

**procure, to** procurar

**produce, to** producir (zc)

**producer** productor/a

**profession** carrera, la

**professor** profesor/a, el/la (1)

**program, to** programar (12)

**prohibit, to** prohibir (10)

**project** proyecto, el

**promise** promesa, la

**promise, to** prometer (9)

**promote, to** promover (ue) ; ascender (ie) (11)

**pronounce, to** pronunciar

**pronunciation** pronunciación, la

**property** propiedad, la

**prosperous** próspero/a

**protagonist** protagonista, el/la

**protect, to** proteger (j) (12)

**protein** proteína, la (10)

**proud** orgulloso/a

**provided (that)** con tal (de) que (12)

**psychiatrist** psiquiatra, el/la

**psychologist** psicólogo/a (11)

**psychology** psicología, la (3)

**publish, to** publicar

**Puerto Rican** puertorriqueño/a *n., adj.*

**pug-nosed** ñato/a

**pull in (one's legs), to** encoger

**pulpy** pulposo/a

**purchase** compra, la

**purple** morado/a (1)

**purpose** propósito, el

**purse** bolso, el (8); bolsa, la (8)

**push, to** empujar

**put away, to** guardar (5)

**put on, to** ponerse (5)

**put on make-up, to** maquillarse (5); pintarse (5)

**put out, to** apagar (gu) (12)

**put to bed, to** acostar (ue) (5)
**put, to** poner (5); colocar; meter
**pyramid** pirámide, la
**Pyrenees** Pirineos, los

**qualification** requisito, el
**quality** calidad, la (8)
**quantity** cantidad, la
**quarrel, to** reñir (i, i) (4)
**quartet** cuarteto, el
**queen** reina, la
**question** pregunta, la (3)
**questionnaire** sondeo, el
**quickly** rápidamente
**quit, to** dejar de

# R

**raccoon** mapache, el
**racket** raqueta, la (7)
**radio** radio, la **(machine)** radio, el
**radio listener** radioyente, el/la
**radio program** programa radial, el
**radio station (on the dial)** estación de radio, la
**radioactivity** radioactividad, la (12)
**raging** furibundo/a
**rail** barrote, el; riel, el
**rain, acid** lluvia ácida, la (12)
**rain, to** llover (ue) (7)
**raincoat** impermeable, el (8)
**raise** aumento, el (11)
**raise, to; to rear** criar
**rape, to** violar
**rate** tasa, la
**rather** bastante (3)
**raw** crudo/a (6)
**rayon** rayón, el
**razor blade** cuchilla de afeita, la (3); navaja de afeitar, la (3)
**reach, to** alcanzar
**react, to** reaccionar
**read, to** leer (3)
**reader** lector/a, el/la
**ready** dispuesto/a (12)
**real estate** inmobiliario/a *adj.*
**real** verdadero/a
**realize, to** darse cuenta de
**really?** ¿verdad? (1)
**reason** razón, la

**rebel** rebelde, el/la
**receive, to** recibir (3)
**recent** reciente
**recently** recién
**recess (school)** recreo, el
**recipe** receta, la (6)
**recognizable** reconocible
**recommend, to** recomendar (ie) (10)
**recommendation** recomendación, la (11)
**Reconquest** Reconquista, la
**reconstruct** reconstruir (y)
**record, to** grabar (12)
**recording** grabación, la
**recreational** recreativo/a
**recruit, to** reclutar
**recycle, to** reciclar (12)
**recycling** reciclaje, el (12)
**red** rojo/a (1)
**red currant** grosella, la
**red wine** vino tinto, el (6)
**redhead** pelirrojo/a (2)
**reduce, to** reducir
**referee** árbitro, el (7)
**reference** referencia, la (11)
**reflect, to** reflejar
**reforestation,** reforestación, la (12)
**refreshment** bebida, la (3)
**refrigerator** refrigerador, el (6)
**regret, to** lamentar (10)
**regret, to** sentir (ie, i) (10)
**rehearse, to** ensayar
**reign** reino, el
**reign** rienda, la
**reject, to** rechazar
**relative** pariente, el (4)
**relax, to** relajarse
**relieve, to** aliviar
**relieved** aliviado/a
**religious** religioso/a
**remain, to** permanecer; **(left over)** quedar (6)
**remember, to** acordarse (ue) (de); recordar (ue) (4)
**remove the grain, to** desgranar
**Renaissance** renacentista *adj.*
**renewable** renovable
**renoun** renombre, el
**rent, to** alquilar
**repair, to** reparar (11)
**repeat, to** repetir (i, i) (4)
**repertoire** repertorio, el
**replenish, to** abastecer
**report** informe, el
**report, to** informar
**reporter** reportero/a

**representative** diputado/a
**representative** representante, el/la
**Republican** republicano/a
**request** encargo, el
**request, to** pedir (i, i)
**require, to** requerir (ie, i)
**requirement** requisito, el
**rescue** rescate, el
**rescued** rescatado/a
**research, to** hacer investigaciones
**reserve; reservation** reserva, la (9)
**residence** domicilio, el
**resident** habitante, el/la
**resign, to** renunciar (11)
**resolution** resolución, la
**resolve, to** resolver (ue)
**respect, to** respetar
**respectful** respetuoso/a
**responsibility** responsabilidad, la (11)
**responsible** responsable (4)
**responsible, to be** encargar
**rest, to** descansar (4)
**restore, to** restaurar
**result** resultado, el
**resurgence** resurgimiento, el
**retire, to** jubilarse (11); retirarse (11)
**retired** jubilado/a
**retirement** retiro, el (11)
**retirement plan** plan de retiro, el (11)
**retraction** retractacción, la
**return, to** regresar (2); volver (ue) (4)
**return (something), to** devolver (ue) (8)
**reveal, to** revelar
**reverse** inverso/a
**review (of book, movie, etc.)** reseña, la
**review** repaso, el
**rhythm** ritmo, el
**rice** arroz, el (6)
**rich delicious** rico/a (2); (6)
**ridiculous** ridículo/a
**right** derecho, el; *adj.* derecho/a
**right away** enseguida (6)
**(right) now** ahora (mismo) (2)
**right straight** derecho/a *adj.* (3)
**right, to be** tener razón (2)
**ring** anillo, el (8)
**ring, to** sonar (ue)
**risk** riesgo, el (10)
**river** río, el (9)

**road** camino, el
**robbery** robo, el
**role (in a play)** papel, el
**roll of film (for camera)** rollo de película, el (9)
**roof** techo, el
**room** cuarto, el (5); habitación, la
**room service** servicio de habitación, el (9)
**room; bedroom** habitación, la
**root** raíz, la
**rosebush** rosal, el
**round** redondo/a
**round trip** ida y vuelta, de *(adj.)*
**row** fila, la
**royal** real
**rub, to** frotar
**rug** alfombra, la (5)
**rug** tapete, el
**rum** ron, el
**run batted in** carrera impulsada, la
**run for (Congress, etc.), to** aspirar (a)
**running water** agua corriente, el (but *f.*)
**run scored** carrera anotada, la

# S

**sacred** sagrado/a
**sad** triste (3)
**sadness** tristeza, la
**saffron** azafrán, el (6)
**sail, to** navegar
**salad** ensalada, la (3)
**salary, wages** salario, el (11)
**sale** rebaja, la (8)
**sale** venta, la
**sale; offer** oferta, la (11)
**salesperson** vendedor/a (11)
**salt** sal, la (6)
**salutation** saludo, el (11)
**salve** pomada, la
**same here** igualmente (1)
**same** mismo/a
**sample** muestra, la
**sandal** sandalia, la (8)
**sandwich** bocadillo, el (3); sándwich, el; torta, la *(Mex.)*
**satellite dish** antena parabólica, la (12)
**satire** sátira, la
**satisfied** satisfecho/a
**satisfy, to** satisfacer

**Saturday** sábado, el (1)
**save, to** ahorrar, archivar (12)
**saxophone** saxofón, el
**say, to** decir (i)
**say good-bye, to** despedirse (i, i) (11)
**scandal** escándalo, el
**scandalous** escandaloso/a
**scanner** escáner, el (12)
**scar** cicatriz, la
**scarce** escaso/a
**scarf** bufanda, la
**Scarlet Macaw** guacamayo escarlata, el
**scene** escena, la
**scenery** paisaje
**schedule** horario, el (3)
**school** escuela, la
**school of...** facultad de..., la (3)
**school recess time** recreo, el
**science** ciencia, la (2)
**scientist** científico/a, el/la
**scissors** tijera, la (5)
**Scotch** escocés/escocesa *n.*, *adj.*
**Scotland** Escocia
**scrambled** revuelto/a (6)
**screen** pantalla, la (12)
**screenwriter** guionista, el/la
**script** guión, el
**scuba dive, to** bucear (9)
**sculpture** escultura, la
**sea** mar, el (or *f.*)
**seafood** mariscos, los (6)
**seamstress** costurera, la
**search** búsqueda, la
**season** estación, la (1); temporada, la (7)
**season, to** sazonar
**seat** asiento, el (9); **(in Congress, Senate, etc.)** escaño, el ; **(of government)** sede, la
**seat belt** cinturón de seguridad, el (9)
**second** segundo/a
**secretary** secretario/a (11)
**secrete, to** segregar
**secure, to** procurar
**security** seguridad, la
**sedative** calmante, el (10)
**see you later** hasta luego (1)
**see you soon** hasta pronto (1)
**see you tomorrow** hasta mañana (1)
**see, to** ver (3)
**seed-planting** siembra, la
**seem, to** parecer (6)

**self-portrait** autoretrato, el
**sell, to** vender (3)
**semester** semestre, el (3)
**senate** senado, el
**senator** senador/a
**send, to** enviar
**sense** sentido, el
**sentence** oración, la
**separate** aparte
**separate, to** apartar
**September** septiembre (1)
**sequel** secuela, la
**sequin** lentejuela, la
**serenade** serenata, la
**serious** grave
**servant** sirviente/a
**serve, to** servir (i, i) (4); desempeñar
**set the table, to** poner la mesa (5)
**seventh** séptimo/a
**several** varios/as
**sewing** costura, la
**sextet** sexteto, el
**shake** batido, el
**shake, to** sacudirse
**shake up, to** agitar
**shaman** chamán/chamana, el/la
**shame** desgracia, la
**shampoo** champú, el (8)
**shape, to be in shape** estar en forma
**shape, to** forjar
**share, to** compartir
**sharp (time)** en punto
**shave, to** afeitarse (5)
**sheep** oveja, la
**shell** concha, la
**shine, to** brillar; lucir
**shining** *adj.* reluciente
**ship** barco, el
**shirt** camisa, la (8)
**shoestore** zapatería, la (8)
**shop selling furs** peletería, la
**shopping center** centro comercial, el (8)
**shore** orilla, la
**short** bajo/a (2); corto/a (5)
**short** low; deep; **prep. under** bajo/a *adj.*, *prep.* (2); (6)
**short-/long-sleeved** de manga corta/larga (8)
**shortage** escasez, la (12)
**shorts** pantalones cortos, los (8)
**shot** inyección, la *f.* (10)
**shout, to** gritar (7)

**show** espectáculo, el; función, la (4)
**show, to** mostrar (ue)
**show host/hostess** anfitrión/anfitriona, el/la
**show a movie, to** dar una película (4); pasar una película (4); poner una película (4)
**shower** ducha, la (5)
**shower, to** ducharse (5)
**shrimp** camarón, el (6); gamba, la (6)
**shy, timid** tímido/a (1)
**sick** enfermo/a (3)
**sick, to become sick** enfermarse (5)
**side** lado, el
**sign** letrero, el; signo, el
**signal** señal, la
**signature** firma, la (4)
**silk** seda, la (8)
**silver** plata, la (8)
**silversmith's trade** platería, la
**silverware** cubiertos, los
**similar** parecido/a; semejante
**similarity** semejanza, la
**simple** sencillo/a
**simplicity** sencillez, la
**sin** pecado, el
**since** desde (que) (12); como
**sincerely yours** atentamente (11)
**singer** cantante, el/la
**single** soltero/a
**sink** fregadero, el (6)
**sister** hermana, la (4)
**sister-in-law** cuñada, la (4)
**sit down, to** sentarse (ie) (5)
**situated, to be** radicar; ubicar
**sixth** sexto/a
**size** talla, la (8); tamaño, el
**skate** patín, el (7)
**skate, to** patinar (7)
**skater** patinador/a, el/la (7)
**ski** esquí, el (7)
**ski, to** esquiar (7)
**skier** esquiador/a, el/la (7)
**skiing** esquí, el (7)
**skillet, frying pan** sartén, la (6)
**skin** tez, la; piel, la
**skinny** flaco/a (2)
**skirt** falda, la (8)
**skull** calavera, la
**skyscraper** rascacielo, el
**slavery** esclavitud, la
**sleep, to** dormir (ue, u) (4)

**sleepy, to be** tener sueño (2)
**sleeveless** sin manga (8)
**slender** delgado/a (2)
**slice, to** picar (4)
**slogan** lema, el
**slow** *adj.* lento/a; *adv.* despacio
**slowly** despacio
**small** pequeño/a (1)
**small (cutting) board** tablilla, la
**small box** cajuela, la
**small piece** cacho, el
**small spoon** cucharita, la (6)
**smell** olor, el
**smile** sonrisa, la
**smile, to** sonreír (i, i)
**smoke (10), to** fumar
**smoke** humo, el (12)
**snack, to** merendar (ie) (6)
**snake** culebra, la
**sneeze, to** estornudar (10)
**snow** nieve, la
**snow, to** nevar (ie) (7)
**snuffbox** tabaquera, la
**so much** tanto
**so that** para que
**soap** jabón, el (5)
**soap opera** telenovela, la
**soccer** fútbol, el (2)
**soccer player** futbolista, el/la (7)
**social page** crónica social, la
**social welfare program** programa social, el
**sociology** sociología, la (3)
**sock** calcetín, el (8)
**soda** refresco, el (3)
**sodium nitrate** nitrato de soda, el
**sofa** sofá, el (5)
**soft** suave
**soft drink** refresco, el (3)
**soldier** soldado, el
**soloist** solista, el/la
**solution** remedio, el
**solve, to** solucionar
**somber** sombrio/a
**some** algún, alguno/a (7)
**someone** alguien (7)
**something** algo (6)
**sometimes** algunas veces; a veces (5)
**son-in-law** yerno, el (4)
**song** canción, la; canto, el
**soon** pronto; al poco rato
**soprano** soprano, la
**so-so** así así (1); más o menos (1); regular (1)
**soul** alma, el (but *f.*)

sound sonido, el
soup sopa, la (6)
South America Suramérica
South American
   suramericano/a
south sur, el
southwest suroeste, el
souvenir recuerdo, el (9)
sowing siembra, la
space espacio, el
Spaniard español/a, el/la (2)
Spanish español/a (2)
(Spanish) operetta zarzuela,
   la
Spanish-speaking
   person hispanohablante,
   el/la; adj. hispanohablante,
   m., f.
spatula espátula, la (6)
special especial
species especie, la
spectator espectador/a
speech discurso, el
speed velocidad, la
spelling ortografía, la
spend, to gastar (8); (time)
   pasar (4)
spider araña, la
spiderweb tela de araña, la
spirit espíritu, el
sponsor patrocinador/a, el/la
sponsor, to patrocinar
sponsored auspiciado/a
spoon cuchara, la (6)
sport deporte, el (7)
sporting deportivo/a (7)
sports car deportivo, el
sports figure deportista,
   el/la
sports section sección
   deportiva, la
sportscaster comentarista
   deportivo/a, el/la
spreadsheet hoja electrónica,
   la (12)
spring primavera, la (1)
spring up to; to arise surgir
sprinkle, to espolvorear
squeak, to rechinar
squirrel ardilla, la
stability estabilidad, la
stable adj. estable
stadium estadio, el
stage escenario, el
stairs escalera, la (5)
stamina vigor, el
stamp sello, el
stand in line, to hacer cola (9)
stand out, to destacar
stand out, to sobresalir

stand up, to ponerse de pie
standard estándar, el
standing parado/a
standing, to be estar de pie
star estrella, la (7); astro, el;
   (of a show) protagonista,
   el/la
state estatal adj.
stationery shop papelería, la
statistics estadística, la (3)
statue estatua, la (9)
stay (somewhere),
   to quedarse (9)
stay estadía, la (9)
stay in bed, to guardar cama
   (10)
stay in shape, to mantenerse
   en forma (10)
stay trim; to watch one's
   figure, to guardar la línea
   (10)
steak bistec, el (6)
step escalón, el; paso, el
step, to pisar
stepbrother hermanastro, el
   (4)
stepdaughter hijastra, la (4)
stepfather padrastro, el (4)
stepmother madrastra, la (4)
stepsister hermanastra, la (4)
stepson hijastro, el (4)
stereo estéreo, el (5)
steroid esteroide, el
stew estofado, el
steward/stewardess
   aeromozo/a, el/la (9);
   azafata, la (9)
stewpot, casserole dish,
   saucepan cazuela, la (6)
stick palo, el; palito, el
still (fixed) fijo/a; adv. aún,
   todavía
stimulus estímulo, el
stir, to revolver (ue) (6)
stockings (panti)medias, las
   (8)
stomach estómago, el (10)
stone piedra, la
stool banqueta, la
stop dead, to parar en seco
stop parada, la
stop, to detenerse (ie)
store tienda, la
store, to abastecer
(store) window vitrina, la
storm tormenta, la
story cuento, el
stove estufa, la (6)
strange extraño/a (11)
straw paja, la

strawberry fresa, la; fresón,
   el; frutilla, la
street calle, la
street vendor vendedor/a
   ambulante, el/la
strengthen; fortify,
   to fortalecer (zc)
stress estrés, el
strike huelga, la
stringed
   instrument instrumento
   de cuerdas, el
striped de rayas (8)
structure estructura, la
strung together ensartado/a
   en una cuerda
student estudiante, el/la; adj.
   estudiantil (3)
student center centro
   estudiantil, el (3)
study estudio, el
study, to estudiar (2)
sturdy wire comb raspa, la
style estilo, el
subsoil subsuelo, el
success éxito, el
successful exitoso/a
successful, to be
   successful tener éxito
such así
sudden fright sobresalto, el
suddenly de repente
suffer, to sufrir; padecer (zc)
   (de) (10)
sugar azúcar, el (or f.)
suggest, to sugerir (ie, i) (10)
suggestion sugerencia, la
   (7)
suit traje, el (8)
suitcase maleta, la (9)
summarize, to resumir
summary resumen, el
summer verano, el (1)
summit cumbre, la (13-amp)
sun sol, el
sunbathe, to tomar el sol (4)
Sunday domingo, el (1)
sunglasses gafas de sol, las (9)
supermarket supermercado,
   el
supernatural sobrenatural
superstar estrella, la
superstore hipermercado, el
supervisor supervisor/a, el/la
   (11)
support apoyo, el
support, to apoyar (a
   family, etc.) mantener
   (ie)
suppose, to suponer

Supreme Court corte
   suprema, la
surgery cirugía, la
surname apellido, el (4)
surprise sorpresa, la (4)
surprise; to be surprised, to
   sorprender(se) (10)
surprised asombrado/a
surprising sorprendente
surrounded rodeado/a
survey encuesta, la
suspicious sospechoso/a
swamp pantano, el
swear, to jurar
sweater suéter, el (8)
sweep the floor, to barrer el
   piso (5)
sweet adj. dulce
sweetheart mi corazón (4);
   mi cielo (4)
sweet roll panecillo, el
sweets ducles, los
swell, to hinchar
swim, to nadar (2)
swimmer nadador/a, el/la
   (7)
swimming natación, la (2)
swimming pool piscina, la
   (9)
syllabication silabeo, el
symphony orquesta
   sinfónica, la ; sinfonía, la
symptom síntoma, el (10)
systems analyst analista de
   sistemas, el/la (11)

T

T-shirt camiseta, la (8)
table mesa, la (1); (chart)
   cuadro, el
tablecloth mantel, el
tablespoon cucharada, la (6)
tail cola, la
tailor shop sastrería, la (8)
take a (day) trip/ excursion,
   to take a tour, to hacer
   una excursión (7)
take a stroll, to dar un paseo
   (4)
take a walk, to pasear (4)
take advantage of,
   to aprovechar
take away, to quitar
take care of oneself,
   to cuidarse (10)
take into account, to tener
   en cuenta (10)
take off, to despegar (gu)
   (9)

**take off, to** quitarse (5)
**take out to stick out (tongue), to** sacar (5); (10)
**take pictures, to** sacar fotos (9)
**talented** talentoso/a
**talk, to** hablar (2)
**tall high** alto/a (2); (6)
**tape film** cinta, la (1);
**task** tarea, la
**taste, to** saborear (6)
**taste, to; to try** probar (ue) (6)
**tattoo** tatuaje, el
**tax** impuesto, el
**taxi driver** taxista, el/la
**tea** té, el (6)
**teach, to** enseñar (a) (2)
**teacher (elementary school)** maestro/a, el/la (1)
**team** equipo, el (7)
**tear** lágrima, la
**teaspoon** cucharadita, la (6)
**technique** técnica, la
**technological** tecnológico/a (12)
**television set** televisor, el
**television viewer** televidente, el/la
**tell, to** contar (ue)
**tell, to** relatar
**temperate** templado/a
**tennis** tenis, el (2)
**tennis player** tenista, el/la (7)
**(tennis) shoe** zapato (de tenis), el (8)
**tenor** tenor, el
**tent** carpa, la; tienda, la
**tenth** décimo/a
**term** término, el
**terrace** terraza, la (5)
**terrain** terreno, el
**terrestrial** terrestre
**terrific** estupendo/a
**test** prueba, la (10)
**thank you** gracias (1)
**thank, to** agradecer (zc)
**that's life!** ¡así es la vida!
**the pleasure is mine** el gusto es mío (1)
**the specialty of the house** especialidad de la casa, la (6)
**the weather is bad** hace mal tiempo (7)
**theater; movies** cine, el (4)

**theme** tema, el
**then** entonces (2)
**theory** teoría, la
**therapy** terapia, la
**there/over there** ahí (1); allí (1)
**there is/there are** hay (1)
**therefore** por eso; por lo tanto
**thermometer** termómetro, el
**thick** espeso/a
**thick bar** barrote, el
**thief** ladrón/ladrona, el/la
**thing** cosa, la
**think, give one's opinion, to** opinar
**think, to; to plan (to do something)** pensar (ie) (+ inf.) (4)
**third** tercer, tercero/a
**thirsty/to be thirsty** tener sed (2)
**this is a...** esto es un/a... (1)
**throat** garganta, la (10)
**throne** trono, el
**through** a través de
**throw out, to** arrojar (12)
**throw out, to** botar
**throw, to** tirar
**thump, to** retumbar
**Thursday** jueves, el (1)
**thus** así
**ticket** boleto, el (7); entrada, la (4); pasaje, el (9)
**ticket booth** taquilla, la
**ticket seller** taquillador/a, el/la
**tie (the score), to** empatar (7)
**tie (up), to** atar
**tie** corbata, la (8)
**tight** apretado/a
**time** vez, la (5)
**time; weather** tiempo, el
**tin** estaño, el
**tip** propina, la (6)
**tired** cansado/a (3)
**title page** portada, la
**title** título, el (1)
**toad** sapo, el
**toast** tostada, la (6)
**toast, to** tostar (6)
**toaster** tostadora, la (6)
**today** hoy (2)
**toe** dedo del pie, el (10)
**toenail** uña, la (5)
**together** junto/a (3)
**toilet** inodoro, el
**tolerate, to** tolerar

**tomato sauce** salsa de tomate, la (6)
**tomato** tomate, el (6)
**tomb** sepulcro, el
**tomorrow** mañana, la (1)
**tone** tono, el
**tongue** lengua, la (10)
**too much; too many** demasiado/a/s
**tooth** diente, el (5)
**(tooth)brush** cepillo (de dientes), el (5)
**toothpaste** pasta de dientes, la (8)
**topic** tema, el
**topography** topografía, la
**torso** tórax, el
**touch, to; to play (a musical instrument)** tocar (7)
**tour** gira, la
**toward** hacia
**towel** toalla, la (7)
**tower** torre, la
**town; the people, the masses** pueblo, el
**track and field, athletics** atletismo, el (7)
**trade** comercio, el
**trade union** gremio, el; sindicato, el
**traffic jam** atasco, el
**trail** sendero, el
**trainer** entrenador/a, el/la
**training** entrenamiento, el (11); formación, la
**translate, to** traducir
**translator** traductor/a, el/la (11)
**transmission** transmisión, la
**transmit, to** transmitir
**transportation** transporte, el
**trapped** atrapado/a
**travel, to** viajar (2)
**traveler** viajero/a
**traveler's check** cheque de viajero, el
**traveling salesperson** viajante, el/la (11)
**treatment** tratamiento, el
**treaty** tratado, el
**tree** árbol, el
**tremble, to** temblar
**trimester** trimestre, el (3)
**trip** viaje, el (2)
**triumph, to** triunfar
**trombone** trombón, el
**trompet** trompeta, la
**troop** tropa, la

**true** cierto/a (11)
**trunk** baúl, el
**truth** verdad, la (4)
**try on, to** probarse (ue) (8)
**try, to** probar (ue); **(to do something)** intentar (+inf.); tratar de (+inf.) (2)
**Tuesday** martes, el (1)
**tulle (silk or nylon net)** tul, el
**tuna** atún, el (6)
**turn, to** girar
**turn down, to** rechazar (4)
**turn in, to** entregar
**turn off, to** apagar (gu) (11)
**turn on, to** encender (ie) (12)
**turn over; to toss, to** voltear (6)
**turtle** tortuga, la; **(giant)** galápago, el
**tuxedo** esmoquin, el
**twist around, to** enredarse
**twist, to** torcerse (ue) (z) (10)
**type** tipo, el
**type, to** escribir a máquina (11)
**typewriter** máquina de escribir, la (12)

**U**

**ugly** feo/a (2)
**ulcer** úlcera, la
**uncertainty** incertidumbre, la
**uncle/aunt** tío/a (4)
**uncomfortable** incómodo/a
**undecided; hesitant** indeciso/a
**under** debajo de (5); bajo
**understand, to** comprender (3); entender (ie)
**understanding** entendimiento, el
**undertake, to** emprender (12)
**undoubtedly** indudablemente
**unemployment** desempleo, el (11)
**unexpected** imprevisto/a
**unforgettable** inolvidable
**unfriendly** sospechoso/a
**unique; only** único/a
**university** universidad, la
**unknown** desconocido/a
**unless** a menos (de) que (12)

**unpleasant** antipático/a; desagradable
**unpleasant, mean**
**unraveled; undone** deshecho/a
**until** *prep.* hasta (5); *conj.* hasta que (12)
**untiring** incansable
**unusual** raro/a
**ups and downs** altibajos, los
**upstairs** planta alta, la (5)
**urinate, to** orinar
**use, to** utilizar
**useful** útil
**usefulness** utilidad, la
**useless** inútil
**utensil** utensilio, el

**vacancy** vacanta, la (11)
**vacation** vacaciones, las
**vaccine** vacuna, la
**vacuum cleaner** aspiradora, la (5)
**vacuum, to** pasar la aspiradora (5)
**validity** validez, la
**valley** valle, el
**valuable** valioso/a
**value** valor, el
**vanity** tocador, el
**variety** variedad, la
**vary, to** variar
**veal** ternera, la (6)
**vegetable** verdura, la (6); legumbre, la
**velvet** terciopelo, el
**Venezuelan** venezolano *n.*, *adj.*
**verify, to** verificar
**very truly yours** se despide de usted(es) atentamente (11)
**very** muy (2)
**veterinarian** veterinario/a, el/la (11)
**vibrate, to** vibrar
**viceroyalty** virreinato, el
**vicinity** cercanía, la
**video camera** cámara de video, la (9)
**videocassette recorder (VCR)** videograbadora, la (12)
**Vietnamese** vietnames/a *n.*, *adj.*; vietnamita *adj.*, *m.*, *f.*
**view** vista, la (9)
**village** aldea, la

**vinegar** vinagre, el
**violate, to** violar
**violation** violación, la
**violence** violencia, la
**violin** violín, el (14-amp)
**virtuoso** virtuoso/a
**visit, to** visitar (4)
**visitor** visitante, el/la
**volcano** volcán, el (9)
**volleyball** vólibol, el (7)
**vote; ballot** voto, el
**vote, to** votar
**vowel** vocal, la
**vulture** buitre, el

# W

**wait for, to** esperar (4)
**wait on, to** atender (ie)
**waiter** camarero/a (6); mesero/a, el/la
**waiting room** sala de espera, la (9)
**wake up, to** despertarse (ie) (5)
**walk** paseo, el
**walk, to** caminar (2); andar
**wall** pared, la
**wallet** billetera, la (8)
**wallet** cartera, la (8)
**want, to** querer (ie) (4); desear (6)
**war** guerra, la
**warm** tibio/a
**warn, to** advertir (ie); prevenir (ie)
**warning** aviso, el
**warrior** guerrero/a, el/la
**wash (oneself), to** lavar(se) (5)
**washer** lavadora, la (5)
**waste** desecho, el (12)
**waste** desperdicio, el
**waste time, to** perder (ie) tiempo
**watch, to** vigilar (10); **(television)** ver
**water** agua, el (but *f.*); *adj.* acuático/a
**water glass** vaso, el (6)
**water skiing** esquí acuático, el (7)
**waterfall** salto, el (9)
**wavy** ondulante
**way** manera, la; modo, el
**wealth** riqueza, la
**weapon** arma, el *f.*
**wear, to** llevar (8)
**wear (shoes), to** calzar (8)
**weather** clima, el (7)

**weave, to** tejer
**wedding** boda, la
**Wednesday** miércoles, el (1)
**week** semana, la (1)
**weekend** fin de semana, el (7)
**weigh, to** pesar
**weight** peso, el (10)
**welcome** bienvenido/a *adj.*
**welfare** asistencia social, la
**well** *n.* pozo, el
**well** *adv.* bien (1)
**well** *conj.* pues
**well-being** bienestar, el (10)
**well-known** conocido/a
**well-made** bien hecho/a
**west** oeste, el
**wet** mojado/a
**what?** ¿qué? (2); ¿cómo? (2)
**what are your symptoms?** ¿cuáles son sus síntomas? (10)
**what color is...?** ¿de qué color es...? (1)
**what do you think? (how do you feel about that?)** ¿qué te parece? (7)
**what nonsense!** ¡qué barbaridad!
**what time is it?** ¿qué hora es? (2)
**what's happening?** ¿qué pasa? *(inf.)* (1)
**what's new?** ¿qué hay? *(inf.)* (1)
**what's the reason for...?** ¿a qué se debe...? (4)
**what's the weather like?** ¿qué tiempo hace? (7)
**what's up?** ¿qué tal? *(inf.)* (1); ¿qué pasa? *(inf.)* (1)
**what's your name?** ¿cómo se llama usted? *(for.)*; ¿cómo te llamas? *(inf.)*
**when** cuando (3)
**when?** ¿cuándo? (2)
**where** adónde
**where** donde
**where?** (2) ¿dónde?
**which (one/s)? what?** ¿cuál(es)? (2); (2)
**whiskey** güisqui, el
**whistle** silbato, el
**white** blanco/a (1)
**who** quien
**who?** ¿quién(es)? (2)
**whose?** ¿de quién(es)? (2)

**why?** ¿por qué? (2)
**wide** ancho/a
**widow** viuda, la
**wife** esposa, la (4)
**will** voluntad, la
**wind** viento, el
**window** ventana, la (1); ventanilla, el (9)
**wine** vino, el (6)
**wine glass** copa, la (6)
**winter** invierno, el (1); *adj.* invernal
**wire** alambre, el
**wire fence** alambrada, la
**with** con (2)
**with all my love** con todo el cariño (4)
**with regard to** en cuanto a
**within; inside of** dentro de (5)
**without** sin (que) (12)
**witness, to** presenciar
**woman** mujer, la
**wonderful** estupendo/a
**wood (lumber)** madera, la
**woodwind** instumento de viento de madera, el
**wool** lana, la (8)
**word** palabra, la (1)
**word from another language** extranjerismo, el
**word processor** procesador de textos, el (12)
**work** trabajo, el (11); labor, la
**work, to** trabajar (2); **(machine)** funcionar
**work on commission, to** trabajar a comisión (11)
**work, to be out of work** estar en paro (11)
**worker (manual)** obrero/a, el/la
**workmate** compañero/a, el/la
**workshop** taller, el
**World Cup** Copa Mundial, la
**world** mundo, el
**worldly** mundano/a
**worldwide** mundialmente
**worm** gusano, el
**worn** gastado/a
**worried** preocupado/a (3)
**worry** concernir
**worry, to** preocuparse
**worse** peor
**worsen, to** empeorar (12)

worth, to be worth valer (8)
wounded herido/a *adj.*, *n.*
woven goods tejidos, los
wrinkle arruga, la
wristwatch reloj de pulsera, el (8)
write escribir (3)
written redactado/a

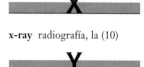

**X**

x-ray radiografía, la (10)

**Y**

yacht yate, el

yeah! ¡arriba!
year año, el
years, to be . . . years old tener…años
yearly bonus bonificación anual, la (11)
...years ago hace…años
yellow amarillo/a (1)

yesterday ayer (6)
yet todavía
yet to be finished estar sin terminar
you're welcome de nada (1)
young joven (2)
younger menor (4)
youth juventud, la

# CREDITS

## TEXT CREDITS

Ellos, ellas y los colores" (p. 20), reprinted by permission of Vanidades, Editorial Televisa. "Oda a la manzana" (p. 221), reprinted by permission of Agencia Literaria Carmen Balcells, SA. "Sensemayá" (p. 254), reprinted from Guillén's Antología Mayor, Juan Pablos Editor, SA. "Los rivales y el juez" (p. 287), permission granted by the descendants of the author. Excerpt of *Relato de una vida equivocada* (p, 320), reprinted by permission of Editorial Grijalbo, S.A., Mexico, and the author. "El Ñanduti" (p. 350), by permission of Aitor Bikandi-Mejías. "No hay que complicar la felicidad" (p. 385), reprinted by permission of the author. Excerpt from *La casa en Mango Street* (p. 424), reprinted by permission of the author and the Bergholz Agency, New York. "Alquiler de carro" (p, 86), all Alamo Rent-A-Car service marks and materials are used with permission of Alamo Rent-A-Car Management, LP.

## PHOTO CREDITS

p. 3, Bob Daemmrich/Stock Boston (top), Robert Frerck/Odyssey Productions (bottom); p. 7, Robert Frerck/Odyssey Productions; p. 23, Robert Frerck/Odyssey Productions; p. 34, Tom Prettyman/PhotoEdit (top); p. 34, Robert Frerck/Odyssey Productions (center); p. 35, Kevin Schafer (bottom right), Robert Frerck/Odyssey Productions (bottom left), Bob Daemmrich/Corbis/Sygma (top left), Chris R. Sharp/D. Donne Bryant Stock Photography (top right); p. 39, Peter Menzel Photography (top left), Peter Menzel Photography (bottom left), Peter Menzel Photography (left center), Chris Brown/Stock Boston (top right), Robert Frerck/Odyssey Productions (lower right); p. 41, David Young-Wolff/Photo Edit; p. 56, Latin Focus Photo Agency (top left), Robert Frerck/Odyssey Productions (top right), Daniel Aubry/Odyssey Productions (bottom), Gary Conner/PhotoEdit (bottom right); p. 61, Robert Frerck/Odyssey Productions; p. 65, Stuart Cohen/Comstock (left), Larry H. Mangino/The Image Works (right); p. 74, J. Pavlovsky/Corbis Sygma (bottom), Daniel Aubry/Odyssey Productions (top); p. 75, J. Pavlovsky/Corbis/Sygma (top left), Leslye Borden/PhotoEdit (top right), Eric Robert/Corbis/Sygma (bottom right), Eric Vandeville/Gamma/Liaison Agency, Inc. (bottom left); p. 79, Peter Menzel Photography, Robert Frerck/Odyssey Productions; p. 84, Bob Daemmrich/Stock Boston; p. 114, John Neubauer /PhotoEdit (bottom), Russell Gordon/Odyssey Productions (center), H. Huntly Hersch/D. Donne Bryant Stock Photography (top); p. 115, Frida Kahlo (1907-1954), "Self-portrait with Monkey," 1940. Private Collection (bottom left), Sergio Dorantes/Corbis Sygma (top), D. Donne Bryant/D. Donne Bryant Stock Photography (bottom right), Bill Cardoni/Liaison Agency, Inc. (center); p. 119, Latin Focus Photo Agency; p. 124, Robert Frerck/Odyssey Productions; p. 139, Latin Focus Photo Agency; p. 152, John Mitchell/D. Donne Bryant Stock Photography (bottom), Micheline Pelletier/Corbis/Sygma (bottom left), Bob Daemmrich/Stock Boston (top); p. 153, Susan Van Etten/Index Stock Imagery, Inc. (bottom), Joe Gillespie/The Viesti Collection, Inc. (top left), Robert Frerck/Odyssey Productions (top right); p. 162, Corbis; p. 176, Kevin Schafer; p. 189, Robert Frerck/Odyssey Productions (top left); p. 188, Kevin Schafer (bottom), Kevin Schafer (center), Paolo Bosio/Liaison Agency, Inc. (top); p. 189, Bachmann/PhotoEdit (top right), D. Donne Bryant/D. Donne Bryant Stock Photography (bottom left), Paul S. Howell/Liaison Agency, Inc. (bottom right); p. 193, Robert Frerck/Odyssey Productions; p. 199, Robert Frerck/Odyssey Productions; p. 203, Kevin Schafer; p. 210, Eric Futran/Liaison Agency, Inc.; p. 213, Helen Hughes/Panos Pictures; p. 224, Steve Allen/Liaison Agency, Inc. (top), Jerry Callo/Panos Pictures (center), David T. Horwell/Panos Pictures (bottom); p. 225, B. Gleasner/The Viesti Collection, Inc. (center); Chris R. Sharp/D. Donne Bryant Stock Photography (top), Daniel Rivademar/Odyssey Productions (bottom); p. 229, Marcello Bronsky/D. Donne Bryant Stock Photography (top), Marcello Bronsky/D. Donne Bryant Stock Photography (center), Index Stock (bottom); p. 235, Oscar Guarin Martinez (bottom); p. 241, Robert Frerck/Odyssey Productions (top), SuperStock, Inc. (center left), Vincent DeWitt/Stock Boston (center right), Robert Frerck/Odyssey Productions (bottom left); p. 247, Bill Greenblatt/Liaison Agency, Inc., p. 250, Alyx Kellington/Liaison Agency, Inc.; p. 256, Lee Corkran/Corbis/Sygma (center left), AP/Wide World Photos (bottom), Bruce Paton/Panos Pictures (top); p. 257, Jon Spaull/Panos Pictures, Robert Frerck/Odyssey Productions (top), Marc French/Panos Pictures (center right); p. 261, Roger Allyn Lee/SuperStock, Inc. (top), Peter Menzel/Stock Boston (bottom), p. 266, Eduardo Zayas-Bazán; p. 273, Tony Freeman/PhotoEdit; p. 274, Fabian/Corbis Sygma/Photo News; p. 288, Ira Kirshenbaum/Stock Boston (center), Jean-Leo Dugast/Panos Pictures (top), Robert Frerck/Odyssey Productions (bottom); p. 289, D. Donne Bryant/D. Donne Bryant Stock Photography (top), Owen Franken/Stock Boston (bottom right); p. 327, Peter Menzel Photography (bottom left); p. 293, Robert Frerck/Odyssey Productions; p. 307, Bill Aron/PhotoEdit; p. 311, John Van Hasselt/Corbis Sygma/Photo News; p. 322, D. Goldberg/Corbis/Sygma/Photo News (bottom left), Greenberg/Monkmeyer Press (top); p. 323, J.C. Francolon/Liaison Agency, Inc. (bottom), Peter Jordan/Liaison Agency, Inc. (bottom right), Peter Menzel Photography (top), D. Goldberg/Corbis/Sygma/ Photo News (center right); p. 331, Peter Menzel Photography; p. 344, Christian Inchauste/D. Donne Bryant/Stock Photography; p. 351, Nancy Humbach; p. 354, Alain Keler/Corbis/Sygma (center), Klaus Inchauste/D. Donne Bryant Stock Photography (top), David Young-Wolff/PhotoEdit (bottom); p. 355, Penny Tweedie/Panos Pictures (top), Max Whitaker/Panos Pictures (bottom), Francene Keery/Stock Boston (center); p. 359, Owen Franken/Stock Boston (top), Comstock (center left), Peter Menzel Photography (top), Robert Rathe/Stock Boston (center right), Peter Menzel Photography (bottom); p. 364, Frank Siteman/Stock Boston, p. 370, Robert Frerck/Odyssey Productions (left), Robert Frerck/Odyssey Productions (right); p. 375, Pablo Corral Vega/Corbis; p. 390, Robert Frerck/Odyssey Productions (center), Keystone-Sygma/Corbis Sygma (bottom), Robert Frerck/Odyssey Productions (top); p. 391, Bachmann/The Image Works (top), Daniel Rivademar/Odyssey Productions (bottom), Peter Menzel Photography (top), Jim Pickerell/Stock Boston (center), Robert Frerck/Odyssey Productions (bottom); p. 411, Robert Frerck/Odyssey Productions (top), Robert Frerck/Odyssey Productions (center), Robert Frerck/Odyssey Productions (bottom); p. 416, Susan Greenwood/Liaison Agency, Inc.; p. 426, Ken Ross/The Viesti Collection, Inc. (top), Philip Jon Bailey/Stock Boston (center right); p. 427, Michel A. H. Smith/Liaison Agency, Inc. (upper right inset), Martha Cooper/The Viesti Collection, Inc. (top right), Amy E. Conn/AP/Wide World Photos (bottom right), Eduardo Zayas-Bazán (bottom left).

# INDEX

**a**
+ articles, 90
+ indirect object pronouns, 166, 202
personal, 141-42
**acabar de** + infinitive, 377
accent marks, 8, 22, 264
adjectives, 17, 27-28, 40, 80, 120
comparative, 278-80
demonstrative, 275-76
possessive (short form), 87-88
with **estar**, 98, 104
with **ser** and **estar**, 104
superlative, 283-84
adverbs, 80, 158
comparative, 278-80
location, 17
**-mente**, 317
temporal, 40, 94
age, 68
Alegría, Ciro, 285-87
alphabet, 6, 8
**andar**, 236
appliances, 158
Argentina, 375, 390-91
articles
definite, 178
indefinite, 24-25
with **a**, 90
with **de**, 88
**-ar** verbs, 57
commands, 132
future forms, 401
imperfect, 299
past participle, 376
present (indicative), 62-63
present progressive, 99
preterit, 214
stem-changing, 334
subjunctives, 333-34
**tú** commands, 218
**aunque**, 420
auxiliary verbs
future, 99
future perfect, 403
present perfect, 377-78
present progressive, 99
beverages, 194
body language, 7
body parts, 170, 328
Bolivia, 344, 354-55
breath groups, 44, 83, 125, 140
"La búsqueda", 30-31, 71-72, 110-11, 148-49, 183-84
**caer bien/mal**, 202
**-car** verbs, 215, 218, 334
*La casa en Mango Street* (Cisneros), 423-25
Chile, 224-25
Cisneros, Sandra, 423-25
clothing, 262
Colombia, 307, 322-23
colors, 17
commands, 131-32
familiar (**tú**), 217-19
indirect object pronouns, 165
**nosotros/as**, 338
vamos a + infinitive, 338
with direct object pronouns, 143
with double object pronouns, 205

with reflexive pronouns, 178
**como**, 278-79
comparative forms, 278-80, 304
compliments, 104
compound verbs, *See* auxiliary verbs
**comprar**, 166
computers, 396
**con**, 88, 169
conjunctions, 40, 412
dependent clauses, 417-20
**conocer**, 146-47, 249
**conseguir**, 127
conversations, *See* social communication
cooking, 209
correspondence, 120
Costa Rica, 176, 188-90, 411
**creer**, 365
culture, *See* Spanish life
currency, *See* money
**dar**, 163-64
preterit, 236
subjunctive, 335
days of the week, 4, 12-13, 103
**de**, 48, 103, 166, 283-84
+ noun, 88
**salir** +, 169
**deber**
**decir**, 163-64
future, 402
past participle, 376
preterit, 248-49
subjunctive, 334, 346
**tú** commands, 218-19
definite articles, 24-25, 178
demonstrative forms, 275-76
Denevi, Marco, 384-87
dependent clauses, 335-36
adverbial conjunctions, 417-20
noun, 335-36
dialects, 423
diet, 341
diminutives, 423
directions, 94
direct objects, 141-44
double object pronouns, 204-6
pronouns, 142-43, 338
reciprocal reflexives, 182
with passive voice, 252
with present perfect, 377
Dominican Republic, 298
drama
"No hay que complicar la felicidad" (Denevi), 384-87
Ecuador, 288-89
EE.UU., 416, 426-27
El Salvador, 152-53
emotions, 341
employment, 360, 371, 375
environment, 411-12
**-er** verbs
commands, 132
future, 401
imperfect, 299
past participle, 376
present (indicative), 106-7
present progressive, 99
stem-changing, 334
subjunctive, 333
**tú** commands, 218

España, 74-75, 298
**estar**, 98-99
+ adjectives, 104
commands, 132
+ **para** + infinitive, 304
+ past participles, 378
preterit, 236
subjunctive forms, 335
exercise, 341
fables
"Los rivales y el juez" (Alegría), 285-87
family members, 120
farewells, 4, 108
Florida, 416
food, 94, 194-95
formal vs. informal forms, 3, 4
commands, 131-32
furniture, 158
future forms, 100, 401-4
perfect, 403-4
subjunctive, 418-19
**-gar** verbs, 215, 218, 334
gender, 24-25
adjectives, 28
demonstrative adjectives, 275-76
numbers, 10, 85, 269
past participles, 378
pronouns, 143, 165
geography, 308
government, *See* politics
greetings, 4, 7
grooming, 170, 179, 272
Guatemala, 152-53
Guillén, Nicolás, 254-55
**gustar**, 194, 201-2
**haber**
future perfect, 403
present (indicative), 377
present perfect subjunctive, 381-82
subjunctive, 335
vs. **tener**, 377
**hacer**
future, 402
past participle, 376
present (indicative), 90
preterit, 236
subjunctive, 334
**tú** commands, 218-19
health, 328, 329, 341
Hispanic life, 23, 74-75
diet, 331, 341
electronic technology, 400
employment, 364, 375
environment, 411, 416
exercise, 331
families, 124
food, 213
**hoja de la coca**, 344
household labor, 162
legends, 350-52
meals, 199
politics, 311
shopping, 266, 274
social activities, 139, 235
sports, 241, 247
travel, 307
universities, 61, 84

Hispanic literature
*La casa en Mango Street* (Cisneros), 423-25
"El ñandutí," 350-52
"No hay que complicar la felicidad" (Denevi), 384-87
"Oda a la manzana" (Neruda), 221-22
*Relato de una vida equivocada* (Rodriguez), 319-21
"Sensemayá" (Guillén), 254-55
holidays, 13
Honduras, 152-53
household terms, 158
imperative forms, *See* commands
imperfect forms, 299-300
in narratives, 319
vs. preterit, 312-15
impersonal forms, 251-52, 360, 367-68
indefinite forms, 24-25, 238-39
indirect object pronouns, 163-66
**a** +, 202
double object pronouns, 204-6
+ **gustar**, 201
with commands, 338, 482
with present perfect, 377
infinitive forms, 90
+ **gustar**, 201
**ir** +, 90
**para** +, 304
prepositions +, 179
**saber** +, 146
with direct object pronouns, 143
with double object pronouns, 205
with impersonal expressions, 368
with indirect object pronouns, 165
with reflexive pronouns, 178
interrogative forms, *See* question forms
intonation, 52- 53, 60
*See also* stress
introductions, 4, 7
invitations, 136
**ir**, 90
commands, 132, 218-19
future, 100
imperfect, 300
**a** + infinitive, 402
past participle, 376
preterit, 236
subjunctive, 333, 335
**-ir** verbs, 106-7
commands, 132, 218
future, 401
imperfect, 299
past participle, 376
present participle, 128
present progressive, 99
preterit, 214, 267
stem-changing, 127-28, 334
irregular verbs
commands, 132, 218-19
conditional, 451
future, 402
imperfect, 299-300
past participles, 376
preterit, 248-49
stem-changing, 334
subjunctive, 335

**yo** form, 334
*See also* specific verbs
jewelry, 272
languages, 58
**leer**, 99
legends
"El ñandutí", 350-52
leisure activities, *See* pastimes
letters, 108
location, 17, 94, 98, 104, 158
**lo que**, 501
**más/menos**, 279-80, 283-84
meals, 194-95
medicine, 328-29
Mexico, 114-15, 298, 411, 423
modifiers, *See* adjectives, adverbs
money, 263
months, 4, 12-13, 103
names, 41
"El ñandutí", 350-52
nationalities, 40
negation, 52, 238-39
commands, 132, 338
**tú** commands, 218
Neruda, Pablo, 221-22
Nicaragua, 188-90
**no**, *See* negation
"No hay que complicar la felicidad"
(Denevi), 384-87
non-verbal communication, 7
**nosotros/as** commands, 338, 401
noun clauses, 335-36, 345-46, 348,
365, 367-68
nouns, 24-25
direct objects, 141-44
novels
*La casa en Mango Street*
(Cisneros), 423-25
*Relato de una vida equivocada*
(Rodriguez), 319-21
number
comparative forms, 280
demonstrative adjectives, 275-76
demonstrative pronouns, 276
direct object pronouns, 143
indirect object pronouns, 165
past participles, 378
ordinal, 269
"Oda a la manzana" (Neruda),
221-22
**oír**, 334
**ojalá**, 408
ordinal numbers, 269
Panama, 188-90, 507
**para**, 103, 166, 304-5, 419
**salir** +, 169
Paraguay, 354-55
pronouns, 252
past forms
imperfect, 299-300
preterit, 214-15
preterit vs. imperfect, 312-14
subjunctive, 419
pastimes, 136, 230
past participles, 376-78
future perfect, 403
present perfect, 377
present perfect subjunctive,
381-82
**pedir**, 127
**pero**, 512
personal **a**, 141-44, 146, 239
personal care products, 272

Peru, 288-89, 520-21
places, 40, 80
pluperfect forms
plural forms, *See* number
**poder**
future, 402
preterit, 248-49, 249
poetry
"Oda a la manzana" (Neruda),
221-22
politics, 311
**poner**
future, 402
preterit, 248-49
subjunctive, 334
**tú** commands, 218-19
**por**, 49, 303-5
possessive forms
**de** + noun, 87-88
short forms, 87-88
preferences, 201-2
prepositions
**a**, 90, 100, 141-42, 166, 169,
202
**con** + pronouns, 88
**de**, 48, 103, 166, 283-84
infinitive forms, 179
**ir** + **a**, 90, 100
location, 158
**para**, 103, 166, 169, 304-5,
419
passive voice, 510
personal **a**, 141-42
**por**, 49, 303-5
**salir**, 169
present indicative tense
**-ar** verbs, 62-63
**-er** and **-ir** verbs, 106-7
regular verbs, 106-7
stem-changing verbs, 125-28
vs. subjunctive, 333, 365
present participles, 99
double object pronouns, 205
indirect object pronouns, 165
stem-changing verbs, 128
present perfect forms
indicative, 377-78
subjunctive, 381-82
present progressive forms, 98-100
direct object pronouns, 143
reflexive pronouns, 178
preterit, 214-15
changes in meaning, 249
irregular, 236, 248-49
narratives, 319
stem-changing, 267
vs. imperfect, 312-14
probability, 404
professions, 360
pronouns
commands, 219, 338
demonstrative, 275-76
direct object, 142-43
double object, 204-6
impersonal, 251-52
indirect object, 164-66, 202
passive, 252, 510-11
possessive, 88
prepositional, 88, 166
reflexive, 178-79, 182, 338
relative, 335-36
**se**, 204-5, 251-52
subject, 44-45, 132

pronunciation, 8
breath groups, 44, 83, 125, 140
**b, v,** and **p**, 83
**d** and **t**, 125
intonation, 52, 53, 60
**j** and **g**, 140
**k, c,** and **z** sounds, 97
linking words in phrases, 44
**r** and **rr**, 163
**s, n,** and **l**, 177
stress, 22, 126-28, 219
syllables, 21-22
vowels, 8
**y** (conjunction), 200
**y, ll,** and **ñ**, 200
*See also* accent marks
Puerto Rico, 298
punctuation, 22, 51-52, 85
**que**
in dependent clauses, 335-36
**querer**, 126
future, 402
preterit, 248-49
question forms, 17, 40
question words, 53, 54
*yes/no* questions, 51-52
**quizás**, 408
reading strategies, 30, 71, 110, 148,
183, 221, 254, 286, 319, 350,
384, 423
reciprocal reflexives, 182
redundant indirect objects, 165
reflexive forms, 177-80, 182
commands, 338
regular verbs, 99
**-ar** forms, 57, 62-63
commands, 131-32, 217-18
**-er** and **-ir** forms, 106-7
future, 401-4
imperfect, 299-300
present (indicative), 106-7
preterit, 214-15
subjunctive, 333-34
**reírse**, 170
relative pronouns, 335-36
*See also* **que**
*Relato de una vida equivocada*
(Rodríguez), 319-21
**reunirse**, 170
Rodríguez, Rosaura, 319-21
**saber**, 146-47
future, 402
preterit, 248-49, 249
**salir**
**future, 402**
**tú** commands, 218-19
school, 15-16, 18, 57, 80, 94, 102
**se**, 251-52
seasons, 4, 12-13, 103
**seguir**, 127
"Sensemayá" (Guillén), 254-55
**ser**
**adjectives**, 103-4
commands, 132, 218-19
imperfect, 300
present (indicative), 45-46
preterit, 236
subjunctive, 335
telling time, 48
shopping, 262, 272, 274
social communication, 4
affection, 136
compliments, 104

correspondence, 120
formal vs. informal, 3, 4
greetings and farewells, 4, 7
introductions, 4, 7
invitations, 136
making plans, 230
non-verbal, 7
questions, 17
serenades, 139
titles, 4
Spanish dialects, 423
Spanish-speaking countries, 34-36
*See also* specific countries
sports, 57, 242
stem-changing verbs, 125-28,
334
**decir**, 164
preterit, 267
stores, 209
stories
"La búsqueda", 30-31, 71-72,
110-11, 148-49, 183-84
stress, 22, 126-28, 219
**su** and **sus**, 88
subject pronouns, 44-45
superlative forms, 283-84
**tal vez**, 408
**tan/tanto**, 278-79
technology, 396
**tener**, 126
common expressions, 57,
67-68
future, 402
personal **a**, 141
present (indicative), 67-68
preterit, 236
subjunctive, 334
**tú** commands, 218-19
vs. **haber**, 377
theater, 447
time, 40, 48-49, 209, 315
**para**, 304
past tense, 312-14
**por**, 303
**ser**, 103, 104
titles, 4
**todo**, 80
**traer**, 334
travel, 294, 298, 308
**tú** commands, 217-19
United States, 416, 426-27
Uruguay, 390-91
**vamos a** + infinitive, 338
Venezuela, 311, 322-23
**venir**, 126
future, 402
preterit, 248-49
subjunctive, 334
**tú** commands, 218-19
**ver**
**imperfect, 300**
present (indicative), 107,
168-69
subjunctive, 334
verbs, 46, 80, 94, 120
*See also specific forms, specific verbs*
**vez**, 158
**volver**, 127
vowels, 21, 44
weather, 230
West Indies, 256-57
word stress, *See* stress
**-zar** verbs, 215, 218, 334